김기현

서울대학교 법과대학 행정학과를 졸업하고 고려대학교 대학원에서 동양철학으로 석사와 박사 학위를 받았다. 플로리다 주립대학교 방문교수(1995~1996)를 지내고, 전북대학교 대학원장(2010~2012)을 역임했다. 전북대학교 사범대학 윤리교육과 교수로 재직하였고, 현재 전북대 명예교수이다.

주요 저서로 『선비』(성균관저술상 수상), 『천작』, 『선비의 수양학』(세종 우수학술도서 선정), 『마음의 성찰』, 『퇴계』(공저) 등이 있으며, 논문으로는 「하서 김인후의 도학과 절의정신」, 「주자서절요를 통해 본 퇴계의 학문정신」 등 다수가 있다.

주역

周易

우리 삶을 말하다

주역 周易

우리 삶을 말하다

김기현

민음사

일러두기

1. 이 책의 저술을 위해 『주역』 관련 원전으로 학민문화사의 『주역』(정전과 본의, 그리고 세주가 실린 것), 중화당의 『주역절중』, 경인문화사의 『여유당전서』 등을 참고하였다.
2. 이 책은 괘효사(卦爻辭)의 현대적 의미를 해석하는 데 중점을 두었으며, 따라서 「계사전(繫辭傳)」과 「설괘전(說卦傳)」, 「잡괘전(雜卦傳)」은 괘효사와 관련되는 내용만 인용하였다.
3. 본문에서 괘효사를 풀이하기 전에 각괘(各卦)의 의미를 포괄적으로 살폈다.
4. 각효(各爻)의 음미에 앞서 그것의 토대가 되는 괘효상의 형식 구조를 다른 글꼴로 간단히 풀이하였다.
5. 괘사의 「단전(彖傳)」과 효사의 「상전(象傳)」은 괘효사 속에서 풀이하였다.
6. 인명, 서명, 지명, 중요 개념은 처음 나올 경우에만 한자와 한글을 병기하고, 그 뒤에는 되도록 한글로 표기하였다.
7. 이 책에서는 다음과 같은 부호를 사용하여 인용한 서명과 편명, 글 등을 표기하였다.
   서명: 『 』
   편명과 글: 「 」
   인용문: " "
   원문과 한글을 병기할 때 음이 일치할 경우: ( )
   원문과 한글을 병기할 때 음이 일치하지 않을 경우: [ ]

서문

　가벼운 마음으로 나섰다가 무던히도 애를 먹었다. 때로는 일곱 여덟 글자로 된 원문을 가지고도 여러 주석서들을 뒤지고 그것의 현재적 의미를 헤아리면서 번역할 말들을 만드느라 한두 시간씩 끙끙거리다 보니, 작업하는 동안 심한 소화불량에 걸려 15년 이상 애를 먹고 있다. 그런데도 결과물을 내놓고 보니 마음에 차지 않는다. 그렇다고 해서 없애 버리자니 공들인 세월이 아까워 그럴 수도 없다. 한편으로 윤동주 시인의 「자화상」처럼, 우물에 비친 자신의 모습을 대하는 심정이 들기도 한다. "산모퉁이를 돌아 논가 외딴 우물을 홀로 찾아가선 가만히 들여다봅니다. / 우물 속에는 달이 밝고 구름이 흐르고 하늘이 펼치고 파아란 바람이 불고 가을이 있습니다. / 그리고 한 사나이가 있습니다. / 어쩐지 그 사나이가 미워져 돌아갑니다. / 돌아가다 생각하니 그 사나이가 가엾어집니다. / 도로 가 들여다보니 사나이는 그대로 있습니다. / 다시 그 사나이가 미워져 돌아갑니다. / 돌아가다 생각하니 그 사나이가 그리워집니다. / 우물 속에는 달이 밝고 구름이 흐르고 하늘이 펼치고 파아란 바람이 불고 가을이 있고 추억처럼 사나이가 있습니다."

이 작업을 진행하면서 내내 절감한 것은 자신의 무지였다. 그동안 다른 글들을 쓰면서도 종종 그러한 자괴감을 가져왔지만, 『주역』을 공부하면서는 그것이 심하게 다가왔다. 원문도 난해하기 짝이 없을 뿐만 아니라, 특유의 상징과 이미지를 훼손하지 않고 우리말로 번역하기가 필자의 능력으로는 거의 불가능한 일이었기 때문이다. 게다가 그것들이 은유하는 삶의 철학과 지혜를 밝혀 내는 것 또한 힘들기는 마찬가지였다.

『주역』을 제대로 공부하려면 원전의 해독 능력은 물론 인문학과 사회 과학을 아우르는 깊은 식견과 폭넓은 사고력이 필요하다는 생각이든다. 먼저 철학적 성찰력을 가져야 한다. 그 책은 자연 만물의 생성 변화와 인간의 존재, 삶의 철학을 무진장으로 함축하고 있기에 그렇다. 그것을 밝혀 이 시대의 언어로 새롭게 조탁하는 노력은 또 다른 일이다. 한편으로 문학적 상상력과 평론가적 재능도 필요하다. 하나하나가 시구라 할 만큼 상징과 은유로 가득 차 있는 괘효사의 함의를 풀어내기 위해서다. 마치 문학 평론가가 난해하고 함축성 깊은 시를 잘 풀이해 주는 것처럼 말이다.

필자가 괘효사의 상징과 은유를 해명하는 과정에서 자신의 무지를 자주 절감했던 또 다른 분야는 심리학이다. 서양의 일부 심리학자들은 환자들의 심리를 분석하고 치료하기 위해 『주역』을 활용하기도 하며, 나아가 동시성(同時性)의 원리(synchronicity, 의미 깊은 우연의 일치)를 발견하기도 한다. 어느 학자의 말을 들어 보자. "자연 발생적인 사건이나 꿈과 마찬가지로, 나는 주역의 괘를 상징적 정신 활동의 또 다른 표현으로 느끼는데, 그것은 우리들에게 최근 상황의 의미에 대한 매우 귀중

한 통찰력을 제공한다."(『도(道)와 심리학』)

사회학이나 정치학 등 사회 과학 또한 『주역』을 깊게 이해하는 데 매우 긴요한 학문 분야다. 괘효의 구조와 조직이 암시하는 것처럼, 그것은 삶의 모든 방면에서 이루어지는 사회적 인간관계의 원리와 지혜를 다양하게 담고 있다. 특히 정부를 비롯하여 대소 조직의 지도자들에게 주는 조언과 충고는 귀담아 들을 만한 내용을 많이 갖고 있다. 그러므로 사회 과학적 안목이 높을수록 『주역』의 이해가 깊어질 것이다.

이처럼 『주역』이 여러 학문 분야를 포괄하고 있는 만큼, 그것의 다가적(多價的)이고 중층적인 의미를 풀어내는 데에는 고도의 종합적인 식견이 필요하다. 그러고 보니 필자의 저술은 자신의 천학(淺學)과 빈곤한 사고력을 스스로 폭로하는 꼴이 되고 말았다. 그런데도 이를 감행하는 것은 난해하기로 소문난 『주역』의 세계를 독자들에게 얼마만큼이라도 알리고 싶어서다.

필자는 원문의 번역을 반역적으로 시도하였다. 아니 모든 번역은 반역을 각오해야 한다. 원문의 한 단어를 우리말로 바꾸는 것은 그것의 미세한 여운은 물론 역사적, 문화적인 의미와 사상적 배경을 걸러내고 개변할 수밖에 없기 때문이다. 한문을 예로 들어 보자. 선비들의 수양론에는 '정(靜)'이라는 글자가 적지 않게 나오는데, 그것은 그저 시청각적으로 고요하다는 뜻에 불과한 말이 아니다. 거기에는 심리적으로 무욕이나 발동 이전의 감정 상태 등 연관 관념들이 다발로 묶여 있지만, 우리는 그것을 '고요'라고 번역하는 것 말고는 달리 방법이 없다.

『주역』의 괘효사 역시 마찬가지다. 너무 조심스러워하는 나머지 '반역'을 꺼려 직역한다면, 그것이 무슨 말인지 어느 누구도 이해할 수 없을 것이다. 원문 자체가 난해한 데다가, 그것의 상징과 은유가 명료하지 않은 경우가 허다하기 때문이다. 게다가 그 책이 지금부터 3000여 년 전의 것인 만큼 시대 상황과 사회 제도, 풍물 등이 오늘날 사람들에게는 생경하기 짝이 없기도 하다.

필자는 이러한 문제점을 고민하면서 과감하게 현대적 사고 문법과 생활 감각에 맞추어 원문의 환골탈태를 시도하였다. 거기에는 분명 오류의 위험이 있지만, 『주역』이 고금을 막론하는 철학과 지혜의 책이라면 '온고지신(溫故知新)'의 정신으로 거기에 오늘날의 생명을 불어넣을 필요가 있겠기에 말이다. 다만 문학적 재능이 없어 괘효사의 이미지와 상징들을 보다 선명하고 정제된 모습으로 살려내지 못한 것이 아쉽다.

필자는 각 괘마다 고유한 주제를 설정하여 해설했지만, 그것을 이론적으로 꼼꼼하게 정리하려 한 것은 아니다. 괘효의 구조에 입각해 세부적인 내용을 다루었을 뿐이다. 『주역』은 본래 이론서가 아니라, 때로는 두서없으리만큼 각종의 시공간적 상황을 설정하여 그것에 알맞게 처사하는 지혜를 일러 주려는 책이기 때문이다. 따라서 각자 당면한 관심에 따라 한두 개의 괘만 읽어도 상당한 도움을 받을 수 있을 것이다. 나아가 괘들이 유기적이고 상호 보완적인 관계에 있음을 고려하면서 전체적으로 읽어 나가면 자신의 철학과 지혜를 더욱 계발할 수도 있다.

필자가 대본으로 삼은 『주역』의 문헌에 대해 첨언하려 한다. 그 책은 내용이 심오한 데다가 워낙 상징적이고 은유적이기 때문에 고래로 학자들이 주석한 글들이 '한우충동(汗牛充棟)'(수레에 실으면 소가 땀을 흘리고, 집안에 쌓으면 대들보에까지 가득참)이라 할 만큼 많다. 그중에서 필자가 저본으로 삼은 책은 조선 시대 선비들에게 통독되었던 『주역』(학민문화사에서 네 권으로 영인), 그리고 『주역절중(周易折中)』이라는 책이다. 앞의 책은 『정전(程傳)』(정이(程頤)의 주)과 『본의(本義)』(주희(朱熹)의 주)와, 그 밖에 많은 학자들의 세주(細註)가 실려 있다.(그것들은 본문에서 (『주역』의 주)로 인용되었다.) 뒤의 책은 청나라 때 이광지(李光地)라는 학자가 편찬한 것으로서, 『정전』과 『본의』에 더하여 다른 학자들의 다양한 학설도 실려 있어서 유용하게 참조되었다. 정다산(丁茶山)의 『주역사전(周易四箋)』도 옆에 두고 수시로 살폈다. 본문에 인용하지는 않았지만 『주역』 관련 연구서들을 뒤에 참고문헌으로 덧붙였다.

이미 암시되었지만 이 작업은 『주역』의 내용을 객관적으로 고증하거나 뜻풀이하기 위한 것이 아니다. 필자는 그것을 이 시대, 오늘을 살고 있는 필자 자신의 정신으로 재해석하였다. 제철소의 직원들이 용광로 속에 광물의 원석들을 담아 정련하여 일반인들에게 소용되는 각종 생활용품을 만들어 내듯이 말이다. 사실 『주역』은 상징과 은유로 가득 찬 책인 만큼, 시공간을 넘어 그것을 읽는 사람의 주관적 관점이 작용하기 마련이다. 그러므로 필자의 작업에 필자 자신의 세계관과 삶의 철학이 개입되는 것은 당연할 수밖에 없다. 이 저술을 읽는 독자들 역시 각자의 관점과 삶의 처지에서 필자와 달리 해석할 수 있음은 물론이다. 그 밖에 미흡하거나 잘못된 부분에 대해서는 전공자들이 수정하고 보완하여 더 나은 저술을 내놓으시기를 바란다.

2016년 7월 어느 날
전북대학교 연구실에서
김기현

해설

1. 글의 체제와 방향

『주역』은 상하(上下)의 두 경(經)과 십익(十翼)으로 이루어진 책이다. 두 경은 괘효(卦爻) 및 괘사(卦辭)와 효사(爻辭)로 구성되어 있다. 아래에 설명될 8괘(八卦)는 전설상의 인물인 복희씨(伏羲氏)가 점을 치기 위한 수단으로 만들었고, 문왕이 그것들을 중첩시켜(8×8=64) 64괘로 발전시키고는 거기에 담긴 상징적 의미를 글(괘사 또는 단사(彖辭))로 덧붙였으며, 문왕의 아들인 주공(周公)이 384개의 효(爻, 하나의 괘는 여섯 효로 이루어져 있으므로 64×6=384가 된다.) 각각에 역시 글(효사)을 달았다는 것이다.

십익이란 「단전(彖傳)」 상하(上下), 「상전(象傳)」 상하, 「계사전(繫辭傳)」 상하, 「문언전(文言傳)」, 「설괘전(說卦傳)」, 「서괘전(序卦傳)」, 「잡괘전(雜卦傳)」을 통틀어 일컫는 말이다. 그것은 괘효의 원리와 순서, 그 철학적 함축 등을 밝힌 공자의 작품으로 알려져 왔는데, 오늘날 학자들은 그것을 후인들의 가필로 간주한다. 하지만 필자는 전통적인 사고방식에 따라 그것을 공자의 글로 인용하려 한다.

필자는 글의 체제를 다음과 같이 잡았다. 먼저 64괘 각각의 주제를 내걸어 설명한 뒤에 괘사와, 한 괘의 전체적 상징을 말한 괘상(卦象), 그리고 각괘의 효사를 순서대로 해설하였다. 이 과정에서 십익의 글들을 모두 번역하지는 않고 너무 난삽한 것은 배제하면서, 괘효의 함의를 풀어내고 심화하는 데 도움이 되는 것들만 인용하였다. 물론 여기에는 필자의 안목과 관점이 작용한다.

전통적으로 『주역』을 해석(연구)하는 데에는 대체로 두 가지 방법이 동원되었다. 이른바 상수역(象數易)과 의리역(義理易)이다. 먼저 상수역에 관해 살펴보자. '상(象)'이란 괘효의 상징을 일컫는 말이다. 아래에 살피는 것처럼 그것은 음양의 부호와 사상(四象: 태양(太陽), 소음(少陰), 소양(少陽), 태음(太陰)), 8괘, 64괘 및 거기에 담겨 있는 우주 만물의 갖가지 상징을 포괄한다. 공자는 한마디로 단언한다. "주역은 상(象)이다."(「계사전」)

'수(數)'는 '상'에 부수되는 상징적 숫자를 뜻한다. 그것은 원래 점을 치기 위해 고안되었다. 이를테면 음효(陰爻)를 '육(六)'으로, 양효(陽爻)를 '구(九)'로 표현하여 괘효를 설명하거나(음양을 그 숫자들로 상징화한 세부 사항에 관해서는 설명을 생략한다.), 50개의 점대를 일정한 숫자로 나누고 합산하여 해당되는 괘효의 점을 얻기도 한다. 더 나아가 그것은 천문이나 역법과도 연관되어 매우 어렵고 복잡한 양상을 띠기도 하였다.

상수역은 언어의 한계에 대한 자각 위에서 나온 것이다. 먼저 공자의 말을 들어 보자. "글은 말을 다 담지 못하고, 말은 뜻을 다 밝히지 못한다. (중략) 그래서 성인(聖人)이 상(象)을 세워 뜻을 다 밝히셨다."(「계사전』) 원래 말과 글은 사물을 지시하고 우리의 의사를 전달하기 위해 고안된 것이지만, 사실 그것들은 사물의 일면과 생각의 편린만을 드러내도록 되어 있다. 예컨대 "나는 남자다."라는 말은 성별만 밝힐 뿐 나이와 직업, 나아가 나의 전모를 전혀 밝혀 주지 못한다. 모든 말과 글이 그렇다. E. 카시러는 이 점을 다음과 같이 말한다.

사물의 이름은 어떤 사물의 진실을 우리에게 전하도록 의도되어 있지 않다. 어떤 이름의 기능은 언제나 어떤 사물의 특수한 어떤 면을 강조하도록 제한되어 있으며, 또 이름의 가치는 바로 이 한정과 제한에 의존하고 있다. 구체적 상태를 남김없이 지시하는 것이 이름의 기능이 아니라 다만 어떤 한 면을 드러내어 그것을 강조하는 것이 그 기능이다.(『인간이란 무엇인가』)

괘효사가 그토록 상징적이고 은유적인 까닭이 여기에 있다. 『주역』은 원래 점의 용도로 지어진 책인 만큼, 괘효의 의미를 한두 가지로 획정할 수 없었다. 점을 치는 사람마다 문제의식이 다르기 때문에 점사가 막연하고 포괄적이며 상징적일 수밖에 없는 것이다. 사람들이 그것을 각자의 관점에 따라 해석하여 받아들이도록 말이다. 그리하여 상수역의 학자들은 괘효사에 담긴 뜻을 구체적으로 풀이하려 하기보다는 괘효의 성분과 구조 등에 좀 더 많은 관심을 보인다.

이에 반해 의리역은 괘의 명칭이나 괘효사의 의미, 거기에 내재된 철학의 규명에 주의를 기울인다. 그것은 『주역』이 단순히 점치는 책에 불과한 것이 아니라 세계관과 삶의 철학을 담고 있음에 주목한다. 일찍이 서양 사회에 『주역』을 번역 소개하는 데 큰 역할을 한 리하르트 빌헬름은 말한다. "역경(易經)의 철학은 인간의 의식적인 삶에서부터 무의식적인 영역으로까지 더욱 깊이 파고 들어가 (중략) 우주-영혼의 체험에 대한 통일적 이미지를 전달해 준다. 이것은 개인을 초월하여 인류라는 집단적 실존에까지 미치고 있다."(『주역강의』) 물론 의리역의 학자들이 상수의 요소를 무시하는 것은 아니다. 그들은 상수에 관심을 갖되 괘효사에 내재되어 있는 삶의 지혜와 철학을 밝혀 내려 하며, 특히 상징적이고 은유적인 괘효사에서 처세의 지혜를 찾는다.

하지만 의리역은 어떤 약점을 갖고 있다. 그것은 괘효사의 의미를 구체적으로 한정함으로써 그것의 풍부한 상징성을 빈약하게 만들고 만다는 점이다. 그것은 마치 독자들마다 각자의 관점에서 다양하게 해석할 수 있는 뛰어난 시를 한두 가지의 뜻으로 축소해 버리는 것과도 같다. 그러한 문제점은 『주역』이 점치는 책이라는 점을 감안하면 더욱 분명하게 드러난다. 이를테면 사업의 불운을 벗어나려는 관심에서 점을 쳤는데, 결혼을 주제로 하고 있는 〈귀매(歸妹)〉괘를 얻었다면 의리역의 관점으로는 이해하기 어려울 것이다. 그러므로 의리역에 관심을 갖는 사람은 아래에 소개하는 M. 엘리아데의 글을 유념할 필요가 있다.

이미지와 상징은 다른 인식 수단으로는 전혀 포착할 수 없는 현실의 어떤 심오한 양상들을 보여 준다. 이미지, 상징, 신화는 아무렇게나 만들어 놓은 창조물이 아니다. 그것들은 어떤 필요성에 응하고 있으며 어떤 기능을 다하고 있다. 그 기능은 존재의 가장 내밀한 양상을 숨김없이 드러내는 데 있다.(『이미지와 상징』)

다가적(多價的)인 이미지를 한 가지 사실과 관계 맺어 줌으로써 구체적인 한 개의 용어로 해석하는 것은 이미지를 훼손시키는 것보다 오히려 나쁜 일이며, 인식의 도구로서의 이미지를 절멸시키고 폐기시키는 일이다.(『이미지와 상징』)

하지만 필자는 이러한 위험을 무릅쓰고 의리역의 관점에서 글을 전개하려 한다. 괘효사에 담겨 있는 삶의 철학과 지혜를 찾고 싶어서다. 상수역의 관심만으로는 『주역』의 인생 철학을 밝혀 낼 수 없기 때문이다. 물론 그 바탕에는 상수역의 성과가 깔려 있다. 그리하여 필자는 64괘의 명칭을 일정하게 주제화하였고, 괘효사를 각 주제에 맞게 풀이하려 하였다. 이에 대해서는 여러 이견이 있을 수 있다. 그러한 '이견'은 필자와는 다른 관점의 산물일 것이므로, 독자들은 필자의 주장에 구애받지 말고 괘효사의 '다가적인 이미지'를 풀어 나가도 좋다. 위대한 시가 독자의 관점에 따라 다양하게 해석될 수 있는 것처럼 말이다.

2. 기본 관념

『주역』을 이해하기 위해서는 먼저 괘효의 의미를 알아야 한다. 먼저 괘는 기본적으로 두 개의 부호, 즉 – – 와 — 로 조직되어 있다. 전자를 음효, 후자를 양효라 부른다. 여기에는 세계와 삶에 관한 기본 관념이 내포되어 있다. 세상만사는 상반적인 두 힘(성질)의 상호 작용에 의해 생성 변화한다는 생각이다. 이는 뒷날 음양의 철학으로 발전한다. 이에 관해 좀 더 자세히 살펴보자.(이하의 내용은 김기현의 『선비』에 해설된 음양론을 축약한 것이다.)

음양이란 사물의 생성 변화에 작용하는 두 개의 이질적이고 상대적인 동력 또는 성질을 범주화한 것이다. 이에 의하면 모든 생성과 변화, 그리고 발전은 하나의 힘이나 성질만 가지고는 이루어질 수 없으며, 그것은 반드시 성질이 다른 또 하나의 상대적인 힘을 필요로 한다. 만사만물은 이 양자의 상호 작용 속에서 존재하고 생성해 나간다. 이 가운데 생성적이고 진행적인 힘(성질)을 범주화한 것이 양이요, 이와 상대적으로 쇠멸적이고 퇴행적인 힘을 범주화한 것이 음이다. 이는 음양이 이원적인 것이 아니라 한 힘의 역동적인 분화 양상임을 일러 준다. 나아가 음양의 관념은 사물들의 존망(存亡)·동정(動靜)·명암(明暗)·대소(大小)·상하(上下)·내외(內外) 등 존재 현상이나, 인간사의 존비(尊卑)·귀천(貴賤)·길흉(吉凶)·선악(善惡) 등 가치 관념상 각종 대립적인 성질들까지도 망라한다. 『주역』의 괘효는 이러한 음양 관념을 능란하게 응용하고 있다.

음과 양은 이질적이고 상대적이지만, 그렇다고 해서 고정적이거나 불변하는 것은 아니다. 그것들은 끊임없는 유동과 변화의 역동성을 갖고서 일정한 한도와 주기 속에서 상호 순환적으로 자기 모습을 바꾸어 나간다. 다시 말하면 "어떤 사물이든지 그 끝에 이르면 반전하는[物極則反]" 자연의 이치에 따라 음은 양으로, 양은 음으로 변한다. 우주 만물의 생성과 변화는 바로 이 두 힘의 부단한 상호 작용 속에서 이루어진다.

음양이 역동적인 성질을 띠고 있는 만큼 백 퍼센트의 순수한 양도, 백 퍼센트의 순수한 음도 없으며, 양자는 상호 내포적이다. 달리 말하면 음양은 그 각각 자체 내에 자기 부정의 동력을 갖고 있다. 움직임은 그 자체 정지의 힘을 수반하며, 생성은 쇠멸을 수반한다. 나아가 자연이나 사회 내 모든 현상이 자체 그에 상반하는 경향을 수반한다. 이때 수반이란 일자의 전멸 뒤에 타자가 출현한다는 의미의 시간적 계기성을 뜻하지 않는다. 양자는 동시적이다. 움직임의 순간에 이미 정지의 동력이 있으며, 새로운 생성은 기존의 쇠멸 과정 속에서 진행된다.

음양의 상대성은 일견 양자의 상호 반발적이고 모순적인 성질을 뜻하는 것처럼 보인다. 하지만 음과 양은 양립을 거부하면서 서로 배척하기보다는 오히려 자기 발전과 완성의 조건으로 상대를 기다리고 필요로 하며, 나아가 양자는 상호 간 생산적인 조화를 지향한다. 서양 양자역학의 개척자 닐스 보어가 그의 집안의 문양인 음양도(陰陽圖) 아래에 적어 놓은 글귀처럼, "대립적인 것은 상보적이다." 동(動)과 정(靜)이 이루어 내는 행위나, 낮과 밤의 하루가 그러하다. 나아가 사회 내 인간관계도 이와 다를 것이 없다. 사람은 상대를 기다려서만, 상대와의 조화로운 관계 속에서만 자신의 존재를 긍정하고 성취할 수 있으며, 상대를 지켜 주고 튼튼하게 받쳐 줄수록 자신을 위대하게 완성할 수 있다.

음양 사상은 사물들 사이의 존재론적인 관련을 부정하면서 사물들 각각의 실체성을 강조하는 개체주의적 사고를 거부한다. 만물은 일자가 타자에게 의존하면서 서로서로 보충해 주는 가운데에서만 존재하고 생성해 나가는 법이기 때문이다. 이 세상에 타자와 상호 교섭 없이 단독자로 존재할 수 있는 것은 아무것도 없다. "천지만물의 이치상 고립되어 있는 것은 아무것도 없다. 반드시 상대가 있는 법이다."(『근사록(近思錄)』)

그러므로 한 사물이 그 주변에서 만나는 각종의 상대야말로 그것의 존재 및 생성을 위한 불가결의 조건이 아닐 수 없다. 이는 우리가 한 사물의 본질을 파악하고자 할 때 그 사물의 내부로만 탐구의 시선을 집중시켜서는 안 되며, 그것의 존재를 지탱해 주는 바깥의 조건들을 함께 검토해야 함을 일러 준다. 일자는 본질적으로 타자를 그의 존재 안에 내포한다. 그러므로 사람들은 타자의 간섭과 제약을 거부하지 말고 오히려 그것을 자신의 존립과 발전상 유의미한 것으로 받아들여 화해로운 마음속에서 자타 공동의 이념을 실현해 나가야 한다. 이것이 바로 음양 사상이 배태하는 사회 공동체 이념의 원형이다.

『주역』의 괘효(사)는 이러한 음양 사상을 자연 현상과 삶의 모든 상황에서 능숙하게, 자유자재로 응용하고 있다. 그러므로 그 책을 올바로 이해하려면 우리도 음양 관념에 익숙해야 한다. 그 책을 단지 과학적인 논리로만 분석하려 해서는 안 된다. 정신 심리학자 칼 구스타프 융이 영문권의 세계에 『주역』을 소개하는 글을 쓰면서 사람들에게, '인과론적 사고'를 버릴 것을 주문한 뜻도 여기에 있을 것이다.(《정(鼎)》괘 구사효(九四爻) 해설 참조)

3. 괘효의 구조

공자는 「계사전」에서 다음과 같은 말을 한다. "모든 생성 변화의 근저에는 태극(太極)이 있다. 그것이 양의(兩儀)를 산출하고, 양의가 사상(四象)을 산출하며, 사상이 팔괘(八卦)를 산출한다.〔易有太極　是生兩儀　兩儀生四象　四象生八卦〕" 이 글의 의미를 논의하기에 앞서, 고래로 전해져 내려온 도식을 한번 살펴보자.

```
==  ==      ==  ==    팔괘

==  ==      ━━  ━━    사상

━━    ━━    ━━━━      양의

        태 극
```

이는 괘효가 태극 위에 양의, 양의 위에 사상, 그리고 사상 위에 팔괘로 진행됨을 보여 준다. 모든 괘효의 시작과 변화는 이처럼 아래에서 위로 진행, 전개된다. 이는 아마도 땅속의 뿌리로부터 위로 성장하는 식물의 모습에서 차용된 형상이 아닌가 생각된다. 『주역』의 사고방식은 그렇게 농업 문화에서 배태된 것이다. 만약 천상의 창조주(신) 신앙이 지배적이었다면 위의 그림은 어쩌면 거꾸로 그려졌을지도 모른다.

태극을 어떻게 이해할 것인가 하는 문제에 대해서는 학설이 분분하다. 예컨대 이학자(理學者)들은 그것을 자연의 섭리로, 기론자(氣論者)들은 만물 생성에 시원적인 기(氣, 간단히 말하면 에너지)로 이해한다. 어쨌든 그것은 자연 만물의 제일 원리이므로 양의의 두 부호와 달리 어떤 형상도 갖지 않는다. 『주역』으로 점을 칠 때에 50개의 점대 가운데 하나를 따로 빼어 두는 것도 이러한 까닭에서다. 그것은 불변의 태극을 상징하는 것으로 여겨진다.

양의 역시 학설의 나뉨이 있지만 성리학자들은 일반적으로 음양으로 해석한다. 일원의 태극에서 두 개의 상반적인 동력이 생겨난다는 것이다. 효(爻)의 관념이 여기에서 비롯된다. ━ 은 양효이고, ─ ─ 은 음효다. 괘효상 양효는 '구(九)'로, 음효는 '육(六)'으로 표기된다. 예컨대 한 괘의 여섯 효 가운데 처음 효는 초구(初九) 또는 초육(初六)으로, 그리고 차례로 구(육)이(九(六)二), 구(육)삼(九(六)三), 구(육)사(九(六)四), 구(육)오(九(六)五), 상구(육)(上九(六))으로 이어진다.

사상의 의미에 대해서도 주장이 분분하지만, 성리학자들은 음양의 분화 양상으로 이해한다. 태양, 소음, 소양, 태음이 그것이다. 앞의 그림에서 살피면 ⚌, ⚎, ⚍, ⚏이 이에 해당된다. 이는 음양이 독립적인 실체가 아니며, 양 가운데 음이, 음 가운데 양이 있다는 사고방식의 산물이다. 이를테면 남녀를 음양으로 나누어 말하지만 남자에게도 음적인 성질이, 여자에게도 양적인 성질이 다소 있다는 것이다. 우리 전통의 사상의학(四象醫學)은 이러한 이치를 사람의 체질 판단에 응용하고 있다.

팔괘는 사상의 진행 발전 형태로서, ☰ ☱ ☲ ☳ ☴ ☵ ☶ ☷의 도식을 일컫는다. 이에는 각각의 명칭이 있다. 건(乾)☰, 태(兌)☱, 이(離)☲, 진(震)☳, 손(巽)☴, 감(坎)☵, 간(艮)☶, 곤(坤)☷이다. 괘효의 자연적인 상징성이 여기에서 비로소 드러난다. 공자의 말을 들어 보자. "옛날에 복희씨가 천하를 다스릴 적에 위로는 천문 현상을 살피고, 아래로는 땅의 형세를 살피고, 새와 짐승들의 생활 양식과 각 지역의 풍속을 살피고, 원근으로 인간의 삶과 만물의 이치를 통찰하여 8괘를 만들었다. 그리하여 거기에 자연의 신묘한 섭리를 담고 만물의 실정을 은유하였다."(「계사전」) 이를 대체적으로 살펴보면 다음과 같다.(본문에서는 이를 다양하게 응용할 것이다.)

괘의 상징과 특성　　괘명	상징(괘상(卦象))		속성(괘덕(卦德))
건(乾)	하늘	아버지	강건함. 창조적 동력
태(兌)	연못	막내딸	기쁨. 행복
이(離)	불, 태양	둘째딸	밝음. 지혜
진(震)	우레	큰아들	움직임. 활동성. 진취성
손(巽)	바람, 나무	큰딸	온순함. 유연함. 겸손.
감(坎)	물	둘째아들	험난함. 위험
간(艮)	산	막내아들	머무름. 부동의 정신
곤(坤)	대지	어머니	헌신. 순종. 수용. 두터움의 정신

　64괘는 8괘의 연장선상에서 창안된 것이다.(8괘를 단괘(單卦)라 하고 64괘를 중괘(重卦)라 한다.) 즉 8괘의 효 위에 (마치 벽돌을 쌓아 올리듯이) 양효(一)와 음효(- -)가 세 번 더 덧붙여지면서 여섯 개의 효로 이루어진 것이 64괘다.(아래의 3효 단괘를 하괘(下卦) 또는 내괘(內卦)라 하고, 위의 3효 단괘를 상괘(上卦) 또는 외괘(外卦)라 일컫는다.) 이는 음양의 이치가 여섯 번 복합될 정도로 자연 만물과 인간 만사가 복잡다단함을 은유한다. 물론 음양은 여섯 번에 그치지 않고 무한하게 중첩될 수도 있겠지만, 그리하여 효가 여섯 개에 (따라서 괘도 64개에) 그치지 않고 한없이 늘어날 수도 있지만, (뒤에 〈복(復)〉괘에서 살피는 것처럼) 자연의 이치는 7일째에는 되돌아온다. 공자는 말한다. "빛과 어둠이 반복되어 7일을 주기로 되돌아오는 것, 그것이 자연의 이치이다."

　한편으로 8괘의 세 효는 우주 자연의 위대한 구성 요소인 하늘과 땅과 인간의 '삼재(三才)'를 상징하기도 하는데(아래의 효는 땅, 가운데 효는 사람, 위의 효는 하늘에 해당된다.), 64괘의 여섯 효는 이를 두 곱으로 만든 것이기도 하다. 하늘과 땅과 인간 각각에게 음양의 두 성분이 내재해 있기 때문에 3×2=6이 되는 것이다. 공자는 다음과 같이 말한다. "옛날에 성인이 주역을 지으신 것은 사람들에게 천지의 이치와 인간의 도리에 따라 살도록 하려는 뜻에서였다. 하늘의 이치를 음과 양으로 천명하고, 땅의 이치를 부드러움과 강함으로 천명하며, 사람의 도리를 사랑과 의로움으로 천명하시니, 이러한 삼재의 이치를 함축하여 두 배로 하였기 때문에 주역이 여섯 개의 효로 괘를 이룬 것이다."(「설괘전」)

　이처럼 64괘가 조성되어 일정하게 배열되고 각 괘에 명칭이 부여되면서 그것은 우주 자연의 질서 관념과 삶의 지혜를 내장하게 되었다. 예컨대 64괘는 〈건(乾)〉, 〈곤(坤)〉의 순서로 시작되는데, 전자는 만물 생성의 동력을 뜻하며, 후자는 생성에 필요한 질료의 뜻을 갖는다. 그리하여 만물의 생성과 변화는 '건'과 '곤'이라는 두 실재의 상호 작용에 의해 이루어진다. 한편 64괘는 〈기제(旣濟)〉와 〈미제(未濟)〉로 끝을 맺는데, 간단히 말하면 전자는 완성을, 후자는 미완성을 뜻한다. 완성은 미완의 새로운 시작으로 이어진다는 것이다. 이는 세계의 창조와 종말을 부정하면서 만물의 생성과 변화가 영원무궁함을 주장하는 뜻을 함축하고 있다. 말하자면 자연은 만물의 생성 변화의 영원한 역동적 과정이다. 이에 관해서는 본론에서 '종시(終始)'의 사물관(존재론)이라는 주제로 고찰하려 한다.

4. 괘효 해석의 기준

『주역』의 괘사와 효사는 자연 현상이나 인간의 삶에 관한 단상들을 그저 단편적이고 무질서하게 끌어모아 놓은 것이 아니다. 때로는 "귀에 걸면 귀걸이, 코에 걸면 코걸이"의 혐의가 보이기도 하지만 64괘, 384효의 글들에는 그 나름대로 일정한 논리가 지배한다. 이는 우리가 괘효사를 해석하는 데 유념해야 할 사항이다. 물론 그것은 학자들마다 다르고 상충되기도 하여 혼란스러운 경우도 적지 않다. 그것들을 모두 검토하여 정리하는 것은 필자의 역량을 벗어나는 일이므로, 괘효사를 해석하는 데 옛날부터 일반적으로 인정되어 온 몇 가지 기준을 간략하게 소개하는 것으로 그치려 한다.

첫째 시공간적인 상황이다. 중국의 성리학자 정이(程頤)는 말한다. "주역은 변화를 주제로 한다. 수시 변화의 정신에 입각하여 진리를 밝히려는 것이다."(『주역』의 주) 서양의 학자들이 『주역』을 "변화의 책(*Book of Changes*)"이라고 번역하는 것도 이러한 뜻을 반영하고 있다. 그러므로 64괘, 384효를 해석하는 데에는 끊임없이 변화하는 시공간적 상황을 염두에 두어야 한다. 예컨대 〈준(屯)〉괘는 모든 시작의 어려움을 주제로 하고 있고, 〈해(解)〉괘는 해방 시절의 과제를 논의한다. 당연히 효들을 해석하는 데에는 해당 괘의 주제는 물론, 거기에 담겨 있는 시공간적 상황을 전체적으로 고려해야 한다.

둘째 효의 위치이다. 같은 괘 안에서도 효사가 달라지는 것은 효의 위치가 다르기 때문이다. 시간적 의미와 함께 공간적 의미까지 고려하는 것이다. 여기에서 '공간'이란 한 사람이 처해 있는 사회적 위상을 함의한다. 예를 들면 한 괘 안에서 다섯 번째 효는 대개 지도자의 자리를, 첫 번째 효는 낮은 지위나 아예 지위를 갖지 못한 경우를, 마지막 효는 지위를 잃은(벗어난) 사람을 은유한다. 물론 효들 사이의 위아래도 고려의 대상이 된다. 거기에는 지배와 복종의 권력 관계가 형성되어 있을 수 있으며, 그렇지 않다 하더라도 이웃으로서 중요한 의의를 갖기 때문이다.

셋째 효의 성질이다. 괘효의 판단은 그것이 음효인가 양효인가에 따라 달라진다. 일반적으로 양효는 강한 힘을, 음효는 약한 힘을 갖는 것으로 평가된다. 〈건(乾)〉괘의 여섯 양효가 그 대표적인 예에 해당된다. 물론 효의 위치도 당연히 고려해야 한다. 그것이 제자리에 있는가 여부에 따라 해당 효의 성질이 달라지기 때문이다. 여기에는 숫자상 1, 3, 5의 기수를 양에, 2, 4, 6의 우수를 음에 해당시키는 음양 사상이 작용한다. 그리하여 음효가 2, 4, 6의 자리에, 양효가 1, 3, 5의 자리에 있으면 올바른 성질을 발휘하는 것으로, 그렇지 않으면 옳지 않은 것으로 평가된다. 물론 이는 원칙일 뿐이며, 위아래 효들과의 관계 등 많은 변수를 갖는다.

넷째 중도(中道)의 정신이다. 이는 제2효와 제5효를 염두에 둔 것이다. 이들은 각각 하괘와 상괘의 가운데에서 중심적 위치에 있으므로 중도의 정신을 표상한다. 만약 제2효가 음효요 제5효가 양효라면 '올바른' 성질에 중도의 정신까지 발휘하니 더 할 나위 없이 좋다. 설사 그렇지 않다 하더라도 그것들은 대개 좋게 평가된다. 중도는 『주역』에 일관되어 있는 '시중(時中)'의 정신에 맞기 때문이다. 즉 상황을 고려함이 없이 '올바른' 원리 원칙만 따지는 경직된 태도보다는, 적중한 상황 판단 속에서 시의에 맞게 처사하는 유연한 정신이 지혜롭기 때문이다. 말하자면 정도(正道)보다는 중도의 정신이 훨씬 고차원의 안목이다.

다섯째 호응 여부다. 하괘의 세 효와 상괘의 세 효가 음양으로 호응하고 있는가를 살피는 것이다. 원칙적으로 첫째 효와 넷째 효, 둘째 효와 다섯째 효, 셋째 효와 여섯째 효가 음양으로 호응하면 좋게 평가된다. 그들은 상호 보완적이고 협조적이기 때문이다. 이와는 달리 대응 관계에 있는 이들이 둘 다 음효이거나 양효라면 좋지 않다. 그들이 같은 성질을 갖고 있어서 서로 조화를 이루지 못하고 대립 갈등하기 때문이다. 이는 음양 사상을 그 기저에 깔고 있다. 음양의 조화 속에서만 만물이 생장하는 만큼 음끼리, 또는 양끼리는 어떠한 생산적 결실도 얻을 수 없다는 것이다. 동성애가 그 예증이다.

필자는 이와 같은 기준에 입각하여 본문에서 괘효들의 해설에 앞서 그것들의 형식적 구조를 간단히 풀이해 두었다. 당연히 거기에는 세계와 삶의 모든 현상을 의미 규명하고 가치 정립하려는 뜻이 담겨 있다. 그러므로 『주역』에 담긴 세계관과 삶의 철학은 저 준거들을 어떻게 해석하고 활용하는가에 따라 달리 구성될 수 있다. 물론 그것들을 개별적으로 다루어서는 안 되며, 높은 안목으로 종합적으로 고려하면서 융통해야 한다. 괘효사의 해석론이 학자들마다 다른 까닭도 여기에 있다. 수많은 은유와 상징성에 더하여 복잡한 판단 준거들이 그 해석을 다양하게 만드는 것이다.

차례·上

1. 창조적 역량의 온축과 행사

건(乾)

인간은 자기 자신에 관해 질문을 던질 줄 아는 유일한 존재다. 나는 누구인가? 어디에서 왔는가? 어디로 가는가? 더 나아가 만물의 근원은 무엇인가? 이처럼 심각한 의문의 '블랙홀'에 빠지면 이성은 답을 찾지 못한다. 진화론이 생물의 기원을 밝히고, 물리학이 우주의 빅뱅을 이야기하지만, 사람들은 그것들로 결코 만족하지 못한다. 나 자신과, 만물의 존재와 무를 둘러싸고 있는 신비는 여전히 풀리지 않기 때문이다. 게다가 과학은 어떻게 사는 것이 가치 있고 의미 깊은지에 관해서 무관심하다.

이처럼 이성이 침묵을 지키는 자리에서 신앙이 싹튼다. 많은 사람들은 세계 만물의 정점에 조물주(신)의 존재를 상정하면서 그에게 귀의하려 한다. 인류 유사 이래 각종의 신화와 종교들이 이를 잘 말해 준다. 그러한 신앙이 비록 과학 이론에 어긋난다 하더라도 그들은 크게 괘념하지 않는다. 조물주는 삶의 온갖 비애와 번민과 고통을 풀어 주고 죽음의 공포까지도 이기게 해 줄 구원자로 여겨지기 때문이다. 이제 존재의 신비 앞에서 고개 숙여 침묵을 지키던 이성이 여기에서 비로소 활동을 시작한다. 이성은 조물주의 뜻을 읽어 '안심입명(安心立命)'할 길을 만든다.

이러한 사고와 신앙 형태는 우리의 조상에게서도 그대로 드러난다. 그들은 '하늘과 땅'을 인간과 세계 만물의 근원으로 신앙하면서 그것의 이치를 헤아려 삶을 영위하고자 했다. 그들이 신앙했던 '하늘과 땅'은 물론 가시적이고 물리적인 시공간을 뜻하지 않는다. 그들에게 그것은 무한하고 무변한 시공간을 열어 신비롭게도 만물의 생장쇠멸을 주관하는 형이상학적 실재로 여겨졌다. 우리의 고전에서 그러한 사고(신앙)를 최초로 보여 주는 책이 바로 『주역』이다. 그 책에서 공자는 말한다. "천지는 만물을 생육하는 위대한 역량을 갖고 있다.〔天地之大德曰生〕"(「계사전」). 이후의 저작인 『중용』 또한 말한다. "천지의 도는 한마디로 요약될 수 있다. 그것은 만물을 신묘하게 생성한다." 『주역』이 〈건〉괘와 〈곤〉괘를 책 제일 앞머리에 둔 까닭이 여기에 있다.

'건'은 옥편상 하늘을 뜻하지만, 엄밀히 말해 '천(天)'과는 다른 의미를 내포하고 있다. 즉 그것은 가시적이고 물리적인 하늘과는 달리, 그 이면에서 작용하는 하늘의 속성을 지시한다. 그 속성이란 만물을 생육하는 창조적 역량을 뜻한다. 공자는 말한다. "건은 하늘로서 만물의 아버지요, 곤은 땅으로서 만물의 어머니다.〔乾 天也 故稱乎父 坤 地也 故稱乎母〕"(「설괘전(說卦傳)」) 물론 이 인용문이 암시하는 것처럼 만물의 생성은 하늘(건)의 힘만 가지고 되는 것이 아니다. 그것은 후술하는 바와 같이 땅(곤)의 또 다른 역할을 필요로 한다.

이는 과학적인 사고방식으로는 터무니없는 것처럼 여겨지겠지만, 생태학적 관점에서는 여전히 주목할 만한 내용을 갖고 있다. 천지는 오늘날 자연에 가까운 개념으로서, 그 안에 존재하는 만물의 요람이요 뭇 생명의 근원적인 모태다. 이 세상에 하늘과 땅을 벗어나 존재할 수 있는 것은 없으며, 그 모두 하늘과 땅의 영향을 지대하게 받고 있다. 그러므로 역시 "건(하늘)은 만물의 아버지요, 곤(땅)은 만물의 어머니"라 할 만도 하다. 퇴계(退溪) 이황(李滉, 1501~1570)은 그러한 천지의 정신을 음미하면서 다음과 같이 노래한다.

온갖 꽃이 피고 지는 그 일은
만물을 생성하는 천지의 마음
심고 가꿔 정원에 가득하니
좋은 감상 오랠수록 더욱더 깊어지네.
開落百花事　　乾坤造化心
栽培遍庭院　　佳玩久逾深(「시화(蒔花)」)

이는 퇴계가 단순히 꽃을 재배하고 감상하는 취미를 읊은 것이 아니다. 그는 "온갖 꽃이 피고 지는 그 일"에서 "만물을 생성하는 천지의 마음"을 읽었다. 여기에서 '천지의 마음'이란 달리 말하면 천지자연의 생명 정신을 뜻한다. 우리가 초봄에 온갖 초목들에서 돋아나는 새싹들에서 느끼는 것처럼, 천지자연은 그렇게 만물에게 생명을 부여하는 하나의 거대한 유기체다. 퇴계는 꽃 앞에서 그러한 생명 정신을 직관하면서 꽃과 자신이 하나로 어우러지는 생명의 정원을 일구고자 했다.

이제 '건'의 속성을 괘 안에서 살펴보자. 〈건〉괘는 상괘(上卦)와 하괘

(下卦)가 모두 '건' ☰으로서, 여섯 개의 양효로만 이루어져 있다. 음양론상 '양(陽)'은 강력하고 남성적인 힘을 상징한다. 이는 〈건〉괘가 그 핵심적인 의미를 창조적인 역량에 두고 있음을 암시한다. 그리하여 선비들은 창조 정신의 최고 정점에 있는 '하늘'에서 삶의 지혜를 배우려 했다. 중국 송나라의 학자 소옹(邵雍, 1011~1077)은 말한다. "하늘을 모르면 인간의 본질과 삶의 이치를 알 방법이 없다."(『주역절중』)

〈건〉괘는 인간 세계에서 사람들이 창조 정신을 어떻게 발휘해야 할 것인가에 관해 말한다. 이 괘는 그것을 '용(龍)'으로 은유한다. 다 아는 것처럼 용은 구름과 비를 몰고서 온갖 조화를 부리는 상상 속의 상서로운 동물로서, 창조적인 역량의 대표적 상징으로 여겨진다. 그러므로 〈건〉괘에서 용이 (여섯 효(爻)의) 상황에 따라 변신하는 모습은 사람들이 배워야 할 지혜를 함축한다.

괘사卦辭

하늘은 원(元)하고 형(亨)하고 이(利)하고 정(貞)하다.
乾 元 亨 利 貞

『주역』은 자연의 섭리를 하늘(건)과 땅(곤)으로 나누어 말한다. 그것은 하늘의 역할과 땅의 역할이 다르기 때문이다. 그 구체적인 내용에 관해서는 〈곤〉괘에서 재론하기로 하고, 여기에서는 양자(천지)를 일단 통합해서 논의해 보자. 만물이 생장 쇠멸하는 현장에서 살피면 하늘과 땅, 즉 자연의 섭리는 한 가지로 나타나기 때문이다.

자연의 섭리는 과연 무엇일까? 이에 관해 "천지는 만물을 생육하는 위대한 역량을 갖고 있다."는 공자의 말을 음미해 보자. 앞서 말한 것처럼 천지자연은 단순히 만물의 시공간적인 집적 현장에 불과한 것이 아니다. 그것은 만물에게 생명을 부여하고, 그들의 생성 쇠멸을 주재해 나가는 하나의 거대한 창조적 역량이다. 말하자면 "자연은 살아 있다." 우리는 그것을 사계절의 변화 속에서 끊임없이 이어지는 생명 현상에서 추측해볼 수 있다. 가을과 겨울, 초목이 쇠락하는 순간에도 자연의 생명 정신(생생 섭리)은 그것들의 뿌리에서부터 가지 끝까지 간단없이 활동하면서 새봄을 준비하는 것이다. 조선 중기 하서(河西) 김인후(金麟厚, 1510~1560)는 이를 다음과 같이 노래한다.

가을에 서리 맞아 시드는 게 애석하지만
봄이면 땅에 솟는 푸르름이 어여쁘구나.
모름지기 생명의 뜻을 볼지니
일찍이 한순간도 멈춘 일이 없어라.
秋惜經霜萎　　春憐迸地靑
須看生意思　　一息不曾停(「시기백고(示奇伯顧)」)

그런데 자연의 생명 활동은 결코 무질서하지 않다. 그것은 일정한 전개 양상을 갖는다. 우리는 그 모습을 만물이 태어나고, 성장하며, 열매를 맺고, 자신을 완성하는 현상에서 일상으로 목격한다. 〈건〉괘의 괘사에서 말하는 '원(元)·형(亨)·이(利)·정(貞)'은 이러한 자연 현상에 주목하여 내린 결론이다. 즉 그것은 만물의 생성 변화상 시작과 성장과 결실과 완성의 과정에 작용하는 섭리의 각 국면을 범주화한 개념이다. 사물의 생장 쇠멸은 아무런 뜻도 없이 다만 우연히, 또는 기계적으로 이루어지는 것이 아니라, 자연의 섭리가 부여하는 의미와 방향성의 지배를 받는다는 것이다. 달리 말하면 자연은 원·형·이·정이라는 섭리의 연속적이고 역동적인 전개 속에서 만물을 영원히 생성하고 변화시켜 나간다. 공자는 이를 다음과 같이 말한다. "자연의 섭리는 역동적이다. 만물은 그 섭리를 제각각의 형식(본성)으로 받아들여 실현하면서 자연의 위대한 조화에 참여한다. 자연은 만물을 이렇게 결실하고 완성한다.〔乾道變化 各正性命 保合大和 乃利貞〕"(「단전」)

혹자는 이에 대해 자연의 섭리를 굳이 그처럼 나누어 말할 필요가 있는가 하고 의문을 가질 수도 있을 것이다. 하지만 그것은 사람들에게 자연의 섭리에 따라 올바르게 살도록 하려는 교육 방편적인 뜻을 갖고 있다. 이는 이를테면 사람들이 일 년을 춘하추동 사계절과 열두 달, 더 나아가 24절기로 나누어 놓은 이유나 마찬가지다. 사람들이 그에 따라 자연의 이치를 일상 속에서 쉽게 헤아림으로써 삶을 성공적으로 영위하게 하려 했던 것이다. 이제 아래에서는 원·형·이·정에 담긴 뜻을 살펴보자.

'원'은 자연의 원초적인 생명 정신, 또는 자연의 생명 정신 그 자체를 의미한다. 그것은 만물에게 생명을 부여하고 그들의 생명 활동을 지배하며 이끌어 나가는 자연의 근원적인 정신이다. 한겨울의 혹심한 추위를 견디고 새싹을 틔우는 봄의 정신은 이의 시적인 영상이다. 공자는 이를 다음과 같이 찬탄한다. "위대하구나. 하늘의 원(元)이여. 만물이 그로부터 생명의 기운을 얻나니, 삼라만상의 생성 변화를 이끌어 가는 도다[大哉 乾元 萬物資始 乃統天]"(「단전」) "지극하구나. 대지의 원(元)이여. 만물이 그로부터 생명의 질료를 얻나니, 하늘에 부응하여 만물을 생장시키는도다![至哉 坤元 萬物資生 乃順承天]"(「단전」) 여기에서 '대지(의 원)'는 '하늘(의 원)'에 상응한 말이다. '하늘'이든 '대지'든 독자적으로는 만물을 생성할 수 없다. 양자의 상호 보완 속에서만, 즉 전자의 무형적 생명 기운과 후자의 유형적 생명 질료를 함께 얻어야만 생명의 탄생이 가능하겠기에 말이다.

군자는 이와 같은 자연의 생명 정신에서 생명적인 사랑을 배운다. 그는 만물에게 예외 없이 생명을 부여하고 길러 주는 자연을 본받아, 인류를 자신의 품에 깊이 보듬어 안으면서 그들의 생명을 보살피고 키워 주려 한다. 그가 만민의 스승이 될 수 있는 것은 이 때문이다. 공자는 말한다. "군자는 천지의 생명 정신을 체득하여 만민의 어른이 된다.[君子 體仁 足以長人]"(「문언전」) "성인은 만민 위에 우뚝 나서서 세계의 평화를 이룩한다.[首出庶物 萬國咸寧]"(「단전」) 이는 군자(선비)의 핵심 정신이 사랑에 있음을 시사한다. 공자는 말한다. "군자가 사랑을 버린다면 어떻게 군자라는 이름을 얻을 수 있겠는가.[君子去仁 惡乎成名]"(『논어』) 이 '사랑'은 표피적이고 육감적인 것을 넘어서 자타 간 생명을 깊이 공감하고 상통하는 물아일체의 마음을 담고 있다.

'형'은 생명 형통의 정신을 뜻한다. 이는 생명을 길러 꽃 피우는 정신이다. 모든 생명은 발아에 이어 성장의 단계를 갖는데, 이때 작용하는 정신이 바로 '형'이다. 한여름 초목 무성한 모습이 이의 구현태라 할 수 있다. 공자는 말한다. "구름이 흐르고 비가 내려 만물이 제각각의 모습으로 생명 활동을 펼쳐 나가는구나.[雲行雨施 品物流形]"(「단전」) 이황 또한 이를 다음과 같이 노래한다. "초여름 한 기운이 두루두루 퍼지더니 / 산과 숲의 만물이 다투어 제 모습을 펼치네 / 용왕(龍王)이 때맞추어 비 내려 푹 적시니 / 하늘이 지친 백성을 은혜롭게 되살리네.(후략)"(「우청술회(雨晴述懷)」)

역시 군자는 여기에서 개체들의 생명 활동을 이끌고 모두를 조화롭게 통합하는 자연의 생명 질서를 읽는다. 그는 거기에서 자타 간의 아름다운 어우러짐과, 더 나아가 아름다운 사회 통합을 꿈꾼다. 그는 그것이 생명의 질서 있는 교류 속에서만 가능함을 깨닫는다. 예의는 자타 간 교류해야 할 생명 질서를 도덕 규범화한 것이다. 공자는 말한다. "군자의 아름다운 만남은 예의를 통해서 이루어진다.[嘉會 足以合禮]"(「문언전」)

'이'는 생명 결실의 정신이다. 만물은 이 단계에서 각각의 본성에 따라 생명을 성숙하고 결실한다. 모든 것이 익어 가는 계절, 가을이 이의 영상이다. 생명 결실의 계절인 가을에, 군자는 역시 인간의 삶을 결실시켜 줄 정신을 상념한다. 정의(의로움)가 바로 그것이다. 만물과 마찬가지로 사람도 각자의 본분을 올바르게 성취하는 삶 속에서만 그들의 생명을 훌륭하게 결실할 수 있기 때문이다. 본분의 방기는 자신의 생명을 스스로 부실하게, 쭉정이로 만드는 것이나 다름없다. 더 나아가서 사회를 알차게, 생명으로 충만하게 해 줄 참다운 힘은 바로 이러한 정의의 정신에서 나온다. 공자는 말한다. "군자는 이타(利他)의 이념을 정의에 부합시켜 펼친다.[利物 足以和義]"(「문언전」)

'정'은 생명의 결실에 이은 완성의 정신이다. 이는 추운 겨울, 이른바 "백설(白雪)이 만건곤(滿乾坤)할 제 독야청청(獨也靑靑)" 하는 생명의 의지를 함축하고 있다. 이 '완성'은 생명의 개별적 성취를 뜻하지 않는다. 무릇 하나의 생명은 자신의 개체적 본질을 다하는 것으로 그치지 않고, 새 생명의 씨앗을 남겨 종족의 무궁한 보전에 기여한다. 계절을 들어 말하면, 만물은 한겨울의 혹심한 추위 속에서도 생명을 굳게 지켜 새로운 생명 활동을 준비하고, 다가올 봄의 새싹을 꿈꾼다. 모든 생명은 거기에서 비로소 완성된다. 생명의 연속적 전개 속에서 자신을 그처럼 '완성'하는 것이 바로 자연의 섭리에 내재된 '정(貞)'의 정신이다.

군자가 평생토록 실현하고자 했던 도덕 정신 또한 이러한 뜻을 갖고 있다. 그는 아무리 험난하고 혹독한 시절에도 변절하지 않고 밝은 도덕 정신을 굳게 지켜 다가올 새로운 시대를 준비하려 한다. 『중용』은 말한다. "군자는 무도한 세상에서 죽는 순간까지도 정절(貞節)을 변치 않나니, 강하도다, 그 굳굳함이여!〔君子 國無道 至死不變 强哉矯〕" 이렇게 하여 군자의 강고한 도덕 정신은 자기 자신을 넘어 남들의, 그리고 현재를 넘어 미래에 생명 사회의 '씨앗'이 된다. 『주역』이 거의 모든 괘효사(卦爻辭)에서 '정(貞)'의 정신을 강조한 것도 이러한 인식에서 나왔을 것이다. 공자는 말한다. "군자의 굳건한 생명 정신은 만사의 근간을 이룬다.〔貞固 足以幹事〕"(「문언전」)

이상으로 살핀 원·형·이·정의 관념은 선비들의 존재관과 삶의 철학의 일단을 드러내 준다. 일반적으로 사람들은 존재(생명)를 생(生)·장(長)·쇠(衰)·멸(滅)의 관점에서 바라본다. 삶은 태어남에서 시작하여 자라고 늙어 죽음으로 끝이 난다는 것이다. 그렇다면 생사의 전후에 놓여 있는 무(無)의 공허를 우리는 어떻게 설명하고 처리해야 하는가? 이로부터 파생되는 존재와 무의 첨예한 대립은 우리를 실존의 한계 상황으로 내몰면서 허무 의식을 증폭시킨다. 개인주의 사회에서 신의 관념이 성행하는 것도 이에 연유할 것이다. 창조주인 신만이 저 허무로부터 우리를 구원해 줄 수 있을 것처럼 여겨지기 때문이다.

그러나 원·형·이·정의 관념에는 그러한 공허(허무) 의식이 결여되어 있다. 그것은 사물을 (생장에 이어) 쇠퇴와 멸망이 아니라 결실과 완성의 관점에서 바라보기 때문이다. 이를테면 많은 사람들은 가을날 떨어지는 코스모스 꽃잎에서 생명의 쇠멸 현상을 서글프게 바라본다. 하지만 시각을 달리하여 살펴볼 수도 있다. 즉 꽃잎의 시들음이 아니라 씨앗이 영글어 가는 모습에 눈을 돌리면, 우리는 거기에서 생명의 충만감과 영속성에 환희를 느낄 수도 있다.

우리 전통 사회에서 '씨받이'의 패악을 용인할 정도로 후손을 중시했던 이유가 여기에 있을 것이다. 후손은 삶의 허무(부정)를 결실(긍정)로 반전시켜 주는 강력한 힘이기 때문이다. 실제로 의사들의 임상 보고에 의하면 노인 환자의 임종 시에 손자의 방문만큼 커다란 위안이 없다고 한다. 그에게는 자손이야말로 존재의 구원자로 여겨졌을 것이기 때문이다. 이와 관련하여 정신 의학자 이시형의 흥미로운 글을 들어 보자.

(임종 시) 어린이 방문은 좋은 것인가. 일반적으로 임종 병실의 어린이 방문은 금기로 알고 있다. 멋모르고 까불대는 것이 환자를 자극하지 않을까 하는 기우에서다. 그러나 연구자들의 일치된 견해는 이와는 정반대다. 어린이 방문만큼 환자에게 큰 위안은 없는 걸로 보고되고 있다. 애들은 큰 부담이 없다. 재롱도 떨고 하므로 즐겁기도 하고, 또 한편 손자를 곁에서 지켜봄으로써 자신의 연장을 확인하게 되므로 죽음을 받아들이

기도 쉬워진다. 나의 많은 부분이 손자를 통해 대를 이으며 살아남는다는 걸 확인하게 된다.(『죽음의 사색』)

'정'의 정신에는 이와 같은 생사론적 의미가 함축되어 있다. 물론 이 것으로 그치지 않는다. 선비들은 그것을 도덕 정신으로 응용하기도 했다. 바로 진리와 도의의 정신이다. 그들은 그것이야말로 생명 사회의 '씨앗'이 된다는 사실을 믿어 의심치 않았다. 『춘추좌씨전』은 "죽어도 썩지 않는(死而不朽)", 즉 영원한 삶의 세 가지 유형을 다음과 같이 말한다. "최상은 덕을 확립하는 데 있고, 그 다음은 공적을 이루는 데 있으며, 그 다음은 정론을 세우는 데 있다.〔太上有立德 其次有立功 其次有立言〕" 공자를 비롯하여 이황, 김인후 등 위대한 스승들이 오늘날까지도 살아 있는 정신으로 사람들의 삶에 영향을 미치고 있는 점이 이를 실증한다.

괘상卦象

하늘의 운행은 역동적이다.
군자는 이를 보고서 자신의 힘을 끊임없이 키워 나간다.
天行健 君子 以 自彊不息

먼저 군자가 사물을 인식하는 태도를 간단히 살펴보자. 그는 사물을 단지 지적 탐구의 대상으로 바라보지 않는다. 그는 만사만물을 자기 성찰과 향상의 관점에서 대면한다. 그러므로 아무리 사소한 일(현상)이라도 그에게는 어떤 가르침으로 다가온다. 워즈워스가 아래와 같이 읊었던 것처럼 말이다 "그런 때가 있었지 / 초원, 숲, 그리고 시냇물 / 대지와 모든 평범한 모습이 / 내게는 천상의 빛으로 꾸며진 것 같던." 군자는 그러한 '천상의 빛'을 삶의 지혜로 밝혀 실천하려 한다. 우리는 그 실례를 64괘의 괘상에서 다양하게 볼 것이다. 한마디로 모든 괘상은 자연(현상)에서 '천상의 빛'을 밝혀 내고 삶의 지혜를 일깨워 주려 한다. 크게는 자연(천지)을 숭배하고 본받았던 우리 전통의 문화 정신도 이러한 사고방식의 산물이다. 먼저 이황의 시를 한 편 읽어 보자.

> 사물을 관찰하려면 나의 삶부터 성찰하라.
> 주역의 깊은 이치 소강절(邵康節)이 밝혀 놓았으니
> 나를 버리고 사물만 관찰하려 한다면
> 솔개 날고 물고기 뛰는 모습도 마음만 번거롭게 하리라.
> 觀物須從觀我生　　易中微旨邵能明
> 若敎舍己惟觀物　　俯仰鳶魚亦累情(「기권장중관물당(寄權章仲觀物堂)」)

여기에서 '소강절'은 앞서 소개한 소옹을 가리킨다. 그는 『주역』의 연구에 뛰어난 학자였다. 그리고 "솔개가 하늘 위로 날아오르고 물고기가 연못 위로 뛰어오른다.〔鳶飛魚躍〕"는 말은 『시경』의 글귀다. 사람들은 이러한 풍경 앞에서 심미정감만 발동시키거나 학자들처럼 객관적인 관찰 정신을 들이대지만, 그러한 태도는 자아의 향상에 아무런 도움도 되지 않으며, 심지어 "마음만 번거롭게" 만들 뿐이다. 그것은 군자가 사물을 관찰하는 방식이 아니다.

군자는 "절실히 묻고 가까이서 생각하는" '절문근사(切問近思)'(『논어』)의 정신으로 "연비어약"의 풍경에 임한다. 그는 그처럼 하찮은 순간에조차 자연의 섭리가 활발하게 작용함을 직관하면서 그것을 자신의 삶 속에서 준행하려 한다. 일반화해서 말한다면 그는 어떤 사물 앞에 서든 자신의 온 존재를 기울여 "절실히 묻고", 삶의 현장 "가까이서 생각"하면서 자아의 향상을 도모한다. 이황이 위의 시에서 "사물을 관찰하려면 나의 삶부터 성찰하라."고 말한 뜻이 여기에 있다.

군자가 하늘을 바라보는 시선도 마찬가지다. 그에게 하늘은 새들이 날고 구름이 떠다니는 텅 빈 공간에 불과하지 않다. 그는 거기에서 만물의 생장을 주재하는 창조적 역량을, 구체적으로는 원·형·이·정의 섭리를 읽는다. 우리의 일상적인 눈빛에는 만물이 아무런 뜻도 없이 제멋대로 생장 쇠멸하는 것처럼 보이지만, 군자는 그 이면에 작용하는 하늘의 역동적인 생성 섭리를 직관하는 것이다. 공자는 다음과 같이 찬탄한다. "위대하구나, 하늘이여. 세계의 한 중심에서 창조적이고 역동적인 힘으로 만물을 바르고 진실되게 생성시켜 나가는구나!〔大哉 乾乎 剛健 中正 純粹精也〕"(「문언전」)

그리하여 하늘(과 땅), 즉 자연을 자신의 존재 근원이요 삶의 요람으로 여기는 군자는 거기에서 역동적인 생명 창조의 정신을 본받으려 한다. 그는 삶에서 "자신의 힘을 끊임없이 키워 나가는" 자강불식(自彊不息)의 노력을 다한다. 달리 말하면 창조적 역량을 부단히 축적하고 배양한다. 그리하여 그는 일상의 크고 작은 일에서는 물론, 특히 진리와 도의의 세계에서 자신의 창조 역량을 발휘하려 한다. 진리와 도의의 정신으로 생명이 아름답게 꽃피는 사회를 이루려 한다. 『중용』은 군자의 그와 같은 정신을 다음과 같이 찬미한다. "(대지와도 같이) 넓고 두터운 정신은 만민을 부양해 주고, (하늘과도 같이) 높고 밝은 정신은 만민을 감싸 안아 주고, (천지와도 같이) 무궁한 정신은 만민을 성취시켜 준다."

효사爻辭

初九
물속에 잠겨 있는 용이다.
아직 나서서는 안 된다.
潛龍 勿用

'건'은 원래 용의 상징을 갖고 있다. 하늘의 섭리 작용의 신묘불측함이 용의 신령스러운 모습과 비슷하게 여겨진 것이다. 그래서 〈건〉괘 대부분의 효가 용의 활동을 말하고 있다. 초구(初九)는 양효로서 괘의 제일 아래에 위치하므로, 아직 승천하지 못하고 "물속에 잠겨 있는 용"과도 같다. 공자는 말한다. "'물속에 잠겨 있는 용이므로 아직 나서서는 안 된다.'고 한 것은 양(陽)이 아래에 있기 때문이다. [潛龍勿用 陽在下也]"(「상전」) 이는 뛰어난 능력을 갖고 있지만 남들로부터 인정받지 못하는 사람을 은유한다.

용은 깊은 연못이나 바다에 모습을 숨기고 있다가, 때가 되면 하늘로 날아올라 바람과 구름의 조화를 부린다는 상상적 동물이다. 그러므로 그것은 강력한 힘의 상징성을 띤다. 하지만 그러한 용도 아무 때나 출현하지 않으며, 신중하게 때를 살핀다. 하물며 사람이야 더 말할 것이 없다. 자신이 강한 힘을 갖고 있다 해서 아무 때, 아무 자리에서나 그것을 행사하려 해서는 안 된다. 아무도 알아주지 않는 상황에서 자신의 힘만 믿고 함부로 나섰다가는 자칫 낭패를 면하기 어렵다. 적절한 시의를 살필 줄 아는 지혜가 필요하다. 그러므로 "아직 나서서는 안 된다." 공자는 "물속에 잠겨 있는 용"과도 같은 사람을 다음과 같이 칭송한다.

용과도 같은 역량을 갖고 있지만 세상에 알려지지 않아 숨어 사는 사람이다. 그는 세상에 영합하려 하지 않고, 굳이 이름을 내서 세상이 알아주기를 바라지도 않는다. 세상을 피해 살지만 그렇다고 해서 불만을 갖지 않으며, 남들로부터 인정을 받지 못한다 해서 서운한 마음을 갖지 않는다. 즐거운 마음으로 생활하고 우환을 자초하지 않는다. 그는 세상에 흔들림 없이 오직 진리와 도의만을 지키며 산다. 이것이 "물속에 잠겨 있는 용"의 저력이다.〔龍德而隱者也 不易乎世 不成乎名 遯世無悶 不見是而無悶 樂則行之 憂則違之 確乎其不可拔 潛龍也〕(「문언전」)

군자는 진리와 도의의 정신으로 살아가며, 그것은 일상에서 드러난다. 그럼에도 "물속에 잠겨 있다." 한 것은 사람들이 그를 알아주지 않아 무슨 일을 해도 성취할 수 없는 상황이기 때문이다. 그래서 군자가 아직 나서지 않는 것이다.〔君子以成德為行 日可見之行也 潛之為言也 隱而未見 行

而未成 是以君子·弗用也](「문언전」)

물론 그렇다고 해서 그가 가만히 앉아서 휴식만 취하는 것은 아니다. 그는 때를 기다리면서 자신의 역량을 부단히 길러 나가는 "자강불식(自彊不息)"의 정신을 한시도 놓지 않는다. 아래에 구이(九二)에서 구오(九五)까지의 효사(爻辭)들은 창조적인 역량을 그처럼 온축하면서 상황에 따라 발휘하는 용들의 모습을 차례로 묘사한다.

九二
용이 들판에 출현했다.
현자를 찾아보는 것이 좋다.
見龍在田 利見大人

구이는 하괘의 가운데(중심)에 있으므로, 초구와 달리 "들판에 출현한" 용과도 같다. 이는 그가 드디어 무언가 활동을 시작하고 있음을 암시한다. 그것은 구름을 모아 비를 뿌려 주는 일이다. 공자는 말한다. "용이 들판에 출현했으니, 초목들이 널리 그의 덕택을 입으리라.[見龍在田 德施普也]"(「상전」) "용이 들판에 출현했으니, 사람들이 문명의 혜택을 입으리라.[見龍在田 天下文明]"(「문언전」) 다만 아직 하괘에 머물러 있다는 점에서 그의 영향력은 한계를 면치 못하고 있다. "현자를 찾아보는 것이 좋다."고 충고한 까닭이 여기에 있다. 여기에서 '현자'란 괘효상으로는 구오를 가리킨다.

"물에 잠겨 있는 용", 즉 잠룡(潛龍)의 덕(창조 역량)은 시간이 지나면서 점차 사람들에게 알려지기 마련이다. 이때 그는 중심을 지켜 사람들을 널리 아우를 필요가 있다. '중심'이란 사람들에게 "문명의 혜택"을 주려는 뜻을 말한다. 대중에 영합하거나, 권력(높은 자리)이나 차지하려는 욕심으로 나서면 안 된다. 다만 너무 성급하게 나서서는 안 된다. 그가 아직은 모든 사람으로부터 전적인 신망과 존경을 얻지 못하고 있기 때문이다. 그러므로 그는 큰 뜻을 도모하기 전에 먼저 덕망과 식견이 높은 현자를 만나 자문해 보는 것이 좋다. 어떤 일이든 독단적 판단은 금물이다. 공자는 그러한 인물을 다음과 같이 칭송한다.

용과도 같은 덕을 올바로, 과불급 없게 실행하는 사람이다. 평소 그는 말을 신의 있게 하고, 행동을 사려 깊게 하며, 부정한 기운과 삿된 생각을 막아 자신을 순결하게 지킨다. 세상에 나서 옳은 일을 하면서도 자신의 공을 자랑하지 않으며, 진리와 도의를 널리 행하여 사람들을 감화시킨다.〔龍德而正中者也 庸言之信 庸行之謹 閑邪存其誠 善世而不伐 德博而化〕(「문언전」)

군자는 학문을 통해 진리를 쌓아 나가고 사리분별의 정신을 키우며, 관용의 마음으로 삶에 처하고, 사랑의 마음으로 세상에 나선다.〔君子 學以聚之 問以辯之 寬以居之 仁以行之〕(「문언전」)

이는 군자가 하늘에 올라 바람과 구름을 부리는 용처럼 세상을 지배하기 위해서 "용과도 같은 덕"을 기르는 것이 아님을 일러 준다. 그의 궁극적 관심은 진리와 사랑의 정신으로 자아를 실현하는 데에 있다. 사회 구원은 이의 부수적 효과일 뿐이다. 그러므로 설령 사람들이 그의 뜻을 여전히 알아주지 않는다 하더라도, 그는 "하늘을 원망하거나 남들을 탓하지 않고"(『중용』) 진리와 사랑의 정신으로 자족의 삶을 산다.

九三
군자가 종일토록 부지런히 노력하고
저녁에까지 행동거지를 조심한다.
위태롭기는 하지만 허물거리가 없으리라.
君子 終日乾乾 夕惕若 厲 无咎

　　구삼은 하괘의 제일 위에 있는 효다. 용으로 비유하면 그는 들판을 벗어나 위로 오르기는 했지만, 아직은 하늘까지 올라가 비구름을 얻지 못했다. 한편으로 하괘의 제일 위에서 양효로서 양의 자리에 올바로 있음은 그의 탁월한 역량이 드러나 사람들의 주목을 크게 받음을 상징한다. 다만 그는 (구이처럼) 중도(中道)를 얻지 못했으므로 자칫 오만에 빠질 수 있다. 그렇게 되면 그는, 그렇지 않아도 그를 질시하는 경쟁자들의 비판거리가 되어 '위태로움'과 '허물'을 면하기가 어렵다. 그가 "종일토록 부지런히 노력하고, 저녁에까지 행동거지를 조심"하는 까닭이 여기에 있다.

　　용은 그 자체로 '군자'의 상을 갖고 있다. 그리하여 그의 뛰어난 역량은 점점 많은 사람들의 호응을 받는다. 그야말로 상승가도를 달리면서 승승장구하는 사람이다. 하지만 이때야말로 위험하다. 자신의 역량과 명성에 도취되어 자칫 자만하고 해이한 마음을 가질 수 있기 때문이다. 경쟁자들의 비판과 공격거리가 여기에서 생긴다. 예나 지금이나 많은 위인들이 대중의 환호에 도취되어 결국 추락하고 마는 일들이 이를 예증한다. 그러므로 일이 뜻대로 풀린다고 해서, 사람들이 자신을 추켜세운다 해서 자만하면 안 된다. 겸손한 마음으로 "종일토록 부지런히 노력"하는 한편으로, 밤낮으로 항상 "행동거지를 조심"하지 않으면 안 된다. 공자는 말한다.

구삼은 지나치게 강하여 중도를 얻지 못했다. 또 위로는 하늘에 있지도 못하고 아래로 들판에 있지도 않다. 그러므로 종일토록 노력하면서 저녁에까지 행동거지를 조심한다면, 위태롭기는 하지만 허물거리가 없을 것이다.〔九三 重剛而不中 上不在天 下不在田 故乾乾 因其時而惕 雖危 無咎矣〕(「문언전」)

그러면 어떻게 노력하고 조심해야 할까? 또 어떻게 하면 난관을 이겨낼 수 있을까? 그 핵심적인 방편은 진리(와 도의)의 정신에 있다. 공자는 말한다. "종일토록 부지런히 노력한다는 말은 매사를 진리에 입각함을 뜻한다.〔終日乾乾 反復道也〕"(「상전」) 진리만큼 강력하고 창조적인 힘은 없기 때문이다. 인류의 스승들이 잘 보여 주는 것처럼 삶을 최고도로 성취시켜 주는 요소로 진리만 한 것이 없다. 공자는 또 다음과 같이 말한다.

군자는 진리를 안으로 쌓고, 사회적 실천에 힘쓴다. 성의를 다하여 진리를 쌓고, 올바른 언행과 정성을 기울여 진리를 사회에 실천한다. 진리의 축적을 통해 세상사의 이치를 통찰하고, 진리의 실천을 통해 사회를 완성한다. 진리를 안으로 쌓고 체득하여 매사를 앞질러 헤아리고, 진리를 실천하고 사회에 밝혀 정의를 확립한다. 그는 높은 지위를 갖고 있어도 남들 앞에서 교만하지 않고, 지위가 낮다 하여 걱정하지 않는다. 이처럼 종일토록 노력하면서 저녁에까지 행동거지를 조심한다면, 위태롭기는 하지만 허물거리가 없을 것이다.〔君子 進德脩業 忠信 所以進德也 脩辭立其誠 所以居業也 知至至之 可與幾也 知終終之 可與存義也 是故居上位而不驕 在下位而不憂 故乾乾 因其時而惕 雖危 无咎矣〕(「문언전」)

이처럼 "세상사의 이치를 통찰하"고, "매사를 앞질러 헤아리"는 진리의 정신은, 시의를 적절히 판단하여 삶의 허물거리를 최소한으로 줄이게 해 줄 것이다. 공자는 말한다. "군자는 종일토록 부지런히 노력하면서 시의에 맞게 행동한다.〔終日乾乾 與時偕行〕"(「문언전」) 설사 역경을 만나 실패를 겪더라도 그는 남들 앞에 부끄러움 없이, 떳떳하게 나서면서 자신의 삶을 자부할 것이다.

九四

용이 연못 위로 뛰어오르기도 하고 잠복하기도 한다.

허물거리가 없으리라.

或躍在淵 无咎

구사(九四)는 하괘를 벗어나 상괘(上卦)에 진입했지만 아직은 상괘의 제일 아래에 위치한다. 이는 용이 (하괘의 땅을 벗어나) 하늘에 오르기는 했지만 완전한 힘을 아직 얻지 못했음을 암시한다. 게다가 구사는 양효임에도 음의 자리에 잘못 있다. 그래서 "용이 연못 위로 뛰어오르기도 하고 잠복하기도 한다." 이는 용이 변신의 시기에 신중하게 처신함을 암시한다. 공자는 말한다. "용이 연못 위로 뛰어오르기도 하고 잠복하기도 하니, 이제 하늘의 상황이 달라졌기 때문이다.[或躍在淵 乾道乃革]"(「문언전」) "용이 연못 위로 뛰어오르기도 하고 잠복하기도 하니, 자신을 시험해 보는 것이다.[或躍在淵 自試也]"(「문언전」)

군자가 이제 세상에 나아가 자신의 역량을 본격적으로 시험해 볼 때가 다가온다. 그야말로 포부와 이념을 실현하여 삶의 도약을 꾀해 볼 시기다. 하지만 이 순간에도 상황을 예의 주시하면서 진퇴 여부를 사려 깊게 판단해야 한다. 만약 사람들한테서 전폭적인 신뢰와 권한을 얻고 있다면 '뛰어오르라.' 하지만 그렇지 못하다면 다시 '잠복하여' 신중하게 때를 기다려야 한다. 권력이나 명예 등에 눈이 어두워져서 상황 판단을 그르치면 '허물거리'를 면하기가 어려울 것이다. 공자는 말한다.

구사(九四)가 강한 힘을 갖고 있기는 하지만 중심의 자리를 얻지 못했다. 위로는 하늘에 있지도 못하고, 아래로는 들판에 있지도 않으며, 하늘과 땅 사이의 사람들 가운데에도 있지 않다. 그래서 "용이 뛰어오르기도 하고 연못에 잠복하기도 한다."고 했다. 이는 회의적인 상황을 말한 것이다.[重剛而不中 上不在天 下不在田 中不在人 故或之 或之者 疑之也]("문

여기에서 "사람들 가운데에도 있지 않다."라는 말은, 그가 높은 자리에 있어서 아래의 보통 사람들로부터 멀리 떨어져 있음을 뜻한다. 게다가 그는 위아래로 강력한 경쟁자들로부터 여러모로 견제를 받는 처지에 있다. 그러므로 상황 판단과 진퇴의 처신을 신중히 해야 한다. 그렇게 하여 "용이 연못 위로 뛰어오르기도 하고 잠복하기도 하듯이 하면 처신에 허물거리가 없을 것이다.[或躍在淵 進無咎]"(「상전」)

이는 경쟁에서 승리하기 위한 책략에 불과한 것이 아니다. 거기에는 역시 군자의 정신이 내재되어 있다. 그는 일상생활에서 진리로부터 한순간도 떠나지 않지만, 사회 현장에서 사람들이 그것을 받아들일 준비가 되어 있는지 헤아린다. 마치 나무가 안으로 자신의 생명을 부단히 키우면서 밖으로 잎을 내고 꽃을 피울 때를 기다리는 것처럼 말이다. 한겨울에 꽃을 피우는 것은 자멸의 길과 다름없다. 공자는 말한다.

군자가 상황에 따라 위로 오르거나 아래로 내려서는 것은 일신의 이해득실을 따져서가 아니며, 때를 살펴 앞으로 나서거나 뒤로 물러나는 것은 사람들을 외면해서가 아니다. 군자는 진리의 탐구와 그 사회적 실천을 시의에 맞추어 융통성 있게 하려 한다. 그래서 허물거리가 없는 것이다.[上下無常 非為邪也 進退無恆 非離群也 君子 進德脩業 欲及時也 故無咎](「문언전」)

九五

용이 하늘 위로 날아오른다.

현자를 찾아보는 것이 좋다.

飛龍在天 利見大人

　　대부분의 괘에서 구오는 이상적인 자리다. 원래 괘의 초효(初爻)와 이효(二爻)는 땅을, 삼(三)·사효(四爻)는 사람을, 오효(五爻)와 육효(上爻)는 하늘을 상징하는데, 〈건〉괘의 구오는 상괘의 가운데에 있으므로 하늘의 한 중심에 자리하고 있는 셈이다. 용으로 말하면 "하늘 위로 날아올라" 지상에 비를 뿌려 만물을 촉촉이 적실 시점이며, 사람으로는 성인의 자리다. 공자는 말한다. "용이 하늘 위로 날아올랐음은 성인이 출현했음을 뜻한다.[飛龍在天 大人造也]"(「상전」) "용이 하늘 위로 날아오르니, 널리 생성의 사업을 펼칠 높은 자리에 올랐구나.[飛龍在天 乃位乎天德]"(「문언전」) 다만 자신이 그러한 '용'의 자리에 있다 하더라도 반드시 '현자'의 보좌를 받을 필요가 있다. 아무리 성인이라 하더라도 전지전능할 수는 없기 때문이다.

　　군자가 마침내 자신의 뛰어난 역량을 마음껏 펼칠 최고의 자리를 얻었다. 마치 구름을 타고 하늘 높이 올라 요술을 부리는 용처럼, 그는 그 자리에서 사람들을 호령할 수 있게 됐다. 물론 그러한 자리를 아무나 차지할 수 있는 것은 아니다. 창조적인 역량을 가진 사람만이 그 자격을 갖는다. 역사가 잘 말해 주는 것처럼 권모술수로 자리를 취하는 용렬한 지도자는 사람들의 마음을 얻지 못해 결국 패망의 삶을 면치 못한다. 공자는 '용'과도 같은 위대한 지도자가 뭇사람들의 호응을 얻는 모습을 삼라만상의 이치로 여겨 다음과 같이 아름답게 묘사한다.

같은 소리끼리 서로 응하고, 같은 기운끼리 서로 찾는 법이다. 물은 습한 데로 흐르고, 불은 건조한 곳으로 번지며, 승천하는 용을 뒤따라 구름이 일어나고, 호랑이의 포효에 온 골짜기가 바람에 흔들린다. 마찬가지로 성인의 출현에 만민이 우러러본다. 양기를 많이 타고난 동물은 머리를 (양기의 원천인) 하늘로 향하고 음기를 많이 타고난 식물은 뿌리를 (음기의 원천인) 땅에 내리는 것처럼, 만물은 동류끼리 공감 상통하면서 서로 따르는 법이다.〔同聲相應 同氣相求 水流濕 火就燥 雲從龍 風從虎 聖人作 而萬物睹 本乎天者 親上 本乎地者 親下 則各從其類也〕(「문언전」)

여기에서 '같은 소리'란 이를테면 어미와 새끼의 울음을, '같은 기운'이란 암컷과 수컷의 교감을 뜻한다. "성인의 출현에 만인이 우러러보는" 것은 이러한 감응의 이치 때문이다. 하지만 많은 사람들이 우러러본다 해서 자만과 독선에 빠져서는 안 된다. 아무리 역량이 뛰어나고 지혜가 출중하다고 해도 거기에는 한계가 있는 법이다. 사람들의 의견과 비판을 경청할 줄 아는, 겸허하고 열린 마음을 갖고 있어야 한다. 그것이 지도자의 중요한 덕목이다. "현자를 만나 보는 것이 좋다."고 말한 뜻이 여기에 있다. 『중용』은 성인으로 일컬어지는 순(舜)임금의 위대한 지혜를 다음과 같이 칭송한다. "순임금은 사람들에게 묻기를 좋아하고 사소한 말조차 경청하셨다. 이치에 맞지 않는 말은 접어 두고 합당한 말은 수용했으며, 극단적인 주장에 대해서는 중용의 정신으로 양자를 아우르면서 민생을 보호하셨다." 한편 공자는 성인의 한 모습으로 '대인(大人)'을 거론하면서 다음과 같이 말한다.

대인의 덕은 마치 천지와도 같이 만민과 만물을 자신의 품 안에 보듬어 양육하고, 그의 지혜는 해와 달처럼 삼라만상을 밝게 통찰하며, 그의 삶은 사계절의 변화처럼 순리적이며, 그의 길흉판단과 처사는 귀신처럼 신묘하다. 그리하여 그가 시대를 앞질러 일을 도모할 때에는 그 시대가 그를 뒤따르고, 시대를 따라서 일을 행할 때에는 그 시대가 추구해야할 이치를 올바로 헤아려 천명한다. 이처럼 시대조차 그와 어긋나지 않는데, 하물며 사람들이나 귀신이야 말할 게 있겠는가!〔夫大人者 與天地合其德 與日月合其明 與四時合其序 與鬼神合其吉凶 先天而天弗違 後天而奉天時 天且弗違 而況於人乎 況於鬼神乎〕(「문언전」)

여기에서 공자는 모든 사람들이 추구해야 할 우주적 대아(大我)를 천명하고 있다. 일상으로 욕망에 젖어 이해득실만 타산하는 개체적 소아(小我)를 벗어나 그는 자신을 세계의 한 중심에 두어, 그야말로 우주적 안목으로 세상을 바라보면서 삶을 영위하는 위대한 존재다. 하늘과 땅이 만물을 생육하는 것처럼 그는 만민과, 나아가 만물을 무한히 열린 마음으로 보듬어 안고 그들의 생명적인 삶을 보살피려 한다. 이것이 바로 군자가 이상으로 여기는 '천인합일(天人合一)'의 경지다. 『예기』는 그러한 천인합일의 우주적 대아를 다음과 같이 형용한다.

자하(子夏)가 여쭈었다. "삼왕(三王: 중국 고대 하(夏)나라의 우(禹), 은

(殷)나라의 탕(湯), 주(周)나라의 문(文)·무왕(武王))의 덕이 천지에 합했다 하는데, 어떻게 해야만 덕이 천지에 합한다고 말할 수 있습니까?" 공자(孔子)가 대답했다. "세 가지 무사(無私)의 정신을 본받아 천하를 위해 일하는 것이다." 자하가 다시 여쭈었다. "세 가지 무사의 정신이란 무엇을 말합니까?" 공자가 대답했다. "하늘은 사사롭게 덮는 것이 없고, 땅은 사사롭게 싣는 것이 없으며, 해와 달은 사사롭게 비추는 것이 없다. 이 세 가지를 본받아 천하를 위해 일하는 것, 이것을 세 가지 무사의 정신이라 한다."

즉 '천인합일'의 우주적 대아란 "세 가지 무사(三無私)"의 정신으로 사는 사람을 말한다. 여기에서 '사(私)'란 요컨대 자기중심적인 '나' 의식이다. '나'는 남(타자)과 상대적인 개념으로서, 주객 분별의 의식 속에서 남과 대립하면서 남에게 자신의 존재를 입증하고 인정받으며 입지를 강화하기 위해 무진 애를 쓴다. 자타 간 대립과 갈등, 투쟁의 삶은 이의 필연적인 결과다. 그리하여 사람들에게 삶은 그야말로 "아(我)와 비아(非我)의 투쟁"이다.

이러한 '나' 의식은 오늘날같이 살벌한 생존 경쟁 사회에서 어쩔 수 없는 일이라고 항변할지 모른다. 하지만 그것은 자체 치명적인 독소를 품고 있다. 그것은 남들을 자신의 삶(존재) 밖으로 배제하고 그들과 대립하면서, 마치 바늘 같은 털을 세운 고슴도치처럼 살벌한 심성만 키우기 때문이다. 신비주의자 잘랄루딘 루미는 말한다. "악마를 보지 못했다면 그대 자신의 자아를 보라."(『영원의 철학』) 오늘날 우리가 실제로 겪고 있는 것처럼 황량하고 외로운 삶은 이러한 '나'(자아)의 필연적인 산물이다.

이에 반해 '나'를 버리고 남들을 내 안에 아우르는 열린 마음은 그만큼 삶의 희열을 얻게 될 것이다. 이를테면 '나'밖에 모르던 사람이 어느 날 누군가를 만나 나누는 우정이나 사랑의 기쁨을 상상해 보자. 그것은 상대방을 나의 일부로 여기는 열린 마음에서 비롯된다. '나'를 앞세우는 사람은 결코 우정(사랑)을 얻을 수 없다. 이는 삶의 기쁨이 '나'를 버리고 남들을 아우르는 정도에 좌우됨을 일러 준다. 만약 이웃이나 길거리에서 마주치는 사람, 타 민족, 인류, 나아가 만물까지도 자신의 품 안에 아우를 수 있다면, 그것은 무슨 말로도 형용할 수 없는 존재의 희열을 불러일으킬 것이다.

공자가 '천인합일'과 '삼무사'의 정신을 사람들에게 가르치고자 했던 깊은 뜻이 여기에 있다. 하늘이 만물을 덮어 주고, 땅이 만물을 실어 주며, 해와 달이 만물을 비춰 주는 것처럼, 자폐적인 '나'(자아) 의식을 떨치고 인류와 만물을 품안에 사랑으로 보듬어 안으면서 따뜻하게 보살피라는 것이다. 석가모니의 자비와 예수의 박애 또한 이와 다른 것이 아니다. 성 아우구스티누스의 글을 읽어 보자.

> 자아를 경멸하는 상태일 정도로 신을 사랑하는 것이
> 신의 도시를 만든다.
> 신을 경멸하는 상태일 정도로 자아를 사랑하는 것이
> 세속적인 도시를 만든다.(『영원의 철학』)

上九

용이 너무 높이 날아올랐다.

후회할 일이 생기리라.

亢龍 有悔

상구(上九)는 구오를 지나 육효의 끝자리에 놓여 있음에도 여전히 자신의 힘을 과시하려는 자다. 용으로 말하면 "하늘 위로 날아오른" 것에 만족하지 못하고, 제 힘을 우주 밖으로까지 뻗치려는 오만을 드러낸다. 하지만 그러한 용은 결국 구름을 일으킬 수 없어서 만물에게 비를 뿌려 주지 못할 것이다. 아무리 용이라 해도 언젠가는 힘이 다할 수밖에 없기 때문이다. 공자는 말한다. "용이 너무 높이 날아올라 후회할 일이 생길 것이니, 아무리 강성한 힘도 오래가지는 못하기 때문이다. [亢龍有悔 盈不可久也]" (「상전」) "용이 너무 높이 날아올라 후회할 일이 생길 것이니, 그 힘을 끝까지 밀어붙이면 재앙을 초래하기 때문이다. [亢龍有悔 窮之災也]" (「문언전」)

지도자의 자리는 사람을 달라지게 만든다. 그는 일단 자리에 오르면 자신에게 주어진 힘(권력)을 최대한 행사하면서 모든 일을 자기 뜻대로 처리하려 한다. 그리하여 그를 견제하고 비판하는 사람은 멀리하고, 자기에게 충성하는 '예스맨'만 가까이 두려 한다. 하지만 그것은 불행(후회)을 자초하는 길이다. 그의 오만과 독선은 조직을 원활하게 이끌어가지 못해 결국 사람들로부터 외면당하고 말 것이기 때문이다. 공자는 말한다. "최고의 자리에 올라 자신의 직무를 올바로 수행하지 않으므로 사람들이 그를 외면하고 아래의 현자들도 그를 도와주지 않는다. 그래서 후회할 일이 생기는 것이다.〔貴而無位 高而無民 賢人在下位而無輔 是以動而有悔也〕"(「문언전」) 아래에 이황이 임금에게 〈건〉괘 상구효(上九爻)의 뜻을 강의한 내용을 간추려 들어 보자.

　임금은 막강한 권세와 지위를 갖다 보니 자칫 마음이 교만해져서 현자를 우습게 알고 일을 독단적으로 처리하는 경향이 있습니다. 이렇게 되면 결국 정치의 혜택이 백성들에게까지 미치지 않습니다. "용이 너무 높이 날아올라 후회할 일이 생길 것이니, 힘을 끝까지 밀어붙이면 재앙을 초래하기 때문"입니다. 옛날 현명한 임금들은 이러한 이치를 깊이 헤아려서 항상 자신을 낮추고 겸손하게 처신했습니다. 그들이 자칭 '과인(寡人, 과덕지인(寡德之人)의 준말, 덕이 적은 사람)'이니, '양덕(涼德, 박덕한 사람)'이니, '여소자(予小子, 어린 나)'라고 말한 것도 이 때문입니다. 자신의 마음이 교만하고 뜻이 넘쳐 자칫 불행한 일을 당하지나 않을까 염려했던 것입니다.(『퇴계전서(退溪全書)』)

지도자가 빠지기 쉬운 함정이 또 하나 있다. 그는 자신의 힘과 자리에 도취된 나머지 어떻게든 그것을 계속 유지하고 싶어 한다. 지상으로 내려올 줄 모르고 하늘 끝까지 날아오르기만 하려는 용이 이를 은유한다. 그러나 "달도 차면 기우는 법이다." 이 세상에 영원한 것은 아무것도 없다. 이러한 이치를 거부하면서 힘과 자리를 고집하는 모습은 추하기 그지없다. 힘과 자리를 끝까지 추구하지 말고 적절한 때에 물러나는 아름다운 뒷모습을 보여 주어야 한다. 공자는 말한다.

"용이 너무 높이 날아오른다."는 말은 나아갈 줄만 알았지 물러날 줄은 모르고, 편안할 줄만 알았지 위태로운 줄은 모르며, 얻을 줄만 알았지 잃는 줄은 모른다는 뜻이다. 성인(聖人)은 어떠한가. 나아가면서도 물러날 줄 알고, 편안한 가운데에서도 위태로움을 잊지 않아 매사에 올바른 도리로 나서니, 성인만이 그러할 수 있다.〔亢之爲言也 知進而不知退 知存而不知亡 知得而不知喪 其唯聖人乎 知進退存亡 而不失其正者 其唯聖人乎〕(「문언전」)

이러한 가르침은 지도자에게만 해당되는 것이 아니다. 그것은 우리의 일상생활에서도 유효하다. 예를 들면 오늘날 사람들의 삶을 지배하는 주도적 가치는 '젊음'의 강성한 힘이다. 남녀노소를 막론하고 모든 사람이 의식주의 가치 기준을 젊음에 둔다. 아무리 나이가 들었어도 젊은 이처럼 옷을 입으려 하고, 얼굴도 탱탱하게 만들려 하며, 잠자리에서도 변강쇠의 힘을 발휘하려 한다. 늙어감 속에서만 성숙시킬 수 있는 인격의 아름다움과 삶의 깊은 지혜에 대해서는 관심을 기울이지 않는다. 이는 달리 살펴면, "나아갈 줄만 알았지 물러날 줄은 모르고, 얻을 줄만 알았지 잃을 줄은 모르는" 어리석음과 다름없다. 그러한 어리석음은 과소비나 의약 부작용 등 "후회할 일"을 수없이 만들어 낼 것이다. 아름답게 물러날 줄 아는 지혜가 필요하다.

用九
용들이 머리를 감추고 있다.

보람을 얻으리라.

見群龍无首 吉

　〈건〉괘와 〈곤〉괘에서만 '용구(用九)'와 '용육(用六)'의 언급이 나온다. 하지만 이는 〈건〉, 〈곤〉 각각의 여섯 효뿐만 아니라, 사실 나머지 괘들의 모든 양효[九]와 음효[六]에 적용되기도 한다. 여기에서 '용구(用九)'는 양효를 '용'으로 은유하면서 그것이 상징하는 강건한 성품의 자기 관리 방법을 말하고 있다.

　뛰어난 역량이나 강건한 정신을 갖고 있는 사람은 흔히 어떤 일에서나 남들의 '(우두)머리'가 되려는 성향을 갖고 있다. 하지만 그의 강성과 지배 의식은 사람들에게 압박감이나 두려움, 또는 경계심을 불러일으킨다. 그것은 마치 사람들이 용의 머리 앞에서 갖는 공포와도 같다. 인간관계의 파탄과 일의 실패가 여기에서 초래된다. 그러므로 공자는 말한다. "강건한 정신은 우두머리 의식을 가져서는 안 된다.〔天德不可為首也〕"(「상전」) 남들 앞에서 자신의 강한 힘이나 역량을 과시하려 해서는 안 된다. 그러한 태도는 "너무 높이 날아오르는" 항룡(亢龍)의 후회를 초래할 것이다.

　그는 우두머리 의식을 갖지 말고 자신을 낮춰 사람들에게 부드럽게 다가가야 한다. 제 모습을 드러내지 않고 만물에게 비를 뿌려 주는 '용'과도 같은 사람이 되어야 한다. 공자는 말한다. "강하면서도 부드럽게 나서면 천하까지 다스릴 수 있다.〔乾元用九 天下治也〕" "강하면서도 부드러운 힘의 작용에서 하늘의 이치를 알 수 있다.〔乾元用九 乃見天則〕"

(「문언전」) 「격양가(擊壤歌)」에 의하면 옛날 요(堯)임금 시절에 어떤 노인이 땅을 두드리면서 박자에 맞추어 다음과 같이 노래를 불렀다 한다. "해 뜨면 일어나고 해 지면 휴식하며, 우물 파서 물 마시고 밭을 갈아 음식 장만하니, 임금의 힘이 나와 무슨 상관이란 말인가!" 이러한 태평성대를 바로 임금이 만들었음을 모르고 백성이 제 삶을 자화자찬하니, 요임금이야말로 진정 "머리를 감춘 용"이라 할 수 있을 것이다. 아마도 그는 그 노래를 듣고 정치의 '보람'을 느꼈을 것이다.

2. 너그러운 포용의 정신

곤(坤)

땅은 단순히 우리가 딛고 사는 흙덩어리이거나, 만물이 잡다하게 모여 있는 물리적 공간에 불과한 것이 아니다. 그것은 (하늘과의 합작으로) 만물을 살리고 또 거두는, 매우 복잡하고 신묘한 하나의 유기체다. 만물은 그 안에서 (마치 유기체의 세포들처럼) 상호 유기적인 관련을 갖고서 부단히 생장쇠멸한다. 그러므로 "지구는 살아 있다." 그야말로 '어머니 대지(Mother Earth)'다. 앞서 인용한 것처럼 공자는 말한다. "건은 하늘로서 만물의 아버지요, 곤은 땅으로서 만물의 어머니다."(「설괘전」)

여기에서 '곤'은 옥편상 땅을 말하지만, 그것은 '지(地)'와는 다른 의미를 내포한다. 그것은 물리적인 공간을 넘어 만물을 생육하는 대지의 창조적 역량을 함의한다. 공자는 말한다. "땅은 지극히 부드럽지만 그것이 만물을 생육하는 힘은 막강하고, 지극히 조용하지만 그것은 만물에게 그 각각의 형체를 부여하여 생명을 이어 나가도록 해 준다.〔坤 至柔 而動也剛 至靜 而德方〕"(「문언전」)

물론 만물의 생육은 땅의 힘만 가지고는 안 되며, 앞서 살핀 하늘의 역할이 필요하다. 남자(아버지)와 여자(어머니)가 결합하여 자식을 낳는 것처럼, 하늘과 땅의 상호 작용으로 두 기운이 교감하여 만물을 생육한다. 즉 하늘은 시간(기후)의 전개 속에서 만물 생성의 기운을 주도하고, 땅은 흙이나 물 등 물리적인 재료를 제공함으로써 하늘의 뜻에 부응하여 온갖 생명을 탄생시킨다. 〈건〉에 이어 〈곤〉괘가 놓인 까닭이 여기에 있다.

만물은 하늘과 땅의 섭리가 상호 작용하면서 끊임없이 생멸하고 변화한다. 우리가 일상으로 목격하는 자연 현상은 이의 결과다. 공자는 이를 다음과 같이 찬탄한다. "땅이 두터운 품 안에 만물을 보듬어 키우니, 하늘에 부응하여 만물을 너그럽게 포용하고 윤택하게 길러 그들이 번영을 이루게 해 주는구나![坤厚載物 德合无疆 含弘光大 品物咸亨]"(「단전」)

이러한 건곤의 논리에는 음양론적 사고가 깔려 있다. 앞서 말한 것처럼 음양의 상대성 이론에 의하면 자연 만물이나 세상만사의 생성 변화는 하나의 존재(힘, 성질)만으로는 이루어지지 않으며, 그에 상대되는 또 다른 존재를 필요로 한다. 움직임과 정지의 힘이 서로 작용하여 변화가 일어나고, 낮과 밤이 서로 추동하면서 하루가 생기며, 암컷과 수컷의 교합 속에서 생명이 태어난다. 서양의 어느 과학자는 말한다. "어떠한 현상의 이면에는 언제나 그 현상과 대립되는 현상이 있게 마련이며, 이 두 형질을 언제나 동시에 고려해야만 자연을 올바로 이해할 수 있다." (『살아 있는 에너지』) 하늘(양)과 땅(음)은 바로 이러한 '두 형질'의 근원적 생성 원리다.

〈곤〉괘는 〈건〉괘와 반대로 상괘와 하괘가 모두 '곤(坤)'☷으로서, 순전히 음효로만 이루어져 있다. 음은 부드럽고 여성적인 힘을 상징한다.

그리하여 〈곤〉은 어머니와도 같이 모든 것들을 너그럽고 따뜻하게 품어 안는 포용의 정신을 주제로 한다. 대지의 품과도 같이 넓은 도량과 너그러운 포용의 정신으로 세계와 만민을 따뜻하게 품어 안아야 한다는 것이다.

이러한 사고의 기저에는 생명애의 정신이 깔려 있다. 만물에게 생명을 부여하는 '어머니 대지'와도 같이 만민과, 나아가 모든 살아 있는 것을 보듬어 안아 그들의 생명을 보살펴야 한다는 것이다. 이황은 이러한 이념을 선조(宣祖)에게 다음과 같이 천명한다. "하늘과 땅은 세상 만물의 큰 부모이므로, 만민은 모두 나의 형제요 만물은 모두 나와 더불어 지내는 이웃입니다."(『퇴계전서』)

괘사卦辭

땅은 원하고 형하고 이하고, 암말처럼 정하다.
군자가 일에 앞장서면 헤맬 것이요, 뒤따르면 중심을 얻을 것이다.
서남쪽으로 가서 동지를 얻는 것이 좋다.
동북쪽으로 가면 동지를 잃을 것이다.
안정된 마음으로 올바른 정신을 지켜야 좋은 결실을 이루리라.
坤, 元 亨 利 牝馬之貞 君子有攸往 先迷 後得主 利西南得朋
東北喪朋 安貞 吉

우리는 〈건〉괘에서 원·형·이·정의 의미를 살펴보았다. 그런데 왜 하늘과 달리 땅은 "암말처럼 정(貞)하다"고 했을까? 그것은 하늘의 섭리에 부응하는 대지의 정신을 은유적으로 표현한 것이다. 말은 지칠 줄 모르고 굳세게 달리는 강인한 동물이다. 게다가 성질이 거친 수컷과 달리, 암컷은 주인의 뜻을 온순하게 따라 무거운 짐도 잘 운반한다. 그것은 마치 하늘의 뜻에 순응하여 만물을 생장시켜 주는 후덕한 대지의 정신과도 같다.

이것이 은유하는 바는 다른 데 있지 않다. 사람들을 후덕한 도량으로 포용하되, 그러한 정신과 자세를 한때에 그치지 말고 평생토록 견지하라는 것이다. 마치 만물을 널리 생육하는 대지와도 같이, 그리고 지칠 줄 모르고 맡은 일에 나서는 암말처럼 말이다. 공자는 말한다. "암말은 이 땅의 동물로서, 지칠 줄 모르고 땅 위를 걷는다. 땅은 만물을 부드럽게 받아들여 그들을 결실 성취시켜 준다. 군자는 이러한 정신을 본받아 삶을 영위한다.〔牝馬地類 行地无疆 柔順利貞 君子攸行〕"(「단전」)

하늘처럼 창조적 역량을 가진 지도자와는 달리, 대지와도 같이 후덕한 군자는 무슨 일이든 앞장서려 하지 않는다. 그는 사람들을 선도하려 하기보다는 다독거리면서 품 안에 너그럽게 아우르려 한다. 이것이 후덕한 사람의 품성이다. 그러한 사람이 만약 "일에 앞장서면" 자칫 '중심'을 잃고 '헤맬' 위험이 있다. 오히려 하늘의 뜻에 부응하는 대지와도 같이, 훌륭한 지도자의 선도를 따라 대중을 따뜻하게 아우르고 보살피는 일이 그의 성품에 맞을 것이다. 공자는 말한다. "앞장서 나서면 헤매면서 길을 잃을 것이요, 뒤따르면 순조롭고 떳떳한 길을 얻을 것이다.〔先迷失道 後順得常〕"(「단전」)

한편 그는 일을 도모할 때 다른 사람들과 합심 협력하려 한다. 대지가 만물을 생육하는 데 하늘은 물론 물과 공기와 그 밖에 수많은 미생물들의 복합적인 도움을 필요로 하는 것처럼, 이 세상 어떠한 일이든 혼자서 이룰 수 있는 것은 결코 없다는 사실을 그는 잘 알고 있다. 물론 아무하고나 일을 함께 하려 하지는 않을 것이며, 자신과 뜻을 함께 하는 '동지'를 찾으려 할 것이다. "좋은 결실을 이루기" 위해서다.

그에게 '동북쪽'을 버리고 '서남쪽'으로 가라고 조언한 이유가 여기에 있다. 이는 깊은 은유를 담고 있다. 음양론상 동북쪽은 양의 성질을, 서남쪽은 음의 성질을 띤다. 그러므로 음효로만 이루어져 있는 〈곤〉괘의 군자는 음성(陰性)의 서남쪽에서만 동지를 얻을 수 있다. 만약 양성(陽性)의 동북쪽으로 가면 동지를 찾지 못할 것이다. 이것의 은유적 함의는 다른 데 있지 않다. 어떤 일에서든 동지를 구하는 데에는 상대방의 속뜻이나 철학을 깊이 고려해야 한다는 것이다.

그런데 여기에서도 주의해야 할 사항이 한 가지 더 있다. 동지를 구하고 일을 추진하는 데에는 역시 암말의 성질처럼 "안정된 마음"과, 그리고 "올바른 정신"을 지키는 자세가 필요하다. 만약 수컷처럼 동서남북 날뛰면서 동지를 찾아 돌아다니거나, 일을 하는 데 조급하고 경솔하면 실패를 면할 수 없을 것이다. 게다가 "올바른 정신"은 일의 성공적인 수행을 위해서, 아니 그전에 삶에 반드시 필요한 기본 덕목이다. 불순하고 불의한 정신은 일은 말할 것도 없고, 자신의 인생을 망치고 말 것이다. 공자는 말한다. "안정된 마음으로 올바른 정신을 지켜야 좋은 결실을 이룰 수 있으니, 그것이 대지의 두터운 덕에 부합한다.〔安貞之吉 應地无疆〕"(「단전」)

괘상卦象

땅의 힘이 〈곤〉의 형상이다.
군자는 이를 보고서 두터운 덕으로 만물을 품어 안는다.
地勢 坤 君子 以 厚德載物

우리가 험준한 산과 깊은 바다 등 땅의 표면만 보면 거기에서 본받을 무엇을 찾기 어렵다. 오히려 그것들에게서 위협을 느끼면서 그것들을 정복하려는 마음만 생길 것이다. 지난날 서양의 자연관이 그러하다. 하지만 그러한 산과 바다까지도 포용하는 "땅의 힘", 즉 대지의 정신을 깊이 느낀다면 문제가 달라진다. 산천과 바다를 무겁다 하지 않고 실어주고, 만물을 빠짐없이 생육하는 대지의 '두터운' 정신에 감동하면서, 그는 그로부터 무언가 삶의 지혜를 배우려 할 것이다.

그러면 우리가 대지로부터 배워야 할 "두터운 덕"은 무엇인가? 바로 인류와 만물을 사랑으로 품어 안는 일이다. 만물에게 제각각 삶의 보금자리를 주고 그들을 생성 발육시켜 주는 대지처럼, 모든 살아 있는 것들을 생명애의 정신으로 보듬고 보살펴야 하는 것이다. 그처럼 모든 생명을 향해 열린 사랑의 마음이 바로 우리가 추구해야 할 "두터운 덕"이다. 선비들은 그것을 '인(仁)'으로 이념화했다. 중국 송나라 정호(程顥, 1032~1085)의 글을 한번 읽어 보자.

인자(仁者)는 천지 만물을 자기 자신과 한 몸으로 여긴다. 만물을 자신의 일부로 생각하니 그의 사랑이 어느 한 대상엔들 미치지 않겠는가.

만약 타자를 자신과 다른 존재로 여기면 그는 나와 상관없는 자가 되어 버리고 말 것이다. 이는 마치 수족의 마비로 인해 혈기가 통하지 않아 그것이 내 몸이 아닌 것처럼 느껴지는 것과도 같다.(『근사록』)

이는 생명애의 정신이야말로 '천인합일'이나 '물아일체'의 핵심 덕목임을 일러 준다. 사랑은 타자(만물)를 아우르는 마음이기 때문이다. 우주 만물을 열린 마음으로 아우를 때 나는 가장 온전한 존재가 된다. 만약 "타자를 자신과 다른 존재로 여기면"서 그를 외면하고 배제한다면, 나는 그만큼 자아를 위축시키면서 존재의 마비 상태에 빠지고 존재의 질병을 앓게 될 것이다. 수족 마비의 '불인(不仁)'은 그러한 경고를 담고 있다.

우리는 이처럼 만물을 아우를 줄 아는 '두터움'의 정신을 일상의 모든 자리에서 길러 행하지 않으면 안 된다. 중국 송나라의 장식(張栻, 1133~1180)은 말한다. "바람이 두텁지 않으면 큰 새의 날개를 받쳐 줄 수 없고, 물이 깊지 않으면 큰 배를 띄울 수 없다. 또한 사람이 두터운 마음을 갖지 않으면 잘난 체 하면서 세상을 우습게 알고, 자신의 공을 뽐내면서 남들을 업신여긴다."(『주역』의 주) 그뿐만이 아니다. 사람됨이 '두텁지' 않으면 세상과 남들을 포용하지 못함은 물론 자신의 삶조차 받쳐 들 수 없다. "참을 수 없는 존재의 가벼움"(밀란 쿤데라)은 이의 필연적인 결과다. 도종환 시인은 「깊은 물」에서 이러한 사람의 모습을 다음과 같이 우울하게 노래한다.

물이 깊어야 큰 배가 뜬다

얕은 물에는 술잔 하나 뜨지 못한다.

이 저녁 그대 가슴엔 종이배 하나라도 뜨는가

돌아오는 길에도 시간의 물살에 쫓기는

얕은 물은 잔돌만 만나도 소란스러운데

큰 물은 깊어서 소리가 없다

그대 오늘은 또 얼마나 소리치며 흘러왔는가

굽이 많은 이 세상의 시냇가 여울을

효사 爻辭

初六

서리가 밟히니 단단한 얼음의 시절이 오겠구나.

履霜 堅氷至

양기의 햇빛이 만물에게 생명의 기운을 준다면, 음기의 어두운 그늘은 생기를 약화·쇠멸시킨다. 계절로 따지면 양기가 왕성한 여름의 더위와 달리 늦가을의 서리는 이러한 음기의 결정체다. 그리하여 괘들에서 음효는 종종 어둡고 음산한, 부정적이고 파괴적인 성질로 은유된다. 〈곤〉괘의 초육(初六)이 그 한 예다. 그것은 대지의 모습을 말한 것이 아니다.

우리는 살아가면서 자신의 행위나 일에 어떤 어둠의 그림자가 드리우지 않는가 수시로 살필 필요가 있다. 그것은 일의 진행을 가로막는 장애 요인일 수도 있고, 생명과 진리를 부정하며 영혼을 타락시키는 나쁜 마음일 수도 있다. 처음에는 잘 의식되지 않고 대수롭지도 않아 보이지만, 그것을 간과하거나 방치하면서 거기에 젖어들다 보면 자칫 뒷날 커다란 불행과 고난을 겪을 수도 있다. 속담처럼 "가랑비에 옷이 젖는다." 공자는 이를 다음과 같이 은유적으로 말한다. "서리를 밟으며 단단한 얼음을 예감한 것은 음기의 시작에 주목한 것이다. 서릿길을 따라가다 보면 단단한 얼음의 시절을 겪게 될 것이다.〔履霜堅氷 陰始凝也 馴致其道 至堅氷也〕"(「상전」)

예를 들어 보자. 도박도 처음에는 장난삼아 치는 화투에서 비롯된다. 하지만 거기에 재미를 붙이다 보면 범죄의 지경에 빠지고 만다. "바늘 도둑이 소도둑 되는" 것도 마찬가지의 이치다. 또는 흔히 말하는 것처럼 어떤 행동이 반복되면 버릇이 되고, 더 나아가서는 성격이 된다. 그러므로 아무리 사소한 일이나 행동이라 하더라도 그것이 반복되면 뒷날 어떠한 결과를 초래할지 예상하면서 처음부터 조심하지 않으면 안 된다. 공자는 이러한 뜻을 다음과 같이 부연한다.

선행을 쌓는 사람에게는 뒷날 반드시 좋은 일이 생길 것이요, 악행을 쌓는 사람에게는 뒷날 반드시 재앙이 생길 것이다. 신하가 제 임금을 죽이고, 자식이 제 아버지를 죽이는 것은 일조일석에 생기는 일이 아니다. 그 원인들이 점점 쌓여 온 결과다. 그것을 일찍 알아차리지 못한 것일 뿐이다. 주역이 "서리가 밟히니 단단한 얼음의 시절이 오겠구나." 했으니, 이는 일의 시초부터 조심해야 함을 뜻한다.〔積善之家 必有餘慶 積不善之

家 必有餘殃 臣弑其君 子弑其父 非一朝一夕之故 其所由來者 漸矣 由辯之
不早辯也 易日 履霜 堅氷至 蓋言順也〔「문언전」〕

이는 여러모로 중요한 가르침을 담고 있다. 사람들은 개인의 질병이
나 불행, 사회의 혼란 등을 갑작스러운 돌발 현상으로 여기는 경향이
있다. 하지만 그것은 그동안 알게 모르게 축적되어 온 수많은 원인의
결과일 뿐이다. 예컨대 질병은 과로가 쌓인 결과요, 인간관계의 파탄은
지난날 무례하고 조심성 없는 사귐이 초래한 결과다. 그러므로 어떤 자
리에서든 "일의 시초부터 조심해야" 한다. "서리를 밟으면 단단한 얼음
의 시절"을 예감하면서 추위에 대비하는 것처럼, "일의 낌새를 살펴 처
사하지〔見幾而作〕"(「계사전」) 않으면 안 된다.

"홀로 있음을 삼가라.〔愼獨〕"는 『대학』의 말뜻을 우리는 이러한 관점
에서 풀이해 볼 수도 있다. 여기에서 '홀로 있음'이란 일차적으로는 남
들이 보지 않는 자기 혼자만의 공간을 뜻한다. 그런 자리라 해서 흐트
러진 행동을 해서는 안 된다는 것이다. 그러한 행동이 쌓이면 버릇이
되어 결국 방종한 생활로 빠질 수 있기 때문이다. 그러므로 평소 남들
이 보는 앞에서뿐만 아니라, '홀로 있는' 자리에서조차 조신하게 행동해
야 한다.

또한 저 '홀로 있음'은 마음 자리를 뜻하기도 한다. 사실 "인간 만사
는 마음에서 비롯되는 법이다.〔諸法一切唯心造〕" 모든 일이 마음먹기에
달려 있으며, 또 마음을 한순간이라도 조심하지 않으면 행동(일)이 어
긋날 수 있다. 『서경』은 말한다. "성인(聖人)도 자기 성찰을 하지 않으면
미치광이가 되고, 미치광이도 자기 성찰을 하면 성인이 된다." 더 나아

가 방자하고 조심성 없는 마음이 습관이 되면 그것이 성격으로 고착되어 많은 문제를 야기할 것이다. 그러므로 역시 마음 자리부터 조심하면서 부단히 자기 성찰을 하지 않으면 안 된다.

六二
곧고 바르고 위대하도다.
배워 익히지 않고도 만물을 이롭게 해 주는구나.
直方大 不習 无不利

육이(六二)는 〈곤〉괘의 중심적인 효다. 다른 괘들에서는 일반적으로 제5효가 중심이 되지만, 〈곤〉은 땅을 상징하므로 하괘의 가운데 제2효를 여섯 효 전체의 중심으로 세운다. 게다가 육이효(六二爻)는 음효로 음의 자리에 올바르게 있으므로 대지의 정신을 완벽하게 함축하고 있다. 이 때문에 "곧고 바르고 위대하다."고 찬탄했다. 참고로 〈건〉괘의 각 효가 순차적이고 발전적인 선상에 놓여 있는 것과는 달리 〈곤〉괘의 여섯 효는 각기 독립적인 내용을 담고 있다. 〈건〉괘의 상징인 '하늘'은 전후 연속적인 시간성을 염두에 두는데, 〈곤〉괘의 '대지'는 좌우 병렬적인 공간성을 표상하기 때문이다. 이 괘가 전체적으로는 후덕한 포용의 정신을 천명하면서도, 여섯 효의 함축이 모두 다른 것도 이에 연유한다.

대지는 곧고〔直〕 바르고〔方〕 위대한〔大〕 힘으로 만물을 생육한다. '곧다'는 말은 혹심한 추위나 가뭄, 홍수 등 어떤 악조건에도 대지가 변함없이 만물에게 생명을 부여하는 불굴의 정신을 표현한 것이다. '바르다'는 말은 만물이 각자의 존재 형식 속에서 생명을 올바르게 성취하도록 해 주는 대지의 정신을 함축한다. 이를테면 대지는 동물과 곤충과 식물이, 그리고 그들 천만 가지의 개체가 다양하게 제각각의 특성에 따라 올바르게 생존해 나가게끔 해 준다. 말하자면 "콩 심은 데 콩 나고, 팥 심은 데 팥 난다." '위대하다'는 말은 대지가 만물을 무엇 하나도 빠짐 없이 품에 아우르며 길러 내는 '두터운 덕'을 갖고 있음을 찬탄한 것이다. 대지는 사람들이 싫어하는 뱀이나 수많은 종류의 독초까지도 널리 길러 준다.

이는 대지의 정신을 객관적으로 묘사한 것에만 그치지 않는다. 그것은 사람이 본받아야 할 삶의 정신을 은유하고 있다. 즉 우리는 자신의 생명을 불굴의 의지로 제고하고[直], 올바르게 성취하며[方], 또 두터운 덕으로 다른 생명들을 따뜻하게 품어 안아야 한다[大]는 것이다. 한마디로 말하면 대지의 정신으로 자타의 생명을 제고하고 향상시켜야 하며, 생명으로 충만한 사회를 이룩해야 한다. 일례로 중국 송나라 주희(朱熹, 1130~1200)는 '곧음'의 정신에 관해 다음과 같이 말한다. "하늘과 땅이 만물을 생육하고, 성인이 만사에 대응하는 데에는 오직 곧음의 정신이 있을 뿐이다.[天地生萬物 聖人應萬事 惟一直字而已]"이는 조선 후기 당쟁 시절에 우암(尤庵) 송시열(宋時烈, 1607~1689)이 사약을 받고 마지막으로 써서 남긴 글귀이기도 하다.

대지는 만물 생육의 정신을 "배워 익히지 않고도 만물을 이롭게 해 준다." 사람은 어떤 일이든 배우고 또 익혀야 하지만, 대지는 생장 쇠멸의 모든 일을 만물이 제각기 스스로 알아서 하도록 일임한다. 그야말로 그들이 '스스로 그러하도록[自然]' 내맡긴다. 하지만 그 근원에는 역시 (하늘과) 대지의 위대한 정신이 작용한다. 공자는 이를 다음과 같이 찬탄한다. "육이(六二)의 활동이 곧고 바르니, 배워 익히지 않고도 만물을 이롭게 해 주는구나. 대지의 정신이 이처럼 찬란하다.[六二之動 直以方也 不習无不利 地道光也]"(「상전」) 여기에서 '육이'는 대지를 상징한다.

당연히 이 또한 사람이 본받아야 할 정신을 함축하고 있다. 남들에 대한 지배 의지나 자기 과시의 공명 의식으로 세상에 나서지 말고, 대지의 위대한 정신을 체득해야 한다는 것이다. 어떤 대가나 보상을 바라지 말고, 대지와도 같이 두터운 사랑으로 모든 생명의 성취를 도와야 한다. 공자는 이처럼 '곧고 바른' 대지의 정신에 입각하여 군자의 수양 정신을 아래와 같이 천명한다.

군자는 외경의 정신으로 내면을 올곧게 하고, 의로움의 정신으로 행동 거지를 바르게 한다. 외경과 의로움의 정신이 확립되면 외롭지 않은 덕을 갖게 될 것이다. 그가 곧고 바르고 위대하여 배워 익히지 않고도 만물을 이롭게 해 주니, 삶의 길에 회의를 갖지 않으리라.[君子 敬以直內 義 以方外 敬義立 而德不孤 直方大 不習 无不利 則不疑其所行也]"(「문언전」)

이러한 정신은 뒷날 선비의 수양론에서 핵심적인 주제로 부각되었다. 예를 들면 조선 중기의 조식(曺植, 1501~1572)은 자신의 패검(노리개 칼)에 다음과 같은 글귀를 새겨 두었다고 한다. "마음을 명징(明澄)하게 해 주는 것은 외경의 정신이요, 행동거지를 방정(方正)하게 해 주는 것은 의로움의 정신이다.[內明者敬 外斷者義]"(『남명집(南冥集)』)

위에서 "마음을 올곧게 한다."는 말은 단순히 정직한 마음을 가져야 한다는 뜻에 그치는 것이 아니다. 그것은 우리의 생명 정신을 세속에 오염 타락시키지 않고 맑게, 순수하게 기른다는 뜻을 함축하고 있다. 이를 위해 우리가 지녀야 할 가장 긴요한 것이 바로 외경의 정신이다. 그것은 마치 신앙인이 예배의 자리에서 두 손을 모아 신을 우러르듯 하는 경건하고 오롯한 마음이다. 그는 거기에서 신의 말씀에 귀 기울이면서 자신이 걸어야 할 삶의 길을 찾으려 할 것이다. 외경의 정신으로 신(하늘)이 나에게 내려주신 생명의 뜻을 헤아리고 실현하려는 것이다.

한편 "행동거지를 바르게" 하는 데 준거해야 할 도덕률로는 역시 의로움의 정신만 한 것이 없다. 그것은 일의 시비와 곡직을 사리에 맞게 엄밀하게 판단하고 올바르게 처사하는 가치 합리적 정신이다. 그것은 물건을 주고받는 등 사소한 일에서부터 일신의 거취와, 더 나아가 삶과 죽음의 갈림길에서까지 어느 한순간도 사람들이 놓아서는 안 되는 중요한 도덕 정신이다. 이를 외면하면 생명의 오염과 타락을 면할 수 없다. 사회도 의로움의 정신을 통해서만 생명을 널리 꽃피울 수 있다.

의로움의 정신은 나를 "위로는 하늘에, 그리고 아래로 사람들에게 부끄럽지 않게〔俯仰不愧〕"(『맹자』) 나서도록 해 줄 것이다. 마치 옛날 사화(士禍) 시절 선비들이 죽음 앞에서도 의연하고 당당했던 것처럼 말이다. 여기에 더하여 생명에 대한 외경의 정신은 모든 살아 있는 것을 따뜻하게 품어 안으려는 사랑의 마음을 불러일으킬 것이다.

이와 같이 대지와도 같이 만물을 모두 자신의 품에 아우르면서 그들의 생명을 올바르게 성취시켜 주고자 노력하는 사람에게는 외로움이 틈입할 수 없을 것이다. 공자는 말한다. "덕이 있는 사람은 외롭지 않다.

반드시 이웃이 있는 법이다.〔德不孤 必有隣〕"(『논어』) 이는 덕 있는 사람에게는 그와 이웃처럼 교류하려는 사람들이 생기기 마련이라는 뜻에 불과한 말이 아니다. 사랑으로 열린 마음은 이웃을 기다리기 이전에 모든 사람을, 나아가 만물까지도 자신의 품에 깊이 아우르기 때문에 "외롭지 않다." 이황의 말처럼 "만민은 나의 형제요 만물은 나와 더불어 사는 이웃이다.〔民吾同胞 物吾與〕" 동서양의 성현들이 그 실례를 잘 보여 준다.

六三
아름다움을 드러내려 하지 말고 자신을 올바르게 성취하도록 하라.
임금의 일을 보좌하는 자리라면 공로를 자처해서는 안 된다.
아름다운 끝을 보리라.
含章可貞 或從王事 无成有終

육삼(六三)은 하괘의 제일 위에 양의 자리에 있으므로 그의 빛나는 아름다움이 아랫사람들의 주목을 받는다. 하지만 음효가 양의 자리에 잘못 들어서 있기 때문에 자칫하면 그 아름다움을 잃을 수도 있다. 그가 자만할 수도 있기 때문이다. 그러므로 "아름다움을 드러내려 하지 말고", "공로를 자처"하지 말고, "자신을 올바르게 성취"하여 아름다움을 최고도로 완성하도록 노력하지 않으면 안 된다.

세상에 혼자서 이룰 수 있는 일은 아무것도 없다. 대지의 만물 생육도 하늘의 선도와 햇빛과 바람 등의 도움을 필요로 하는 것처럼, 아무리 작은 일이라도 직간접으로 다른 사람들의 조력과 후원을 얻어야 한다. 특히 한 집단 내에서 윗사람의 지도나 신임, 후원은 매우 중요한 의의를 갖는다. 사람들이 무슨 상을 받는 자리에서 자신을 이끌어 준 여러 사람들을 거명하면서 고마움을 전하는 것도 이러한 사실을 잘 알기 때문일 것이다. 만약 그 상을 순전히 자신이 노력한 결실인 양 자랑한다면 그는 비난을 들을 것이다. 공자는 다음과 같이 말한다. 아래에서 "부인의 도리"를 말한 것은 부인이 남편의 선도 속에서 가정을 완성하는 "아름다운 공"을 이루는 사람으로 여겼기 때문이다. 마치 하늘에 호응하여 만물을 생육하는 대지와도 같이 말이다.

아랫사람은 아무리 아름다운 공을 이루었다 하더라도 그것을 드러내려 해서는 안 된다. 임금의 일을 보좌하는 자리에서는 그것을 함부로 자처하려 해서는 안 된다. 그것이 땅의 정신이요, 부인의 도리이며, 신하의 도리다. 땅은 제 공을 자처하지 않고 하늘을 대신하여 만물을 생육하는 아름다운 끝을 이룬다.〔陰雖有美 含之 以從王事 弗敢成也 地道也 妻道也 臣道也 地道 无成 而代有終也〕(「문언전」)

『중용』에 "의금상경(衣錦尙絅)"이라는 말이 있다. 화려한 비단옷을 입고서 그 위에 겉옷을 걸친다는 뜻이다. 비단옷을 얇은 겉옷으로 가려 그 아름다움을 은은하게 드러내기 위해서다. 하지만 자신의 아름다움(능력, 덕행, 공적 등)을 왜 그렇게 감추어야 하는 것일까? 그것은 아름다움 자체를 싫어해서가 아니라, 남들의 칭송에 현혹된 나머지 "자신을 올바르게 성취"하려는 노력을 게을리할까 염려해서다. 사람들은 대부분 아름다움을 인정받으면 자족하고 우쭐하면서, 이후로 남들의 이목에 신경을 쓰기 시작한다. 그만큼 그들에게는 그 이상으로 자신을 올바르게 성취하려는 열의가 줄어든다. 결국 그들의 아름다움은 빛바랜 추억으로만 남게 된다.

물론 자신의 아름다움을 감추기란 참으로 어려운 일이다. 특히 자신을 올바르게 성취하려는 삶의 근본 정신을 갖지 못하는 사람은 자신의 아름다움을 남들에게 자랑하지 않고서는 못 배길 것이다. 중국 송나라의 정이(程頤, 1033~1107)는 말한다. "삶에 대한 인식이 투철하고 위대한 사람만이 자신의 아름다움을 감출 수 있다. 깊이가 없는 사람들은 자신의 아름다움을 남들이 알아 주지 않을까만 염려한다. 그러니 어떻게 아름다움을 감출 수 있겠는가."(『주역』의 주) 역시 송나라 여조겸(呂祖謙, 1137~1181)의 말을 들어 보자.

자신의 아름다움을 감추려는 많은 사람들은 안으로 교만심을 억제하고 밖으로 명성을 숨긴다. 하지만 그럴수록 더 교만심이 생겨나고 명예욕이 드러나는 것은 그들이 자아를 깊이 성찰하지 못하여 인식이 천박하고 마음이 협소하기 때문이다. 그리하여 조그만 업적이나 선행만 있어도 마음을 느긋하게 갖지 못하여 명예욕을 아무리 억제하려 해도 끝내 성공하지 못한다. 비유적으로 말하면 병은 작은데 많은 물을 담으려 하니 결국 물이 넘쳐 버리는 것과도 같다. 만약 병이 크다면 물을 많이 붓는다 해도 결코 넘치지 않을 것이다.(『주역』의 주)

이에 반해 "벼는 익을수록 고개를 숙인다." 공자는 말한다. "임금의 일을 보좌하면서 공로를 자처하지 않는 것은 크고 빛나는 지혜에서만 가능한 일이다.〔或從王事 知光大也〕"(「상전」) 그리하여 아름다움의 무한한 경지를 깊이 인식하는 사람은 자신의 아름다움에 만족하기는커녕, 오히려 아름답지 못함을 수시로 자각하면서 좀 더 아름다운 세계를 끊임없이 추구할 것이다. 이황의 편지를 읽어 보자. 그는 자신의 학문과 덕망을 칭송하는 한 제자에게 다음과 같이 말한다.

뱁새와 나방을 대붕에 견주면 그것들의 왜소한 모습만 보이게 되고, 못생긴 여자를 화장시켜 미녀 옆에 세워 봐야 그 못생긴 얼굴만 드러나는 법입니다. 그래서 나는 부끄러움과 두려움으로 마치 술에 취한 듯 깬 듯, 사흘 동안을 몽롱한 상태에서 벗어나지 못했습니다.(『퇴계전서』)

이처럼 아름답지 못한 자신의 모습을 자각하면서, 그는 아름다운 세계를 열어 나가기 위한 노력을 죽는 순간까지 게을리하지 않았다. 물론 그렇다고 해서 아름다움을 감추는 것만이 능사는 아니다. 온갖 꽃들과 초목이 무성한 여름철에 대지가 그 아름다운 모습을 한껏 드러내는 것처럼, 기회가 오면 자신의 힘을 성실하게 펼쳐 세상을 아름답게 밝힐 필요가 있다. 공자는 말한다. "아름다움을 드러내지 말고 자신을 올바르게 성취해야 하지만, 때로는 세상을 아름답게 밝혀야 하리라.〔含章可貞 以時發也〕"(「상전」)

하지만 그 순간에도 조심해야 할 일이 있다. 그렇게 세상을 밝히는 자신의 아름다움을 남들에게 과시하려 해서는 안 된다. 그러한 마음은 더 이상의 진보와 향상을 가로막는 요인이기 때문이다. 그러므로 그 순간에도 자신이 아름답다는 의식을 갖지 말고, 겸손한 마음속에서 오직 "자신을 올바르게 성취하는" 데에 집중해야 한다. 그래야만 "아름다운 끝을 볼 수 있다."

六四
자루를 동여맨다. 비난도, 찬사도 없으리라.
括囊 无咎 无譽

육사(六四)는 상괘에 올라섰지만, 양효가 없는 〈곤〉괘에서 어느 효와도 음양으로 교감하지 못하고 있다. 이는 역량을 갖추었는데도 남들의 인정과 신뢰를 얻지 못하는 사람을 은유한다. 그처럼 자타 간 소통이 막힌 상황에서는 자신을 함부로 드러내려 해서는 안 된다. 자칫하면 화를 입을 수 있기 때문이다. 오히려 그가 순전히 음괘에서 음효로 음의 자리에 올바로 있는 것처럼, 아직은 "자루를 동여매고", 즉 자신을 드러내지 말고 본래의 자리에 머물러 지혜와 역량을 감추고서 때를 기다릴 필요가 있다. 공자는 말한다. "자루를 동여매면 비난이 없을 것이니, 신중하게 처신하면 화를 입지 않으리라.[括囊无咎 愼不害也]"(「상전」)

초목은 가을이 되면 잎새를 하나둘 떨어트린다. 겨울의 추위에 대비해 생명력을 가장 적게 소모하기 위해서다. 만약 그들이 추위 속에서도 싹을 틔우려 하면 생명력의 소진으로 인해 자멸을 면하지 못할 것이다. 사람의 일도 마찬가지다. 남들이 나의 뜻을 알아 주지 않고, 남들과 소통되지 않는 냉랭한 상황 속에서는 무슨 일을 무모하게 하려 해서는 안 된다. 남들이 호응하지 않는 터에 자칫하면 비난과 일의 실패를 면하기 어렵기 때문이다. 그때에는 지혜와 역량의 "자루를 동여매" 자신을 드러내지 말고 조심해야 한다. 당연히 남들의 찬사를 기대해서도 안 된다. 공자는 이를 하늘과 땅의 이치에 빗대어 다음과 같이 말한다.

> 하늘과 땅이 교감하면 초목이 번성하고, 그 교감이 막히면 현자들이 은둔한다. 주역에 "자루를 동여맨다. 비난도, 찬사도 없으리라." 했으니, 조심스럽게 처신해야 한다는 뜻이다.〔天地變化 草木蕃 天地閉 賢人隱 易曰 括囊无咎无譽 蓋言謹也〕(「문언전」)

이미 상론한 것처럼 만물의 생육은 하늘과 땅의 두 기운(음양)이 교감하고 상호 작용하면서 이루어진다. 봄 여름철 식물들의 만화방창(萬化方暢)한 모습이 그 예다. 이와는 반대로 "그 교감이 막히면" 가을의 도래와 함께 초목이 잎을 떨구면서 자신의 생명력을 안으로 저장한다. 이듬해 봄의 재생을 위해서다. 인간 사회도 마찬가지다. 한 사회의 번영과 쇠퇴는 상하 좌우 구성원 사이의 소통 여부에 달려 있다. 소통이 원활한 열린 사회는 번영할 것이요, 소통이 막혀 닫힌 사회는 쇠망하고 말 것이다.

위에서 "그(하늘과 땅의) 교감이 막힌다."는 말은 자타 간 소통이 막혀 버린 사회를 은유한다. 그처럼 닫힌 사회는 당연히 "현자들의 은둔"을 재촉할 것이다. 오늘날로 말하면 말이 통하지 않는 독선의 통치자를 뜻 있는 식자들이 외면하는 것이 한 예가 될 수 있다. 물론 현자의 은둔은 세상을 잊으려 해서가 아니다. 그는 은둔 생활 속에서도 어두운 사회에 진리와 도의(사랑. 의로움)의 빛을 뿌릴 것이다.

六五
노란색 치마를 입고 있다. 커다란 기쁨을 누리리라.
黃裳 元吉

육오(六五)는 음효로서 상괘의 중심에 있으므로 높은 자리의 사람이 온유한 덕을 갖고 있는 모습이다. 음효가 양의 자리에 잘못 있기는 하지만, 〈곤〉괘 전체가 너그러운 포용의 덕을 상징하므로 그것은 문제가 되지 않는다. 오히려 남들에게 적극적으로 힘을 행사하려는 (양성의) 사람들과는 달리, (음성의) 그는 자신을 낮출 줄 아는 아름다운 덕을 갖고 있다. "노란색 치마"가 이러한 뜻을 은유적으로 드러낸다. (중국에서는 남자들도 치마를 걸치는 것이 전통이었다.) 황색은 땅의 색깔이며, 오행으로 따지면 청(靑)·적(赤)·황(黃) 백(白)·흑(黑)의 중간색이다. 이는 높은 자리에 있으면서도 온유한 마음을 갖고 있음을 함의한다. 또한 '치마'는 아랫도리 옷으로서, 이는 역시 낮게 처신함을 은유한다. 참고로 '노란색 치마'의 아름다움은 앞서 육이의 자리에서 수행된 외경과 의로움의 정신이 일상의 행동거지로 드러난 모습이기도 하다. 또한 아름다움을 감추어야 할 육삼과는 달리, 육오는 그것을 널리 펼칠 수 있는 자리를 얻었다.

군자는 높은 자리에 오른다 해서 그것으로 세상에 행세하려 하지 않는다. 그의 삶에 중요한 것은 오직 진리와 도의다. 맹자는 말한다. "시에 이르기를, '술에 취하고 덕에 배부르다.' 하니, 사랑과 의로움에 배부름을 뜻한다. 선비가 남들의 고량진미를 부러워하지 않는 것은 이 때문이다."(『맹자』) "취주포덕(醉酒飽德)"이라는 멋진 말의 어원이 여기에 있다. 군자는 그렇게 '고량진미'가 아니라, '사랑과 의로움'의 덕을 배부르게 채우고 실현하는 데에서 (삶의) 커다란 기쁨을 누린다.

저 "노란색 치마"를 입고 있는 사람은 이러한 군자다. 그는 사랑과 의로움, 그리고 진리의 아름다운 덕을 입고서, 그것도 앞서 말한 "의금상경(衣錦尙絅)"의 정신으로 세상에 나선다. 공자는 말한다. "노란색 치마를 입고서 커다란 기쁨을 누리는 것은 안으로 아름다운 덕이 쌓여 있기 때문이다.〔黃裳元吉 文在中也〕"(「상전」) 물론 그는 그것으로 자만하거나 우쭐하지 않으며, 오히려 겸손하고 낮게 처신하면서 사람들을 따뜻하게 품어 안는다.

사랑과 의로움과 진리의 정신은 단지 규범적인 도덕의 차원에 머무르지 않고 아름다운 기상까지 드러낸다. 그러한 정신은 "얼굴에 맑게, 등에 가득히 드러나고 팔다리에 펼쳐져"(『맹자』) 그의 용모와 거동을 지켜보는 사람들에게 깊은 감동을 준다. 성숙한 도덕 정신은 그처럼 행동거지를 아름답게 현시한다. 공자의 말을 들어 보자.

군자는 아름다운 덕과 사리 통달의 지혜로 행동거지를 올바르게 하면서 낮게 처신한다. 내면의 아름다운 덕이 일거일동에 자연스럽게 드러나면서 사람들을 감동시키니, 이야말로 아름다움의 극치다.〔君子 黃中通理 正位居體 美在其中 而暢於四支 發於事業 美之至也〕(「문언전」)

上六

용들이 들판에서 싸운다. 그 피가 검고 누렇다.

龍戰于野 其血玄黃

　상육(上六)은 초효에서 발전된 것이므로 음의 힘이 최고조로 항진되어 양처럼 매우 강력해졌음을 암시한다. "서리가 밟히니 단단한 얼음의 시절이 오겠구나." 하는 애초의 경고를 무시한 것이다. 공자는 그 결과를 다음과 같이 말한다. "음이 양을 우습게 알면 싸움이 일어나고 말 것이다. 그가 양을 부정하려 하기 때문이다. 그래서 그를 일러 '용(龍)'이라 했다. 그렇지만 그는 음의 성질을 벗어나지 못한다. 그래서 '피를 본다.' 했다. 검고 누런 것은 하늘과 땅이 뒤섞인 모습이다. 하늘은 검고 땅은 누렇다.[陰疑於陽 必戰 爲其嫌於无陽也 故稱龍焉 猶未離其類也 故稱血焉 夫玄黃者 天地之雜也 天玄而地黃]"(「문언전」) 여기에서 "하늘이 검다."는 말은 저 높이 가물가물한 하늘의 현묘한 섭리를 시각적으로 형용한 것이다. 그런데 "그 피가 검고 누렇게 뒤섞인" 것은 하늘과 땅의 다툼 속에서 생성 질서가 혼란에 빠져 있음을 은유한다. "하늘은 (위에서) 검고 땅은 (아래에서) 누런" 것이 정한 이치인데 말이다. 천자문은 이를 "천지현황(天地玄黃)"으로 정식화한다.

　모든 조직은 제각각 우두머리를 정점으로 위계질서를 갖는다. 동물의 세계도 마찬가지다. 원숭이나 늑대의 세계를 예로 들면, 그들은 사냥한 먹이를 먹는 데에도 힘의 강약에 따른 위아래의 순서를 갖는다. 그것을 거부하는 자는 응징당하고, 그 사회로부터 배척받는다. 질서의 교란은 종족의 유지와 보전에 심각한 위해 요인이 되기 때문이다. 시야를 확대하면 만물이 각기 자기의 종 안에서, 그리고 다른 종과의 관계에서도 그러한 생태적 존재(위계)질서를 갖는다. 어쩌면 자연은 그러한 각양각색의 크고 작은 질서의 유기적 총합이라 할 수도 있다. 우리는 그 정점에서 만물의 생장 쇠멸을 주재하는 자연의 섭리나 조물주를 상상해 볼 수도 있다.

"한 하늘에 두 개의 태양이 없으며, 한 나라에 두 사람의 왕이 없다."는 옛말이 있다. 한 사람의 지도자를 중심으로 확고한 사회 질서를 유지할 것을 강조한 말이다. "두 사람의 왕"을 갖는 나라는 조직의 분열과 질서의 혼란으로 인해 자멸을 면치 못할 것이기 때문이다. 정약용(丁若鏞, 1762~1836)은 다음과 같이 말한다.

> 여덟 식구 한 집안의 어른은 아버지요, 다섯 사람이 탄 배를 젓는 사람은 사공이다. 수많은 군사를 통솔하는 데 장수는 한 사람이요, 만민을 거느리는 데 임금 또한 한 사람이다. 집안의 혼란은 부인이 어른으로 나서기 때문이요, 나라의 멸망은 신하가 권력을 제 맘대로 휘두르기 때문이다. 지시와 명령이 엇갈리면 사람들이 누구를 따라야 할지 종잡을 수 없을 것이다.(『여유당전서(與猶堂全書)』)

여성들은 이 글의 두어 구절에서 눈살을 찌푸릴지도 모른다. "한 집안의 어른은 아버지"요, "집안의 혼란은 부인이 어른으로 나서기 때문"이라는 주장이 마음에 안 들 것이다. 사실 저 말은 남성 중심의 가부장제가 빚어낸 편견이다. 오늘날 사회에서 아버지와 어머니, 남편과 부인의 존재를 상하 위계질서 속에서 이해하는 것은 남녀평등 정신에 위배된다. 하지만 저 주장을 그렇게 간단하게 내쳐 버릴 일이 아니다. 그것은 오히려 '평등한' 부부 생활의 문제점을 반사적으로 제기하고 있기 때문이다.

평등은 상호 간 인격을 인정하고 존중해 줄 때에만 의의를 얻을 수 있다. 그러나 사람들은 평등을 말하면서도 상대방의 의견을 존중하기보다는 자신의 주장으로 그를 설득하고 강제하려는 자기중심적인 성향을 갖는다. 자타 간 대립과 충돌의 현상이 여기에서 발생한다. 부부의 경우도 마찬가지다. 부부의 평등은 우리 모두가 추구해야 할 이상임에 틀림없지만, 실제의 생활 속에서 그것은 크고 작은 문제들을 야기한다. 부부가 서로 가정생활의 주도권을 갖기 위해 일종의 '기 싸움'을 벌이기 때문이다. 말하자면 두 마리의 용이 한 집안에서 싸우는 격이다. 공자는 말한다. "용들이 들판에서 싸우니 살 길이 막혀 버렸다.〔龍戰于野其道窮也〕"(「상전」) 이혼은 그 극단적인 결말이다. 오늘날 평등 사회에서 이혼율이 높은 한 가지 원인도 아마 여기에 있을 것이다.

우리는 여기에서 심리적인 갈등을 겪을 수밖에 없다. 가정의 평화를 위해 한 집안의 정점에 아버지(남편)를 세울 것인가, 아니면 다소의 문제를 갖더라도 부부가 평등한 이원 체제를 유지할 것인가 하는 점이다. 하지만 이는 이론의 문제일 뿐, 실제 생활에서는 전자를 주장한다 해서 남편이 부인을 낮추어 보지만은 않을 것이며, 후자라 해서 항상 다투지는 않을 것이다.

어느 쪽이든 사람들은 대부분 어쩌면 사안(상황)에 따라 절충적인 태도를 취할 것이다. 그들은 '피가 나도록'까지 싸우지 않고 서로 적당한 타협과 양보의 지혜를 발휘할 것이다. 다만 기본적으로 유념해야 할 점이 있다. 남편이든 부인이든 '용'으로 자처하면서 상대방과 대결하거나 상대방 위에 군림하려 해서는 안 된다는 것이다. 서로의 인격을 존중하는 가운데 상대방의 빈 부분을 채워 주는 노력을 해야 한다. 태극기에 음과 양의 붉고 푸른색이 상호 조화를 이루어 아름다운 원을 만들어 내는 것처럼 말이다.

用六
올바른 정신을 변함없이 지켜야 한다.
利永貞

〈건〉괘의 '용구(用九)'가 64괘상의 모든 양효를 상대로 말한 것처럼, 〈곤〉괘의 '용육(用六)' 역시 그 모든 음효를 겨냥하고 있다. 음은 원래 공손하고 온유한 성질로서, 강건한 양을 받아들여 상호 조화 속에서 일을 성취한다. 이는 '양적인' 자리를 보필하는 '음적인' 자리의 사람에게 암암리에 공손과 순종의 덕을 강조하는 뜻을 갖는 것처럼 보인다. 이를테면 남편에 대해 부인, 지도자에 대해 참모의 덕을 들 수 있다. 하지만 용육의 저 글은 음이 순종적이고 나약한 성질만 갖는 것이 아님을 말하려 한다. 인간관계와 사회생활상 피할 수 없는 각종의 '음적인' 자리에서 순종이 미덕만은 아니며, "올바른 정신을 변함없이 지켜야 한다."는 것이다. 그는 '양적인' 자리에 있는 사람과 함께 진리와 도의, 생명을 제고하는 데에 궁극의 목표를 두어야 하기 때문이다.

공손의 덕은 결코 무기력한 순종을 뜻하지 않는다. 그것은 진리와 정의를 따르고 수호하려는 강한 의지를 내포한다. 게다가 인격 존중과 생명 외경의 정신까지 갖춰진다면 그 이상으로 아름다운 공손의 덕이 없을 것이다. 그러므로 공손의 대상은 진리와 도의이지, 윗사람의 힘과 권위가 아니다. 이를테면 남편의 횡포에, 지도자의 불의에 말없이 순종하는 것은 오히려 '불경한' 일이다. 맹자의 말을 한번 들어 보자. 그는 임금에게 공손하지 못하다는 혹자들의 비난에 다음과 같이 응대한다.

제나라 사람들이 애민(愛民)과 정의(正義)의 이념을 임금에게 말하지 않는 것은 어째서 그 이념이 아름답지 않은 것이라 여겨서겠는가. 그들이 마음속으로, "그것을 임금에게 말해서 무엇하겠는가." 하고 생각해서 그런 것일 테니, 이보다 더 불경한 일이 없다.(『맹자』)

임금에게 진리와 도의의 실천을 요구하는 것을 '공(恭)'이라 하고, 선(善)을 개진하여 사악한 마음을 갖지 못하도록 하는 것을 '경(敬)'이라 한다. 그러므로 제나라 사람들 중에 나만큼 임금을 공경하는 사람은 없을 것이다.(『맹자』)

온유의 정신도 마찬가지다. 그것은 결코 나약함을 뜻하지 않는다. 우리가 생명체와 사체(死體)에서 각기 확인하는 것처럼, "부드러움은 생명의 속성이요, 뻣뻣함은 죽음의 속성이다."(『노자도덕경』) 즉 따뜻하고 부드러운 마음이야말로 생명의 징표다. 생명 정신은 온유한 마음 위에서만 자랄 수 있다. 부드러운 흙에서 식물이 생장하는 것처럼 말이다.

그러므로 공손하고 온유한 마음은 결코 나약하지 않으며, 생명적인 삶과 사회를 성취하기 위해 진리와 도의의 "올바른 정신"을 군건하게 지킨다. 공자는 말한다. "올바른 정신을 변함없이 지키면 아름다운 끝을 볼 것이다.〔用六永貞 以大終也〕"「(상전」)

3. 시작의 어려움

준(屯)

'준(둔)(屯)'은 옥편상 '어렵다'는 뜻을 갖는다. 그 글자는 원래 풀〔艸〕이 땅〔丿〕 위로 솟아 싹트는 모습을 상형한 것이다. 그것이 아래에서 오른쪽으로 삐쳐진 것은 풀뿌리가 땅속에서 옆으로 뻗는 모습이다. 이를 〈건〉, 〈곤〉괘와 연결시켜 말하면 〈준〉은 하늘과 땅의 교감과 상호 작용 속에서 돋아나는 봄풀의 새싹을 영상으로 갖고 있다. 공자는 말한다. "하늘과 땅이 있은 다음에 만물이 생겨난다. 하늘과 땅 사이에 가득한 것이 만물이다. 그래서 〈건〉과 〈곤〉에서 〈준〉으로 이어졌다. '준'은 생기가 가득 서려 있는 모습이요, 만물이 처음 생겨날 때의 모습이다.〔有天地然後 萬物生焉 盈天地之間者 惟萬物 故受之以屯 屯者 盈也 屯者 物之始生也〕"(「서괘전」)

　그리하여 이 괘는 겨울의 추위가 다 가시지 않은 초봄에 새싹이 단단한 땅을 뚫고 올라올 때와 같은 시초의 어려움을 주제로 하고 있다. 그 시절 하늘과 땅의 상호 작용이 처음에는 활발하지 못하여 만물의 생성이 어렵게 진행되는 것처럼, 모든 시작은 어려울 수밖에 없다. 공자는 말한다. "'준'은 하늘의 강한 힘과 땅의 부드러운 힘이 처음 교감하면서 어려움이 발생한다는 뜻을 함축한다.〔屯 剛柔始交 而難生〕"(「단전」)

사실 따지고 보면 모든 시작은 어려울 수밖에 없다. 미래의, 미지의 상황에 한발 내디뎌 무슨 일을 도모하는 것은 실패를 각오하지 않으면 안 되는 모험이다. 설령 그 상황을 아무리 면밀히 예측하고 철저하게 대비한다 하더라도 사정은 마찬가지다. 미래는 예기치 못한 돌발의 변수를 수없이 갖고 있기 때문이다. 그러므로 무슨 일이든 안이하고 경솔한 시작은 특히나 실패를 면하기 어렵다.

삶은 매 순간이 새로운 시작이기도 하다. 우리는 시시각각 새로운 상황에 나선다. 혹자는 일상의 단조로운 반복에 삶의 허무를 느끼기도 하지만, 어제와 오늘은 분명히 다르다. 오히려 그것을 덧없는 반복으로 여기는 마음이 문제다. 어떤 선사(禪師)의 말처럼 "땔나무를 하고 물을 긷는 순간에도 도(道)가 있음"을 아는 사람이라면 지금, 이 자리의 새로움을 온몸으로 느끼면서 '도'의 실현에 집중할 것이다.

이러한 관점에서 살피면 삶은 일종의 과제다. 그것도 참삶의 의미, 즉 '도(진리와 도의)'를 올바로 깨쳐 실현해야 한다는 점에서 가장 어려운 과제가 아닐 수 없다. 과거에 선비들이 경(敬, 외경)의 정신을 그토록 강조한 것도 이러한 인식에서였다. 그들은 삶의 매 순간 "마치 깊은 연못에 다가가듯, 살얼음 위를 걷듯〔如臨深淵 如履薄氷〕"(『시경』) 경건히 구도(求道)의 발걸음을 내디뎠다. 〈준〉괘의 각효가 삶의 모든 여정에서 일어나는 어려움까지 시야를 확대하고 있는 까닭이 여기에 있다.

이러한 뜻을 괘의 구조상에서 살펴보자. 〈준〉괘는 상괘 '감(坎)' ☵과 하괘 '진(震)' ☳으로 이루어져 있다. 각각의 모양을 보면 전자는 하나의 양효가 두 개의 음효 속에 빠져 있으며, 후자는 하나의 양효가 두 개의 음효 아래에서 강한 힘으로 오르려 하고 있다. (양은 기본적으로 향상과 진보의 성질을 띤다.) 그리하여 전자는 험난함을, 후자는 진취적인 움직임을 일반적 속성으로 갖는다. 이는 사람들이 일의 초창기에 어려운 상황을 어떻게 하면 헤쳐 나갈 수 있을 것인가에 관해 말하려 한다. 공자는 말한다. "하늘의 강한 힘과 땅의 부드러운 힘이 처음 교감하면서 어려움이 발생하지만, 험난한 가운데에서도 진취적으로 움직이므로 크게 형통하며 올바름을 얻을 것이다.〔剛柔始交 而難生 動乎險中 大亨貞〕"(「단전」)

이를 계절과 방위의 관점에서 살펴보자. 상괘 '감'은 겨울이요 북쪽에, 그리고 하괘 '진'은 봄이요 동쪽에 해당된다. 이는 위에 머물러 있는 겨울의 북풍한설을 아래에서 따뜻한 동풍으로 밀어내고 봄의 새 생명을 준비하려는 뜻을 함축한다. 인간 사회의 장에서 말하면, 이는 어두운 시대의 끝에 혼란한 가치를 바로잡아 밝은 세상을 열어 가고자 하는 선구자의 정신을 은유할 수도 있다.

괘사卦辭

시련 속에서도 크게 형통할 길이 있다.
올바른 정신을 지켜야 한다.
일을 벌이려 하지 말라. 임금은 권위를 세워야 한다.
屯 元亨 利貞 勿用有攸往 利建侯

먼저 초목으로 비유를 들어 보자. 겨울을 지나 땅속을 뚫고 나오는 새싹은 머지않아 따뜻한 바람을 받아 봄날의 푸르름과 화사함을 구가할 것이다. 하지만 아직은 초봄의 추위에 시련을 겪고 있으므로, 한편으로 꽃샘추위가 언제 닥칠지도 모르므로 싹이 웃자라도록 놔 두어서는 안 된다. 자칫하면 싹 자체가 얼어 죽을 수도 있기 때문이다. 과거에 어른들이 초봄에 아이들을 데리고 보리밭에 가서 그 싹들을 밟아 주었던 것도 이러한 이유에서였다.

마찬가지로 어려운 여건에서 경솔하게 일을 벌이려 해서는 안 된다. 목전의 상황을 예의 주시하고 때를 기다리면서 안으로 자신의 힘을 부단히 길러야 한다. 마치 새싹이 바깥의 추위를 견디면서 자신의 생명을 굳게 지키는 것처럼 말이다. 그것이 일의 초창기에 지켜야 할 "올바른 정신"이다. 그렇게 하면 처음에는 시련을 겪는다 하더라도 뒷날 커다란 번영과 결실을 기대할 수 있을 것이다.

물론 거기에는 고통이 따르지만, 그렇다고 피해서는 안 된다. 어려운 상황에 시들거나 꺾이지 말고, 자기 안에 '우레'(하괘 '진'의 상징)와도 같이 강한 힘을 길러야 한다. 그러면 "시련 속에서도 크게 형통할 길"이 열릴 것이다. 공자는 이를 "우레와 비가 천지에 가득하여〔雷雨之動 滿盈〕"(「단전」) 머지않아 만물을 적셔 줄 모습으로 형용한다. '우레와 비', 즉 뇌우(雷雨)를 몰고 올 힘을 갖추어야만 시련을 타개하여 일을 성공시킬 수 있다는 것이다. 그러면 "시작은 미약하지만 끝은 창대하리라."

유념해야 할 일이 있다. 사는 게 그처럼 힘들다 해서 세상에 영합하거나 간교한 술수를 부리는 등 일의 합당한 이치나 사람의 도리를 저버리는 짓을 해서는 안 된다는 점이다. 무엇보다도 올바른 삶의 정신을 지켜야 한다. 그렇지 않으면 시련을 넘어 아무리 일에 성공을 거둔다 하더라도 그의 부정과 불의, 세상에 대한 아첨과 영합은 사람들의 외면과 비난을 면할 수 없을 것이다.

만약 어려움이 개인의 차원을 넘어 전 사회적인 것일 경우에는 어떻게 대처해야 할까? 먼저 공자의 말을 들어 보자. "시대의 불운 속에서 사회가 혼란과 어둠에 빠져 있을 때 임금은 권위를 세워야 할 것이요 안일에 젖어서는 안 된다.〔天造草昧 宜建侯 而不寧〕"(「단전」) 원래 임금은 한 사회의 최고 지도자를 지칭하지만, 가정을 비롯한 각급 조직의 지도자도 그에 해당할 수 있다. 과거에는 아버지를 '가군(家君)'이라 칭하기도 했다.

사실 어떤 조직을 막론하고 그것의 혼란은 대개 지도자의 권위 실추와 함께 시작된다. 거기에는 그의 무능력이나 부도덕, 또는 독재 등 여러 가지 요인이 있을 것이다. 그러므로 지도자는 사회가 혼란과 어둠에 빠져 있을 때 안일에 젖어 자리만 지키거나 권력만 휘두르려 해서는 안 된다. 깊은 자기 성찰과 과감한 자기 혁신을 통해 진정한 권위를 확립하지 않으면 안 된다. 그것이 시대의 불운이나 사회의 혼란을 다스려 형통할 길을 열어 갈 첫걸음, "올바른 정신"이다.

괘상卦象

구름 속에서 우레가 울리는 모습이 〈준〉의 형상이다.
군자는 이를 보고서 일을 경륜해 나간다.

雲雷 屯 君子 以 經綸

먼저 괘의 형상에 주목해 보자. 하괘의 '진'은 우레요, 상괘의 '감'은 물의 형상을 갖는다. 여기에서 물은 위에 있으므로 공중의 수증기, 구체적으로는 수증기로 이루어진 짙은 구름을 뜻한다. 사람들은 하늘 위 먹구름을 올려다보면서 어둡고 답답한 마음을 가질 것이다. 먹구름의 모습에서 혹 일이 꼬여 풀리지 않는 어려운 상황을 연상할지도 모른다. 거기에 간간히 울려 퍼지는 우렛소리를 듣고는 시원한 비를 기대하면서, 막힌 일이 어서 해결되기를 기원하기도 할 것이다.

하지만 가만히 앉아서 답답한 사태가 저절로 호전되기만 기다려서는 안 된다. 그것을 변화시키기 위해 스스로 적극적인 노력을 취해야 한다. 이의 일환으로 우레와 비를 몰고 올 힘을 착실하게 쌓아 나가야 한다. 그래야만 험난한 시련에도 흔들림 없이 그 상황을 '경륜(經綸)'하고 타개할 수 있다. 경륜이란 원래 뒤엉킨 실타래의 실마리를 찾아 풀어 나간다는 뜻을 갖는다. 어려움 속에서도 냉정을 잃지 않고, 일의 혼란과 장애가 어디에서 비롯되었는지 차분하게 따지면서 꼬인 상황을 풀어 나가는 것이다. 이 또한 어려움에 대응하는 "올바른 정신"이다.

효사爻辭

初九
머뭇거린다. 올바른 정신을 지켜야 하며

임금의 권위를 확립해야 한다.

磐桓 利居貞 利建侯

　초구(初九)는 양효로서 〈준〉괘의 의미상 중심적인 효에 해당된다.(구오는 상괘의 가운데에서 험난한 상황에 빠져 있으므로 괘의 중심성을 얻지 못한다.) 사람으로 따지면 그는 강인한 힘과 명석한 재주를 갖고 있는 군자다. 다만 그는 어지러운 세상에서 제일 낮은 자리에 머물러 남들의 인정을 받지 못하고 있다. 비록 육사가 그와 음양으로 호응하기는 하지만, 육사에게서는 도움을 기대할 여지가 없다. 육사는 음효로서 상괘 '감'의 험난한 상황에 힘없이 자리하고 있기 때문이다. 그래서 초구가 의지가지없어 '머뭇거린다.'고 했다. 하지만 그때일수록 역시 '올바른 정신을 지켜야 한다.' 여기에서 괘사와 마찬가지로 '임금의 권위를 확립해야 한다.'고 한 것은 초구의 군자가 지도자의 모습을 갖고 있기 때문이다. 여기에서 '임금의 권위'란 임금으로서의 권위가 아니라 임금과도 같은 위엄을 뜻한다.

　누구나 처음 어려움을 당하면 머뭇거리는 것이 인지상정이다. 하지만 당황하면서 성급하게 처신하면 오히려 더욱 궁지에 몰리게 될 것이다. 마치 수렁에 빠져 버둥거리면 더욱 깊이 가라앉는 것처럼 말이다. 이때 많은 사람들은 어려움에 처하면 불의하고 부정한 수단을 써서라도 거기에서 벗어나려 하지만, 그것은 나쁜 결과를 낳기 마련이다. "콩 심은 데 콩 나고, 팥 심은 데 팥 나는 법이다."

　그러므로 어려운 상황에서는 마음이 동요하지 말고 침착하게, 잠시 멈추고 때를 기다릴 필요가 있다. 안으로 "올바른 정신"을 지키고 또 더욱 길러 나가야 한다. 그러다 보면 점차 사람들의 신뢰와 존경을 얻게 될 것이다. 공자는 말한다. "비록 머뭇거리지만 올바른 정신을 잃지 않으며, 고결한 뜻으로 낮은 자리에 머무르니 뒷날 사람들의 신망을 크게 얻으리라.〔雖磐桓 志行正也 以貴下賤 大得民也〕"(「상전」) 한 사람의 참다운 권위와 위엄은 바로 이 "올바른 정신"과 "고결한 뜻"에서 우러나온다.

사람됨의 차이가 여기에서 드러난다. "올바른 정신"을 지키는 사람은 시련과 역경에도 불구하고 흔들림 없이 나설 것이요, 그렇지 못한 사람은 상황에 휘둘리면서 변절하여 온갖 계교와 술수를 마다하지 않을 것이다. 공자는 말한다. "군자는 곤궁 속에서도 올바른 정신을 굳게 지킨다. 하지만 소인은 곤궁을 만나면 변절하고 만다.〔君子固窮 小人窮斯濫〕"(『논어』) 달리 말하면 군자는 어려움에 굴하지 않고 자기를 순결하게 지켜내는 승리자요, 소인은 어려움에 굴복하는 패배자다.

六二

고민스럽게 제자리에서 서성거리며, 수레를 탔다가는 도로 내린다.
도둑이 아니라 청혼하는 사람이건만
여자가 지조를 지켜 시집가지 않다가 10년이 지나서야 시집을 간다.
屯如邅如 乘馬班如 匪寇 婚媾 女子 貞 不字 十年 乃字

육이(六二)는 하괘의 가운데 음의 자리에 있는 음효로서, 역시 상괘의 가운데 양의 자리에 있는 구오의 양효와 음양으로 호응한다. 양자는 남녀의 관계로 따지면 서로 사랑하는 사이와도 같다. 하지만 그녀는 육삼과 육사의 장애물에 가로막혀 그를 찾아가지 못하고 "고민스럽게 제자리에서 서성거리며, 수레를 탔다가는 도로 내린다." 이때 가까이에 있는 초구가 그녀에게 청혼을 한다. 초구 역시 양의 자리에 올바로 있는 양효인만큼 "도둑이 아니"건만, 그녀는 "지조를 지킨다." 그리고는 마침내 제 짝인 구오와 결혼을 한다. 공자는 말한다. "육이의 어려움은 강한 힘을 타고 있기 때문이요, 10년이 지나서야 시집을 가니 일은 옳은 데로 귀결되기 마련이다. [六二之難 乘剛也 十年乃字 反常也]"(「상전」) 여기에서 '10년'이란 긴 세월을 뜻하는 말이다.

남녀 혼사에 관한 이러한 이야기는 사람이 사회생활상 지켜야 할 처신의 도리를 은유하고 있다. 이를테면 어떤 사람이 원대한 이상을 품고 있지만 현실은 녹록치 않아서 그에게 갖가지의 시련과 고통을 가한다. 그러한 와중에 그는 가까운 이득의 유혹을 받는다. 어떻게 해야 할까? 시련과 고통 속에서 이상을 포기하고 현실에 안주할 것인가, 아니면 자신의 이상을 끝까지 지켜 그것으로 참삶의 의미를 부단히 찾아나갈 것인가? 여자의 '지조'와 '10년' 뒤의 시집은 후자를 지지하는 우언(寓言)이다. 헤르만 헤세가 「시인과 그의 시대」(전혜린 역)에서 천명하는 시인의 '지조' 또한 이와 사고의 궤를 같이할 것이다.

영원의 상징에 충실히, 관찰에 굳건히
행동과 희생을 각오하고 너는 서 있다.
그러나 경건을 모르는 시대 속에서는
관직과 강단과 권위와 신뢰가

너에게는 주어져 있지 않다.

상실된 위치에서, 세상의 조롱을 받으면서
오직 너의 천직만을 의식하고
명예를 포기하고, 일상의 즐거움을 버리고
녹슬지 않은 보물을 지키는 것으로
너는 만족해야 한다.

성스러운 음성이 너에게 울려오는 동안
너는 군중의 조롱을 겁낼 필요가 없다.
그러나 그 음성이 회의 속에 죽을 때
너는 네 자신의 심장으로부터 조롱받고
백치로서 지상에 서게 된다.

그러나 미래의 완성을 향해
고통스럽게 봉사하는 편이
업적 없는 희생이나
네 고통의 의의를, 네 사명을
배반함으로써 위대하게, 그리고
왕후 같이 되는 것보다는 나으리라.

六三

사슴 사냥을 나가 안내자도 없이 숲속에 빠져든다.

군자라면 형세를 미리 판단하여 그러지 않을 것이다.

만약 계속 사슴을 쫓는다면 치욕을 겪으리라.

卽鹿无虞 惟入于林中 君子幾 不如舍 往 吝

육삼(六三)은 위아래의 육이와 육사 세 효 속에서만 살피면 '곤(坤)' ☷ 의 형상이다. 그가 그 한가운데에 놓여 있음은 깊은 숲속에 있음을 연상시킨다. 그의 앞에 구오의 양효는 사슴처럼 보인다. 그리하여 그는 안내자도 없이 무턱대고 눈앞의 사슴만 쫓아가다, 결국 숲속에서 길을 잃고 헤매고 만다. 안내자가 없음은 음효인 육삼에게 호응하면서 그를 이끌어 줄 양효가 없다는 사실에서 나온 은유다.(상육 역시 음효이므로 그와 호응하지 못한다.)

많은 사람들은 어려움에 처하면 그 상황을 모면하기 위해 경솔하고 성급하게 행동한다. 곤경에 내몰리는 그의 다급한 심리는 사태를 차분하게 파악하면서 멀리 내다보는 안목을 갖지 못한다. 그에게는 오직 현 상황의 탈출만이 관심거리다. 그는 곤경의 자리에서조차 실현해야 할 삶의 의미와 가치가 있음을 알지 못한다. 그러므로 설사 그가 곤경을 벗어난다 하더라도 의미와 가치를 외면하는 그의 삶은 가볍기 짝이 없을 것이다.

지혜 있는 사람이라면 그러지 않을 것이다. 비유적으로 말하면 그는 사냥을 나설 때 산의 지리와 형세를 미리부터 숙지하고 안내자의 지도를 받을 것이다. 설령 길을 잃어 곤경에 빠졌다 하더라도 그는 당황하지 않고 지도와 나침반으로 자신의 위치를 점검하여 출구를 모색할 것이며, 사슴을 놓쳤다 하더라도 그것에 너무 연연하지 않는다. 그의 사냥은 사슴을 잡는 것이 목적이 아니며, 단지 심신의 활력을 충전시키기 위한 여가 활동일 뿐이기 때문이다.

인생도 마찬가지다. 목표물을 잃고 잠시 삶의 길을 헤맨다 하더라도 크게 상심할 일은 아니다. 목표물에 대한 욕심은 미련과 불만을 키우고 마음을 더 고통스럽게 만들 뿐이다. 공자는 말한다. "안내자도 없이 사슴 사냥을 나가는 것은 사냥거리에 대한 탐욕 때문이다. 군자가 그러지 않는 것은 탐욕적인 태도가 치욕을 초래함을 알기 때문이다.〔卽鹿无虞 以從禽也 君子舍之 往 吝窮也〕"(「상전」) 사냥의 경우만이 아니다. 어떤 형태의 것이든 탐욕은 치욕을 초래한다.

시련과 역경은 삶의 의미를 반추하게 하고, 세상을 바라보는 안목을 깊게 만들어 주며, 한편으로 인내와 여유, 관용의 인격을 길러 주기도 한다. 맹자는 말한다. "사람은 아픔을 겪으면서 지혜와 지모를 얻는다." (『맹자』) 그러므로 사는 일이 아무리 어렵다 하더라도 상심하지 말고 '지금, 이 자리'에서 자신의 도리를 다해야 한다. 그것이 바로 "진인사대천명(盡人事待天命)"의 정신이며, 참다운 삶의 열락은 거기에서만 주어질 것이다. 『중용』은 말한다.

군자는 지금 머무르고 있는 자리에서 자신의 도리를 다할 뿐, 그 밖의 일은 바라지 않는다. 부귀의 자리에서는 부귀에 마땅한 도리를 다하고, 빈천의 자리에서는 빈천에 마땅한 도리를 다하며, 야만의 자리에서는 거기에서 마땅한 도리를 다하고, 고난의 자리에서는 거기에서 마땅한 도리를 다한다. 그리하여 군자는 어떤 자리에서나 안락 자족의 삶을 산다.

六四
수레를 탔다가 도로 내린다.
님을 찾아 길을 나선다면 좋은 결말을 얻을 것이요
일이 잘 풀리리라.
乘馬班如 求婚媾 往 吉 无不利

　　육사(六四)에게 '님'은 초구다. 둘이 서로 음양으로 호응하고 있기 때문이다. 하지만 양자는 멀리 떨어져 있으며, 육사가 보기에는 초구가 육이와 가까이 지내는 것 같다. 그래서 그녀는 님을 찾아가려고 "수레를 탔다가 도로 내린다." 그녀의 심약한 성질(음효)에 초구가 의심스러워 보이기 때문이다. 하지만 사실 육이도 상응하는 구오와 짝을 맺고 있다. 또한 초구에게도 육사야말로 진정한 '님'이다. 그러므로 쓸데없는 오해와 의심을 떨쳐야 한다. 육사는 주저하지 말고 "님을 찾아 길을 나설" 필요가 있다. 그러면 "좋은 결말을 얻을 것이요, 일이 잘 풀릴 것이다."

　　남녀의 사랑에서 가장 중요한 것은 무엇일까? 신뢰와 정직이다. 상대방에 대한 의심은 사랑을 해쳐 결국 관계의 파탄을 초래하고 만다. 하지만 아무리 사랑하는 사이라도 지내다 보면 때로 상대방의 행동에 대한 의구심이 일어나는 것이 인지상정이다. 그(녀)는 그 자리에서 상대방에게 가까이 다가가지 못하고 "수레를 탔다가 도로 내리는", 그리하여 자타 간 거리감이 야기하는 번민과 괴로움을 피할 수 없을 것이다.

이처럼 어려운 상황을 어떻게 하면 극복할 수 있을까? 기본적으로 상대방의 인격에 대한 믿음에서부터 문제를 풀어나갈 필요가 있다. 설사 그가 일시적으로 잘못을 저질렀다 하더라도, 인간은 본래 불완전한 존재라는 인식 속에서 그를 아량과 용서로 끌어안아야 한다. 하물며 상대방에 대한 의심이 나의 오해에서 비롯된 것이라면 자신의 과민함을 먼저 반성해야 한다. 물론 이는 서로 정직해야 한다는 전제를 갖는다. 거짓된 태도는 의심과 불신의 끝없는 고통만 지어낼 것이다.

모든 인간관계의 어려움도 이와 마찬가지다. 자타 간 갈등과 대립, 다툼도 대부분 오해와 불신과 부정직에서 비롯된다. 가장 가까운 사이인 부부간에서도 우리는 그러한 일을 얼마나 많이 겪는가. 그러므로 자타의 관계에 균열의 조짐을 느끼면 자신의 오해와 불신, 또는 부정직을 반성하고 바로잡으면서 그에게 먼저 다가갈 필요가 있다. 상대방이 나에게 다가오기를 기다려서는 안 된다. 공자는 이렇게 말한다. "님을 찾아 길을 나서는 것이 지혜로운 일이다.〔求而往 明也〕"(「상전」)

九五

은택이 펼쳐지지 못하고 있다.

일을 서서히 바로잡으면 좋은 결과를 얻겠지만

단번에 바로잡으려 하면 불행을 초래하리라.

屯其膏 小貞 吉 大貞 凶

구오(九五)는 상괘의 중심에서 양효로 양의 자리에 있으므로 훌륭한 역량을 갖춘 지도자다. 하지만 바로 상괘 '감'의 한가운데 험난한 상황에 빠져 있고, 그의 위아래 상육과 육사는 (음효이므로) 그를 도와줄 만한 역량이 없다. 멀리 아래에서 육이가 호응하기는 하지만 그 역시 (음효이므로) 힘이 없기는 마찬가지다. 그를 도와줄 수 있는 유일한 양효의 초구는 저 멀리 떨어져 있다. 그래서 지도자로서 그가 사람들을 향해 추진하는 '은택'이 펼쳐지지 못하고 있다. 공자는 말한다. "은택이 펼쳐지지 못하는 것은 그의 권위가 빛을 잃었기 때문이다.[屯其膏 施未光也]"(「상전」)

사회 내 대소의 조직에는 지도자가 탁월한 능력을 갖고 있는데도 그에 걸맞은 업적을 내지 못하는 경우가 종종 있다. 그때 많은 사람들이 그의 자질을 시시비비하고 능력을 폄하하곤 한다. 하지만 아랫사람들이 그의 뜻을 받쳐 주지 못하고, 오히려 그의 통솔을 조직적으로 방해한다면 그가 어떻게 자신의 능력을 발휘할 수 있겠는가. 우리 사회의 정치 행정 현장은 그러한 사례를 종종 보여 준다.

그러면 그 지도자는 어떻게 대응해야 할까? 그는 그러한 난관을 '단번에 바로잡으려' 무리수를 두어서는 안 된다. 오히려 그것은 자신의 기득권에만 관심을 갖는 사람들의 비협조와 반발을 야기하여 상황을 더욱 악화시키기만 할 것이다. 심지어 그는 불명예스럽게 퇴진당하는 불행을 겪을 수도 있다. 이러한 경우에는 너무 성급하게 나서지 말고, 곤경 속에서도 자신의 중심(이념과 철학)을 확고하게 지키면서 일을 차근차근하게 바로잡아 나갈 필요가 있다. 지도자의 진정한 권위는 훌륭한 이념과 철학에서만 나온다. 그러면 점차로 사람들의 호응 속에서

"좋은 결과를 얻을" 것이다. 그 호응은 당대의 것이 아닐 수도 있지만, 후세의 사람들은 틀림없이 그를 좋게 평가할 것이다.

上六
수레를 탔다가 도로 내린다. 피눈물을 흘린다.
乘馬班如　泣血漣如

상육(上六)은 괘의 마지막 효이므로 끝까지 어려움을 겪는 사람이다. 그는 음효의 심약한 성질로 인해 목적지를 향해 "수레를 탔다가 도로 내린다." 또한 (육삼과 상응하지 않기 때문에) 누구로부터도 도움을 얻지 못하여 어쩔 줄 몰라 하면서 "피눈물을 흘린다."

사람이 곤경에 대응하는 방식은 다양하다. 어떤 사람은 불평과 불만, 좌절과 체념 속에서 살아가는가 하면, 니체 같은 철학자는 '운명애(運命愛)'를 주장한다. 이미 불가피하게 주어진 것이라면 그것을 부정하려 하지 말고, 또 어쩔 수 없이 견디려 하지 말고, "오냐, 그렇다면!" 하면서 적극적으로 받아들이고 운명 앞에 나서라는 것이다.

삶은 이처럼 마음먹기에 따라 달라진다. 불평불만은 남들과 세상에 대해 분노와 원망만 끝없이 키운다. 그리고 좌절의 마음은 피눈물을 흘리면서 극단적으로는 자신을 파괴(자살)하기까지 한다. 하지만 공자의 말처럼, "그렇게 오래도록 피눈물만 흘리고 있어서야 되겠는가!〔泣血漣如 何可長也〕"(「상전」) 어서 마음을 고쳐먹고 운명애의 정신으로 나서야 한다.

　운명애의 정신은 자신의 험난한 상황을 삶의 출발점이자 조건으로 받아들이고 마음을 더욱 다잡아 차분하게 처사하도록 한다. 이를테면 심각한 병에 걸렸을 경우, 비탄 속에서 '피눈물'만 흘리지 않고 그것을 자신의 현존으로 받아들이게 해 준다. 나아가 그는 어쩌면 자신의 처지를 하늘(신)의 뜻으로 겸손하게 받아들이고 그 가운데에서 최선의 삶을 살려 할 것이다. 미국의 어느 에이즈 환자가 불교에 귀의하여 수행 끝에 죽음을 앞에 두고서도 절망하지 않고, 오히려 현존의 축복을 느끼면서 남은 삶을 지난날의 업장(業障, 죄과)을 정화하는 데 바쳤다는 이야기가 이를 말해 준다. 이는 운명애의 정신이 초월과 달관의 세계로 진입할 수 있음을 일러 준다.

4. 어리석음의 깨우침

몽(蒙)

모든 일은 초창기에는 미숙할 수밖에 없다. 마치 우리가 풀〔草〕을 헤치면서 만들어 나가는〔創〕 길이 거칠 수밖에 없는 것과 같다. 그래서 거기에는 수많은 시행착오와 어려움, 시련이 뒤따르기 마련이다. 이처럼 새로운 세계를 개척하기가 힘든 것은 정말 탁월한 혜안을 가진 사람이 아닌 한 누구도 그 세계의 지형(이치)을 알기 어렵기 때문이다. 비유하자면 어린아이가 들녘에서 갈 길을 모르고 헤매는 것과도 같다.

사람들은 그처럼 미지의 세계 앞에서 어린아이와도 같이 '어리다.' 달리 말하면 '어리석다.' 〈준(屯)〉괘 다음에 〈몽(蒙)〉괘가 놓인 까닭이 여기에 있다. 공자는 말한다. "준은 만물이 처음 생겨날 때의 모습이다. 만물이 생겨나면 어리기 마련이다. 그래서 〈준〉에서 〈몽〉으로 이어졌다. '몽'이란 어리다는 뜻이다.〔屯者 物之始生也 物生必蒙 故受之以蒙 蒙者 蒙也〕(「서괘전」) 나아가 '몽'은 옥편상 '어리석다(몽매하다)'는 뜻까지 갖는다. 어리기에 어리석은 것이다. 〈몽〉괘는 이에 입각하여 어리석음의 깨우침을 주제로 삼는다.

이를 괘 안에서 살펴보자. 이 괘는 상괘 '간(艮)' ☶과 하괘 '감(坎)' ☵으로 이루어져 있다. 전자는 산이요 후자는 물을 상징으로 갖는다. 이를 조합하면 산 아래에서 샘물이 솟아나는 형상이 된다. 그런데 그 샘물이 어느 방향으로 흘러갈지 처음에는 아직 알 수 없다. 그것은 땅의 형세에 따라서, 또는 사람의 손길에 따라 달라질 것이다. 이는 어리석은 사람이 당면의 일을 어떻게 처리해야 할지, 삶을 어떻게 살아야 할지 모르는 모습과도 같다. 그들을 깨우쳐 주는 교육의 필요성이 여기에서 드러난다.

한편 상괘와 하괘는 (산과도 같이 요지부동으로) '머물러 있음'과, (물처럼 넘쳐 흐를) '위험'을 각각의 속성으로 갖고 있다. 공자는 말한다. "산 아래에 위험이 도사리고 있어서 위험 앞에 머물러 있는 것이 〈몽〉의 모습이다.〔山下有險 險而止 蒙〕"(「단전」) 이를 삶의 현장에 적용하면, 사람이 위험한 상황에 처하여 그 타개책을 알지 못하고 망연자실한 채 머물러 있는 것과도 같다. 이는 특히 세상 경험이 적은 젊은 사람에게서 많이 나타나는 모습이다. R. 빌헬름이 〈몽〉괘를 '젊은 어리석음(youthful folly)'이라고 의미화한 것도 이러한 인식의 소산일 것이다.

괘사卦辭

어리석음에도 형통의 길이 있다.
내가 어리석은 젊은이를 찾아갈 수는 없다.
어리석은 젊은이가 나를 찾아와야 한다.

진지하게 물어야 대답해 주리라.

두 번 세 번 질문하면 나를 얕잡아 보는 일이므로 대답하지 않겠다.

올바른 정신을 가져야 한다.

蒙 亨 匪我求童蒙 童蒙求我 初筮 告 再三 瀆 瀆則不告 利貞

무지(어리석음) 자체를 부끄러워할 일은 아니며 죄악은 더더욱 아니다. 진리는 무궁한데 사람의 인식 능력은 유한하므로 무지는 그야말로 인간 조건이다. 문제는 자신의 무지를 자각하지 못하고 지적 오만에 빠지는 데에서부터 시작된다. 그의 독선은 남들과의 좌충우돌 이전에, 자기 자신을 '우물 안의 개구리'로 만들 것이다. 그것은 또 다른 어리석음으로서 일의 형통은커녕 실패와 망신의 지름길이다.

물론 진리의 세계는 무지의 자각만으로는 열리지 않는다. 진지한 물음 속에서 진리를 열망하는 자세를 갖지 않으면 안 된다. 치열한 구도의 정신 속에서만 세계의 깊이를 살필 수 있고, 삶의 의미를 밝힐 수 있으며, 참다운 행복의 길을 열어 나갈 수 있다. 그것이 바로 "어리석음 속에도 열릴 수 있는 형통의 길"이다.

그것이 '젊은' 정신이기도 하다. 세상사에 닳아빠져 무디게, 습관적으로 살아가는 '늙은' 정신과 달리, '젊은' 정신은 무지(어리석음)의 자각과 삶에 대한 진지한 물음 속에서 새로운 세계를 부단히 추구한다. 이는 물론 실제의 나이와는 무관하다. 그러한 물음을 이미 포기한 젊은이가 있는가 하면, 여전히 '젊은' 정신의 노인도 있을 것이다. 그러한 '젊은' 정신만이 진리와 지혜를 밝힐 수 있다. 진리가 사람들을 찾아가는 것이 아니다. 그러므로 "내가 어리석은 젊은이를 찾아갈 수는 없다. 어리석은 젊은이가 나를 찾아와야 한다." 여기에서 '나'란 겉으로는 스승을 가리키지만, 그 이면에는 진리의 정신이 함축되어 있다. 이는 "사람이 진리를 넓힐 수 있는 것이지, 진리가 사람을 넓히는 것이 아니〔人能弘道 非道弘人〕"(『논어』)라는 공자의 말과도 통한다.

진리를 찾아 나선다 해도 그 성과는 구도의 열의에 따라 달라질 것이다. 진리는 '진지하게 물어야만' 다가온다. 진지성을 결여한 물음은 결코 진리를 밝힐 수 없다. 학교 현장을 예로 들어 보자. 학생이 어떤 문제에 관해 진지하지 않게 "두 번 세 번 질문하면" 선생은 화를 내면서 더 이상 대답해 주려 하지 않을 것이다. 학생이 자신을 '얕잡아본다'고 생각할 것이기 때문이다. 공자는 말한다. "성심으로 배우려 하지 않는 사람에게는 앎의 세계를 열어 주지 않으며, 정확한 표현을 얻으려 노력하지 않는 사람에게는 그 표현법을 가르쳐 주지 않는다.〔不憤不啓 不悱不發〕"(『논어』)

그러므로 어리석음에서 벗어나려면 "올바른 (배움의) 정신을 가져야 한다." 진리의 열망과 진지한 추구의 정신이 그것이다. 어느 자리에서든 한순간도 그 정신을 놓아서는 안 된다. 불교의 선사(禪師)들이 제자들에게 화두를 주면서 죽을 각오로 탐구에 임할 것을 강조하는 것도 이러한 인식에서다. 그러한 정신에게는 일상에서 만나는 모든 일이 자신을 깨우쳐 주는 스승으로 다가올 것이다. 나옹(懶翁) 선사는 읊는다. "청산은 나를 보고 말없이 살라 하고/ 창공은 나를 보고 티 없이 살라 하네."

선생도 학생을 가르치는 데 주의해야 할 점이 있다. 무엇보다도 학생이 무지의 자각 위에서 진리에 대한 열망을 갖도록 이끌어 주어야 한다. 학생이 지적 자만에 빠져 있는 한, 그리고 잘못된 식견을 버리지 않는 한, 선생의 가르침은 아무런 효과도 갖지 못할 것이다. 우리에게 널리 알려진 소크라테스의 '산파술'도 이러한 문제의식에서였다. 그리하여 선생(가르침)과 학생(배움)의 열의가 서로 맞아떨어질 때, 두 사람은 함께 진리의 세계를 열어 나갈 수 있다. 그야말로 "줄탁동시(啐啄同時)"다. 알속의 병아리가 깨트리고 나올 때 안에서 껍데기를 쪼는 일[啐]과, 알을 품고 있는 어미닭이 바깥에서 그 껍데기를 쪼는 일[啄]이 동시에 행해진다는 것이다. 그렇게 하여 병아리의 세상이 열린다.

사람들이 어릴 적의 교육을 강조하는 것도 이러한 까닭에서다. 우리가 익히 자각하는 것처럼 사람이 성장하면서 어떤 관념과 사고방식을 갖게 되면 그것을 바꾸기란 여간 어렵지 않다. 그의 선입관은 다른 사람이 아무리 진리를 말해도 그것을 쉽게 받아들이려 하지 않는다. 그러므로 선입관이 형성되기 전 백지와도 같은 어린아이의 상태에서 올바른 가르침을 주어야 한다. 공자는 말한다. "어릴 적에 올바른 정신을 길러 주어야 한다. 그것이 아이들로 하여금 성현이 되도록 하기 위한 공부의 출발점이다.[蒙以養正 聖功也]"(「단전」) 이미 어른이 되었다 하더라도 무지의 자각 속에서 어린아이와도 같은 배움의 마음을 갖지 않으면 안 된다.

괘상卦象

산 아래에서 샘물이 솟아나는 모습이 〈몽〉의 형상이다.
군자는 이를 보고서 용맹정진의 정신으로 덕성을 길러 나간다.

山下出泉 蒙 君子 以 果行育德

옹달샘의 물이 산 아래에서 처음 솟아 흐를 때는 나무나 돌, 움푹 파인 곳 등 수많은 장애물을 만나서 나아갈 방향을 알지 못한다. 이는 젊은이들이 처음 사회에 발을 디뎌 이러저러한 어려움을 만나 갈팡질팡하는 모습을 은유한다. 그들은 살아가면서 점차 처세술을 익히겠지만, 문제는 시나브로 타락해 간다는 사실이다. 마치 맑은 옹달샘의 물이 썩은 나뭇잎과 흙먼지 사이로 흘러가면서 점점 더러워지는 것처럼 말이다.

어떻게 하면 세속의 더러움에 물들지 않고 밝은 마음, 맑은 삶을 유지할 수 있을까? 진리를 추구하는 군자의 열망은 옹달샘에서 그 교훈을 얻는다. 옹달샘이 맑은 물을 계곡으로 내려보내는 것은 그 원천이 맑기 때문이다. 또 그것이 갖가지의 장애물들을 극복하고 끊임없이 흘러내려갈 수 있는 것은 그 원천이 깊기 때문이다. 『용비어천가』(제2장)는 말한다. "샘이 깊은 물은 가뭄에도 그치지 않고 내를 이루어 바다에 이르나니라."

사람도 마찬가지다. 우리는 수행을 통해서 심성의 원천(덕성, 영혼)을 맑게 길러 나가야 한다. 자신의 내면 깊은 곳에 맑음이 고이도록 부단히 노력해야 한다. 이를 위해서는 마치 옹달샘의 물이 끊임없이 솟아나는 것처럼 수행에 부단히 용맹정진하는 정신을 갖추어야 한다. 일시적인 또는 간헐적인 노력으로는 세속의 더러움을 막을 길이 없다. 그렇게 하여 남의 어리석음을 깨우쳐 주기에 앞서 자신의 어리석음부터 스스로 타파하지 않으면 안 된다. 주희는 이처럼 수행을 통해 현전하는 맑은 심성을 연못으로 은유하여 다음과 같이 아름답게 읊는다.

조그만 네모진 연못은 그대로 하나의 거울

하늘 빛과 구름 그림자가 그 속을 배회하는구나.

그에게 묻노니, 어찌 그처럼 맑단 말인가.

샘의 원천에서 맑은 물이 흘러나오기 때문이라네.

半畝方塘一鑑開　　天光雲影共徘徊

問渠那得淸如許　　爲有源頭活水來(「관서유감(觀書有感)」)

효사爻辭

初六

어리석음을 깨우쳐 주어야 한다.

규율을 세워 어리석음의 질곡에서 벗어나게 해 주는 것이 좋다.

하지만 규율로만 다스리려 하면 상황이 악화되리라.

發蒙 利用刑人 用說桎梏 以往 吝

초육(初六)은 괘의 제일 아래 양의 자리에 음효로 있으므로, 심한 어리석음을 상징한다. 어린아이는 물론 어른의 완강한 어리석음도 이에 해당된다. 선각자(선생)나 지도자들은 이들의 "어리석음을 깨우쳐 주어야 한다." 그것은 일차적으로 교육을 통해서 가능할 것이다. 다만 교육의 현장에서는 '규율'의 확립이 불가결하다. 각급 학교의 학칙이 그러한 것처럼, 학생들의 불성실하고 방종한 태도를 예방하기 위해서다. 그리하여 규율 있는 교육만이 그들을 "어리석음의 질곡"에서 벗어나게 해 줄 것이다. 그렇다고 해서 "규율로만 다스리려" 해서는 안 된다. 규율은 삶의 울타리와 같은 것일 뿐이다. 사람들이 그 안에서 각자의 삶을 올바르게 영위할 수 있도록 정신 교육을 해야 한다.

"어리석음의 질곡"에서 벗어나는 최선의 방법은 본인 스스로 자신의 어리석음(무지)을 자각하여 용맹정진의 노력을 다하는 일이다. 하지만 이는 극소수의 사람들이나 가능할 뿐, 보통 사람들에게서는 기대하기 어려운 일이다. 그들은 선각자들로부터 배움을 통해서만 세계에 대한 지식과 지혜를 얻을 수 있다. 예나 지금이나 학교가 그 역할을 한다.

그 밖에 제도(법)적인 강제도 사람들의 어리석음을 깨우쳐 주는 한 가지 방법이 될 수 있다. 그것은 사람들을 공권력으로 엄포하여 그들의 어리석음을 사전에 예방하기도 하고, 사후에는 일정한 징벌을 통해 어리석은 행동을 교정해 주는 의의를 갖기도 한다. 감옥을 '교도소'라고 칭하는 것도 이러한 뜻에서다. 사회의 안정과 질서 유지는 대개 이러한 제도에 힘입은 결과다.

당연히 교육과 제도적 방책을 혼용할 수도 있다. 말하자면 교육 현장에 강제성을 띤 규율을 세우는 것이다. 사실 규율은 교육의 출발이다. 자율이라는 미명 하에 학생들의 학습과 생활을 방임하는 것은 결코 바람직한 일이 아니다. 그들은 아직 옳고 그름의 판단력이 미숙하며, 감정과 욕망이 내키는 대로 행동하려 하기 때문이다. 그러므로 먼저 학칙을 세워 그들의 방종과 무분별한 태도를 단속하지 않으면 안 된다. 우리나라와는 달리 선진국의 많은 중고등학교가 학생들에게 휴대 전화를 학교 내에서 소지하지 못하도록 교칙으로 강제하고 있는 것이 한 가지 예다. 공자는 말한다. "규율의 확립은 행동의 법도를 바로 세우기 위해서다.〔利用刑人 以正法也〕"(「상전」)

그렇다고 해서 규율만 앞세워서는 안 된다. 그것은 행동거지만 강제로 단속하려 할 뿐, 근본적으로 자율적인 도덕 정신의 배양에 대해서는 소홀하기 때문이다. 사회적 관점에서 말하면 법만 앞세우는 사회는 아무리 질서를 갖춘다 하더라도 평화가 아니라 암흑일 뿐이다. 거기에는 냉혹한 강제만 작용할 뿐, 인간의 영혼과 생명의 온기가 통하지 않는다. 공자는 말한다. "사람들을 법령으로 이끌고 형벌로 다스리면 그들이 범법은 하지 않겠지만, 자신의 악한 마음에 대해서는 부끄러워하지 않을 것이다. 그렇지만 사람들을 도덕으로 이끌고 예의로 규율하면 그들은 부끄러움을 알고 바르게 살려 할 것이다."(『논어』)

교육의 중요한 목표 한 가지가 여기에 있다. 그것은 단지 객관적인 지식과 전문 기능을 가르치는 일에만 머물러서는 안 된다. 학생들의 가치판단 능력을 길러 주어 그들이 올바르게 살도록 가르쳐야 한다. "어릴 적에 올바른 정신을 길러 주어야 한다."(「단전」)는 공자의 주장이 여기에서도 통한다. 참고로 이황이 『소학』 공부를 끝낸 조카에게 보낸 시를 읽어 보자.

어려서 올바른 정신을 기르지 않으면 자라서 어떻게 세상에 형통할 수 있겠나.
물욕이나 추구하고 천성까지 해쳐 짐승처럼 살게 되리라.
아이를 과보호하는 말세의 풍속은 정말 사람됨을 포기시키는 짓이니
이제부터는 소학의 정신을 마음 깊이 새겨 두어라.

養蒙非正長奚通　　逐物戕天鳥獸同
末俗過防眞自棄　　從今銘刻在深衷

九二

어리석은 사람들을 너그럽게 포용하라. 기쁨을 알리라.

부인을 품에 아우르면 행복할 것이요

한 집안의 큰아들이라면 가정을 화목하게

이끌어 나갈 수 있을 것이다.

包蒙 吉 納婦 吉 子克家

　구이(九二)는 양효로서 이 괘의 중심적인 인물이다. 그는 음효인 초육, 육삼, 육사, 육오의 어리석음을 깨우쳐 줄 수 있는 뛰어난 식견을 갖고 있다. 게다가 그는 그들보다 낮은 자리에서(자신을 낮추어) 그들의 다양한 견해와 입장을 경청하고 포용하려 한다. 이를 부부의 가정생활로 은유한 것은 구이가 양효(남편)로서 여러 음효(처자)를 끌어안고 있음에 착안한 것이다. 또 "한 집안의 큰아들" 관념은 구이(자식)가 음양으로 호응하는 육오(부모)의 위임을 받아 다른 가족 구성원들을 이끌어 간다는 뜻에서 나온 것이다. 여기에는 역시 은유적인 뜻이 담겨 있다. 즉 그것은 사람들을 깨우쳐야 할 책임을 가진 자의 도량을 말하려 한다.

부부 사이는 너무 친밀하기 때문에 오히려 냉정하고 합리적으로 처신하기 어려운 경우가 많다. 예를 들어 보자. 만약 부인이 어리석은 행동을 한다면 남편은 어떻게 대응해야 할까? 부인에 대한 미움과 비난은 부부 관계를 악화시키기만 할 것이다. 하물며 '어리석다'는 판단이 순전히 남편의 주관이나 편견에 입각한 것이라면 문제는 심각해진다. 이는 일상생활에서 흔히 나타나는 현상이다. 생각이 서로 '다를' 뿐인데도 그것을 '틀렸다'고 여기는 자기중심적인 사고방식을 우리는 일반적으로 갖고 있기 때문이다.

그러므로 남편은 무엇보다도 먼저 부인의 인격(개성과 장점)을 존중할 줄 아는 넓은 도량을 가져야 한다. 설혹 부인이 그르다 하더라도 부드러운 마음으로 포용하면서 바른 길로 이끌어야 한다. 그의 관용은 부인뿐만 아니라, 그 밖에 모든 가족 구성원들까지 화합시켜 "가화만사성(家和萬事成)"의 행복을 일구어 낼 것이다.

사회생활 속에서 사람들의 어리석음을 타파시켜 그들을 올바른 삶의 세계로 인도해야 할 책임을 갖고 있는 사람도 마찬가지다. 각급 학교의 선생이든, 종교 지도자든, 아니면 정치 지도자까지도 그에게 요구되는 큰 덕목은 관용의 정신이다. 사람들의 어리석음을 미워하고 비난하려 한다면, 그들은 그의 말(지도와 가르침)을 경청하고 따르려 하기보다는 오히려 반발하고 엇나가려 할 것이다.

그러므로 어리석음 여부를 떠나 먼저 그들을 온전한 인격으로 대면하면서 따뜻하게 품어 안을 필요가 있다. 그리고서 인내심을 갖고 설득하도록 해야 한다. 공자의 다음과 같은 말은 가정을 넘어 일반 사회의 인간관계에서도 그대로 타당하다. "가정의 화목은 가족 구성원 상호 간 인격의 교류 속에서만 이루어질 수 있다.〔子克家 剛柔接也〕"(「상전」) 즉 모든 인간관계의 친목과, 더 나아가 사회의 평화도 구성원들의 인격적인 교류 속에서만 성취될 수 있다. 물론 그 근저에는 사랑의 정신이 놓여 있다. 사랑은 상대방의 지식 수준이나 현명함과 어리석음을 떠나 그를 순수 인격으로 존중하고 포용하게 해 주는 가장 강력한 힘이다.

六三
그 여자를 부인으로 맞이해서는 안 된다.
그 여자는 돈 많은 남자를 바라보면서 제 몸을 버리고 말 것이다.
좋을 일이 없다.
勿用取女 見金夫 不有躬 无攸利

　육삼(六三)은 하괘의 끝에서 음효로서 양의 자리에 있으므로, 줏대 없고 어리석은 '그 여자'다. '그 여자'는 (음양으로 호응하는 상구(上九)의) 진짜 짝과 멀리 떨어져 있어서 바람을 피우려 한다. 그 대상은 가까이에 있는 양효 구이의 남성이다. 이 남성은 다른 뭇 여성들(초육, 육사, 육오)의 선망을 받고 있다는 점에서 "돈 많은 남자"로 보인다. 그리하여 '그 여자'는 욕망의 늪(하괘 '감'의 물) 속에 빠져 "제 몸을 버리고 말 것이다." 공자는 말한다. "그 여자를 부인으로 맞이해서는 안 되는 것은 그 여자의 행실이 도리를 벗어났기 때문이다.[勿用取女 行不順也]"(「상전」)

세상에는 남자든 여자든 물욕에 빠져 결국 "제 몸을 버리고 마는" 어리석은 사람이 허다하다. 이는 권세의 자리에서도 마찬가지다. 하지만 곰곰이 한 번 생각해 보자. 신이 인간에게 부여한 소명이 부귀와 권세의 획득에 있을까? 아니 신의 존재를 믿지 않는다 하더라도, 삶의 참다운 의미는 거기에 있지 않다. "진리만이 너희를 자유케 해 줄 것이다." 아무리 인생은 일장춘몽이라 하지만, 아니 일장춘몽이기에 더욱, 우리의 삶은 진리로만 허무와 무상에서 벗어날 수 있다. 진리만이 우리를 어리석은 삶에서 벗어날 수 있게 해 준다. 인류의 스승들이 이구동성으로 진리를 강조한 이유도 여기에 있다.

六四
어리석음에 갇혀 있다. 곤경에 빠지리라.

困蒙 吝

육사(六四)는 음효인 데다, 〈몽〉괘의 한가운데에서 위아래가 역시 음효로 둘러싸여 있으므로 "어리석음에 갇혀 있는" 사람이다. 게다가 주변에는 그를 일깨워 줄 진실한 친구(양효)도 없다. 그러므로 "곤경에 빠지리라."

공자는 앎과 관련하여 사람들을 네 부류로 나눈다. 첫째는 "태어나면서부터 아는[生而知之]" 사람이다. 이는 그가 세상만사를 다 안다는 뜻이 아니라 진리를 안다는 말이다. 이른바 성인(聖人)이 그에 해당된다. 그 다음은 "배움을 통해 아는[學而知之]" 사람이다. 다음으로는 "어리석지만 배워 나가는[困而學之]" 사람이다. 일반적으로 말하면 지식인을 포함하여 무언가 배우겠다고 나서는 사람들이 이 두 부류에 해당될 것이다. 마지막으로 "어리석은데도 배우려 하지 않는[困而不學]" 사람들이다. 이들은 무지몽매한 삶에 자족한다.

이 마지막 부류의 사람들 가운데에는 지식인도 있을 수 있다. 지적인 오만과 편견, 독선에 갇힌 사람은 더 이상 배우려 하지 않을 것이기 때문이다. 그 역시 어리석기는 마찬가지다. 결국 사람들은 그를 멀리하게 될 것이다. 그의 곤경이 여기에서 비롯된다. 공자는 이렇게 말한다. "어리석음에 갇혀 곤경에 빠지는 것은 그가 진리로부터 멀리 떨어져 저 혼자 있기 때문이다.〔困蒙之吝 獨遠實也〕"(「상전」)

六五

어리석은 젊은이다. 기쁨을 알리라.

童蒙 吉

육오(六五)는 상괘의 가운데 높은 자리에 있으면서도 아래의 구이와 음양으로 호응하고 있다. 이는 그가 마음을 비우고(가운데가 빈 음효) 아랫사람에게 의견을 구하는 사람의 모습을 은유한다. 그는 괘사에서 말하는, 스승을 찾아가는 "어리석은 젊은이"와 같은 인물로서 진리를 열망하는 마음을 갖고 있다. 그러므로 그는 삶과 세계의 깊이를 발견하는 "기쁨을 알리라."

어리석음은 앎의 부재만을 뜻하지 않는다. 위에서 말한 것처럼 지식을 갖고 있다 하더라도 자만하는 사람은 마찬가지로 어리석다. 무궁한 진리 앞에서 자신의 무지를 자각할 줄 모르는 자만이야말로 어리석음의 원천이기 때문이다. 그러므로 자신의 앎에 자족하지 말고 겸허한 마음으로 부단히 진리를 추구하는 구도의 정신을 가져야 한다.

우리는 그 실제의 예를 이황에게서 본다. 그는 모두가 공인하는 대학자였지만 "발병구약(發病求藥)"의 자세로 제자들의 비판을 기다렸다. 자신이 어떤 주장을 하는 것은 그것을 남들에게 강요하려 해서가 아니라, 오히려 자기 의견이나 논리의 약점(病)을 스스로 드러냄으로써 상대방의 이견(藥)을 들으려는 의도에서라는 것이다. 이러한 태도는 무지의 자각과 구도의 열정이 아니고서는 할 수 없는 일일 것이다. 선생이 한 제자에게 보낸 편지를 읽어 보자.

진리는 무궁하고 사람의 생각에는 한계가 있는 법인데, 사람들은 자기 주장만 정론이라 고집하고 남들의 견해는 아예 부정하려 합니다. 이 때문에 그들이 끝내 편견의 병폐를 벗어나지 못하는 것입니다. 나의 주장 역시 그러한 것은 아닐른지요? 앞서 내가 역설했던 것은 그것으로 자신을 변명하려 했던 것이 아닙니다. 나 자신의 병통을 드러냄으로써(발병) 약을 구하려는(구약) 것이었을 뿐입니다.(『퇴계전서』)

존경스럽게도 그는 이처럼 무지의 자각 속에서 스승을 찾아가는 "어리석은 젊은이"와도 같다. 그는 제자에게 지식을 과시하고 강요하기는커녕 오히려 자신이 제자인 양 진지하게 의견과 조언을 구했다. 말하자면 그는 선생이라는 이름을 버리고 다만 제자들과 동학(同學)의 구도자로 공부의 자리에 나섰다. 진리에 한 걸음씩 다가가는 공부의 기쁨이 여기에서 나왔을 것이다. 공자는 말한다. "어리석은 젊음의 기쁨은 자기를 버리고 겸손하게 나서는 데에서 나온다.〔童蒙之吉 順以巽也〕"(「상전」)

上九
사람들의 어리석음을 공격하는구나. 그들이 도둑이 되게 해서는 안 된다.
도둑이 되는 것을 막아야 한다.
擊蒙 不利爲寇 利禦寇

상구(上九)는 구이와 마찬가지로 양효로서, 몽매한 시절에 사람들의
어리석음을 다스릴 수 있는 지도자로서의 능력을 갖고 있다. 하지만 구이
와 달리 괘의 제일 끝자리에 처해 있는 그는 포용력이 없어서 "사람들의
어리석음을 공격하고" 미워한다. 이는 좋은 태도가 아니다. 그의 공격은
그들의 반발을 불러일으켜 오히려 "그들이 도둑이 되게" 만드는 역효과
를 볼 수도 있다.

사람들의 어리석은 행동을 다스리는 방법은 여러 가지 있을 수 있다.
어리석음의 정도에 따라 단순한 훈계에서부터 신체적인 처벌에 이르기
까지 다양할 것이다. 예를 들면 사람을 죽이기까지 하는 잔인무도의 어
리석음에 대해서는 장기간 감옥 생활의 징벌을 내릴 수도 있다. 그러므
로 사람들의 어리석음을 벌할 때에는 사안에 따라 적절한 수준을 신중
하게 판단하지 않으면 안 된다.
어떠한 경우든 명심해야 할 사항이 한 가지 있다. 어리석음의 처벌이
당사자에 대한 인신공격과 인격 비난으로 흘러서는 안 된다는 점이다.

그것은 반발을 불러일으켜 오히려 그를 더욱 완고한 어리석음에 빠트리기 쉽다. 예를 들면 굶주림에 빵을 훔쳐 먹은 사람을 미워하여 감옥에 보낸다면 그는 사회에 대한 분노와 증오심만 키워 출소 후에 큰 도둑이 될 수도 있다. 이것이 "사람들의 어리석음을 공격하여 그들이 도둑이 되게" 만드는 예다.

그러므로 "죄를 미워해야 하지 사람을 미워해서는 안 된다." 죄는 인간과 사회를 올바르게 인식하지 못한 어리석음의 산물이다. 어떤 사람의 어리석음(죄)을 미워하는 순간에도 그를 인간적으로 따뜻하게 끌어안아야 한다. 그리하여 그가 자신의 어리석은 행동을 부끄럽게 여겨 스스로 "올바른 정신을 길러나가도록〔養正〕" 그를 교도하고 교정해야 한다. 그렇게 해서 "도둑이 되는 것을 막아야 한다." 공자는 말한다. "도둑이 되는 것을 막으면 상하 관계가 순조로워질 것이다.〔利用禦寇 上下順也〕"(「상전」) 달리 말하면 "도둑이 되는 것을 막는" 올바른 교도(교정)는 모든 인간관계와, 나아가 사회 전체에 순조로움과 평화를 가져다줄 것이다.

5. 기다림의 정신

수(需)

모든 일은 때가 있는 법이다. 그때를 기다려야 한다. 상추의 어린 새싹 앞에서 쌈밥의 군침을 삼켜서는 안 된다. 그것이 잘 자라도록 물을 주고 잡초를 뽑아 주면서 느긋하게 기다려야 한다. 마찬가지로 인내심과 여유는 삶에서 매우 중요한 덕목이다. 이를테면 어떤 일을 시작하면서 즉각적인 효과를 바라며 안달해서는 안 된다. 긴 안목으로 호흡하면서 여유로운 마음을 갖고 때를 기다려야 한다.

물론 아무 하는 일도 없이 때가 오기만 기다려서는 안 된다. 그때를 위해서 힘을 기르면서 준비해야 한다. 힘을 갖지 못하면 때가 오더라도 소기의 일을 성취할 수 없다. 아니 힘을 갖지 못한 사람에게는 때도 오지 않는다. 그러므로 진정한 기다림은 안으로 힘을 기르는 적극적인 노력을 수행한다. 64괘의 순서상 〈몽(蒙)〉괘 다음에 〈수(需)〉괘가 놓인 까닭이 여기에 있다. 공자는 "'수'는 기다림을 뜻한다.〔需 須也〕"(「단전」) 하면서, 또 다음과 같이 말한다. "'몽'은 어리다는 뜻인데, 만물의 어린 상태를 말한다. 어린 것은 기르지 않으면 안 된다. 그래서 〈몽〉에서 〈수〉로 이어졌다. '수'는 음식을 준비하는 도리다.〔蒙者 蒙也 物之穉也 物穉 不可不養也 故受之以需 需者 飮食之道也〕"(「서괘전」)

공자가 기다림의 정신에서 "음식을 준비하는 도리"를 생각한 것은 어째서일까? 그것은 밥상의 음식이 기나긴 기다림과 준비를 통해서만 제공될 수 있기 때문이다. 오늘날 이른바 패스트푸드에 익숙한 사고로는 선뜻 이해하기 어렵겠지만, 예나 지금이나 모든 음식은 가깝게는 부엌의 요리 시간을, 그리고 멀리는 씨앗의 파종과 재배, 결실 등 음식물의 기나긴 성장과 준비 과정을 통해서 우리 앞에 제공된다. 생명의 건강과 삶의 풍족은 그러한 기다림과 준비 여하에 달려 있다.

기다림의 정신을 괘의 구조상에서 살펴보자. 〈수〉괘는 물을 상징하는 상괘 '감(坎)' ☵과, 하늘을 상징하는 하괘 '건(乾)' ☰으로 이루어져 있다. 그것은 수증기가 하늘 위로 올라가 구름으로 뭉쳐 있는 모습이다. 비가 올 것처럼 보인다. 비는 만물의 자양분이 되어 만물을 길러 준다. 그러므로 사람들은 비를 기다린다. 다만 그것을 가만히 앉아서 기다리기만 해서는 안 된다. 밭을 갈고 씨를 뿌리는 등 사전에 갖가지로 준비를 다하여야 한다. 이를 일반화해서 말하면 우리는 기다림의 인내 속에서 삶에 자양분이 될 것들을 부단히 준비하고 확보하는 노력을 해야 한다. 그것이 삶을 알차게 기르는 방법이다.

참고로 서양의 어느 심리학 전공자가 소개한 임상의 예화를 들어 보자. 그는 절망에 빠져 자포자기하고 파괴적인 위험성을 갖고 있는 여성 환자와 상담했는데, 그녀는 『주역』의 괘를 뽑아 가지고 왔다. 그것은 바로 〈수(需)〉괘였다. 이에 그는 기다림의 뜻을 말하면서 다음과 같이 잇는다.

그녀가 처한 상황을 기술하는 데 있어서 자양분이 필요하다고 말한 주역의 괘는 적절한 것이었다. 나는 그녀가 하고 있는 것에는 아무런 자양분이 없고 그래서 그녀는 삶이 의미 없다고 생각함을 알았다. 그녀의 이런 우울 상태는 기나긴 가뭄 뒤의 토양과 같아서 비를 학수고대하였는데 이 비는 메마른 토양에 다시금 새싹이 돋아나게 하는 생명을 불어넣는 습기다. 그녀의 이런 우울 단계는 잠재적인 위험성을 안고 있는 시기다. 왜냐하면 만약 그녀가 이런 시기가 끝없이 지속될 것이라고 절망하고 있을 경우 자살을 자행할 충분한 에너지를 갖고 있기 때문이다. 주역의 괘는 그녀가 이런 위험한 시기에 취해야 할 태도에 대해서 현명한 교훈을 제공해 주었다.(『도와 심리학』)

한편 괘의 속성을 보면 상괘 '감'은 험난함을, 하괘 '건'은 강건한 힘을 갖고 있다. 이는 어떤 사람이 뛰어난 재능을 갖고 있지만 험난한 상황을 앞에 만나 때를 기다리고 있음을 은유한다. 그는 거기에서 좌절하지 않고 자신의 힘을 더욱 기르려 한다. 공자는 말한다. "수는 기다림을 뜻한다. 험난함이 앞에 놓여 있지만, 강건한 사람은 그 상황에 좌절하지 않는다. 그리하여 그의 기다림은 마침내 곤궁을 벗어날 것이다.〔需須也 險在前也 剛健而不陷 其義不困窮矣〕"(「단전」)

괘사卦辭

기다림이 진지해야 한다. 마음에 광명이 깃들고 흉금이 쇄락하리라.

올바른 정신을 가져야 한다.

좋은 결과를 얻을 것이요 큰 강물을 건널 수 있으리라.

需 有孚 光亨 貞 吉 利涉大川

기다림이란 단지 요행수나 바라는 것을 뜻하지 않는다. 참다운 기다림의 정신은 소기의 목표를 이루기 위해 안으로 힘을 기르고 앞으로 착실하게 발걸음을 내딛는다. 설사 어려운 상황에 직면해 있다 하더라도 거기에 굴하지 않고, 그는 그것을 자신의 출발점으로 적극 받아들이면서 삶에 진지하고 성실하게 나선다. 이러한 자세는 그의 마음에 평화와 안식을 가져다줄 것이다. 즉 "마음에 광명이 깃들고 흉금이 쇄락하리라." 사실 마음의 어두움과 번민, 삶의 불만과 고통은 주어진 현실을 부정하는 데에서부터 생겨난다. 달리 살피면 번민과 고통은 자신의 마음이 스스로 지어내는 짓일 뿐이다.

기다리는 일에 요행수를 바라서도, 부정한 수단을 써서도 안 된다. 요행수는 감나무 아래 누워 입을 벌리고서 감이 떨어지기를 기다리는 격이며, 부정한 수단은 필연코 부정한 결말을 초래할 것이다. 기다림 속에서 자신이 추구해야 할 올바른 길이 무엇인지 심사숙고하고, 그 길에 흔들림 없이 나서야 한다. 그것이 올바른 기다림의 정신이다. 그처럼 착실하게 힘을 기르고 미래를 준비해 나가면 상황이 서서히 유리하게 반전되면서 "좋은 결과를 얻을 것이다." 공자는 이를 두고 다음과 같이 말한다. "(이는) 하늘처럼 굳건한 정신으로 중심을 올바르게 지키기 때문이다.〔位乎天位 以正中也〕"(「단전」)

기다림에는 진지함에 더하여 굳건한 정신을 가져야 한다. 나약하고 성급한 마음은 진지한 자세를 쉽게 포기하고 말 것이며, 조바심 속의 기다림은 결코 오래가지 못하고 결국 좌절로 끝날 것이다. 강인하고 굳건한 정신으로, 그리고 세상과 인생 전체까지 내다보는 긴 안목 속에서 꾸준히 힘을 길러 나가야 한다. 그처럼 난관과 역경의 "큰 강물을 건너야만 목표를 이룰 수 있다.[利涉大川 往有功也]"(「단전」)

괘상卦象

구름이 하늘 위에 떠 있는 모습이 〈수〉의 형상이다.
군자는 이를 보고서 음식을 즐기며 마음 편안하게 생활한다.
雲上於天 需 君子 以 飮食宴樂

하늘 위에 구름이 뭉쳐 있다. 비가 올 것 같지만 아직은 아니다. 구름의 수증기가 무겁게 모일 때까지 기다려야 한다. 인간사도 마찬가지다. 모든 일은 때가 무르익어야 한다. 일을 시행하는 데 너무 늦어도 안 되지만, 때에 앞서서도 안 된다. 그것은 마치 추위가 아직 가시지도 않았는데 나무가 잎을 내고 꽃을 피우려는 것과도 같다. 초봄의 기운에 섣불리 꽃망울을 피우려다가 동해를 입어 흉년을 겪는 매화(매실)처럼 되지 말아야 한다.

그럴 때에는 어떻게 해야 할까? "군자는 음식을 즐기며 마음 편안하게 생활한다." 이는 그가 무위도식하고 유유자적한다는 말이 아니다. 그는 조바심을 갖거나 경거망동하지 않을 뿐이며, 안으로 부단히 자신의 힘을 기른다. 온갖 초목이 겨우내 다가올 봄을 기다리면서 뿌리에서부터 가지 끝까지 한순간도 쉬임 없이 생명력을 키우는 것처럼 말이다. 군자의 은둔이 세상을 아예 외면하는 은둔주의자들의 삶과 다른 점이 여기에 있다. 그는 언젠가 시대와 사회의 부름을 기다리면서 자신의 역량을 강화하는 노력을 한시도 게을리하지 않는다.

효사爻辭

初九
교외에서 때를 기다린다.
마음을 변치 말아야 허물거리가 생기지 않으리라.
需于郊 利用恒 无咎

초구(初九)는 상괘 '감'의 험난한 상황에서 아직은 멀리 떨어져 있다. 그래서 "교외에서 때를 기다린다." 그는 미구에 닥칠 어려움에 동요하지 않고 제자리(양효로서 양의 자리)를 굳게 지키고 있다. 다만 하괘 '건'의 속성상 강성을 띠고 있어서 때를 기다릴 줄 모르고 성급한 마음으로 나설까 염려하여, "마음을 변치 말아야 허물거리가 생기지 않을 것"이라고 충고했다.

도회지가 치열한 삶의 현장이라면 교외는 나들이와 휴식의 공간이다. 도회지의 문명 생활은 나를 사면팔방에서 우열과 승패의 경쟁으로 지치게, 각종 자극으로 욕구 불만에 시달리게, 환락 속에서도 모종의 불안에 빠져들게, 그리고 무언가 알 수 없는 거대한 힘에 압도당하게 만든다. 어쩌면 현대인은 휘황한 문명의 거리 속에서 "아무런 목적도 휴식도 없는, 집 없는 인간"(괴테)이다. 우리는 자신이 편안하게 머무를 수 있는 존재의 집을 잃고 말았다.

그러므로 사람들이 주말이면 교외의 산과 들에 나가는 것은 잠시나마 문명으로부터 탈출하려는 것과도 같다. 사람들은 거기에서 도회지 생활의 긴장과 피로를 풀면서 삶의 활력을 재충전하려 한다. 역시 괴테의 말마따나 교외(의 자연)는 "현대적 영혼의 커다란 진정제" 역할을 하기 때문이다.

'교외(에서 기다림)'의 정신이 여기에 있다. 그것은 도회지 생활을 탈출할 것을 권장하는 말이 아니다. 우리는 도회지 생활 속에서도 '교외'의 정신을 유지하지 않으면 안 된다. 군중 속에서도, 소란한 거리에서도 교외에서와 같은 여유와 평화를 누릴 줄 아는 마음을 가져야 한다. 이러한 마음은 물론 주말에 잠깐의 교외 나들이로 갑자기 주어질 수 있는 것이 아니다. 그것은 평소 세파에 부침하지 않고, 자신이 참으로 휴식할 존재의 집을 얻고자 하는 구도자로서의 진지한 마음과 변함없는 항심(恒心) 위에서만 확보될 수 있다. 공자는 말한다. "교외에서 때를 기다림은 고난을 겪지 않기 위해서요, 마음을 변치 말아야 허물거리가 생기지 않을 것이니, 항심을 잃어서는 안 된다.〔需于郊 不犯難行也 利用恒无咎 未失常也〕"(「상전」)

九二
모래사장에서 때를 기다린다.
다소 말들이 있겠지만 행복한 결말을 얻으리라.
需于沙 小有言 終吉

구이(九二)는 물의 상징과 위험의 속성을 갖는 상괘 '감'에 점점 다가가고 있기 때문에 '모래사장'의 풍경을 끌어냈다. 하지만 그는 하괘의 가운데에서 (양효로서) 중심을 잃지 않고 (음의 자리에서) 유연하게 처신한다. 그리하여 그는 험난한 상황을 앞에 두고 "다소 말들이 있겠지만 행복한 결말을 얻으리라." 하였다.

모래사장 역시 교외와 마찬가지로 나들이와 휴식의 공간이지만, 물가이니만큼 조심하지 않으면 안 된다. 물놀이까지 한다면 익사할 위험도 있다. 즉 휴식 중에도 난관과 위험이 점점 가까이 다가오고 있다. 주변에서는 "모래사장에서 때를 기다리는" 나를 두고 이러쿵저러쿵하는 말도 들린다. 겁이 많아 물속에 뛰어들지 않는다고 말이다. 하지만 예민하게 반응할 필요는 없다. 공자는 다음과 같이 조언한다. "모래사장에서 때를 기다리면서 넉넉하고 여유로운 마음을 가져야 한다. 다소 말들이 있겠지만 행복한 결말을 얻을 것이다.〔需于沙 衍在中也 雖小有言 以吉終也〕"(「상전」)

사실 모든 사람이 나에게 호의적이기만 바라는 것은 터무니없는 환상이다. 나 역시 남들에 대해 호의적이지 않은 경우가 얼마나 많은가. 그러므로 남들의 야유나 악담에 화를 내지 말고, "여유로운 마음"으로 대응할 필요가 있다. 아니 그것을 오히려 자기 성찰의 자료로 이용해야 한다. 이황은 나쁜 소문에 시달리는 한 제자에게 말한다. "소문의 진위를 따지려 하지 말고 자기 성찰과 향상의 계기로 삼아야 합니다."(『퇴계전서』) 이처럼 눈빛을 안으로 돌리면 자연히 마음의 여유와 평화가 생겨날 것이다.

이러한 자기 성찰과 자아 향상의 노력은 남들의 호의나 행복을 바라서가 아니다. 이를 통해 궁극적으로 '하늘(신)'의 뜻에 부응하기 위해서다. 나의 내면 깊은 곳에서 울려 나오는 '하늘'의 뜻을 헤아려 삶에서 실현하려는 것이다. 그것은 사람들의 비난이나 칭찬을 저 멀리 벗어나 있다. 참삶의 행복은 여기에서만 주어질 수 있다.

九三
진흙 속에서 때를 기다린다.
도둑을 불러들이리라.
需于泥 致寇至

구삼(九三)은 상괘 '감'에 바짝 다가가 있으므로 모래사장을 지나 물가의 '진흙'이 등장했다. 그는 하괘 '건'에서 (양효의) 강성을 띠고 있어서, 성급하게 물을 건너려다 진흙 속에 빠지고 만다. 그는 구원의 손길을 기다리지만 그에게 호응하는 사람이 없다. 그와 상응하는 상육이 음효인데다가 괘의 끝자리에 있어서 아무런 도움도 되지 못하기 때문이다. 결국 그는 소지품은 물론 자칫 목숨까지도 잃을 위험에 빠졌다. 자신의 잘못된 판단과 처사로 인해 "도둑을 불러들이는" 격이 되고 말았다.

사람들은 난관을 성급하게 벗어나려다가 오히려 진흙과도 같은 상황에 빠지는 결과를 자초하기도 한다. 이러할 경우 당황한 나머지 허둥대면 사태가 더 심각해질 수 있다. 마치 깊은 수렁 속에서 발버둥칠수록 몸이 점점 더 빠져드는 것처럼 말이다. 그렇다고 해서 망연자실하면서 마냥 구원의 손길을 기다리고만 있을 수도 없는 일이다. 어느 경우든 자신을 더욱 곤경에 빠트리고 말 것이다. 이는 마치 어떤 사람이 자기 집의 관리와 방비를 소홀히 하는 바람에 스스로 "도둑을 불러들이는" 것과도 같다.

하지만 진흙 속에서와 같이 어려운 상황에서도 벗어날 방책은 있는 법이다. 그때에는 먼저 그러한 상황을 자초한 실책을 자성해야 한다. 반성을 모르는 태도는 지난날의 잘못을 다시 저지를 수밖에 없다. 그리고는 일의 형편을 냉정하게 판단하면서 조심스럽게 처신해야 한다. 공자는 말한다. "진흙 속에서 때를 기다리니 위험이 가까워졌다. 자신이 도둑을 불러들였다 하더라도, 조심스럽고 신중하게 대처하면 물건을 잃지 않을 것이다.〔需于泥 災在外也 自我致寇 敬愼不敗也〕"(「상전」)

六四
피를 보면서 때를 기다린다.
하지만 구렁텅이에서도 벗어날 길은 있다.
需于血 出自穴

육사(六四)는 상괘 '감'에 들어섰기 때문에 "피를 본다." 하지만 음효로 음의 제자리에 올바르게 있으므로, 그는 주어진 상황을 거부하지 않고 겸손하게 받아들인다. "구렁텅이에서도 벗어날 길"이 거기에 있다.

사람들은 진흙과도 같은 상황에 그치지 않고, 그 이상으로 험난한 지경에 깊이 빠져들어 "피를 보는" 수도 있다. 하지만 그렇다고 해서 세상이 끝난 것처럼 자포자기해서는 안 된다. 밤이 깊으면 새벽이 오는 법이다. 그러므로 그 순간에도 자신을 소중하게 돌보면서 때를 기다려야 한다. 이를 위해서는 먼저 자신의 마음가짐을 새롭게 할 필요가 있다. 주어진 고통의 현실을 부정하려 하지 말고 겸손하게 받아들이는 일이다. 공자는 말한다. "피를 보며 때를 기다리면서도 하늘의 뜻을 공손하게 들어야 한다.〔需于血 順以聽也〕"(「상전」)

만약 하늘을 원망하고 남들을 비난하려고만 한다면, 그처럼 신산한 마음은 오히려 자신에게 피 흘림의 고통만 더 가중시킬 것이다. 그러므로 설사 부당하게 주어진 것이라 하더라도 지금, 이 자리를 자신의 삶의 조건이요 출발점으로 적극 받아들여야 한다. 다른 자리를 상상하는 것은 부질없는 일이다. 이는 모든 것을 체념하라는 말이 아니다. 그 가운데에서도 "하늘의 뜻을 공손하게 들어" 자신의 도리를 다해야 한다. 그것이 "구렁텅이에서 벗어날 수 있는 길"이다.

九五
술과 음식을 즐기면서 때를 기다린다.

올바른 정신을 갖고 있으면 행복을 얻으리라.

需于酒食 貞 吉

　구오(九五)는 상괘 '감'의 한가운데에서 험난한 상황에 깊이 빠져 있지만, 양의 자리에서 양효로 중심을 올바르고 굳게 지키면서 "술과 음식을 즐기기"까지 한다. 이처럼 흔들림 없는 중심이야말로 험난한 상황 속에서 지켜야 할 최상의 "올바른 정신"이다.

　무슨 일이든 성급한 처사는 실패를 초래하기 쉽다. 급하다 해서 바늘의 허리에 실을 매서 쓸 수는 없다. 이는 특히 일이 힘들고 험난할수록 더욱 그러하다. 공자는 말한다. "무슨 일이든 빨리 하려 하지 말고, 작은 이득에 집착하지 말라. 빨리 하려 하면 오히려 일을 성취하지 못하고, 작은 이득에 집착하면 큰일을 이룰 수 없다.〔無欲速 無見小利 欲速則不達 見小利則大事不成〕"(『논어』)

　맹자의 이야기를 들어 보자. 어떤 노인이 저녁나절 고단한 몸으로 집에 들어와서는 식구들한테 "밭에 심은 채소를 키워 주고 왔노라."고 말했다. 식구들이 서둘러 밭에 나가 보니 채소 싹이 모두 시들어 있었다. 채소가 저절로 자라도록 때를 기다리지 못하고, 노인이 싹을 억지로 조금씩 뽑아 올려놓았던 것이다. 훗날 사람들은 이를 전거로 하여 때를 기다리지 않고 일을 무리하게 추진하는 것을 두고 "알묘조장(揠苗助長, 싹을 뽑아 그 성장을 조장하는 것)"의 짓이라고 경계했다.

　그러므로 "급한 일일수록 돌아가야 한다." 배고프다 해서 급히 먹으면 체하는 법이다. 이를테면 우리 사회가 심하게 겪고 있는 것처럼 압축 성장은 정신 가치의 빈곤과 분배의 불평 등 갖가지 부작용을 초래한다. 학문도 단기적인 성과만 요구하는 풍토에서는 훌륭한 저술을 기대할 수 없다. 게다가 정치든 학문이든 인간미 넘치는 사회와 인간다운 삶을 중심 과제로 해야 하는 것이라면, 그 시책과 노력은 반드시 장기적인 안목을 필요로 한다. 이를테면 지금 정부는 창조 경제를 간판으로 내걸었지만, 창조란 결코 정치적 구호나 일시적인 재정 지원으로 갑자기 이루어질 수 있는 일이 아니다. 창조적 사고의 요람인 인문학과 예술 교육을 장기적으로 진흥하고 강화해야 한다.

한편 괘상에서도 음식을 즐긴다는 이야기가 나왔지만, "술과 음식을 즐기면서 때를 기다린다."는 말의 뜻을 다시 한 번 생각해 보자. 그것은 술과 음식이나 탐하면서 때가 오기를 마냥 기다리라는 이야기가 아니다. 여유와 인내를 잃지 말라는 것일 뿐이며, 그 가운데에서도 소기의 일을, 삶의 과제를 준비하고 실현하려는 올바른 정신을 놓아서는 안 된다. 공자는 말한다. "술과 음식 속에서도 올바른 정신을 가져야 행복을 얻을 수 있다. 중심을 잃지 말고 올바르게 처사해야 하는 것이다.〔酒食貞吉 以中正也〕"(「상전」) 이 '중심'이란 술과 음식을 즐기다가 자칫 잃을 수도 있는 기다림의 올바른 도리, 즉 기다림 속에서도 "자강불식(自彊不息)"을 꾀하는 마음을 뜻한다.

올바른 기다림의 사례는 농부들의 삶에서 잘 드러난다. 그들은 봄여름의 농사철에 술과 음식의 새참을 즐기면서 열심히 경작할 뿐, 가을의 수확을 앞당기려고 안달하지 않는다. 그들은 채소와 곡식이 자라고 익어 가는 것을 기쁘게 바라보면서 수확의 시절을 느긋이 기다린다. 물론 오늘날 많은 사람들이 성장 촉진제를 사용하는 "알묘조장"의 어리석음을 범하고 있지만, 그것이 인체에 해로운 영향을 끼친다는 사실을 우리는 잘 안다. 이는 압축 성장과 마찬가지로 속성의 효과에 뒤따를 수밖에 없는 부작용이다.

기다림의 정신은 어렵고 긴박한 상황일수록 더욱 의의를 갖는다. 서두른다 해서 상황이 호전되는 것은 아니다. 그러한 때일수록 "술과 음식"까지도 즐길 줄 아는 마음의 여유를 가져야 한다. 이러한 마음이 더 극진해지면, 그는 어려운 형편 속에서도 삶 자체를 즐길 수 있을 것이다. 그러므로 사는 게 어렵다 해서 마음의 여유까지 잃어서는 안 된다. 역경과 난관 속에서도 한발쯤 물러나 세상만사를 관조하는 여유를 부려볼 필요가 있다. 삶의 기쁨과 행복은 마음의 여유 정도에 비례할 것이다.

上六
구렁텅이에 빠져 있다.
초청하지 않은 손님 세 사람이 찾아올 것이다.
그들을 공경히 맞이하면 마침내 구원을 받으리라.
入于穴 有不速之客三人來 敬之 終吉

상육(上六)은 괘의 마지막 음효이므로 극심한 험난을 견디지 못하고 "구렁텅이에 빠져 있다." 다른 효들과 달리 상육에서 기다림을 말하지 않은 것은 그가 기다림에 지친 나머지 절망 상태에 빠져 있기 때문이다. 다만 하괘에서 그와 음양으로 호응하고 있는 진취적인 구삼이 아래의 두 양효와 함께 다가와 구원의 손길을 내밀고 있다. 이들이 "초청하지 않은 손님 세 사람"이다. 그들은 하괘에 있으므로 내면 깊은 곳의 순수 의식을 상징할 수도 있다.

사람들은 흔히 "기다리는 것도 한계가 있다."라고 말한다. 하지만 상황이나 사안에 따라서는 계속 기다려야 할 일도 있을 것이다. 예컨대 기독교의 하느님 나라는 평생의 신앙과 기다림 속에서만 열린다. 천국의 행복은 목사의 세례로 한순간 얻어지는 것이 아니다. 남녀(부부) 사이의 사랑도 마찬가지다. 일견 그들의 사랑은 이미 성취된 것처럼 여겨지지만, 그것은 착각이다. 그들 역시 서로 평생토록 상대방의 사랑을 기다리며 갈구한다. 사랑은 그처럼 영원한 과제이며, 결혼은 새로운 차원의 사랑의 시작이다.

정말 기다릴 만한 가치가 있는 일이라면 평생을 걸쳐서라도 추구할 필요가 있다. 너무 힘들고 지친다 하여 절망의 구렁텅이에 빠진다면, 그것은 삶을 스스로 포기하는 것이나 다름없다. 기다림은 삶을 견인하는 강력한 힘이요, 미래의 삶을 준비하는 과정이다. 빅터 프랭클의 『죽음의 포로 수용소에서』에 의하면 제2차 세계대전 당시 아우슈비츠 포로 수용소에 갇힌 유대인들을 극심한 고통 속에서도 살아남게 해주었던 것은 기다림과 희망의 힘이었다고 한다. 언젠가는 사랑하는 가족을 만나리라는 기대와 기다림을 버리지 않았기 때문이다. 가족이 모두 죽었다는 소식을 들은 사람들은 대부분 절망 속에서 죽고 말았다고 한다. 정말 "절망은 죽음에 이르는 병"(키르케고르)이다.

그러므로 "시험을 참는 자는 복이 있나니, 이는 시련을 견디어 낸 자가 주께서 자기를 사랑하는 자들에게 약속하신 생명의 면류관을 얻을 것이기 때문이라."(『성경』) 다만 문제는 기다림 속에서 "올바른 정신"으로 지금, 이 자리의 삶에 얼마나 성실하고 경건하게 임하느냐에 달려 있다. 고난 속에서도 마치 사제(司祭)와 같이 삶에 경건하게 나서는 사람은 마침내 행복을 얻을 것이다. 세상은 그를 끝까지 외면하지 않을 것이며, "초청하지 않은 세 사람의 손님이 찾아와" 그를 구원해 줄 것이다.

이 "세 사람의 손님"을 바깥에서 내미는 도움의 손길로만 생각할 일은 아니다. 그들은 우리 모두의 내면 깊은 곳에 도사리고 있는 순수 의식의 참자아일 수도 있다. 그는 번영과 성공보다는 오히려 실패와 상실의 깊은 구렁텅이 속에서 모습을 잘 드러낸다. 구렁텅이는 나에게 삶에 대한 근본적 물음을 제기하면서 성공과 실패의 현실 너머 존재하는 본래적 자아를 각성시키기 때문이다. 하이데거의 말처럼 "위험이 더욱 가까워 올수록 구원자에게 이르는 길은 더욱 밝게 빛나기 시작하고, 우리는 더욱 물음을 제기하게 된다."

삶의 구렁텅이를 벗어날 수 있는 힘과 참다운 행복의 원천이 바로 여기에 있다. 우리는 구렁텅이에 빠지면 그 안에서 좌절만 할 것이 아니라, 오히려 삶에 대한 깊은 물음 속에서 참자아를 각성할 필요가 있다. 아니 '구렁텅이'에 빠지기 이전에 평소 참자아를 소중히 길러 일상생활 속으로 경건히 맞이해야 한다. 공자는 말한다. "초청하지 않은 손님을 공경히 맞이하면 마침내 구원을 받으리니, 삶의 자리를 잃었다 하더라도 크게 상심할 일은 아니다.〔不速之客來 敬之 終吉 雖不當位 未大失也〕"(「상전」)

6. 다툼의 처리

송(訟)

기다림은 무위도식하면서 로또 복권에 당첨되기를 바라는 마음과 같은 것이어서는 안 된다. 그것은 미래를 준비하고, 새로운 삶의 세계를 열어 나가기 위해 지금, 이 자리에서 힘을 배양하려는 의지와 노력을 대동하는 것이어야 한다. 앞서 인용한바, 공자가 "수는 기다림을 뜻한다."고 하면서도, 한편으로 "수는 음식을 준비하는 도리"라고 말한 데에는 이러한 뜻이 담겨 있다. 즉 아무리 어려운 상황에 처해 있다 하더라도 훗날을 위해서는 잘 먹어 힘을 길러 두어야 한다. 나아가 음식 외에도 기다림 속에서 준비해야 할 일은 무수히 많다.

그런데 음식을 비롯한 제반의 것들을 준비하는 데에는 남들과의 갈등과 다툼이 뒤따르기 마련이다. 준비물들은 대개 다른 사람과의 교섭이나 거래 등을 통해 확보될 수 있는데, 그 과정에서 상호 간 이해관계가 충돌하는 일이 흔히 일어나기 때문이다. 이를테면 사소하게는 음식물을 두고 벌이는 다툼이나 물건 매매의 시비, 나아가 국가 간 각종 분쟁이 그 일상적인 사례다. 공자는 이러한 이치를 괘의 순서와 관련하여 다음과 같이 말한다. "음식은 반드시 다툼을 낳는다. 그래서 〈수〉에서

〈송〉으로 이어졌다.[飮食 必有訟 故受之以訟]"(「서괘전」) 그리하여 〈송〉괘는 다툼의 문제를 주제로 삼는다.

이를 괘의 구조상에서 살펴보자. 〈송〉괘는 상괘 '건'☰과 하괘 '감'☵으로 이루어져 있다. 전자의 상징은 하늘이요 후자의 그것은 물이다. 그리하여 이 괘는 하늘이 높이 위에 있고 물이 아래로 흐르는 형상을 갖고 있다. 양자가 서로 만나지 못하고 멀리 떨어져 있을 뿐만 아니라, 지향하는 방향을 서로 달리하고 있다. 이는 사람들이 각자 자신의 입장만 고집하여 의견의 합일을 보지 못한 채 상호 갈등하고 대립함을 은유한다.

한편 상하괘의 속성상 '건'은 강인한 힘을, '감'은 험한 성질을 갖고 있다. 이를 상하의 두 사람으로 나누어 말한다면, 윗사람은 아랫사람을 힘으로 누르려 하는데, 아랫사람은 험악한 마음으로 윗사람에게 대드는 기세다. 갈등과 다툼이 그렇게 해서 생긴다. 이러한 두 속성을 한 사람의 태도로 조합해 볼 수도 있다. 즉 그는 남들 앞에서 자기의 주장만 강하게 내세우는 험악한 성질의 소유자와도 같다. 어느 경우든 이 괘는 살벌한 다툼의 분위기를 주조로 갖고 있다. 공자는 말한다. "다툼은, 윗사람은 강하고 아랫사람은 험악한 데에서, 또 험악한 마음에 강경한 행동에서 생긴다. 그것이 〈송〉의 모습이다.[訟 上剛下險 險而健 訟]"(「단전」)

괘사卦辭

다툼은 신뢰가 막히는 데에서 생겨난다.
다툼을 두렵게 여기면서 도중에 화해하면 좋은 결말을 얻겠지만 끝까지 다투면 불행해지리라.

현자를 찾아볼 것이요, 큰 강물을 건너는 것은 득이 안 된다.

訟 有孚 窒 惕 中吉 終凶 利見大人 不利涉大川

다툼은 자신은 옳다고 여기는데 상대방이 나를 믿어 주지 않기 때문에 일어난다. 달리 말하면 서로의 의견과 주장이 부딪치면서 다툼이 생긴다. 개인 간, 집단 간, 또는 종교 사이의 각종 대립과 투쟁이 그 예다. 자신이 옳지 않다고 생각하면서도 남과 다투는 행위 역시 다툼의 한 양상이기는 하지만, 그것은 모함(무고)의 문제로 처리되어야 한다. 공개적인 다툼과는 달리 은밀하고 음험한 모함은 응징해야 마땅하다.

다툼은 흔히 나와 '다른' 상대방의 의견(믿음)을 '틀렸다'고 생각하는 데에서 생긴다. 부부간 취향의 차이에서 빚어지는 다툼이 그 흔한 예다. 하지만 취향이든, 의견이든, 믿음이든 나와 남이 그것을 항상 공유하기를 바라는 것은 환상이다. 설사 그럴 수 있다고 하더라도 그러한 인간관계와 사회는 단조롭고 따분하기 짝이 없을 것이다. 그것은 마치 시종 동일한 선율의 음악이나, 한 가지 재료로만 끓인 국과도 같을 것이다. 세상 만물이 다 그렇지만, 인간 사회도 다양한 사람의 다양한 믿음(의견)이 조화를 이루는 가운데에서만 아름다운 법이다. 공자는 이를 "화이부동(和而不同)"으로 말한다.

그러므로 나의 생각(믿음)을 남들에게 강요할 일이 아니다. 요즘 정치권에서처럼 나와 다른 남의 의견을 '배신'으로 낙인찍는 독선은 더더욱 안 된다. 그것은 갈등은 차치하고 사람들의 비웃음을 살 뿐이다. 자타 간 생각의 다름을 인정하고 존중할 필요가 있다. 설사 내심 자신이 옳다고 여기더라도 "다툼을 두렵게 여길" 줄 알아야 한다. 다툼으로 인해 사나워지고 험악해지는 언행은 상대방에게 상처를 줄 뿐만 아니라, 자신의 마음에도 거칠고 쓰라린 상처를 내기 때문이다. 그것은 결국 관계의 파탄으로 인해 스스로 외로움을 자초하고 말 것이다.

물론 살아가면서 다툼을 전적으로 피할 수는 없는 것이 현실이다. 하지만 그렇다 하더라도 악착같이 다툼의 끝장을 보려 해서는 안 된다. 도중에라도 양보와 관용의 정신으로 서로 타협하고 화해할 필요가 있다. 공자는 말한다. "도중에 화해하기 위해서는 자신의 고집을 내려놓고 중립의 정신을 가져야 한다.〔中吉 剛來 而得中也〕"(「단전」) 여기에서 "중립의 정신"이란 자신의 주장을 잠시 한쪽으로 제쳐 두고 상대방의 관점과 입장을 헤아릴 줄 아는 객관적인 안목을 뜻한다. 그것이 자타 간 다툼 시 화해와 행복의 지름길이다.

다툼의 원만한 해결을 위해서는 "현자를 찾아보는 것이 좋다. 그는 중립적이고 올바른 정신을 갖고 있기 때문이다.〔利見大人 尙中正也〕"(「단전」) 가령 오늘날 각종의 분쟁 조정 위원회가 '현자'의 역할을 할 수 있다. 이를 거부하고 다툼을 끝까지 밀고 나간다면, 설사 상대방을 이긴다 하더라도 그의 원망을 얻을 뿐 아니라, 다툼의 소용돌이 속에서 자신의 삶 자체를 피폐하게 만들 것이다. 공자는 말한다. "끝까지 다투면 불행해지는 것은 다툼을 통해서는 삶을 성취할 수 없기 때문이다.〔終凶 訟不可成也〕"(「단전」)

모든 다툼이 그렇기는 하지만, "큰 강물을 건너듯" 무모한 다툼은 더욱 위험한 일이다. 여기에서 '큰 강물'이란 단순하고 사소한 다툼을 넘어, 자신의 삶이 심각하게 파괴당할 수도 있는 커다란 다툼을 은유한다. 가령 패가망신까지도 불사하는, 목숨을 내건 다툼과 같은 것이 그 예다. 구체적으로 예시하면 본인은 물론 자식의 마음에까지 커다란 상처를 남기는 부부 싸움이나, 국민의 생명을 살상하는 전쟁이 이에 해당된다. 공자는 말한다. "큰 강물을 건너는 것은 득이 안 된다. 깊은 물속에 빠지고 말 것이기 때문이다.〔不利涉大川 入于淵也〕"(「단전」)

괘상卦象

하늘과 물이 서로 다른 방향으로 나가는 모습이 〈송〉의 형상이다.
군자는 이를 보고서 무슨 일이든 그 시초부터 조심스럽게 처사한다.
天與水 違行 訟 君子 以 作事謀始

부부 싸움이든, 소송이든, 국가 간의 분쟁이든 모든 다툼은 무단히 일어나지 않는다. 〈곤〉괘(「문언전」)에서 경고했던 내용은 여기에서도 그대로 타당하다. "신하가 제 임금을 죽이고, 자식이 제 아버지를 죽이는 것은 일조일석에 생기는 일이 아니다. 그 원인들이 점점 쌓여 온 결과다." 마치 "하늘과 물이 서로 다른 방향으로 나가"듯이, 나와 남 사이에 서로 사소하게 엇갈리는 의견이 여러 가지 불화의 원인을 만들어 내면서 그것이 쌓여 큰 싸움으로 번지는 것이다.

그러므로 자타 간 아무리 작은 갈등이라도 대수롭지 않은 일로 지나쳐서는 안 된다. 그것을 방치하면 돌이킬 수 없는 결과를 초래할 수도 있다. 부부 싸움을 예로 들어 보자. 부부생활을 하는 사람들은 서로 냉랭한 분위기나 갈등을 말 한마디에서, 또는 사소한 행동 하나에서 거의 본능적으로 직감한다. 그것을 진솔한 대화나 기분 전환의 여행과 같은 것을 통해 초기에 수습한다면 문제가 없지만, 만약 방치하거나 무시해 버린다면 극단적으로는 서로 갈라서는 일까지 생길 것이다. 그러므로 평소 일의 낌새를 살펴 처사하는 "견기이작(見幾而作)"(「계사전」)의 지혜를 키워야 한다.

일의 시초부터 조심하는 태도는 자타 간 갈등이 일어나기 전에 그것을 예방하는 차원에서도 필요하다. 이를테면 부부 싸움은 많은 경우 서로 함부로 대하는 데에서 비롯되는 만큼, 평소에 상대방의 인격을 존중하고 예의를 갖추는 노력을 해야 한다. 그것이 사랑을 완성하는 길이다. 나아가 모든 인간관계도 마찬가지다. 예컨대 다른 사람과 합작하여 공동 사업을 벌일 경우에 상호 간 권리와 의무를 분명히 하는 것도 인간관계와 일의 파탄을 예방하는 방법 중 하나일 것이다.

효사爻辭

初六
일을 길게 끌어서는 안 된다.
다소 언쟁이 오가겠지만, 나중에는 좋은 결말을 보리라.
不永所事 小有言 終吉

초육(初六)은 음효로 괘의 제일 아래에서 양의 자리에 잘못 있으므로 힘도 없고 명분도 약한 사람이다. 그러므로 다툼을 길게 끈다면 그는 낭패를 면치 못할 것이다. 다툼의 초기에 "다소 언쟁이 오가겠지만" 그것을 빨리 끝내야 한다. 그러면 나중에 "좋은 결말"을 볼 수 있다. '좋은 결말'은 초육이 자신과 음양으로 호응하는 구사의 현자에게 찾아가 자문함을 은연중 암시한다.

남과의 다툼에서 우리는 먼저 자신의 명분과 처지를 잘 살펴야 한다. 원래 다툼 자체가 좋은 일이 아닌데, 명분도 약하고 처지까지 불리하다면 낭패를 면치 못할 것이다. 그러므로 그러한 다툼을 길게 끌지 말고 빨리 수습해야 한다. 다툼의 초기에는 상대방도 타협하고 화해하기를 원할 것이다. 그때에는 식견과 지혜를 가진 현자를 찾아 자문하는 것도 좋은 방법이다. 공자는 말한다. "일을 길게 끌어서는 안 되니, 다툼을 오래하지 말아야 한다. 다소 언쟁이 오가겠지만 현자가 사리를 분명하게 판단해 줄 것이다.〔不永所事 訟不可長也 雖小有言 其辯明也〕"(「상전」)

九二
다툼에서 이길 수 없다. 물러나서 자리를 피하라.
그러면 삼백 가호의 고을 사람들이 화를 면하리라.
不克訟 歸而逋 其邑人 三百戶 无眚

구이(九二)는 하괘 '감'의 가운데 양효이므로, 험악한 성질에 다투기를 좋아하는 사람이다. 그 상대는 서로 양성(陽性)끼리 부딪치는 구오다. 하지만 자신이 (양효로서 음의 자리에 잘못 있어서) 옳지 못한 데다가, 구오가 높은 자리에서 힘을 갖고 있으므로 "다툼에서 이길 수 없다." 그러므로 "물러나서 자리를 피하는" 것이 좋다. "삼백 가호의 고을 사람들"이란 구이의 주변 사람들이라는 은유를 갖는다.

자기보다 힘이 강한 사람과 무모하게 다투는 것은 용감한 일이 아니다. 그것은 사세를 살필 줄 모르는 만용이다. 그러한 상황에서는 다툼을 피하는 것이 지혜로운 계책이다. 만약 잘못된 계산이나 집요한 승부 의식으로 다툼에 나선다면 커다란 화를 입을 것이다. 공자는 말한다. "아랫사람이 윗사람과 다투는 것은 불행을 자초하는 짓이다.〔自下訟上 患至掇也〕"(「상전」) 여기에서 '아래'와 '위'는 힘이나 지위의 상하를 뜻한다. 그 불행은 자기 자신에게만 그치지 않고 가정이나 나아가 소속 집단에게까지 미칠 수도 있다.

옛날 봉건 시절을 예로 들어 보자. 임금은 공로가 있는 신하에게 식읍(食邑)을 하사하기도 했다. 그것은 그가 그 고을 사람들에게서 거둔 세금으로 생활을 할 수 있도록 하는 특전이었다. 그런데 만약 그가 이에 우쭐하여 은근히 임금과 힘을 겨루려 한다면 임금은 결코 좌시하지 않을 것이며, 이로 인한 재앙이 "삼백 가호의 고을 사람들"에게까지 미칠 것이다.

그러므로 강자와의 다툼에서 승산이 없다고 판단되면, 게다가 목숨을 내걸 만한 대의명분도 없는 다툼이라면 물러나 피해야 한다. 때로는 자신의 힘과 재산과 명예의 자리까지도 버릴 각오를 해야 한다. 그것은 굴욕이나 불명예가 아니라 자기 보존의 계책이다. 만약 자존심을 내세워 끝까지 다투려 한다면, 자신뿐만 아니라 주변 사람까지 직간접의 해를 입고 말 것이다.

六三
본분을 지키면서 삶의 길을 흔들림 없이 가도록 하라.
고통스럽기는 하지만 필경에는 행복을 얻으리라.
임금의 일을 보좌하는 자리라면 공로를 자처하려 해서는 안 된다.
食舊德 貞 厲 終吉 或從王事 无成

　육삼(六三)은 음효로 하괘에 있으므로 성질이 유순하고 자신을 낮출 줄 아는 사람이다. 그러므로 남들과 다투기를 좋아하지 않는다. 그는 구이와 구사의 강한 자들 사이에 끼여 "고통스럽기는 하지만", "본분을 지키면서 삶의 길을 흔들림 없이" 간다면 "필경에는 행복을 얻을" 것이다. "임금의 일을 보좌" 운운한 것은 본분의 수행을 통해 얻는 공로의 과시를 경계한 말이다.

　사회생활에서 사람들의 경쟁을 부추기는 요인은 대개 권력과 재물과 사회적 지위에 대한 욕망이다. 사람들은 그것들을 획득하기 위해 남들과 다투면서 자기도 모르는 사이에 그것 자체를 삶의 의미와 가치로, 그것의 득실을 행복과 불행의 척도로 여기게 된다. 하지만 내 안에서 사람됨의 본분을 자각하여 실현하려 하지 않고 외재적인 사물들만 추구하는 삶은 얼마나 피곤하고 또 빈곤할까. 그 결과 "참을 수 없는 존재의 가벼움", 즉 인생무상의 고통을 피하기 어렵다. 오늘날 물신숭배의 자본주의 사회에서 허무가 만연하는 커다란 이유가 여기에 있을 것이다. 이 점에서 "자본주의는 악마의 배설물"이라는 프란치스코 교황의 말은 결코 과장된 수사가 아니다

그러므로 허무를 벗어나 의미 충만한 삶과 참다운 행복을 얻기 위해서는 "(사람됨의) 본분을 지키면서", 자타 간 다툼으로 내모는 부귀영화의 유혹을 뿌리치고 "삶의 길을 흔들림 없이 가도록" 해야 한다. 물론 '본분'에 대한 판단은 사람마다 다를 수 있다. 하지만 그것을 어떻게 규명하는가 하는 문제는 그렇게 중요하지 않다. 적어도 다툼의 세상에서 자기 안으로 돌아와 그러한 질문을 던지는 것 자체만으로도 중요한 의의를 갖는다. 그렇게 하여 만약 자신의 내면 깊은 곳에서 석가모니의 청정한 불성이나, 공자의 밝은 덕성이나, 예수의 고결한 영혼을 자각한다면 더 이상 바람직한 일이 없을 것이다. 그러한 깨달음과, 그에 입각한 흔들림 없는 삶은 참다운 행복을 누릴 것이다.

물론 본분에 따르는 삶의 길은 경쟁이 난무하는 세상에 적응하기 어려우며, 세속적인 행로를 거부함으로써 고통스러울 수밖에 없을 것이다. 돈과 지위, 권력의 욕망을 뿌리치고서 사람됨의 본분을 지키려 할 때, 그는 불안과 외로움과 때로는 궁핍을 면하기 어려울 것이다. 하지만 그러한 삶의 길에서 벗어나는 순간 허무의 불행이 시작된다는 사실을 잊어서는 안 된다. 앞서 인용한 헤세의 시구처럼, "성스러운 음성이 회의 속에 죽을 때 / 너는 네 자신의 심장으로부터 조롱받고 / 백치로서 지상에 서게 된다."

자신의 본분을 올바로 아는 사람은 무슨 일에서든 주어진 과제에 성

실하게 나섬으로써 자연스럽게 업적을 이룰 것이다. 이를테면 "임금을 보좌"하여 정치의 대업을 성취할 수도 있다. 하지만 그는 이 자리에서도 주의해야 한다. 어떤 일에 "공로를 자처"하면서 남들에게 과시하려 해서는 안 된다는 것이다. 과시의 욕구는 역시 자타 간 비교 경쟁의 심리 속에서 본분의 일탈을 야기하면서 결국 그를 불행에 빠트리고 말 것이다.

그러므로 공로를 얻었다 해서 우쭐해서는 안 되며, 자신의 본분을 다하는 삶 자체에서 행복을 찾아야 한다. 그것이 진정한 본분 의식이다. 아니 그 이상의 본분 의식은 어쩌면 자신의 내면 깊은 곳에서 '하늘(신)'의 뜻을 자각하고, '성스러운 음성'을 들으면서 그에 따라 경건히 살려 할 것이다. 공자는 말한다. "본분을 지키면서 하늘을 따르면 행복을 얻을 것이다.〔食舊德 從上 吉也〕"(「상전」) 헤세의 시를 다시 한번 음미해 보자. "상실된 위치에서, 세상의 조롱을 받으면서 / 오직 너의 천직만을 의식하고/ 명예를 포기하고, 일상의 즐거움을 버리고 / 녹슬지 않은 보물을 지키는 것으로 / 너는 만족해야 한다."

九四

다툼에서 이길 수 없다.

마음을 안으로 돌려 하늘의 뜻을 자각하면서

삶의 자세를 바꾸어야 한다.

마음 편안하게, 올바른 정신으로 나서면 행복을 얻으리라.

不克訟 復卽命 渝 安貞 吉

구사(九四)는 상괘 '건'에서 양효로 음의 자리에 잘못 있으므로, 자신의 처지에 불만을 갖고서 걸핏하면 남들과 다투려는 강퍅한 사람이다. 하지만 그의 다툼 상대인 바로 위의 구오가 힘이나 지위에서 막강하므로, 또한 진리와 이념을 갖고 있기도 하므로 "다툼에서 이길 수 없다." 이 자리에서 그가 "행복을 얻을" 수 있는 길은 한 가지밖에 없다. "마음을 안으로 돌려 하늘의 뜻을 자각하면서 삶의 자세를 바꾸는" 일이다. 그리하여 "마음 편안하게, 올바른 정신"으로 삶에 나서야 한다.

다툼은 흔히 현실에 대한 불만에서 생긴다. 크고 작은 불만이 남들과 부딪치게 만든다. 아니 그 이전에 불만은 자신의 마음을 분노의 폭탄과도 같이 만들어 그것을 누군가에게 터트려야 직성이 풀린다. 불만이 많은 사람일수록 걸핏하면 좌충우돌하는 까닭이 여기에 있다. 아마 그에게는 아름다운 꽃까지도 자신의 불행한 처지를 비웃고 놀리는 것처럼 보여 짓밟아 버리고 싶은 생각이 들 것이다.

하지만 불만에서 생기는 다툼으로는 일의 성사나 인생의 성공이 결코 불가능하다. 설혹 어떤 일을 성취했다 하더라도 그가 거기에서 행복을 얻을 수는 없을 것이다. 불만으로 사나워진 눈빛에는, 투쟁 의식으로 황폐해진 마음에는 세상과 삶이 평화롭게 다가올 리가 없기 때문이다. 오히려 불만은 불행의 원천이다. 그러므로 행복한 삶을 살기 위해서는 불만을 최소화하지 않으면 안 된다. 어떻게 하면 그것이 가능할까? 불만의 마음을 무조건 억누르는 노력만으로는 되지 않는다. 그것은 오히려 무의식 아래로 침전되어 성격을 뒤틀어지게 만들 것이다.

무엇보다도 불만을 정화하도록 해야 한다. 이를 위해서 "마음을 안으로 돌려" 보자. 밖을 향한 불만의 눈빛을 거두어 자신의 내면을 들여다볼 필요가 있다. 내 마음속 어느 자리에 불만이 놓여 있는가. 그것은 마치 허공의 뜬구름과도 같아 출몰이 무상하기 짝이 없다. 마음은 본래 텅 비어 있다. 우리가 그러한 마음에 스스로 불만을 지어내어 자신에게 고통을 가하는 것일 뿐이다. 마치 움직일수록 손목을 바짝 조이는 수갑과도 같이 불만을 끓일수록 마음의 고통은 커진다.

사실 세상만사는 마음먹기에 달려 있다. 선악과 미추와 행불행이 모두 그렇다. 이를 깨닫는 순간 일상의 불만은 순식간에 사라지면서 마음은 고요와 평화를 얻을 것이다. 만약 그러한 마음이 "하늘의 뜻"까지 자각하여 그것을 경건히 받아들인다면, 즉 뜻대로 되지 않는 현실과 불우한 처지 속에서도 "하늘의 뜻"을 받아들여 편안한 마음으로 삶에 나선다면 더 할 나위 없는 행복을 얻을 것이다. 사실 '하늘(신)'의 관점에서 살피면 우리의 삶에서 잘못된 일은 아무것도 없다. 공자는 말한다. "하늘의 뜻을 즐기고 자신의 본분을 안다. 그러므로 근심을 갖지 않는다.〔樂天知命 故不憂〕"(「계사전」)

그것이 바로 다툼의 현실 속에서 스스로 바꾸어야 할 "삶의 자세"이며 지켜야 할 "올바른 정신"이다. 공자는 말한다. "마음을 안으로 돌려 하늘의 뜻을 자각하면서 삶의 자세를 바꾸어 마음 편안하게, 올바른 정신으로 나서면 삶에서 잃는 것이 없으리라.〔復卽命渝安貞 不失也〕"(「상전」) 여기에서 '잃는다'는 말은 권력이나 재물과 같은 세속적인 사물을 지칭하는 것이 아니다. 그것은 일차적으로는 행복을 염두에 두고 있으며, 더 나아가 사람됨의 본분이나 진리까지도 그 대상에 포함될 수도 있다. "올바른 (삶의) 정신"을 갖는다 하더라도 세속적인 것들을 잃을 수는 있지만, 사람됨의 본분과 진리, 그리고 이에 따른 삶의 행복은 결코 잃지 않을 것이라는 말이다.

九五
다툼이 아주 좋은 결말을 이루리라.
訟 元吉

구오(九五)는 상괘 '건'의 중심 효인 양의 자리에 양효로 올바로 있으므로, 중정한 정신의 소유자다. 즉 그는 다툼의 자리에서 편견을 갖지 않고 중립적인[中] 태도로 사태를 올바르게[正] 처리하려 한다. 그래서 "다툼이 아주 좋은 결말을 이루리라."고 했다. 공자는 말한다. "다툼이 아주 좋은 결말을 이룰 수 있는 것은 중정한 정신을 갖고 있기 때문이다.[訟 元吉 以中正也]"(「상전」)

우리는 다툼 없는 삶을 상상할 수 없다. 심지어 어떤 이는 삶을 "만인의 만인에 대한 투쟁"의 장으로 여기기까지 한다. 설사 내가 원하지 않는다 하더라도 현실은 나를 어쩔 수 없이 다툼의 자리로 내몬다. 사람들은 이를 선의의 경쟁이라는 말로 부추기기까지 하지만, 선의든 악의든 그것의 속내는 역시 비정한 다툼과 다르지 않다. 각급 학교 교육 현장의 치열한 성적 경쟁이 이를 무언으로 말해 준다.

이렇게 다툼이 피할 수 없는 삶의 조건이라면, 그 최선의 해결 방책은 무엇일까? 그것은 '중정'한 정신이다. 즉 사태를 제삼자의 입장에서 중립적으로 성찰하여 일의 시비와 곡직을 올바르게 판단하는 일이다. 문제를 자신의 처지와 관점에서만 살피면, "내가 옳고 상대방이 틀렸다."는 편견에서 결코 벗어날 수 없다. 그러다 보면 다툼이 더욱 심해져서 끝내는 서로에게 돌이키기 어려운 상처를 입힐 것이다.

그러므로 자신의 의견만 주장하려 하지 말고 상대방의 의견을 경청하는 열린 마음을 가져야 한다. 앞서 〈몽〉괘(구오효)에서 소개한 "발병구약"의 정신이 대표적인 예다. 상대방에게 나의 주장을 강요하려 하지 않고, 오히려 나 자신에게 있을지도 모르는 생각의 병통을 그로부터 지적(비판)받겠다는 지적인 겸손은 대립과 다툼을 넘어 자타 간 화해로운 삶의 장으로 이끌어 줄 것이다. 이 역시 중정한 정신의 산물이며, 그 근저에는 진리를 향한 열망이 놓여 있다.

한편 역지사지의 마음으로 문제를 상대방 입장에서 살피다 보면, 다툼을 중지하고 넓은 아량과 관용으로 그를 끌어안을 수도 있을 것이다. 시인 헨리 롱펠로는 말한다. "적의 숨겨진 과거를 읽을 수 있다면 우리는 그들 각각의 삶에서 그 어떤 적의라도 내려놓게 만들 만큼 가득한 슬픔과 고통을 발견하게 될 것이다." 이러한 연민과 동정의 마음은 다툼의 의지를 크게 누그러트리면서 오히려 상대방을 너그럽게 받아들일 것이다. 레비스트로스는 말한다. "지혜 중에서 가장 보편적인 동시에 필요한 지혜는 연민에 충실한, 또는 연민에 근거한 지혜다."(『미덕에 관한 철학적 에세이』)

중정한 정신은 다툼을 조정하는 중재자나 다툼을 처리하는 재판관에게도 절대적으로 필요하다. 그는 양쪽의 주장을 중립적으로 공평하게〔中〕들어야 하며, 일의 시시비비를 사리에 따라 올바르게〔正〕판단하지 않으면 안 된다. 그렇지 않으면 다툼의 당사자들에게서 편파적이라는 비난을 피하지 못할 것이다. 그러한 정신은 물론 하루아침에 터득되는 것이 아니다. 그것은 공정하고 무사(無私)한 도덕의식과 사리 판단의 지혜를 부단히 갈고 닦는 노력을 통해서만 얻을 수 있다.

이와 관련하여 『서경』의 글을 읽어 보자. 그 책은 한 사회의 통치자가 구성원의 다양한 의견과 대립, 다툼을 중재하고 처리해야 할 최고의 책임자로서 지녀야 할 태도를 다음과 같이 강조한다. "어느 한쪽으로 기울지 않고 당파적이지 않으면 왕도(王道)가 널리 펼쳐질 것이요, 당파적이지 않고 어느 한쪽으로 기울지 않으면 왕도가 순조롭게 실현될 것이며, 도리에 어긋나지 않고 바른 정신을 잃지 않으면 왕도가 정대하게 행해질 것이다.〔無偏無黨 王道蕩蕩 無黨無偏 王道平平 無反無側 王道正直〕" 이는 조선 후기 영조의 탕평책의 전거이기도 하다. 당시 당파 간 다툼이 심했던 정치 풍토를 염려하면서 위와 같은 뜻을 천명한 것이다.

上九
아름다운 장식띠를 하사받는다 하더라도
하루아침에 세 번 빼앗기리라.
或錫之鞶帶 終朝三褫之

"아름다운 장식띠"란 옛날에 임금이 신하들에게 하사했던 관복의 띠를 말한다. 상구(上九)는 괘의 마지막 양효이므로 다툼의 끝장을 보아 승리를 쟁취하는 사람이다. 이를테면 그는 남들과 그악스럽게 승진을 다툰 결과 "아름다운 장식띠"를 상품으로 받는다. 하지만 그처럼 경쟁적이고 호전적인 인물은 좋은 결말을 얻을 리 없다. 그래서 "(그 띠를) 하루아침에 세 번 빼앗길 것"이라 했다.

세상에는 경쟁에서 남에게 지고는 못 배기는 성질의 사람들이 있다. 운동선수만 그런 것이 아니다. 사실 우리의 마음속에 도사리고 있는 일등주의도 그러한 다툼의 심리를 안에 감추고 있다. 이들은 어떻게든 상대를 이겨야만, 일등을 쟁취해야만 직성이 풀린다. 그것을 성공이요 행복이라고 착각한다. 하지만 가까운 친구나 심지어 형제에게조차 경쟁심을 드러내면서 그들과 치열하게 겨루는 자리에서 인간관계는 얼마나 비정하고 삭막할까. 공자는 말한다. "다툼으로 장식띠를 받으니, 사람들의 존경을 얻지 못할 것이다.[以訟受服 亦不足敬也]"(「상전」) 아니 존경은커녕 타도의 대상이 될 것이다.

그뿐만이 아니다. 그악스러운 쟁취 의식과 일등주의는 자기 자신의 정신을 피폐시킬 수밖에 없다. 그의 마음에는 사람들을 따뜻하게 아우르며 관용과 아량을 베푸는 사랑이 깃들 수 없기 때문이다. 그러므로 그렇게 해서 얻는 "아름다운 장식띠"는 상처뿐인 영광에 지나지 않는다. 게다가 그보다 더 강한 사람, 그를 제치고 올라서는 또 다른 일등이 언제든지 나올 수 있다. 결국 그는 "(아름다운 장식띠를) 하루아침에 세 번 빼앗기는" 불행을 면할 수 없을 것이다. 선수들이 챔피언을 꿈꾸는 격투기의 현장이 이를 잘 말해 준다.

7. 용병(用兵)의 도(道)

사(師)

다툼은 다양한 자리에서 수많은 형태와 양상을 갖는다. 그중에서도 그것이 국가적인 모습을 띠면 전쟁으로 발전할 수도 있다. 전쟁은 어떻게든 막아야겠지만, 피할 수 없는 다툼의 현실 속에서 우리는 평소 그 대비책을 마련하지 않으면 안 된다. 강력한 군대의 양성이 그중 한 가지다. 공자는 말한다. "다툼이 커지면 반드시 집단적인 성격을 띠게 된다. 그래서 〈송(訟)〉에서 〈사(師)〉로 이어졌다.〔訟必有衆起 故受之以師〕"(「서괘전」) 이 '사'는 한 곳에 모여 생활하는 군사의 뜻으로, 이 괘는 용병(用兵)의 문제를 주제로 갖는다.

이를 괘 안에서 살펴보자. 이 괘는 상괘 '곤'☷과 하괘 '감'☵으로 구조되어 있다. 그것들은 각각 땅과 물을 상징한다. 양자를 하나로 조합하면 그것은 땅속에 고여 있는 물의 표상을 갖는다. 이는 국민의 삶 속에 감춰져 있는 군사력을 은유한다. 지하수가 그러한 것처럼 그 힘은 평소 겉으로 드러나지 않지만, 유사시에는 커다란 위력을 보인다. 옛날에는 평시에 농사를 짓던 농민이 전시에 군인으로 동원되기도 했다. 오늘날 현역 군인은 물론 예비군이나 민방위도 그에 해당된다.

한편 괘의 속성을 보면 하괘 '감'은 위험을, 상괘 '곤'은 순종을 함의

한다. 군대와 관련해서 말하면 그것은 안으로 위험한 힘을 감추어 두고서, 밖으로 명령과 복종, 강력한 규율과 질서에 따라 움직이는 모습을 연상시킨다. 위험한 힘을 관리하고 제어하는 데에는 역시 상명하복의 순종만 한 것이 없다.

괘효의 형식적 구조를 들여다보자. 이 괘는 하괘의 가운데에서 유일한 양효로 자리하고 있는 구이(九二)가 중심적인 위상을 갖는다. 그는 다섯 음효로 이루어진 모든 장병을 거느리고 다스리는 총사령관 격이다. 일국의 최고 통수권자는 상괘의 육오(六五)이지만, 그는 음양으로 호응하는 아래의 구이를 전적으로 신임하면서 모든 군사적 권한을 구이의 사령관에게 위임하고 있다.

괘사卦辭

군대의 운영은 올바르게 해야 하며
지휘관은 높은 식견과 큰 위엄을 가져야 한다.
그래야 장병들이 충심으로 따르고, 통솔에 차질이 없을 것이다.

師　貞　丈人　吉　无咎

모든 조직이 그렇지만, 특히 군대는 '올바르게', 달리 표현하면 합리적으로 운영되지 않으면 안 된다. 그것은 수많은 젊은이를 병영 속에 가두어 자유와 권리를 크게 제한하기 때문이다. 그러므로 군대의 지휘관은 무엇보다도 합리적인 통솔을 통해 장병들이 그 생활에 자발적으로 참여할 수 있도록 해야 한다. 만약 그들을 제도와 규율로만 강압적으로 이끌려고 하면 그들의 충성심을 결코 이끌어 낼 수 없을 것이다.

여기에서 '합리적'이라는 말은 제도 운영의 기계적 합리성을 뜻하지 않는다. 그것은 군대 생활의 규율 속에서도 그 구성원의 인권을 최대한 보호하는 데에 초점을 맞추어야 한다. 이러한 토양 위에서만 그들의 충성심도 자연스럽게 발로될 것이다. 공자는 말한다. "군대를 올바르게 운영하면 천하를 다스릴 수도 있다.〔能以衆正 可以王矣〕"(「단전」)

군대 운영은 지휘관의 자질과 역량에 크게 좌우된다. 부적격한 인물은 휘하의 장병들을 계급과 힘으로만 다스리려 하기 때문에 결코 그들을 제대로 통솔하지 못할 것이다. 그는 장병들의 존경과 신망을 얻지 못하여 충성심은커녕 오히려 불복종과 반발만 불러일으킬 것이다. 그러므로 지휘관이 되려면 "높은 식견과 큰 위엄"을 가져야 하며, 이에 더하여 장병들의 심복을 이끌어 낼 수 있는 덕망을 갖추어야 한다. 공자는 말한다. "지휘관이 강력하면서도 너그러워 장병들의 호응을 얻고, 그들을 위험으로 내몰면서도 합리적인 태도를 견지한다면, 그들은 전쟁의 고통도 마다하지 않고 충심으로 따를 것이다. 그러니 통솔에 어떤 차질이 있겠는가.〔剛中而應 行險而順 以此毒天下 而民從之 吉 又何咎矣〕"(「단전」)

괘상卦象

땅속에 물이 모여 있는 모습이 〈사〉의 형상이다.
통치자는 이를 보고서 국민을 아우르고 병력을 양성한다.

地中有水 師 君子 以 容民畜衆

지하수가 땅을 떠나서는 존재할 수 없는 것처럼 군대는 국민을 떠나서는 존립할 수 없다. 그러므로 한 나라의 통치자는 군대를 양성하기 이전에 평소 국민을 잘 아울러야 한다. 강한 국민 속에서만 강한 군대가 나올 수가 있다. 좋은 땅에 깨끗한 물이 고이는 것처럼 말이다. 통치자가 국민을 올바르게 아우르지 못하면 그 나라의 군대는 충성심을 결여하여 허약하기 짝이 없을 것이다.

통치자가 국민을 올바르게 아우르면서 이끌어 나갈 긴요한 방법은 무엇일까? 당연히 그것은 훌륭한 정책의 구현에 있다. 다만 그 정책은 범용한 통치자들이 흔히 그러는 것처럼 "잘 먹고 잘 살기"의 경제 성장 구호만으로는 안 된다. 인간 생활은 물질적인 풍요로 만족할 수 있는 것이 결코 아니다. 통치자라면 국민이 인간다운 삶을 살 수 있도록 하는 정책을 구현해야 한다. 달리 말하면 사회에 올바른 정신 가치를 확립하는 노력을 해야 한다. 공자는 이 점을 일찍이 꿰뚫어 보았다. 아래의 문답을 들어 보자.

자공이 정치에 대해 여쭙자 공자가 말씀하셨다. "백성들의 양식을 풍족하게 해 주고 군사력을 강화하면 백성들이 서로 신뢰하며 살 것이다." 자공이 여쭈었다. "부득이 제외해야 한다면 이 세 가지 중에 무엇을 먼저 해야 할까요?" 공자가 말씀하셨다. "군사력을 버려야 한다." 자공이 또 여쭈었다. "부득이 제외해야 한다면 나머지 두 가지 중에 무엇을 먼저 해야 할까요?" 공자가 말씀하셨다. "양식을 버려야 한다. 자고로 사람은 모두

죽기 마련이지만 신뢰가 없으면 백성들이 살아 나갈 수 없다.(『논어』)

이는 양식과 군사력이 중요하지 않다는 말이 아니다. 공자는 그것들 이상으로 신뢰를 가장 강력한 삶의 토대요 사회적 자본으로 여긴 것이다. 좌우상하 사이에 신뢰를 잃은 인간관계를 상상해 보자. 사람들은 만나는 사람마다 의심의 눈길을 던지면서 긴장되고 날선 의식을 품을 것이며, 불신의 사회는 온갖 법과 감시의 그물을 장치할 수밖에 없을 것이다. 그렇게 해서 치러야 할 개인적 희생과 사회적 비용은 '양식(물질)'의 풍족을 무색하게 만들 것이며, 상호 불신의 사회는 '군사력 강화'로 유지할 수 없을 것이다. 통치자가 신뢰와, 나아가 정의와 진리 등의 정신 가치를 중요시해야 할 이유가 여기에 있다.

병력의 양성 방법도 여기에서 마련될 수 있다. 그것은 전투력 향상만으로 되는 것이 아니다. 통치자는 장병들이 나라를 위해 헌신할 올바른 정신의 배양에 좀 더 깊은 관심을 기울여야 한다. 이에 대해 많은 사람은 단순하게도 장병의 충성심을 떠올리지만, 어떻게 하면 그것을 키울 수 있는지 진지하게 생각해 보아야 한다. 장병을 모아놓고 '반공'의 정신 훈화를 하는 것만으로는 되지 않는다. 병영 사회의 곳곳에 역시 신뢰와 정의, 진리의 정신을 확립하고 통용할 수 있는 방법을 강구해야 한다.

효사爻辭

初六

군대의 출동은 올바른 명분을 가져야 한다.
그렇지 않으면 성공한다 하더라도 해악을 초래하리라.
師出以律 否 臧 凶

초육(初六)은 괘의 처음 효이므로 군대의 출동에 앞서 갖추어야 할 기본 자세를 이야기했다. 그것은 음효이므로 군대의 출동에 과감한 태도를 버리고 신중하게 임할 것을 시사한다.

다른 나라와의 전쟁이든 아니면 치안 수습의 차원이든, 군대의 출동은 국민의 의식과 생활에 막대한 영향을 미치므로 처음부터 지극히 신중해야 한다. 만약 전 국민이 피해를 감수하면서까지 수긍하고 환영할 대의명분을 갖지 않는다면 그것은 커다란 해악을 끼칠 것이다. 우리는 그 실례를 미국이 이라크에서 일으킨 전쟁에서 본다. 그것은 실패로 끝나고 말았지만, 설사 성공을 거두었다 하더라도 그것이 초래한 해악, 즉 막대한 인명과 재산의 파괴와 참전 군인들의 정신적 후유증은 역사의 심판을 받을 것이다. 정치 군인들이 권력욕에 눈이 어두워 일으키는 군사 쿠데타도 마찬가지다. 공자는 말한다. "군대의 출동은 올바른 명분을 가져야 하니, 명분을 잃으면 해악을 초래할 것이다.〔師出以律 失律 凶 也〕"(「상전」)

九二
지휘관이 장병들 앞에서 위엄을 가지면서도 너그럽다.

일을 성공적으로 수행하여 차질을 빚지 않을 것이다.
임금이 그에게 세 번이나 포상을 내리리라.
在師 中 吉 无咎 王三錫命

구이(九二)는 통수권자인 육오의 전적인 신임을 얻고 있는 군대의 총사령관이다. 그의 너그러움은 괘의 나머지 음효 모두가 양효인 구이에게로 향하는 모습에서 상념된 것이다. '세 번'(의 포상)은 여러 차례라는 뜻이다.

모든 조직이 그러하지만 특히 군대라는 특수 집단의 지휘관에게 필요한 중요한 덕목이 있다. 무엇보다도 그는 강력한 권위와 위엄을 가져야 한다. 그렇지 않으면 제각각의 개성에 혈기왕성한 젊은이들을 통솔해 나갈 수 없다. 하지만 그것으로 충분한 것은 아니다. 위엄은 사람들을 힘으로 제압할 수 있을지언정, 그들의 마음에서 우러나오는 자발적인 복종을 이끌어 낼 수 없기 때문이다. 그러므로 그는 위엄 속에서도 장병들을 너그럽게 아우르는 관용의 심덕(心德)을 가져야 한다. 그것만이 그들의 충성과 헌신을 얻을 수 있다.

물론 관용의 덕만 가지고는 안 된다. 위엄이 없으면 장병들이 그의 명령과 지시를 심중하게 받아들이지 않기 때문이다. 그러므로 그는 관용 속에서도 위엄을, 그리고 위엄 속에서도 관용을 보일 줄 알아야 한다. 그것이 "(장병 통솔의) 일을 성공적으로 수행하여 차질을 빚지 않는" 방법이다. 공자는 말한다. "지휘관이 장병들 앞에서 위엄을 가지면서도 너그러우며, 일을 성공적으로 수행하므로 임금의 총애를 받는 것이다. 임금이 그에게 포상을 세 번이나 내리는 것은 그가 모든 장병을 아우르는 도량을 갖고 있기 때문이다.〔在師中吉 承天寵也 王三錫命 懷萬邦也〕"(「상전」)

六三

용병에 지휘관이 여럿이면 실패를 모면하지 못하리라.

師或輿尸 凶

육삼(六三)은 음효로 양의 자리에 잘못 있는 부적격의 인물이다. 그는 구이의 지휘관 위에서 용병에 간섭하려 한다. 그렇게 되면 당연히 "실패를 모면하지 못한다." 원문의 '여시(輿尸)'란 문자 그대로 풀이하면 "많은 사람들[輿]이 주장한다[尸]"는 뜻이다. (이에 관해서는 다른 견해가 있다.)

군대의 통솔 체계는 일사불란해야 한다. 지휘관이 이미 있는데 부당하게도 다른 자가 그에 개입하고 간섭하면 일(작전, 전투)의 혼란과 실패를 피할 수 없을 것이다. 말하자면 "사공이 많으면 배가 산으로 간다." 이는 통수권자에 대한 경고의 의미를 띠고 있다. 일단 적임자에게 권한을 위임했으면 그를 전적으로 신뢰하면서 일을 맡겨야지, 그의 권한과 업무에 다른 사람이 개입하도록 허용해서는 안 된다는 것이다. 지휘 체계가 일원화되지 못하고 혼란스러운 조직은 와해를 면할 수 없다. 공자는 말한다. "용병에 지휘관이 여럿이면 성공할 가망이 전혀 없다.〔師或輿尸 大无功也〕"(「상전」)

六四

군대가 퇴각하더라도 비난받을 일은 아니다.

師左次　无咎

　육사(六四)는 음효로서 음의 자리에 있으므로 세력이 약한 군대다. 지휘관은 그것을 알아 '퇴각한다.' 원문의 '좌차(左次)'는 후퇴해서[左] 머문다[次]는 뜻이다.

　용병의 지혜는 사세의 정확한 판단과 지피지기(知彼知己)의 안목에서 나온다. 그러므로 만약 상황이 불리할 경우 싸움에서 한발 물러나는 것은 비겁한 일이 결코 아니다. 공자는 말한다. "퇴각이 비난받을 일은 아니며, 용병의 상식을 벗어나지 않는다.[左次无咎 未失常也]"(「상전」) 오히려 인명 피해를 예방할 수 있다는 점에서 지혜로운 일이다. 어떤 형태의 용병이든 그 궁극 목적은 사람들의 생명과 재산을 보호하는 데 있음을 깊이 인식하지 않으면 안 된다. 이러한 의식을 갖지 않은 용병은 설사 승리를 거둔다 하더라도 비난을 면키 어려울 것이다.

六五

밭에 짐승이 나타나면 잡아야 한다. 비난받을 일이 아니다.
장남이 가족을 통솔하게 해야 한다.
만약 동생들이 제각기 자기주장을 내세워 고집한다면
실패를 면치 못하리라.

田有禽 利執言 无咎 長子帥師 弟子輿尸 貞 凶

육오(六五)는 한 나라 최고의 통수권자다. 가정으로 따지면 가장과도 같다. 가장은 가사를 통솔하는 데 위계질서를 잡아야 한다. 이를테면 그의 후계자가 될 장남(여기에서는 음양으로 호응하는 구이)의 권위를 세워 주어야 한다. 만약 그를 무시하면서 다른 자식들(육오와 가까이 있는 육사와 또는 육삼)을 편애한다면, 그 가정은 화합과 단결의 분위기를 잃고 말 것이다. 군대와 나라의 문제도 마찬가지다.

들짐승이 밭의 농작물을 망가트릴 경우 그를 포획하고 퇴치하는 것이 당연하다. 이를 두고 동물 사랑의 구호를 외치면서 비난해서는 안 된다. 이때 가장은 장남에게 현장의 책임을 맡겨 일을 주도하게 해야 한다. 만약 동생들이 저마다 주장하는 것을 용납한다면 짐승을 잡는 데 실패할 수도 있다. 물론 장남은 짐승 포획의 일에서는 물론 평소 가사를 합리적으로 처리해야 한다. 동생들 앞에서 가져야 할 그의 권위는 거기에서만 나온다. 공자는 말한다. "장남이 가족을 통솔하는 데에는 위엄과 관용이 있어야 한다. 동생들이 제각기 자기주장을 하도록 놓아 둔다면 일이 뒤틀어지고 말 것이다.〔長子帥師 以中行也 弟子輿尸 使不當也〕"(「상전」)

농부가 밭을 침범하는 짐승을 퇴치해야 하는 것처럼 타국의 침략에 대항하는 전쟁 역시 두말할 것 없이 정당하다. 물론 그것은 자국민의 생명과 재산을 보호하기 위한 것이다. 그러므로 만약 타국의 이익을 강탈하기 위해서 전쟁을 일으킨다면 그것은 비난받아 마땅하다. 미국이 지난날 베트남과 이라크에서 벌였던 전쟁들이 그 예다. 과거 우리의 베트남 참전 역시 그러한 비난으로부터 결코 자유로울 수 없다.

통치자는 부득이 전쟁에 나설 경우에 이러한 문제 인식 속에서 현명한 지휘관을 임명해야 한다. 호전적이거나 통솔력을 갖지 못한 지휘관은 전쟁의 추악성을 더하기만 할 것이다. 그는 밭에 나타난 짐승을 잡는다고 이리저리 날뛰면서 자신의 농작물을 스스로 짓밟고 다니는 어리석은 농부나 다름없다. 그러한 사람은 전공(戰功)을 얻기 위해 자신의 병사들을 희생시키는 일까지도 서슴없이 자행할 것이다. 게다가 지휘 체계까지 문란하다면 패전은 불을 보듯 뻔한 일이다.

上六

천자가 명을 내려 전공을 세운 사람들을 제후로 봉하기도 하고
그들에게 식읍을 주기도 한다.
소인배는 등용해서는 안 된다.
大君有命 開國承家 小人勿用

상육(上六)은 괘의 마지막 효이므로 전쟁에서 이긴 뒤에 논공행상을 하는 시점이다. 옛날 천자의 정치 질서가 확실했던 시절에는 모든 권력이 당연히 그로부터 나왔다. 그리하여 그는 전쟁에 승리하면 전공에 따라 사람들을 제후로 봉하기도 하고, 그들에게 식읍을 주기도 했다.('식읍'에 대해서는 〈송〉괘 구이효 참조)

전쟁이 승리로 끝나 논공행상을 할 경우에 주의해야 할 점이 있다. 단지 전공만을 검토할 일이 아니라 당사자들의 능력과 자격을 함께 심사해야 한다는 것이다. 무능력한데도 운 좋게 전공을 얻는 사람도 있기 때문이다. 설사 어떤 장수의 전공이 아무리 탁월하다 하더라도 그를 함부로 정치인으로 기용해서는 안 된다. 아군과 적군 사이의 승패 관념에 젖어 있는 그는 타협과 조화를 추구해야 할 정치 현장을 승부의 싸움터처럼 여길 염려가 있기 때문이다. 과거 우리 사회가 겪었던, 그리고 아직도 그 잔재가 남아 있는 군사 문화가 이의 생생한 예증이다.

　물론 그러한 사람에게도 전공에 합당한 포상이 내려져야 하지만, 명예나 물질적인 포상으로 그쳐야 한다. 특히 소인배의 성품을 갖고 있는 사람에 대해서는 이 점을 더욱 철저히 해야 한다. 사실 어떤 수단과 방법도 가리지 않고 오직 승리만을 목표로 하는 전쟁에서는 음모와 모략, 술수에 능한 소인배들이 상당한 역량을 발휘할 것이다. 그런데 그들이 전공의 포상으로 실권을 얻는다면, 자신의 지위를 이용하여 사적인 이익만 챙기려 할 뿐 조직 사회의 발전을 위한 봉공의 노력에는 무관심할 것이다. 공자는 말한다. "천자가 명을 내리는 것은 전공에 알맞게 보상하려 해서다. 소인배를 등용하면 안 되는 까닭은 그가 틀림없이 나라를 어지럽힐 것이기 때문이다.〔大君有命 以正功也 小人勿用 必亂邦也〕"(「상전」)

8. 교제의 도리

비(比)

사람들은 남들과 다투고(《송(訟)》), 또 다른 나라와 전쟁을 하기도 하지만(《사(師)》), 정신 이상자가 아닌 한 그러한 일 자체를 즐기는 이는 없을 것이다. 그처럼 긴장하며 신경을 날카롭게 곤두세우기보다는 자타 간 편안하고 화해롭게 지내려는 것이 오히려 인간의 본성에 가깝다. 레비나스는 주장한다. "윤리적 관계는 전쟁에 선행한다."(『사랑의 지혜』) 또 신경학자들에 의하면 공격성보다는 협동 정신이 인간의 본성에 더 가깝다고 한다. 이는 인간 존재에 악보다는 선이 먼저 자리하고 있음을 추측케 해 준다.

물론 사람들이 모여 살다 보면 이래저래 다투기 마련이다. 가장 가까운 부부 사이조차 크고 작은 싸움을 면할 수 없는데, 하물며 사회생활상 이합집산하는 인간관계에서는 더 말할 나위가 없다. 오죽하면 사회를 "만인의 만인에 대한 투쟁"의 자리라고 여기는 사람까지 있었을까. 하지만 현실적으로 다툼이나 전쟁을 피할 수는 없지만, 사람들은 그 순간에도 반사적으로 서로 타협하고 화해하기를 희구한다. 모이면 다투고, 다투면 화해하면서 다시 모여 친화를 꾀하는 것이다. 이것이 어쩌면 삶의 노정이요 인간의 역사다. 공자는 말한다. "사람들이 모이면 반드시 친화를 도모한다. 그래서 〈송(訟)〉에서 〈비(比)〉로 이어졌다.〔衆必有所比 故受之以比〕"(「서괘전」) 이 '모임'에는 다툼과 전쟁의 과정이 함축되어 있으며, 옥편상 이 '비'는 서로 가깝게 지낸다는 뜻을 갖는다.

이를 괘의 구조상에서 살펴보자. 〈비〉괘는 상괘 '감(坎)' ☵과 하괘 '곤(坤)' ☷으로 이루어져 있다. 그것들은 각각 물과 땅을 상징한다. 이는 땅 위를 흐르는 물의 모습을 보여 준다. 물은 땅과 한 치의 틈도 없이 밀착하여 흘러간다. 물과 땅은 그처럼 가까운 관계다. 이는 다음과 같은 유비적 과제를 우리에게 준다. 어떻게 하면 물과 땅 사이처럼 남들과 친밀하게 지낼 수 있을까 하는 것이다. 〈비〉괘의 주제가 여기에 있다.

한편 괘효로 보면 이 괘는 중심효인 구오(九五) 하나만을 양효로 갖고 있다. 여기에는 상하의 다섯 음효가 구오를 흠모하면서 강인하고 올바른 정신의 그를 가까이 하려 한다는 은유가 들어 있다. 공자는 이를 상하의 인간관계상에서 다음과 같이 말한다. "'비'는 서로 친화하며 돕는다는 뜻이다. 그렇게 해야만 아랫사람이 윗사람을 따를 것이다.〔比 輔也 下順從也〕"(「단전」) 나아가 아래의 괘사에서는 좌우의 인간관계까지 확대하여, 어질고 변함없으며 올바른 정신을 교제와 친화의 덕목으로 내놓는다.

사람들과 친화롭게 지내는 것, 그것이 행복이다.
상대방이 친하게 지낼 만한 사람인지 신중하게 판단해야 한다.
그가 어진 품성을 갖고 있고, 변함이 없으며, 올바른 사람이면
사귐에 허물거리가 없을 것이다.
혼자서는 삶의 안식을 얻지 못하므로 서로 사귀려 하는 것이니
독존적인 사람은 아무리 강인하다 하더라도 불행을 면치 못하리라.
比 吉 原筮 元永貞 无咎 不寧 方來 後 夫 凶

사람은 당구공처럼 단독자로는 살 수 없으며, 반드시 남들과 상호 의존하고 공생할 수밖에 없는 존재다. 외롭다는 생각도 이미 남들의 존재를 전제한다. 하이데거가 "독존은 공존의 반증"이라고 말한 것도 이러한 까닭에서다. 그러므로 나와 남을 별개의 독립적인 존재로 여기는 개인주의는 삶의 이치에 맞지 않는다. 개인주의 사회에 불안과 고독, 신경 질환의 현상이 만연하는 것도 근본적으로 따지면 잘못된 자아의식에 기인한다. 그러므로 "독존적인 사람은 아무리 강인하다 하더라도 불행을 면치 못하리라." 공자는 말한다. "독존적인 사람이 아무리 강인하다 하더라도 불행을 면치 못하는 것은 삶의 길이 막히기 때문이다.〔後夫凶 其道窮也〕"(「단전」)

우리의 전통 사회는 일찍부터 개인주의를 '악'으로 여겨 왔다. 사람은 "서로 의존하고 서로가 기다리며, 서로 낳아 주고 서로 이루어 준다.〔相依相待 相生相成〕"는 만고불변의 이치를 선조들은 익히 알고 있었다. 이

를테면 남편은 부인에게 의존하고 부인을 기다려서만 남편이 될 수 있고, 부인과 함께해서만 가정생활을 이룰 수 있다. 물론 부인도 마찬가지다. 지난날 우리 사회에서 오륜(五倫)이 그토록 중시되었던 것도 이러한 이유에서였다. 우리 선조들은 사회생활상 상호 의존과 상생의 일상 현장을 임금과 신하, 부모와 자식, 남자(남편)와 여자(부인), 어른과 아이, 나와 너의 친구 사이에서 살폈다. 그러므로 오륜의 문란과 파괴는 곧 사람됨과 사회의 부정, 즉 '악'으로 여겨질 수밖에 없었다.

이황의 「예안향약(禮安鄕約)」은 이러한 인식을 그대로 반영하고 있다. 예컨대 그중에는 "이웃 사이에 화목하지 못한 자"와, "이웃의 환란을 구해 줄 능력이 있는데도 이를 좌시하는 자"를 처벌하도록 하는 규정이 있다. 이는 오늘날 개인주의의 시각에서 보면 말도 안 되는 일일 테지만, 저들은 상호 의존적이고 협력적인 사람됨의 본질을 부정하는 반인륜의 범죄자로 여겨졌던 것이다.

아무튼 사람은 "혼자서는 삶의 안식을 얻지 못하므로" 서로 사귀면서 상조와 상생의 노력을 하지 않으면 안 된다. 이러한 교제의 이치는 개인적인 관계를 넘어 사회 계층의 사이에까지 적용될 수 있다. 치자와 피치자, 더 나아가 각계각층이 상호 대립과 모순의 사이가 아니라, 서로 도와주고 서로의 존재를 지탱해 주는 관계에 있다. 상대방을 외면하고 부정하는 것은 곧 자기 부정의 어리석음과 다름 없다. 아래가 있어야 위가 있고, 좌가 있어야 우가 있는 법이기 때문이다. 이렇게 살피면 계급 모순(투쟁)의 주장은 자타 간 경쟁적인 개인주의의 산물일 뿐이다. 공자는 말한다. "혼자서는 삶의 안식을 얻지 못하기에 서로 사귀려 하는 것이니, 윗사람과 아랫사람이 서로 호응하는 것이다.〔不寧方來 上下

應也〕"(「단전」)

교제의 유형은 친구, 남녀, 부부, 상하 관계 등 다양하다. 그에 따라 교제의 도리도 당연히 다를 수밖에 없다. 하지만 어떠한 경우든 남들과 사귀려 할 때 기본적으로 유념하지 않으면 안 될 사항이 있다. 이해 득실의 관점에서 상대방에게 다가가서는 안 된다는 것이다. 그처럼 타산적이고 이기적인 교제는 상호 의존과 상생의 삶의 이치에 어긋남은 물론 근본적으로 존재의 외로움과 빈곤감을 결코 해소시켜 주지 못한다. 이해득실의 의식은 나와 남의 거리를 결코 좁혀 주지 못하기 때문이다. 그러므로 우리는 풍요롭고 충만한 정신의 삶을 살기 위해 올바른 교제의 도리를 확립하지 않으면 안 된다.

어떤 것이 과연 올바른 교제의 도리일까? 대답하기 쉬운 문제가 아니지만, 우리는 세 가지 사항을 생각해 볼 수 있다. '어진' 품성과 '변함없는' 신의, 그리고 '올바른' 정신이다. 우리는 일차적으로 이러한 도리에 입각하여 자신의 교제 현실을 점검해 볼 필요가 있다. 자신이 어질지 못하고, 변덕스럽고, 그릇된 마음으로 사람을 대면하고 이용하려는 것은 아닌지 말이다. 그러한 교제는 관계의 파탄을 초래함으로써 역시 자신의 존재를 외롭고 빈곤하게 만들 것이다. 한편으로 우리는 저와 같은 세 가지의 관점에서 "상대방이 친하게 지낼 만한 사람인지 신중하게 판단해야 한다." 참다운 교제의 기쁨은, 삶의 행복은 거기에서만 나올 수 있다.

괘상卦象

땅 위에 물이 있는 모습이 〈비〉의 형상이다.
옛날에 천자는 이를 보고서 영토를 분할하여
제후들에게 나누어 주고 그들과 긴밀하게 교류했다.
地上有水 比 先王 以 建萬國 親諸侯

오랜 옛날 중국에서는 천자가 천하의 영토를 분할하여 제후들에게
나누어 주었다. 광대한 땅을 혼자서 효과적으로 다스릴 수 없었기 때
문이다. '봉건'이란 그러한 뜻의 "봉토건군(封土建君)"을 줄인 말이다. 이
는 통치와 지배의 효율성만을 위한 것은 아니었다. 거기에는 '위민(爲
民)'의 정치 이념이 담겨 있다. 즉 정치란 원래 민생을 위한 것인데, 천자
가 모든 백성을 다 보살필 수 없기 때문에 '봉건'제도를 시행한다는 것
이다. 말하자면 천자를 대신하여 제후가 백성에게 직접 다가가 민생을
보살피도록 하려 한 것이 선비들이 상념했던 봉건의 본래 정신이다. 그
렇게 하여 물이 땅에 밀착해서 흐르는 것처럼, 정치를 민생에 밀착시키
려 했다. 천자가 제후들과 "긴밀하게 교류"하려 한 것은 이러한 정치 이
념의 효과적 실현을 위한 격려와 감시의 의도를 갖는 것이었다.

이러한 정치 제도의 현대적 변형을 우리는 지방 자치제에서 본다. 말
하자면 대통령이 국민과 일일이 만나고 민생을 세세하게 챙길 수 없기
때문에 자치 단체장들에게 권한을 일정하게 위임하는 것이다. 우리는
여기에서 위와 같은 '봉건' 정신을 현대적으로 응용해 볼 수 있다. 위
정자와 각급 자치 단체의 장은 권한의 행사나 통치(지배)의 효율성에만

관심을 두어서는 안 된다. '위민'과 '민본(民本)'의 정신에 입각하여, 마치 물이 땅에 밀착하고 땅속으로 파고들듯이, 민생에 밀착하고 국민과 원활하게 교류·소통하면서 그들의 삶을 보살펴야 한다.

효사爻辭

初六
성실한 마음으로 교제에 나서야 허물거리가 없을 것이다.
질그릇에 물건이 가득하듯 성실한 마음이 충만하다면
마침내 또 다른 기쁨을 얻으리라.
有孚比之 无咎 有孚盈缶 終 來有他吉

〈비〉괘는 상하괘의 효들이 음양으로 상응하는지 여부를 중시하지 않는다. 괘의 유일한 양효인 구오에게 나머지 음효들이 다가가며 따르기 때문이다. 초육은 괘의 시작이므로 교제의 기본이 될 성실의 덕목을 말하고 있다. '질그릇'은 외형적 꾸밈의 태도를 경계한 은유의 말이다. 꾸밈은 불성실성을 감추려는 저의를 갖는다는 인식이 그 배경에 깔려 있다.

사람들과 교제하는 데 무엇보다도 중요한 덕목은 성실성이다. 그것은 단순히 교제의 태도를 강조하려는 것만이 아니다. 그전에 그것은 인간학적인 의미를 갖는다. 한 인간으로서 나의 온 존재를 기울여 상대방에게 성실하게 다가가야 한다는 것이다. 그렇게 하지 않으면 남과의 거리를 결코 좁히지 못하며, 따라서 참다운 교류의 기쁨을 알 수 없다. 이를테면 내가 권력이나 재물의 획득을 목적으로 상대방에게 접근하는 경우를 들 수 있다. 그것은 그를 인격이 아니라 사물로 취급하는 것이나 마찬가지다. 하지만 인격 없는 사물과의 교류에 무슨 기쁨이 있겠는가. 이는 "허물거리가 없는" 정도에 그치지 않고 자신을 불행으로 내몰 뿐이다. 상대방의 인격을 외면하고 사물로 취급하는 자리에는 나 자신의 인격도 드러나지 않기 때문이다. 말하자면 상대방을 사물화하는 그 자리에서는 나 자신도 바로 사물화된다.

그러므로 성실성은 교제 이전에 자아를 성취하는 데 가장 긴요한 덕목이다. 삶이란 마치 "페르시아의 양탄자"(서머싯 몸)와도 같아서, 사람은 누구나 양탄자를 짜듯이 자신의 존재를 제각각의 방식으로 직조해 나간다. 그리하여 존재(삶)의 양탄자를 얼마나 아름답게 수놓는가 하는 것은 각자의 성실성 여부에 달려 있다. 불성실한 사람은 자기의 존재를 저질로 만들 것이며, 이에 반해 성실한 사람은 고품격의 아름다운 인격과 삶을 지어 낼 것이다. 성자나 현인들이 그 실례를 잘 보여 준다. 권력이나 재물 등 인간 외적인 것으로 화려하게 외양이나 꾸미려 하지 말고, 질그릇과도 같이 꾸밈없이 삶에 성실한 마음으로 나서야 할 이유가 여기에 있다.

이처럼 성실성은 삶의 질을 크게 좌우한다. 불성실한 사람은 살아도 살지 않는 것이나 다름없다. 마치 어떤 사람이 음식을 먹으면서도 정신이 다른 데 나가 있어서 그 맛을 모르는 것과도 같다. 『중용』은 말한다. "성실성은 모든 일의 시작이자 끝이다. 성실하지 않으면 일이 없는 것이나 다름없다.〔誠者 物之終始 不誠 無物〕" 일의 유무와 성패뿐만이 아니다.

우리가 만들어 가고 있는 삶의 품질도 자신의 성실성 정도에 달려 있다.

성실성은 자아를 성취하는 덕목에 그치지 않는다. 인간적으로 성실한 사람은 교제의 자리에서 상대방에 대한 애정으로 그의 성취를 어떻게든 도우려 할 것이다. 애정 없는 접근과 대면은 교제가 아니라 이해타산이 개입하는 '일(사업)'일 뿐이다. 성실한 마음을 남김없이 드러낼 남녀 간 사랑의 현장을 예로 들어 보자. 그들은 어떻게든 서로의 삶을 성취시켜 주려 할 것이다. 그러므로 "성실성은 자신만을 완성하는 도리가 아니다. 그것은 남들까지 성취시켜 준다.[誠者 非自成己而已也 所以成物也]"(『중용』) 성실성이 기대하지 않은 "또 다른 기쁨"이 여기에 있다.

六二
안으로 깊이 사귀어야 한다.
올바른 정신 속에서만 기쁨을 얻으리라.
比之自內 貞 吉

육이(六二)는 하괘의 가운데 효이므로 "안으로 깊이 사귀는" 사람이다. 게다가 음효로 음의 자리에서 구오와 음양으로 호응하므로 "올바른 (교제의) 정신"을 갖고 있다.

사람이 남들과 관계를 맺지 않고서는 살아갈 수 없다 하여 아무렇게나 교제에 나서서는 안 된다. 피상적인 교제는 덧없기 짝이 없다. 이해득실을 계산하는 사업상의 교제가 전형적인 예다. 직장에서 업무를 매개로 이루어지는 교제도 그와 다를 바 없다. 당연히 그러한 교제는 오래가지 못할 것이며 삶의 기쁨을 주지 못한다. 그러므로 이해타산을 넘어 "안으로 깊이 사귀어야 한다."

물론 깊은 사귐도 여러 유형이 있을 것이다. 예를 들면 조직 폭력배들도 이른바 의리로 똘똘 뭉쳐 깊이 사귄다. 또 종교 가운데에는 신도들끼리만 깊이 사귀는 사교(邪教) 집단도 있다. 당연히 이들은 "올바른 정신"을 갖고 있지 않다. 교제의 자리에서 올바른 정신은 순수한 인격에서만 나온다. 공자는 말한다. "안으로 깊이 사귐은 자아를 잃지 않는 데에서만 가능하다.[比之自內 不自失也]"(「상전」) 여기에서 '자아'란 무슨 주체성과 같은 것이 아니라, 순수한 인격의 존재를 뜻한다. 참다운 교제의 기쁨은 거기에서만 나온다.

六三
사람을 사귀는 것이 아니로구나.
比之匪人

육삼(六三)은 음효로 양의 자리에 잘못 있으며, 위아래로 가까이 어울리는 육이와 육사가 둘 다 음효이므로 사귐에 "올바른 정신"을 잃고 있다. 그래서 "사람을 사귀는 것이 아니로구나." 하였다.

이는 오늘날 사람들의 생활상에 대한 탄식으로 들린다. 우리는 조직 생활을 일상으로 하면서 남들과 주로 업무적이고 기능적으로만 교류한다. 거기에서 '사람'은 배제되며, 인격은 사물화되고 만다. 사람을 만나는 것이 아니라 상대방의 직책과 지위, 업무 등을 대면하는 것이다. 거기에는 이해타산 의식이나 일의 효율성만이 지배한다. 인격은 거추장스러운 사치품일 뿐이다. 전인 교육을 표방하는 학교 현장에서조차 스승과 제자의 정신은 실종되고, 다만 지식의 공급자와 수요자라는 시장 논리만 지배한다.

현대 사회에서 인간관계(교제)가 참을 수 없을 만큼 가벼운 이유가 여기에 있다. 사람(인격)이 배제된 채 업무적이고 기능적으로만 접근하기 때문에 안으로 깊이 사귈 수가 없으며, 이합집산이 무상한 것이다. 만남의 현장은 주로 업무의 정신이 지배하므로 일이 끝나면 관계도 그것으로 끝이다. 인간 소외의 모습이 여기에서도 드러난다. 공자는 이를 다음과 같이 개탄한다. "사람을 사귀는 것이 아니니, 또한 마음 아픈 일이 아닌가![比之匪人 不亦傷乎]"(「상전」)

六四

바깥 생활에서 현자(賢者)와 가깝게 지내야 한다.
올바른 정신 속에서만 기쁨을 얻으리라.

外比之 貞 吉

육사(六四)는 하괘를 떠나 상괘에 진입했으므로 '바깥 생활'에서 지켜야 할 교제의 자세를 말하고 있다. 그는 초육과 호응하지 않고 바로 위에 있는 구오의 '현자'와 가깝게 지내므로 교제에 "올바른 정신"을 지키는 사람이다.

"묵자(墨子)는 실이 염색되는 것을 보고는 슬퍼했다."는 옛말이 있다. 실의 염색 과정을 보면서 사람이 삶의 환경에 따라 그와 같이 점점 물들어 가는 모습을 연상한 것이다. 가정이든 사회든 밝은 환경은 사람을 밝게, 어두운 환경은 어둡게 만들어 낸다. 그 환경에는 당연히 '바깥 생활'에서 이루어지는 교제도 포함된다. 사람은 누구와 사귀는가에 따라 그의 됨됨이가 달라진다. 이를테면 마음이 맑은 친구는 나를 정화시켜 주지만, 세속적인 친구는 나를 타락시킨다. 비유하자면 "구부정한 쑥도 쭉쭉 뻗은 삼밭에서 자라면 저절로 반듯해진다.〔蓬生麻中 蓬自直〕" 그러므로 '현자'와 가깝게 교제하려는 '올바른 정신'을 잃지 말아야 한다.

공자가 제자들에게 "유익한 벗"을 사귀도록 가르친 까닭도 여기에 있다. 그는 말한다. "유익한 벗으로 세 가지 유형이 있다. 정직하고, 믿음이 있고, 박학한 벗이다. 해로운 벗으로 세 가지 유형이 있다. 표리부동하고, 세상에 아첨하고, 말만 잘하는 벗이다."(『논어』) 여기에서 '유익함'과 '해로움'은 이해득실의 것이 아니라 사람됨의 관점에서 내린 판단이다. 즉 나를 향상시켜 주는 친구는 유익하지만, 타락시키는 친구는 해롭다. 공자는 말한다. "바깥 생활에서 현자와 가깝게 지내는 것은 그를 따라 향상하기 위해서다.〔外比於賢 以從上也〕"(「상전」)

九五
올바른 교제의 정신을 드높인다.

왕이 사냥 시에 짐승들을 세 방면으로만 몰아
그들이 달아날 길을 열어 준다.
사람들이 경계심을 품지 않으니, 모두가 행복을 누리리라.
顯比 王用三驅 失前禽 邑人不誡 吉

구오(九五)는 〈비〉괘의 유일한 양효인 데다가, 상괘의 중심에서 양의 자리에 올바르게 있으므로 모든 음효들이 승상하는 대상이다. 이는 그가 교제의 정신의 표본이 됨을 암시한다.

옛날에는 왕이 사냥을 나가면 사냥터를 사방으로 포위하여 짐승들을 싹쓸이 하지 않고 세 방면으로만 몰았다. 살고 싶은 마음은 사람이나 짐승이나 다를 게 없으므로 도망가는 짐승은 잡지 않으려는 뜻에서였다. 죽고 싶어 달려드는 놈들만 잡겠다는 말이다. 심지어 중국 은(殷)나라 시절의 탕(湯) 임금은 행차 도중 들녘에 사방으로 빙 둘러쳐져 있는 사냥 그물을 보고는 짐승들이 달아날 수 있도록 세 방면을 열어 놓았다고 한다. 이는 모두 생명을 사랑하고 존중하는 마음의 발로였다.

이러한 생명애의 정신은 정치 사회의 현장에서도 천명되었다. 위정자는 만민을 사랑으로 보살피는 정치를 해야 하며, 그들을 가두어 괴롭히고 민생을 침해하는 어떠한 통치 행위도 해서는 안 된다. 『대학』의 말처럼 "백성 돌보기를 마치 어린아이 보살피듯 해야 한다.〔如保赤子〕" 그리하여 국민 모두가 사상적으로나 정치적으로나 "경계심을 품지 않고" 어린아이처럼 자유롭게, 어느 누구도 소외되지 않고 행복하게 살 수 있게 해 주어야 한다. 위정자가 국민과의 관계에서 지녀야 할 "올바른 교제의 정신"이 여기에 있다. 공자는 말한다. "올바른 교제의 정신을 드높여 모두가 행복을 누리니, 위정자가 중도(中道)의 정신으로 올바르게 처사하기 때문이다.〔顯比之吉 位正中也〕"(「상전」) 이를테면 상하의 계층이나 동서의 지역이나, 좌우의 사상에서 어느 한쪽으로 기울지 않고 모두를 아우르며 보살피는 것이 모두 '중도'정신의 소산이다.

"짐승들이 달아날 길을 열어 준다."는 말의 은유에는 또 다른 뜻이 있다. 먼저 공자의 말부터 들어 보자. "떠나는 사람은 보내 주고 다가오는 사람은 품어 안는 것, 그것이 '짐승이 달아날 길을 열어 준다.'는 뜻이다.〔舍逆取順 失前禽也〕"(「상전」) 이는 위정자를 싫어해서 달아나는, 즉 위정자에게 비판적인 사람들을 어떻게 처리해야 할지 하는 문제에 대해 시사하는 바가 있다. 위정자는 의견이나 신념이 자신과 다르다 해서 그들을 탄압하지 말고 오히려 그들이 자유롭게 활동할 수 있게 해 주어야 한다는 것이다. 나아가 그들의 비판을 진지하게 경청하면서 돌이켜 자신의 문제점을 시정해야 한다. 그것이 또한 위정자가 국민과의 관계에서 필요한 "올바른 (교제의) 정신"이다. 공자는 말한다. "사람들이 경계심을 품지 않는 것은 위정자가 중도의 정신을 지키기 때문이다.〔邑人不誡 上使中也〕"(「상전」)

생명애는 정치 현장에서만 필요한 정신이 아니다. 그것은 일상생활에서 이루어지는 모든 교제에서도 당연히 필요하다. 즉 사람들을 나의 품 안에 따뜻하게 아우르는 관용과 사랑의 마음이야말로 교제의 핵심이다. 그러한 마음을 결여한, 이를테면 이해타산적인 교제는 서로의 거리를 결코 좁힐 수 없으며, 결국 남남 관계로 끝나고 말 것이다. 당연히 그것은 "올바른 교제의 정신"이 아니다.

관용과 사랑의 정신은 교제 관계의 친소에 따라 농도가 달라져서는 안 된다. 왕이 사냥 시에 도망하는 짐승들을 모두 배려하는 것처럼 나와 멀리 떨어져 있거나 심지어 나를 싫어하여 떠나는 사람들에게까지도 따뜻한 마음으로 대해야 한다. 그들의 외면을 서운하게 여기거나 비난해서는 안 된다. 도망가는 짐승들이 잘살기를 바라듯이 그들의 행복을 빌어 주어야 한다. 어떠한 상황에서도 인간에 대한, 더 깊게는 생명에 대한 사랑의 마음을 한순간도 놓아서는 안 된다. 물론 한편으로 그들이 나를 싫어하고 비난하는 이유를 반성하면서 자신의 잘못을 고쳐야 한다. 그것이 교제의 자리에서 견지해야 할 "올바른 교제의 정신"이다.

上六
교제의 시작부터 잘못되었다. 불행하리라.
比之无首 凶

상육(上六)은 괘의 제일 위에 있는 효로서 콧대만 높아 아래의 효들과 교제하려 하지 않는 자다. 그는 마치 괘사에서 말한 '독존적인 사람'과도 같다. 그러므로 현재 교제 중인 사람들까지도 그를 떠나고 말 것이다.

"될성부른 나무는 떡잎부터 알아본다." 교제 역시 마찬가지다. 처음부터 "올바른 정신"으로 교제하는 사이는 오래 지속될 것이요, 서로에게 깊은 교제의 기쁨을 줄 것이다. "올바른 교제의 정신"이란 이미 말한 것처럼 성실한 태도, 인격적인 만남, 자아의 향상 의지, 관용과 사랑의 정신 등을 함축한다.

　교제란 쌍방적인 일이라서 그러한 정신으로 나서도 실패하는 경우가 있다. 하물며 만약 처음부터 그것이 결여된 교제의 결말은 불문가지다. 이를테면 독선적이거나 불성실하거나 이해타산적인 사람은 친구든 애인이든 부부든, 그 밖에 어떤 유형의 것이든 교제 관계를 결국 파탄에 이르게 하고 말 것이다. 공자는 말한다. "교제의 시작부터 잘못되었으니, 아름다운 끝을 볼 수 없다.〔比之无首 无所終〕也"(「상전」)

9. 억압의 대응

소축(小畜)

사람들이 모여 살다 보면 친밀하게 교분을 나누기도 하지만, 달리 생각해 보면 그것 자체가 서로의 생활을 억압하는 요인이 되기도 한다. 교분(교류)은 인간관계의 도리를 강제하기 때문이다. 이를테면 "결혼은 무덤"이라고도 하는 것처럼 부부는 사랑의 이름으로 서로를 속박하고 억압한다. 그 밖에 친구든 부모 자식이든 모든 교류는 이러한 양면성을 갖는다. 서로가 서로에게 삶의 힘이면서 동시에 속박인 것이다. 공자는 이를 괘의 순서와 관련하여 다음과 같이 말한다. "사람들의 교류에는 반드시 억압의 요소가 있다. 그래서 〈비(比)〉에서 〈소축(小畜)〉으로 이어졌다.〔比必有所畜 故受之以小畜〕"(「서괘전」) 여기에서 '축(畜)'은 '기른다(모은다)'는 뜻과 함께 '억누른다'는 뜻을 동시에 갖는다. 이를테면 힘을 기르거나 모으기 위해서는 그것을 발산하지 말고 억눌러 두어야 한다. 한편 '소(小)'는 그 억압이 우리를 숨 막히게 할 정도로 심각한 것이 아니요, 오히려 삶의 힘을 '길러 주는', 즉 성장과 발전의 자극제가 될 수 있음을 함의한다.

〈소축〉괘는 상괘 '손(巽)' ☴과 하괘 '건(乾)' ☰으로 이루어져 있는데, 전자는 부드러움을, 후자는 강함을 속성으로 갖고 있다. 이 둘을 조합해 보면 〈소축〉은 부드러운 힘이 위에서 아래의 강한 힘을 억누르고 있는 형상이다. 그렇다고 해서 양자 사이에 충돌과 파탄이 일어나는 것은 아니다. 강한 힘끼리 서로 억압하여 반발하는 것과는 달리 부드러운 힘은 강한 힘을 잘 요리할 줄 안다. 노자는 말한다. "천하에 지극히 부드러운 힘이 천하에 지극히 굳센 힘을 부린다.〔天下之至柔 馳騁天下之至堅〕"(『노자도덕경』) 실제로 남녀와 부부의 사례가 이를 잘 보여 준다. 그러므로 남을 '억압'할 필요가 있을 때에는 부드러운 힘으로 나서야 한다. 강한 힘은 오히려 반발과 충돌을 불러일으킬 뿐이다.

괘효의 구조를 살펴보자. 〈소축〉괘는 육사(六四)의 음효를 제외하고 나머지는 모두 양효로 이루어져 있다. 이는 다섯 개의 강한 힘이 하나의 부드러운 힘에 매어서 그들의 진취성을 억제당하는 모습이다. 공자는 말한다. "부드러운 힘이 제자리를 얻어 위아래의 강한 힘을 억누르고 있으므로 〈소축〉이라 한 것이다.〔柔得位 而上下應之 曰小畜〕"(「단전」) 하지만 그러한 억압(억누름)이 부정적인 것만은 아니다. 부드러운 힘은 강한 힘의 행사에 유연성을 부여하여 일을 성공적으로 이끌 수 있는 요인이 되기도 한다. 그러므로 강한 힘은 부드러운 힘을 받아들이되 (상하괘 각각의 가운데에 있는 구이와 구오가 암시하는 것처럼) 자신의 중심을 잃지만 않으면 된다. 공자는 말한다. "강하면서도 유연하고, 중심을 굳게 지키면서 뜻을 편다면 일이 잘 풀릴 것이다.〔健而巽 剛中而志行 乃亨〕" (「단전」)

괘사卦辭

억압 속에 성숙의 길이 있다.
비는 내리지 않고 빽빽한 구름만 서쪽 지방의 내 나라에 머물러 있다.
小畜 亨 密雲不雨 自我西郊

여기에서 비와 구름은 문왕(文王)이 자신의 불우한 처지를 빗대어
〈소축〉괘의 뜻을 은유한 것이다. 그는 은(殷)나라 말기에 서쪽의 여러
제후국들을 통할했던 우두머리 제후였다. 그는 통치를 매우 잘하여 백
성의 신임을 얻음은 물론, 다른 제후들한테서까지 존경을 받았다. 이에
천자 주(紂)는 위협을 느껴 그를 유리(羑里)라는 땅에 유폐시켰다.『주
역』은 그가 그곳에서 생활하면서 '우환 의식' 속에서 지은 것이라 한다.
그야말로 억압의 상황을 불후의 저술로 성숙시킨 것이다. 그러한 이치는
일상생활에도 다양하게 응용될 수 있다. 발효 식품의 제조 방법이 그중
한 가지다. 예를 들면 사람들은 장아찌를 담글 때 옹기 안에 조리해 놓
은 재료들을 돌멩이 같은 것으로 억눌러 둠으로써 그 맛을 성숙시킨다.
아무튼 문왕이 유폐지에서 서쪽 지방의 자기 나라를 아련히 바라보
니, "비는 내리지 않고 빽빽한 구름만 머물러 있다." 원래 비는 음기와
양기가 서로 만나 조성되는 것인데, 아직 조건이 성숙되지 않은 것이
다. 괘효의 구조상으로 말하면 약한 음효 하나가 나머지의 강한 양효
다섯을 제대로 억압하여 축적하지 못하고 있다. 이는 마치 시루의 설치
가 허술하여 수증기를 제대로 압축하지 못함으로써 떡을 만들지 못하
는 것과도 같다. 공자는 말한다. "비가 내리지 않고 구름만 빽빽한 것

은 음기의 수축력이 약하여 양기가 흩어져 달아나기 때문이요, 그것이 서쪽 지방에 머물러 비가 내리지 않는 것이다.〔密雲不雨 尙往也 自我西郊 施未行也〕"(「단전」)

이를 정치적 관점에서 풀이해 보자. 모든 일이 다 그렇지만 이상적인 정치도 조건의 성숙을 기다려야 한다. 문왕의 예를 들면 그것은 천자의 호응과 만민의 후원 속에서만 실현될 수 있었다. 그러나 아직은 때가 무르익지 않았다. 문왕의 아들로서 그의 뒤를 이어 왕위에 오른 무왕(武王)이 일으킨 혁명은 그때를 기다린 것이었다. 그의 혁명은 "빽빽한 구름"만 드리운 정치 사회를 전복하여 백성들의 삶에 단비를 뿌리려는 거사였다.

문왕과 같은 사정은 오늘날에도 마찬가지다. 어떤 사람이 아무리 고상한 사회 정치적 이념을 갖고 있다 하더라도 현실 정치권이나 국민이 받아들여 주지 않으면 그의 주장과 설득은 허공에 대고 말하는 것이나 다름없다. 게다가 정치적으로든 사상적으로든 탄압까지 받는다면 그는 외롭게 유폐된 기분을 느낄 것이다. 그렇지만 자포자기해서는 안 된다. 어떻게든 "성숙의 길"을 찾아야 한다. 문왕이 그러한 상황에서 『주역』을 지은 것처럼 말이다.

일상생활에서도 마찬가지다. 우리는 억압 없는 삶은 상상할 수 없다. 아니 억압을 겪음으로써 우리의 삶은 오히려 분발과 향상의 자극을 얻는다. 그러므로 억압에 굴복하거나 체념하지 말고 그것을 극복, 승화하여 자기 향상과 발전, 성숙의 자양분으로 삼을 필요가 있다. 또한 압박과 설움의 현실을 무조건 부정하고 반발하기만 해서도 안 된다. 그로 인한 부정적 감정은 의식의 밑바닥에 침전되어 삶의 트라우마로 작용할 수도 있다. 그러므로 그것을 온전히 받아들여 농축하고 발효시켜 고결한 삶의 정신으로 승화시켜야 한다. 마치 빽빽한 구름이 더 모여 비를 내림으로써 메마른 땅의 온갖 초목이 아름답게 꽃을 피우고 튼실하게 열매를 맺게 해 주듯이 말이다.

괘상卦象

> 바람이 하늘 위에서 부는 모습이 〈소축〉의 형상이다.
> 군자는 이를 보고서 아름다운 덕을 닦는다.
> 風行天上 小畜 君子 以 懿文德

바람이 허공에서 나무를 이리저리 흔들어 댄다. 나무가 바람 때문에 괴로움을 겪는 것 같다. 하지만 그렇지 않다. 초봄의 영등할매 바람을 예로 들어 보자. 영등할매는 바람을 몰고 다니는 신인데, 겨우내 잠자던 나무들을 그 할매가 바람으로 흔들어 깨워 새싹을 준비하도록 한다고 한다. 바람은 그처럼 나무뿐만 아니라 만물을 이리저리 흔들어 성장시킨다. 만물의 입장에서 말하면 흔들림은 성숙의 계기이다.

군자는 이러한 이치를 잘 안다. 바람 잘 날 없는 세상에 흔들리면서도 삶의 뿌리를 더욱 깊이 내리면서 아름다운 꽃을 피우고 열매를 익히려 한다. 부귀빈천의 갖가지 바람이 그를 흔들어 대고 억압하지만, 그는 그 때문에 고고한 삶의 뜻을 굽혀 세상에 영합하지 않는다. 오히려 그것을 성숙의 계기로 삼아 안으로 "아름다운 덕"을 닦으면서 세상에 위엄

있게 나선다. 공자가 자신의 사회 정치적 이상을 펼치기 위해 여러 나라를 돌아다니던 중 식량이 없어 여러 끼니를 굶은 일이 있었다. 이에 뒤따르던 제자 하나가 "군자도 곤궁할 수 있는 것입니까." 하고 화를 내었다. 공자는 말한다. "군자는 곤궁 속에서도 올바른 정신을 굳게 지킨다. 하지만 소인은 곤궁을 만나면 변절하고 만다.〔君子固窮 小人窮斯濫〕"(『논어』)

효사爻辭

初九
길을 나섰다가 제자리로 돌아온다.
무슨 허물거리가 있겠는가. 일이 잘 풀리리라.
復自道 何其咎 吉

초구(初九)는 괘의 제일 아래에서 양효의 강한 힘으로 뜻을 펼치려 하지만, 육사의 견제와 압박을 받고 있다. 이로 인해 그가 "제자리로 돌아오는" 것은 '허물거리'가 아니다. 여기에서 '제자리'란 자신이 본래 지켜야 할 올바른 도리의 뜻을 함축한다. 이는 초구가 양효로서 양의 자리에 올바로 있음에서 착안된 것이다.

우리는 평소 어떤 일을 추진하면서, 또는 인간관계에서 수많은 견제와 압박을 직간접으로 받으면서 살아간다. 그러할 경우 어떻게 대처해야 할까? 이때 자신의 힘을 믿고 무조건 돌진하며 다투거나 무리하게 저항해서는 안 된다. 견제와 압박을 처음 느꼈을 때 성급하게 반응하거나 반발하면 자칫 일의 패착을 면하기 어렵다. 예컨대 문왕이 주(紂)의 위협에 대해 곧바로 혁명을 도모했다면 당시의 정세 속에서는 결코 성사될 수 없었을 것이며, 오히려 목숨까지도 잃었을지도 모른다.

그처럼 외부의 견제나 압박을 느끼면 일차적으로 "제자리로 돌아와서" 상황을 점검하고, 상대방의 의도를 짚어 보며, 자신이 정도(正道)를 취하고 있는지 되살펴볼 필요가 있다. 경우에 따라서는 그동안 자기 자신이라고 여겨 왔던 '명함' 상의 갖가지 신분들을 모두 떨쳐 버리고 순수 인격의 제자리, 즉 본래적 자아로 돌아와 '하늘(신)'의 뜻에 귀를 기울이면서 그동안의 삶을 깊이 성찰해 보아도 좋을 것이다.

그리하여 때로는 자신이 추진하는 일을 중지하는 것도 지혜일 수 있다. 이는 허물거리가 아니며, 소극적이고 우유부단한 사고방식은 더더욱 아니다. 그 이면에는 일과 삶의 올바른 성취를 위해 자신의 힘을 더욱 기르려는 노력이 뒤따르기 때문이다. 그리하여 그것은 오히려 "일이 잘 되게" 해 주는 계기가 될 수도 있다. 공자는 이렇게 격려한다. "길을 나섰다가 제자리로 되돌아오면 의당 일이 잘 풀릴 것이다.〔復自道 其義吉也〕"(「상전」) 이는 삶의 '제자리', 즉 올바른 삶의 정신을 잃지 말라는 뜻을 함축하고 있다.

九二
사람들과의 연대 속에서도 제자리로 돌아온다.
일이 잘 풀리리라.

牽復 吉

구이(九二) 역시 육사의 견제와 억압을 받고 있지만, 제일 아래에서 외로운 초구와는 달리 그와 똑같은 처지에 있는 위아래의 양효들과 '연대'한다. 그러면서도 그는 하괘의 한가운데에서 자신의 중심을 잃지 않고 '제자리'를 지키고 있다.

억압은 경우에 따라서 한 개인의 고통에 그치지 않고 여러 사람이 함께 겪는 사회적 문제가 되기도 한다. 예를 들면 독재 사회 속에서 사람들이 자유를 억압당하는 경우이다. 그러한 억압에 혼자 나서서 대항하는 것은 무모한 일이며, 자신을 위험한 지경에 빠트리고 말 것이다. 그러한 상황에서는 자신과 뜻을 함께하는 사람들과 연대하여 나설 필요가 있다. 그래야만 "일이 잘 풀릴 것이다."

하지만 그 순간에도 유념해야 할 일이 있다. 연대의 자리에서 자신의 정체성을 잃어서는 안 된다는 점이다. 사람들이 연대를 강조할수록 개인의 의견은 무시당하고 집단 속에 정체성이 묻히는 경향이 생긴다. 이를테면 정치적 결사체든 노동조합이든 연대의 명분으로 소수의 정당한 주장을 묵살하는 경우이다. 심지어는 고상한 이념의 연대가 왕왕 순수성을 잃고서 구성원들의 이익 집단으로 변질되는 일까지 있다.

그러므로 연대의 자리에서도 '제자리'의 정신을 잃어서는 안 된다. 즉 사람들과의 연대 속에서도 자신의 본래 자리로 돌아와야 한다. 자신의 정체성, 즉 올바른 삶의 정신을 굳게 지켜야 한다. 그러면 설사 일에 실패한다 하더라도 자아를 상실하지는 않을 것이다. 공자는 다음과 같이 부연한다. "사람들과의 연대 속에서도 제자리로 돌아와 중심을 지키면 또한 자기를 잃는 일이 없을 것이다.〔牽復在中 亦不自失也〕"(「상전」)

九三
수레의 바퀴살이 빠지고
부부 사이에 반목이 생긴다.
輿說輻 夫妻反目

　구삼(九三)은 육사와 음양으로 서로 가까이 있으면서 억압을 자청하는 사람이다. 그는 하괘의 중심을 벗어나 그 마지막 자리에서 상괘의 육사와 일종의 불륜 관계를 맺으면서 올바른 삶의 길을 벗어나 있다. 그리하여 그는 마치 "바퀴살이 빠져" 바퀴가 제 기능을 하지 못하는 수레와도 같아 어떤 일도 진행할 수 없다. 그에게 동조적이었던 사람들(초구와 구이)조차 "부부 사이의 반목"처럼 등을 돌릴 것이다.

　사람들은 살아가면서 억압과 구속을 자초하기도 한다. 이를테면 사리 판단을 신중하게 하지 못하고 눈앞의 욕망에 이끌려 남들과 부적절한 관계를 맺는 경우가 그렇다. 그는 이 때문에 자신의 발목이 잡혀 낭패에 빠지고 만다. 결국 그는 "바퀴살이 빠진" 수레처럼 움직일 수가 없고, 그냥 집안에 머물러 있자니 "부부 사이에 반목이 생기는" 어려움을 피할 수가 없다. 과거에 미국의 한 대통령이 자기 비서와 벌인 '부적절한' 행각이 그 한 예에 해당될 것이다. 그 밖에 친구든 직장의 동료든 사회생활상 잘못 맺어진 인간관계에서도 이러한 사례가 흔히 발견된다. 그 모두 근본적으로는 자신의 중심(본분)을 지키지 못하고 올바른 삶의 길을 벗어난 데에 기인한다.

부적절한 관계는 부부 사이에서도 발견된다. 이를테면 도에 지나친 남편의 배려와 애착은 잘못하면 부인의 '공주(왕비)병'을 키워 줄 수도 있다. 그렇게 되면 남편은 부인을 시종처럼 모셔야 하는 처지에 놓이게 될 것이다. 이는 달리 살피면 남편이 억압과 구속을 자청하는 것이나 다름없다. 물론 부부간에 서로 모시고 받드는 것은 더없이 좋은 일이지만, 그 가운데에서도 서로 지켜야 할 예의가 있으며, 사랑에도 절도가 있는 법이다. 이러한 정신을 망각한 사랑은 깨지기 마련이다. 이는 역시 남편이 자신의 중심을 지키지 못한 처신이 자초하는 일이다. 공자는 말한다. "부부간의 반목은 남편이 가정의 법도를 바로세우지 못했기 때문이다.〔夫妻反目 不能正室也〕"(「상전」)

그러므로 우리는 어떤 사람이나 일 때문에 억압을 당할 경우 무조건 상대방을 비난하거나 세상을 원망하려고만 해서는 안 된다. 자신이 그것을 자초하지는 않았는지, 삶의 중심을 잃지는 않았는지, 그리고 그것에서 벗어나기 위해 어떻게 대응해야 할지 깊이 자성할 필요가 있다. 물론 이 순간에도 올바른 삶의 정신을 성찰의 중심에 두어야 한다.

六四
신뢰를 얻어야 피를 안 보고 위기에서도 벗어날 수 있으며
비웃음을 듣지 않으리라.

有孚 血去 惕出 无咎

육사(六四)는 음효로서 다른 양효들을 억압하고 견제하는 주체다. 하지만 막강한 그들의 힘을 끝까지 억제하기란 쉬운 일이 아니다. 그는 자칫 잘못하면 '피'를 보고 '위기'에 봉착하며, 사람들의 '비웃음'거리가 될 수도 있다. 그러므로 억제의 전략을 강구하지 않으면 안 된다. 강자에게 사심 없는 마음(가운데가 비어 있는 상괘 '손'의 음효)과 겸손한 태도('손'의 속성)로 나서서 그들의 '신뢰'를 얻는 일이다.

세상을 살다 보면 지위나 세력이 자신보다 우월한 강자의 힘 앞에 서는 일이 허다하다. 아니, 삶은 도처에 존재하는 강한 힘의 억압에 대응해 나가는 여정이기도 하다. 삶의 성패는 그것에 좌우된다. 그러면 어떻게 대응해야 할까? 노자는 "부드러운 힘이 강한 힘을 이긴다."고 했지만, '부드러움'의 구체적인 전략을 짜야 한다. 여기에서 중요한 점 한 가지는 겸손한 태도를 보여야 한다는 사실이다. 강자 앞에서 거만하면 피를 보기 십상이며, 사람들로부터 제 분수를 모른다는 비웃음을 면할 수 없을 것이다.

한편으로 사람들의 신뢰를 얻어야 한다. 내가 아무리 겸손하게 나선다 하더라도 그들이 나에 대해 의심을 품고 있다면, 나는 결코 그들의 힘(억압)을 이길 수 없다. 공자는 말한다. "신뢰를 얻어야 위기에서 벗어날 수 있다. 윗사람이 나의 진정을 알아주기 때문이다.〔有孚惕出 上合志也〕"(「상전」) 여기에서 '윗사람'이란 반드시 사회적 지위상의 인물만을 뜻하지는 않는다. 상하를 막론하고 어떤 유형으로든 나에게 힘을 행사하는 사람은 '윗사람'(강자)이다. 그러면 어떻게 하면 '윗사람'의 신뢰를 얻을 수 있을까? 무엇보다도 사심을 떨치고 진정한 마음으로 인간관계와 삶에 나서야 한다. 자신의 실리를 계산한다면 결코 남들의 신뢰를 얻을 수 없다. 사심을 비운 마음속에 현전되는 진리의 정신으로 사람들의 신뢰를 쌓아야 한다. 강자들조차도 그 앞에서는 고개를 숙일 것이다. 그리하여 "진리가 (세상의 모든 억압을 떨치고) 너희를 자유케 하리라."

九五
신뢰를 얻어 사람들의 호응을 받는다.
풍요로운 성과를 그들과 함께 누려야 한다.
有孚 攣如 富以其隣

구오(九五)는 억압을 떨치고 나아갈 역량이 있는 지도자다. 그는 양효로서 강력 불굴의 의지를 갖고 있으며, 한편 상괘의 가운데에서 사심 없는 진리의 정신으로 자신의 중심을 지킨다. 그는 육사가 우러르는 대상이기도 하다. 더 나아가 자연스럽게 (다른 효들이 상징하는) "사람들의 호응을 받을" 것이다.

위에서 독재 사회에서의 억압 사례를 이야기했지만, 그러한 억압을 떨치기 위해서는 연대의 자리에서 지도자를 선출해야 한다. 그렇지 않으면 이합집산과 지리멸렬을 면치 못할 것이다. 문제는 지도자의 자격이다. 그는 남다른 덕목을 갖고 있어야 한다. 무엇보다도 어떠한 억압의 상황에서도 중심을 잃지 않고 자유와 해방을 쟁취하려는 강력 불굴의 의지가 그 첫째다. 그러한 지도자만이 많은 사람의 신뢰를 얻고 호응을 받아 소기의 일을 성취할 수 있다.

또 한 가지 사심 없는 진리의 정신을 가져야 한다. 그는 연대의 사업을 진행하는 과정에서 편파적으로 처사해서는 안 될 뿐만 아니라, 연대를 통해 이룬 일의 성과를 혼자서 차지하려 해서는 안 된다. 성과의 독점은 다른 사람들에게는 또 다른 억압과 다름 없으며, 당연히 비난과 분노의 대상이 될 것이다. 그 성과는 여러 사람들의 호응과 지지 속에서 이루어 낸 것인 만큼 그들과 함께 나누어야 한다. 공자는 말한다. "신뢰를 얻어 사람들의 호응을 받았으므로 풍요로운 성과를 독점해서는 안 된다.〔有孚攣如 不獨富也〕"(「상전」)

上九

비가 내려 안식을 취한다.

겸손의 덕을 소중하게 쌓은 결과다.

부인이 남편을 휘어잡으려 하면 위험하다.

달이 거의 만월인데 남편이 같이 대응하면 불행을 겪으리라.

旣雨旣處 尙德 載 婦 貞 厲 月幾望 君子 征 凶

상구(上九)는 상괘의 마지막 효로서 억압의 성취 결과를, 즉 상괘 '손'의 겸손하고 부드러운 힘이 하괘 '건'의 강한 힘을 성공적으로 억제한 것을 말하고 있다. 괘사의 말처럼 "비는 내리지 않고 빽빽한 구름만 머물러 있다"가, 드디어 음기가 양기를 제대로 압축하고 서로 화합하여 "비가 내렸다." 이는 상괘가 "겸손의 덕을 소중하게 쌓은 결과다." 만약 그가 오만불손했다면 하괘의 강력한 힘이 틀림없이 가만히 있지 않았을 것이다. 이를테면 가정생활에서 '부인(상괘의 '손')이 남편(하괘의 '건')을 휘어잡으려 하면 '위험한' 사태가 빚어질 것이다. 그렇게 되면 음양의 기운이 서로 소통되지 않아 화목한 정을 나눌 수가 없기 때문이다. 하지만 남편도 조심해야 한다. "달이 거의 만월"인, 즉 부인이 기고만장한 상태에서는 "남편이 같이 대응하면" 커다란 싸움의 불행을 면할 수 없다.

세상에는 약한 힘도 있고 강한 힘도 있는 법이다. 어떤 이는 이에 대해 '약육강식'의 자연법칙을 이끌어 내고, 사람들 사이를 상호 투쟁 및 지배와 복종의 관계로 정당화하기도 한다. 하지만 이는 잘못된 생각이다. 어느 과학자의 말을 들어 보자. "최근 생명 과학 분야로부터 좋은 소식이 들려온다. 자연은 경쟁적 집단이 주도하고 있다는 다윈주의자들의 주장과는 달리 생물권은 공생적이고 이타적이고 자립적인 체계라는 증거가 축적되고 있는 것이다."(『지식의 다른 길』) 『이기적 유전자』라는 책으로 우리나라에도 알려진 리처드 도킨스는 자신의 견해를 "협력적 유전자"로 바꾸기로 했다고 한다.(『세계관의 전쟁』)

사실 강한 힘이 약한 힘을 반드시 지배하는 것만은 아니다. 노자는 오히려 "부드러운 힘이 강한 힘을 이긴다."고 하지 않았는가. 예나 지금이나 여성들의 '베갯머리 송사'로 이루어지는 일들을 우리는 흔히 본다. 물론 노자의 주장 또한 양자를 승패와 지배 복종의 논리로 바라본다는 점에서 비판의 여지가 있다. 세상 만물은 그것을 넘어 상호 간 다양하고도 총체적인 협력과 조화를 이루고 있기 때문이다. 앞서 말한 것처럼 세상 만물이 "서로 의존하고 서로가 기다리며, 서로 낳아 주고 서로 이루어 준다."

우리는 그 예를 '비'의 세계에서 살필 수 있다. 음양의 관점으로 말하면 비는 음기가 양기를 압축함으로써 형성된다. 양자가 상반하는 것만은 아니다. 약한 (음의) 힘이 강한 (양의) 힘을 억제하고 둘이 화합하여 비를 내린다. 그것이 가능한 까닭은 약한 힘의 부드러움에 있다. 그가 강한 힘을 부드럽게 받아들이고 끌어안는 것이다. 그것은 겸손함의 또 다른 모습이기도 하다. 그리하여 양자가 서로 대립 투쟁하지 않고 조화를 이루면서 '안식'을 취할 수 있게 되었다. 이는 부드러움(겸손)이 인간관계와 사회생활에서 매우 중요한 덕목임을 일러 준다. 공자는 말한다. "비가 내려 안식을 취하는 것은 덕이 쌓인 결과다.〔旣雨旣處 德積載也〕"(「상전」)

하지만 약한 힘이나 강한 힘이나 모두 안식만 취해서는 안 된다. 그 조화가 언제 깨질지 모르므로 항상 조심해야 한다. 먼저 약한 힘은 강한 힘을 자기 뜻대로 다루었다고 착각하면서 군림하려 해서는 안 된다. 그러한 착각의 행동은 이내 강한 힘의 반발을 불러일으켜 제압을 당할 것이다. 이를테면 남편이 평소에 부인의 뜻을 존중한다 해서 "부인이 남편을 휘어잡으려 하면" 남편도 가만히 있지 않을 것이다.

한편 부인이 그렇게 나온다고 해서 "남편이 같이 대응"하여 부인을 힘으로 제압하려 해서는 안 된다. 만월의 달처럼 기세등등한 부인과의 다툼은 불행을 자초할 뿐이다. 공자는 말한다. "남편이 같이 대응하면 불행을 겪을 것이니, 부인이 남편과 대적하려 하기 때문이다.〔君子征凶

有所疑也]"(「상전」) 〈곤〉괘(상육)는 그 결과를 다음과 같이 말한 바 있다. "용들이 들판에서 싸운다. 그 피가 검고 누렇다."

그러므로 남편은 부부 생활에서 처음부터 이를 염려하면서 조심스럽게 나서야 한다. 문제가 발생했을 경우에는 서로 부딪치려 하지 말고 겸손하게 다가가 부드러운 해결 방법을 모색해야 한다. 이는 부부 관계에서뿐만 아니라 모든 인간관계에서도 똑같이 타당하다. 겸손하고 부드러운 정신이야말로 강자든 약자든, 윗사람이든 아랫사람이든 모두에게 요구되는 최고의 덕목이며, 모든 인간관계는 거기에서만 친목과 화합을 이룰 수 있다.

10. 행보의 자세

리(履)

사람은 아무렇게나 마음 내키는 대로 삶을 영위하지 않으며, 사소한 일에서도 어떤 의미와 가치를 찾으려 한다. 예를 들면 기독교인에게는 십자가가, 불교도에게는 염주가 중차대한 의미를 띤다. 객관적으로 살피면 나무(열매)의 조합에 불과한데 말이다. 또 사람들은 까마귀에서 흉조나 길조의 상징적 의미를 자의적으로 읽는다. 그러므로 정신의학자 빅터 프랭클의 주장대로 인간은 본질적으로 의미 추구의 존재라 할 수 있다. 한 세상을 무의미하게, 허무하게 살고 싶지 않아서 그럴 것이다.

사람들은 예로부터 삶에서 고안한 각종의 의미를 다양한 방식으로 규범화하고 제도화하여 행보의 준거로 삼아 왔다. 그 대표적인 예로 도덕을 들 수 있다. 그중에서도 특히 예의는 사람됨을 평가하는 객관적인 징표다. 예의를 무시하는 사람은 자신의 존재를 스스로 부정하는 것이나 다름없다. 남들이 그를 '사람'으로 인정해 주지 않기 때문이다. 흉악한 악당까지도 남들과의 관계에서 짐짓 예의를 차리는 것은 이러한 인식에서다. 공자는 말한다. "예의를 모르면 사람으로 나설 수 없다.〔不知

禮 無以立也]"(『논어』)

 예의는 인간관계를 매개해 주는 중요한 도덕 규범이다. 우리는 예의 없는 인간관계와 사회를 상상할 수 없다. 예의를 통해서만 남들과의 만남에 질서와 조화를 얻으며, 인간적인 교류를 할 수 있다. 공자는 이러한 뜻을 괘의 순서와 관련하여 다음과 같이 말한다. "사람들이 모이는 자리에는 예의가 있는 법이다. 그래서 〈소축(小畜)〉에서 〈리(履)〉로 이어졌다.[物畜然後 有禮 故受之以履]"(「서괘전」) 원래 '리'는 '밟는다', '실천한다'는 뜻을 갖지만, 이 괘는 예의에 맞는 행동거지를 주제로 한다. 『예기』는 아예 "예(禮)란 리(履)다."라고까지 말한다.

 이를 괘 안에서 살펴보자. 〈리〉괘는 상괘 '건'☰과 하괘 '태'☱로 이루어져 있다. '건'은 하늘을 상징하고 강건한 덕을 은유하며, '태'는 연못을 상징하고 속성상 기쁨을 은유한다. '태'의 경우 연못이 물고기와 주변의 초목, 곤충, 동물에게 물을 제공함으로써 생명의 기쁨을 주기 때문에 그러한 은유를 갖게 되었을 것이다.

 먼저 상징적 관점에서 살피면 〈리〉괘는 하늘이 위에서 만물을 덮어 주고 연못은 아래에서 만물을 길러 주는 모습을 보여 준다. 만물은 연못의 물에 생명을 의존하면서 하늘이 부여한 생성 질서에 따라 그들 상호 간 유기적인 관계를 이루며 무궁하게 생장해 나간다. 이것이 은유하는 삶의 의미는 다음과 같다. 즉 연못 안팎의 생명체들이 자연(하늘)의 섭리에 따라 조화롭게 살아가듯이, 사람들도 그 섭리를 준행하여 평화로운 삶을 영위해야 한다는 것이다. 예의질서는 바로 그러한 자연(하늘)의 섭리를 도덕 규범화한 것이다.

 한편 상하괘의 속성에서 살피면 〈리〉괘는 (하괘 '태'의) 아랫사람이 기쁜 마음으로 (상괘 '건'의) 윗사람을 모시고 뒤따르는 모습을 보여 준다. 윗사람이 강건한 덕을 갖추고 있기 때문이다. 그리하여 그는 윗사람에게 예의를 갖추어 다가간다. 물론 그의 예의는 단지 의례적이고 형식적인 치레에 그치지 않는다. 그는 허례허식이 자타 간의 거리를 결코 좁혀 주지 못한다는 사실을 잘 알며, 공경심, 즉 인격 존중의 정신으로 윗사람과 친목을 나누며 생명적 소통을 이루려 한다. 참다운 예의의 정신이 여기에서 발견된다. 이른바 공경심이다.

괘사卦辭

호랑이의 꼬리를 밟는다 하더라도 물리지 않는다.
일을 뜻대로 이루리라.
履虎尾 不咥人 亨

공경의 정신은 삶의 중요한 덕목이다. 오늘날 사람들은 공경이라는 말에서 윗사람에 대한 순종의 모습을 떠올리면서 그것을 권위주의 시대의 잔재로 배척하려 한다. 하지만 본래의 뜻은 그렇지가 않다. 그것은 기본적으로 외경의 정신을 바탕에 갖고 있다. 즉 내면의 경건한 마음(敬)이 행동거지에서 공손하게(恭) 드러나는 모습이 공경이다. 더 깊이 들여다보면 그것은 인간의 존엄성을 자각하면서 자신을 소중히 보살피며, 다른 사람들을 공손하고 경건하게 대면하려는 마음과 태도다.
이황의 사례를 한 번 살펴보자. 그의 제자들은 이렇게 전한다. "향리에서 선생님은 아무리 미천한 사람에게라도 반드시 예의를 다하셨다." "손님이 오면 그가 아무리 나이가 어리다 해도 반드시 계단을 내려와서 맞이하셨고, 전송도 반드시 그렇게 하셨다." "제자들 대하기를 마치 친구 대하듯 하셨으며, 나이 어린 제자들에게까지 그들을 '너'라고 호칭하지 않으셨다. 그들을 맞이하고 보낼 때는 예의를 차리고 공경을 다하셨다."(『퇴계전서』)

공경의 정신은 대인 관계 이전에 자기 자신을 존엄하게 세우고 삶을 경건하게 영위하려 한다. 자신에 대한 경의를 갖지 못한 사람은 남을 공경히 대면할 수 없다. 역시 제자들이 전하는 이황의 삶의 모습을 엿보자. "선생님은 평소에 항상 일찍 일어나 의관을 바로 하셨다. 앉음에는 무릎을 단정히 꿇었고, 서 계실 때에는 한 발을 기우듬히 하거나 어디에 기대는 일이 없었다. 어깨와 허리는 곧게 폈고, 시선은 똑바로 했으며, 걸음걸이는 편안하고 침착했고, 말씀은 자상했다."(『퇴계전서』)

그러므로 공경(경건)의 정신은 삶의 최고 덕목이 아닐 수 없다. 그 정신은 일상의 어떤 자리에서든 삶을 흔들림이 없도록 해 줄 것이다. 신을 경건히 우러르는 사제(司祭)가 아무리 험난한 상황을 만나더라도 동요하지 않고 신의 말씀에 따라 자신의 길을 가는 것처럼 말이다. 비유적으로 말하면 그는 "호랑이의 꼬리를 밟는" 것과 같은 위태로운 상황에 처했다 하더라도 "물리지 않고", 즉 상처를 입지 않고 갈 길에 나설 것이다. 공자는 이렇게 은유적으로 말한다. "약한 사람이 강한 힘에 밟히지만 공경의 정신으로 대응하므로, 호랑이 꼬리를 밟는다 하더라도 물리지 않고 일을 뜻대로 이룰 것이다.〔柔履剛也 說而應乎乾 是以 履虎尾 不咥人 亨〕"(「단전」)

공경의 정신은 결코 나약하거나 순종적이지 않다. 오히려 그는 존엄한 인간을 역시 존엄하게 실현하고자 하는 강한 의지를 갖고 있다. 그는 그 실현의 방법을 진리와 도의에서 발견한다. 진리와 도의의 정신을 경건히 받들어 삶을 완성하려는 것이다. 선비들은 이를 '큰 공경'이라 말한다. 그것은 단순히 공손하기만 한 '작은 공경'과는 다르다는 것이다. 앞서 인용한 바 있지만, 맹자가 임금을 공경하지 않는다는 사람들의 비난을 듣고서 한 말을 들어 보자.

임금에게 요순의 도를 실천할 것을 요구하는 것을 '공(恭)'이라 하고, 선을 개진하여 사악한 마음을 갖지 못하도록 하는 것을 '경(敬)'이라 하며, "우리 임금은 안 돼" 하고 단념하는 것을 "임금을 해친다."고 하는 것이다.(『맹자』)

그러므로 공경의 정신은 역시 삶의 최고 덕목이다. 진리와 도의를 공경하면서 그것을 삶에서, 인간관계에서 경건히 실천하려는 정신만큼 중요한 것은 없다. 더 나아가 그것은 사회의 지도자에게도 요구되는 큰 덕목이다. 그는 구성원을 공경의 정신으로 대면하면서 진리와 도의로 빛나는 사회를 조성해야 한다. 공자는 말한다. "임금이 강인한 진리의 정신으로 중심을 바로잡아 직무를 부끄러움 없이 수행한다면 광명한 세상을 이룰 수 있으리라.〔剛中正 履帝位 而不疚 光明也〕"(「단전」)

괘상卦象

위로는 하늘이 있고 아래로는 연못이 있는 모습이 〈리〉의 형상이다.
군자는 이를 보고서 위와 아래를 구별함으로써
사람들이 분수를 지켜 삶을 자족하게 한다.
上天下澤 履 君子 以 辯上下 定民志

하늘은 위에서, 연못은 아래에서 각기 제 역할을 행하면서 만물의 생육을 돕는다. 그것이 자연의 이치다. 인간 사회도 마찬가지다. 만물이 그러한 것처럼 사람마다 사회생활상 제각각 삶의 분수(이치)를 갖고 있으며, 그것의 올바른 수행 속에서만 안정과 번영을 이룰 수 있다. 하지만 자신의 분수를 어떻게 알 수 있을까? 예컨대 남편이나 부인의 분수는 무엇인가? 대답하기가 쉽지만은 않은 문제다. 분수 의식이 사회와 시대에 따라 달라지는 것만 보아도 이를 잘 알 수 있다.

우리 전통에서 예의는 이러한 문제의식의 산물이다. 예의는 몸가짐의 도리만을 뜻하지 않는다. 그것은 사람들에게 분수를 분명하게 자각시키려는 의도를 갖기도 한다. 말하자면 그것은 사람들이, 이를테면 연령과 성별과 사회적 지위 등 처한 상황에 따라 각자 지켜야 할 분수를 다양하게 행위 규범화한 것이다. 사람들은 그러한 예의를 통해서 각자의 분수를 쉽게 자각하고 실행할 수 있다. 과거에 우리 선조들이 예의의 교육을 그토록 강조했던 이유도 여기에 있다.

그런데 사회생활상 맺어지는 인간관계에 상하의 위계질서가 있게 되면, 사람들이 그 안에서 지켜야 할 분수, 즉 예의도 위아래의 신분에 따라 달리 규정될 수밖에 없다. '장유유서'의 예(禮)가 그중 하나다. 그야말로 "찬물도 위아래가 있는 법이다." 이는 우리 전통의 예의 관념이 불평등한 사회 질서를 당연한 것으로 인정할 뿐만 아니라, 오히려 그것을 유지하고 강화하는 기능을 갖고 있음을 시사한다.

이는 오늘날 평등 정신에 반하므로 타도되어야 할 봉건 시절의 잔재처럼 보인다. 그렇다면 이러한 예의(사회 질서) 의식을 바탕에 깔고 있는 저 쾌상의 말은 더 이상 논의의 가치가 없는 것일까? 그렇지 않다. 그것은 오히려 평등주의의 폐해를 예방하려는 뜻을 내포하고 있다는 점에서, 그리고 우리 사회의 일그러진 현상을 비판적으로 검토하게 해 줄 자료로서 여전히 의의를 갖는다. 먼저 정이의 글을 읽어 보자. 그는 위의 글을 두고 다음과 같이 말한다.

오늘날에는 사인(士人)이나 공경(公卿)이나 다 같이 날마다 높은 자리와 영화로운 생활을 추구하고, 농공상인(農工商人)들은 날마다 부유와 사치를 추구한다. 그리하여 모든 사람들이 이득만을 쫓아 세상이 어지러우니 어떻게 화합을 이룰 수 있겠는가. 혼란을 피하고자 하지만 어려운 일이다. 이는 위아래의 사람들이 분수를 지켜 삶을 자족하는 마음을 갖고 있지 않기 때문이다.(『주역』의 주)

이는 당시 공·경·대부·사나, 사·농·공·상의 위계적 사회 질서가 이완되고, 사람들 사이에 평등 의식이 싹트면서 모두가 부귀영화만 추구하는 세태를 겨냥한 것이다. 사회 구조는 전혀 다르지만, 이는 오늘날을 사는 우리에게도 시사하는 바가 크다. 이를 평등 의식과 관련하여 논의해 보자. 평등 정신에 따르면 사람은 누구나 신분과 재산과 성별의 차이를 넘어 똑같이 대접받아야 한다. 이는 그 자체로는 어느 누구도 부정할 수 없는 인류의 소중한 가치임에 틀림없다.

그런데 빛에는 그림자가 뒤따르는 것처럼, 이러한 평등 정신에도 어두운 측면이 있다. 그것은 불평등할 수밖에 없는 현실을 부정하면서, 남들과 똑같이 행동하고 똑같은 수준의 삶을 살도록 부추긴다. 이를테면 남들이 고급 승용차를 모는 것을 보면서, 아무리 가난하지만 나도 그것을 못 가져야 할 이유가 없다고 여긴다. 그러면서 소외감이나 박탈감에 더해 그들에 대한 질투심과 적대 감정을 키우고, 한편으로 야비한 승부욕과 무한 경쟁의 심리를 보탠다. 이야말로 온갖 불행의 온상이다. 파스칼 부뤼크네르는 말한다.

평등 의식은 사람들을 결속시키기보다는 분열 대립케 하며, 공동체적 유대보다는 단독자적 불안과 우울·고립의 감정에 빠져들게 한다. (중략) 그리하여 승리와 좌절의 심리를 부추기는 평등 의식의 개인들로 이루어진 사회는 투쟁을 미덕으로 숭상하면서 끝없는 혼란에 빠진다.(『순진함의 유혹』)

물론 그렇다고 해서 사회 계층을 위와 아래로 구별하여 불평등을 제도화할 수는 없다. 아랫사람들이 윗사람들로부터 강요된 분수를 지켜 불평등한 삶을 자족하도록 강제해서는 안 된다. 위아래의 사람들 모두가 평등하게 행복을 추구할 수 있도록 해야 한다. 하지만 평등 의식이 사람의 삶을 불행으로 내모는 이율배반의 현실을 우리는 어떻게 개선

해야 할 것인가? 이는 일차적으로 위정자들의 현안 과제이지만, 깊이 생각해 보면 인류의 영원한 숙제이다. 어떤 중국학 전공자의 말을 들어보자. "사회적 세력의 불평등을 어떻게 인간화시킬 것인가 하는 공자의 문제는, 그의 해결책에 대해 우리가 어떻게 생각하든지 간에, 아직 우리에게 과제로 남아 있다."(『중국 고대 사상의 세계』)

괘사爻辭

初九
꾸밈없는 걸음으로 나서면 허물거리가 없으리라
素履 往 无咎

초구(初九)는 괘의 제일 아래에 있으므로 사회적 지위로 자신을 꾸미지 않은 사람이다. 그러므로 그는 삶에 "꾸밈없는 걸음"으로 나선다. 게다가 괘의 초효라는 점에서 그는 자신이 원초적으로 타고난 인간 본연의 성품에 주목한다.

사람들은 각자 자신을 다양하게 꾸미며 살아간다. 인간이 초목금수와 크게 다른 점이 여기에 있다. 그 꾸밈은 의식주 생활상에서만 행해지는 것이 아니다. 우리는 감정이나 행동거지까지도 갖가지로 꾸며 댄다. 그 가운데에는 불필요하고 거짓된 것들도 있겠지만, 어쨌든 꾸밈은 자연(본능)대로 살 수 없는 인간의 태생적 조건이다. 사실 문화는 인류의 시작 이래 사람들이 갖가지로 꾸며 놓은 유무형의 모든 형식을 일컫는다.

예의 역시 꾸밈의 형식이다. 그것은 동물과 달리 인간으로서 존엄한 삶을 영위하기 위해 사람들이 지켜야 할 준칙들을 일정한 규범으로 꾸며 놓은 것이다. 예를 들면 장례의 예식은 인간(의 죽음)이 개나 돼지와는 다르다는 점을 내외에 알리기 위해 꾸며 놓은 규범 형식이다. 그 밖에 삶의 규범들 가운데에는 법이나 조직의 내규와 같은 것도 있지만, 예의는 공경의 정신을 기초로 하는 도덕성을 띠고 있다는 점에서 여타의 규범과 차원이 다르다. 그러므로 만약 어떤 사람이 공경의 정신을 결여한 채 순전히 의례적으로만 예의를 갖춘다면 그것은 인간의 존엄성을 밝히고 제고하지 못할 것이다. 퇴계는 말한다. "마음에 뿌리를 두지 않고 겉으로 예의 절차만 따지는 것은 분장 배우나 다름없다."(『퇴계전서』)

예의를 떠나 우리 삶에는 인간적인 의미를 갖지 못하는 꾸밈이 많이 있다. 남들의 이목을 염두에 둔 꾸밈이 대개 그렇다. 많은 사람들은 옷가지나 보석은 물론 재물과 권력과 명예 등 온갖 장식물로 자신을 화려하게 꾸며 주목받고 싶어 한다. 하지만 그러한 것을 추구할수록 자아의 빈곤은 깊어질 수밖에 없는 것이 필연의 이치다. 인간 존재는 그처럼 외재적인 것들로 채워질 수 있는 것이 아니기 때문이다. 예를 들면 한 나라를 뒤흔드는 권력으로 자신을 꾸몄는데도 사람됨에서 남들의 경멸을 당하는 이들을 우리는 가까운 역사에서 여럿 알고 있다. 그들뿐만이 아니다. 오늘날 물질을 신처럼 숭배하면서 그것으로 삶을 꾸밀 것을 한없이 부추기는 자본주의 사회 속에서 우리는 거의 예외 없이 존재의 외화내빈을 겪고 있다.

그러면 어떻게 하면 "꾸밈없는 걸음"으로 살아갈 수 있을까? 먼저 공자의 말을 들어 보자. "꾸밈없는 걸음으로 나서는 것은 오직 자기 자신으로 살고자 해서다.〔素履之往 獨行願也〕"(「상전」) 여기에서 '자기 자신'이란 삶을 일상의 재물이나 권력, 사회적 지위 등 각종의 외재적인 것들로 꾸미기 이전의 순수한 인격, 참자아를 뜻한다. 사람들은 그것이 과연 무엇인지 의문을 가질 수도 있겠으나, 인류의 위대한 스승들은 그것을 누구보다도 먼저 자기 안에서 깨달아 실현했다. 청정한 불성(석가모니), 밝은 덕성(공자), 고결한 영혼(예수)과 같은 것이다. 그분들은 그것의 실천 방법을 사랑과 진리, 의로움에서 찾으면서, 자아(존재)가 거기에서만 풍요로워질 수 있음을 역설해 왔다.

그러므로 우리는 득실이 무상한 외재적인 것들로 자아를 꾸미려 하지 말고, 안으로 참자아의 목소리에 귀를 기울이면서 삶에 "꾸밈없는 걸음"으로 나서야 한다. 참자아의 실현을 위해 노력해야 한다. 설사 삶이 아무리 궁핍하다 하더라도 그러한 정신을 놓아서는 안 된다. 맹자는 말한다. "선비는 곤궁 속에서도 의로움의 정신을 잃지 않고, 출세했다 해서 진리를 떠나지 않는다.〔士窮不失義 達不離道〕"(『맹자』) 이것이 바로 "꾸밈없는 걸음"을 걷는 참자아의 모습이다. 만약 의로움과 진리의 정신을 버리고 재물이나 권력 등으로 자신의 삶을 꾸미려 하면 그는 "존재의 절대 빈곤"(마르크스)을 피할 수 없다. 이것이야말로 인생에서 가장 커다란 허물거리다.

九二
유유자적하는 걸음걸이를 보니 은자로구나.

자신을 올바르게 지켜 행복을 누리리라.

履道坦坦 幽人 貞 吉

　구이(九二)는 양효로서 하괘의 가운데에서 중도(中道)를 지키고 있으므로 상당한 역량을 갖고 있는 사람이다. 하지만 상괘의 구오 역시 양효라서 호응을 해 주지 않으므로 그는 세상으로부터 물러나 "유유자적하는 걸음걸이"로 은둔의 삶을 살고 있다. 그는 삶의 기쁨(하괘 '태'의 속성)을 잃지 않고 "자신을 올바르게 지켜 행복을 누린다."

　세상에는 뛰어난 식견과 명철한 지혜를 갖고 있지만 남들의 인정을 받지 못하여 묻혀 사는 사람들이 있다. 그처럼 불우한 시대와 사회를 만나 그들이 취하는 삶의 방식은 다양할 것이다. 개중에는 불평불만 속에서 어떻게든 남들에게 자신을 드러내고자 하는 사람도 있을 것이요, 이와는 반대로 오히려 "빛을 감추고 세상에 묻혀 지내면서〔和光同塵〕" 유유자적하며 삶의 행복을 누리는 사람도 있을 것이다. 여기에서 "세상에 묻혀 지낸다."는 말은 세상과 다투지 않고, 세상에 동화되지도 않으며, 속세에 살면서도 초연히 자신의 철학과 삶의 정신을 지킨다는 뜻을 담고 있다. 사람들은 그를 '은자(隱者)'라고 일컫는다.

　은자는 부귀영화의 험난한 길을 걷는 사람들과 달리, 자신의 중심을 지켜 마음의 고요와 평화를 잃지 않는다. 그는 자신을 세상에 함부로 팔려 하지 않으며, 남들과 부귀영화를 다투려 하지 않으며, 세상의 잡답을 벗어나 오직 자신의 삶의 길을 평온하고 담담하게 걸어 나간다. 공자는 말한다. "자기 자신을 올바르게 지키는 은자의 행복은 세상사

에 흔들리지 않는 마음에서 나온다.〔幽人貞吉 中不自亂也〕"(「상전」) 아래
에 도연명(陶淵明, 365~427)의 유명한 시「음주(飮酒)」한 수를 한 번
음미해 보자. 그는 혼란한 왕조의 말기에 살면서 지성의 고뇌를 심하게
겪다가 결국 은자의 길에 들어서 이렇게 노래한다.

동네 한 자리에 초가집을 얽어 살지만
마차 소리 시끄럽게 찾아오는 이 없어라.
어찌 그럴 수 있는가 하고 묻지만
마음이 초연하니 사는 곳이 절로 외지다네.
동쪽 울타리 아래에서 국화꽃을 따다가
무심히 눈 들어 남산을 바라보노라.
산기운은 날 저물자 더더욱 아름답고
새들은 짝지어 제 둥지로 돌아가네.
이 가운데 참뜻이 있어
표현하려 하지만 말을 이미 잊었네.

結廬在人境　　而無車馬喧
問君何能爾　　心遠地自偏
採菊東籬下　　悠然見南山
山氣日夕佳　　飛鳥相與還
此中有眞意　　欲辨已忘言

六三

애꾸눈이 잘 본다 하고 절름발이가 잘 걷는다 하지만
호랑이의 꼬리를 밟아 물리고 말리라. 흉한 일을 겪을 것이다.
무인이 임금 노릇을 하는구나.

眇能視 跛能履 履虎尾 咥人 凶 武人爲于大君

　육삼(六三)은 하괘의 위에서 음효로 양의 자리에 잘못 있으므로, 식견
과 능력이 모자라면서도 기고만장한 사람이다. 그야말로 '애꾸눈'이나 '절
름발이'가 두 눈, 두 발을 우습게 보면서 자기가 저들보다 더 잘 보고 잘
걷는다고 우쭐대는 격이다. 그리하여 예컨대 그는 (하괘에 자리하고 있는)
'무인(武人)'의 주제에 구오의 임금 자리까지 넘본다. 여기에서 '무인'은
초구, 구이와 달리 부당한 힘으로 무언가를, 이를테면 권력이나 재물이나
명예 등을 탈취하려는 사람을 은유한다. 이는 육삼이 음효로서 양의 자
리에 있는 데에서 착안된 것이다. 하지만 그는 '호랑이'와도 같은 상괘의
세 양효를 당할 수 없다. 결국 그는 세 양효의 아래에서 "호랑이의 꼬리를
밟아 물리는 흉한 일"을 겪을 것이다.

세상에는 제 분수를 모르고 일에 나서는 자들이 많다. 예컨대 식견
도, 능력도 없는 주제에 권력이나 높은 자리만 넘보는 사람이 그렇다.
비유하자면 그는 애꾸눈인데도 두 눈보다 더 잘 볼 수 있다고, 절름발
이인데도 두 발보다 더 빨리 달릴 수 있다고 착각하는 사람과도 같다.
공자는 말한다. "애꾸눈이 잘 본다 하지만 명철하게 살필 수는 없고,
절름발이가 잘 걷는다 하지만 남들처럼 걸을 수는 없다.〔眇能視 不足以

有明也 跛能履 不足與行也"(「상전」) 그러므로 설사 그가 높은 지도자의 자리를 얻는다 할지라도, 그의 무지와 무능력은 이내 탄로나면서 대중의 반발과 비난을 면치 못할 것이다. 이는 마치 애꾸눈의 약한 시력과 절름발이의 뒤뚱거리는 걸음이 "호랑이의 꼬리를 밟아 물리는" 격이다. 공자는 또한 말한다. "호랑이에게 물리는 흉사는 자신의 분수에서 벗어나는 짓을 했기 때문이다.〔咥人之凶 位不當也〕"(「상전」)

이를 정치 현장에서 예거해 보자. 예나 지금이나 후진국 사회에서는 권력욕에 눈이 멀고 정상 걸음을 잃은 나머지 군대의 무력을 이끌어 통치자의 자리를 강탈하는 '무인'들이 있어 왔다. 그들은 자신의 야욕을 '구국'이라는 그럴싸한 명분으로 꾸미고 호도한다. 하지만 정권을 장악하면 그들은 이내 본색을 드러내 '애꾸눈'의 편견과 '절름발이'의 비뚤어진 행보로 나랏일을 망친다. 그들은 두 눈과 두 발을 가진 국민의 불만과 저항에 대해서는 폭력적인 방법으로 억누르려 한다. 공자는 말한다. "무인이 임금 노릇을 하니, 그 뜻이 사납구나.〔武人爲於大君 志剛也〕"(「상전」) 하지만 국민을 화나게 하는 것은 마치 "호랑이의 꼬리를 밟는" 것이나 다름없다. 그 불행한 결말은 우리가 지난날 직접 목도했던 그대로다.

九四

호랑이의 꼬리를 밟았다 하더라도 두려워하면서 조심스럽게 나서면 마침내 복을 얻으리라.

履虎尾 愬愬 終吉

구사(九四)는 상괘 '건'의 양효이므로 식견과 능력을 갖고 있다. 그러므로 그는 육삼과는 다르다. 다만 음의 자리에서 처신이 바르지 못하기 때문에 구오(윗사람)의 노여움을 산다. "호랑이의 꼬리를 밟은" 것이다. 하지만 음의 자리는 또 그의 강직한 성품을 부드럽게 해 주어서 "두려워하면서 조심스럽게 나서게" 만든다.

우리가 살아가면서 겪는 곤경과 난관은 자신의 능력 부족에만 기인하는 것은 아니다. 예를 들면 충분한 능력을 갖고 있지만 자만심이나 분수에 넘는 행동으로 윗사람을 실망시키거나 일이 꼬이는 경우도 있다. 그야말로 "호랑이의 꼬리를 밟는" 낭패를 자초하는 격이다. 이는 애꾸눈이나 절름발이의 경우처럼 무지와 무능력 때문에 화를 입는 상황과는 다르다. 그것은 오히려 자신감의 과잉에 기인한다.

그렇지만 위기에서 벗어날 길이 없는 것은 아니다. 지나친 자신감에서 문제가 생긴 만큼, 무엇보다도 일에 두려운 마음으로 겸손하게 나서야 한다. 그리고는 윗사람이나 세상의 뜻을 헤아리면서 "조심스럽게 나서면 마침내 복을 얻을" 것이다. 이 '복'은 단순히 윗사람(세상)과의 관계 회복이나 좋은 결말만을 함축하는 말이 아니다. 그것은 자신의 포부를 실현할 수 있다는 뜻까지 내포한다. 공자는 말한다. "두려워하면서 조심스럽게 나서면 끝내는 복을 얻을 테니, 뜻하는 바를 이루리라.[愬愬終吉 志行也]"(「상전」)

九五

걸음걸이가 너무 단호하다.

설사 올바르다 하더라도 위험하다.

夬履 貞 厲

　구오(九五)는 상괘의 한가운데에 있으므로 사회(조직)의 지도자에 해당
된다. 그는 아랫사람들이 자신의 통솔을 기뻐하는 모습(하괘 '태'의 속성)
을 보고는 자기도취에 젖는다. 그리하여 (상괘 '건'에 양효의 강성으로) 일을
하는 데 독선에 빠질 염려가 있다. 즉 "걸음걸이가 너무 단호하다." 그렇
게 되면 (양의 자리에 양효로 있어서) 그의 권한 행사가 "설사 올바르다 하더
라도" 그것은 '위험한' 일이다. 독선적인 태도는 화를 부를 수밖에 없기
때문이다.

　탁월한 능력을 가진 사람이 빠지기 쉬운 함정이 있다. 자만과 독선의
경향이다. 그는 평소에 우월감과 자신감 속에서 남들의 의견과 비판을
경청하려 하지 않는다. 일의 현장에서 자신의 뛰어난 능력과 성과를 남
들이 인정하고 칭찬하는 것에 익숙해지면서 그는 서서히 자기도취에 빠
져든다. 그리하여 "걸음걸이가 너무 단호하다." 그가 남들과 마음 깊이
교류하지 못하는 한 가지 이유도 여기에 있다. 그의 독선이 남들에게
마음을 열어 그들을 존중하려 하지 않기 때문이다.

　게다가 그가 조직 사회에서 지도적인 자리에 오르게 되면 그 폐해는
더 심각해진다. 남들이 그의 능력과 업적을 인정하는 것을 보면서, 그
는 자신의 생각과 행동에 더 이상 의심을 품지 않으며, 자기 성찰을 하

지 않는다. 위험은 바로 거기에서부터 시작된다. 공자는 말한다. "걸음걸이가 너무 단호하니 설사 바르다 하더라도 위험한 까닭은 자신의 걸음걸이가 올바르다는 믿음 때문이다.〔夬履貞厲 位正當也〕"(「상전」) 그러한 믿음은 자신의 걸음걸이를 되살펴보려 하지 않을 것이며, 그리하여 독선으로 흘러 일을 그르치고 말 것이기 때문이다. 지도자가 명철한 지혜와 단호한 추진력에 못지않게, 남들의 의견을 경청할 줄 아는 겸손의 덕을 가져야 할 이유가 여기에 있다.

上九
지나온 발자취를 되돌아보라.
잘잘못을 살펴 부끄러울 일이 없다면 커다란 만족을 얻으리라.
視履 考祥 其旋 元吉

상구(上九)는 괘의 마지막이므로 "지나온 발자취를 되돌아보며" 자신을 성찰할 시점이다. 그것은 일에 대한 것일 수도 있고, 지나온 인생의 발자취일 수도 있다. 상구에서 "커다란 만족"을 말한 것은, 그것이 양효지만 음의 자리에서 유연하게 행보하면서 상괘 '건' 전체의 진리 정신을 결산하고 있기 때문이다.

많은 종교인들은 화복이 하늘(신)에 달려 있다 해서 기복의 신앙에 매달린다. 그야말로 "믿으면 천국이요, 불신은 지옥"이라는 식이다. 어리석게도 그들은 화와 복이 바로 자신에게서 비롯된다는 것을 유념하지 않는다. 평소의 마음가짐과 소행에 자신의 "잘잘못을 살펴" 자아를 정화하려 하기보다는 하느님이나 부처님만 열심히 믿으면 천국과 극락에 갈 수 있을 것으로 착각한다. 하지만 현세의 복이든 내세의 것이든 지금, 이 자리에서 자아를 정화하려는 노력이 없이 믿음만으로는 결코 얻을 수 없다.

이를 인과응보의 이치로 생각해 보자. 좋은 원인[善因]에는 좋은 결과[善果]가, 나쁜 원인[惡因]에는 나쁜 결과[惡果]가 뒤따른다. "콩 심은 데 콩 나고, 팥 심은 데 팥 나는 법이다." 물론 세상에는 큰 죄악을 저지르고도 일생을 호화롭게 살고 간 사람들도 있지만, 내세의 지옥은 그만두고, 그들이 내심 가질 죄의식은 자괴감과 존재(자아)의 빈곤감을 피할 수 없을 것이다. 게다가 자신들의 후손이 본의 아니게 겪을 고통은 어떠할까? 친일파 후손이 마음 한구석에 떨치지 못할 심리적인 부담이 그 한 예다.

삶이란 목숨의 연명에 불과한 것이 아니다. 초목금수와 달리 인간의 삶은 올바른 의미와 가치, 진리의 실현 속에서만 고귀함과 풍요로움을 얻을 수 있다. 그러므로 겉으로는 화려하지만 진리의 빈곤으로 허망한 삶을 면치 못하는 사람이 있는가 하면, 가난 속에서도 삶의 풍요를 누리는 사람도 있다. 죄악을 저지른 사람의 삶을 또한 이러한 관점에서 들여다보자. 그는 삶의 의미와 가치를 스스로 파괴함으로써 사람됨을 스스로 부정하는 자나 다름없다. 이처럼 가련한 삶은 물론 자신이 지어낸 업보다.

그러므로 어떤 일을 수행하든 수시로, 또는 일을 끝내면서 그동안 "지나온 발자취를 되돌아" 성찰할 필요가 있다. 삶의 도정에서 거짓된 마음과 욕심을 갖고 악한 행동을 저지르지는 않았는지, 이제라도 그것을 어떻게 바로잡아야 할지 고민하지 않으면 안 된다. 그리하여 지난날의 업장(죄과)을 정화하는 노력을 기울여야 한다. 남들의 이목이 무서워서가 아니다. 바로 자신의 삶을 풍요롭게 가꾸기 위해서다. 공자는 말한다. "커다란 만족감으로 지나온 발자취를 되돌아보는 것이야말로 최대의 축복이다.〔元吉在上 大有慶也〕"(「상전」)

11. 소통의 정신

태(泰)

인간관계의 친목이나 더 나아가 한 사회의 건강 여부는 사람들의 상호 소통 여하에 달려 있다. 좌우로든 상하로든 소통이 활발할수록 그 관계(사회)는 안정적이고 밝을 것이며, 단절과 대립이 심할수록 답답하고 혼란할 것이다. 그러므로 일상의 어느 자리에서든 자타 간의 소통은 삶의 행복과 사회의 평화를 추구하는 데 깊이 유념해야 할 과제다. 특히 의사의 소통에 그치지 않고 더 깊이 상호 간 생명 정신을 교감하고 상통할 수 있다면, 그것이 이루어 내는 세계는 더없이 밝고 아름다울 것이다. 우리는 그 단적인 실례를 사랑하는 사람들의 기쁨에 찬 얼굴에서 발견한다.

　　앞서 인간관계를 매개해 주는 규범으로 예의의 중요성을 말했지만, 사실 그것만으로는 충분하지 않다. 예의는 그 자체 형식성을 강하게 띤다. 그러므로 예의만으로 맺어지는 인간관계는 문자 그대로 '의례적인' 수준에 머무를 수밖에 없다. 예컨대 우리가 자주 겪는 것처럼 아파트 집의 이웃과 어쩌다 엘리베이터 앞에서 마주쳐 나누는 인사말은 참으로 공허하고 건조하기 짝이 없다. 거기에는 따뜻한 인정이 결여되어 있기 때문이다.

예의에 공경의 정신이 강조되는 것도 이러한 이유에서다. 예의를 차리기 이전에 공경의 정신으로 서로 인격을 소통하고 생명을 교감해야한다는 것이다. 상호 간 교제의 기쁨도 여기에서 나온다. 공자는 괘의 순서와 관련하여 다음과 같이 말한다. "사람들이 예의를 지키면서 서로 소통이 되어야 편안함을 얻을 수 있다. 그래서 〈리(履)〉에서 〈태(泰)〉로 이어졌다. '태'란 소통을 뜻한다.〔履而泰 然後安 故 受之以泰 泰者 通也〕"(「서괘전」) 그리하여 〈태〉괘는 갖가지의 소통을 주제로 한다.

이를 괘의 구조상에서 살펴보자. 〈태〉괘는 상괘 '곤' ☷과 하괘 '건' ☰으로 이루어져 있다. 땅이 위로 올라가 하늘의 자리에, 하늘이 아래로 내려와 땅의 자리에 있다. 자리가 서로 뒤집어졌으니 대혼란과 파국이 예상될 법도 하지만, 공자는 오히려 거기에서 소통의 정신을 읽었다. 그것은 음양의 이치에 입각한 것이었다. 이미 여러모로 살핀 것처럼 만물은 음기와 양기의 상호 교감과 소통 속에서만 생성, 발전한다. 생명의 쇠멸은 양자의 교감(소통)이 막히는 데에서 일어나는 현상이다. 그러므로 음양의 교감과 소통은 생명 활동에 매우 중요한 요인이다.

그 예를 8괘 안에서 살펴보자. '곤'은 음효만으로, 그리고 '건'은 양효만으로 이루어져 각각 음(기)과 양(기)의 대표적인 표상을 갖는다. 그리하여 양자의 교감 속에서 세계 만물의 생성과 발육이 이루어진다. 8괘가운데 나머지 여섯 괘를 '건'과 '곤'의 여섯 자식이라 말하는 것도 이때문이다. 하지만 하향의 성질을 띠고 있는 땅의 음기와, 이와는 반대로 상향의 성질을 띠고 있는 하늘의 양기가 어떻게 교감할 수 있을까?

양자는 상반적이어서 서로 만날 여지가 없는 것처럼 보인다.

〈태〉괘는 이러한 하늘과 땅의 위치를 바꿈으로써 교감의 이치를 밝히려 한다. 하늘을 아래에, 땅을 위에 둠으로써 위로 오르는 하늘의 양기와 아래로 내려오는 땅의 음기가 서로 만나 교감하는 영상을 이끌어 내고 있는 것이다. 만물의 생성은 이렇게 해서 이루어진다. 물론 하늘과 땅이 항상 교감하는 것만은 아니다. 양자가 각자 본래의 자리에만 머물러 있으면, 즉 하늘이 위에, 땅이 아래에 있으면 상호 소통이 막힌다. 〈태〉괘 바로 다음에 이어지는 〈비(否)〉괘가 그러한 경우다.

이와 같은 자연의 이치를 인간 생활에서 적절하게 응용한 것이 한의학의 지혜다. 한의사는 사람들에게 식사 시 따뜻한 성분의 음식을 먼저 먹고 찬 것을 나중에 먹도록 권한다. 먼저 먹은 따뜻한 성분(양의 기운)이 체내에서 위로 올라오고, 찬 성분(음의 기운)이 아래로 내려가 서로 조화를 이룸으로써 음양 소통의 건강을 유지할 수 있다는 것이다. 음식의 순서를 바꾸면 두 기운이 위아래에서 따로따로 놀게 되어 생명 작용을 일으키지 못하기 때문이다.

〈태〉괘는 이와 같은 자연의 이치를 세상살이의 지혜로 활용한다. 앞서 〈리(履)〉괘의 괘상에서 "군자는 (계층의) 위와 아래를 구별한다."고 했지만, 그것은 상하 차별의 불평등 위계질서를 확립하여 상위 계층의 권익을 보호하려는 뜻에서가 아니었다. 〈태〉괘는 그러한 오해를 풀어 준다. 즉 상위 계층의 사람들(陽)이 자신을 낮추고 하위 계층의 사람들(陰)을 올려 주어 상호 간 뜻과 정을 교감하고 소통해야 한다는 것이다. 이는 상하의 위계질서를 불가피한 것으로 인정하되 그 폐해를 예방하여 대동 사회를 이루려는 의도를 갖는다. 이러한 뜻은 뒤의 〈익(益)〉

괘에서 더욱 분명하게 드러난다.

〈태〉괘가 함축하는 소통의 정신은 사회 계층만을 염두에 둔 것이 아니다. 그것은 힘에서든 재물에서든, 또는 사회적 지위에서든 모든 '윗'사람(양)이 갖추어야 할 덕목이다. 위에 있다 하여 '아랫'사람들(음)에게 군림하려 하지 말고, 자신을 아래로 낮추어 그들에게 다가가라는 것이다. 그렇게 하지 않으면, 그렇지 않아도 여러모로 움츠려 있는 아랫사람들과 소통하고 교감할 수 없기 때문이다. 흔히 윗사람들은 아랫사람들을 무시하고 '위'의 세계에서 갖가지의 이익을 독점하면서 누리려 하지만, '아래'가 없다면 '위'도 있을 수 없다. '아래'의 지지가 있기 때문에 '위'가 지탱되는 법이다. 그러므로 최상의 행복은 '위'와 '아래'가 서로 교감하고 소통하면서 함께 더불어 사는 삶과 사회 속에서만 주어진다.

괘사卦辭

소통 속에서 작은 것이 올라가고 큰 것이 내려온다.
화합하여 일을 성취하리라.
泰 小往 大來 吉 亨

"작은 것이 올라가고 큰 것이 내려온다." 말이 너무 함축적이고 짧아서 도무지 이해하기가 어렵다. 다행히 공자가 이에 대해 해설한 글이 있으므로 먼저 그것을 읽어 보자. "하늘과 땅이 교감하여 만물이 생장하고, 윗사람과 아랫사람이 서로 소통하여 뜻을 함께한다. 안으로 빛이

들어오고 어둠이 밖으로 물러나며, 안으로는 굳건하고 밖으로는 관대하며, 군자가 등장하고 소인은 물러나니, 군자의 정신이 지배하고 소인의 정신은 사라진다.〔天地交 而萬物通也 上下交 而其志同也 內陽而外陰 內健而外順 內君子而外小人 君子道長 小人道消也〕(「단전」)

여전히 함축적이고 난삽하지만, 우리는 이를 세 가지로 나누어 풀이해 볼 수 있다. 첫째, 자연의 관점에서 "작은 것"과 "큰 것"은 땅과 하늘을 은유한다. 상대적으로 하늘은 크고 땅은 작기 때문이기도 하지만, 거기에는 역시 음양론적인 사고가 깔려 있다. 위에서 말한 것처럼 땅의 음기가 위로 올라가고 하늘의 양기가 아래로 내려온다는 것이다. 그렇게 하여 "하늘과 땅이 서로 교감하여 만물이 생장한다." 계절상에서 말하면 만물이 소생하고 만화가 방창하는 봄과 여름에 그러한 현상이 전개된다.

둘째, 사회적 관점에서 "큰 것"과 "작은 것"은 상하 계층, 윗사람과 아랫사람을 은유한다. 앞서 말한 것처럼 어떤 사람이 나보다 아래의 '작은' 존재라 하여 그를 무시하려 해서는 안 된다. 오히려 자신이 '내려와' 그를 '올려주면서' 그와 교감하고 소통해야 한다. 그래야만 서로 "화합하여 일을 성취할 수 있다." 이는 통치자와 국민, 힘 있는 자와 힘 없는 자, 가진 자와 못 가진 자 등 모든 위아래의 관계에서 '위'에 있는 사람들이 경청해야 할 중요한 가르침이다.

역시 사회적인 관점에서 "작은 것"은 소인의 정신을, "큰 것"은 군자의 정신을 은유하기도 한다. 이 경우에 '올라감'과 '내려옴'은 양자의 소통과 화합을 뜻하지 않는다. 그것은 〈태〉괘의 구조상 위에 있는 세 개의 음효가 밖으로 향하고, 아래에 있는 세 개의 양효는 안에 머물러 있는 모습에서 착안된 것이다. 그리하여 '올라감'과 '내려옴'의 관념을 동원한다면, 세 개의 음효는 마치 연기가 공중으로 올라 흩어지듯이 소인의 정신[陰]이 사라지고, 세 개의 양효는 군자의 정신[陽]이 아래의 사회를 지배하는 것을 일컫는다. 공자는 이를 두고, "군자가 등장하고 소인은 물러나니, 군자의 정신이 지배하고 소인의 정신은 사라진다."고 했다. '위'와 '아래'가 소통하고, 군자의 정신이 지배하는 이상 사회를 그렇게 말한 것이다.

셋째, "작은 것"과 "큰 것"을 개개인의 인격의 차원에서도 이야기할 수 있다. 이 역시 괘효의 구조 및 성질과 관련을 갖는다. 즉 "작은 것"은 위의 음효가 상징하는 어둠이요, "큰 것"은 아래의 양효가 상징하는 빛이다. 그러므로 이 괘는 어둠을 밖으로 몰아내고 빛을 안으로 키울 것을 암암리에 교시한다. 이를테면 악의 어둠을 척결하고 영혼의 빛으로 안을 밝히는 노력이야말로 삶에서 가장 숭고한 일이다. 다 아는 것처럼 인류의 위대한 스승들은 이를 위한 수행론을 갖가지로 제시해 놓고 있다.

공자는 그러한 수행을 통해 도달되는 인격을 "안으로는 굳건하고 밖으로는 관대한" 모습으로 형용했다. 군자는 부단한 수행의 노력 속에서 하늘과도 같은 생명 창달의 정신(세 양효의 덕)을 안으로 굳건하게 다진다. 그의 수행은 물론 그것으로 그치지 않는다. 그는 밖으로 마치 만물의 어머니 대지와도 같이 만민을 품 안에 아우르는 사랑의 정신(세 음효의 덕)을 널리 펼친다.

괘상卦象

하늘과 땅이 서로 교감하는 모습이 〈태〉의 형상이다.
임금은 이를 보고서 하늘과 땅의 이치를 헤아려 실행하고
하늘과 땅의 일을 도와 백성들의 삶을 성취시켜 준다.
天地交 泰 后 以 財成天地之道 輔相天地之宜 以左右民

여기에서 "하늘과 땅"은 가시적인 공간을 가리키지 않는다. 앞서 〈건〉괘와 〈곤〉괘에서 자세히 살핀 바 있지만, 그것은 만물을 생성하는 천지의 이치, 즉 자연의 섭리를 뜻한다. 만물이 생장 쇠멸하는 것은 결코 우연이 아니며 거기에는 하늘과 땅의 이치, 달리 말하면 양의 이치와 음의 이치가 작용한다는 것이다. 경복궁 안에 왕의 침소인 교태전 (交泰殿)은 이러한 이치를 부부 생활의 자리에서 잘 응용하도록 지어진 건물이다. 그것은 〈태〉괘의 정신에 따라 남편(하늘)이 부인(땅)을 위로 받들어 올림으로써 잘 교감하고 소통하라는 뜻을 담고 있다. 이미 짐작했겠지만 저 '교태(交泰)'는 "천지교(天地交) 태(泰)"라는 괘상의 글을 줄인 말이다.

"하늘과 땅의 이치를 헤아려 실행하는" 일은 부부의 침실에서만 요구되는 과제가 아니다. 그 이치는 삶의 모든 현장에 적용될 수 있다. 하늘이 땅에게 그러한 것처럼, 어떤 자리에서든 '윗'사람은 겸손하고 낮게 처신하여 '아랫'사람을 받들고 섬겨야 한다. 그래야만 서로 교감하고 소통하여 자타 간 화해로운 삶을 영위할 수 있다. 삶의 평화와 번영의 지름길이 바로 여기에 있다.

이는 특히 기업이나 사회 등 각종 조직의 지도자에게 중요한 의의를 갖는다. 구성원들과의 소통 여부가 일의 성패와 조직의 흥망을 좌우하기 때문이다. 지도자는 구성원들 위에서만 지도자일 수 있다. 구성원들이 없는 지도자는 존재할 수가 없다. 설사 구성원들이 있다 하더라도 그들과 소통하려 하지 않고 그들 위에서 군림하는 사람은 자신의 토대를 스스로 부정하고 파괴하는 어리석은 자다. 그러므로 지도자는, 하늘이 땅 아래로 내려와 땅과 교감함으로써 만물을 생육하는 것처럼, 구성원들을 위로 받들어 그들과 소통하면서 그들이 삶을 성취할 수 있도록 도와줘야 한다. 그것이 이 세상에 인간과 만물을 낸 "하늘과 땅의 일을 돕는" 길이다. '천인합일(天人合一)'의 과제도 사실 여기에서 벗어나지 않는다.

효사爻辭

初九

뿌리가 얽혀 있는 띠풀을 뽑는다.

무리와 함께 나서면 뜻하는 바를 이룰 수 있으리라.

拔茅茹 以其彙 征 吉

초구(初九)는 양효로서 강한 힘과 밝은 지혜로 무언가 일을 도모하려는 뜻을 갖고 있다. 하지만 괘의 제일 아래에 있어서 어느 누구도 알아주지 않으므로 그는 사람들을 규합할 필요가 있다. 마치 띠풀의 얽힌 뿌리처럼 "무리와 함께 나서야" 한다. 같은 하괘의 두 양효가 그 '무리'다. 그들은 동지일 수도 있고, 하층의 민중일 수도 있다. 여기에서 "뿌리가 얽혀 있는 띠풀을 뽑는다."는 말은 그들과의 소통을 통해 그들의 뜻을 취합해야 한다는 은유다.

소통은 힘을 낳는다. 소통의 범위가 넓고 그 정도가 깊을수록 그것이 지어내는 힘은 커질 것이다. 지난날 전국적으로 일어난 촛불 시위의 위력을 생각해 보자. 국민들 사이에 무언의 소통으로 결집된 그 힘은 용렬한 정치인들을 깜짝 놀라고 움츠리게 만들었다. 이는 소통이야말로 사회 변혁의 막강한 힘이 됨을 일러 준다.

지도자가 훌륭한 치적을 이루기 위해서 국민과 부단히 소통해야 하는 이유가 여기에 있다. 지도자의 참다운 정치력은 국민에게서 나오기 때문이다. 국민은 마치 "뿌리가 얽혀 있는 띠풀"과도 같다. 그는 그러한 띠풀을 뽑듯이 민심을 취합하여 정치에 반영해야 한다. 이른바 "풀뿌리 민주주의"의 정신도 여기에 있다.

재야에서 사회의 변혁을 꿈꾸는 사람도 마찬가지다. 그 역시 사회의 저변으로 내려가 민중과 끊임없이 소통하면서 그들의 힘을 규합해야 한다. 마치 "뿌리가 얽혀 있는 띠풀"처럼 민중과 긴밀하게 연대하고 소통하면서 "(민중의) 무리와 함께 나서지" 않으면 안 된다. 만약 그의 주장과 노선이 민중의 동의를 얻지 못한다면, 그는 그들로부터 외면을 당하고 말 것이다. 공자는 말한다. "뿌리가 얽혀 있는 띠풀을 뽑듯이 나서면 뜻하는 바를 이룰 수 있을 테니, 그의 뜻이 무리 속에 있기 때문이다.〔拔茅征吉 志在外也〕"(「상전」)

九二

몽매한 사람까지도 끌어안으며, 벌거벗은 몸으로 강을 건넌다.

멀리 있다 해서 저버리지 않으며, 친구라 해서 봐 주지 않는다.

삶의 중심을 여기에 두어야 한다.

包荒 用馮河 不遐遺 朋亡 得尙于中行

　구이(九二)는 양효로 하괘의 가운데에 있으므로 공명정대한 정신을 상징하며, 그러한 정신으로 상괘의 육오와 음양으로 호응하므로 〈태〉괘의 중심적인 효에 해당된다. 말하자면 소통 정신의 전형이다.

　소통은 상대방과 의기가 투합하는 것만으로는 안 된다. 올바른 정신을 그 핵심에 두어야 한다. 예를 들면 폭력 조직이든, 지역이든, 학교 동창이든, 또는 정당이든 같은 집단의 사람들이 끼리끼리 지어내는 소통은 그 집단 밖의 사람들에게는 단절과 불통일 뿐이다. 아니 같은 집단 내에서조차 사안에 따라 이해득실이 엇갈리면 그들은 소통은커녕 서로 대립하고 반목하며 분열할 것이다. 그러므로 "멀리 있다 해서 저버리지 않으며, 친구라 해서 봐 주지 않는" 공명정대한 소통의 정신을 가져야 한다.

　소통은 열린 마음을 필요로 한다. 상대방의 취향이나 생각, 신념, 신앙이 나와 다르다 해서 그와 담을 쌓으려 해서는 안 된다. 그러한 차단의 벽에서 불통이 비롯된다. 그러므로 "몽매한 사람까지도 끌어안는" 열린 마음을 가져야 한다. 지식의 유무나 생각(신앙)의 차이를 떠나 상대방을 순수 인격으로 존중하고 서로 화해롭게 교류하면서 이루어 낼 삶의 세계를 추구해야 한다. 이러한 노력은 '몽매한 사람'을 지혜의 길로 인도하는 효과까지 얻을 수 있을 것이다.

그리하여 진정한 소통의 정신은 "벌거벗은 몸으로 강을 건너" 사람들을 만나려 한다. 여기에서 '벌거벗음'이란 우리의 현존 자아를 규정해 주는 성별이나 사회적 신분, 지식, 재물, 권력 등 모든 외재적인 사항들을 떨쳐내 버림을 은유한다. 그와 같은 존재의 외피는 자타의 사이를 가로막는 '강'과도 같다. 그것을 걸치고 남들에게 다가가서는 결코 소통할 수 없다. 가령 '사장'과 '수위'라는 외피를 벗어던지지 않고서 어떻게 두 사람이 소통할 수 있겠는가. 아니 그것은 소통을 가로막을 뿐만 아니라, 우리의 본래적 자아를 은폐시키는 요인이다. 참고로 신동엽(申東曄, 1930~1969) 시인의 「금강」 한 구절을 읽어 보자. 이는 동학의 이대 교주인 최시형(崔時亨, 1827~1898)과 어느 신도의 대화 내용이다.

(전략)
어느 여름
동학교도 서(徐)노인 집에서
저녁상을 받았다

수저를 들으려니
안방에서 들려오는 베 짜는 소리

"저건
무슨 소립니까?"

"제 며느리 애가
베 짜는가 봅니다"

"서선생
며느리가 아닙니다
그분이 바로 한울님이십니다

어서 모셔다가
이 밥상에서
우리 함께 다순 저녁
들도록 하세요"
(후략)

이는 "사람 섬기기를 하늘처럼 하라.[事人如天]"는 동학의 이념을 풀어놓은 것이지만, 거기에는 매우 심오한 뜻이 담겨 있다. '시아버지'와 '며느리'라는 존재의 외피를 벗으라는 것이다. 사실 시아버지와 며느리, 남편과 부인, 선생과 학생, 남자와 여자 등등 사람들이 사회생활상 주고받는 호칭들이 마련하는 갖가지의 외피들은 하늘 위에서 바라보면 정말 하잘것없다. 그것들은 오히려 그들의 본래적 인격을 은폐시키며 자타의 존재를 왜곡시킨다. 심지어 상대방의 존재에 대해 폭력을 가하기까지 한다. 시아버지가 며느리에 대해 그러하고, 다른 예를 든다면 외국인에 대한 인종 차별이 그러하다. "그분이 바로 한울님"이라는 말은 바로 이에 대한 일갈대성의 경구다.

위의 시를 소통의 관점에서 읽어 보자. 시아버지와 며느리라는 호칭으로 만들어지는 존재의 외피는 당연히 양자의 소통을 가로막는다. 두 사람이 그러한 신분과 위계를 넘어 진솔하게 대화하고 정을 나누는 것이 어떻게 가능하겠는가. 만약 며느리가 그 집안에 시집을 오지 않았다면 그들은 순수한 인격으로 마주섰을 텐데 말이다. (물론 그 순간에도 문제는 남아 있다. '남자'와 '여자'라는 외피이다.) 결국 며느리는 존재의 외피와 불통 속에서 그렇게 소외당하고, 시아버지도 자신의 존재를 스스로 소외시킨다. 그 역시 며느리로부터 순수 인격이 아니라 위계적 신분으로만 취급받기 때문이다. 그렇게 해서 자타 간 소통의 부재는 존재의 외로움을 야기한다.

"벌거벗은 몸으로 강을 건넌다."는 말의 은유적 함의가 여기에 있다. 존재의 외피를 벗고 순수 인격으로 상대방에게 다가가 서로 소통하고 교감하라는 것이다. 그것은 우리에게 존재의 환희를 알게 해 줄 것이다. 마르틴 부버는 이러한 만남과 소통의 환희를 다음과 같이 찬미한다. "하나와 하나가 하나가 되면 벌거벗은 존재가 벌거벗은 존재 안에서 빛난다."(『나와 너』)

우리는 "삶의 중심을 여기에 두어야 한다." 그러한 소통의 정신으로 삶에 나서야 한다. 자타의 소통을 가로막는 갖가지 존재의 외피를 벗어던지고 "벌거벗은 몸"으로 사람과는 물론 나아가 풀 한 포기, 벌레 한 마리에게까지 따뜻한 눈빛으로 다가가 대면하면서 교감할 필요가 있다. 사람과 풀(벌레)이라는 존재의 외피를 벗어던지고 다같이 존엄한 생명으로 말이다. 물론 이는 마음먹은 대로 되는 일이 아니다. 그것은 '하늘'과도 같이 높은 지혜와 '땅'과도 같이 넓은 도량의 수행을 쌓아야 한다. 공자는 말한다. "몽매한 사람까지도 끌어안을 삶의 중심은 빛나는 지혜와 큰 덕에 있다.〔包荒 得尙于中行 以光大也〕"(「상전」)

九三
평평한 것은 기울어지는 법이요, 지나간 것은 되돌아오는 법이다.
조심스럽게, 올바르게 처신해야 한다.
그러면 허물거리가 생기지 않을 것이요,
염려하지 않아도 원하는 바를 얻을 것이다.
행복을 누리리라.
无平不陂 无往不復 艱貞 无咎 勿恤 其孚 于食有福

구삼(九三)은 하괘 양효들의 마지막에서 상괘 음효로 이행하는 자리에 있다. 이는 그동안 원활하던 소통이 그 정점에서 점차 불통으로 발전할 수 있음을 시사한다. 세상에 영원한 것은 아무것도 없기 때문이다. 즉 "평평한 것은 기울어지는 법이요, 지나간 것은 되돌아오는 법이다." 그러므로 이때야말로 "조심스럽게, 올바르게 처신해야 한다."

모든 일은 변한다. 변화의 역정을 벗어나는 것은 이 세상에 아무것도 없다. 낮과 밤, 계절의 순환이 그러하며, 모든 생명의 생장 쇠멸이 그러하다. 젊음도 순간순간 늙어 가고 있으며, 사는 것 자체가 죽어 가는 과정이다. 그야말로 "평평한 것은 기울어지는 법이요, 지나간 것은 되돌아오는 법이다." 공자는 말한다. "지나간 것은 되돌아옴, 그것이 자연의 이치다.〔无往不復 天地際也〕"(「상전」) 그러므로 이 순간의 행복을 영원한 것인 양 착각해서는 안 되며, 불행에 절망할 필요도 없다. 세상만사가 그야말로 '새옹지마'다.

이를 소통의 관점에서 살펴보자. 어떠한 인간관계에서든 소통은 행복을 낳고, 단절과 불통은 불행을 초래한다. 그런데 지금 서로 소통이 잘되고 있다 해서 그것이 영원히 지속되리라고 생각해서는 안 된다. 남녀의 사랑이 잘 보여 주는 것처럼 그렇게 다정하던 사이도 어느 순간에 깨질 수 있다. 그러므로 내적으로든 외적으로든 상황이 계속 변하는 만큼 그에 따라 소통의 길을 끊임없이 새롭게 추구해야 한다. 그래야만 행복도 새로워질 것이다. 구태의연한 태도는 식상함을 불러일으키고 관계를 권태롭게 만든다.

부부 생활을 예로 들어 보자. 사람들은 연애 시절의 행복을 여전히 기대하면서 결혼에 따른 새로운 소통 방법을 모색하려 하지 않는다. 결혼은 제2의 인생이라 할 만큼 상황이 전적으로 바뀌었는데도, 그들은 지난날 나누었던 사랑의 잔상으로 서로 대면하려 한다. 단지 추억으로만, 습관적으로 사랑하는 것이다. 많은 사람이 결혼 생활의 권태를 면하지 못하는 이유가 여기에 있을 것이다. 그것은 물론 소통이 막힌 결과다. 그것의 극단적인 결말은 이혼이다. 그 밖에 모든 인간관계도 이와 마찬가지다.

그러므로 행복한 소통의 순간에도 거기에 만족하고 안주하려 해서는 안 된다. 상황의 변화를 조심스럽게 살피고, 매 순간 올바르게 대처하여 소통의 행복을 더욱 키우는 노력을 해야 한다. 그래야만 '허물거리'가 생기지 않을 것이요, 여전히 소통하면서 삶의 행복을 누릴 수 있다. 여기에서도 평소 빛나는 지혜와 큰 덕을 닦는 노력이 필요함은 물론이다. "날마다 새롭게, 또 날마다 새롭게〔日新 又日新〕" 향상되는 지혜와 덕은 부단히 환희로운 만남과 밝은 소통의 장을 열어 줄 것이다.

六四
떼를 지어 돌아다닌다.
허전한 마음속에서 서로 이웃하면서 말없이 무리를 이루는구나.
翩翩 不富以其隣 不戒以孚

　육사(六四)는 하괘의 양효들을 지나 상괘의 음효로 진입했으므로 소통이 막혀 가는 상황에 처해 있다. 그는 아래의 양효들과 소통하려 하기보다는 위의 음효들과 "떼를 지어 돌아다닌다." 그리하여 내면(하괘)의 건강한 정신을 알지 못하는 그는 "허전한 마음속에서 서로 이웃하면서 말없이 무리를 이룰" 사람들을 밖(상괘)에서 찾아 헤맨다. 철학이 빈곤한 대중의 한 모습이다.

　오늘날 많은 사람들은 삶에서 추구해야 할 참다운 의미와 가치를 알지 못하여 끝없이 방황한다. 그들은 부귀영화를 꿈꾸고 열심히 추구하지만, 한편으로 그것이 허망하다는 사실을 마음 아프게 자각한다. 그야말로 풍요 속의 빈곤이다. 그것을 어떤 가수는 다음과 같이 노래한다. "이 풍진 세상을 만났으니 / 너의 희망이 무엇이냐 / 부귀영화를 누렸으면 / 희망이 족할까 / 푸른 하늘 밝은 달 아래 / 곰곰이 생각하니

/ 부귀영화가 춘몽 속에 / 또다시 꿈 같다."(「희망가」)

이러한 탄식은 진정으로 희망해야 할 삶의 의미와 가치를 알지 못한 데에 기인한다. 달리 살피면 그것은 부귀영화로는 채워지지 않는 허전한 마음, 존재(자아)의 빈곤감의 발로다. 사는 게 "춘몽 속에 / 또다시 꿈 같은" 것이다. 그리하여 그들은 혼자서는 그것을 달랠 길이 없어 "떼를 지어 돌아다니며", 그리고 "서로 이웃하면서 말없이 무리를 이룬다." 공자는 말한다. "떼를 지어 돌아다니며 허전한 마음을 갖는 것은 모두 삶의 참가치를 잃었기 때문이며, 말없이 무리를 이루려는 것은 그러한 마음에서 발로된 것이다.〔翩翩不富 皆失實也 不戒以孚 中心願也〕"(「상전」)

이것이 오늘날 대중의 소통 방식이다. 그들은 삶과 세계에 관해 진지하게 성찰하면서 자아를 확립하려 하지 않고, 그저 남들의 이목이나 의식하며 유행을 뒤쫓아 살아간다. 그들은 남들과 동떨어져 혼자 머물러 있는 것을 견디지 못하고 "떼를 지어 돌아다닌다." 고독에 침잠하여 자기 자신을 대면할 용기와 능력을 갖고 있지 못한 것이다. 그들이 집에서 설거지를 하면서도 티브이나 라디오를 켜 두고, 지하철이나 버스 안에서 휴대 전화에 몰두하는 것도 이 때문이다. 그것을 통해 다른 사람들과 "서로 이웃하면서 말없이 무리를 이룸으로써" 외로움을 잊으려는 것이다. 한마디로 그들은 고유의 인격과 주체성, 독립적인 판단력을 상실한, 이른바 "익명의 인간"이다.

하지만 그렇게 해서 외로움을 피할 수 있을까? 부귀영화나 대중의 '무리' 속에 은폐된 자아는 오히려 더욱 외로움에 빠질 수밖에 없다. 말하자면 "군중 속의 고독"을 면하지 못한다. 그러면 어떻게 고독과 허무를 벗어날 수 있을까? 그 길은 '무리'를 떠나 자기 안에서 사랑, 진리와 같은 참자아의 정신을 되찾는 가운데에서만 발견될 수 있다. 예수가 광야에서 홀로 40일간 금식 기도를 했던 것이나, 석가모니가 왕궁의 '무리'를 떠나 외로운 구도의 여정을 밟았던 것, 그리고 두 사람이 뒷날 박애와 자비의 삶을 살았던 것은 결코 우연이 아니다. 그 밖에 인류 역사상 수많은 선지자의 삶도 마찬가지다.

우리가 참삶의 행복을 찾을 수 있는 길이 여기에 있다. "허전한 마음속에서 서로 이웃하면서 말없이 무리를 이루는" 대중적 삶에서 벗어나, 자기 자신을 진지하게 대면하는 존재의 용기를 가져야 한다. 그러면 "허전한 마음"을 충만하게 채워 줄 참자아의 정신과, 이에서 발원하는 삶의 참가치를 자기 안에서 발견하게 될 것이다. 참삶의 행복은 이에 입각하여 사람들과 소통하며 화해롭게 지내는 가운데에서만 생길 수 있다.

六五
제을의 딸이 시집을 간다.
복을 받을 것이며, 집안이 크게 번창하리라.
帝乙歸妹 以祉 元吉

육오(六五)는 하괘 구이와 음양으로 서로 호응한다. 이를 상하의 자리상에서 살피면 "제을(임금)의 딸이 (하위의 신분에게) 시집을 가는" 것과도 같다. 결혼 생활의 '복'과 '집안의 번창'은 그녀가 마음을 비우고 있기 때문이다. 이는 육오가 상괘의 중심인 데다가, 음효의 가운데가 비어 있는 모습에서 착안된 것이다.

옛날 임금이 딸(공주)을 시집 보낼 때에는 아래의 신분 계층에서 사위를 고를 수밖에 없었다. 같은 왕족끼리는 동성이라서 결혼할 수 없었기 때문이다. 그러다 보니 부부간에 신분의 차이로 인해 불화가 생기는 일이 잦았을 것이다. 부인이 여전히 공주의 신분 의식을 갖고서, 앞서 말한 대로 존재의 외피를 떨쳐 버리지 못하고 남편에게 오만을 부렸을 것이기 때문이다. 부부의 불화와 집안의 시끄러움은 이의 당연한 결과다. 그러므로 신데렐라의 꿈은 그저 꿈일 뿐, 그녀와 왕자의 성장 배경이나 사고방식은 결혼 생활에서 수많은 문제를 야기할 것이다. 언론에서 종종 이야깃거리로 삼는 것처럼 재벌 가문과 평범한 집안의 결합이 뒷날 파탄으로 끝나는 예가 그것이다.

제을(帝乙)은 중국 고대 은나라 시절 현명했던 임금이다. 일설에 의하면 그는 위와 같은 폐단을 고치기 위해 예법을 처음으로 제정했다고 한다. 공주를 비롯하여 높은 신분의 처자들은 시집을 가면 반드시 남편을 공경히 받들도록 하려는 것이었다. 이는 〈태〉괘의 정신에 부합하기도 한다. 저 위의 하늘이 땅보다 더 아래로 내려와야만 상호 교감과 만물의 생성이 가능한 것처럼, 상하의 인간관계도 마찬가지다. 공주가 자신을 낮추고 남편을 높이 받들어야만 상호 간 힘의 균형과 아름다운 교감(소통)을 이룰 수 있다. 부부 생활의 행복과 집안의 번영이 여기에서 비롯됨은 물론이다.

이러한 이치는 부부 사이는 물론 사회생활상 제반의 인간관계에서도 마찬가지다. 이미 말한 것처럼 '윗'사람은 자신을 낮추어 '아랫'사람을 올려 주지 않으면 안 된다. 그렇지 않아도 위축되어 있는 아랫사람 위에서 윗사람이 군림하려 하면 양자의 소통은 아예 불가능할 것이다. 물론 자

신의 낮춤은 외형적이고 가식적인 것에 그쳐서는 안 된다. '존재의 벌거
벗음' 속에서 아랫사람도 나와 동일한 인격이라는 인식과 함께, 마르틴
부버의 말대로 "하나와 하나가 하나가 되"려는 깊은 염원을 가져야만 한
다. 그렇지 않으면 '위'와 '아래'의 거리를 결코 좁힐 수 없을 것이다. 공자
는 말한다. "복과 집안의 큰 번창은 마음속 깊은 염원 속에서만 가능하
다.[以祉元吉 中以行願也]"(「상전」) 여기에서 "마음속 깊은 염원"이란 '벌거
벗은' 존재로 상대방과 교감하고 소통하고자 하는 뜻을 뜻한다.

上六
성벽이 무너져서 해자가 메꾸어졌다.
군대를 동원해도 소용없다.
백성들에게 호소하면서 그럴듯한 명분을 내세운다 하더라도
치욕을 면치 못하리라.
城復于隍 勿用師 自邑告命 貞 吝

　상육(上六)은 〈태〉괘의 마지막 음효이므로, 소통의 인간관계가 이미
무너진 상황에 처해 있다. 이를 정치의 일로 예시하면 그는 권력의 토대
인 고을 사람들(하괘)과의 소통을 외면함으로써, "성벽이 무너져서 해자
가 메꾸어진" 성의 성주와도 같다. 그러한 통치자는 흔히 겉으로는 "그럴
듯한 명분을 내세워" "백성들에게 호소"하려 한다. 지난날 우리 사회에서
독재자들이 내세웠던 '유신'이나 '정의 사회 구현'의 구호들이 그것이다.
그들은 그러한 명분의 뒤에서는 강압적이고 폭력적인 공권력, 이를테면

"군대를 동원한다." 하지만 그들은 말로에 "치욕을 면치 못한다."

『맹자』에 "여민동락(與民同樂)"이라는 말이 있다. 통치자는 삶의 즐거움을 혼자 누리려 하지 말고 백성들과 애환을 함께해야 한다는 것이다. 이를 위해서는 백성들의 말에 귀를 기울이고 그들의 삶 속으로 내려가 그들과 끊임없이 소통하지 않으면 안 된다. 민심을 헤아릴 줄 모르고 권력의 성안에 갇혀 독단을 부리는 통치자는 비난을 면치 못할 것이다. 맹자는 그를 '외로운 사내'라고 칭하면서 혁명의 대상으로 여겼다. 민심을 이반한 그는 더 이상 임금이 아니라는 것이다.

이를 성 쌓기에 비유해 보자. 옛날 사람들은 적의 침입을 막기 위해 성을 쌓고, 나아가 성을 둘러싸는 물길(해자)까지 만들었다. 하지만 만약 성주가 백성들과 소통하지 않고 그들의 고통스러운 삶은 외면한 채 독단의 정치나 일삼는다면, 그러한 방어책이 얼마나 유효할까? 백성들은 오히려 성주가 망하기를 바랄 것이다. 이는 외적을 막아 줄 백성들의 정신적 '성벽'이 무너지고 그 '해자'가 메꾸어져 버렸음을 뜻한다.

이처럼 민심은 성벽과 해자(오늘날로 따지면 국방력)보다 더 강고한 정치의 토대다. 백성들과 소통하지 못하고 민심을 거스르는 정치는 외형적으로 "성벽이 무너지고 해자가 메워진" 국방력의 붕괴보다 더 심각한 위기를 초래한다. 그러한 상황에서는 군대와 같은 공권력을 동원한다 해도 소용없다. 백성들과 소통하지 않는 정권은 오히려 타도의 대상이기 때문이다. 고금의 역사가 잘 말해 주는 것처럼 체제의 붕괴는 그렇게 내부에서부터 시작된다. 외적의 침략은 간접적인 원인일 뿐이다.

이처럼 소통이 막힌 상황에서는 통치자가 아무리 "백성들에게 호소하면서 그럴듯한 명분을 내세운다 하더라도" 그들은 결코 속지 않을 것이다. 공자는 말한다. "성벽이 무너져서 해자가 메워지면 그가 어떤 명령을 내려도 혼란을 막을 수 없다.〔城復于隍 其命亂也〕"(「상전」) 결국 그는 '외로운 사내'가 되어 권좌를 박탈당하는 "치욕을 면치 못할" 것이다. 이는 역시 그가 최고의 자리에서 군림만 하면서 국민과 소통하지 않은 데에 기인한다.

이러한 이치는 통치자에게만 해당되지 않는다. 모든 조직의 지도자, 나아가 모든 사람도 마찬가지다. 사람들이 추구하는 부귀의 욕망은 원래 독점적이고 배타적이어서 남들과 함께 나누려 하지 않는다. 달리 말하면 그 욕망은 남들과 삶을 소통하면서 부귀를 함께하려는 뜻을 전혀 갖지 않는다. 그는 부귀의 성을 쌓고서 그 안에서 자기 혼자서만 행복을 누리려 할 뿐이다.

하지만 남들과 소통하는 삶을 거부하고 높이 쌓아 놓은 부귀의 성 안에서 '외로운 사내'가 즐길 수 있는 행복은 무엇일까? 행복은 부귀의 힘을 동원해서 얻을 수 있는 것이 결코 아니다. 부귀영화의 욕망은 남들과의 소통은커녕, 오히려 질투와 시기, 원망 등 부정적인 감정만 키워 마음을 황량하게 만들 것이다. 결국 그는 부귀로 쌓아 올린 행복의 '성벽'이 무너지는 소리를 자기 안에서 들으면서 "부귀영화가 춘몽 속에 또다시 꿈 같다."는 탄식을 할 수밖에 없을 것이다. "부자가 천국을 가는 것은 낙타가 바늘구멍에 들어가는 것과도 같다."는 예수의 말을 우리는 이렇게 소통의 관점에서 생각해 볼 수 있다. 바늘구멍과도 같은 소통의 길은 결코 천국(행복)의 삶으로 향하지 않는다.

12. 단절과 불통

비(否)

모든 것은 부단히 변화한다. 위에서 살핀 것처럼 세상만사가 "평평한 것은 기울어지는 법이요, 지나간 것은 되돌아오는 법이다." 이는 거시적으로는 만물의 생장 쇠멸에서, 인간의 생로병사에서 잘 드러난다. 또 일상적으로는 어제와 오늘이 다르고, 나의 마음도 시시각각 달라진다. 오늘의 행복이 내일 불행으로 변할 수도 있고, 현재의 다정한 교감이 한순간 숨 막히는 답답함으로 바뀔 수도 있다. 공자는 이러한 이치를 괘의 순서와 관련하여 다음과 같이 말한다. "'태(泰)'란 소통한다는 뜻이다. 그렇지만 모든 일이 언제까지나 소통될 수는 없다. 그래서 〈태(泰)〉에서 〈비(否)〉로 이어졌다.〔泰者 通也 物不可以終通 故受之以否〕"(「서괘전」) 여기에서 '비'란 막힌다는 뜻이다.

　그러므로 〈비〉괘는 〈태〉괘와 전혀 상반적으로 단절과 불통을 주제로 갖는다. 먼저 괘의 구조를 살펴보자. 그것은 상괘 '건'☰과 하괘 '곤'☷으로 이루어져 있다. 하늘이 위에, 땅이 아래에 있다. 상식적으로 생각하면 양자가 각기 제자리에 있으므로 만물의 생성을 비롯한 모든 일이 정상적으로 진행될 것처럼 보인다. 그러나 『주역』의 저자는 오히려 거기에서 분단과 격절, 불통의 모습을 보았다. 〈태〉괘의 경우와 달리 음양론상 하늘의 양기는 위로 오르려고만 하고 땅의 음기는 아래로 내려가려고만 해서, 양자의 교감과 소통이 이루어지지 않기 때문이다.

인간 사회 역시 마찬가지다. 전후, 좌우, 상하 사이에 교감과 의사소통이 이루어지지 않는 관계는 그 어떤 생산적 결실도 이루어 낼 수 없다. 아니 결국에는 파탄의 결말을 면할 수 없다. 예를 들면 서로 대립각을 세우고 반목하면서 전쟁도 불사하겠다는 남북한의 어리석은 지도자들이나 한 집에 함께 살면서도 서로 등을 돌리고는 여차하면 헤어지겠다는 부부와도 같다.

이러한 현상은 그 밖의 인간관계에서도 흔히 발견된다. 오늘날 사람들은 야생의 밀림과도 같은 사회에서 살아남기 위해 남들에게 무관심하며, 오히려 긴장감을 떨치지 못한다. 길거리에서 마주친 어린아이가 귀여워 쓰다듬어 주고 싶어도 유괴범으로 오해받을까 봐 거리를 둔다. 주위 사람들이, 심지어 가까운 친구까지도 잠재적 경쟁자이기에 한순간도 마음을 놓을 수 없다. 그리하여 자의든 타의든 사람들은 마음을 닫고 자기 안에 갇혀 외롭게 지낸다. 이는 자타 간 단절과 불통의 일상적인 모습이다.

그러고 보면 우리는 모두, 옛날의 표현을 빌려 말하면, '소인'으로 살아가고 있다. 군자에 대비되는 소인은 부도덕하고 간사한 사람만을 뜻하지 않는다. 그는 남들과 삶을 함께 나누려 하지 않고 자신의 안위만을 걱정하면서 자기 안에 갇혀 사는 사람이다. 몽테뉴는 개인주의의 개인을 "내 안을 들여다보고, 오직 나 자신과 관계하며, 끊임없이 자신을 생각하고 다스리며 음미"(『개인주의의 역사』)하는 사람이라고 찬양했지만, 그는 자폐적인 소인일 뿐이다. 그는 남들을 아우르며 더불어 살려는 열린 마음을 갖고 있지 않다. 그에게 남들과의 소통은 오직 자신의 이익이 되는 한에서일 뿐이다. 그러므로 일단 이익이 충족되면 그 소통 역시 냉정하게 끝난다. 우리는 그렇게 자타 간 단절과 불통 속에서 자기 안에 갇힌 외로운 삶을 살아간다. 어떻게 하면 이를 벗어날 수 있을까?

괘사卦辭

단절과 불통의 자리에는 사람의 길이 끊긴다.
군자의 정신이 어려움을 겪는다.
큰 것이 올라가고 작은 것이 내려온다.
否之匪人 不利君子貞 大往小來

"사람의 길"은 자타의 관계에서 형성되며, 소통을 전제한다. 소통이 막히면 너와 나의 관계는 자연히 단절될 것이며, 그렇게 되면 내 삶(존재)의 영역은 그만큼 축소된다. 당연히 "사람의 길" 또한 이로 인해 좁아지며 끊길 수밖에 없다. 극단적으로 말하면 남들과 전혀 교류하지 않는 삶은 마치 모든 문을 잠가 두고서 집안에 외롭게 처박혀 혼자 지내는 사람의 모습과도 같다. "참을 수 없는 존재의 가벼움"은 이의 필연적인 결과다. 그것이 바로 '소인'의 존재 양식이다. 그러므로 자타 간 대립과 단절의 소인 의식이 지배하는 사회에서 소통과 상생의 삶을 강조하는 "군자의 정신이 어려움을 겪는" 것은 필지의 현상이다.

"큰 것이 올라가고 작은 것이 내려온다."는 말은 무엇을 뜻할까? 난해하지만 이는 〈태(泰)〉괘의, "작은 것이 올라가고 큰 것이 내려온다."는 말과 상반된다. 여기에서도 공자의 해설을 먼저 들어 보자. "하늘과 땅이 교감하지 않으므로 만물이 생장하지 못하고, 윗사람과 아랫사람이 소통하지 않으므로 온 세상이 혼란에 빠진다. 안으로 어둠이 내리고 빛이 밖으로 밀려나며, 내면이 빈곤하여 밖으로 힘만 행세하려 한다. 소인이 등장하고 군자는 물러나니, 소인의 정신이 지배하고 군자의 정신은 사라진다.〔天地不交 而萬物不通也 上下不交 而天下无邦也 內陰而外陽 內柔而外剛 內小人而外君子 小人道長 君子道消也〕"(「단전」)

역시 이해하기 어려운 은유이지만 이를 두 가지로 풀어 보자. 먼저 자연의 관점에서, "큰 것"과 "작은 것"은 이미 말한 것처럼 하늘과 땅을 은유한다. 음양론상 하늘은 위에서 내려오지 않고, 땅은 아래에서 올라가지 않아 교감하지 않으므로 "만물이 생장하지 못한다.""윗사람과 아랫사람이 소통하지 않으므로 온 세상이 혼란에 빠진다."는 말은 이를 사회적 관점에서 풀이한 것이다. 신분상에서든 연령상에서든 '윗사람'과 '아랫사람'이 소통하지 않는 사회는 대립과 반목 속에서 무너질 수밖에 없다.

한편 "큰 것"과 "작은 것"은 괘의 구조와 관련을 갖기도 한다. 즉 전자는 위에 있는 ('건'의) 큰 양효들이 상징하는 빛이요, 후자는 아래에 있는 ('곤'의) 작은 음효들이 상징하는 어둠이다. 그리하여 "큰 것이 올라가고 작은 것이 내려온다."는 말은 빛이 하늘 멀리 올라가 사라지고 어둠이 이 땅에 드리움을, 즉 어둠이 사회를 지배함을 은유한다. 달리 말하면 "안으로 어둠이 내리고 빛이 밖으로 밀려난다." 이를 군자와 소인의 관점에서 말하면 "소인이 등장하고 군자는 물러나며," "소인의 정신이 지배하고 군자의 정신은 사라지는" 암흑의 사회 상황이다.

그러한 사회 속에서는 힘을 가진 소인들이 '윗사람'으로 군림하면서 힘없는 '아랫사람'들을 무시하려 할 것이다. 그들은 "내면이 빈곤하여 밖으로 힘만 행세하려 한다." 자신의 빈곤한 내면(정신)을 외면의 힘으로 포장하려 하는 것이다. 이는 필연적으로 상하 간 단절과 불통을 초래할 수밖에 없다. 소인이 지배하는 사회에서 "온 세상이 혼란에 빠질" 수밖에 없는 이유가 여기에 있다. 역으로 살피면 소통을 중시하는 군자의 정신을 확립해야 할 필요성이 여기에서 드러난다.

괘상卦象

하늘과 땅이 서로 교감하지 않는 모습이 〈비〉의 형상이다.
군자는 이를 보고서 안으로 들어와 덕을 닦고
근심 걱정을 내려놓으며 부귀영화를 추구하지 않는다.
天地不交 否 君子 以 儉德辟難 不可榮以祿

하늘과 땅의 두 기운이 교감하지 않는 가을 겨울에, 만물은 생명 활동을 안으로 거두어 뿌리와 줄기의 생명력을 더욱 단단하게 다진다. 내년 봄의 발아와 번식을 위해서다. 이러한 자연 현상은 우리에게 교훈을 준다. 그것은 전후, 좌우, 상하 사이에 소통이 막혀 "사람의 길이 끊긴"

동토의 사회에서 어떻게 살아야 하는가 하는 고민에 관한 것이다. 혁명을 꿈꾸는 사람이라면 온몸으로 도전하리라고 생각할지 모른다. 하지만 무모한 여건 속에서 그것은 처참한 실패 말고는 돌아오는 게 없을 것이다.

대부분의 사람들은 이러한 사회 상황 속에서 무력감을 느낀 나머지 밝고 아름다운 삶의 이상을 포기하고 부귀영화를 찾아 나선다. 그들은 약육강식의 밀림과도 같은 세상에서는 부귀의 힘을 가져야만 살아남을 수 있다고 생각한다. 하지만 거기에서 인간적인 안식과 평화를 느끼는 사람은 아무도 없을 것이다. 오히려 부귀를 추구할수록 심해지는 자타 간 대립과 투쟁에 불안과 근심 걱정을 한시도 내려놓을 수 없을 것이다. 결국 그들은 생존 경쟁의 원리만 더욱 익혀 나가면서 삭막해지는 삶의 불행을 면할 수가 없다. 거기에서 자타 간의 단절과 불통이 갈수록 심화되는 것은 다시 말할 나위가 없다.

그러면 도대체 어떻게 살아야 할까? "안으로 들어와 덕을 닦아야" 한다. 바깥 세상의 부귀영화를 떠나 자신의 내면 깊은 곳에서 천부의 본래적인 인격을 찾아 닦아야 한다. 인류의 스승들은 그것을 '불성'(불교), '덕성'(유교), 또는 '영혼'(기독교) 등의 말로 중생을 깨우치려 했다. 그 용어는 아무래도 좋다. '인간' '맨(man)', '랜〔人〕' '히토(ひと)' 등 무엇으로 부르든 그 대상은 동일한 사람인 것처럼, 저 용어들이 지칭하는 대상은 하나이기 때문이다. 사람들이 각자 그것을 닦아 나가다 보면, 용어를 넘어 내면 깊은 곳에서 무어라 말로 형용할 수 없는 고결한 인격성을 자각하게 될 것이다. 부귀영화의 욕심이 지어내는 온갖 근심 걱정을 넘어 참삶의 행복을 누릴 수 있는 길이 여기에 있다.

효사爻辭

初六
뿌리가 얽혀 있는 띠풀을 뽑아 본다.
그 무리 속에서 자신을 곧추세워야 한다.
기쁨을 얻을 것이며, 진리의 길이 열리리라.
拔茅茹 以其彙 貞 吉 亨

초육(初六)은 위의 두 음효와 함께 "뿌리가 얽혀 있는 띠풀"과도 같다. 그는 그렇게 소인배의 '무리' 속에서 살고 있다. "뿌리가 얽혀 있는 띠풀을 뽑아 본다."는 말은 소인배의 무리를 제거한다는 뜻이 아니다. 띠풀을 뽑아 보니 그 뿌리가 얽혀 있는 것처럼 소인배의 모습이 그러함을 은유한 것이다. 초육 역시 소인의 성향을 갖고 있기는 하지만, (초효이므로) 아직은 소인의 행태를 드러내지 않는다. 그래서 군자와 소인의 갈림길에 서 있는 그에게 자신의 마음에 내재해 있는 소인의 성향을 제거하여 "그 무리 속에서 자신을 곧추세워야 한다."고 충고한 것이다.

자타 간 순수한 교류가 막히고 "사람의 길이 끊긴" 세상에는 소인배, 즉 어둠(거짓과 불의)의 세력이 행세하는 법이다. 그들은 마치 얼키설키 얽혀 있는 띠풀의 뿌리와도 같이 한 무리가 되어 세상을 어지럽게 만든다. 이처럼 어둠이 지배하는 사회에서 나 홀로 고고하게 살기란 여간 어려운 일이 아니다. 그리하여 "안으로 들어와 덕을 닦으며" 삶의 기쁨을 누릴 수 있는 극소수의 현자들 말고는 대부분의 사람들은 어둠에 묻혀 살아간다.

　물론 그들이 어둠을 좋아해서 그러는 것은 아니다. 그들 역시 어둠을 거부하고 (진리의) 빛 속에서 살고 싶을 것이다. 사실 그것이 인간의 본심이다. 하지만 현실 세계 속에서 그들은 어둠의 위협과 회유, 유혹을 받는다. 어둠 속에서 빛의 추구는 수많은 방황과 실착을 각오해야 하지만, 어둠과의 타협은 생활의 안락을 보장해 주기 때문이다. 나아가 어둠의 세력은 부귀영화의 화려한 모습을 보여 주면서 그에 동참하도록 권유하기까지 한다. 이는 물론 그들이 나를 진정으로 위해서 그러는 것은 아니다. 내가 추구하려는 진리의 빛이 자신들의 일그러진 모습을 반사적으로 비추기 때문에 그것이 부끄럽고 두려워서다. 그들의 속셈은 그 빛을 꺼 버리고 싶은 것이며, 내가 그들과 함께 어둠에 묻히기를 바라는 것이다.

　그러므로 어둠 속에서 주어지는 부귀의 유혹에 넘어가지 말아야 한다. 자기 내부의 소인적 성향을 제거하지 않으면 안 된다. 부귀의 욕망과 소인의 성향은 참삶의 가치인 진리의 정신을 해쳐 자신을 불행에 빠트릴 뿐이다. 부귀영화나 추구하면서 백치처럼 사느니, "배부른 돼지보다는 배고픈 소크라테스"처럼 궁핍 속에서도 진리로 깨어 있는 삶을 살아야 한다. 혼탁한 세태에 휩쓸리지 말고 진리의 정신으로 "그 무리 속에서 자신을 곧추세워야 한다." 그래야만 어지러운 세상에서도 (참삶의) 기쁨을 얻을 것이다." 공자는 말한다. "얽혀 있는 띠풀과도 같은 무리 속에서 자신을 곧추세워 얻는 기쁨은 군자의 정신에서 나온다.〔拔茅貞吉 志在君也〕"(「상전」) 여기에서 '군자'란 진리를 추구하는 사람을 뜻한다.

六二

힘센 자를 따르려는 생각을 품고 있으니, 소인이 성공을 한다.
군자는 곤고하지만 진리가 형통하리라.

包承 小人 吉 大人 否 亨

육이(六二)는 (진리의 상징인) 구오와 소통하려 하지 않고, 초육, 육삼의 '띠풀'들과 무리지어 산다. 그는 하괘의 가운데에 있으므로 중도의 정신을 갖고 있는 것처럼 보이지만, 위아래의 음효들로 둘러싸여 있어서 나약함을 면치 못한다. 그리하여 (음효들의) '힘센 자'를 따르면서 '소인'으로 "성공을 한다." 여기에서 '군자'를 거론한 것은 '소인'의 사회에 동화되지 말고 '진리'의 정신으로 살도록 충고하는 뜻을 담고 있다.

사람들은 유연한 처세의 자세를 강조한다. 세상에 너무 대립각을 세우지 말라는 것이다. 사실 강경하고 모난 태도는 자타 간 반목과 불통의 요인이 된다. 그런 점에서 유연한 정신은 소통과 화합을 위해 매우 중요한 덕목이다. 하지만 문제는 유연성의 기준에 있다. 만약 원만한 처세만을 생각하는 사람이라면 그는 거짓이나 불의와도 적당히 타협하는 것을 유연한 태도라고 여길 것이다. 엄밀히 따지면 거기에는 입신출세를 위해 "힘센 자를 따르려는 생각"이 감추어져 있기도 하다. '힘센 자'란 사람이든 세상이든 어둠의 세력을 뜻한다. 그러한 자에게 아첨하면서 추종하는 것이 바로 '소인'의 유연함이다.

하지만 '군자'의 유연함은 이와는 차원을 달리한다. 그는 그 기준을 진리에 둔다. 무술의 고단자들이 부드러운 몸놀림으로 무예를 펼치듯이, '군자'는 상황에 맞추어 진리를 유연하게 실천하려 한다. 그리하여 그가 소인의 무리에 강경하게 대항하지는 않지만, 그들의 어둠에 동참하기를 거부하면서 일상생활 속에서 진리의 정신을 펼쳐 나간다. 그가 부귀영화를 얻지 못하고 곤고할 수밖에 없는 까닭이 여기에 있다. 하지만 그로 인해 "진리는 형통할" 것이다. 맹자의 이른바 '대장부'가 이의 대표적인 표상이다. 그의 웅변을 들어 보자.

세상에서 가장 넓은 집(사랑)에서 살고, 세상에서 가장 바른 자리에 서며(예의), 세상에서 가장 큰 길(의로움)을 걷나니, 뜻을 펼 기회가 주어지면 만민과 더불어 그것을 행하고, 그렇지 않으면 혼자만이라도 그 길을 가리라. 부귀도 이 뜻을 어지럽히지 못하고, 빈천도 이 뜻을 변절시키지 못하며, 권세나 무력도 이 뜻을 꺾지 못할 것이니, 이를 일러 대장부라 한다.〔居天下之廣居 立天下之正位 行天下之大道 得志 與民由之 不得志 獨行其道 富貴不能淫 貧賤不能移 威武不能屈 此之謂大丈夫〕(『맹자』)

이처럼 '군자'는 고난의 삶을 마다하지 않고 진리와 사랑, 예의, 의로움의 정신으로 어두운 사회에 빛을 밝혀 사람들의 삶을 인도하려 한다. 선비들은 이러한 뜻을, "몸은 곤고하지만 진리는 형통하리라.〔身否道亨〕"는 말로 정확하게 부연한다. 어두운 사회일수록 사람들이 '군자'의 출현을 고대하는 까닭이 여기에 있다. 진리의 빛으로 어두운 삶과 사회를 밝혀 주기를 염원하는 것이다. 공자는 말한다. "군자가 곤고하지만 진리가 형통할 수 있는 것은 그가 무리에 휩쓸리지 않기 때문이다.〔大人否亨 不亂群也〕"(「상전」)

六三

부끄러운 마음을 품고 있구나.

包羞

　육삼(六三)은 초육, 육이와 마찬가지로 어둠 속에 무리지어 사는, 아니 (두 음효의 위에서) 그들 이상으로 어둠에 깊이 젖어 있는 소인이다. 다만 그럼에도 그는 상괘 가까이에서 양효들의 밝은 빛에 노출되어 자신의 어두운 모습을 되돌아보지 않을 수 없게 되었다. 그래서 "부끄러운 마음을 품는다."

　세상에는 이욕으로 가득 찬 마음을 가진 사람들이 많다. 그들은 자신의 이익과 욕망을 채우기 위해서는 무슨 일이든 마다하지 않는다. 그들에게는 진리가 일말의 관심 대상도 되지 않는다. 그들이 남들과 공감하고 소통할 수 있는 요소는 오직 이익뿐이다. 그러므로 그들의 인간관계는 이해득실에 따라 수시로 바뀔 수밖에 없다. 단절과 불통의 원인이 여기에 있다. 이는 자아의 빈곤을 초래하는 커다란 요인이기도 하다. 그들의 존재는 부귀를 빼면 아무것도 남지 않기 때문이다. 존재의 외화내빈으로, 그야말로 공허하고 허무하기 짝이 없는 인생이다.

　그들도 내심 자신의 행태를 옳다고 여기지는 않을 것이다. 특히 그들은 진리로 사는 군자의 당당한 모습 앞에서 왠지 위축되고 "부끄러운 마음"을 피할 수 없을 것이다. 사실 그것이 인간의 본심이다. 공자는 말한다. "마음에 품는 부끄러움은 자신의 삶의 자리가 올바르지 않다는 자각에서 나온다.〔包羞 位不當也〕"(「상전」) 여기에서 "올바른 삶의 자리"

란 무엇일까? 그것은 바로 사랑과 의로움, 진리의 정신이다. 소통의 참다운 기쁨은 이러한 정신에서만 나온다.

九四
하늘의 뜻을 깨달으면 어둠에서 벗어날 것이다.
다른 사람들에게도 기쁨을 주리라.
有命　无咎　疇離祉

　구사(九四)는 양효로서 하괘에서 상괘로 이동한 자리에 있다. 이는 그의 삶 또는 사회가 극심한 어둠의 시절을 지나 서서히 빛을 회복하고 있음을 암시한다. 구사는 이러한 상황에서의 과제를 말하고 있다.

"평평한 것은 기울어지는 법이요, 지나간 것은 되돌아오는 법"을 다시 한 번 꺼내 논의해 보자. 이는 사계절이나 밤낮과 같은 자연 세계에서만 타당한 이치가 아니다. 인간 사회에서도 마찬가지다. 주제와 관련해서 말하면 사람들은 자타 간 단절과 불통이 심할수록 답답한 느낌에 무언가 변화를 시도할 것이다. 정이는 이를 다음과 같이 말한다. "혼란이 깊어지면 사람들은 자연히 안정을 희구하기 마련이다."(『주역』의 주)
　이는 사람들의 마음에 심겨진 "하늘의 뜻"이기도 하다. 하늘은 이 세상에 사람을 낼 때 혼란과 위험 속에서 삶을 끝내도록 기획하지 않았다. 하늘은 인류가 멸망하지 않고 영원히 삶을 지속하도록 사람들에게 우환 의식과 경각심, 미래에 대한 기대와 희망을 주었다. 하느님이 예수를 이 세상에 보내신 뜻도 아마 여기에 있을 것이다. 인류가 예수를 통해 경각심과 함께 희망을 갖고서 죄악으로부터 구원받을 수 있도록 하려는 것이었다.

그러므로 "하늘의 뜻을 깨달으면 어둠에서 벗어날 것이다." 물론 깨달음으로만 끝나서는 안 된다. 바깥 세상이나 나 자신의 내면에 드리운 어둠을 물리치기 위해 적극적으로 노력해야 한다. 특히 내면의 어둠을 제거하여 밝은 빛으로 충만하게 하는 데에는 평생의 수행을 필요로 할 것이다. 그와 같은 각오 없이 혼란과 위험의 어둠이 저절로 사라지기를 기다리는 것은 마치 밥 먹는 것을 상상하면서 배부르기를 구하는 것이나 마찬가지다. 공자는 말한다. "하늘의 뜻을 깨달아 어둠에서 벗어나려면 실천의 의지를 가져야 한다.〔有命无咎 志行也〕"(「상전」)

어둠을 밝히는 빛은 내 삶의 길만 비추어 주지 않는다. 그것은 주변까지 밝혀 "다른 사람들에게도 기쁨을 줄" 것이다. 특히 진리의 빛이라면 그것은 인류의 삶을 밝게 인도해 주는 등불이 될 것이다. 예수는 말한다. "나는 세상의 빛이요 길이요 진리다." 물론 그 빛을 예수에게서만 찾아 추종할 일은 아니다. 바깥의 빛에 대한 신앙만으로 내면의 어둠이 사라지지는 않는다. 이를테면 예수를 믿는 것만으로는 결코 진리의 세계(천국)에 들어갈 수 없다. 예수는 선각자로서 사람들을 진리의 길로 인도하는 것일 뿐이다. 그를 통해 나는 자신의 내면 깊은 곳에 도사리고 있는 진리의 열망을 깨우고 그 빛을 자각하면서 삶 속에서 밝히는 노력을 하지 않으면 안 된다.

九五

막힌 상황을 종식시키는 데에는 대인만이 그 일을 성취할 수 있다.
실패할까 염려하여 뽕나무에 물건을 매어 두듯 해야 한다.
休否 大人 吉 其亡其亡 繫于苞桑

구오(九五)는 상괘 '건'의 중심에 있는 양효이므로 단절과 불통의 "막힌 상황을 종식시킬 대인"이다. 다만 (구사 이후) 어둠이 점차 사라지고 있다 하더라도 그 잔재가 여전히 남아 있으므로 조심하지 않으면 안 된다. 그러므로 "실패할까 염려하여 뽕나무에 물건을 매어 두듯 해야 한다."

단절과 불통의 시대에서 공감과 소통의 새로운 사회를 열어 나가려면 여러 사람의 연대와 협력이 필요하지만, 그 가운데에서도 일을 조직하고 주관할 지도자가 있어야 한다. 물론 그러한 지도자는 아무나 될 수 있는 것이 아니다. 그는 어둠으로 꽉 막힌 상황을 종식시킬 수 있는 밝은 진리의 정신을 갖고 있어야 한다. 그러한 사람이 바로 '대인'이다. 공자는 말한다. "대인이 일을 성취할 수 있는 것은 그가 올바른 삶의 자리를 얻고 있기 때문이다.〔大人之吉 位正當也〕"(「상전」) 여기에서 "올바른 삶의 자리"란 진리의 정신을 함축한다.

그렇다 하더라도 그가 변혁을 추진하는 자리에서 주의해야 할 사항이 있다. 한순간도 염려의 마음을 놓아서는 안 된다는 것이다. 그동안 단절과 불통의 상황을 이용하여 이익을 취해 온 무리가 여전히 존재하기 때문이다. 우리 사회에서 남북 분단이나 지역 감정으로 득을 보려는 세력이 그 실례다. 그들은 시대의 흐름을 거부하면서 '대인'(과 뜻을 같이 하는 사람들)을 어떻게든 폄하하고 중상모략한다. 예를 들면 자신과 정치적 견해를 달리하는 사람에 대해 '종북'이니 '좌파'니 하면서 퍼붓는 저들의 비난에는 자신의 기득권과 지배 이익을 보수하려는 못된 저의가 숨겨져 있다.

그러므로 잠시라도 긴장의 끈을 늦추어서는 안 된다. 변함없는 의지와 강한 결단력이 중요함은 물론, 특히 변혁의 시기에는 매사에 염려의 마음을 놓지 말고 주도면밀하게 처사해야 한다. 그리하여 변혁의 일을 마치 "뽕나무에 물건을 매어 두듯이 해야 한다." 그 뿌리가 단단한데다 얼키설키 서려 있어 쉽게 뽑히지 않는 뽕나무처럼, 어둠의 세력이 아무리 흔들고 훼방한다 하더라도 확고한 의지와 빈틈없는 대응이 필요하다. 공자는 이와 같은 염려와 준비의 정신을 일상생활의 것으로 일반화하여 다음과 같이 천명한다. 『주역』에 본래 담겨 있는 '우환 의식'의 전형적인 모습이 여기에서 드러난다. 이 '우환'은 단지 염려와 걱정에 그치지 않고, 미래를 준비하는 적극적인 의지를 품는다.

위험은 지금의 자리에 안주하는 마음에서 비롯되고, 파탄은 지금의 성공을 자만하는 마음에서 비롯되며, 혼란은 지금의 평화에 젖어 있는 마음에서 비롯된다. 그러므로 군자는 지금, 이 자리에 편안히 처하면서도 다가올 위험을 잊지 않고, 성공을 누리면서도 미래의 파탄 가능성을 잊지 않으며, 평화 속에서도 미래의 혼란 가능성을 잊지 않는다. 그렇게 해서 그는 안락한 삶과 함께 나라를 보전한다.〔危者 安其位者也 亡者 保其存者也 亂者 有其治者也 是故 君子 安而不忘危 存而不忘亡 治而不忘亂 是以 身安而國家可保也〕(「계사전」)

이는 사회와 시대의 문제 이전에 긴요한 삶의 정신을 우리에게 가르쳐 준다. 한마디로 삶에 적당한 긴장과 염려의 마음을 가져야 한다는 것이다. 방심과 해이는 모든 실패의 요인이다. 사실 적절한 긴장은 우리 생명을 유지시켜 주는 건강한 힘이다. 어느 의학자의 말에 의하면 나병의 가장 큰 문제점은 환자가 고통을 모른다는 사실에 있다고 한다. 고통이 육체적, 정신적인 긴장을 낳으면서 몸 안에서 대응의 전략을 세울 텐데, 그 병은 그러한 기제의 발동을 막는다는 것이다.

마찬가지로 행복이든 성공이든 평화든 지금의 자리에 안주하는 마음은 긴장과 고통을 갖지 않으므로 미래의 전략을 세우는 데 소홀하다. 그는 지금의 자리를 최대한 즐기는 일에만 마음을 쓰려 한다. 예를 들면 젊은 사람은 건강을 자신하는 나머지 몸을 함부로, 과도하게 부리면서 생활을 절제할 줄 모른다. 두말할 것 없이 그것은 뒷날 허약과 질병의 요인이 된다. 이와 반대로 "고로롱팔십"이라는 속담처럼, 몸이 약한 사람은 조심에 조심을 더하므로 오래 산다.

그러므로 삶에 긴장과 고통이 없기만을 바라서는 안 된다. 그것이 과도하면 문제가 되지만, 적당한 긴장과 고통은 오히려 삶에 자극과 함께 활력을 불어넣어 준다. 그것은 각성제와도 같이 삶의 정신을 일깨워 준다. 이것이 '우환 의식'의 생산적 기능이다. 맹자는 말한다. "사람은 아픔을 겪으면서 지혜와 지모를 얻는다." "사람은 우환 속에서 살고 안락 속에서 죽는다."(『맹자』) 그러므로 현재 삶의 행복을 누리면서도, 한편으로 적당히 긴장하면서 부단히 새로운 미래를 기획할 필요가 있다. 사회도 마찬가지다. 사회의 지도적인 인사들은 평화로운 가운데에서도 항상 혼란의 가능성을 염려하고 대비하지 않으면 안 된다. 지도자의 중요한 덕목이 거기에 있다.

上九
막힌 상황을 반전시킨다.
대인은 막힌 상황을 남보다 먼저 근심하고,
남보다 늦게 기쁨을 누린다.
傾否　先否　後喜

　　상구(上九)는 괘의 마지막 양효이므로 "막힌 상황을 반전시키는" '대인'
이다. 여기에서도 "남보다 먼저 근심하는" 그의 우환 의식이 드러난다.

　　드디어 단절과 불통의 시절이 막을 내린다. 하지만 그렇다고 해서 모
든 일이 끝난 것은 아니다. 다만 시절만 바뀌었을 뿐이며, 사람들은 아
직도 구습을 벗어나지 못하여 서로 의심과 불신, 배타와 대립의 마음
을 버리지 못하고 있기 때문이다. 정신적으로는 여전히 궁핍한 시대다.
그러므로 한 사회의 지도자는 이제 사람들이 어둠에서 벗어나 마음을
열고 소통하면서 살도록 새로운 정신 가치를 찾아 천명해야 한다.
　　지성인이든, 아니면 정치인이든 새로운 시대를 준비하는 사람의 한
가지 과제가 여기에 있다. 어둠의 시절이 끝났다 하여 보통 사람들과
함께 환호만 해서는 안 된다. 그는 "막힌 상황을 반전시켜" 사람들을
새롭게 이끌어 갈 가치와 이념을 모색하고 창출해야 한다. 그렇지 않으
면 그들은 여전히 어두웠던 시절의 사고방식과 생활 태도를 답습할 것

이다. 사회 역시 밝은 미래를 보지 못하고 또 다른 어둠 속으로 빠져들 수도 있다. 공자는 말한다. "막힌 상황이 끝나면 반전시키는 일을 어찌 길게 끌 수 있겠는가.〔否終則傾 何可長也〕"(「상전」) 여기에서 '반전'이란 새로운 가치와 이념으로 밝은 미래를 열어 나감을 뜻한다.

우리는 그러한 '반전'의 실패를 우리 사회에서 마음 아프게 겪은 바 있다. 지난날 30여 년간 지속되어 온 군부의 통치가 1990년대에 막을 내린 것으로 곧 새 사회가 도래한 것은 아니었다. 그런데도 현실의 지도자들과 국민들은 "막힌 상황이 끝난" 것에 환호할 뿐, '반전시키는' 일에는 무관심했다. 그 결과 우리는 구시대의 잔재와 악습을 제대로 정리하지 못하고, 오히려 그것들을 묵인하고 심지어 온존시킴으로써 또 다른 "막힌 상황"에 처하게 되었다. 통치자의 독선과 불통, 관료 기강의 해이, 사회에 만연한 부정과 불신 등 요즘 우리나라가 겪고 있는 각종 병리 현상, 한마디로 국가의 총체적인 부실이 그 증례다.

그러므로 사회의 지도적 위치에 있는 사람들은 「계사전」에서 공자가 말한 것과 같은 '우환 의식'을 한시도 놓아서는 안 된다. "막힌 상황을 남보다 먼저 근심하고, 남보다 늦게 기쁨을 누려야 한다." 단절과 불통의 낌새를 남보다 먼저 살피고, '막힌 상황'이 끝났다 하더라도 긴장과 염려의 마음을 놓지 말고 새로운 시대의 가치를 창출·천명해야 한다. 중국 송나라 때의 학자 범중엄(范仲淹, 990~1053)은 말한다. "(선비는) 세상의 근심을 남보다 먼저 근심하고, 또 세상의 즐거움을 남보다 늦게 즐긴다.〔先天下之憂而憂 後天下之樂而樂〕"

13. 어울림의 정신

동인(同人)

오늘날 사람들은 사회를 "만인의 만인에 대한 투쟁" 또는 적자생존의 장으로 당연시한다. 이러한 생각은 현실적으로 신산하고 각박한 생활 때문이기도 하지만, 근본적으로는 어린 시절부터 부모에게서, 또는 학교에서 끊임없이 경쟁 의식을 주입받으면서 자라 온 결과일 것이다. 그리하여 이제는 남들이 건네는 호의적인 말 한마디에까지도 우리는 자신도 모르게 긴장한다. 친구조차도 잠재적인 경쟁자다. 그야말로 "눈 뜨고도 코 베이는" 험악한 세상이 되었다.

요즘 병원의 신경 정신과가 호황을 누리는 것도 이러한 심리 상황에 기인할 것이다. 자타 간 긴장과 대립, 투쟁은 각종 정신 질환과, 더 나아가 심장 관련의 육체적 질병을 유발할 수밖에 없기 때문이다. 이는 근본적으로 우리의 인간(사회)관이 잘못되었음을 경고한다. 내가 품고 있는 살벌한 인간관이 도리어 자신의 건강(생명)을 해치는 것이다. 만약 가족 관계처럼 상호 화합하고 친목을 나누는 따뜻한 인간관을 갖고 있다면 그러한 질병은 생기지 않을 것이다. 그러므로 정신적으로나 육체적으로 건강한 삶을 살기 위해서는 근본적으로 자신의 인간관을 먼저 바꾸지 않으면 안 된다.

사실 전문가의 말을 빌리지 않더라도 우리는 자타 간 단절과 대립, 투쟁이 삶의 불안과 고통, 외로움을 초래한다는 것을 체험적으로 잘 안다. 스트레스가 만병의 요인이라는 사실에 누구나 동의한다. 그런데 사람들은 이러한 문제를 해결하기 위해 자신(의 삶)을 진지하게 돌아보고 고민하려 하지 않는다. 다만 불안과 외로움, 스트레스의 일시적인 해소책으로 바깥에서 제공되는 각종의 향락거리에만 관심을 기울인다. 오늘날 갈수록 번창하는 향락 산업은 사람들의 이와 같은 심리를 상업적으로 잘 이용한 결과다.

하지만 문제를 그처럼 표피적이고 말초적인 방법으로 해결하려 해서는 안 된다. 그것은 마치 통증을 마약으로 일시적으로 달래려는 것이나 다름없어 삶의 질병을 더욱 깊게 만들 뿐이다. 무엇보다도 우리들 자신의 인간관과 삶의 정신에 대한 철저한 반성 속에서 근본적인 해결책을 찾아야 한다. 공자는 그것을 '동인(同人)'의 정신에서 발견하면서, 괘의 순서와 관련하여 다음과 같이 말한다. "어떤 일이든 단절로만 끝나지는 않는다. 그래서 〈비(否)〉에서 〈동인〉으로 이어졌다.〔物不可以終否 故受之以同人〕"(「서괘전」) 여기에서 '동인'이란 어울림의 정신을 함의하며, 이 괘는 그것을 주제로 갖는다.

이를 괘의 구조에서 살펴보자. 〈동인〉괘는 상괘 '건'☰과 하괘 '리(離)'☲로 이루어져 있다. '건'은 강건한 속성에 하늘을 상징한다. '리'는 불(태양)을 상징하며, 사물을 밝게 비추는 속성을 갖고 있다. 따라서 그것은 지혜의 눈빛을 은유하기도 한다. 먼저 양자의 상징을 조합해 보

자. 그것은 불이 공중의 하늘로 타오르는 모습을 보여 준다. 야영장의 불놀이에서 하늘 위로 춤추며 타오르는 불꽃과도 같다. 그렇게 불꽃이 공중에서 현란하게 조화를 부리며 하늘과 어우러진다. 공자의 심미 의식은 거기에서 어울림의 정신을 상념했다. 한편으로 양자의 속성, 즉 '건'의 강건한 정신과 '리'의 밝은 지혜는 아래의 괘사에서 응용된다.

어울림의 정신은 괘효 안에서도 읽힌다. 하괘의 육이와 상괘의 구오는 각기 위아래의 중심적인 효이면서도 음양으로 호응한다. 말하자면 서로 잘 어울리고 있다. 또한 〈동인〉괘 가운데 다섯 개의 강한 양효들이 모두 하나의 부드러운 음효(육이)와 함께하려는 뜻을 갖고 있으므로, 이 역시 어울림의 뜻을 내포한다. 공자는 말한다. "부드러운 힘이 중심적인 자리에서 강한 힘들의 호응을 얻으므로 '동인'이라 했다.〔柔得位 得中而應乎乾 曰同人〕"(「단전」) 물론 64괘 가운데 하나의 음효만 갖는 다른 괘들도 있지만, 그것들 모두가 어울림의 뜻을 함축하는 것은 아니다. 그것들은 각각 괘의 상징과 효의 위치에 따라 다른 의미를 갖는다.

괘사卦辭

사람들과 들판에서 어울리면 삶이 풍요로우리라.
큰 강물을 건너기에도 좋다.
군자의 올바른 정신을 지켜야 한다.
同人于野 亨 利涉大川 利君子貞

들판은 온갖 초목금수가 서식하는 열린 공간이다. 그것은 무엇 하나도 배제하지 않고 모든 종류의 생명체를 다 포용한다. "들판에서 어울림"의 은유가 여기에서 밝혀진다. 즉 들판이 초목금수를 선별 수용하지 않고 모든 것들을 다 받아들이는 것처럼, 모든 사람들을 널리 아우르는 열린 마음, 관용의 정신을 가져야 한다는 것이다. 그렇게 "들판에서 어울리면 삶이 풍요로울" 것이다. 온갖 초목금수를 아우르는 들판과도 같이 열린 마음은 자타 간 화해로운 생명 교류의 기쁨을 주기 때문이다.

'들판'의 정신으로 사람들을 아울러야 한다는 말은 그들을 무조건 받아들여야 함을 뜻하지 않는다. 그 어울림은 "군자의 올바른 정신"을 전제한다. "이런들 어떠하며 저런들 어떠하리." 하면서 시세에 따라 사람들과 부화뇌동하는 것은 진정한 어울림이 아니다. 거기에는 순수한 생명(인격, 영혼)의 교류가 없기 때문이다. 그것은 공자의 이른바, "사람들과 뇌동할 뿐 화해롭지 못한(同而不和)"(『논어』) 소인의 행태에 지나지 않는다.

군자는 이와 다르다. 그는 사람들과 아무렇게나, 되는대로 어울리지 않는다. 역시 공자의 말처럼 그는 "사람들과 화해롭게 지내지만 뇌동하지는 않는다.(和而不同)"(『논어』) 즉 그는 어떤 어울림의 자리에서도 진리의 눈빛을 띤 밝은 지혜(하괘의 '리')와, 그것을 실천하려는 강건한 정신(상괘의 '건')을 잃지 않는다. 그렇게 하여 진리의 세계에서 사람들과 교류하며 어울려 살려 한다. 공자는 말한다. "명철한 지혜와 강건한 정신으로 삶의 중심을 올바로 세워 사람들과 어울리는 것, 그것이 군자의 올바른 정신이다. 오직 군자만이 세상 사람들과 마음을 소통할 줄 안다.(文明以健 中正而應 君子正也 唯君子 爲能通天下之志)"(「단전」)

군자가 어울림의 정신을 갖는 것은 자신만의 풍요(행복)를 추구해서가 아니다. 그는 대립과 반목으로 심하게 물결치는 비정한 현실의 "큰 강물을 건너" 대동(大同)의 세상에 이르려는 염원을 품는다. 또한 마치 초목금수가 서로 조화롭게 어울리면서 살아가는 들판과도 같은 평화로운 세상을 꿈꾼다. 『예기』의 대동 사회론은 이러한 이상을 품고 있다.

> 대도(大道)가 행해지던 세상에서는 천하가 만인 모두의 것이었다. 사람들은 현자와 재능 있는 사람을 관리로 선출하여 사회를 신뢰와 화목으로 이끌어 나가도록 했다. 그리하여 그들은 제 부모만을 부모로 여기지 않았고, 제 자식만을 자식으로 여기지도 않았다. 노인들에게는 여생을 편안하게 마칠 수 있도록 했고, 젊은이는 각자 삶의 자리를 갖도록 했으며, 어린이는 마음껏 자랄 수 있도록 했고, 홀아비·과부·고아·병든 자들 모두 부양을 받으며 살아가도록 했다. 남자들에게는 소업이 있었고 여자들에게는 결혼의 안식처가 있었다. 재물의 헛된 낭비를 싫어했지만 그렇다고 해서 그것을 사재기하지는 않았으며, 노력하지 않는 삶을 혐오했지만 그렇다고 해서 그 노력이 이기적으로 쓰이지도 않았다. 그리하여 남을 모략하는 일이 없어지고 도적이 사라져서 아무도 대문을 잠그고 살지 않았다.

괘상卦象

불꽃이 위로 솟아올라 하늘과 어우러지는 모습이 〈동인〉의 형상이다. 군자는 이를 보고서 사람들과 어울려 지내면서도 서로 다른 점을 인정한다.

天與火 同人 君子 以 類族辨物

    만물은 끼리끼리 모이고 어울리는 성향을 갖는다. 물은 물끼리, 불은 불끼리 친화적이다. 또한 초목금수도 그러하다. 초목이 군락을 이루면서 서식하는 모습이 그 예다. 이는 아마도 자기 보존과 강화를 위한 자연적 책략의 산물일 것이다. 혼자 떨어지면 사멸의 위험이 더 커지기 때문이다. 사람도 마찬가지다. 사람들 역시 유유상종한다. 그것이 서로 마음 편하고 살아가는 데 이롭기 때문이다. 당연히 군자도 예외가 아니다. 그 역시 자신과 뜻을 함께하는 사람을 찾아 서로 어울리려 한다. 공자는 그 어울림의 즐거움을 다음과 같이 말한다. "벗이 멀리서 찾아오면 이 또한 즐겁지 아니한가!〔有朋 自遠方來 不亦樂乎〕"(『논어』)

    군자는 "사람들과 어울려 지내지만" 자신의 의견이나 주의 주장을 그들에게 강요하지 않는다. 오히려 그는 "서로 다른 점을 인정하고" 존중하면서 조화로운 관계를 추구한다. 이것이 군자의 "화이부동(和而不同)"에 담긴 구체적인 뜻이다. '화(和)'와 '동(同)'의 함축적인 의미를 『춘추좌씨전』의 비유를 통해 알아보자. 이에 의하면 '화'는 다양한 재료와 양념을 조합하여 조화로운 국 맛을 내는 것과 같고, '동'은 한 종류로만 밍밍하게 국을 끓이는 것과 같다고 한다. 이는 군자의 "화이부동"과 소인의 "동이불화"의 차이를 잘 드러내 준다. 즉 소인은 사람들의 다양한 의견을 견디지 못하고 끼리끼리 어울리는 동일성 의식에 빠져 있는 데 반해, 군자는 남들과 "서로 다른 점을 인정"하고 존중하면서 다양성 속의 조화를 꾀한다. 말하자면 전자는 일사불란(一絲不亂)을 좋아하고,

후자는 다사불란(多絲不亂)을 추구한다.

효사爻辭

初九
문밖의 사람들과도 어울린다.
비난할 일이 아니다.
同人于門 无咎

초구(初九)는 괘의 처음 효이므로 어울림의 기본 정신을 말하고 있다. 그것은 상괘와 음양으로 서로 호응하는 효가 없다. 이는 그의 마음이 많은 사람에게로 열려 있음을 은유한다. 그래서 집안의 사람들만이 아니라 "문밖의 사람들과도 어울린다."고 했다. 만약 그가 가까운 육이에게만 마음을 연다면 그의 어울림은 폐쇄성을 면치 못할 것이다.

사람들은 대개 자신의 '문안'의 일에 관해서는 크게 신경을 쓰면서도, '문밖'의 일에는 무관심하다. 예를 들면 집안의 물건 하나만 없어져도 크게 상심하지만, 이웃집에 도둑이 든 일에 대해서는 잠시의 동정과 함께 이내 잊어버린다. 이는 어쩌면 인지상정일 수도 있지만, 그렇다고 해서 그것을 당연시해서는 안 된다. 거기에는 이웃과 인정을 나누며 서로 화목하게 지내는 데 장애 요인이 도사리고 있기 때문이다.
이를 어울림의 관점에서 생각해 보자. 많은 사람들은 남들과 어울리는 데 '문'의 안과 밖을 구별하려 한다. 아니 우리 모두는 어쩌면 내 편과 네 편, 아군과 적군을 가르는 마음의 문을 만들어 끼리끼리 어울리려는 편협한 성향을 갖고 있다. 모두가 더불어 어울려 사는 아름다운 정신이 거기에는 부재하다. 이는 당연히 갈등과 투쟁의 수많은 허물거리를 지어낼 것이다. "아(我)와 비아(非我)의 투쟁"으로 험난했던 인류 역사가 이를 증언한다.

그러므로 우리는 나와 너의 사이를 차단하는 마음의 문을 열어야 한다. "문밖의 사람들"과도 화해롭게 지내는 열린 마음을 가져야 한다. 이에 대해 '문 안의 사람들, 이를테면 동창이나 동향의 사람들은 그를 배신자라고 비난할지도 모른다. 하지만 그들은 "동이불화"의 소인적 사고에 빠져 있다. 비난받아야 할 것은 오히려 나와 남을 가르는 그들의 닫힌 마음이다. 공자는 말한다. "문을 나서서 사람들과 어울리는 것을 또 누가 비난할 수 있겠는가.[出門同人 又誰咎也]"(「상전」)

다만 "문밖의 사람들"과 화해롭게 어울린다 하더라도 그 정도는 사람마다 다를 것이다. 즉 가까운 이웃에게만 마음의 문을 여는 사람이 있는가 하면, 가장 위대하게는 인류와 만물을 아우르는 우주적인 크기의 마음도 있다. 이에 따라 그의 사람됨에 대한 평가가 달라질 것임은 물론이다. 우주적인 마음의 성인은 만민의 흠모와 칭송을 얻을 것이요, 문밖의 가까운 이웃에게만 마음을 여는 사람은 남들에게 비난을 들을 일은 없겠지만 존경까지 받지는 못할 것이다. 하물며 문 안의 사람들과만 어울린다면 그는 당연히 폐쇄적이고 파당적이라는 비난을 면할 수 없을 것이다.

六二

친족하고만 어울린다. 마음이 인색하구나.

同人于宗 吝

　육이(六二)는 구오와 음양으로 서로 호응하면서 다른 효들을 외면하고 있다. 그래서 "친족하고만 어울린다."고 은유했다.

　여기에서 '친족'은 가까운 친척뿐 아니라, 문중이나 종친회의 사람까지 포함될 수 있다. 그들과 어울리면서 단합하는 것 자체가 결코 비난받을 일은 물론 아니다. 그렇지만 사람들과 어울려 사는데 친족 중심적으로 나선다면 거기에는 문제가 있다. 그것은 다른 사람들을 널리 아우르지 못하고, 역시 문 안의 사람들하고만 친하게 지내려는 폐쇄적이고 집단 이기적인 성향을 띠기 때문이다.

　폐쇄적인 친족 의식만이 아니다. 마찬가지로 학교의 동문 의식이나 지역 감정도 "문밖의 사람들"을 배제하고 차별할 위험성을 갖는다. 이 점은 우리 사회가 고질적으로 앓고 있는 병리 현상이기도 하다. 종교 신앙 또한 마찬가지다. 남들을 인정하고 존중할 줄 모르는, 독존적이고 배타적인 신앙은 파괴적인 이데올로기에 지나지 않는다. 이 모두 마음이 인색한 데에서 기인한다. 그들은 인색하게도 자신의 소속 집단에 매몰된 나머지, 남들을 관용하면서 따뜻하게 배려할 줄 모른다. 그처럼 인색한 마음을 버리지 않는 한, 자타 간 화해로운 삶은 불가능할 것이다.

　아니 인색한 마음은 남과의 관계 이전에 자신의 존재 자체를 인색하게 만들 것이다. 공자는 말한다. "친족하고만 어울리는 것은 자신을 인색하게 만드는 길이다.[同人于宗 吝道也]"(「상전」) 이는 물질적 관점에서 한 말이 아니다. 어느 학자의 말대로 인색은 "정신적 변비"다. 이는 자신의 존재를 열어 남들과 함께 나눌 줄 모르고, 인색하게도 자기 안에 갇혀 혼자서만 삶을 누리려는 자폐적인 현상을 뜻한다. 그것은 존재의 인색과 다름 없다. 그가 살아가면서 느낄 존재의 외로움과 빈곤감은 이의 피할 수 없는 결과다.

九三

흉기를 수풀 속에 숨겨 두고 높은 곳에 올라가 관망하면서

3년이 되도록 실행에 나서지 못하는구나.

伏戎于莽 升其高陵 三歲不興

구삼(九三)은 다른 양효와 어울리지 못하고 오직 아래의 육이에게만 마음을 두고 있는데, 정작 육이는 구오와 (음양으로 호응하여) 사이좋게 지내고 있다. 이에 구삼은 육이를 폭력적으로 빼앗고 싶은 마음을 갖는다. 이는 마치 "(강도가) 흉기를 수풀 속에 숨겨 두고 높은 곳에 올라가 관망하면서" 행인을 기다리는 것과도 같다. 그러나 구오에 비해 명분이나 힘이 약하기에 "3년이 되도록 실행에 나서지 못한다." 여기에서 '3년'은 긴 세월을 뜻한다.

세상에는 모나고 뒤틀린 성격으로 남들과 잘 어울리지 못하는 사람이 있다. 일종의 인격 장애인이다. 그 역시 처세의 필요나 외로움 때문

에 남들과 어울려 지내고 싶어 하지만, 어느 누구도 그와 상대하려 하지 않는다. 그의 뒤틀린 성격에 비위를 맞추기가 힘들고, 걸핏하면 그와 부딪치다 보니 만남의 자리가 불편하고 긴장되기만 하기 때문이다.

그러한 사람은 설사 친구를 사귄다 하더라도 혼자 독점하려 한다. 그는 친구를 존중해야 할 인격이 아니라, 자신의 외로움을 달래 줄 소유물로 여긴다. 그리하여 친구가 남들과 다정하게 지내는 것에 불만과 상실의 위기감을 느끼고, 강제로 그를 빼앗으려 한다. 비유하자면 그는 마치 숲속에 숨어서 행인을 납치하거나 그의 물건을 강탈하려는 강도와도 같다. 그가 마음속에 숨겨 둔 '흉기'는 남들과 원만하게 어울리지 못하는, 모나고 뒤틀린 성격이다.

그렇다고 해서 그가 '흉기'를 노골적으로 휘둘러대지도 못한다. 그것이 어떠한 결과를 초래할지, 즉 도리어 친구를 떠나게 하고 말리라는 사실을 스스로 잘 알기 때문이다. 한편으로 그는 사람들과 어울리는 데에는 인격만큼 소중한 힘이 없다는 점을 마음속으로 자각하기도 할 것이다. 역시 비유적으로 말하면 수풀 속에 숨어 있는 강도가 행인의 결속된 힘에 눌리는 것과도 같다. 공자는 이를 다음과 같이 말한다. "흉기를 수풀 속에 숨겨 두고 관망만 하는 것은 행인들이 강력해 보이기 때문이다. 3년이 되도록 실행에 나서지 못하니, 어찌 마음 편히 지낼 수 있겠는가〔伏戎于莽 敵剛也 三歲不興 安行也〕"(「상전」) 결국 그는 전전긍긍하면서 애만 태울 것이요, 스스로 소외의 감정만 더 키울 것이다.

九四

담장에 올라 이웃을 비난하지 않으면 행복을 찾으리라.

乘其墉 不克攻 吉

구사(九四) 역시 구삼과 마찬가지로 육이와 어울리고 싶어 한다. 하지만 육이가 구오와 사이좋게 지내고 있을 뿐만 아니라, 구삼의 '담장'에 가로막혀 있다. 이럴 경우에는 "담장에 올라 이웃(육이)을 비난"하려 해서는 안 된다. 그 '담장'은 구사 자신이 만든 것일 수도 있으므로(구사가 양효로 음의 자리에 잘못 있다.), 그것을 스스로 허물어 이웃에게 다가가야 한다.

우리는 남들과 잘 어울려 지내다가도 때때로 의견이나 감정의 대립으로 사이가 서로 소원해지기도 한다. 그렇다고 해서 서로의 관계를 간단히 끝내기는 쉬운 일이 아니다. 순전히 업무상으로 만난 사이가 아닌 이상, 지난날의 정분을 아쉬워하면서 되돌리고 싶어 한다. 마치 이웃과 무슨 일로 틀어졌지만, 때때로 담장 너머 이웃집을 기웃거리면서 그 사람과 눈을 마주치고 서로 마음을 풀기를 바라는 것처럼 말이다.

이웃 또는 자타 간의 불화는 그 원인이 상대방에게 있을 수도 있고, 나 자신에게 있을 수도 있다. 하지만 불화의 자리에서는 무엇보다도 자신의 잘못 여부를 먼저 자성하지 않으면 안 된다. 서로를 갈라놓은 갈등의 '담장'에 올라 '이웃'을 비난만 하려 해서는 안 된다. 자기반성을 통해 자타 단절의 '담장'을 허물고 그와 화해할 길을 적극적으로 찾아야 한다. 그래야만 다시 행복한 관계를 회복할 수 있다. 공자는 말한다. "담장에 올라 이웃을 비난해서는 안 된다. 그것은 옳은 일이 아니다.

행복은 곤경에 처해 올바른 도리를 되찾는 데에서 다가온다.〔乘其墉 義 弗克也 其吉 則困而反則也)"(「상전」) 자타 간 갈등과 불화의 곤경을 만나 면 상대방을 비난하기에 앞서 자신이 '올바른 도리'를 다했는지 되돌아 반성하고 실천해야 한다는 것이다. 행복은 그렇게 사람의 올바른 도리 를 다하는 데에서 찾아온다. 참고로 자기 성찰을 강조하는 맹자의 글 을 읽어 보자.

어떤 사람이 무례하게 대할 경우, 군자는 반드시 자신을 되돌아보면서 "이는 나에게 사랑과 예의가 없어서 그러는 것일 게다. 그렇지 않고서야 이런 일이 어떻게 일어나겠는가." 하고 반성한다. 이러한 자기반성 속에 서 사랑과 예의를 갖추었는데도 상대방의 무례함이 여전하면, 그는 또한 자신을 되돌아보면서 "이는 나에게 진심이 부족해서 그러는 것일 게다." 하고 반성한다. 이러한 자기반성 속에서 진심을 다했는데도 상대방의 무 례함이 여전하면, 그는 "경망한 사람이로구나. 그렇다면 저가 금수와 다 를 게 무엇 있겠는가. 금수를 나무랄 게 무엇 있겠는가." 하고 생각한다. 그러므로 군자에게 평생의 근심거리〔終身之憂)는 있지만 하루아침의 걱 정거리〔一朝之患)는 없다. 평생의 근심거리란 순임금도 사람이고 나도 사 람인데, 순임금은 세상의 표본이 되어 후세에 전해 오거늘 나는 아직도 시골뜨기를 면치 못하니, 이것이 근심거리다. 그렇다면 어떻게 해야 할 까? 순임금처럼 할 뿐이다. 그 밖에 하루아침의 걱정거리 같은 것은 없 으니, 군자는 사랑이 아니면 행하지 않으며, 예의가 아니면 행하지 않는 다.(『맹자』)

여기에서 "하루아침의 걱정거리"란 사람들이 일상으로 갖는 이해득실과 부귀영화의 걱정을 뜻한다. 군자는 그러한 걱정을 갖지 않는다. 그 대신 그에게는 "평생의 근심거리"가 있다. 그것은 "(사람의) 올바른 도리", 즉 진리와 도의(사랑, 의로움, 예의)를 행하지 못할까 하는 근심이다. 이는 특히 자타 간 불화와 갈등의 자리에서 두드러진다. 그는 '담장'에 올라 '이웃'(상대방)을 비난하지 않는다. 오직 자신이 "올바른 도리"를 다하고 있는지 여부만을 반성하면서, 그것을 실천하는 데에서 삶의 행복을 찾는다.

九五
둘이서 한마음을 갖고만 있다면 처음에는 울음을 터트리더라도
나중에는 웃음을 지으리라.
큰 적을 무찔러 서로 만날 것이다.
同人 先號咷 而後笑 大師克 相遇

구오(九五)는 육이와 음양으로 서로 올바르게 호응하는 사이다. 그러므로 "둘이서 한마음을 갖고 있"지만, 둘 사이에는 구삼과 구사의 훼방꾼들이 가로놓여 있어서 "처음에는 울음을 터트린다." 이러한 상황에서 "큰 적을 무찌르"듯이 의연하고 단호하게 나서면, "나중에는 웃음을 지으며" "서로 만날 것이다."

친구 사이든 남녀(부부) 간이든 무릇 모든 인간관계에서 가장 중요

한 덕목은 신뢰다. 서로 믿지 못하는 사이는 결코 오래가지 못한다. 신뢰가 없으면 우정도 사랑도 이내 끝나고 말 것이다. 불신의 자리에서는 공경이나 정의 등 어떠한 가치도 자라날 수 없으며, 자타의 관계 자체, 더 나아가 사회 전체가 무너지고 말 것이다. 공자가 한 사회에서 가장 중요한 가치로 경제나 국방 이전에 신뢰를 강조한 까닭도 여기에 있다.

신뢰는 달리 살펴면 "둘이서 한마음을 갖고 있음"을 뜻하기도 한다. 거기에는 둘 사이를 갈라놓는 그 어떤 의심도 들어서지 못한다. 이에 반해 서로 다른 마음을 갖고 있다면 두 사람은 동상이몽의 불안과 의혹을 떨쳐 버릴 수 없을 것이다. 그러므로 가정을 이루든, 아니면 사업을 하든 성공적인 결실을 얻으려면 상대방과 한마음을 갖고 있는지 여부를 먼저 확인하지 않으면 안 된다.

"둘이서 한마음"의 신뢰를 갖고 있다면 어떠한 장애와 난관도, 남들의 훼방이나 이간질도 이겨 낼 수 있다. 예컨대 부부가 경제적으로 아무리 어려운 상황에 봉착한다 하더라도 서로 신뢰의 마음만 잃지 않는다면, "처음에는 (난관에 처해) 울음을 터트리더라도 나중에는 웃음을 지을" 것이다. 즉 그들의 사랑은 아름다운 결실을 얻을 것이다. "둘이서 한마음"은 그렇게 중요하다.

"둘이서 한마음"의 여부를 어떻게 알 수 있을까? 시련과 난관의 자리를 통해서다. 사실 삶이 평온한 상황에서 "둘이서 한마음"을 갖기란 어려운 일이 아니다. 문제는 시련을 만나서다. 시련 앞에서 '한마음'의 뜻이 꺾이는 사람은 결국 두 마음으로 갈라설 것이요, 이에 반해 그 뜻이 강하면 일심단결로 소기의 목표를 성취할 수 있을 것이다. 예나 지금이나 목격되는 변절자들이 전자라면, 변학도의 훼방에도 불구하고 행복한 결실을 맺은 성춘향의 일편단심은 후자에 해당된다. 공자는 말한다. "처음 울음을 터트리는 것은 일편단심이 있기 때문이요, 큰 적을 무찌르른다는 말은 난관을 극복함을 뜻한다.〔同人之先 以中直也 大師相遇 言相克也〕"(「상전」) 만약 난관 앞에서 일편단심을 버린다면 울고 말고 할 일도 없이 둘이 헤어질 것이요, 이와 반대로 일편단심은 그것을 극복하게 해 줄 것이다.

그러므로 시련과 난관을 만나면 마치 "큰 적을 무찌르"듯이 의연하고 단호하게, 그리고 일편단심으로 대응하지 않으면 안 된다. 춘향이가 옥고를 치르면서 "처음에는 울음을 터트리지만", 뒷날 이도령과 환희의 재회를 한 것처럼 "나중에는 웃음을 지을" 것이다. 공자는 "둘이서 한마음"의 정신을 다음과 같이 부연한다. 오늘날에도 사람들이 절친한 우정을 두고 종종 인용하는 "금란지교(金蘭之交)"의 어원이 여기에 있다.

군자는 일에 나서기도 하고 물러나기도 하며 침묵하기도 하고 말을 하기도 하지만, 어떤 상황에서든 자신이 사귀는 사람과 한마음을 잃지 않는다. 두 사람이 한마음을 가지니 그 예리함이 쇳덩어리도 끊고, 한마음의 말이 난초꽃과도 같은 향기를 발한다.〔君子之道 或出或處 或默或語 二人同心 其利斷金 同心之言 其臭如蘭〕(「계사전」)

上九
교외에서 사람들과 어울리려 하니 고민거리는 없으리라.
同人于郊 无悔

상구(上九)는 괘의 끝자리에서 아래의 다른 효들과 서로 (음양으로) 호응하지 못하고 있다. 이는 사회에 적응하지 못하고 염세 의식 속에서 산중으로 물러나 살려는 사람을 은유한다. 그래서 "교외에서 사람들과 어울리려 한다."고 했다.

　　여기에서 '교외'는 괘사에서 말하는 '들판'과 함축하는 의미가 다르다. 들판이 사람들을 포용하는 열린 마음을 은유하는 데 반해, 교외는 인적이 드문 황량한 벌판을 가리킨다. 그는 비정한 사회 현실을 견디지 못하고 그로부터 물러나 "교외에서 사람들과 어울리려 한다." 하지만 사람을 만나기 어려운 그러한 곳에서는 삶을 영위하기 어렵다. 공자는 말한다. "교외에서 사람들과 어울리려 하지만 그 뜻을 이룰 수 없으리라.[同人于郊 志未得也]"(「상전」)

　　문명을 부정하면서 자연에 묻혀 살 것을 주장하는 도가(道家)가 이러한 유형의 사람일 것이다. 그는 사회생활의 "고민거리는 없을"지도 모른다. 하지만 그처럼 사람을 멀리하면서 초목금수하고나 어울리는 교외의 삶이 행복하기만 할까? 참다운 행복은 사람들과 어울려 인정을 나누고, 혼란한 세상을 걱정하면서 진리를 실천하는 데에서 주어질 것이다. 공자가 당시 은둔자들한테 조롱을 당하면서 탄식한 말을 들어 보자. "나는 새나 짐승들과는 함께 어울려 살지 못한다. 사람들과 어울리지 않고 무엇과 어울린단 말인가. 세상에 진리가 행해진다면 내가 세상을 바꾸려 하지 않을 것이다."(『논어』) 우리는 여기에서 진리로 세상을 구원하려는 공자의 깊은 인간애를 읽을 수 있다.

14. 존재의 정신

대유(大有)

어울림의 정신은 사람들을 따뜻하고 너그럽게 품어 안는다. 물론 그는 사리분별 없이, 단지 사교의 차원에서 남들과 어울려 지내는 사람과는 다르다. "화이부동"의 군자가 잘 보여 주는 것처럼, 그는 사람들과 화해롭게 어울리면서도 진리의 정신을 잃지 않는다. 사람들이 경외의 마음으로 그에게 다가가고 그와 사귀고 싶어 하는 것도 이 때문일 것이다. 〈동인(同人)〉에 이어 〈대유(大有)〉의 괘가 놓인 까닭이 여기에 있다. 공자는 말한다. "남들과 화해롭게 어울리는 사람에게는 사람들이 모여들게 되어 있다. 그래서 〈동인〉에서 〈대유〉로 이어졌다.〔與人同者 物必歸焉 故受之以大有〕"(「서괘전」) 여기에서 '대유'란 위대한〔大〕 존재〔有〕라는 뜻을 함축한다. 위대한 존재는 남들과 화해롭게 어울리면서 그들을 자신의 품 안에 너그럽게 끌어안는다. 우리는 그 정점에서 인류와 만물을 사랑으로 자신의 존재 깊이 품어 안는 우주적 대아(大我)의 성인들을 본다. 대표적으로 석가모니와 공자와 예수이다.

어떻게 하면 그처럼 존재의 위대함을 성취할 수 있을까? 이 문제를

'존재와 소유'의 관점에서 풀어 나가 보자. 자고로 재물의 소유는 거의 모든 사람의 소망거리로 추구되어 왔지만, 오늘날에 이르러 그것은 유례없는 모습을 보이고 있다. 자본주의의 출현 이후로 사람들은 부(물질)를 마치 인간 존재의 본질인 양 받들고 있기 때문이다. 그들의 물신숭배 의식이 이를 잘 말해 준다. 그리하여 오늘날 가장 많은 신도를 거느리고 있는 최대, 최강의 종교는 '돈'교다.

하지만 그것이 사람들을 행복하게 해 줄까? 아니다. 『소유냐 삶이냐』(혹은 『소유냐 존재냐』)의 저자인 에리히 프롬이, 아니 그 이전에 마르크스가 갈파한 것처럼 소유와 존재의 반비례 이치상 물질의 소유 의식은 존재의 정신을 해친다. 일찍이 맹자 또한 이러한 이치를 다음과 같이 정확하게 설파한 바 있다. "부를 추구하면 사랑을 모를 것이요, 사랑을 베풀면 부를 축적할 수 없다.〔爲富不仁 爲仁不富〕"(『맹자』) 예수는 다음과 같이 극언하기까지 한다. "부자가 천국에 가는 것은 낙타가 바늘구멍에 들어가는 것과도 같다."

그러므로 소유주의적인 삶의 정신을 버리고 존재의 정신에 따라 살아야 한다. 사람으로 태어나 의미 깊은 삶을 살기 위해서 말이다. 그것이 과연 무엇인지에 관해서는 많은 논란이 있을 수 있지만, 여기에서는 인간과 동물의 차이점에 입각하여 생각해 보자. 인간은 동물처럼 삶을 본능에 내맡기지 않고 이성으로 규율한다. 특히 이념과 윤리를 추구하는 정신이야말로 인간의 위대한 능력이다.

우리가 유념해야 할 존재의 정신이 바로 거기에서 나온다. 이를 외면하고 권력이나 부, 높은 지위의 소유만을 추구하는 것은 자신의 사람됨을 스스로 포기하는 것이나 다름없다. 오늘날 사람들이 물질의 풍요에도 불구하고 무언가 불안하고 허망한 느낌을 떨치지 못하는 까닭도 여기에 있다. 그것은 존재의 빈곤이 빚어낸 결과다. 사람됨의 속내가 없는 것이다. 말하자면 존재의 외화내빈이다. 겉으로는 오색영롱하지만 터트리면 속이 텅 빈 비눗방울과도 같다.

인간을 위대하게 만들어 줄 이념과 윤리는 사회생활상 다양한 형태를 띠겠지만, 그중에서도 일상의 영역에서 가장 긴요한 것은 역시 진리와 도의(사랑, 의로움)일 것이다. 그것이야말로 존재의 정신이 피워 내는 찬란한 꽃이다. 석가모니와 공자, 예수를 비롯한 인류의 위대한 스승들이 이구동성으로 그것을 강조한 것은 결코 우연이 아니다. 그것은 인간 존재에 대한 깊은 통찰의 산물이다.

소유 의식이 우리의 존재를 빈곤하게 만드는 것과 달리, 진리와 도의는 삶의 의미를 풍요롭고 충만하게 해 준다. 우리의 존재를 위대하게 성취할 수 있는 길이 바로 여기에 있다. 그것은 진리와 도의의 실천 정도에 따라 달라질 것이다. 성인들이 그 전형이다. 그들은 세상을 떠났지만 진리와 도의의 푯대로 사람들의 마음속에 여전히 살아 영원한 존재성을 얻고 있다. 〈대유〉괘는 이러한 존재의 정신을 주제로 내놓는다.

이를 괘의 구조상에서 살펴보자. 〈대유〉는 상괘 '리'☲와 하괘 '건' ☰으로 이루어져 있다. 이는 〈동인〉괘와 반대 구조로서 상하괘가 각각 불(태양)과 하늘을 상징한다. 이를 조합하면, 태양이 하늘 위에 있는 모습은 저 높은 곳에서 세상만사를 밝게 조감하는 지혜를 은유한다. 그것은 하늘이 이 땅의 만물을 감싸 안듯 드넓은 사랑으로, 태양이 만물을 비추듯이 명철한 진리의 정신으로 살아야 함을 일러 주려 한다. 그리하여 거기에는 인류를 넘어 우주 만물까지도 자신의 품안에 깊이 포용하여 그들의 생육을 도와야 한다는, 즉 우주적 대아의 존재 이념이 담겨 있다.

존재의 정신은 괘효 안에서도 읽힌다. 육오는 이 괘의 중심적인 효다. 그것은 음효로서 부드럽고 가운데가 비어 있으며, 상하의 모든 효가 그에게로 향하고 있다. 이는 사람들과, 나아가 만물을 나의 존재 안에 받아들이기 위해 가져야 할 자세를 은유한다. 공자의 말을 들어 보자. "위대한 존재는 온유한 마음으로 세상의 한 중심에 자신을 높이 세워 만물을 받아들인다. 그래서 '대유'라 했다.〔大有 柔得尊位 大中而上下應之 曰大有〕"(「단전」) 이처럼 자신을 "세상의 한 중심"에 세워 만물 만사를 널리 아우르는 위대한 존재의 성현과 달리, 남들을 자신의 존재 밖으로 밀어내는 자폐적 의식 속에서 이해타산에만 골몰하는 사람은 존재의 빈곤을 면치 못할 것이다.

괘사卦辭

위대한 존재는 삶의 풍요를 크게 누리리라.
大有 元亨

위대한 존재는 온유한 마음으로 세상에 나선다. 그의 온유함은 마치 대지의 풋풋함과도 같다. 대지가 온갖 풀씨를 거두어 생명을 키워 주듯이, 온유한 마음은 사람들을 따뜻하게 품어 안으며 사랑을 베푼다. 우리는 그 모습을 고금의 성현들에서 본다. 삶에 부대끼면서 마음이

돌처럼 딱딱하게 굳어 버린, 그리하여 남들을 품어 안을 줄 모르는 세속인들과 달리, 그들은 온유한 마음으로 인류를, 만물을 자신의 존재의 품 안에 너그럽게 감싸 안는다. 그들이 위대한 까닭이 여기에 있다.

온유함은 나약함과는 차원이 다르다. 생명 정신의 나태와 허약을 뜻하는 나약함과는 달리, 그것은 오히려 생명을 제고하고 창달하려는, 따뜻하고(온) 부드러우면서도(유) 강건한 힘을 갖는다. 차갑고 딱딱한 몸과 마음에는 생명 정신이 깃들 수 없다. 우리는 그 실례를 어린아이와 노인의 대조적인 몸에서 본다. 그러므로 "위대한 사람은 어린아이의 마음을 잃지 않는다."는 맹자의 말은 참 여러모로 진리다. 노자는 아예 다음과 같이 말한다. "어린아이의 상태로 돌아가라![復歸於嬰兒]"

이 온유함은 지혜를 동반한다. 경직된 마음은 지혜의 눈을 갖지 못한다. 그는 고착된 사고와 편견에서 벗어날 줄 모르기 때문이다. 유연한 정신만이 사물의 이치를 자유롭게 헤아릴 수 있고, 세상사에 능동적으로 대응할 수 있다. 그리하여 위대한 존재는 드높은 지혜의 눈으로 세계 만물을 통찰하고 따뜻한 마음으로 그들을 품에 아우른다. 공자는 말한다. "그의 덕은 강건하고 지혜는 명철하다. 그리하여 그는 하늘의 뜻을 헤아려 그것을 곳곳에서 행한다. 그가 삶의 풍요를 크게 누리는 까닭이 여기에 있다[其德 剛健而文明 應乎天而時行 是以 元亨]"(「단전」) 여기에서 '하늘의 뜻'이란 만물을 감싸안고 그들에게 생명을 주는 우주 자연의 섭리를 말한다. 위대한 존재는 그렇게 명철한 지혜로 "하늘의 뜻을 헤아려" 모든 생명을 품에 아우르는 크나큰 사랑으로 산다. 삶의 풍요와 행복을 누릴 수 있는 비결이 바로 여기에 있다.

괘상卦象

태양이 하늘 위에서 만물을 두루 비추는 모습이 〈대유〉의 형상이다.
군자는 이를 보고서 악을 제거하고 선을 앙양하여
하늘의 아름다운 뜻을 받들어 따른다.
火在天上 大有 君子 以 遏惡揚善 順天休命

군자는 하늘의 태양을 바라보면서 위대한 존재의 정신을 얻을 수 있는 길을 깨닫는다. 만물을 두루 밝게 비추면서 그들에게 생명을 불어넣어 주는 태양과도 같이 되어야겠다는 것이다. 그리하여 그는 태양처럼 높고 밝은 지혜를 닦아 사회 내 온갖 어둠을 몰아내고 광명한 세상을 이루려 한다. '악', 즉 생명 부정적인 현상을 제거하여 밝고 아름다운 생명('선')이 꽃피는 사회를 만들고자 한다.

"하늘의 아름나운 뜻"을 그는 거기에서 발견한다. 하늘이 이 세상을 연 것은 만물이 어둠의 지배를 받도록 하기 위해서가 아니다. 만물 모두가 제각각 타고난 생명을 아름답게 꽃피우고 결실하도록 하려는 것이 바로 "하늘의 아름나운 뜻"이다. 그러므로 생명을 부정하는 악은 '하늘'의 뜻이 아니다. 그것은 사람들의 욕망이 빚어내는 일탈 현상일 뿐이다. 『중용』의 글을 읽어 보자.

만물은 함께 생장하면서 서로를 침해하지 않고, 계절과 일월은 순환하고 운행되면서 서로를 거스르지 않는다. 만물의 생장과 계절·일월의 운행은 마치 냇물이 끊임없이 흐르는 것과도 같고, 하늘과 땅의 섭리는 저 생장과 운행을 영원무궁하게 주재해 나간다. 하늘과 땅이 위대한 이유가 여기에 있다.

이처럼 "하늘의 아름다운 뜻"을 받들어 군자는 사람들이 화해롭게 사는 생명 사회를 이룩하려 한다. 물론 이에 앞서 그는 자신의 생명을 아름답게 가꾸고 기른다. 혼탁한 자신이 남들을 깨끗하게 만들어 줄 수 없다는 것을 알기 때문이다. 그가 치국평천하 이전에 '수신(修身)'을 중요시했던 이유가 여기에 있다. 세상에 나서기 전에 "하늘의 아름다운 뜻"을 자신의 존재 내부에서 자각하여 삶에서 행하려 한 것이다. 그것이 '수신'의 내용이다. 그는 그 구체적인 삶의 행로를 진리와 도의에서 발견했다.

효사 爻辭

初九
부유의 해악에 빠지지 않으면 비난받지 않으리라.
하지만 조심해야만 허물을 면할 수 있다.
无交害 匪咎 艱則无咎

초구(初九)는 제일 아래에 있으면서 상괘의 구사와 서로 호응하지 않는다. 이는 그가 하괘 '건'의 양효 가운데 하나로서 부유함에도 불구하고 오만하지 않고, 오히려 낮게 처신함을 은유한다. 그래서 "부유의 해악에 빠지지 않는다." 다만 조심해야 할 일이 있다. 자신이 부자라는 의식을 가져서는 안 된다는 것이다. 그것은 존재의 정신을 약화시키기 때문이다. 삶의 허물이 거기에서 생겨난다.

부유 자체가 해악이거나 비난받을 일은 결코 아니다. 누구나 물질적으로 여유 있게 살고 싶은 마음은 인지상정이다. 하지만 부유한 생활 속에서 주의해야 할 일이 있다. 부유의 소유 의식이 존재의 정신을 약화시키는 경향이 있다는 점이다. 그 의식은 진리와 도의의 삶에 소홀하기 때문이다. "부유의 해악"이 여기에서 비롯된다. 자본주의가 인간 소외를 초래할 수밖에 없다고 말한 마르크스의 경고도 이러한 뜻에서였다. 그러므로 프란치스코 교황의 말을 다시 빌린다면 "자본주의는 악마의 배설물이다."

이와 관련하여 공자가 한 제자와 나눈 문답을 살펴보자. 제자가 "가난하지만 비굴하지 않고, 부유하지만 교만하지 않은" 태도가 어떤지 여쭙자, 공자는 다음과 같이 답변한다. "그 정도면 괜찮다. 하지만 가난하면서도 삶을 즐기고, 부유하면서도 예의범절을 좋아하는 것만 못하다."(『논어』) 그 밖에 저 제자는 거론하지 않았지만, 우리는 빈부 의식과 관련하여 또 하나의 유형을 상정해 볼 수 있다. 즉 '가난으로 비굴하고 부유로 오만한' 태도다. 이것이 "부유의 해악"의 한 유형이다. 이는 최하의 수준으로서, 존재의 정신을 지향하는 공자의 문하에서는 처음부터 논의거리가 못 되었다.

저 제자는 빈부 속에서도 존재의 정신을 잃지 않는 것을 삶의 이상으로 여기고 있었다. 이는 오늘날의 관점에서 살펴보면 매우 높은 수준의 빈부 의식에 해당된다. 그러나 공자가 보기에는 거기에도 문제가 있다. 그것은 여전히 소유와 존재의 대립 의식을 떨치지 못하고 있기 때문이다. 저 제자는 가난(부유) 앞에서 비굴(오만)하게 굴지 않겠다고 다짐하지만, 거기에는 자신이 가난(부유)하다는 자의식이 깔려 있다. 이와는 달리 공자의 답변은 아예 그러한 대립을 뛰어넘고 있다. 즉 "가난하면서도 삶을 즐기고, 부유하면서도 예의범절을 좋아하는" 태도는 자신이 가난하다는 사실 자체를 잊고서 오직 예의범절과, 나아가 진리와 사랑과 의로움으로 자신의 존재를 실현하려 한다는 점에서 최상의 수준이다. 이것이 이른바 안빈낙도(安貧樂道)의 정신이다.

그러므로 부유 자체를 혐오하거나 비난할 일은 아니지만, 부유한 생활 속에서도 진리와 사랑과 의로움의 정신을, 예의범절의 인격을 버리지 말아야 한다. "부유의 해악"에 빠져서는 안 된다. 이를 위해 사람됨의 초심으로 돌아가 "하늘의 아름다운 뜻"을 경건히 받들어 실현해야 한다. 공자는 말한다. "초심을 잃어버리지 않으면 부유의 해악에 빠지지 않을 것이다.〔大有初九 无交害也〕"(「상전」) 여기에서 '초심'이란 사람됨(존재)의 초심을 뜻한다. 그것을 잃고 소유를 지향할수록 존재의 빈곤을 면할 수 없다.

九二

큰 수레에 짐을 싣고서 길을 나서면 허물을 면하리라.

大車以載 有攸往 无咎

"큰 수레"는 구이(九二)가 하괘 '건'의 가운데 양효이므로 큰 일을 맡을 수 있는 역량을, "짐을 싣고서 길을 나선다."는 말은 그가 (음양으로 호응하는) 육오의 신임 속에서 큰 일을 위임받음을 은유한다.

많은 짐을 싣고서 먼 길을 가려면 크고 튼튼한 수레가 필요하다. 수레가 작으면 많은 짐을 실을 수 없을 것이요, 크더라도 부실하면 먼 길을 갈 수 없다. 사람의 마음도 마찬가지다. 빈부에 예민하고 허약한 마음은 존재의 정신을 굳건하게 지키지 못할 것이다. 세태에 흔들림 없이 의연하고 강인한 마음을 가져야만 진리와 도의의 먼 길에 나설 수 있으며, "가난하면서도 삶을 즐길 수 있다." 공자는 이를 은유적으로 다음과 같이 말한다. "큰 수레에 실으면 짐이 아무리 무거워도 망가지지 않을 것이다.〔大車以載 積中不敗也〕"(「상전」)

증자(曾子)의 금언을 우리는 이러한 관점에서 새롭게 음미해 볼 필요가 있다. 그의 말을 다시 한 번 들어 보자. "선비는 뜻을 넓고 굳세게 갖지 않으면 안 된다. 짐은 무겁고 길은 멀기 때문이다. 사랑의 이념을 떠맡았으니 짐이 무겁지 않은가. 죽은 뒤에야 걸음을 멈출 테니 길이 멀지 않은가.〔士不可以不弘毅 任重而道遠 仁以爲己任 不亦重乎 死而後已 不亦遠乎〕"(『논어』)

정말 사랑(과 진리와 의로움)이라는 인간 존재의 짐은 무겁고, 그것을 지고 갈 길은 멀기만 하다. 사람은 평생 풀어야 할 존재의 과제를 그렇게 타고났다. 초목금수에게는 그러한 과제가 없다. 그들은 자연 또는 신이 부여한 생존 본능에 따라 살도록 운명 지어져 있기 때문이다. 그러나 자연(신)은 사람에게는 그러한 본능 대신 고도의 정신 능력을 주고서 스스로 알아서 살아가도록 했다. 말하자면 사람은 미완성의 존재를 스스로 완성하도록 존재를 위임받았다.

인간관과 삶의 방식이 사람마다 다른 이유가 여기에 있다. 많은 사람은 자신의 존재를 부귀로 완성하려 하고, 어떤 이는 권력으로, 또 소수의 사람은 사랑과 의로움과 진리로 완성하려 한다. 어쨌든 운명으로 떠맡게 된 존재의 짐은 무겁기 그지없으며, 평생의 노력을 요한다. 자살은 그것을 도저히 견디지 못하고 자신의 존재 자체를 포기하는 짓과 다름없다. 그러므로 그것은 자연(신)의 뜻을 거스르는 죄악이라 할 수도 있다.

우리는 지금 어떤 짐을 지고 있는가? 허망한 부귀의 짐을 신의 뜻으로 착각하고 있는 것은 아닌가? 불행하게도 그것으로 삶을 허송하는 것은 아닌가? 사랑과 의로움과 진리의 짐을 지었다가도 너무 무겁다 하여 몇 걸음 가지 못하고 그것을 쉽게 내던져 버리는 것은 아닌가? 우리는 언제, 어디서든 무엇이 자신의 삶을 의미 깊고 가치 있게 해 줄지 진지하게 생각할 필요가 있다. 존재의 무거운 짐을 싣고 갈 "큰 수레"를 준비해야 한다. 증자의 이른바 "넓고 굳센 뜻"을 다져야 한다.

九三
제후가 천자에게 예물을 바치는데 소인은 그렇게 하지 않는다.
公用亨于天子 小人弗克

구삼(九三)은 하괘의 제일 위에, 그리고 상괘 육오(천자)의 아래에 있으므로, 천자를 받드는 제후의 상이다. 그는 (양효로서) 뛰어난 정치 역량을 발휘하므로 천자의 인정을 받으면서 "천자에게 예물을 바치는" 영예를 얻는다. 여기에서 '소인'은 소인의 심성을 갖고 있는 제후를 말한다.

옛날 봉건 시절에 천자는 천하를 다스리는 왕이었다. 하지만 그는 그 넓은 영토를 직접 통치할 수 없었기 때문에 여럿으로 나누어 제후들에게 주었다. 물론 거기에는 천자의 명령과 부탁이 뒤따른다. 그가 하늘로부터 위임받은바, 민생의 안정과 천하의 평화라는 과제를 자기 대신 잘 수행하라는 것이다. 그리고 그는 그들 위에서 상징적 존재로 군림했다. 그는 마치 가톨릭의 교황과도 같았다. 당연히 제후들은 천자에게 정기적으로 자기 나라의 정사를 보고하면서 감사의 예물을 바쳤다.

그러나 "소인은 그렇게 하지 않는다." 소인의 심성을 가진 제후들은 민생을 근심하기보다는 자신의 권력과 영화에만 관심을 쏟는다. 중국의 춘추 전국 시대가 잘 보여 주는 것처럼, 그들은 천자의 권위를 무시하고 타국을 무력으로 침략하여 자국의 영토를 확장하는 일에만 열을 올린다. 이는 봉건 시절의 역사에 그치지 않는다. 오늘날 세계의 정치 지도자 중에 국제 사회의 정의와 인류의 평화에 관심을 갖고 있는 사람은 찾아보기 힘들다. 그들은 경제적으로든 군사적으로든 자국의 이익을 위해 타국의 침략을 마다하지 않는다. 오늘날 국제 사회는 그처럼 '소인' 의식의 지배하에 있다.

제후뿐만 아니라 개인의 경우도 마찬가지다. 부귀의 이익에만 관심을 갖는 사람들의 '소인' 의식은 자타 간의 대립과 다툼을 끊임없이 일으킨다. 그것은 각종의 이익을 혼자 차지하려는 독점적, 배타적 속성을 갖고 있기 때문이다. 거기에는 부귀영화 말고는 진리와 도의의 존재 이념이 깃들 여지가 없다. 결국 그것은 인간관계를 황폐화시키고 사회를 경쟁과 투쟁의 살벌한 자리로 만들고 만다. 맹자는 어떤 임금과의 대화에서 이러한 문제점을 예리하게 파헤친다. 두 사람 사이에 오간 대화를 한 번 들어 보자.

　　혜왕: 노인장께서 천 리를 멀다 않으시고 오셨으니 이제 내 나라를 이익되게 함이 있겠군요.
　　맹자: 왕께서는 하필 '이익'을 말씀하십니까. 역시 사랑과 정의가 있을 뿐입니다. 만약 왕께서 "어떻게 하면 내 나라를 이익되게 할까" 생각하시면, 대부(大夫)는 "어떻게 하면 내 영지를 이익되게 할까"만 생각할 것이며, 그 아래의 관리와 서민들은 "어떻게 하면 내 몸을 이익되게 할까"만 생각하여, 위아래의 모든 사람이 서로 이익만을 취하려 하여 나라가 위태로워질 것입니다. 그리하여 만승(萬乘)의 나라에서 그 임금을 죽이는 자는 틀림없이 천승(千乘)의 대부일 것이며, 천승 나라에서 그 임금을 죽이는 자는 틀림없이 백승(百乘)의 대부일 것입니다. 대부가 만승 가운데에서 천승을 갖고 있는 것이나 천승 가운데에서 백승을 갖고 있는 것이 적은 것이 아니지만, 만약 정의를 외면하고 이익을 중요시한다면 사람들이 그것을 차지하지 않고서는 만족하지 않을 것입니다.(『맹자』)

이 글에서 '만, 천, 백승'이란 네 필 말로 끄는 전투용 수레를 뜻하며, 당시 임금이나 대부의 위세는 그것의 규모로 가늠되었다. 위의 대화에서 맹자의 훈계 내용은 분명하다. 이익 의식은 임금과 대부뿐만 아니라 심지어 부모 자식의 사이까지도 "만인의 만인에 대한 투쟁"의 장으로 만들고 말리라는 것이다. 우리는 이를 먼 옛날 봉건 시절의 이야기로 치부해서는 안 된다. 그것은 온갖 이익 의식 속에서 인간관계가 대립과 투쟁, 심지어 적대의 상황으로 변해 버린 우리 사회의 병리 현상을 정확하게 지적해 주고 있기 때문이다. 그러므로 "국가(사회)는 재리(財利)를 이익으로 여기지 말고 정의를 이익으로 여겨야 한다."(『대학』) 달리 말하면 통치자는 사람들의 삶과 사회에 물질 가치가 아니라, 진리와 사랑과 정의의 인격 가치를 확립해야 한다. 사람이 사람답게 살 수 있는 세상은 그러한 노력을 통해서만 열릴 수 있다.

군자의 위대한 정신이 바로 여기에 있다. 그는 이상적인 봉건 시절 천자를 받들었던 제후와도 같은 사람이다. 그는 부귀를 갖고 있다 하더라도 "하늘의 아름다운 뜻을 받들어" 그것을 혼자서 누리려 하지 않고 사회의 평화와 만민의 행복을 위해 이용하려 한다. 이황은 옛글을 빌려 말한다. "부귀와 다복(多福)은 나의 삶을 풍요롭게 해 주는 수단이요, 가난과 소외와 근심 걱정은 너를 옥과도 같이 아름답게 만들어 주려는 것이다.〔富貴福澤 將厚吾之生也 貧賤憂戚 用玉汝於成也〕" 여기에서 "삶의 풍요"란 물질적 안락을 뜻하는 말이 아니다. 그것은 부귀의 자리에서 사랑과 정의, 진리를 널리 행함으로써 얻는 존재의 풍요를 뜻한다.

하지만 "소인은 그렇게 하지 않는다." 그는 맹자의 말대로, "어떻게 하면 내 몸을 이익되게 할까"만 생각하기 때문이다. 그러므로 "소인은 해로운 존재다.〔小人 害也〕"(「상전」). 그는 이익을 얻기 위해 남들에게 해악을 끼치는 일을 마다하지 않는다. 그 해악은 그가 지어내는 투쟁과 적대의 살벌한 인간관계에서만 드러나지 않는다. 그것은 결국 자신에게 되돌아오기 마련이다. 사랑과 정의와 진리를 외면하는 소인 의식은 필연적으로 자신의 사람됨 자체를 파괴하며, 존재의 빈곤을 자초할 것이기 때문이다.

九四
이웃을 부러워하지 않으면 허물을 면하리라.
匪其彭 无咎

구사(九四)의 아래로는 풍요로운 '건'의 세 양효와, 위로는 위세 높은 육오가 있다. 그러므로 그는 자칫 그들과의 비교 의식 속에서 열등감에 빠질 수도 있다. 그래서 "이웃을 부러워하지" 말 것을 충고하고 있다. 원문의 '방(彭)'에 관해서는 해석론이 엇갈리는데, 여기에서는 '옆(방(旁))'의 뜻으로 풀이했다.

모든 불행은 비교 의식에서 나온다. 내가 가진 것에 만족하다가도 더 많은 것을 갖고 있는 옆 사람에게 눈을 돌려 보면 갑자기 상대적 빈곤감과 열등의식에 빠진다. 가난한 사람만 그런 것이 아니다. 조직 사회에서 부장도 과장 앞에서는 위세를 부리다가도 국장을 만나면 위축감을 느낀다. 2위의 재벌도 1위 앞에서는 열등감을 갖는다. 한편으로 비교 의식은 상대방에 대한 시기와 비난과 혐오 등 부정적인 감정을 지어내는 악덕으로 발전하기까지 한다.
'모럴 게임(moral game)'이라는 것이 있다. 어떤 사람이 두 사람에게 돈을 공짜로 나누어 주기로 한다. 만약 그중 한 사람이라도 거부하면 둘 다 돈을 받을 수 없다. 그런데 한 사람에게는 6만 원을, 다른 사람에게는 4만 원을 준다. 실험에 의하면 이 제안을 거부한 사람이 40퍼센트 가량 된다고 한다. 적은 돈이 문제가 아니라, 6만 원을 받는 사람에 비해 홀대받는 것이 기분 나쁘기 때문이다. 4만 원을 받은 60퍼센트의 사람들도 말로는 고맙다 하면서도 내심 기분 나쁘기는 마찬가지였을 것이다. 6만 원의 상대방이 없었다면 모르거니와, 그처럼 비교 차별당하는 것이 유쾌할 수는 없기 때문이다.

사람은 저마다 고유한 삶의 속살을 갖고 있다. 그것은 결코 비교거리가 아니다. 그런데도 학교의 성적이나 재산, 권력 등 몇몇 외재적인 기준으로 자타의 삶을 비교하는 것은 어리석기 짝이 없는 짓이다. 그것은 마치 사과와 토마토의 품질을 색깔과 모양과 크기로 평가하려는 것과 같다. 게다가 맛의 취향이 제각각이고 보면 양자를 비교하는 것 자체가 무의미하다.

삶도 마찬가지다. 남들과 비교하려 하지 말고 자신의 고유한 삶에 집중해야 한다. 자연 세계의 초목들이 서로 우열을 겨루지 않고 제각각의 방식으로 살아가듯이 말이다. 봄철 작고 노란 개나리꽃이 크고 하얀 목련 꽃을 부러워하던가? 사실 나 자신의 존재를 꽃피우는 과제만도 벅찬 일이다. 그런데도 이런저런 일을 가지고 남들과 비교한다면, 그것은 힘을 쓸데없이 소모시켜 자기 스스로 삶의 '허물'을 지어내는, 달리 말하면 자신의 존재를 빈곤하게 만드는 일이나 다름없다. 이는 물론 어리석음의 소치다. 이를 면하기 위해서는 인간과 삶의 이치를 깊이 성찰할 필요가 있다. 공자는 말한다. "이웃을 부러워하지 않고 삶의 허물을 면하는 데에는 밝은 지혜를 필요로 한다.〔匪其彭无咎 明辨晳也〕"(「상전」)

六五
순수한 마음으로 교류한다. 위엄도 있다.
저들이 기쁨을 느끼리라.
厥孚交如 威如 吉

　육오(六五)는 〈대유〉괘 전체의 중심으로서, 높은 자리에서 열린 마음으로 나머지 양효들을 온유하게 아우르고 있다. 그는 높은 신분이나 권력이 아니라 존재의 정신으로 많은 사람들과 "순수한 마음으로 교류한다." 그러면서도 '위엄'을 잃지 않는다. 그의 위엄은 신분에서가 아니라 고매한 인격(존재)에서 우러나오는 것이다.

　자타의 인간관계에는 사회적 지위가 많이 작용한다. 이를테면 나는 교수의 명함으로 자신을 과시하려 하며, 남들 역시 나를 교수의 신분으로 대한다. 우리는 그렇게 각종의 사회적 신분으로 관계를 맺으면서 살아간다. 아니 그러한 신분 의식은 때로는 가정까지도 지배한다. 예나 지금이나 사람들은 배우자를 고르는 데 출신 성분과 신분을 따진다. 심지어는 그것이 가정생활의 성패를 좌우하기까지 한다.
　당연히 여기에는 심각한 문제점이 있다. 신분으로 나서다 보면 순수 인격이 은폐된다는 사실이다. 그리하여 신분 의식은 나와 남의 순수한 만남과 인격적 교류를 가로막는 요인이 된다. 예컨대 교수와 학생이라는 신분 의식은 가르치는 사람과 배우는 사람이라는 위계적 거리감을 조성할 것이다. 거기에서는 교수와 학생이기 이전에 함께 공부하는 사람으로, 나아가 하나의 인격으로 순수하게 만나는 것이 불가능하다. 오늘날 각급 학교의 선생님들 사이에서 "선생과 학생만 있을 뿐, 스승과 제자는 없다."는 자조 섞인 말은 교육 현장에서 이를 체험하는 탄식의 예에 해당된다. 지식을 상품으로 내놓은 사회에서 선생은 공급자(상인)요 학생은 수요자(소비자)일 뿐이다. 양자 사이에는 인격의 교류가 행해지지 않는다.

이에 관해서는 앞서 〈태(泰)〉괘(구이효)에서 소외의 문제로 이야기한 바 있지만, 여기에서는 순수 인격의 관점에서 논의해 보자. 사람들이 사회생활에서 주고받는 모든 호칭은 순수 인격을 은폐시키는 경향이 있다. 아니 은폐를 넘어 존재를 왜곡하고 그에 대해 폭력을 가하기까지 한다. 아버지의 호칭은 자식을 아버지와 동일한 인격으로 존중하기보다는 지시와 강제의 대상으로 여기게 만들며, 여성의 호칭은 모든 여성에게 얌전하고 정숙한 태도를 강요한다.

그 밖에 조직 사회의 위계질서도 그러한 왜곡과 폭력을 조장한다. 예를 들면 평사원, 과장, 부장, 사장의 호칭은 순수 인격으로 얻는 것이 아니며, 그들의 관계는 인격적인 것이 아니다. 거기에는 당사자들이 사회적 기능으로 사물화된 모습만 부각된다. 이는 사람들이 자신을 소개하는 명함에서 두드러지게 드러난다. 사람들은 명함에 적혀 있는 호칭과 신분 속에 고정되어 버린 의미의 통념에 갇혀 상대방을 바라본다. 명함은 인격을 털끝만큼도 밝혀 주지 않으며, 오히려 당사자의 존재를 왜곡시킨다. 명함의 '국장'이라는 글자는 그를 우러러 보이게 해 주고

'대리'라는 글자는 그를 낮추어 보게 만든다.

결국 이래저래 사회 전체가 인격 부재의 상황에 처해 있다. 어떻게 하면 이러한 위기를 벗어날 수 있을까? 호칭과 신분의 함정을 경계하는 일이다. 호칭과 신분에 가려져 있는 본래적 인격을 되살리고, 사회적 기능에 매몰되어 있는 나의 온 존재를 드러내어 "순수한 마음으로 교류"해야 한다. 호칭과 신분을 넘어 상대방을 순수 인격으로 존중하고 공경하는 마음을 가져야 한다. 호칭과 신분이 덧씌우는 존재의 온갖 외피를 벗어던지고 '벌거벗은 존재'로 사람들을 대면해야 한다. 그것이 존재의 정신을 꽃피우는 요령이다.

물론 그렇다고 해서 호칭과 신분을 무조건 부정할 수만도 없다. 인간관계는 호칭을 매개로 해서만 맺어지고 교류될 수 있으며, 사회의 조직은 각종 신분으로 결성될 수밖에 없기 때문이다. 호칭과 신분의 부정은 자칫 인간관계의 붕괴와 사회(조직)의 와해를 야기할 수도 있다. 우리는 여기에서 해결하기 어려운 이율배반의 문제를 만난다. 호칭과 신분을 버리면서도 그것을 지켜야 한다는 사실이다. 그것이 어떻게 가능할까?

'위엄'이 한 가지 중요한 방법이 될 수 있다. "순수한 마음으로 교류"하면서도 위엄을 갖추어야 한다. 이 위엄은 호칭과 신분(소유)이 아니라 인격(존재)에서 나오는 것이다. 말하자면 인격의 위엄이다. 상대방을 무언의 힘으로 압박하는 호칭이나 신분과 달리, 나의 고매한 인격은 자연스럽게 그의 존경심을 불러일으키면서 자타 간 순수한 (마음의) 교류를 가능하게 해 줄 것이다. 이를테면 호칭이나 신분상 '윗'사람이 '아랫'사람의 뜻을 존중하고 그를 진심으로 배려한다면, '아랫'사람은 '윗'사람에게서 존경스러운 인격의 위엄을 느끼면서 기쁜 마음으로 자신의 소임을 다할 것이다. 공자는 말한다. "순수한 마음으로 교류하니 사람들의 진정어린 호응을 얻을 것이요, 저들은 나의 위엄에 기쁨을 느끼면서 편안하게, 경계심을 갖지 않고 다가올 것이다.〔厥孚交如 信以發志也 威如之吉 易而无備也〕"(「상전」)

上九

하늘의 축복을 받는다. 최상의 행복을 누리리라.

自天祐之 吉无不利

상구(上九)는 〈대유〉괘의 모든 효를 총결산하고 있다. 그는 (상괘 '리'의 속성상) 높은 지혜의 눈으로 (괘의 중심적 효인) '순수한 마음'의 육오에게 호응하고 있다. 이는 그가 존재의 정신으로 (육오의) 순수 인격에 다가감을 은유한다. 그러한 겸손은 "하늘의 축복을 받는다."

존재의 정신은 결코 자만하지 않으며, 순수한 마음과 고매한 인격을 끊임없이 지향한다. 그는 인격이란 어느 한 시점에서 완성될 수 있는 것이 아니오, 죽는 순간까지 수행해야 할 과제임을 알기 때문이다. 이황은 한 제자에게 말한다. "거의 죽게 된 지경에 이르렀다 하더라도 숨결이 아직 끊어지기 전에는 사랑의 정신을 잠시도 게을리하지 말아야 합니다."(『퇴계전서』) 그리하여 군자는 '하늘'이 인간에게 내린 존재의 소명, 즉 진리와 도의(사랑과 의로움)의 정신을 끊임없이 닦아 삶에서 구현하려 한다. 재물이나 신분, 권력 따위의 외재적인 것은 그의 관심 밖의 일이다.

그는 바로 그러한 삶에서 "하늘의 축복"을 느낀다. 그에게 그것은 부귀의 획득이나 천당의 약속과 같은 저차원의 것이 아니다. 그는 자신이 세속의 유혹에 빠지지 않고 고결한 존재의 정신으로 사는 것을 "하늘의 축복"이요 "최상의 행복"으로 여긴다. 공자는 말한다. "위대한 존재의 정신이 누리는 최상의 행복, 그것이 하늘의 축복이다.〔大有上吉 自天祐也〕"(「상전」)

위대한 정신은 그렇게 존재의 축복을 느끼고 '하늘'에게 감사하는 마음으로 살 것이다. 그것은 단지 기도와 찬송에 그치지 않는다. 그는 진리와 도의의 정신을 부단히 수행하고, 그러한 정신으로 세상을 아름답게 밝히려 한다. 그는 그것을 자신에게 내려진 '하늘'의 소명으로 여긴다. 또한 그에게는 그것이 하늘에게 보답하는 길이기도 하다. 중국 송나라의 장재(張載)는 말한다. "하늘과 땅을 위해 뜻을 세우고, 만민을 위해 진리를 확립하며, 과거의 성인들을 계승하여 그분들의 학문을 연마하고, 후손 만대를 위해 태평 세상을 열리라.〔爲天地立心 爲生民立道 爲往聖繼絶學 爲萬世開太平〕"(『근사록』)

'하늘'은 그러한 사람을 도울 것이다. '하늘'은 사람들이 기도하는 것만으로는 복을 내려주지 않는다. 하물며 부귀영화로 일신의 안락만 도모하는 사람은 '하늘'이 외면할 것이다. 그는 이 세상에 만민(과 만물)을 내놓은 "하늘의 아름다운 뜻"을 배반하고 있기 때문이다. 그들을 보살피면서 그들과 더불어 화해롭게 살아야 한다는 뜻 말이다. 혼자서만 잘사는 것은 '하늘'이 나에게 삶을 준 뜻이 아니다.

그리하여 "하늘의 아름다운 뜻"을 읽어 그 과제를 성실하게 수행하는 사람을 '하늘'은 도울 것이다. '하늘'뿐만 아니라 사람들 역시 그를 도우려 할 것이다. 그들은 그가 "만민을 위해 진리와 도의를 확립하며", "후손 만대를 위해 태평 세상을 열"려 한다는 사실을 잘 알기 때문이다. '하늘'은, 그리고 사람들은 그처럼 존재(진리와 도의)의 정신에 헌신하는 사람을 도울 것이다. 공자는 말한다.

하늘은 순수한 사람을 돕고, 사람들은 진실한 사람을 돕는다. 그가 진실함과 순수함을 추구하고, 또 지혜를 숭상하므로 하늘이 그를 돕는 것이다. 그리하여 그는 최상의 행복을 누릴 것이다.〔天之所助者 順也 人之所助者 信也 履信思乎順 又以尚賢也 是以 自天祐之 吉无不利〕(「계사전」)

15. 겸손의 미덕

겸(謙)

『장자』에 이러한 이야기가 나온다. 하백(河伯)이라는 강물의 신이 있었다. 그는 골짜기나 개천의 물이 모두 자기에게로 흘러 들어오는 것을 보면서 자기가 세상 최고인 줄 알고 의기양양했다. 그런데 어느 순간 수평선이 끝없이 펼쳐진 바다에 이르러서는 기가 죽고 말았다. 그는 바다의 신 북해약(北海若)을 만나 말한다. "당신이 최고입니다." 하지만 북해약은 이를 사양하면서 이렇게 대답한다. "우물 안의 개구리에게 바다를 말해 봤자 소용없는 것은 그가 좁은 곳에 갇혀 있기 때문이요, 여름철 벌레에게 얼음에 대해 말해 봤자 소용없는 것은 그가 제 시절만 알기 때문이라오." 그러면서 북해약은 자신도 우주 속에서는 작은 존재에 불과하다고 말한다.

이는 사람들에게 겸손의 정신을 가르치려는 우화다. 재물이든 지식이든 권력이든 자신이 많은 것을 갖고 있다 해서 자만해서는 안 된다는 것이다. 말하자면 "태산이 높다 하지만 하늘 아래 뫼"라는 사실을 알아야 한다. 특히 존재의 정신으로 살고자 하는 사람은 이 점을 깊이 유넘해야 한다. 진리와 도의(사랑과 의로움)의 무한한 세계 앞에서 겸손하지 않으면 위선과 허세의 삶을 면할 수 없을 것이다. 공자는 이러한 이치를 괘의 순서와 관련하여 다음과 같이 말한다. "존재의 위대함은 자만 속에서는 성취될 수 없다. 그래서 〈대유(大有)〉에서 〈겸(謙)〉으로 이어졌다.〔有大者 不可以盈 故 受之以謙〕"(「서괘전」) 여기에서 '겸'은 겸손의 뜻으로, 이 괘는 그것을 주제로 내놓는다.

겸손은 참으로 아름답고 위대한 덕이다. 겸손한 사람은 자기가 많은 것을 소유하고 있으면서도, 또 훌륭한 일을 행하면서도 그것으로 자긍할 줄 모른다. 물론 내심 오만하면서 겉으로만 겸손을 떠는 사람도 있을 것이다. 하지만 그것은 겸손의 덕과는 거리가 멀다. 여기에서 겸손의 깊은 뜻을 알기 위해 '겸허'라는 말을 살펴보자. 그것은 겸손의 진정한 뜻을 담고 있다.

흔히 사람들은 겸손과 겸허를 동의어로 사용하지만 '손(遜)'과 '허(虛)'의 글자를 들여다보면 겸허의 뜻이 훨씬 깊다. '손'은 한발 물러서고 자기를 낮추는 정도에 그치는 데 비해 '허'는 자기를 완전히 비운다는 뜻을 함축하기 때문이다. 그리하여 겸손은 자타 간 대립적인 자의식을 버리지 못하지만, 겸허는 자신이 누구라는 생각을 아예 갖지 않는다. 이를테면 그것은 자신의 소유나 공적을 의식하지 않는, 그러한 생각 자체를 '텅 비우는' 무심한 상태다. 위에서 살핀 〈대유(大有)〉괘 육오(六五)의 '순수한 마음'도 가운데가 비어 있는 음효의 모양에서 착안된 것이다.

그러므로 진정한 의미의 겸손은 단순히 남들 앞에서 자신을 낮추는 태도에 불과한 것이 아니다. 그것은 자부심과 자기애 등을 일으키는 '나'의 의식 자체를 버리라고 요구한다. 즉 겸허해야 한다. 그러므로 만약 어떤 사람이 진리와 도의의 삶을 살면서 그것으로 자신의 행위와 업적을 자긍한다면, 그가 겉으로 아무리 겸손을 가장한다 해도 결국 오만의 함정에 빠지고 말 것이다. 모든 덕은 겸허의 정신 속에서만 빛이 난다. 공자는 말한다. "겸손은 덕의 근간이다.〔謙 德之柄也〕"(「계사전」)

겸손의 마음은 어찌 보면 자괴감의 다른 모습이기도 하다. 겸손한 사람은 자신의 장점을 인식하지 못하고 오히려 무지와 무능을 부끄럽게 여긴다. 우리는 그러한 전형을 이황에게서 목격한다. 그는 자신의 학덕을 칭송하는 한 제자의 시를 읽고서 다음과 같이 답장한다. "뱁새와 나방을 대붕에 견주면 그것의 왜소한 모습만 보이고, 못생긴 여자를 화장시켜서 미녀 옆에 세워 봐야 그 못생긴 얼굴만 드러나는 법입니다. 그래서 나는 부끄러움과 두려움으로 마치 술에 취한 듯 깬 듯 몽롱한 상태에서 벗어나지 못했습니다."(『퇴계전서』)

이는 그가 진리와 도의의 무한한 세계 앞에서 자신의 무지와 무능을 자각한, 겸허한 정신의 발로였다. 한편으로 그것은 그가 평생토록, 죽는 순간까지 진리의 탐구와 도의의 실천에 매진하도록 만든 심리적 배경이기도 했다. 사실 진정으로 겸손한 사람은 단순히 자신을 비하하거나 부끄러움만을 느끼는 상태에 머무르지 않는다. 그것은 좀 더 높은 세계를 추구하게 해 주는 자기 향상의 정신으로 작용한다. 궁극적으로 그것은 진리와 도의로 참자아를 완성하고자 하는 강한 의지를 동반한다. 앞서 〈몽(蒙)〉괘(육오효)에서 소개한 "발병구약(發病求藥)"의 정신이 이를 잘 말해 준다. 그 뜻이 매우 좋으므로 다시 한 번 읽어 보자.

진리는 무궁하고 사람의 생각에는 한계가 있는 것인데, 사람들은 자기 주장만 정론이라 고집하고 남들의 견해는 아예 부정하려 합니다. 이 때문에 그들이 끝내 편견의 병폐를 벗어나지 못하는 것입니다. 나의 주장 역시 그러한 것은 아닐는지요? 앞서 내가 역설했던 것은 그것으로 자신을 변명하려 했던 것이 아닙니다. 나 자신의 병통을 드러냄으로써 약을 구하려는 것뿐입니다.(『퇴계전서』)

겸손의 정신을 괘의 구조상에서 살펴보자. 〈겸〉괘는 상괘 '곤' ☷과 하괘 '간(艮)' ☶으로 이루어져 있다. '곤'과 '간'은 각각 땅과 산의 상징을 갖고 있다. 그러므로 〈겸〉괘는 산이 땅속에 있는 모습을 띤다. 이는 겸손한 사람이 산처럼 숭고한 덕을 갖고 있음에도 불구하고 땅보다 더 낮게 처신함을 은유한다. 그는 자신의 뛰어난 식견이나 역량, 업적 등을 남들에게 과시하지 않고 오히려 겸손하게 나선다. 그의 고매한 인격이 여기에서 드러난다. 공자는 말한다. "겸손 속에서 그의 덕이 크게 빛난다.〔謙 尊而光〕"(「계사전」)

괘사卦辭

겸손은 만사형통의 길이다.
군자의 아름다운 마침이 있으리라.
謙 亨 君子有終

일의 실패는 오만이나 우월감에서 비롯되는 경우가 많다. 자신의 힘

(능력)을 과신하는 사람은 일에 임하여 준비를 소홀히 하고 주의를 게을리한다. 하지만 현실은 결코 녹록하지 않고, "뛰는 사람 위에 나는 사람이 있는 법이다." 결국 오만(우월감)은 자신의 길 앞에 스스로 실패의 함정을 파놓는 것이나 다름없다. 그러므로 어떤 일에든, 아니 삶 자체에 자신의 한계와 무지를 자각하는 겸손의 정신을 갖지 않으면 안 된다.

물론 겸손함에도 불구하고 일의 실패를 겪기도 할 것이다. 하지만 정말 겸손한 사람은 실패 앞에서 좌절하지 않는다. 사실 좌절감은 오만의 또 다른 산물이다. 자신의 뛰어난 능력을 사람들이 인정해 주지 않는다는 생각이 좌절감을 불러일으키는 것이다. 만약 자신을 무지하고 무능하다고 여긴다면, 또는 자신의 역량이 부족하다고 느낀다면 그는 실패를 겸손하게 받아들일 것이다.

진정한 겸손은 자신을 비하하거나 부정하지 않는다. 그는 실패를 자기 성찰의 자료로 받아들이고 오히려 향상의 계기로 삼는다. 일부 신앙인은 일의 실패 앞에서 겸손하게 신의 뜻을 살피기까지 한다. 실패는 자신의 오만방자함을 깨우쳐 주기 위해, 무지와 무능을 자각시키기 위해 신이 일부러 내리는 시련이라는 것이다. 진정한 겸손의 정신은 그렇게 실패의 자리에서조차 형통의 길을 찾는다.

공자 또한 겸손의 정신에서 하늘과 땅의 뜻을 헤아렸다. 그는 〈겸〉괘와 관련하여 다음과 같이 말한다. "하늘의 섭리는 지나친 기운을 덜어 내 모자란 기운을 보탠다.〔天道 虧盈而益謙〕"(「단전」) 극심한 추위의 겨울에 이어지는 따뜻한 봄철이 그 예다. "땅의 섭리는 높은 곳을 깎아 내 낮은 곳을 채운다.〔地道 變盈而流謙〕"(「단전」) 둔덕의 흙이 흘러내려 움푹한 땅을 메우는 것이 그 예다. "귀신은 교만한 자에게는 재앙을 내리고 겸손한 사람에게는 복을 준다.〔鬼神 害盈而福謙〕"(「단전」) 권력이든 재물이든, 아니면 지식이든 자기 힘을 뽐내려는 사람은 남들의 원망과 비난과 적대를 자초하는 현실이 그 예다. 이처럼 하늘과 땅까지도 '지나친(높은)' 것을 배척하고 '모자란(낮은)' 것을 채우는 것을 보면, "사람들이 오만한 자를 미워하고 겸손한 사람을 좋아하는〔人道 惡盈而好謙〕"(「단전」) 것은 어쩌면 당연한 인지상정이다.

그런데 하늘과 땅(자연)의 섭리는 단지 기후와 지형의 변화만 관장하는 것에 그치지 않는다. 그것은 궁극적으로 만물을 생성하는 데에 목적을 둔다. 달리 말하면 자연의 섭리에 내재된 '겸손'의 정신은 만물을 생성하고 만사를 형통케 해 준다. 공자는 말한다. "하늘의 섭리는 이 땅으로 내려와 만물에게 생명의 빛을 주고, 땅의 섭리는 낮은 곳에서 하늘과 교감하여 만물을 생육한다.〔天道 下濟而光明 地道 卑而上行〕"(「단전」)

이를 삶의 현장에서 살펴보자. 겸손의 정신은 자기를 낮추는 정도에 그치지 않는다. 그는 순수 생명(존재의 정신)으로 삶을 성취하려는 뜻을 마음속에 품고 있다. 군자가 인생을 "아름답게 마치는" 모습이 여기에서 드러난다. 공자는 말한다. "겸손 속에서 그의 덕은 크게 빛나며, 그가 자신을 낮추지만 그의 덕은 더할 수 없이 숭고하다. 군자의 아름다운 마침이 거기에 있다.〔謙 尊而光 卑而不可踰 君子之終也〕"(「단전」)

괘상卦象

땅속에 산이 있는 모습이 〈겸〉의 형상이다.

군자는 이를 보고서 많은 것은 덜어 내고 부족한 점은 채워
일의 형평과 조화를 꾀한다.

地中有山 謙 君子 以 裒多益寡 稱物平施

산이 아무리 높다 해도 땅의 일부요, 땅속에서 솟아오른다. 그러므로 땅을 떠나서 산은 존재할 수 없다. 마찬가지로 산처럼 우뚝한 사람도 땅의 정신을 한시도 놓아서는 안 된다. 그는 오만과 우월감에서 남들을 하시하고 세상사를 우습게 여기는 태도를 버려야 한다. 땅 없이는 산이 존재할 수 없는 것처럼, 그것은 자신의 토대를 스스로 부정하는 일이나 다름없다. 사람은 세상 속에서 남들과 더불어 살지 않으면 안 되는 존재이기 때문이다.

오만과 우월감은 "재주만 뛰어났지 덕은 없다."는 재승덕박(才勝德薄)의 비난을 얻기가 쉽다. 그는 뛰어난 재주로 남들의 주목을 받을지 몰라도, 그들을 아우를 줄 모르는 박덕한 태도는 구설수를 면치 못할 것이다. 그러므로 재주나 재물이나 권력이나 명예 등 자신이 갖고 있는 "많은 것"에 대한 자부심과 우월감을 버리고, 사람들을 따뜻하게 아우르지 못하는 "부족한 점"을 채워 후덕한 마음으로 세상에 낮게 내려서야 한다. "덕은 산처럼 두텁게, 공손함은 땅처럼 낮게〔厚德如山 致恭如地〕"(『주역』의 주) 해야 한다.

한편 산이 높을수록 골짜기가 깊다는 사실을 생각해 보자. 달리 살피면 땅이 융기되어 생긴 산은 골짜기의 흙을 쌓아 놓은 것이라 할 수도 있다. 이는 겸손의 정신에 담긴 사회적 의미를 은유하기도 한다. 예를 들면 부자는 자신의 힘으로만 부를 쌓아 올린 것이 아니다. 그것은

그의 주변 사람은 물론 겉으로 드러나지 않는 수많은 사람들의 협조가 있었기에 가능한 일이다. 아니 그의 부귀는 그들의 희생 위에서 형성되기도 했을 것이다.

그러므로 자신의 부귀를 늘리려고만 해서는 안 된다. 나의 이득은 곧 다른 사람들의 손실일 수도 있으며, 내가 부귀를 높이 쌓으려 할수록 그들의 손실이 커질 수 있다는 생각을 해야 한다. 이기적인 태도를 버리고 그들과 함께 이익을 나누려는 마음을 가져야 한다. 이를 위해 때로는 자신의 것을 덜어 그들의 부족을 채워 주기도 해야 할 것이다. 그렇게 해야만 "일의 형평과 조화"가, 더 나아가 사회의 평등과 평화가 이루어질 수 있다. 세상에 낮게 내려서는 겸손의 정신의 사회적 함의가 여기에 있다. 이는 특히 '가진 자'들에게 요구되는 긴요한 덕목이다.

효사爻辭

初六
겸손하고 겸손한 군자다.
건너야 할 큰 강물 앞에서도 마음이 화평하구나.
謙謙君子 用涉大川 吉

초육(初六)은 음효로서 괘의 제일 아래에 처해 있으므로 "겸손하고 겸손한 군자다." 그의 유순한 정신은 "큰 강물을 건너는" 것과 같은 역경까지도 유연하게 처신하고 겸손하게 받아들여 "마음이 화평하다."

군자는 평소 겸손한 마음으로 삶에 나선다. 성공했다 해서 우쭐하지 않으며, 자신의 뛰어난 능력을 남들이 알아주지 않는다 해서 불만을 갖거나 분노하지 않는다. 그는 자신의 부족함을 자각할지언정 능력을 자부하지는 않기 때문이다. 오히려 그는 자기 성찰과 함께 삶에 낮게 내려서서 모든 일을 겸손하게 받아들이며 자아 향상의 길에 매진한다. 공자는 말한다. "겸손하고 겸손한 군자는 낮은 자세로 자신을 길러 나간다.〔謙謙君子 卑以自牧也〕"(「상전」)

군자는 비록 "큰 강물을 건너는" 것과 같은 역경을 만난다 하더라도 당황하거나 좌절하지 않는다. 오히려 그는 험난한 상황을 겸손하게, 전적으로 받아들이면서 화평한 마음을 잃지 않는다. 만약 자신이 처해 있는 역경에 불만과 분노를 품는다면 그는 그러한 마음을 결코 얻을 수 없을 것이다. 이를테면 사업의 실패에 분노하고 저항하는 사람의 마음 상태가 그러하다. 이에 반해 실패의 현실을 '겸손하고 겸손하게' 받아들이는 사람은 화평한 마음을 잃지 않을 것이다.

물론 그렇다고 해서 그가 험난한 상황 앞에서 무기력하게 주저앉거나 물러서는 것은 아니다. 그는 그 순간에도 "낮은 자세로 자신을 길러 나간다." 그는 자기 성찰 속에서 자신이 내심 갖고 있을지도 모르는 오만한 마음을 덜어 내고, 세상사에 관해 부족한 지혜와 역량을 채우는 노력을 멈추지 않는다. 그것이 바로 군자의 정신이다.

六二
겸손의 덕이 울려 퍼진다.

순정한 마음에 기쁨을 얻으리라.

鳴謙 貞 吉

육이(六二)는 하괘의 가운데에 음효로 음의 자리에 있다. 이는 그가 안으로 겸손의 덕을 올바르게 쌓았음을 은유한다. 그러므로 그는 "순정한 마음에 기쁨을 얻을" 것이다. 한편으로 양효인 구삼이 바로 위에서 호응하므로, 그의 "겸손의 덕이 울려 퍼진다."고 했다.

군자가 겸손의 덕을 쌓는 것은 남들의 이목을 생각해서가 아니다. 그는 무한한 진리와 도의 앞에서 자신의 무지와 무능을 자각하기 때문에 겸손할 수밖에 없다. 그렇다고 해서 그가 자신의 무지(무능)를 탄식하기만 하는 것은 아니다. 그는 "순정한 마음"으로 진리와 도의의 길에 나선다. 그 구도의 길에서 삶의 기쁨이 주어진다. 자신의 삶을 진리와 도의로 완성하려는 순정한 노력만큼 기쁨을 주는 것은 없기 때문이다.

겸손의 덕은 사람들에게 알려지기 마련이다. 그것은 언행에는 물론, "얼굴에 맑게, 등에까지 가득히[粹面盎背]"(『맹자』) 드러나 자연히 주위 사람들의 흠모와 칭송을 받게 될 것이다. 공자는 말한다. "겸손의 덕이 울려 퍼지고, 순정한 마음에 기쁨을 얻으니, 겸손의 덕이 안으로 쌓였구나.[鳴謙貞吉 中心得也]"(「상전」) 아래의 글에서 이황의 겸허한 모습을 한 번 엿보자. 그가 뒷날 후학들에게 그토록 존경받았던 것도 "겸손의 덕이 안으로 쌓여 울려 퍼진" 결과일 것이다. 그의 제자들은 다음과 같이 전한다.

선생님은 제자들과 학문을 강론할 때에 의심나는 부분에 대해서는 자신의 의견을 주장하지 않고 반드시 중론을 널리 경청하셨다. 비록 글자나 따지는 하찮은 사람의 말이라도 유의하여 경청하고 마음을 비워 받아들였으며 거듭 참고하고 수정하여, 끝내 올바른 답을 얻고서야 그만두셨다.(『퇴계전서』)

九三
공로가 있음에도 겸손하다.
군자의 아름다운 마침이 있으리라. 복되다.
勞謙 君子有終 吉

구삼(九三)은 괘의 유일한 양효로서 후덕할 뿐만 아니라 훌륭한 공로를 이룬 군자다. 그래서 다른 음효들이 모두 그에게로 향하고 있다. 즉 만인이 그를 우러러본다. 그럼에도 그는 (상괘의) 땅 아래에 낮게 처신하여 '겸손하다.'

사람들 가운데에는 뛰어난 공로와 업적에도 불구하고 남들의 지탄을 받는 이들이 있다. 그것은 대개 그들이 자신의 공로를 자만하고 과시하려는 데에 기인한다. 그들은 자신에 대해 어떤 환상에 젖어 있다. 그들은 자기가 최고인 줄 착각하며, 더 나아가 자신의 공로를 인격과 동일시하곤 한다. 하지만 설사 불후의 업적을 냈다 하더라도 자신의 한계를 자각하면서 겸손하지 않으면 안 된다. 그리스 델포이 신전에 적힌 "너

자신을 알라!"는 격언의 뜻이 여기에 있다. 전지전능한 신 앞에서 인간의 무지와 무능을 깊이 자각하여 삶에 겸손하게 나서야 한다.

이와 관련하여 이황의 일화를 한 번 들어 보자. 그의 임종 며칠 전에 제자들이 근심 속에서 『주역』의 점을 쳐 보았다. 그들이 뽑은 괘효는 바로 〈겸〉괘 구삼효(九三爻)였다. 이에 그들은 선생이 곧 돌아가실 것으로 판단했다. 그것은 선생의 위대한 학덕과 겸손의 정신을 증언하는 것이었으며, 그러한 학덕과 정신으로 "아름다운 마침"이 있으리라고 예언하는 것이었기 때문이다. 그가 세상 사람들에게 아직까지 존경을 받는 까닭도 여기에 있을 것이다. 공자는 말한다. "공로가 있는데도 겸손한 군자는 만민의 존경을 받으리라.〔勞謙君子 萬民服也〕"(「상전」) 세상에 그처럼 복된 삶이 또 어디에 있을까. 공자는 다시 부연한다.

공로가 있는데도 자랑하지 않고, 업적이 있으면서도 내세우지 않으니, 덕이 매우 두텁도다. 공로와 업적을 갖고서도 사람들 앞에서 자신을 낮추는구나. 위대한 덕으로 공손의 예를 다하니, 겸손이란 공손의 정신으로 나서서 삶을 성취하는 것을 이른다.〔勞而不伐 有功而不德 厚之至也 語以其功下人者也 德言盛 禮言恭 謙也者 致恭 以存其位者也〕(「계사전」)

이 글에서 "덕이 매우 두텁다."는 말은 무슨 뜻일까? 앞서 〈곤〉괘의 괘상에서 인용했던 장식(張栻)의 글을 다시 한 번 음미해 보자. "바람이 두텁지 않으면 큰 새의 날개를 받쳐 줄 수 없고, 물이 깊지 않으면 큰 배를 띄울 수 없다. 또한 사람이 두터운 마음을 갖지 않으면 잘난체 하면서 세상을 우습게 알고, 제 공을 뽐내면서 남들을 업신여긴다."

공자가 겸손의 정신을 두고서 "덕이 매우 두텁다."고 찬탄한 뜻이 바로 여기에 있다. 두터운 바람만이 큰 새의 날개를 받쳐 주고, 깊은 물만 큰 배를 띄울 수 있는 것처럼, '두터운' 덕만이 세계와 만민을 품에 보듬어 안을 수 있다. 이는 물론 우월감에서 나오는 것이 아니다. 그의 두터운 덕은 겸손의 정신에 기반하는 만큼, 모든 사람에게 공손히 예의를 갖출 것이다. 역시 공자는 말한다. "겸손 속에서 예의가 나온다.〔謙以制禮〕"(「계사전」)

이에 반해 "술잔 하나 뜨지 못하는 얕은 물은 / 잔돌만 만나도 소란스러운"(도종환) 것처럼, '얇은' 덕은 한 푼의 지혜와 일말의 공을 요란하게 뽐내고 행세하려 한다. 그러므로 그에게서는 남들을 아우르는 도량을 기대할 수 없다. 설사 그가 겉으로 예의를 차린다 하더라도 알게 모르게 오만한 태도가 드러날 수밖에 없을 것이다. 여기에서 도종환 시인의 시구를 우리 자신의 삶 속에서 한 번 되새겨 보자. "이 저녁 그대 가슴엔 종이배 하나라도 뜨는가 / 돌아오는 길에도 시간의 물살에 쫓기는"

六四
겸손한 태도가 참으로 좋지만, 겸손의 덕을 쌓아야 한다.
无不利 撝謙

육사(六四)는 위로는 육오의 높은 지위에, 그리고 아래로는 구삼의 덕망에 고개 숙이는 겸손함을 보이고 있다. 즉 "겸손한 태도가 참으로 좋다."(원문의 "이롭지 않음이 없다.〔无不利〕"는 말은 이러한 함축을 갖는다.) 하지만 그들에게 겸손하기만 할 뿐, (음효의 유약함으로 인해) 그들처럼 높은 업적과 덕망을 쌓으려는 노력을 포기할까 염려하여 "겸손의 덕을 쌓아야 한다."고 충고했다.

세상에는 겸손하게 자신을 낮추면서 남들과 다투지 않고 살아가는 사람들이 있다. 그러한 태도는 일견 아름다워 보인다. 하지만 자신을 그렇게 낮출 줄만 알았지 진리와 도의(사랑과 의로움)의 정신으로 자신을 곧추세워 진취하려는 마음을 갖지 않는다면, 그것은 자칫 자기 비하와 비굴로 흐를 염려가 있다. 그런 사람들의 마음속을 한 번 들여다보자. 진리와 도의의 정신은커녕 그들이 세상에 흔들리지 않고 살아갈 주견과 철학을 갖고 있을까? 게다가 "지나친 공손은 예가 아니다.〔過恭非禮〕"

공자와 맹자는 그처럼 주견과 철학 없이 그저 겸손하기만 한 사람을 '향원(鄕原)'이라 하여 비난했다. 그의 겸손은 진리(도의)에 대한 무지(무능)의 자각 속에서 나오는 것이 아니다. 그는 남들의 환심을 사고 세상에 비위를 맞추기 위해 겸손의 처세술을 발휘하는 것일 뿐이다. 그러므로 "그러한 사람과는 요순(堯舜)의 도(道)에 함께 들어갈 수 없다. 공자께서 그를 일러 '덕을 해치는 자'라고 말씀한 까닭이 여기에 있다."(『맹자』)

그러므로 "겸손한 태도"만 강조할 일이 아니다. 그것은 사이비 겸손을 조장할 염려가 있다. "겸손의 덕"을 숭상하면서 안으로 부단히 닦아야 한다. "겸손한 태도"는 그 덕 위에서만 참되고 아름다울 것이다. 그 덕의 토대는 무지와 무능의 자각이다. 그 자각이 나를 겸손하게 만드는 것이다. 만약 그것이 무한한 진리와 도의의 세계 앞에서라면, 그리하여 겸손한 마음으로 진리를 추구한다면, 그렇게 해서 안으로 쌓이는 "겸손의 덕"과 밖으로 드러나는 "겸손한 태도"는 숭고하기까지 할 것이다. 공자는 말한다. "겸손한 태도가 참으로 좋지만 겸손의 덕을 가져야 올바름을 잃지 않을 것이다.〔无不利撝謙 不違則也〕"(「상전」)

六五

부귀를 내세우지 않고 사람들을 이웃처럼 대한다.

방자하게 구는 자는 따끔하게 다스려야 한다. 좋은 결과를 얻으리라.

不富以其鄰 利用侵伐 无不利

육오(六五)는 높은 자리에 있지만 (음효로서) 마음을 비우고 아랫사람들에게 겸손하게 나선다. 그래서 "부귀를 내세우지 않고 사람들을 이웃처럼 대한다."고 했다. 하지만 개중에는 그러한 그를 존중할 줄 모르고 조심성 없이, 함부로 대하는 사람이 있기 마련이다. 그처럼 "방자하게 구는 자는 따끔하게 다스려야 한다." 이는 육오가 나약함에 빠져 남들의 무시를 당할까 염려하여 내린 충고다.

부귀권세를 갖고 있는 사람이 조심하고 경계해야 할 일이 있다. 사람들에게 그것을 앞세워서는 안 된다는 점이다. 내가 부귀권세로 나서면 사람들은 나의 인격에는 관심을 갖지 않고 그것에만 비위를 맞추려 할 것이다. "표면적으로는 복종하지만 마음속으로는 배반하는" 면종복배(面從腹背)의 일이 이렇게 해서 일어난다. 아니 그전에 나는 사람들과 인간적 교류를 할 수 없어서 외로움에 빠질 수밖에 없다. 부귀권세는 나와 너 모두를 순수 인격이 아니라 사물로 전락시키고 말기 때문이다. 우리 속담은 이러한 현상을 다음과 같이 꼬집는다. "정승 집 개가 죽으면 문상객이 문전성시를 이루지만, 정승이 죽으면 한 사람도 얼씬하지 않는다."

그러므로 내가 부귀권세를 갖고 있다 하더라도 남들 앞에 그것으로 나서려 해서는 안 된다. 그것을 떨쳐 버리고 '벌거벗은' 순수 인격으로 사람들과 교류해야 한다. 명함에 적혀 있는 것과 같은 사회적 신분을 벗어나 이웃과 꾸밈없는 정을 나누듯이 말이다. "부귀를 내세우지 않고 사람들을 이웃처럼 대한다."는 함의가 여기에 있다. 겸손의 정신은 여기에서도 훌륭하게 작용할 수 있다. 부귀권세를 나의 마음에서 덜어 내 비우면, 사람들은 나의 인격을 흠모하면서 나를 이웃집 아저씨처럼 다정하게 대할 것이다.

물론 세상에는 나의 겸손을 악용하여 자신의 이익을 취하기 위해 "방자하게 구는" 자들도 있을 것이다. 당연히 그들에게까지 겸손으로 나설 수는 없다. 남들에게 조롱받고 악용당하는 겸손은 분명 잘못된 것이다. 겸손이 그처럼 순진함이나 나약함에 머물러서는 안 되며, 위엄을 갖고 있어야 한다. 말하자면 겸손 속에서도 위엄을, 위엄 속에서도 겸손을 유지해야 한다.

그러므로 나의 겸손 앞에서 "방자하게 구는 자는 따끔하게 다스려야 한다." 이는 나의 권위가 손상을 당해서가 아니다. 권위 의식은 오만의 또 다른 모습일 뿐이다. 저 '다스림'은 진리와 도의로 성취된 고매한 인격, 또는 위대한 덕의 위엄에서 나온다. 그것만이 사람들의 자발적인 복종과 존경을 얻을 수 있다. 공자는 말한다. "방자하게 구는 자를 따끔하게 다스리는 것은 아름다운 덕에 복종하지 않는 태도를 바로잡기 위해서다.〔利用侵伐 征不服也〕"(「상전」)

上六
겸손의 덕이 울려 퍼진다.
자기 성찰에 힘써 자신을 바로 세워야 한다.
鳴謙 利用行師 征邑國

상육(上六)은 음효로서 괘의 제일 위에 놓여 있다. 이는 그의 "겸손의 덕이 널리 울려 퍼짐"을 시사한다. 하지만 그는 (괘의 바깥 자리에 있으므로) 현실 사회에서 소외된 변방인의 처지에 있다. 그는 사람들의 칭찬을 받을 뿐 사회적인 지위와 영향력을 갖지 못한 것이다. 그러므로 그의 "겸손의 덕"은 육이의 그것과 다소 다르다. "利用行師 征邑國"의 원문은 "군대를 동원하여 자기 고을과 나라를 바로잡아야 한다."고 직역되지만, 많은 주석가의 해석에 입각하여 그것을 "자기 성찰에 힘써 자신을 바로 세워야 한다."고 풀이했다. 그것이 〈겸〉괘의 취지에 맞기 때문이다.

세상을 살다 보면 주변 사람의 인정과 칭송을 얻을 정도로, 즉 "겸손의 덕이 울려 퍼질" 만큼 정말 겸손하게 나섰는데도 정작 삶은 뜻대로 풀리지 않는 경우가 있다. 이는 어쩌면 실속 없는 겸손처럼 보여, 자신의 입장에서 생각하면 참으로 속상한 일이다. 그래서 사람들의 칭찬이 한편으로 고깝게 들리기도 한다. 공자는 말한다. "겸손의 덕이 울려 퍼지지만 마음이 만족스럽지 못하다.〔鳴謙 志未得也〕"(「상전」)

  그러면 이처럼 아무런 실속도 없는 겸손을 내던져 버려야 할까? 그렇지 않다. 세상을 살아가는 데에는 겸손 이상으로 아름답고 훌륭한 덕이 없다. 많은 선비들이 "64괘 가운데 〈겸〉괘가 가장 좋다."고 말한 뜻도 여기에 있을 것이다. 사실 겸손은 무슨 실속을 채우기 위한 처세의 방편이 아니다. 그것은 참으로 순수하게 인간적인 덕목이다. 그것은 인간으로서 부족하고 불완전하며, 무지하고 무능한 존재임을 자각한 결과이기 때문이다. 게다가 진리와 도의의 길을 겸손하게 따른다면 그것은 숭고하기까지 할 것이다.

  그러므로 겸손하게 나섰는데도 삶이 뜻대로 풀리지 않는다 해서 슬퍼하거나 속상해할 일이 아니다. 겸손은 우리가 불완전하고 결함 많은 인간으로 태어나서 삶의 오류를 최소화하기 위해 추구해야 할 훌륭한 덕목이다. 그러므로 "겸손의 덕이 울려 퍼지는" 순간에도 남들의 칭찬에 자만하지 말고 자신의 삶의 정신을 되돌아보아야 한다. 게다가 겸손하게 나서는데도 삶이 뜻대로 풀리지 않을 경우에는 더욱 "자기 성찰에 힘써 자신을 바로 세워야 한다."

16. 삶의 기쁨

예(豫)

우리는 일상에서 크고 작은 기쁨을 느끼며 산다. 맛있는 음식을 먹고 마시는 기쁨, 좋은 사람을 만나 정다운 대화를 나누는 즐거움, 꽃구경의 기쁨, 바람결에 흔들리는 나뭇잎을 보는 순간 일어나는 무심한 쾌감 등 기쁨의 종류는 천차만별하다. 이황의 시를 한 편 읽어 보자. 그가 삶에서 누렸던 기쁨은 아예 초월적인 은둔의 경지를 열어 보여 주기까지 한다.

두 손으로 샘물을 떠 벼루에 부어
한가히 앉아서 시를 지어 적는다.
그윽한 삶의 취향이 나에게 맞으니
남들이 알아주건 말건 생각할 게 무엇 있나.
掬泉注硯池　　閒坐寫新詩
自適幽居趣　　何論知不知(「계당우흥(溪堂偶興)」)

우리는 이러한 기쁨을 얼마나 누리며 살고 있는가? 사소한, 그러나 매우 소중한 일상의 기쁨거리를 무시하고 있는 것은 아닌가? 사는 일에 쫓기고 자타 간 경쟁에 몰두하다 보니 기쁨은커녕 삭막한 감정만 쌓이고 있는 것은 아닌가? 하루하루가 힘든데 느긋이 기쁨을 누릴 여유가 어디에 있느냐고 사람들은 항변할지 모른다. 하지만 문제는 마음 먹기에 달렸다. 가령 밖에서 아무리 바쁘고 힘들다 하더라도, 집에 돌아와 가족과의 정다운 대화까지 어려운 일은 아니다. 오히려 그것은 지친 마음에 활력소가 될 것이다. 한편으로 "솔개가 하늘에서 날고, 물고기가 연못 위로 뛰어오르는" 연비어약(鳶飛魚躍)의 풍경이라도 우연히 마주치다 보면, 한순간 세상사 모든 근심거리를 잊고 마음속 지고의 평화와 안식을 얻을 수도 있다. 니체의 말을 들어 보자.

행복하기 위해, 행복을 느끼기 위해 필요한 것은 얼마나 적은가! …… 가장 소소한 것, 가장 조용한 것, 가장 가벼운 것, 도마뱀이 바스락거리는 소리, 한 번의 숨결, 한 줄기 미풍, 한 번의 눈맞춤…….(『삶에서 깨어나기』)

그런데도 사람들은 일상에서 흔히 마주치는 이러한 것들을 외면하고 행복을, 삶의 기쁨을 갖가지 욕망의 만족에서 찾는다. 비근하게는 식욕과 성욕에서부터, 재물과 명예와 출세의 욕망에 이르기까지 그것의 충족을 삶의 목표로 추구한다. 특히 물신숭배의 자본주의 사회에서 사람들은 그것을 종교 신앙처럼 떠받들기까지 한다. 그들은 동서고금을 막론하고 인류의 스승들이 욕망의 절제를, 심지어 금욕까지 주장한 이유를 깊이 헤아려 보지 않는다. 욕망 충족의 일시적인 기쁨만 찾다 보면 참삶의 의미와 가치에 무관심해지고, 결국 허무에 빠지게 될 것이라는 경고를 그들은 들으려 하지 않는다.

〈예(豫)〉괘가 〈대유〉와 〈겸〉괘의 다음에 놓인 까닭이 여기에 있다. 삶의 기쁨을 소유의 욕망이 아니라 존재의 세계에서 찾아야 한다는 것이다. 공자는 말한다. "존재가 위대함에도 겸손하니 반드시 기쁨을 알리라. 그래서 〈겸〉에서 〈예〉로 이어졌다.[有大而能謙 必豫 故受之以豫]"(「서괘전」) 여기서 '예'는 기쁨을 의미한다. 그것은 흥분처럼 일시적으로 들뜬 감정 상태를 뜻하지 않는다. 〈예〉괘가 말하고자 하는 삶의 기쁨은 존재의 즐거움에 관한 것이다. 그러므로 그것은 소유의 욕망을 충족함으로써 얻는 일시적인 만족감과는 차원이 전혀 다르다. 그것은 삶에 겸손하게 나서서 진리와 도의(사랑, 의로움)의 정신으로 자신의 존재를 풍요롭게 만들어 나가는 데에서만 주어진다. 〈예〉괘는 그처럼 존재의 풍요를 누리는 기쁨을 주제로 한다.

이를 괘의 구조상에서 살펴보자. 그것은 상괘 '진(震)' ☳과 하괘 '곤' ☷으로 이루어져 있다. '진'은 우레를, '곤'은 땅을 상징한다. 이를 조합하면 〈예〉괘는 우레가 땅 위에서 울려 퍼지는 모습을 보여 준다. 땅 아래에 잠겨 있던 양기가 분출되면서 우레를 터트려 뭇 생명을 흔들어 깨우는 것이다. 이는 그렇게 만물이 생장하면서 각자의 존재를 구현해 나가는 기쁨을 함축한다.

한편 효의 구조를 보면 〈예〉괘 가운데 구사(九四)만이 유일한 양효로서, 나머지 다섯 개의 음효가 그것을 지향한다. 이는 구사에 함축되어 있는 존재(진리와 도의)의 정신을 상하좌우의 사람이 따르며 숭상함을 표상하기도 한다. 다른 효들의 판단 준거가 여기에 있다. 달리 말하면 삶의 참다운 기쁨은 존재의 정신을 얼마나 성취하느냐에 달려 있다. 공자는 말한다. "기쁨은 진리의 정신으로 삶을 이끌고, 진리에 따라 행동하는 데에서 생겨난다. 그것이 〈예〉의 주제다.〔豫 剛應而志行 順以動 豫〕"(「단전」)

괘사卦辭

백성이 기쁨에 들뜨는 시절일수록 임금은 권위를 세워
그들을 이끌어 나가야 한다.
豫 利建侯行師

많은 사람들은 태평한 시절을 만나면 향락에 빠져 더 이상 미래에 대한 긴장과 대비의 마음을 갖지 않는다. 하지만 그것은 곧 퇴폐로 이어지는 불행의 시작이 된다. 앞서 〈비(否)〉괘에서 인용했던 공자의 말을 다시 한 번 들어 보자. "위험은 지금의 자리에 안주하는 마음에서 비롯되고, 파탄은 지금의 성공을 자만하는 마음에서 비롯되며, 혼란은 지금의 평화에 젖어 있는 마음에서 비롯된다."

한 사회를 이끌어 가는 지도자의 현명함 여부가 여기에서 판가름된다. 훌륭한 지도자는 일반인들처럼 태평 시절에 안주하지 않는다. 그는 '우환 의식'을 한시도 내려놓지 않는다. 공자는 위의 말에 이어 다음과 같이 말한다. "군자는 지금, 이 자리에 편안히 처하면서도 다가올 위험을 잊지 않고, 성공을 누리면서도 미래의 파탄 가능성을 잊지 않으며,

평화 속에서도 미래의 혼란 가능성을 잊지 않는다. 그리하여 안락한 삶과 함께 나라를 보전할 수 있다."

임금, 즉 한 사회의 지도자에게 요구되는 권위를 이러한 관점에서 생각해 볼 수 있다. 참다운 권위는 힘이나 높은 자리에서 나오지 않는다. 예나 지금이나 막강한 권력을 가졌음에도 권위를 인정받지 못한, 또는 못하고 있는 지도자를 우리는 많이 알고 있다. 참다운 권위는 '우환 의식'의 군자와도 같은 지혜와 처신에서, 확대해서 말하면 진리와 도의를 추구하고 실천하려는 정신에서 나온다.

지도자는 무엇보다도 먼저 이러한 권위를 확립해야 한다. 그것이 지도자의 중요한 덕목이다. 진리와 도의의 권위만이 사람들의 신뢰와 존경을 얻을 수 있다. 그리하여 그들은 지도자가 자신들의 안락한 생활에 가하는 불편함과 불이익, 구속과 통제까지도 달게 받아들일 것이다. 그것이 자신들을 위한 것이요, 더 나아가 진리와 도의의 사회를 이룩하려는 것임을 믿기 때문이다.

공자는 만물이 자연의 섭리에 따라 생장 쇠멸하는 모습에서 그러한 이치를 헤아렸다. 이를테면 한여름 무성한 녹음을 자랑하던 초목은 가을의 찬바람에 저항하지 않고 순순히 잎을 떨어뜨린다. 그 이면에는 섭리의 '권위'(힘)가 작용한다. 공자는 말한다. "하늘과 땅은 섭리로 만물을 주재해 나간다. 그러므로 해와 달이 차질 없이 뜨고 지며, 사계절이 어김없이 변화한다. 마찬가지로 성인(聖人)은 진리로 사람들을 이끌어 간다. 그리하여 형벌이 사라지고 백성들이 감화된다. 그러므로 〈예〉에 함축된 의미가 심대하다.〔天地以順動 故日月不過 而四時不忒 聖人 以順動 則刑罰淸 而民服 豫之時義 大矣哉〕"(「단전」) "하늘과 땅이 이와 같으니, 임금도 마땅히 권위를 세워 백성들을 이끌어야 한다.〔天地如之 而況建侯行師乎〕"(「단전」) 지도자는 하늘과 땅의 섭리와도 같은 권위로 통치해야 한다는 것이다. 그 권위는 물론 하늘처럼 높은 자리에 의존하는 것이어서는 안 된다. 하늘과 땅이 만물에게 생명을 주는 것처럼 지도자의 참다운 권위는 사람들의 생명적 삶을 진작시키는 시책에서 쌓인다. 그 핵심에는 진리와 도의의 정신이 놓여 있다.

이는 환상적인 꿈처럼 들릴 수도 있다. 현실 사회에서 지도자의 자격 조건은 대체로 대중적 인기와 조직력, 권모술수 등이지, 진리와 도의의 정신이 아니기 때문이다. 후자는 오히려 세상 물정을 모르는 순진한 태도로 비아냥거리가 되기까지 한다. 하지만 그래서는 안 된다. 그러한 정신만이 사회를 밝고 아름답게 해 주며, 사람들의 삶에 생명적 기쁨을 줄 수 있다. 그러므로 그것이 아무리 실현 불가능할 것 같은 꿈이라 하더라도 희망을 버려서는 안 된다. 희망 없는 사회와 삶은 지옥이나 다름없다.

비록 전 사회적 규모는 아니지만 기업체 내에서 행해지는 그러한 유형의 실험과 사례가 있기도 하다. 『메가트렌드』의 저자 존 네이스비트에 의하면 오늘날 일부 기업의 지도자는 윤리 경영을 넘어서, 회사에 영적(靈的)인 가치를 제고하는 시도를 하고 있다고 한다. 구성원들로 하여금 직장을 단순히 밥벌이의 자리가 아니라, 그들 자신의 의미 있는 삶의 터전으로 여기게 해 주려는 것이다. 그들은 거기에서 직장 생활의 기쁨을 알고 업무에 더욱 적극적으로 임한다고 하며, 그러한 기업체들은 건실하게 성장한다고 한다. 우리 사회 역시 이러한 기업 문화를 확산할 필요가 있다.

사회의 각급 지도자들뿐만 아니라 보통 사람들 역시 그와 같은 문제의식을 가져야 한다. 사실 조직 구성원들이 월급에만 관심을 갖고 있다면 그 지도자가 아무리 진리의 정신이나 영적인 가치를 강조해도 소용없는 일이다. 상하의 사람들 모두 체념적으로 현실에 안주하려 하지 말고 자신의 삶을 새롭게 이끌어 나가야 한다. 그동안 추구해 온 안락의 허상을 돌아보면서 소유가 아니라 존재의 정신으로 참삶의 기쁨을 모색해야 한다.

괘상卦象

우레가 땅속에서 울려 퍼져 나오는 모습이 〈예〉의 형상이다.
옛날 왕들은 이를 보고서 음악을 지어 사람들의 덕성을 함양시키고
또 음악을 성대하게 연주하여 신과 조상에게 제사를 올렸다.
雷出地奮 豫 先王 以 作樂崇德 殷薦之上帝 以配祖考

옛날 사람들에게 우레는 겨울 내내 양기가 땅속에 잠복해 있다가 초봄에 이르러 땅 위로 분출되면서 나타나는 현상으로 여겨졌다. (상괘 '진(震)'은 〈문왕팔괘방위도(文王八卦方位圖)〉상 춘분의 계절에 해당된다.) 만물은 이 우렛소리를 듣고서 생명의 눈을 뜨고 약동한다. 그것은 만물에게 마치 생명을 일깨우는 환희의 음악과도 같다. 이러한 상상 속에서 옛날 사람들은 내면 깊은 곳으로부터 우러나오는 삶의 기쁨을 악곡의 착상 배경으로 삼기도 했다.
우레가 만물에게 그러하듯이 음악 또한 사람의 삶을 고무시키는 기능

을 갖는다. 그것은 아름다운 선율로 일상의 억눌린 감정을 풀어 주고 순화시켜 주며, 고결한 품성을 함양하여 고상한 삶의 기쁨을 누리도록 해 준다. 공자가 제자들에게 음악을 강조한 것도 이 때문이다. 그는 말한다. "시를 통해 정감을 고취하고, 예를 통해 행위를 확립하며, 음악을 통해 덕을 성취해야 한다.〔興於詩 立於禮 成於樂〕"(『논어』) 다만 주의해야 할 점이 있다. '덕성', 즉 고결한 품성을 함양하고 성취하게 해 주는 음악을 배워야지, 사람들의 마음을 들뜨고 방종하게 만드는 음악은 안 된다는 것이다. 공자가 정(鄭)나라 음악을 배척한 까닭이 여기에 있다. 이러한 음악관은 오늘날 대중 음악을 비판적으로 성찰하게 해 준다. 그것이 과연 "사람의 덕성(고결한 품성)을 함양하고 성취시켜 주는가?" 하는 것이다.

음악은 신이나 조상의 보이지 않는 세계와 통하는 매개체가 되어, 인간과 신(조상)의 초월적인 합일을 이루게 해 주기까지 한다. 종교 음악이 이에 해당된다. 옛날 사람들은 이처럼 음악에서 사람들을 기쁨으로 고동치게 하는 힘을, 또는 인간(이승)과 신(저승)을 잇는 수단을 발견하고 개발하여 일상으로 가까이 했다. 『예기』는 말한다. "선비는 까닭 없이 거문고를 치워 두지 않는다." 여기에서 '까닭'이란 질병이나 상사(喪事) 같은 것을 말한다.

효사爻辭

初六
기쁨으로 소리를 질러 대니, 그 모습이 천박하다.

鳴豫 凶

초육(初六)은 음효로서 양의 자리에 잘못 놓여 있으므로 부정한 사람이다. 그는 괘의 중심 효인 구사와 음양으로 호응하면서 기쁨을 이기지 못해 "소리를 질러 댄다." 그처럼 기쁨이 내면의 정신에서 우러나오지 않고, 표피적으로 바깥 세상과의 관계에서 생겨나므로 "그 모습이 천박하다."

많은 사람들은 자기 안에 진정으로 즐길 수 있는 내면의 세계, 이를테면 진리와 도의(사랑과 의로움)의 정신을 갖고 있지 못하다. 그들은 기껏 삶의 목표를 자기 밖 부귀영화의 획득이나 감각적 쾌락의 만족에 둔다. 그들의 빈곤한 정신은 그러한 기쁨거리를 얻으면 참지 못하고 이 세상의 모든 것을 차지한 양 "소리를 질러 댄다." 그처럼 부귀영화와 감각적 만족거리를 얻어 기뻐하면서 거드름을 피우는 '천박한' 모습을 우리는 주변에서 흔히 목격한다. 아니 그러한 모습은 나 자신에게서도 발견된다.

하지만 그러한 기쁨은 지속적이지 못하고 잠시일 뿐이다. 지극히 표피적이기 때문이다. 결국 그들은 내면 깊은 곳에서 부귀영화나 감각거리로는 해소할 수 없는 존재의 갈증을 느끼며 삶의 공허감에 빠질 것이다. 그들은 그러한 갈증과 공허감을 더 높은 부귀영화와 강도 높은 쾌락거리로 채우려 하겠지만 악순환일 뿐이다. 마치 갈증에 자꾸 소금물만 들이키는 격이다. 이는 근본적으로 삶의 정신(철학)이 빈곤한 데에 기인한다. 공자는 말한다. "기쁨으로 소리를 질러 대니, 삶의 정신이 빈곤하여 그 모습이 천박하다.〔初六鳴豫 志窮 凶也〕"(「상전」)

六二

기개가 바위와도 같이 우뚝하구나.

기쁨을 찾아 온종일을 헤매지 않으니

올바르고 훌륭하다.

介于石 不終日 貞 吉

육이(六二)는 구사와 호응하지 않으므로, 즉 구사에 마음을 두지 않으므로 "기개가 바위와도 같이 우뚝하여", "기쁨을 찾아 온종일을 헤매지 않는다." 또한 그는 음효로서 하괘의 가운데 음의 자리에서 자신의 내적인 중심을 굳게 지키고 있으므로 "올바르고 또 훌륭하다." 그는 쾌락 지향적인 초육, 육삼, 육오, 상육과 달리 가치(의미) 지향적인 사람이다.

우리는 좋은 일을 만나면 적당한 정도로 즐기지 않고 한없이 누리려 한다. 남녀가 만나면 열정이 식을 때까지 불태우려 하며, 애주가는 과음이나 폭음으로 끝장을 낸다. 하지만 기쁨(즐거움)도 지나치면 무뎌지는 법이며, 더 나아가 비애감이 생기기까지 한다. 꿀물도 많이 마시면 질리게 되고, 과음 이튿날 아침에는 우울하고 허전한 마음을 피할 수 없다. 그러므로 "욕망을 방종하게 행사해서는 안 되며, 뜻을 끝까지 채우려 해서는 안 되며, 즐거움을 만끽하려 해서는 안 된다.[欲不可從 志不可滿 樂不可極]"(『예기』) 아쉬움의 여지를 남겨 놓아야 한다. 아쉬움 속에서 즐거움은 더욱 소중하고 많은 여운을 남긴다.

그러므로 기쁨을 절제 있게 누려야 한다. 기쁨을 한없이 추구하거나 거기에 빠져서는 안 된다. 기쁨의 노예가 되지 말고 오히려 주인이 되어 기쁨을 조절할 줄 알아야 한다. 공자의 말처럼, "즐기되 (즐거움에) 빠지지 않는(樂而不淫)"(『논어』) 절제의 정신을 가져야 한다. 이는 기쁨거리에 이끌려 다니지 않는 정신의 주체성을 확립할 때에만 가능하다. 즉 정신의 기개를 우뚝 세워야 한다. 그것은 희로애락의 감정에 휘둘리지 않고 자신을 올바르고 굳건하게 지키는 정신을 뜻한다. 공자는 말한다. "기쁨을 찾아 온종일을 헤매지 않는 올바르고 훌륭한 정신은 내적인 중심을 올바로 지키는 덕에서 나온다.(不終日貞吉 以中正也)(「상전」)

주체성이 확립된 우뚝한 정신과 기개는 절제를 모르는 그것과 커다란 차이를 드러낼 것이다. 후자가 "기쁨을 찾아 온종일을 헤매는"데 반해, 전자는 기쁨 이상으로 추구해야 할 삶의 의미와 가치가 있음을 안다. 그러므로 그는 일에 임해서든 아니면 인간관계에서든 항상 올바른 의미와 가치를 찾고 실현하려 한다. 나아가 그는 명철한 지혜로 세계 만상을 통찰하고 미래의 일을 예측하면서 시공을 꿰뚫는 삶을 영위하려 한다. 그것이 그에게는 최상의 기쁨이다.

공자는 이를 두고 "일의 낌새를 살펴 처사하는" 견기이작(見幾而作)의 지혜라고 칭송한다. 선견지명이 그것이다. '낌새'란 아직 눈앞에 드러나지 않은 변화의 조짐 또는 실마리를 말한다. 그것은 앞으로 일이 전개될 방향을 예고한다. 그러므로 우리는 어떠한 상황에서든 일의 낌새를 주의 깊게 살필 필요가 있다. 거창하지만 횔덜린의 시를 한 편 읽어 보자. 이는 한 시대의 낌새를 살펴 처사해야 할 지성인의 과제를 말하고 있는 것처럼 보인다.

대담한 정신은

뇌우 앞에 선 독수리처럼
제 앞에 도래할 신들을
앞질러 예언하며 비상한다.

예를 들어 보자. 모든 질병에는 그 낌새가 있다고 한다. 그것을 미리
감지하여 대처해야만 병을 예방할 수 있다. 또 부부는 상호 간 애증의
낌새를 말 한마디에서, 또는 사소한 행동 하나에서 육감적으로 느낀다.
이때 만약 애정이 식어 가는 느낌을 방치하면 자칫 커다란 부부 싸움
을 면하기 어렵다. 그러므로 그러한 낌새를 감지했을 경우에는 화목한
정을 회복하기 위해 세심한 노력을 기울여야 한다. 그 밖에도 '일의 낌
새를 살펴 처사하는' 정신은 모든 사회생활의 현장에서도 긴요하게 요
구됨은 물론이다. 사태의 낌새를 살펴 올바르게 대처하지 않으면 일의
실패를 면하기 어렵다. 공자의 말을 들어 보자.

일의 낌새를 아는 사람은 귀신과도 같다 할 것이다. 군자는 인간관계에
서 윗사람이라 하여 아첨하지 않고 아랫사람이라 하여 오만하게 굴지 않
는다. 그는 일의 낌새를 잘 알아 처신한다. 낌새란 미세한 움직임을 말하
는 것으로서 일의 성패가 거기에서 먼저 드러난다. 그러므로 군자는 일
의 낌새를 살펴 처사하면서, 기쁨을 찾아 온종일을 허비하지 않는다. 주
역에 이르기를, "우뚝한 기개가 바위와도 같이 우뚝하구나. 기쁨을 찾아
온종일을 헤매지 않으니, 올바르고 훌륭하다." 하니, 바위처럼 우뚝한 기
개로 어찌 온종일을 헤매겠는가. 군자의 예리한 판단과 결연한 의지를 볼
수 있다. 군자는 일의 낌새를 보고서 앞으로 도래할 사태를 예견하고, 부

드러움 속에서 강한 힘을 안다. 만인이 군자를 우러러보는 까닭이 여기에 있다.〔知幾 其神乎 君子 上交不諂 下交不瀆 其知幾乎 幾者 動之微 吉之先見者也 君子 見幾而作 不俟終日 易曰 介于石 不終日 貞 吉 介如石焉 寧用終日 斷可識矣 君子 知微 知彰 知柔 知剛 萬夫之望〕(「계사전」)

六三
남들을 쳐다보면서 향락을 추구하니,
불안한 마음을 떨치지 못하는구나.
지나고 나면 후회하리라.

盱豫 悔 遲 有悔

육삼(六三)은 음효로서 양의 자리에서 부정하게도 바로 위의 구사를 선망한다. 그에게 구사는 진리의 수호자가 아니다. 구사가 괘의 중심 효로서 남들이 모두 그를 지향하기 때문에 자기도 그를 따라갈 뿐이다. 그러므로 그가 표면적으로는 구사를 선망하지만, 그 이면에는 남들의 이목에 신경을 곤두세운다. 즉 그는 "남들을 쳐다보면서 향락을 추구한다." 그처럼 주견과 철학이 없으므로 그의 마음 한켠에 까닭 모를 '불안'이 도사릴 수밖에 없다.

오늘날 사람들의 행복 의식은 주체적이지 못하고 대중적이다. 사람들은 남들이 즐기는 것이면 자기도 당연히 그렇게 즐겨야 한다고 생각한다. 즉 "남들을 쳐다보면서 향락을 추구한다." 우리는 그 실례를 봄가을 행락철에 전국의 주요 도로가 심한 교통 체증을 겪는 모습에서 목격한다. 사람들의 행락은 아름다운 꽃이나 단풍을 구경하고 싶어서만은 아니다. 남들이 모두 나들이하는데 나만 빠지면 왠지 외롭고 불행하다는 느낌을 견디기 어려워서다. 대중은 그처럼 서로 떨어지지 않고 항상 함께하려는 성향을 갖고 있다. 하이데거는 이를 일러 "대중의 횡포(폭력)"라고 지적한다. 개개인의 삶이, 행복과 불행이 대중의 횡포에 시달리는 것이다.

하지만 대중의 행복(향락)은 공허하다. 그저 남들이 즐기는 대로 즐기며, 사는 대로 살아가는 사람들에게는 행복도 표피적인 수준을 넘지 못하기 때문이다. 그야말로 물 위에 떠 있는 부평초처럼 부유하는 인생의 애환에 지나지 않다. 그들이 '불안한 마음을 떨치지 못하는' 이유가 여기에 있다. 그들은 그러한 불안과 공허를 다시 새로운 향락으로 달래려 하지만 그것은 물론 잘못된 처방이다.

그러므로 더 늦어 인생무상을 자탄하기 전에 삶의 의미와 가치를 밝히고 참삶의 기쁨을 찾아 누리려는 노력을 해야 한다. 공자는 말한다. "남들을 쳐다보면서 향락을 추구하니, 그 후회는 내적인 중심을 잃은 데에 기인한다.〔盱豫有悔 位不當也〕"(「상전」) 여기에서 "내적인 중심"이란 위에서 살핀 것처럼 표피적인 욕망에 흔들리지 않고, 삶의 의미와 가치를 진지하게 추구하는 우뚝한 정신과 기개를 말한다. 참다운 행복은 거기에서만 주어질 수 있다.

九四

나로 말미암아 사람들이 기뻐할 테니, 그들의 마음을 크게 얻으리라.
회의하지 말라. 뜻을 함께하는 사람들이 모여들 것이다.

由豫 大有得 勿疑 朋盍簪

〈예〉괘의 중심적 효인 구사는 진리와 도의의 정신을 표상하며, 나머지
다섯 음효의 참다운 기쁨의 원천이다. 그래서 "나로 말미암아 사람들이
기뻐할 테니 그들의 마음을 크게 얻을" 것이라 했다. 다만 그가 (음의 자리
에 있는 만큼) 나약해서 진리(도의)의 정신을 굳게 지키지 못할까 염려하여
"회의하지 말라."고 충고했다. 원문의 '합잠(盍簪)'은 문자 그대로는 비녀
[잠(簪)]를 꽂기 위해 머리털을 모은다[합(盍)]는 말이지만 보통 '모인다'는
뜻으로 전용된다.

진리와 도의의 정신은 사람들의 몽매함을 일깨우고 어두운 세상을
밝혀 주는 위대한 힘을 갖는다. 진리와 도의로 사는 사람은 사람들에
게 올바른 삶의 길이 무엇인지, 참삶의 기쁨은 어떤 것인지를 온몸으로
가르쳐 준다. 그리하여 "나(진리와 도의)로 말미암아 사람들이 기뻐할"
것이며, 나는 "그들의 마음을 크게 얻을" 것이다. 이는 마치 아름다운
꽃이 많은 사람에게 기쁨을 주고 그들의 마음을 순화시키는 것과도 같
다. 공자는 말한다. "나로 말미암아 사람들이 기뻐하고 그들의 마음을
크게 얻는 것은 진리와 도의의 정신이 크게 행해지기 때문이다.〔由豫大
有得 志大行也〕"(「상전」)

다만 진리(도의)를 전파하고자 하는 사람이 유념해야 할 점이 있다.

진리가 실종된 사회에서 자신의 외로운 뜻과 힘든 노력을 회의하지 말아야 한다. "온 세상이 혼탁한데 나 혼자 깨끗하고, 사람들이 모두 취해 있는데 나 혼자 깨어 있다."(굴원(屈原)의 「어부사(漁父詞)」)는 자탄은 자칫 자포자기로 이어질 수도 있다. 즉 회의 속에서는 진리의 정신이 죽을 수밖에 없으며, 그렇게 되면 사회 이전에 나 자신의 삶이 어둠에 빠질 수밖에 없다. 세상이 혼탁할수록 진리의 정신을 곧추세워야 한다. 그러면 "(나와) 뜻을 함께하는 사람들이 모여들 것이다." 공자는 말한다. "덕 있는 사람은 외롭지 않다. 반드시 이웃이 있는 법이다.〔德不孤必有隣〕"(『논어』)

六五
올바른 정신 앞에서 고통스러워한다.
고통스러운 마음을 잃지 말아야 죽지 않으리라.
貞 疾 恒不死

유오(六五)는 음효로서 높은 자리에 있으므로 향락에 빠지기 쉬운 나약한 성향의 사람이다. 하지만 그는 바로 아래의 "올바른 정신"인 구사의 견제와 충고를 듣기 때문에 마음대로 향락하지 못하는 것에 대해 "고통스러워한다." "고통스러운 마음을 잃지 말아야" 운운한 것은 유오가 상괘의 중심에 있음에서 착안된 충고다. 아래에서 말하는 것처럼 '내적인 중심'을 잃지 말라는 것이다.

삶의 의미에 관해 진지하게 숙고하지 않고 물질과 권력 등 외재적인 사물의 획득과 향락만을 추구하는 사람은 자신을 정신적 죽음으로 내모는 것이나 다름없다. '하늘'(신)이 인간에게 부여한 삶(존재)의 과제는 거기에 있지 않기 때문이다. 동서고금을 막론하고 인류의 스승들은 그러한 것이 인간 소외와 존재의 빈곤을 야기한다 하여 경계해 마지않았다. 오늘날 특히 자본주의 사회에서 사람들의 허무 의식이 갈수록 만연되는 까닭을 우리는 이러한 관점에서 짚어 볼 수 있다. 사람들이 맹목적으로 물욕만 추구하다 보니 존재의 빈곤을 면할 수 없는 것이다.

이렇게 살피면 지난날 니체가 "신은 죽었다."고 일갈했지만, 이 시대에는 "인간이 죽었다."고 말해야 할지도 모른다. 아니 신이 죽으니 인간역시 자연히 죽을 수밖에 없는 일이다. 사람들이 자신의 존재 근원에무관심하다는 것은, 달리 생각하면 참삶의 의미와 가치에 관해 성찰할줄 모른다는 이야기가 되기 때문이다. 그러므로 사람들이 세속적인 욕망거리만 찾아 향락하려 함으로써 존재의 빈곤을 겪는 것은 불행히도피할 수 없는 현상이다.

이러한 지적과 경고 앞에서, 즉 "올바른 정신" 앞에서 사람들은 잠시나마 까닭 모를 내면의 고통을 느낄 것이다. 이는 일상의 현장에서 일이 여의치 않아 겪는 마음의 아픔과 같은 유형이 아니다. 그것은 부귀의 향락 속에서도 불현듯 엄습하는 실존의 고통이다. "올바른 정신"은자신의 존재 빈곤과 삶의 허무를 가슴 아프게 되돌아보게 해 주기 때문이다. 이는 마치 부패하고 타락한 자가 정의로운 사람 앞에서 느끼는양심의 자괴감과 가책과도 같다.

이와 같은 고통은 이별의 슬픔이나 상실의 고통처럼 부정적인 마음과는 차원을 달리한다. 오히려 그것은 자신의 본래 면목(존재 의미)을 성찰하게 해 준다는 점에서 긍정적인 성질을 띠고 있다. 그리하여 "올바른 정신 앞에서 고통스러워하는" 마음은 우리를 정신적 죽음에서 벗어나 진정 인간다운 삶을 살게 해 줄 토대가 된다. 죽은 신을 살려낼 수 있는 길도 거기에 있을 것이다. 공자는 말한다. "올바른 정신 앞에서 고통스러워하는 것은 진리와 도의를 자각하기 때문이다. 고통스러운 마음을 버리지 말아야 죽지 않는다는 말은 내적인 중심을 잃지 말라는 뜻이다.〔六五貞疾 乘剛也 恒不死 中未亡也〕"(「상전」) 여기에서 "내적인 중심"이란 소유 의식을 벗어난 존재(진리와 도의)의 정신을 뜻한다.

上六
눈이 멀어 향락에 빠져 있구나.
개전의 마음을 가지면 불행을 면할 수 있으리라.
冥豫 成 有渝 无咎

상육(上六)은 〈예〉괘의 마지막에 놓여 있는 음효이므로 "눈이 멀어 향락에 빠져 있는" 사람을 은유한다. 하지만 상괘 '진(震)'에 함축되어 있는 진동의 속성이 한편으로 부각되면서, 향락의 삶을 뒤흔드는 "개전의 마음"을 말했다.

향락주의는 역설을 갖고 있다. 향락만 추구하다 보면 결국 고통만 뒤따른다는 것이다. 향락의 감각이 갈수록 무뎌지면서 자극의 강도가 점점 강화되다 보면 피로감만 쌓일 것이기 때문이다. 공자는 말한다. "눈먼 향락이 그 끝에 이르렀으니, 얼마나 더 오래 가겠는가.〔冥豫在上 何可長也〕"(「상전」) 그러므로 우리는 향락 지향의 삶을 반성하지 않으면 안된다. 향락에 멀었던 눈을 떠 존재 지향의 삶을 영위해야 한다.

이를 다른 시각으로 살펴보자. 어둠이 가장 깊은 곳에 이르면 깨달음의 문이 열리기도 한다. 극악무도한 죄를 저지른 사람이 어느 순간 깊은 회개 속에서 평화와 사랑의 마음으로 거듭나는 사례를 우리는 종종 들어서 알고 있다. 이를 두고 어떤 사람은 역설적으로 다음과 같이 말한다. "지옥에서 천국이 멀지 않다." 향락의 끝도 마찬가지다. 우리는 거기에서 무상함을 깨달아 참삶의 의미와 가치를 새롭게 찾아 실현해야 한다. 우렛소리가 만물의 생명을 흔들어 깨우는 것처럼, 그동안 향락 생활 속에서 은폐되어 있던 존재의 정신을 우렛소리처럼 듣고 일깨워 참삶의 기쁨을 추구해야 한다.

17. 수시처변(隨時處變)의 지혜

수(隨)

사람은 누구나 슬픔과 고통을 피하고 기쁨을 추구한다. 그것이 인지상정이다. 하지만 그렇다고 해서 기쁨만 탐닉할 일은 아니다. 〈예〉괘 육이효(六二爻)에서 말하는 것처럼, "기쁨을 찾아 온종일을 헤매지 않는" 우뚝한 정신과 기개를 가져야 한다. 기쁨에도 추구해야 할 도리가 있는 법이다. 공자는 말한다. "기쁨에는 반드시 따라야 할 도리가 있다. 그래서 〈예〉에서 〈수(隨)〉로 이어졌다.〔豫必有隨 故 受之以隨〕"(「서괘전」) 하지만 〈수〉괘는 기쁨의 도리만 말하지 않는다. 이 괘는 그것 이상으로 모든 일에 수반되는 도리와, 수시처변(隨時處變)의 정신을 주제로 삼는다. '수시처변'이란 때(상황)의 변화에 따라 알맞게 대응한다는 뜻이다.

세상은, 만물은 시시각각 변한다. 헤라클레이토스의 명언처럼 우리는 "똑같은 강물에 두 번 들어갈 수 없다." '나'는 어제나 오늘이나 변함없이 자기 동일성을 유지하는 존재가 아니다. 몸으로 말하면 어제와 오늘이 다르고, 마음 또한 수시로 변덕을 부린다. 불교는 이에 대해 존재론적인 성찰까지 행하여, 제행무상(諸行無常, 이 세상 그 무엇도 영원한 것은 없음)과 제법무아(諸法無我, 그 어떤 것도 불변의 실체를 갖고 있지 않음)의 이치를 설파하기도 한다. 이에 의하면 '나'라는 존재도 여러 물질적 요소의 일시적인 집합체에 불과하며, 과거의 기억과 미래의 기대 등이 만들어 낸 관념의 허상에 지나지 않는다. 요컨대 '나'를 비롯한 만사만물에는 그 어떤 실체도 없으며 텅 비어 있다. 그야말로 '공(空)'하다.

『주역』의 저자는 이와 같은 주장에 동의하지는 않지만, 그 역시 변화의 이치에 입각하여 사람들에게 처세의 지혜를 알려 주고자 한다. 시공의 상황이 끊임없이 변하므로 고정관념에 빠지거나 우직하게 원칙에만 매달려서는 안 된다는 것이다. 64괘 모든 효의 풀이가 때로는 제멋대로인 것처럼 보이는 것도 이 때문이다. 한 괘의 전체적 상황과, 하나의 효가 위아래의 다른 효들과 맺고 있는 관계 상황이 제각각 다르므로 일률적인 기준으로 해석할 수가 없는 것이다. 비유적으로 말하면 매일 아침밥을 먹지만 그 맛이 제각기 다른 것과도 같다.

그렇다고 해서 그것이 처사의 원칙 자체를 부정하는 것은 아니다. 원칙을 지키되 그것을 상황에 따라 알맞게 변통해야 한다. 선비들은 그 정신을 "수경행권(守經行權)"이라는 한마디로 압축한다. 여기에서 '경(經)'은 원리 원칙을, '권(權)'은 (권세가 아니라) 저울을 뜻한다. 원리 원칙을 지키면서도 저울의 정신(權道)을 발휘하라는 것이다. 저울은 물건의 무게를 재는 데 소용되는 도구다. 우리는 저울판 위에 물건을 올려놓고서 저울추를 움직여 물건의 무게와 형평을 이루는 눈금을 찾는다.

처사의 정신도 이와 같아야 한다. 우리는 어떤 상황에 처해서 그것을 마음의 저울로 재어 형평에 맞는 '행위의 눈금'을 찾아야 한다. 만약 상황의 변화를 무시하고 사전에 보아 둔 눈금만 고집하려 한다면 일의 실패를 면하지 못할 것이다. 그것은 마치 "교주고슬(膠柱鼓瑟)" 하는 것이나 다름없다. 즉 거문고의 기러기발을 아교로 붙여 놓고서 음악을 연주하는 식이다. 그것은 이미 주어진 악곡에는 합당할지 모르지만, 그 밖의 악곡들을 연주하는 데에는 오히려 방해가 된다. 그러한 어리석음을 타파하기 위해 필요한 것이 바로 수시처변의 정신, 즉 '권도(權道)'다.

이를 괘의 구조상에서 살펴보자. 〈수〉괘의 상괘는 '태(兌)'≡≡요 하괘는 '진(震)'≡≡으로, 전자는 연못을, 후자는 우레를 상징한다. 이를 조합하면 우레가 연못 속에서 울려 연못의 수면이 뒤따라 흔들리는 모습을 연상시킨다. 이는 그 글자상 '뒤따른다'는 의미를 갖는 〈수〉의 영상을 보여 준다. 한편 상하의 괘가 각각 갖고 있는 '기쁨'과 '움직임'의 속성은 다음과 같은 은유를 갖기도 한다. 즉 (우레처럼) 위엄을 갖춘 나의 행동거지에 많은 사람이 기쁨으로 감격하면서 '뒤따른다'. 이는 사람들의 추종(뒤따름)을 받기 위해 내가 어떻게 행동해야 하는가 하는 문제의 대답을 담고 있다.

주석자들은 이를 괘효의 변화에 착안하여 설명하기도 했다. 이에 의하면 〈수〉괘는 원래 상괘였던 '건'≡의 상효(上爻)인 양과, 하괘였던 '곤'≡≡의 하효(下爻)인 음이 서로 자리를 바꾸어 이루어진 것이라 한다. 이는 다음과 같은 사회적 은유를 갖는다. 즉 부귀권세나 지식의 힘을 갖고 있는 사람(양효)은 힘없는 사람들(음효)의 아래로 내려가 겸손하게 처신해야 그들이 그를 따른다는 것이다. 공자는 말한다. "강자가 위에서 내려와 약자의 아래에서 처신하면 사람들이 그를 기쁘게 따를 것이다. 그것이 〈수〉의 정신이다. 그렇게 하면 일이 잘 풀리고 올바름을 얻어 허물거리가 없을 것이요, 세상 사람이 모두 그를 따를 것이다.〔剛來

而下柔 動而說 隨 大亨 貞 无咎 而天下隨時〕"(「단전」)

괘효의 구조에 관한 이러한 풀이는 〈수〉괘의 대의를 간단히 '뒤따른다'는 글자의 뜻으로 해설한 것이지만, 그것을 깊이 전개시키면 수시변통의 정신에 이르기도 한다. 아래에서 살피는 괘사와 괘상, 효사는 이러한 함의를 때로는 수시변통의 뜻으로, 때로는 '뒤따른다'는 뜻으로 다양하게 펼쳐 낸다. 이에 입각하여 공자는 말한다. "〈수〉에 함축된 의미가 심대하다!〔隨時之義 大矣哉〕"(「단전」)

괘사卦辭

수시처변을 하면 일이 잘 풀리리라.
올바른 정신을 지켜야만 허물거리를 갖지 않을 것이다.
隨 元亨 利貞 无咎

시시각각 변화하는 삶과 세상에서 변통, 즉 수시처변의 정신을 갖는 것은 매우 필요한 일이다. 그것은 "일이 잘 풀리게" 해 줄 것이다. 하지만 돌아가는 형편에 따라 카멜레온처럼 변신해도 좋다는 이야기는 아니다. 이해득실에 따라서 삶의 태도를 수시로 바꾸는 것은 사람의 도리가 아니다. 수시처변하는 가운데에서도 "올바른 정신"을 지켜야 한다. 여기에서 "올바른 정신"이란 추상적으로 말하면 진리나 사람의 도리를 뜻하지만, 구체적인 상황에 따라 다양하게 해석할 수 있다.

예를 들어 보자. 어떤 사람이 친구와 며칠 후 다리 밑에서 만나기로 약속했다. 그런데 약속 당일 비가 많이 와서 냇물이 크게 불어났다. 그럼에도 약속의 신의를 지키기 위해 다리 밑에서 친구를 기다려야 할 것인가? 옛날 미생(尾生)의 고사에 나오는 이야기다. 그는 친구와의 신의를 고집하다가 결국 물에 휩쓸려 죽고 말았다. "올바른 정신"으로 수시 처변할 줄 모르는 자의 결말이다.

수시처변의 문제를 깊게 생각하게 해 주는 고사를 들어 보자. 중국의 전국 시대에 굴원(屈原, 기원전 343?~277?)이라는 정치가가 있었다. 그는 간신들의 모함에 추방을 당했다. 지나가던 사람이 그의 초췌한 모습을 보고는 왜 그런지 물었다. 굴원은 자기의 사정을 말하면서 "온 세상이 혼탁한데 나 혼자 깨끗하고, 사람들이 취해 있는데 나 혼자 깨어 있습니다. 그래서 추방을 당했습니다."라고 탄식한다. 이에 그 사람이 응대한다. "성인(聖人)은 세상사에 얽매이지 않고 세상을 따라 살아갑니다. 온 세상이 혼탁하면 어째서 흙탕물을 휘저어 그 물결을 헤쳐 나가지 않고, 사람들이 취해 있으면 어째서 술지게미를 먹고 맛없는 술이라도 마시지 않습니까. 무슨 일로 그렇게 깊이 생각하고 고상하게 행동하여 스스로 추방당하도록 만듭니까." 굴원이 대답한다. "내 들으니, '머리를 감은 사람은 반드시 갓의 먼지를 털어서 쓰고, 목욕한 사람은 반드시 옷의 먼지를 털어 입는다.' 합니다. 어찌 깨끗한 몸으로 더러운 것을 받아들일 수 있겠습니까. 차라리 강물에 뛰어들어 물고기 뱃속에서 장사를 지낼지언정 어찌 깨끗한 몸으로 세속의 먼지를 뒤집어쓸 수 있겠습니까?"(「어부사」) 뒷날 그는 정말 강물에 몸을 던지고 말았다.

우리는 여기에서 변통성 없는 굴원의 처신을 아쉽게 생각할 수 있다. 아니 그를 비판하고 싶기도 할 것이다. 세상을 잊고 은둔하면 될 일이지, 자살할 것까지야 없지 않은가 하고 말이다. 이에 대해 그는 "올바른 정신"을 지키기 위해 그랬노라고 항변할지도 모른다. 하지만 달리 생각해 보면 "올바른 정신"이 그의 삶을 위해 봉사한 것이 아니라, 역으로 "올바른 정신"을 위해 그가 자신의 삶을 희생한 것처럼 보인다. 이는 역시 수시처변의 정신이 부족한 데에 기인할 것이다.

비록 그러한 한계를 갖기는 하지만 그의 비극적인 삶이 후세 사람들의 감동을 불러일으키고, 사람들의 "올바른 정신"을 고무시킨 점은 참작할 필요가 있다. 만약 그가 그것을 지키지 않고 세상에 영합했다면 그의 삶은 '허물거리'를 면할 수 없었을 것이며, 역사의 어둠 속에 이내 묻히고 말았을 것이다. 그러므로 그가 수시처변하지는 못했지만, 그의 올바른 정신은 역사와 사람들의 삶을 지탱해 주는 강력한 지줏대가 아닐 수 없다.

괘상卦象

연못 속에 우레가 잠복해 있는 모습이 〈수〉의 형상이다.
군자는 이를 보고서 저녁이 되면 집에 들어와 편안히 휴식을 취한다.
澤中有雷 隨 君子 以 嚮晦入宴息

옛날 사람들의 상상에 의하면 우레는 봄여름의 활동 시기를 지나 가을과 겨울에 이르면 땅속에 잠복한다. 그러므로 "연못 속에 우레가 잠복해 있는" 〈수〉괘는 계절로 따지면 가을 겨울의 시기에 해당된다. 우레뿐만이 아니다. 만물은 사계절의 변화에 따라 그 생성의 양상을 달리한다. 그들은 봄여름에는 생명을 적극적으로 발산하지만, 가을 겨울에는 안으로 거두어들인다. 즉 '잠복한다.' 우리는 봄에 싹이 터서 한여름 우거졌던 나뭇잎이 가을 들어 낙엽 지는 모습에서 그 이치를 본다. 나무가 추위 속에서 자신의 생명을 보전하기 위해 잎의 생명력을 거두고 그것을 떨어트리는 것이다. 단풍은 그 과정의 산물이다. 여담으로 덧붙인다면 잎은 생명을 자신의 출생 근원에 돌려줌으로써 존재를 곱게 물들여 마감한다. 아름다운 삶도 이와 같을 것이다.

사람의 경우도 마찬가지다. 우리 역시 행동거지와 삶의 방식을 때(상황)에 따라 처변해야 한다. 때를 고려하지 않은 처사는 마치 한겨울에 잎의 새싹을 틔우려 하는 나무처럼 일의 실패와 자멸을 면하기가 어렵다. 물론 이는 세속에 영합해야 한다는 말이 아니다. 때의 고려와 수시처변은 역시 순수 생명의 향상이라고 하는 "올바른 정신"에 입각해야 한다. 사계절의 변화 속에서 나뭇잎의 생장과 조락이 궁극적으로는 나무 자신의 생명을 보전하고 강화하는 데에 목적을 두고 있는 것처럼 말이다.

때에 맞춰 처신하는 정신은 일상생활 전반에 필요하지만, 가장 비근하게는 일과 휴식의 자리에서 소용된다. 이를테면 낮에는 열심히 일해야 하고, 밤이 되면 하루의 일과를 접고 휴식을 취해야 한다. 인류의 출현 이후 낮과 밤의 순환에 적응해 온 사람의 몸은 그것을 자연적으로 요구한다. 이른바 생체 리듬이다. 그것을 거스른다면 마치 한겨울에 잎의 새싹을 틔우려는 나무처럼 생명력을 스스로 소진시킬 것이다.

이러한 이치는 하루의 생활에만 해당되지 않는다. 그것은 나이와, 나아가 시대에 따른 삶의 도리에도 적용될 수 있다. 이를테면 술을 좋아하는 사람들이 흔히 겪는 것처럼, 자신이 늙었다는 사실을 잊고 젊은 시절의 주량대로 과음한다면 다음 날 고생하기 십상이다. 또 논의의 여지가 많지만, 어둠의 시대에 어떻게 살아야 할 것인가 하는 문제를 우리는 이러한 관점에서 생각해 볼 수도 있다. 그 시대에 적극 저항하라는 것이 "올바른 정신"의 일차적인 명령이겠지만, 때에 따라서는 다른 명령을 들을 수도 있을 것이다. 내가 어둠에 저항하는 것이 아니라, 어둠이 나에게 저항하도록 '정신의 눈빛'을 밝히는 것이다. 물론 이는 "올바른 정신"을 안으로 거두어 연마하는 노력을 전제로 한다. 참고로 고(故) 신동엽 시인의 대서사시 「빛나는 눈동자」를 음미해 보자.

(전략)
세상에 항거함이 없이
오히려 세상이
너의 위엄 앞에 항거하려 하도록
빛나는 눈동자

(중략)

세속된 표정을
개운히 떨어버린
승화된 높은 의지 가운데
빛나고 있는, 눈
산정을 걸어가고 있는 사람의

정신의

눈

이승을 담아버린

그리고 이승을 뚫어버린

오, 인간정신 미(美)의

지고한 빛

(후략)

　한편 군자는 "저녁이 되면 집에 들어와 편안히 휴식을 취한다."고 하지만, 이는 오늘날 사람들이 퇴근 후 집에 돌아와 휴식하는 모습과는 크게 다르다. 즉 그것은 몸과 마음을 흐트러뜨리거나 풀어헤침을 뜻하지 않는다. 군자의 휴식에는 일의 긴장에서 벗어나 맑은 생명을 함양하려는 뜻이 내재되어 있다. 마치 겨울철 나무가 다가올 봄의 새싹을 예비하면서 자신의 생명을 굳게 함장하는 것처럼 말이다. 이와 관련하여 이황은 한 제자에게 다음과 같이 말한다. "군자는 저녁에 집에 들어와 쉬는 때에도 경건한 마음을 잃어서는 안 되며, 심지어 잠자는 순간까지도 태만하고 방종한 기운을 갖지 말아야 합니다."(『퇴계전서』) 달리 말하면 군자는 휴식 여부를 떠나 일상생활 전반에 걸쳐 경건하게 순수 생명을 보전하고 키우려는 마음을 잊지 않는다. 군자다운 점이 바로 여기에 있다.

효사爻辭

初九
맡은 일에 변화가 생겼다.
올바른 정신으로 나서면 좋은 결과를 볼 것이요
문을 나서서 사람들과 어울리면 보람을 얻으리라.
官有渝 貞 吉 出門交 有功

초구(初九)는 양효로서 하괘 '진'의 두 음효 아래에 처해 있으므로 삶의 지각 변동을 예민하게 감지한다. 양이 음의 아래에서 변고를 겪고 있기 때문이다. 그렇다고 해서 분노해서는 안 된다. 그러할수록 더욱 "올바른 정신"으로 나서야 한다. 한편 그는 구사와 같은 양효이므로 서로 호응하지 않는다. 이는 그가 남에게, 또는 일정한 관념에 얽매이지 않는 자유(수시처변)의 정신을 갖고 있음을 은유한다. "문을 나서서 사람들과 어울린다."는 뜻이 여기에서 밝혀진다. 그는 고착된 사고의 '문' 안에 갇히지 않고 자신과 의견을 달리하는 사람들(가까이는 육이와 육삼)과도 잘 어울리는 유연한 사고방식을 갖고 있다.

사람은 나이가 들수록 새로운 환경에 대한 적응력이 떨어진다. 예를 들면 젊은 사람은 이민 생활에 잘 적응하는 데 반해, 노인은 그것을 견디지 못한다. 이는 사고의 유연성 여부에 기인한다. 일반적으로 나이가 들면 사고의 틀이 정형화되고 경직되어 자신의 것과는 다른 사고방식(사물관, 세계관)이나 문화를 융통성 있게 받아들이지 못한다. 수십 년

동안, 또는 평생토록 일정한 사고방식에 길들여지고 젖어 있다 보니 그
것을 바꾸기가 너무 어려운 것이다. 물론 노인만 그러한 것은 아니다.
그러한 모습은 젊은 사람에게서도 흔히 발견된다.

이는 고정 관념의 문제점을 일러 준다. 고정 관념에 사로잡힌 사람은
세계와 사물에 대해 판에 박힌 듯이 습관적이고 상투적으로 반응한다.
당연히 그는 변화하는 사회에 올바르게 적응하지 못할 것이다. 그는 마치
계절의 변화에 털갈이로만 대응하는 동물과도 같다. 이처럼 단선적이고
고착된 사고방식을 우리는 오늘날 우리 사회와 정치 현장에서도 흔히
목격한다. 자기와 의견을 달리하는 사람에 대해 '좌파'니 '종북'이니 운
운하는 그들의 모습이 그러하다. 당연히 그들은 민심과 사회의 변화를
주도할 수 없을 뿐만 아니라, 오히려 외면을 당할 수밖에 없을 것이다.

한 걸음 더 나아가서 생각해 보자. 사람들은 누구나 할 것 없이 고정
관념을 다소 갖고 있다. 단순한 의견에서부터 종교 신앙에 이르기까지
그들은 자신의 생각에 익숙한 것만 받아들이고, 그렇지 않은 것은 배
제하려 한다. 이러한 사고 성향은 변화하는 세계에 대한 적응력을 당연
히 떨어트린다. 예를 들면 단군 이래 단일 민족이라는 의식은 우리 사
회에 점증되어 가는 다문화의 추세에 대해 거부 반응을 보인다. 그것은
당연히 사회적 불안과 갈등을 야기할 것이다.

그러므로 평소 자신의 고정 관념을 스스로 타파하는 노력을 부단히
해야 한다. 시대와 사회의 변화에 맞춰 자신의 사고방식을 유연하게 바
꿔 나가야 한다. 사소하게는 '맡은 일에 변화가 생겼을' 때에도 그러해
야 한다. 말하자면 그동안의 사고의 틀을 탈피하여 새로운 일에 새로운
마음으로 대처하지 않으면 안 된다. 가령 어떤 사람이 사업에 실패하여

궁여지책으로 음식점 점원으로 일한다면, 지난날의 사장 의식을 어서 빨리 털어 버려야 한다. 그렇지 않으면 그는 자학의 고통을 면할 수 없을 것이다.

여기에서 "맡은 일"은 단순히 일상의 업무에 국한되지 않는다. 사회 생활의 모든 과제가 곧 "맡은 일"이기도 하다. 윤리가 그 한 예다. 그것은 내가 사람으로서 떠맡은 중요한 과제다. 그런데 윤리는 시대와 함께 끊임없이 변하므로, 지난날의 윤리 관념만을 고집해서는 안 된다. 특히 기성세대는 자신의 고정화된 윤리 관념을 젊은이들에게 강요해서는 안 된다. 오히려 변화하는 시대와 사회에 알맞은 새로운 윤리를 진지하게 모색해야 한다. 그처럼 변화에 유연한 정신을 갖지 않으면 안 된다.

이는 물론 시대와 사회의 물결에 무조건 자신을 내맡겨야 한다는 말이 아니다. 예를 들면 남녀유별의 윤리를 고집해서도 안 되지만, 그렇다고 해서 '남녀무별'의 풍조에 휩쓸려서도 안 된다. 그 순간에도 "올바른 정신"으로 남녀 간 합당한 윤리를 모색하고 정립하기 위해 노력해야 한다. 공자는 말한다. "맡은 일에 변화가 생겼을 때 올바른 정신을 따라야만 좋은 결과를 볼 것이다.〔官有渝 從正 吉也〕"(「상전」)

이 "올바른 정신"의 핵심에는 진리(도의)가 놓여 있다. 끊임없이 변화하는 세계를 살면서 고착된 사고의 '문' 안에 갇혀서는 안 된다. 자아의 '문' 밖으로 나서서 열린 마음에 진리의 정신으로 세상만사를 대면하고, 나와 의견을 달리 하는 사람들과도 어울려야 한다. "화이부동"의 정신이 여기에서도 필요하다. 그러면 사람들이 호의를 갖고 다가올 것이다. 공자는 말한다. "문을 나서서 사람들과 어울리면 보람을 얻을 것이니, 올바른 정신을 잃지 않기 때문이다.〔出門交有功 不失也〕"(「상전」)

六二

어린아이에게 이끌리면 어른을 잃으리라.

係小子 失丈夫

　육이(六二)는 음효이기 때문에 강단지지 못하여, 멀리 구오(어른)의 양효를 외면하고 바로 아래에 있는 초구(어린아이)에게 이끌린다. 〈수〉괘가 '뒤따른다'는 뜻을 기본으로 하고 있어서, 음효들이 먼 거리에 있는 양효와 호응하기보다는 바로 위아래의 양효들만 따르려 한다.

　소탐대실(小貪大失)이라는 말이 있다. 눈앞의 작은 이익을 따라가다가 정작 큰 것을 놓친다는 뜻이다. 이는 어린아이들에게서 흔히 나타나는 현상이다. 그들은 어른들과는 달리 일을 멀리 내다보거나 종합적으로 판단할 수 있는 사고력을 갖고 있지 못하다. 물론 일에 임해서 소아적인 태도를 보이는 어른들 또한 부지기수다. "어린아이에 이끌리면 어른을 잃는다."는 말은 이처럼 소아적인 안목에 갇혀 대국을 살피지 못하는 태도를 은유한 것이다.

　소탐대실의 문제는 이익의 득실로만 끝나지 않는다. 그것은 삶의 목표를 설정하는 것이나 사람을 사귀는 자리에서 수많은 허물거리들을 야기한다. 예컨대 눈앞에 보이는 쾌락이나 이득만 뒤쫓는 사람은 인간이란 어떠한 존재인지, 인생에서 진정으로 추구해야 할 가치가 무엇인지 질문해 보려 하지 않는다. 또는 눈앞의 이해득실만 계산하는 사람은 인간관계에서 참다운 교류의 기쁨을 알지 못한다. 이 모두 '어린아이'(목전의 작은 이익)에 이끌려 '어른'의 정신(삶의 소중한 가치)을 잃는 모습이다.

　그러므로 자신이 추구하고자 하는 목표를 신중하게 선택해야 한다. 어린아이처럼 목전의 이익에 눈이 멀어 원대한 뜻을 버리려 하지 말고, 어른으로서 자신을 올바르게 이끌어 줄 참삶의 길(의미와 가치)을 따라야 한다. 이에 대해 혹자는 '수시처변'의 정신을 말하면서 이익과 참삶의 길을 함께 추구할 필요가 있다고 주장할지도 모른다. 하지만 그것은 불가능한 일이다. 어린아이에게서 어른의 처신을 기대할 수 없기 때문이다. 달리 말하면 작은〔小〕 이익 의식은 큰〔大〕 참삶의 정신을 외면할 것이요, 반면에 참삶의 정신에는 이익 의식이 들어서지 못한다. 공자는 다음과 같이 은유한다. "어린아이와 어른을 둘 다 사귈 수는 없다.〔係小子 弗兼與也〕"(「상전」) 설사 그 자리에서 수시처변의 정신을 동원한다 하더라도, 그것은 어른의 "올바른 정신"을 중심에 두어야 한다.

六三
어른에게 이끌려서 어린아이를 내려놓는다.
어른을 따르면 바라는 바를 얻으리라.
올바른 정신으로 나서야 한다.
係丈夫 失小子 隨有求得 利居貞

　육삼(六三) 역시 음효로서 바로 위에 있는 구사의 '어른'을 따르려 한다. '어린아이'는 겉으로는 초구를 가리키지만, 실제로는 육삼 자신의 (어린아이와도 같은) 어리석음을 함의한다. 그가 구사를 따르면서도 한편으로는 자기 아래에 있는, 즉 자기보다 못한 초구를 바라보는 어리석은 마음을 갖고 있는 것이다. 하지만 그러한 '어린아이'의 마음을 내려놓고, 높은 '어른'의 가르침을 따라야 "바라는 바를 얻을 수 있다." 다만 그 자리에서도 "올바른 정신"이 요구된다. 이를테면 '어른'에 기대어 출세나 일신의 영달 등 자기 이익을 추구한다면 그것 또한 '어린아이'의 심보일 뿐이다. 이는 육삼이 음효로서 잘못되게도 양의 자리에 있기 때문에, 즉 제자리를 벗어나 있기 때문에 주어진 충고다.

사람들이 삶의 제자리를 찾지 못하고 외롭게 방황할 때에는 마치 어린아이처럼 자기에게 도움을 줄 어른에게 마음이 이끌린다. 그 '어른'은 종교계의 신도에게는 성직자일 수도 있고, 학교 사회의 학생에게는 선생일 수도 있으며, 어느 분야의 전문가, 한 집단의 우두머리, 재력가일 수도 있다. 이때 '어른'에게 도움을 요청하는 나는 '어린아이'의 어리석은 마음을 내려놓고 공손한 자세로 나서야 한다. 그렇게 해야 어른으로부터 '바라는 바를 얻을 수 있다.'

논의를 좀 더 심화시켜 보자. 사람은 누구나 자신이 머물러야 할 삶의 제자리를 알지 못하고 방황한다. 나는 지금 교수다. 하지만 그 자리가 정말로 자신의 타고난 직분인지 아닌지를 나는 확신하지 못한다. 지금의 삶의 자리가 '하늘'이 내려준 것이라고 자신 있게 말할 사람이 얼마나 있을까? 인간의 실존은 그렇게 불확정적이어서 불안하고 허약하기 짝이 없다. 종교의 생성 배경이 여기에 있다. 모든 종교는 저마다의 교리로 사람들의 실존적 불안을 달래려 한다.

신앙인의 입장에서 보면 이 세상 최고의 '어른'인 절대자 앞에서 나는 현세의 이익만 찾는 '어린아이'와 같은 마음을 내려놓아야 한다. 그래야만 나의 존재 깊은 곳에서 절대자의 목소리를 들 수 있다. 실존의 불안을 극복할 수 있는 길은 여기에서만 열릴 것이다. 말하자면 나는 절대자의 품 안에서 "마음 편안히 천명을 따르는〔安心立命〕" 삶을 살 수 있다. 예수는 말한다. "나를 믿고 따르면 구원을 얻으리라." 그러므로 다시 한 번, "어른을 따르면 바라는 바를 얻을 것이다."

하지만 어른의 말씀을 들을 때에는 역시 "올바른 정신"을 갖지 않으면 안 된다. 이를테면 사리사욕을 채우기 위해 '어른'의 도움을 얻으려 해서는 안 된다. '어른'의 존재 의의는 무지한 '어린아이'의 삶을 올바른 방향으로 인도해 주는 데에 있다. 그러므로 '어린아이'의 어리석음을 조장하는 사람은 애당초 '어른'이 못 된다. 기복 신앙의 착각도 여기에서 드러난다. 만민에게 공평무사한 하느님은 개인적인 소망을 결코 들어주지 않을 것이다. 만약 그것을 들어준다면 그는 하느님이 아니다. 요컨대 '어른'을 찾는 것은 "올바른 (삶의) 정신"으로 자아를 향상시키고 성숙시키기 위한 것이어야 한다. 공자는 말한다. "어른에게 이끌리는 것은 비루한 생활을 버리려는 마음에서다.〔係丈夫 志舍下也〕"(「상전」)

九四
성공한 나를 사람들이 따른다.
하지만 나의 성공이 아무리 정당하더라도 불행을 초래할 수 있다.
성실하게 사람의 도리를 지켜 지혜롭게 처신해야 한다.
그러면 무슨 비난을 듣겠는가.

隨有獲 貞 凶 有孚 在道 以明 何咎

　구사(九四)는 〈수〉괘의 상괘에서 중심적 효인 구오에 근접해 있으므로 '성공'한 사람이며, 아래의 육이와 육삼 두 음효가 그를 따른다. 하지만 구사 자신이 양효로서 음의 자리에 잘못 있으므로 그의 성공은 부정적인 요소를 함축하고 있다. 그래서 "나의 성공이 아무리 정당하다 하더라도 불행을 초래할 수 있다."고 지적했다.

　성공이란 간단히 말하면 목적한 바를 이루는 것을 뜻한다. 그 목적은 사람에 따라 다양하겠지만, 특히 오늘날에는 입신출세와 부귀영화로 집중된다. 그리하여 그러한 목적을 이룬 사람의 성공을 사람들은 (마음속으로는 시기하고 질투할지언정) 칭찬하고 부러워하며, 그와 가까이 지내려 한다. 자신에게 무언가 이익이 될 것으로 기대하면서 말이다. 이에 대해 그는 어깨를 으쓱거리며 뿌듯한 만족감을 가질 법도 하다. 하지만 "성공한 나를 사람들이 따르지만, 거기에는 불행의 요인이 있다.〔隨有獲 其義凶也〕"(「상전」)

　왜 그럴까? 성공에는 자만심과 독점적 향유 의식이 따르기 때문이다. 많은 사람들은 성공을 순전히 자신의 능력과 노력으로 이루어 낸 것이라 여기면서, 성공의 결과를 남들과 함께 나누지 않고 독점하려 한다. 그들은 자신의 성공을 직간접으로 뒷바라지해 준 사람들에 대해서는 무관심하다. 게다가 남들과의 경쟁 속에서 자신이 쟁취한 성공을 환호하는 나머지 남들의 실패와 아픔을 위로할 줄 모른다. 그처럼 성공의 심리에는 자폐적인 요소가 있다. 바로 이것이 "불행의 요인"이다. 설사 그 성공이 아무리 정당하다 하더라도 말이다.

이렇게 생각해 보자. 세상 만물은 상호 의존과 협력 속에서 존재하고 생장해 나간다. 예컨대 꽃 식물은 벌에 의존하여 자기네 씨를 번식하며, 벌은 그 대가로 꿀을 얻어먹고 산다. 그것이 자연의 이치다. 우리에게도 많이 알려져 있는 F. 카프라는 이를 다음과 같이 말한다. "상호 의존성은 모든 생태적 관계의 본질이다. 모든 생물 구성원의 행동은 수많은 다른 구성원의 행동에 의존한다."(『생명의 그물』)

사람의 삶도 마찬가지다. 우리는 자연적, 사회적 관계 속에서만 존재하고 살아갈 수 있다. 관계를 떠난 삶을 우리는 상상할 수 없다. 그러므로 남들과의 관계를 거부하는 사람은 그만큼 자신의 존재의 입지를 줄이게 될 것이다. 거시적으로 살피면 현대 문명의 성공이 자연과 인간의 상호 의존적 관계를 부정함으로써, 아니 자연을 착취하고 약탈함으로써 삶의 불안과 위기를 초래한 것이 그 예증이다. 사회생활 속에서도 마찬가지다. 어떤 학자는 말한다. "우리의 삶은 기본적으로 다른 사람들과의 삶과 관련되어 있다. 그것이 사회다. 이런 관련성이 변형되거나 파괴되면 건강에 심대한 영향을 미친다."(『지식의 다른 길』)

우리는 성공을 이러한 관점에서 성찰할 필요가 있다. 나의 성공은 부모를 비롯하여 주변의 수많은 사람들의 지지와 조력에 힘을 입는다. 내가 아무리 탁월한 능력을 갖고 열심히 노력한다 하더라도 남들의 도움이 없으면 성공할 수 없다. 이를테면 재벌의 성공도 그의 경영 능력이 뛰어나서가 아니다. 그것은 직원들과 하청 업체 노동자들의 피땀 어린 노력에 절대적으로 의존한다. 이를 무시하고 부귀의 성공을 혼자 누리려 한다면 그는 비난을 면치 못할 것이다.

그러므로 우리는 자신의 성공을 뒷받침해 준 모든 사람들과, 더 나아가 자연 만물에 감사하면서 어떻게든 그들에게 보답해야 한다. 그렇게 성공의 결과를 남들과 함께 나눌 때 비난을 듣지 않음은 물론 삶의 행복이 배가될 것이다. "기쁨은 나누면 배가 되고, 슬픔은 나누면 반이 된다."고 하지 않던가. 그것이 성공을 얻은 "사람의 도리"요, 성공에 "지혜롭게 처신하는" 요령이다. 공자는 말한다. "성실하게 사람의 도리를 지키는 것이 지혜로운 일이다.〔有孚在道 明功也〕"(「상전」)

九五
아름다운 것에 헌신한다. 행복하다.
孚于嘉 吉

구오(九五)는 〈수〉괘의 중심적인 효로서 만인이 따르는, 또는 따라야 할 최상의 이념을 함축한다. "아름다운 것"이란 이를 은유한 말이다.

사람들은 누구나 크고 작은 목표를 갖고 살아간다. 그것은 삶을 견인하고 추동하는 힘으로 작용한다. 삶의 목표를 상실한 사람을 생각해 보자. 그는 허무감 속에서 불행한 삶을 면할 수 없을 것이며, 극단적으로는 자살까지 마다하지 않는다. 실존 철학자 키르케고르는 말한다. "내가 따라서 죽을 수 있는 이념이 있다면 나는 얼마나 행복할까." 신라 때 이차돈이 순교를 자청한 것도 불교의 수용이라는 목표 의식에서였다. 그는 자신의 이념을 따르는 '행복'을 성취했다.

불행하게도 그와 같은 이념은 못 갖고 있다 하더라도, 사람들은 각종의 목표 의식 속에서 그 나름대로의 행복을 추구한다. 그 목표와 행복이 무상하기 그지없는 환영인 경우가 많지만 말이다. 그중 '아름다운 꿈'에 관해 생각해 보자. 사람은 누구나 추악함을 혐오하며 아름다움을 동경한다. 그 아름다움은 꽃이나 미모에서부터 숭고미, 장엄미 등 미학적인 것에 이르기까지 실로 다양하며 다층적이다.

그런데 많은 사람들은 아름다움 하면 기껏해야 외모의 치장이나 각종의 장식물만 상상하면서 그것을 위해 평생의 노력을 기울인다. 하지만 그것들이 진정 우리가 삶의 목표로 추구해야 할 아름다움일까? 아니다. 그러한 아름다움은 신기루에 지나지 않으며, 오히려 사람의 마음을 미혹시키고 정신을 빈곤하게 만든다. 그것은 본인의 존재됨에 대한 성찰을 소홀하게 만들면서 겉모습에만 관심을 갖도록 유인하기 때문이다. 오늘날 미용과 성형에 현혹된 대중의 군상이 이를 잘 예증한다.

그러면 우리가 추구해야 할 진정한 아름다움은 무엇일까? 이에 대해 미학적인 논의는 차치하고, 그것은 일상생활 속에서 우리의 마음을 정화해 주고 영혼을 고양시켜 주는 것들 속에 있다. 예를 들면 꽃이나 고전 음악이 그러하며, 인격 가치에서 말하면 진·선·미·성의 정신이 그러하다. 그러한 가치로 수놓은 삶은 참으로 아름답다. 그야말로 내면 깊은 곳에서 우러나와 삶의 환희를 주는 고상한 아름다움이다. 공자는 말한다. "아름다운 것에 헌신하여 행복한 것은 그 아름다움이 내면의 올바른 정신에서 나오기 때문이다.〔孚于嘉吉 位正中也〕"(「상전」)

인격 가치는 한 개인의 행동거지만 아름답게 빛내 주지 않는다. 그것을 직간접으로 접하는 사람들의 마음까지 아름답게 만들어 준다. 위대한 성직자를 친견하면서, 문학이나 음악, 미술 등 고전의 작품들을 음미하면서 얻는 감화와 감동이 이를 실증한다. 〈곤〉괘에서 읽은 공자의 말을 다시 한 번 들어 보자. "군자는 아름다운 덕과 사리 통달의 지혜로 행동거지를 바르게 하면서 낮게 처신한다. 내면의 아름다운 덕이 일거일동에 자연스럽게 드러나면서 사람들을 감동시키니, 이야말로 아름다움의 극치다."(「문언전」)

上六
자신을 붙들어 매고 거듭 동여맨다.
태왕(太王)이 그렇게 기산(岐山)에서 제사를 지냈다.
拘係之 乃從維之 王用亨于西山

상육(上六)은 〈수〉괘의 마지막 효이므로, 무언가를 끝까지 따르는 성질을 갖고 있다. 그 예를 태왕의 고사로 말하고 있지만, 상육의 바로 아래에 있는 구오의 "아름다운 것"이 그 안에 함축되어 있다. 그것에 "자신을 붙들어 매고 거듭 동여매야" 한다는 가르침이 담겨 있다.

옛날 중국 사회에 성인이었던 문왕의 조상으로 태왕(太王)이라는 임금이 있었다. 그는 나라가 이웃 오랑캐의 위협을 받자, 기산의 아래로 도읍지를 옮기고는 신에게 국운의 흥성을 기원하는 제사를 지냈다. 이에 그의 선정(善政)을 입었던 수많은 백성들도 그를 따라 이주했다. 그것이 훗날 문왕과 그의 아들 무왕이 이룬 주나라의 토대가 되었다.

이 고사는 신의 뜻에 "자신을 붙들어 매고 거듭 동여맬" 것을 사람들에게 말하려 한다. 말하자면 오랑캐와도 같은 야만의 삶에 휩쓸리지 말고, 나를 사람으로 태어나게 한 신의 뜻을 살펴 따라야 한다는 것이다. 아무리 빌어도 두 번 다시 못 가질 나의 존재와 삶을 이 땅의 세속적 욕망으로 황폐화시키지 말고, 위로 신의 뜻을 따라 경건하게 살아야 한다. 독실한 신앙인처럼 말이다. 공자는 말한다. "자신을 붙들어 매고 거듭 동여맨다는 것은 아름다운 뜻을 끝까지 따라야 한다는 말이다.〔拘係之 上窮也〕"(「상전」)

신의 뜻을 어떻게 하면 알 수 있을까? 그것은 신앙인의 전유물이 아니다. 무신론자도 인간의 존재 본질에 대한 깊은 성찰을 통해 마치 신이 부여한 것과 같은 삶의 근원적 의미를 발견할 수 있다. 달리 말하면 그는 일상적 자아를 벗어나 자신의 내면 깊은 곳에서 참자아의 아름다운 뜻을 자각할 수 있다. 그것이 신의 뜻이기도 할 것이다. 선각자들의 가르침은 좋은 길잡이가 된다. 그들은 그것을 역시 진·선·미·성의 가치에서 찾는다. 그처럼 아름다운 뜻에 "자신을 붙들어 매고 거듭 동여매지 않으면 안 된다." 물론 불의와 거짓과 추악함이 지배하는 현실에서 그것은 우리에게 상당한 불이익과 고통을 초래할 것이다. 하지만 속세의 야만적인 삶의 정신을 버리고 참자아의 아름다운 뜻에 따라 살 때에만 지복(至福)을 누릴 수 있다는 사실을 잊어서는 안 된다.

18. 정체와 혁신

고(蠱)

"구르지 않는 돌에는 이끼가 생긴다."는 속담이 있다. 또 "고여 있는 물은 썩는다."고도 한다. 세상만사가 모두 그러하다. 그릇을 오래 쓰지 않으면 벌레가 생기고, 기계도 오랫동안 놓아 두면 녹이 슬며, 사람도 운동을 하지 않으면 병이 생긴다. 물리적인 현상만 그러한 것이 아니다. 정신의 삶도 그렇다. 예컨대 우리가 현재의 삶에 만족할 뿐, 더 이상 진취와 향상의 의지를 갖지 않으면 침체와 몰락을 면치 못한다. 인습적이고 고식적인 태도는 부단히 변화하는 상황에 적응력을 잃기 때문이다.

이는 인간관계에서도 마찬가지다. 자타 간에는 감각적인 만남에서부터 영적인 교류에 이르기까지 다양한 관계가 있을 수 있다. 어떠한 경우든 현재에 만족하면서 안주하면 둘 사이는 더 이상의 발전을 기대할 수 없다. 아니 오히려 퇴보를 면치 못할 것이다. 부부 사이를 예로 들어 보자. 만약 두 사람이 현재의 사랑에 만족하면서 삶을 향락하려고만 한다면 그 사랑은 침체되고 진부해지기 쉽다. 사랑의 열정은 시간이 흐르면서 점점 식어 가는 것이 정한 이치이기 때문이다. 그것은 마치 어떤 음식이 맛있다 하여 밤낮으로 먹다 보면 싫증이 나는 것과도 같다.

공자는 이러한 이치를 괘의 순서와 관련하여 다음과 같이 말한다. "사람들이 쾌락으로만 서로 따르면 틀림없이 일이 생길 것이다. 그래서 〈수(隨)〉에서 〈고(蠱)〉로 이어졌다.[以喜隨人者 必有事 故受之以蠱]"(「서괘전」) 여기에서 '쾌락' 운운한 것은 〈수〉괘 앞의 〈예〉괘를 염두에 둔 말이다. '고'자는 원래 그릇[맹(皿)]에 벌레[충(蟲)]가 슬어 있는 모습을 형상한 것으로, 벌레, 부패, 혼란 등의 뜻을 갖는다. 그릇을 오랫동안 사용하지 않으면 그러한 현상들이 생긴다. 벌레를 제거하여 그 그릇을 재사용하기 위해 행해야 할 일이 여기에서 생겨난다. '고'자에 '일'이라는 뜻이 부대되는 까닭도 여기에 있다. 벌레(부패, 혼란)로 인하여 처리해야 할 갖가지의 일들이 발생하는 것이다.

이를 괘의 구조와 상징, 속성상에서 살펴보자. 상괘 '간(艮)' ☶은 산을, 하괘 '손(巽)' ☴은 바람을 상징한다. 이에 따라 전자는 산처럼 부동의 자세로 머물러 있고, 후자는 바람처럼 유순하게 산을 감도는 속성을 갖는다. 〈고〉괘는 이러한 두 속성이 한 사람의 성품으로 조합되어 생활에 드러나는 모습을 보여 준다. 즉 분발과 진취의 뜻을 잃고 현재의 상황에 머물러 만족하면서 안일하게 처신하는 것이다. 이는 삶을 병들게 만드는 요인이 된다. 당연히 그것은 극복해야 할 일이다.

공자는 이러한 문제점을 일차적으로 쾌락의 현장에서 발견했다. 인간관계에서 쾌락 위주의 상종은 결별과 파탄의 결과를 초래하리라는 것이다. 쾌락주의의 역설상 쾌락을 탐닉하면 결국 불쾌와 고통이 뒤따르는 법이기 때문이다. 말하자면 쾌락의 '벌레'가 자타의 관계를 '부패'시킨다. 그러한 결과를 예방하고 대비해야 할 일거리가 여기에서 생긴다.

이러한 문제점은 쾌락의 자리뿐만 아니라, 정신의 활력을 잃은 채 진부하고 고식적인 제반의 삶의 현장에서도 그대로 나타난다.

이를 상하괘의 또 다른 상징상에서 살펴보자. 8괘상 '간(艮)'은 '건'의 아버지와 '곤'의 어머니 사이에서 태어난 막내아들이요, '손(巽)'은 큰딸에 해당된다. 이에 의하면 〈고〉괘는 노처녀(큰딸)가 젊은 남자(막내아들)를 만난 상황을 상정한다. 시집을 못 가 안달하던 노처녀의 마음이 젊은 남자를 보는 순간 갑자기 요동을 치면서 어지러워지는 것이다. 노처녀가 '고혹(蠱惑)'에 빠지는 상황을 만난 셈이다.

하지만 그것이 남사스럽거나 잘못된 일은 아니다. 그녀는 그것을 통해 삶의 생기를 얻었다. 그러므로 현명하게 처신한다면 행복을 누릴 수도 있다. 상하괘의 상징인 산과 바람의 관점에서 이를 살펴보자. 산 아래에 바람이 불면 산중의 초목이 요란하게 흔들린다. 일견 이는 바람이 산중의 정적과 평화를 깨트리는 모습처럼 보이지만, 거기에는 매우 생성적인 의의가 담겨 있다. 바람이 초목의 침체된 기운을 털어 내고 그들에게 새로운 생성의 활력을 불어넣기 때문이다. 괘의 관점에서 말하자면 적막한 산중에 바람이 일을 만들어 초목의 생장을 돕는 것이다.

주석가들은 이를 괘효의 변화에 착안하여 풀이하기도 한다. 그들에 의하면 하괘 '건'☰의 제일 아래 양효가 상구(上九)로 올라가고, 상괘 '곤'☷의 제일 위 음효가 초육(初六)으로 내려와 〈고〉괘가 이루어졌다고 한다. 이것이 이 괘의 상하괘의 속성(움직이지 않음과 유순함)과 뒤섞이면서 어떤 사회적 함의를 만들어 낸다. 공자의 말을 들어 보자. "강한 힘은 위에서 안일하게, 약한 힘은 아래에서 유순하게 머물러 있다. '고'의 함의가 여기에 있다.〔剛上而柔下 巽而止 蠱〕"(「단사」) 여기에서 '강한 힘'과 '약한 힘'은 위에서 무사안일한 지도자와, 그들에게 저항할 줄 모르고 순종만 하는 아래의 백성들을 암시한다. 당연히 그 사회는 침체 속에서 갖가지의 악폐를 노정할 것이다. 한 사회가 치르게 될, 그리고 처리해야 할 '일'도 여기에서 생긴다.

괘사卦辭

침체 속에서도 크게 형통할 길이 있다.
큰 강물을 건너듯 해야 한다.
갑일(甲日)에 앞서 3일 전을 되돌아보고
갑일의 뒤로 3일 후를 내다보아야 한다.
蠱 元亨 利涉大川 先甲三日 後甲三日

이런 이야기가 있다. 과거 일본에서 물고기 양식 기술이 개발되기 이전 생선을 잡아 횟감으로 공급하던 시절에 원양 어업자들에게 한 가지 고민거리가 있었다. 먼 바다에서 돌아오는 동안 배 안의 어항에 있는 생선들이 대량으로 죽었던 것이다. 이에 회사의 한 직원이 기발한 제안을 했다. 어항 속에 상어를 넣어 두자는 것이다. 그러면 다른 생선들이 상어에게 잡아먹히지 않기 위해 기를 쓰고 도망 다니느라 죽을 겨를이 없을 것이라는 이야기다. 이를 실제로 시행해 본 결과, 상어에게 잡아먹힌 것까지 포함해도 생선의 손실이 훨씬 적었다고 한다.

사람의 삶이나 사회도 이와 마찬가지다. 사람 역시 적당한 정도로 긴장하지 않으면 안 된다. 마치 "큰 강물"을 건널 때 조심하고 긴장하듯이 말이다. 예컨대 어떤 목표(이념, 가치)를 설정하여 삶의 긴장감을 갖고 그것을 추구하는 것이 한 방법이 될 수 있다. 그러한 긴장과 분투의 노력은 삶에 활력을 불어넣어 줄 것이다. 그러므로 우리는 긴장해야 할 일이 없음에 안도해야 할 게 아니라 오히려 걱정해야 한다. 그것은 바로 침체와 몰락의 요인이 될 수 있기 때문이다. 맹자는 이러한 이치를 다음과 같이 간결하게 천명한다. "우환 속에서 살고 안락 속에서 죽는다.〔生於憂患 死於安樂〕"(『맹자』) 이렇게 생각하면 평화롭기만 한 천국은 도리어 지옥이 될 수도 있다.

그러므로 우리는 자신이 침체에 빠져 있거나 삶이 정체되어 있다고 느낄 경우, 목표(과제) 의식이나 삶의 정신이 해이해진 것은 아닌지 자성할 필요가 있다. 즉 생활의 침체를 불러온 요인이 무엇인지 깊이 숙고하고, 삶을 어떠한 방향으로 이끌어 가야 할 것인지 진지하게 고민해야 한다. 침체된 분위기를 일시적으로 벗어나려고 임시변통의 술책만 써서는 안 된다. 이를테면 무료한 생활을 벗어나기 위해 무슨 게임이나 인터넷, 또는 마약에 빠져서는 안 된다.

구체적으로 예를 들어 보자. 많은 사람들은 부부 생활에 권태기, 즉 침(정)체의 시기를 겪는다. 그들은 이를 벗어나기 위해 흔히 여행 같은 것을 생각한다. 하지만 거기에는 한계가 있다. 새로운 풍경과 분위기는 일시적인 것에 불과하기 때문이다. 그전에 그동안 살아오면서 서로의 마음가짐과 생활 태도 등에 어떤 문제가 없었는지 되돌아보아야 한다. 어쩌면 지난날 서로 공경심과 예의를 잃고 감각적인 열정으로만 상대해 온 데에, 그리하여 열정이 점점 식어간 데에 권태의 근원이 있을 수도 있다. 그 극단적인 결말은 이혼이다.

그러므로 부부 생활도 평소에 마치 "큰 강물을 건너듯이" 조심하지 않으면 안 된다. 단순한 열정을 넘어 인격적인 만남과 영혼의 교감을 도모해야 한다. 이것이 부부 생활의 지혜다. 공자는 말한다. "침체에도 크게 형통할 길이 있으니, 세상의 평화까지도 이룰 수 있다. 큰 강물을 건너듯이 하면 소기의 일을 성취할 수 있다.[蠱 元亨 而天下治也 利涉大川 往有事也]"(「단전」) 이에 대해 어떤 주석가는 다음과 같이 덧붙인다.

흐르는 물이 썩지 않는 것은 그 물이 움직이기 때문이요, 문의 지도리가 좀먹지 않는 것은 사람들이 문을 여닫기 때문이다. 무릇 물건은 계속 이용해야지 그렇지 않으면 좀이 슬고, 몸은 항상 운동을 해야지 그렇지 않으면 병이 생기며, 〈고(蠱)〉의 시절에 가만히 머물러 있을 뿐 활동하지 않으면 세상만사가 끝내 부패하고 만다. 그러므로 큰 강물을 건너듯이 소기의 일을 행해야 하지 폐단을 좌시해서는 안 된다고 공자께서 말씀하신 것이다.(『주역절중(周易折中)』)

이제 "갑일에 앞서 3일 전을 되돌아보고 갑일의 뒤로 3일 후를 내다보아야 한다."는 말뜻을 알아보자. 이는 십간(十干, 甲乙丙丁戊己庚辛壬癸)을 염두에 두고 있다. 그러므로 "갑일에 앞서 3일 전"이란 신일(辛日)을, "갑일의 뒤로 3일"은 정일(丁日)을 뜻한다. 이는 점괘(占卦)의 풀이상에서는 의의가 있을 수 있지만, 사상적 관점에서는 별다른 의미가 없다. 그것은 단지 어떤 일의 전후, 즉 "일의 시작 3일 전"과 "일의 끝 3일 뒤"라고 이해해도 무방하다. '갑(甲)'은 일의 끝에 이어지는 새로운 시작에 해당되기 때문이다. 공자는 말한다. "갑일에 앞서 3일 전을 되돌아보고 갑일의 뒤로 3일 후를 내다보아야 하니, 끝이 있으면 시작이 있는 것이 자연의 이치다.〔先甲三日 後甲三日 終則有始 天行也〕"(「단전」)

여기에서 "끝이 있으면 시작이 있는 것이 자연의 이치"라는 말에 주목해 보자. 그것은 공자 특유의 사물(존재)관이 담겨 있다. 인류 사상사를 개관해 보면 사람들이 사물을 바라보는 데에는 대체로 두 가지 방식이 있는 것처럼 보인다. 개체주의와 연쇄주의이다. 먼저 서양 사상에 일반적인 개체주의는 사물들을 서로 분리되고 독립된 개체들로 여긴다. 비유하자면 그것들은 마치 당구대 위에 놓여 있는 당구공들과도 같다. 이러한 사고방식은 한 사물의 존재를 시작〔始〕과 끝〔終〕의 관점에서 바라본다. 모든 사물(존재)은 처음에 무(無)에서 나와, 끝으로 다시 무로 돌아간다는 것이다. 우리는 이를 '시종(始終)'의 사물관이라 말할 수 있다. 개인주의는 이의 연장선상에 있다.

하지만 공자가 보여 주고 있는 것처럼 우리 전통 사상의 주조를 이루고 있는 연쇄주의는 사물들을 서로 분리되고 독립된 개체들로 여기지 않는다. 한 사물은 다른 사물들과 전후좌우로 존재의 연쇄고리를 수없이 이루고 있기 때문이다. 그러므로 한 사물의 시작은 앞선 사물의 끝에서 이루어지며, 그것의 끝 역시 뒤따르는 사물의 시작으로 이어진다. 우리는 이를 '종시(終始)의 사물관'이라 명명할 수 있다. 이러한 사물관에는 개체주의와 같이 사물 전후의 '무(無)' 관념이 없다. 모든 사물이 끝과 시작의 맞물림 속에서 영원한 (존재의) 대연쇄를 이룰 뿐이다. 장재는 말한다. "주역은 유무(有無)를 말하지 않았다. 유무를 말하는 것은 사람들의 좁은 소견이다."(『근사록』)

그러므로 사물의 본질을 그것 자체 안에서 살피려는 개체주의와는 달리, 연쇄주의는 사물을 살피는 데 전후의 맥락을 아주 중요시한다. 이러한 사고방식은 생사관에서도 그대로 드러난다. 공자의 말을 들어 보자. "처음으로 거슬러서 끝을 돌이킨다. 그리하여 죽음과 삶의 이치를 안다.〔原始反終 故知死生之說〕"(「계사전」) 무슨 비결처럼 들리지만 이는 요컨대, 처음(시)과 끝(종)이 서로 맞물려 순환하는 존재의 연쇄 질서상, '내가 어디서 왔는가'를 거슬러서 생각해 보면 '어디로 갈 것인가'를 돌이켜 알 수 있다는 뜻이다. 그리고 보면 개체주의의 '시종'보다는 연쇄주의의 '종시' 관념은 존재의 복합적인 구조를 지시하는 데 매우 함축적인 어법이 아닐 수 없다.

　이러한 차이는 동서양 학자들의 사고방식에서 극명하게 드러난다. 서양의 과학자들은 사물의 구성 원소(원자, 전자 등)를 규명하려 하지만, 한국이나 중국의 한의학자들은 그것의 구조와 자타 상관적인 맥락에 관심을 집중한다. 한의원의 진료 대기실에 흔히 걸려 있어 우리 일반인들에게도 익숙한 인체 경락도가 이를 잘 예증한다. 이에 반해 서양 의학은 질병의 규명에 다분히 환원주의적이다. 예컨대 배가 아프면 위장 질환을 의심하면서 치료약을 처방한다.

　'종시'의 연쇄주의적 사물관은 당연히 일을 처리하는 데에도 작용할 것이다. 예를 들면 범죄가 발생했을 경우에 개체(인)주의는 범인의 반사회적 인격 장애(사이코패스)를 주로 문제 삼을 것이다. 미국 사회에서 범죄자를 바라보는 시각이 이렇다 한다. 그러나 연쇄주의는 범죄의 가정적, 사회적인 맥락에 주목한다. 이를테면 범인의 결손 가정이나 교육 환경, 사회적 소외 등이다. 우리 사회에서 범죄를 분석하는 방식이 그 예다. "갑일(甲日)에 앞서 3일 전을 되돌아보고 갑일의 뒤로 3일 후를 내다보아야 한다."는 말은 이러한 '종시'의 사물관에 기초한다. 어떤 일이든 전후좌우의 구조적 맥락을 살피지 않으면 안 된다는 것이다. 그것이 개인적으로든 사회적으로든 문제를 만났을 때 형통할 수 있는 지혜다.

괘상卦象

산 아래에 바람이 이는 모습이 〈고〉의 형상이다.
군자는 이를 보고 사람들을 일깨우고, 그들의 덕성을 제고시켜 준다.
山下有風 蠱 君子 以 振民育德

산은 만물을 생육시켜 주는 보금자리요, 바람은 만물의 생기를 고동시켜 주는 힘을 갖는다. 만약 바람이 없으면 만물은 침체된 기운 속에서 쇠락하고 말 것이다. 사람들이 집안에 화초를 키우는 데 햇빛과 물 이외에 통풍을 배려하는 것도 이 때문이다. 아파트에서 난초를 키우기가 그토록 어려운 이유도 여기에 있을 것이다. 바람은 그렇게 초목의 생장에 매우 중요한 의의를 갖는다.

삶이나 사회도 이와 마찬가지다. 사람들에게도 침체된 정신을 흔들어 깨워 주고 안일한 사회를 고동시켜 줄 '바람'이 필요하다. 그것은 자아의 향상과 성숙 의지를 자극하는 진·선·미·성의 이념의 '바람'은 말할 것도 없고, 심지어는 삶의 진행을 가로막는 갖가지의 '역풍'까지도 거기에 포함될 수 있다. 그것 역시 침체된 생활에 자극과 긴장, 성장과 발전의 계기가 될 수 있기 때문이다. 사나운 태풍이 적조 상태의 바닷속을 뒤집어 생기롭게 해 주는 긍정적 의의를 갖는 것처럼 말이다. 맹자는 그러한 역풍의 의의를 다음과 같이 말한다. "권력에서 소외당한 신하나 첩의 자식은 위기 의식 속에서 우환에 대비하는 마음이 깊기 때문에 세상의 이치에 밝다."(『맹자』)

그러므로 어느 분야에서든 사회의 지도자는 구성원들의 삶을 고동시켜 줄 신선한 '바람'을 일으켜야 한다. 물론 독재자나 무능한 정치인이 흔히 그러는 것처럼, 스포츠나 스크린이나 섹스와 같은 '미친 바람〔狂風〕'으로 사람들의 정신을 혼미하게 만들어서는 안 된다. 그와는 달리 훌륭한 이념과 가치의 '아름다운 바람〔美風〕'을 일으켜 그것으로 사람들의 안일한 정신을 흔들어 깨워야 한다. 더 나아가 고결한 인격(영혼)의 '바람'으로 사람들을 영적으로 각성시킬 수 있다면 그 이상으로 바람직한 일이 없을 것이다.

효사爻辭

初六

아버지의 일을 맡아 처리한다.

자식이 있으니 아버지가 비난을 듣지 않을 것이다.

신중해야만 아름다운 끝을 보리라.

幹父之蠱 有子 考无咎 厲 終吉

〈고〉괘는 대부분의 효사에서 아버지(부모)와 자식의 일을 말한다. 이는 상괘 '간'과 하괘 '손'의 두 자식이 건·곤의 부모 자리를 대신해 들어서 있는 괘상에 입각한 것이다. 거기에는 자식이 부모의 가사를 물려받는다는 뜻이 함축되어 있다. 초육(初六)은 부모의 일을 맡아 처리하는 자식에 해당된다. 그는 음효이기 때문에 자칫 잘못 처사할까 염려하여 "신중해야만 아름다운 끝을 보리라."고 충고했다.

침체와 쇄신의 문제를 일상적으로 잘 보여 주는 자리는 부모와 자식으로 이루어진 가정이다. 대체로 부모는 보수적이고 인습적이어서 현실의 변화보다는 안주를 원한다. 이에 반해 자식은 젊은 혈기로 무언가 일을 벌이고 싶어 하는 진취적 성향을 갖고 있다. 부모 자식 간의 갈등이 흔히 이로 인해 일어난다. 부모는 자식의 세상 물정 모름을 탓하고, 자식은 '벌레'가 슬 정도로 구시대적이고 진부한 부모의 사고방식에 불만을 갖는 것이다.

그러면 아버지의 일을 맡아 처리해야 할 자리에서 자식이 취해야 할 자세는 무엇일까? '신중함'이다. 자식은 부모의 보수성을 무조건 비난하고 배척하기만 해서는 안 된다. 그들은 기나긴 삶의 연륜 속에서만 얻을 수 있는 지혜를 갖고 있다. 가령 부모가 존중하는 전통은 과거에 수많은 사람이 쌓아 온 삶의 지혜를 풍부하게 비장하고 있다. 그러므로 자식이 미래를 창조하려는 뜻은 참으로 소중하지만, 부모의 의견을 존중하고 참고하면서 자신의 뜻을 '신중하게' 펼쳐야 한다.

"아버지의 일을 맡아 처리한다."고 말한 뜻이 여기에 있다. 이는 자식이 부모의 일을 무조건 받든다는 말이 아니다. 만약 부모가 남긴 '벌레 먹은, 즉 그릇된 일까지 이어받으려 한다면, 자신은 물론 부모까지 비난을 면치 못할 것이다. 그 '벌레 먹은' 모습이 남들에게 다 알려지기 때문이다. 그러므로 자식은 아버지가 물려준 일 중에서 버려야 할 것과, 계승하여 발전시켜야 할 것을 '신중하게' 판단하고 취사하면서 자신의 삶을 열어 나가야 한다.

이와 관련하여 『춘추좌씨전』에 실린 고사를 하나 들어 보자. 어떤 사람에게 애첩이 있었는데, 그는 자식들에게 자신이 죽거든 애첩을 시집보내라고 지시했다. 그런데 그가 늙어 정신이 혼미해지자, 애첩을 자기와 함께 생매장하도록 유언했다. 하지만 그의 사후 자식들은 그 유언을 거부하고 애첩을 시집 보낸다. 아버지가 사리 분별력을 갖고 있었을 때 지시한 말씀을 받들어 따르는 것이 효도라는 것이다. 공자 또한 다음과 같이 말한다. "'아버지의 일을 맡아 처리한다.'는 말은 자식이 아버지의 올바른 뜻을 계승해야 한다는 말이다.〔幹父之蠱 意承考也〕"(「상전」)

이러한 취지는 전통과 현대의 문제에도 그대로 들어맞는다. 젊은이들은 기성세대의 전통(보수)적인 성향을 매우 못마땅하게 생각한다. 개인적으로는 어른들이 과거의 전통을 내세워 자신의 현대적 사고를 자꾸만 간섭 구속하고, 그리고 사회적으로는 창조적인 미래를 열어 나가는 데 전통이 걸림돌이 된다고 여기기 때문이다. 한마디로 그들에게 전통은 자신들을 괴롭히는 '벌레'요, 혁신을 가로막는 정체의 온상이다.

하지만 자식이 부모에게서 태어나는 것처럼 인간은 본질적으로 전통의 산물이다. 전통의 뿌리를 갖지 않은 삶을 우리는 상상할 수 없다. 비근한 예로 우리가 항용 구사하는 말과 일상으로 섭취하는 음식은 자신의 독창적 창조물이 아니다. 그것은 수백 년 이래 우리 조상이 만들어

전해 온 것이다. 그러므로 우리는 "요강, 망건, 장죽, 종묘상, 장전, 구리
게 약방, 신전 / 피혁점, 곰보, 애꾸, 애 못 낳는 여자, 무식쟁이"와 같이
고리타분하고 추하여 외면하고 싶은 "더러운 역사, 더러운 전통"(김수영,
「거대한 뿌리」)까지도 사랑해야 한다. 좋든 싫든 그것은 나의 존재(삶)의
'거대한 뿌리'이기 때문이다.

  이는 전통을 신줏단지 모시듯 해야 한다는 말이 아니다. 전통을 최
상의 가치로 여겨 받드는 전통주의는 분명 옳지 않다. 전통은 지난날을
살았던 사람들의 산물인 만큼 오늘을 사는 우리와 일정한 거리를 가질
수밖에 없다. 그러므로 우리는 삶의 토대인 전통에 내장된 삶의 지혜를
존중하되, 그것을 현재 나 자신의 삶 속에서 부단히 재해석하고 보충
하며 수정하면서 아름다운 미래를 창조해 나가야 한다. "자식이 아버
지의 올바른 뜻을 계승해야 한다."는 공자의 말을 우리는 이러한 관점
에서 해석해 볼 수도 있다. 현대의 '자식'은 전통의 '아버지'가 전하고자
하는 뜻을 '신중하게' 판단하여 창조적으로 계승해야 한다.

九二
어머니의 일을 맡아 처리한다.
자식이 자신의 주장을 너무 고집해서는 안 된다.
幹母之蠱 不可貞

  구이(九二)는 음양으로 상응하는 육오를 어머니로 모시고 있다. 그래서
"어머니의 일을 맡아 처리한다."고 했다. 다만 그가 양효로서 강한 성질

을 갖고 있기 때문에, 자신의 주장을 고집하지 말라고 충고했다. 이는 구이가, 공손의 뜻을 갖기도 하는 하괘 '손'의 중심 자리에 있음에서 착안한 것이기도 하다.

부모가 일반적으로 그렇기는 하지만, 특히 어머니는 변화와 개혁을 싫어하는 성향이 더 심하다. 가사의 처리와 자식의 양육에는 지난날 어른들이 전수해 준 지혜가 매우 소중하다는 사실을 생활 속에서 몸소 체험해 왔고, 태생적으로는 여성으로서 유순한 성격을 갖고 있어서일 것이다. 어머니의 일과 성격이 집안일의 처리에 새로운 시도를 하기보다는 그동안 보증되어 온 안정적인 계책을 선호하는 것이다. 자식은 어머니의 그와 같은 생활 태도가 설사 '벌레 먹을' 정도로 진부하고 무용할지라도, 그것을 비난하면서 자신의 주장을 너무 고집해서는 안 된다. 그것은 어머니의 자존 의식과 존재감에 상처를 줄 수도 있기 때문이다.

효도에 '기간(幾諫)'이라는 덕목이 있다. 자식이 부모님의 잘못을 지적할 때에는 부드러운 말씨로 공손하고 완곡하게 해야 한다는 것이다. 친구나 남의 잘못을 비판하듯이 너무 정색하고 나서면, 부모님이 구겨진 체면에 오히려 역정을 내면서 엇나갈 수도 있기 때문이다. 그렇게 되면 부모 자식의 정이 벌어지는 역효과만 초래하게 될 것이다. 그러므로 부모님의 잘못을 지적할 때에는 당신들의 기분 상태를 잘 살피고 인내심을 갖는 등 여러모로 세심하게 신경을 써야 한다. 공자는 말한다. "어머니의 일을 맡아 처리하는 데에는 중용의 정신이 필요하다.[幹母之蠱 得中道也]"(「상전」) 여기에서 '중용'이란 자식이 자신의 정당한 생각을 견지하면서도 어머니에게 공손하고 부드럽게 다가감을 뜻한다.

'벌레 먹은' 사회의 문제, 즉 사회의 구습과 폐단을 바로잡는 데에도 이와 유사한 노력이 필요할 것이다. 대부분의 사람들이 이미 거기에 물들어 있는 터에 그것들을 일거에 혁파하여 쇄신한다는 것은 거의 불가능에 가깝다. 사람들의 타성화된 심리와 생활은 혁신을 오히려 불안하게 여길 것이다. 게다가 잘못하면 기득권을 유지하려는 보수 세력이 이에 편승하여 역사의 방향을 거꾸로 돌려놓을 수도 있다. 그러므로 사회 혁신의 뜻을 포기해서는 안 되지만, 너무 성급하고 강경하게 나서도 안 된다. 사회와 역사의 급진적인 발전은 불가능한 일이다. 장기적인 전망을 갖고서 다수의 사람에게서 신뢰를 얻는 가운데 일을 서서히 쇄신해 나가야 한다.

九三
아버지의 일을 맡아 처리한다.
조금 후회를 하겠지만 커다란 허물은 면하리라.
幹父之蠱 小有悔 无大咎

구삼(九三)은 양효로서 양의 자리에 있으므로 올바른 생각을 갖고 있지만 강성을 띠고 있다. 그러므로 아버지의 '벌레 먹은' 처사 방식에 강하게 맞서 자신의 뜻대로 일을 처리한다. 자식은 아버지와 다툼으로써 다소간 후회의 마음을 갖기도 하겠지만, 그렇게 아버지의 잘못을 바로잡아 줌으로써 (불효라고 하는) "커다란 허물"을 면할 것이다.

위에서 '기간'의 뜻을 이야기했지만, 그것은 부모에게 공손하기만 할 것을 강조한 말이 아니다. 부모의 잘못을 바로잡아 드리는 데에 목적이 있다. 그러므로 '기간'에도 불구하고 부모님이 자신들의 잘못을 고집하는 완강한 태도를 보인다면, 부득이 부모와 다투는 후회스러운 결과까지 초래할 수도 있다. 하지만 설사 일시적으로 부모 자식의 정에 틈이 생긴다 하더라도, 자식은 다툼으로써 부모님을 잘못으로부터 구원해 줄 수 있을 것이다. 부모님의 잘못을 방관하는 것이야말로 오히려 자식의 커다란 허물(불효)이다. 공자는 말한다. "아버지의 일을 맡아 처리하지만, 마침내 허물은 면할 것이다.〔幹父之蠱 終无咎也〕"(「상전」) 이는 자식이 경우에 따라서는 부모에게 '기간'을 넘어 '직간(直諫)'(직설적으로 바른 말을 함)을 할 수도 있음을 전제하고 있다. 아래의 글을 한 번 읽어 보자.

천자에게 바른말로 다투는 신하가 일곱 명만 있으면 세상이 아무리 무도하더라도 천자는 천하를 잃지 않을 것이요, 제후에게 바른말로 다투는 신하가 다섯 명만 있으면 사회가 아무리 무도하더라도 제후는 나라를 잃지 않을 것이며, (중략) 선비에게 바른말로 다투는 친구가 한 명만 있으면 그 선비는 명예를 잃지 않을 것이요, 아버지에게 바른말로 다투는 자식 한 명만 있으면 그 아버지는 불의에 빠지지 않을 것이다. 그러므로 자식은 아버지의 잘못을 보면 바른말로 다투지 않으면 안 되며, 신하는 임금의 잘못을 보면 바른말로 다투지 않으면 안 된다.(『효경』)

사회의 구습과 악폐를 바로잡는 일도 마찬가지다. 공자는 중용의 정신을 강조했지만, 그것은 구시대의 사조와 적당히 타협해야 한다는 말이 아니다. 중용의 정신은 기본적으로 진리와 정의의 이념을 바탕에 깔고 있으며, 그것을 시대와 사회 상황에 맞춰 실천하고자 하는 것일 뿐이다. 따라서 진리와 정의를 접어 두고 부조리한 현실과 타협하는 처세술은 중용의 정신과 거리가 멀다. 오히려 그것은 상황에 따라서는 '벌레 먹은' 사람들과 맞서 "바른말로 다투는" 강인한 태도도 불사한다.

그러므로 구습에 젖어 '벌레 먹은' 생활에 안주하는 사람들의 눈치만 볼 일이 아니며, 사회 쇄신의 노력을 다 해야 한다. 때로 후회스러운 일이 생기고 심지어 허물까지도 지적받을 수 있지만, 뒷날 역사는 그러한 사람을 높게 칭송할 것이다. 예를 들면 중종 때 기묘사화에 희생된 조광조(趙光祖, 1482~1519)의 지치주의(至治主義)를 두고 오늘날 어떤 사람들은 너무 급진적이었다 하여 허물하려 하지만, 선비들은 한결같이 선생을 추앙해마지 않았다. 훗날 숙종이 쓴 추모시를 읽어 보자.

죽음에 임하시어 남긴 말씀을 생각할 때마다
눈물이 절로 솟아 흐르더니
이제 선생이 남기신 글을 읽어 보니
도덕이 높으심을 더욱더 알겠노라.
조정의 신하들은 모두 다 우러르고
초야의 아낙네들 또한 다 같이 존경한다.
그 밖에 예술도 즐기셨으니
아름답다, 필치의 웅건함이여.
每思臨死言　　涕淚自交迸
今讀先生書　　益知道德晟

朝紳咸仰成　　野嫗亦尊敬

餘事游於藝　　佳哉筆勢勁(「독정암집유감(讀靜菴集有感)」)

六四

아버지의 일을 관용하면서 지나친다면 수모를 겪으리라.

裕父之蠱　往　見吝

　육사(六四)는 음효로 음의 자리에 있으므로 유순하고 순종적인 성질을 갖고 있다. 그리하여 그는 아버지의 '벌레 먹은' 처사까지도 '관용한다.' 여기에서 관용이란 묵인하고 방관하는 것을 뜻한다.

　관용은 미덕이지만 상대방의 잘못까지 용납하는 것은 옳지 않다. 그것은 사이비 관용일 뿐이다. 부모 자식의 관계에서 말한다면 자식이 아버지의 잘못된 일을 관용하는 것은 효도가 아니다. 자식이 그것을 바로잡아 드리지 않고 그냥 지나친다면 아버지는 물론, 자식 본인까지도 수모를 면할 수 없을 것이다. 아버지의 잘못이 설사 개인적인 일이라 해도 자식이 수모로부터 면제되지는 않는다. 사람들은 자식이 아버지를 잘못 모셨다고 비난할 것이기 때문이다. 공자는 말한다. "아버지의 일을 관용하면서 지나친다면 사람들의 마음을 얻지 못할 것이다.〔裕父之蠱　往　未得也〕"(「상전」) 그러므로 역시 "자식은 아버지의 잘못을 보면 바른말로 다투어야 한다." 그것이 효도요, 아버지와 자식 모두 수모를 면할 수 있는 길이다.

관점을 달리해서 살펴보자. 성질이 유순한 사람은 대개 자신의 본분과 직책에 충실할 뿐, 새 시대가 요구하는 개혁의 과제를 감당하지 못한다. 오히려 개혁의 요구에 맞서 "성급하고 과격하면 일을 그르친다."고 반대하기도 한다. 하지만 지난날의 악폐와 구습을 덮어 두는 한 사회의 발전은 기대하기 어렵다. 우리는 이를 우리의 현대사에서 가슴 아프게 체험하고 있다. 일제의 잔재와 독재 정권과 군사 문화의 유산을 엄정하게 처리하지 못하고 관용한 결과, 그것이 여전히 사람들의 삶과 사회를 '벌레'처럼 잠식하고 있는 것이다. 이는 어쩌면 우리 국민의 유순하고 보수적인 심성에 기인하는 것이 아닐까? 어쨌든 그것은 국가적인 '수모'로서, "국민이 제 나라를 모멸하면 타국이 그 나라를 침탈할 것이다."(『맹자』) 오늘날의 관점에서 살피면 이 '침탈'은 군사적 의미를 넘어 경제적, 외교적, 문화적인 것까지 망라한다.

六五
아버지의 일을 맡아 처리한다.
명예를 얻으리라.
幹父之蠱 用譽

유오(六五)는 구이와 음양으로 호응한다. 이는 그가 진리와 도의에 뿌리를 둔 (구이의) 중용의 정신을 안으로 품고 있음을 은유한다.

자식이 아버지의 일을 맡아 처리하는 데 어떻게 하면 명예를 얻을 수 있을까? 그것은 자식이 진리와 도의의 정신으로 나서는 데에 있다. 아버지의 잘못을 바로잡는 것도 그에 입각해서 해야 한다. 그것은 아버지를 감화시킬 뿐만 아니라, 더 나아가 다른 사람들의 정신까지 일깨우고 인도해 줄 것이다. 공자는 말한다. "'아버지의 일을 맡아 처리하여 명예를 얻는 것은 도덕을 받듦으로써다.〔幹父用譽 承以德也〕"(「상전」) 여기에서 '도덕'이란 일상의 윤리 도덕에 불과한 것이 아니라, 진리와 도의(道)의 이념을 부단히 실천하여 자신의 인격(德)으로 내면화하는 것을 뜻한다. 진정한 효도는 바로 여기에 있다. 『효경』은 말한다. "신체발부는 부모님에게서 받은 것이므로 그것을 상하게 하지 않는 것이 효도의 시작이다. 자아의 확립과 진리(도의)의 실천을 통해 후세에 이름을 날리는 것이 효의 마지막이다.〔身體髮膚 受之父母 不敢毀傷 孝之始也 立身行道 揚名於後世 以顯父母 孝之終也〕" 여기에서 "후세에 이름을 날린다." 한 것은 진리의 정신이 당세에는 인정받기 힘들다는 인식에서다.

사회의 혁신도 마찬가지다. 사회를 부패시키는 각종 '벌레'를 잡아 없애는 것만으로는 결코 충분하지 않다. 썩은 나무에 벌레가 생기는 법이다. 그러므로 사회적 '벌레'가 서식하는 국민의 '썩은' 의식을 도려내지 않는 한 '벌레' 잡기의 시책과 노력은 한계를 면치 못한다. 훌륭한 지도자라면 '벌레' 잡기에 못지않게, 아니 그전에 사람들의 '썩은' 의식을 혁신할 방안을 진지하게 모색할 것이다. 이는 물론 혼자만의 힘으로는 되지 않는다는 사실을 잘 알기 때문에, 그는 현명하고 덕망 있는 사람을 널리 구하여 그들과 함께 새로운 사회의 푯대가 될 정신 가치를 확립하는 일에 힘을 쏟을 것이다. 사람들의 '썩은' 의식을 치유할 진리와 도의를 말이다.

上九

왕후를 섬기지 않고 자신의 고결한 뜻을 지키는구나.

不事王侯 高尙其事

　상구(上九)는 괘의 마지막 자리에 있으므로 "(조정에 들어가) 왕후를 섬기지 않는" 은둔자와도 같다. 그는 자신을 알아주는 사람이 없다 해서 세상을 원망하지 않고, (산을 상징하는 상괘 '간'의 양효로서) 마치 산처럼 우뚝하게 "자신의 고결한 뜻을 지킨다." 상구에서 '아버지(어머니)'의 일을 말하지 않은 것은 '아버지(어머니)'의 극복이 한 가정의 일에 그치지 않고, 만민의 이념적 푯대(진리와 도의)를 세우는 데에서 최고의 성취를 얻기 때문이다.

　지성인은 '벌레 먹어' 부패한 사회를 혁신하기 위해 노력하지만, 그렇다고 해서 돈키호테처럼 무작정 나서지는 않는다. 그는 시의를 신중하게 판단한다. 만약 사람들이 구태에 젖어 호응하지 않는다면, 그는 세상에서 물러나 진리와 도의의 고결한 정신을 지킬 것이다. 진작 인용했던 것처럼, "관직과 강단과 권위와 신뢰가 주어지지 않은, 경건을 모르는 시대 속에서는 영원의 상징에 충실한" 삶으로 자족할 것이다.

　이는 소극적이거나 패배적인 사고가 아니다. 그는 고결한 뜻을 굽혀 "왕후를 섬기는" 것보다 훨씬 위대한 선택을 한 것이다. 혹자는 그에게 사회에 참여하여 적극 행동에 나설 것을 요구할 수도 있다. 하지만 그는 궁핍한 시대를 살면서 자신의 소임을 거기에 두지 않는다. 그는 진리와 도의의 정신을 일상의 삶 속에서 온몸으로 천명하여 그로써 만인의 삶을 광명의 세계로 인도하려 한다. 조선 시대에 은둔의 삶을 택했던 많은 선비들이 위의 글귀를 좋아했던 것도 이와 같은 이유에서였다. 공자는 말한다. "왕후를 섬기지 않는 고결한 뜻이 만인의 푯대가 되리라.〔不事王侯 志可則也〕"(「상전」)

19. 지도자의 품성

임(臨)

'벌레 먹은' 또는 침체된 사회(조직)를 이끌어 갈 지도자의 자격은 무엇일까? 여기에서 그것을 자세하고 체계적으로 논의할 수는 없지만, 『주역』은 곳곳에서 그것을 은연중 설파하고 있다. 그중에서도 〈임(臨)〉괘는 괘효의 구조에 입각하여 그것을 중점적으로 다룬다. 먼저 공자의 말을 들어 보자. "'고(蠱)'란 일을 뜻한다. 일을 잘 처리하면 위대해질 수 있다. 그래서 〈고〉에서 〈임〉으로 이어졌다.〔蠱者 事也 有事而後 可大 故受之以臨〕"(「서괘전」) 그리하여 〈임〉괘는 '벌레 먹은' 일〔蠱〕을 잘 정비하고 침체된 조직을 쇄신할 수 있는 지도자의 품성을 이야기하고 있다.

'임'이라는 글자는 원래 위에서 아래를 내려다본다는 뜻을 갖는다. 〈임〉괘가 지도자의 덕목을 주제로 하는 것도 이에 연유한다. 정약용은 〈임〉괘를 풀이하면서 다음과 같이 말한다. "'임'은 깊은 연못을 내려다보는 것이다. (중략) 임금이 세상의 한 중심에 서서 만민을 내려다보는 것, 그것이 '임'의 뜻이다."(『여유당전서』)

이를 괘효의 구조상에서 살펴보자. 〈임〉괘는 상괘 '곤' ☷과 하괘 '태

(兌)' ☱로 이루어져 있다. 이는 8괘의 상징으로 보면 땅(坤)이 연못(兌) 위에 있는 모습이다. 여기에서 '땅'은 제방을 두고 한 말로서, 제방 아래로 연못이 펼쳐져 있는 것이다. 그리하여 이 괘는 사람들이 제방 위에서 깊은 연못을 내려다보는 형상을 담고 있다. 이는 역시 지도자가 휘하의 사람들을 대하는 뜻을 암암리에 전한다.

나아가 이는 지도자가 갖추어야 할 자세를 시사한다. 사람들은 제방에서 바로 아래의 연못을 내려다볼 때 발을 잘못 내디뎌 빠질까봐 조심스럽고 두려운 마음을 갖는다. 지도자도 이래야 한다. 그는 아랫사람들을 두려워하면서 그들에게 조심스럽게 다가가야 한다. 정약용은 〈임〉괘와 관련하여 다음과 같이 말한다. "성인은 만민 앞에 겸손하고 공경하는 마음을 갖고서 자신을 크게 낮춘다. (중략) 그런데 후세의 임금들은 자신을 높일 줄만 알았지 백성들에게 낮은 자세로 다가갈 줄을 모른다. 그들은 그처럼 교만하고 방자하여 정치의 바른 뜻을 잃고 있다."(『여유당전서』)

괘의 다른 모습을 살펴보자. 〈임〉괘는 아래에 두 개의 강한 양효가 네 개의 부드러운 음효 아래에 있으면서 (그 성질상) 위로 오르려 하고 있다. 그렇게 해서 대중 앞에 출현하는 사람이 지도자다. 괘 전체의 관점에서 보면, 그는 (상괘의) 너그러운 마음으로 사람들을 포용하면서 그들의 삶에 (하괘의) 기쁨(행복)을 주려 한다. 공자는 이를 다음과 같이 말한다. "강한 힘이 점점 자라고 있는 것이 〈임〉이다. 사람들을 너그럽게 포용하여 행복하게 해 주고, 강력하면서도 부드럽게 사람들에게 임하여 호응을 얻는다. 그것이 뜻을 크게 펼칠 수 있는 정도(正道)이며 하늘의 이치이기도 하다.〔臨 剛浸而長 說而順 剛中而應 大亨以正 天之道

也)"(「단전」) 여기에서 "하늘의 이치"란 아래에서 말하는 소식괘(消息卦)의 원리를 함축한다.

괘사卦辭

지도자의 품성을 갖추면 뜻을 크게 펼칠 수 있다.
정도를 지켜야 한다.
8월이 되면 불행을 겪으리라.
臨 元亨 利貞 至于八月 有凶

지도자는 어떠한 품성을 갖추어야 할까? 위에서 살핀 것처럼 괘효상에서 말하면 그것은 너그러운 마음과 행복의 이상, 강력한 지도력과 함께 부드러운 태도 등이다. 하지만 무엇보다도 지도자는 그 바탕에 '정도'(진리와 도의)의 정신을 갖고 있어야 한다. 그것이 지도자의 핵심 덕목이다. 위의 도량들도 정도의 토대를 가져야만 정당성을 얻을 수 있다. 이를테면 정도를 벗어난 너그러움은 비리와 악행까지도 두루뭉술 용납할 것이며, 정도를 벗어난 물질적 행복의 공약은 사람들에게 인간소외의 심리를 부추기게 될 것이다.

지도자는 사람들 위에서 군림하려 해서는 안 된다. 상괘와 하괘의 상징에 입각해서 말하면 사람들이 제방 위에서 아래의 연못을 내려다볼 때 발을 잘못 내디뎌 빠질까봐 조심스럽고 두려운 마음을 갖는 것처럼, 지도자도 사람들을 두려워하면서 그들에게 조심스럽게 다가가야 한다.

이러한 뜻을 경고한 것이 "8월이 되면 불행을 겪으리라."는 말이다. 여기에서 '8월'이란 열두 개의 소식괘를 염두에 둔 것이다. '소식괘'란 음양의 증감에 따른 괘의 변화를 각각 1년 12개월(음력)에 배정한 것을 일컫는다. 이에 따르면 달마다 하나씩의 상징적인 괘를 갖는다. 이를 도식하면 다음과 같다.

월	1	2	3	4	5	6	7	8	9	10	11	12
괘명	태 (泰)	대장 (大壯)	쾌 (夬)	건 (乾)	구 (姤)	둔 (遯)	비 (否)	관 (觀)	박 (剝)	곤 (坤)	복 (復)	림 (臨)
괘	䷊	䷡	䷪	䷀	䷫	䷠	䷋	䷓	䷖	䷁	䷗	䷒

옛날 학자들에 의하면 (음력) 11월(동짓날)에 양기가 생겨나기 시작하여 (그래서 중국 고대의 주나라에서는 〈복(復)〉괘에 해당되는 11월을 한 해의 시작인 정월(正月)로 삼았다. 오늘날의 역법은 〈태(泰)〉괘를 시발로 하는 하(夏)나라의 것을 따르고 있다.) 4월에 이르러 극성한다. 5월이 되면 음기가 생겨나 그 양기를 밀어내면서 10월이 되면 음기 또한 극성해진다고 한다. 물론 그것은 다시 양기의 소생으로 이어지면서 음양의 순환 반복을 영원히 거듭한다. 이 도식에 입각할 때 "8월이 되면"이란 〈임(臨)〉괘의 8개월 뒤인 〈관(觀)〉괘를 염두에 둔 말이다. 그림에서 보는 것처럼 〈관〉괘는 〈임〉괘를 뒤집어 놓은 모습이다. 즉 아래의 양효 둘이 위의 음효 네 개를 밀어내면서 상승하는 〈임〉괘와 반대로, 〈관〉괘는 아래의 음효 넷이 위의 양효 두 개를 밀어내고 있다. 이는 두 괘 안에서 성장하는 힘의 성질이 서로 다름을 시사한다. 만물생성의 봄을 앞두고 있는 〈임〉괘는 생성적인 힘을 함축하고 있는 데 반해, 쇠락의 가을철에

접어드는 8월의 〈관〉괘에서는 쇠멸적인 힘이 증강한다.

"8월이 되면 불행을 겪으리라."고 은유한 뜻이 여기에서 밝혀진다. 만약 지도자가 자신의 위세만 키우면서 사람들 위에서 군림하려 한다면, 네 개의 음효가 두 개의 양효를 밀어내는 〈관〉괘의 형상처럼, 그들의 비난과 배척을 당할 것이다. 그 결과 9월의 〈박(剝)〉괘처럼 지도력을 박탈당하는 불행을 면할 수 없을 것이다. 공자는 그 함축적 의미를 다음과 같이 풀이한다. "8월이 되면 불행을 겪을 것이니, 오래지 않아 힘을 잃을 것이기 때문이다.〔至于八月有凶 消不久也〕"(「단전」) 그러므로 지도자는 자신의 지도 상황이 '8월'에 이르지 않도록 항상 '정도'의 정신을 점검하고 추슬러야 한다.

괘상卦象

연못 위에 언덕이 있는 모습이 〈임〉의 형상이다.
군자는 이를 보고 사람들을 깨우치고자 하는 마음이 가없으며
사람들을 포용하고 보살피려는 뜻을 끝없이 갖는다.
澤上有地 臨 君子 以 敎思无窮 容保民无疆

지금까지 모든 괘의 괘상에서 그러했지만, 여기에서도 군자가 갖고 있는 사물 인식의 태도가 드러난다. 그는 언제, 어디에서나 인문적 상상력을 동원하여 세상 만물을 바라보고, 이를 토대로 자아의 향상과 실현을 꾀한다. 당연히 그에게 사물의 의미는 객관적이고 과학적인 것

이 아니다. 그는 은유적 사고를 통해 사물들에서 윤리적이고 사회적인 의미를 헤아리고 실천하려 한다. 이를테면 한겨울에도 푸르른 소나무에서는 고고한 절개를, 찬바람 속의 매화에서는 세속에 시들지 않는 생명 정신을 상념하면서 자신도 그렇게 살려 한다. 그 밖에 선비들이 국화나 대나무를 좋아했던 이유도 여기에 있다.

군자는 연못의 제방에 서서도 그러한 눈빛을 드러낸다. 연못의 물이 대지를 적시며 생물들에게 자양분을 주는 모습을 보면서 그는 사람들에게 정신적 자양분을 마련해 주고자 한다. 그가 '사람들을 깨우칠' 교육을 그토록 중요시하는 것도 이 때문이다. 옛날에 정치 현장에서까지 '하교(下敎),' '교령(敎令),' '전교(傳敎)' 등 '교(敎)'자를 많이 사용했던 것도 이러한 문제의식의 산물이다. 『대학』은 그러한 이상을 '신민(新民)'이라는 말 한마디로 천명한다. 백성의 자아(덕성)를 "날마다 새롭게, 또 날마다 새롭게〔日新 又日新〕" 향상시켜 주어야 한다는 것이다.

한편으로 아무리 깊고 넓은 연못이라도 대지가 그것을 넉넉히 거두는 모습을 보면서, 군자는 포용과 사랑의 정신을 배운다. 어머니 대지와도 같이 만민과 만물을 자신의 품에 아우르고자 하는 것이다. 한마디로 말하면 군자에게 "만민은 나의 형제요, 만물은 나와 더불어 사는 이웃이다.〔民吾同胞 物吾與〕"(『퇴계전서』) 이황을 비롯하여 조선 시대 선비들이 좋아했던 글귀다. 바로 이것이 지도자가 갖추어야 할 너그러운 품성이다. 그것은 물론 인간애, 생명애의 정신을 바탕으로 갖는다.

효사爻辭

初九
열린 마음으로 다가가니, 올바른 정신을 지키면 과업을 이루리라.
咸臨 貞 吉

  초구(初九)와 구이는 아래에서(자신을 낮추어) 위의 네 효와 음양으로 호응한다. 그래서 두 효 모두에서 "열린 마음으로 다가간다."고 했다. 게다가 초구는 양효로서 양의 자리에 올바른 모습을 띠고 있으므로, 올바르고 순수한 정신으로 사람들에게 다가가는 군자를 상징한다.

  각종 조직에서 지도자의 일차적인 덕목은 "열린 마음"이다. 편파적이고 편협한 사고방식은 결코 사람들을 올바로 통솔할 수 없다. 그것은 조직이나 구성원을 불행에 빠트릴 뿐이다. 실제로 우리 사회는 그것을 뼈아프게 겪고 있다. 많은 지도자들이 열린 마음을 갖지 못하고 혈연과 학연, 지역 감정에 얽매어 편협하고 배타적인 시책을 펼치고 있는 것이다. 심지어 그것으로 자신의 기득권을 지키려는 나쁜 짓까지도 마다하지 않는다. 따라서 사회의 불행은 필연적인 결과다.
  열린 마음은 "올바른 정신" 속에서만 얻을 수 있다. 즉 순수하고 정직한 인격으로 사람들에게 다가가지 않으면 안 된다. 그러한 인격은 혈연이나 지연, 지역 감정과 같은 편협한 사고방식을 단호히 거부하고, 만인에게 열린 마음으로 나설 것이다. 이처럼 "올바른 정신"은 모든 사람에게 요구되지만, 특히 지도자의 필수 덕목이다. 그는 남들을 지배하고 힘을 과시하려는 권력 의지로 일에 임해서는 안 된다. 그것은 양 당사자 모두에게 불행을 안겨 줄 것이다. 양자를 맺어 주는 것은 지배와 복종의 힘뿐, 거기에는 자타 간 인간적인 만남과 인격적인 교류가 부재하기 때문이다.

예를 들어 보자. 정치인들은 흔히 투표권자들의 인격에는 무관심한 채 그들을 '한 표'의 사물로만 대한다. 당연히 그들 또한 그를 인격이 아니라 권력이라는 사물로 대할 것이다. 인간 소외의 불행이 여기에서 생긴다. 그러므로 지도자는 순수하고 정직한 인격을 무엇보다도 먼저 갖추지 않으면 안 된다. 사람들의 행복한 삶이나 인간성이 회복된 사회는 그러한 정신 속에서만 성취될 수 있다. 공자는 말한다. "열린 마음에 올바른 정신을 지키면 과업을 이룰 것이니, 그가 정직한 인격으로 나서기 때문이다.〔咸臨貞吉 志行正也〕"(「상전」)

九二
열린 마음으로 다가가니, 과업을 이루어 모든 일이 잘 풀리리라.
咸臨 吉 无不利

위에서 말한 것처럼 구이(九二) 역시 초구와 마찬가지로 "열린 마음"을 갖고 있다. 다만 초구와 달리 그는 사람들(네 개의 음효)에게 좀 더 가까이 다가가 지도자로서 점점 부상하고 있다. 그렇다고 해서 그가 사람들에게 영합하는 것은 아니며, (하괘의 가운데 자리에 있으므로) 중용의 정신을 잘 구사하고 있다. 여기에서 '중용'이란 사람들과 함께하면서도 그들 속에 파묻히지 않는 것을 이른다.

　인격을 소중하게 여기는 "올바른 정신"으로 사람들을 두루 아우르는 "열린 마음"은 점차로 대중적 지지와 호응을 얻게 될 것이다. 그는 그렇게 지도자로 부상한다. 그는 사람들 앞에서는 고개 숙여 환심을 구하다가도 돌아서서는 거드름을 피우며 군림하려는 못난 정치인과는 다르다. 그는 변함없는 인격으로 그들과 애환을 함께한다. 그렇다고 해서 그가 그들에게 휩쓸리거나 영합하는 것은 아니다. 공자는 말한다. "열린 마음으로 다가가 과업을 이루어 모든 일이 잘 풀리겠지만, 그가 사람들의 뜻에 뇌동하는 것은 아니다.〔咸臨吉无不利 未順命也〕"(「상전」)

　"올바른 정신"의 지도자는 중용의 정신으로 대중 앞에 나선다. 그는 "사람들과 호흡을 함께하면서도 그들에게 휩쓸리지 않으며, 세상의 한 중심에 서서 어느 편으로도 기울지 않는다.〔和而不流 中立而不倚〕"(『중용』) 그리하여 그는 이를테면 정치적으로, 또는 종교적으로 갈등하는 이념들의 와중에서 '세상의 한 중심'에 우뚝서서 삶과 사회의 모든 문제를 판단하고 대중에게 올바른 길을 제시한다. 그가 조직의 통솔이나 장악 이전에 그들에게 인간적 신뢰와 존경을 얻는 것도 이 때문이다.

六三
달콤한 말로 다가가니, 좋을 일이 없다.
그것을 부끄러워한다면 지난날의 허물을 면하리라.
甘臨 无攸利 既憂之 无咎

육삼(六三)은 구이를 벗어나 (기쁨을 속성으로 갖는) 하괘 '태'의 제일 위양의 자리에 음효로 잘못 있으며, 음양으로 호응하는 상괘의 효를 갖지 못하고 있다. 그러므로 그는 "달콤한 말"에만 능할 뿐 빈곤한 인격의 지도자로서, 위아래로 사람들의 깊은 호응을 받지 못하여 불안감을 품고 있다. 한편으로 육삼이 하괘를 곧 벗어날 마지막 효라는 점에서, 그는 자기 지위의 변동무상을 내심 불안하게 자각할 수도 있다. "그것을 부끄러워한다면"이라는 말은 그러한 자각을 이끌어 내기 위한 유도책이다.

사람들 가운데에는 달콤한 말로 남들에게 다가가 그들을 현혹하고 곡학아세하면서 지도자의 자리를 얻고 그것을 누리려는 소인배들이 있다. 하지만 그들은 높은 자리를 차지했음에도 마음 한편으로 일말의 근심과 자괴감을 떨치지 못할 것이다. 자신이 능력이 부족하고 정당하지 않음을 스스로 잘 알기 때문이다. 이러한 유형의 인물을 정약용은 다음과 같이 예시한다. "백성들 앞에서 내심 부끄러운 마음을 감추고 자기 자리를 누리는 탐관오리가 이러한 자들이다."(『여유당전서』) 당연히 그들의 허물(잘못)은 사람들의 지탄 대상이 될 것이다.

그렇지만 그들이 허물을 면할 길이 없는 것은 아니다. 그것은 부끄러운 마음을 사람들 앞에서 고백하고 개과천선하여 '올바른 정신'으로 처사하는 노력에 달려 있다. 그러면 사람들은 그의 정직한 고백을 받아 주고 노력을 인정하면서 지난날의 허물을 너그럽게 용서할 것이다. 공자는 말한다. "달콤한 말로 다가서는 것은 그가 자리를 부당하게 차지했기 때문이다. 그것을 부끄러워한다면 허물이 더 이상 자라나지 않을 것이다.〔甘臨 位不當也 既憂之 咎不長也〕"(「상전」)

六四

가까이 다가가니, 비난을 벗어나리라.

至臨 无咎

　육사(六四)는 상괘의 아래에서 하괘에 근접해 있다. 그래서 "(사람들에게) 가까이 다가간다."고 했다. 또한 그는 음효로 음의 자리에 있으면서 초구와 음양으로 상응하고 있다. 이는 온유한 덕을 갖고 있는 지도자가 열린 마음으로 아랫사람들에게 가까이 다가가 그들과 소통함을 은유한다. 그럼에도 불구하고 그가 과업을 이루지 못하고, 다만 "비난을 벗어나는" 정도에 그치는 것은 (음효라서) 강력한 지도력을 갖지 못했기 때문이다.

　공감과 소통은 지도자의 큰 덕목이다. 사람들과 공감하고 소통할 줄 모르는 편협하고 독단적인 지도자는 그들의 반발과 외면을 피할 수 없다. 앞서 "열린 마음"과 "올바른 정신"을 강조했던 것도 그것이 공감과 소통의 토대가 되기 때문이다. 예컨대 지도자가 사람들 앞에 정직한 인격이 아니라 권력과 지위로 나선다면, 그의 인간적 허물은 차치하고 사람들과 진정한 소통을 할 수 없다. 사람들은 막강한 힘에 눌리고 권세의 장벽에 막혀 그에게 다가갈 수 없기 때문이다. 당연히 그는 수많은 비난에 직면할 것이다.

　그러므로 지도자는 역시 "열린 마음"으로 사람들에게 가까이 다가서야 한다. 지도자의 자리는 사람들 위에 군림하라고 있는 것이 아니다. 자신을 낮추어 사람들에게 다가가서 그들의 말없는 뜻과 삶의 고충을 헤아려 그들을 위해 봉사하는 것이 그의 본분이다. 공자는 말한다. "가까이 다가가서 비난을 면하니, 그가 본분을 다하기 때문이다.[至臨无咎 位當也]"(「상전」)

하지만 사람들에게 "가까이 다가가는" 것만으로는 충분하지 않다. 지도자는 사람들에게 다가가 그들의 애환을 자세히 살필 뿐만 아니라, 그들의 행복을 후원해 줄 시책을 마련하여 그것을 강력하게 추진할 수 있는 결단력을 함께 갖추어야 한다. 그러므로 "가까이 다가가는" 것은 지도자의 필요 조건이지 충분 조건은 아니다. 그것은 "(사람들의) 비난을 벗어나는" 정도에 그칠 뿐, 그 이상으로 '위대한 지도자'라는 칭송을 얻게 해 주지는 못할 것이다.

六五
지혜로 다가가니, 위대한 지도자의 모습이다.
과업을 이루리라.
知臨 大君之宜 吉

육오(六五)는 〈임〉괘 최고의 중심에서 (가운데가 비어 있는 음효로서) 마음을 비우고 자신을 낮추어 아래의 구이와 음양으로 소통하고 있다. 이는 지도자가 "열린 마음"으로 아랫사람들의 뜻을 헤아릴 줄 아는 지혜를 갖고 있음을, 그리하여 그들로부터 전폭적인 호응을 얻고 있음을 은유한다. 말하자면 그는 여론의 절대적 지지를 받고 있다. 육오가 육사와 마찬가지로 음효로서 강력한 지도력을 갖지는 못했지만, 양효 구이(와 뜻을 함께 하는 초구)의 호응과 보필이 그의 약점을 보완해 준다.(육사 역시 초구와 음양으로 소통하기는 하지만, 초구는 괘의 첫머리에서 아직 힘을 갖지 못하고 있기 때문에 육사의 지도력에 큰 힘을 실어 주지 못한다.)

지도자는 자신의 지혜와 능력을 과신하여 일을 독단으로 판단하고 처리하려 해서는 안 된다. 지도자의 참다운 도량은 훌륭한 인재들을 가까이 두면서 열린 마음으로 그들의 의견을 진지하게 청취하고, 그들에게 권한을 적절하게 위임할 줄 아는 데에 있다. 나아가 위대한 지도자라면 세상의 한 중심에 서서 지공무사한 마음으로 만민의 뜻을 헤아리고 만사를 종합적으로 판단하여 처리할 것이다. 공자는 말한다. "위대한 지도자는 자신을 세상의 한 중심에 세운다.〔大君之宜 行中之謂也〕"(「상전」) 중국 고대의 성인이었던 순임금이 위대한 지혜를 가진 사람으로 칭송받았던 이유가 여기에 있다. 공자는 말한다.

순임금은 위대한 지혜를 가지셨구나! 순임금은 사람들에게 자문하기를 좋아하시고, 사람들의 사소한 말조차 심중하게 경청하셨으며, 이치에 닿지 않는 말은 덮어 두시고, 합당한 말은 받아들이셨다. 백성을 다스리는 데에는 어떠한 일이든 그 극단을 버리고 중도를 택하셨다. 순임금다운 점이 바로 여기에 있다.(『중용』)

여기에서 '중도'란 오늘날의 관점에서 말하자면 자본주의(우)와 공산주의(좌), 진보와 보수, 또는 야당과 여당의 어느 한편에 치우치지 않고 대립자들의 중심에 서서 판단하고 처사하는 정신을 뜻한다. 그 '중심'이 무엇인가에 관해서는 어렵고도 다양한 논의가 있겠지만, 저와 같은 상대적 개념들의 시시비비를 떠나, 이념과 사상으로 덧칠되기 이전에 존재하는 순수 인간(생명)을 상정해 볼 수 있다. 사람들이 이념과 사상에 봉사하는 것이 아니라, 거꾸로 이념과 사상이 사람들을 위해 봉사하게 해야 한다. 가령 인간다운 삶의 실현이라는 관점에서 살필 때 자본주의 가운데에서 "이치에 닿지 않는 말"은 접어 두고, 공산주의 가운데에도 "합당한 말"은 받아들여야 한다. 정말 위대한 지도자라면 그러한 안목과 지혜로 사람들을 설득하고, 사회를 이끌어 나갈 것이다.

上六
두터운 사랑으로 다가가니, 과업을 이루어 비난을 벗어나리라.
敦臨 吉 无咎

상육(上六)은 괘의 제일 위(바깥)에서 특정한 효와 상응함이 없이 아래의 모든 효를 내려다보는 자리에 있다. 이는 지도자가 편파적인 태도를 벗어나 드높은 정신으로 만인에게 임함을 은유한다. 한편 상육이 상괘 '곤'의 가장 윗자리에 있다는 점에서, 마치 대지가 만물을 생육하듯이, 그는 지극한 사랑의 정신으로 세상에 나서는 사람이다.

지도자란 조직의 우두머리만을 뜻하지 않는다. 조직의 기반을 전혀 갖지 않았지만 사람들을 감화시키고 그들의 삶을 이끌어 주는 정신적 지도자들도 있다. 고금의 성현들이 그들이다. 그들은 사회의 조직에 참여하지 않아 지도의 한계를 갖는 것처럼 보이기도 하지만, 그들이 사람들의 '정신의 삶'에 기여하는 바는 조직 지도자들의 공헌에 비할 수 없다. 이를테면 영원을 사는 시인과 짧은 한철을 사는 정치 지도자를 예로 들 수 있다.

현실 사회는 그러한 정신적 지도자들을 잘 이해하지 못한다. 현재에 안주하는 보통 사람들과는 달리, 그들은 영원의 관점에서 세계와 삶을 성찰하면서 사람들을 일깨우고 영생의 길로 인도하려 하기 때문이다. 그러므로 공자와 예수의 사례에서 잘 드러나는 것처럼, 그들이 당세에 비난과 박해를 받는 것은 어쩌면 당연한 일이기도 하다. 오늘날 우리 사회의 종교계 또한 그 모습을 적나라하게 보여 준다. 순수한 신앙과 깨달음을 강조하는 소수의 성직자들이 제도 종교의 권세와 이익을 누리는 사람들에 의해 배척당하는 어이없는 현실을 말이다.

하지만 인류는 공자와 예수에게 당시 가해졌던 비난과 박해를 벗겨 내고 오히려 무한한 칭송과 영광을 돌린다. 사람들은 자신들의 몽매함을 깨우쳐 올바른 삶의 길로 인도하려는 성인들의 "두터운 사랑"을 뒤늦게 깨닫기 때문이다. 그러므로 정신적 지도자들은 현실 사회의 외면과 비난 박해를 두려워하거나 마음 아파할 것이 없다. 인간에 대한 "두터운 사랑"을 잃지 않는 한 그들 역시 존경과 칭송을 얻을 것이다. 공자는 말한다. "과업을 이루는 두터운 사랑은 내면 깊은 곳에서 발원한다.〔敦臨之吉 志在內也〕"(「상전」) 이와 관련하여 아래의 글을 한번 읽어 보자.

사랑은 그 자체 이외에는 어떤 원인도, 어떤 결실도 구하지 않는다. 사랑은 그 자체가 결실이며, 그 자신의 즐거움이다. 나는 사랑하기 때문에 사랑한다. 내가 사랑할 수 있기 위해 사랑한다.(『영원의 철학』)

20. 성찰의 정신

관(觀)

오늘날 관광은 사회 풍조가 되었다. 사람들은 국내의 명산대천이나 문화 유적지에 만족하지 못하고, 이제는 전 세계의 구석구석까지 발길을 치닫는다. 국내외를 막론하고 자연이나 인간이 만들어 놓은 커다란 볼거리들을 구경하고 싶어 한다. 이는 사람들의 자연스러운 심리 현상이다. 공자는 이를 괘의 순서와 관련하여 다음과 같이 말한다. "'임(臨)'이란 위대함을 뜻한다. 위대한 일은 볼거리가 있다. 그래서 〈임〉에서 〈관(觀)〉으로 이어졌다.[臨者 大也 物大然後 可觀 故受之以觀]"(「서괘전」) 여기에서 '임'을 '위대함'으로 풀이한 것은 지도자의 위대한 과업을 염두에 두어서다. 그리고 '관'은 관찰, 성찰 등의 뜻을 갖는다.

그런데 사람들의 관광 태도에 문제가 있다. 대개가 주마간산하는 식이라는 점이다. 그들은 사물을 피상적으로만 바라볼 뿐 해당 지역의 역사와 문화, 사람들의 삶의 정신 등에 대해서는 깊은 관심을 보이지 않는다. 이러한 태도는 여행에서만이 아니라 일상생활 속에서 일반적으로 드러난다. 하이데거는 그것을 "대중의 존재 양식"으로 지적한 바 있다.

그에 의하면 대중은 '빈말'과 '호기심', 그리고 '애매성'을 특징으로 갖고 있다고 한다. 그들은 현실(사물)과 깊이 있는 접촉을 갖지 못하기 때문에, 그것을 충분히 이해하지 못하고 그저 빈말만 늘어놓는다. 말하자면 수박 겉핥기식으로 사물을 대면하고 인생을 살아간다.

이처럼 빈말 속의 피상적 지식에 만족하다 보니 그들은 끊임없이 새로운 자극과 흥미거리를 찾아 나선다. 얄팍한 '호기심'이 그렇게 발동하는 것이다. 사람들이 마치 경쟁하듯이 세계 각지를 여행하는 것도 이의 산물이다. 그들은 여행을 통해 인류 문화의 다양성을 이해하고 자신의 삶의 양식을 되돌아보면서 세계관과 인생관을 심화시키려 하지 않는다. 그들은 이국의 풍물들을 단순히 볼거리와 사진 찍기, 사후의 추억과 이야기와 자랑거리로 여기는 것으로 만족한다.

이처럼 세계와 사물을 깊이 있게 대면하지 못하고 그저 흥미 위주로만 접촉하는 얄팍한 사고방식은 당연히 사물의 실상에 대한 판단을 어렵게 만든다. 대중이 사물 인식에 애매한 태도를 취할 수밖에 없는 이유가 여기에 있다. 우리는 그 전형적인 모습을 사람들이 일상생활에서 흔히 사용하는, "~한 것 같다."는 표현에서 본다. 이를테면 사람들은 어떤 만족스러운 일에 대한 소감을 질문 받으면 "기쁜 것 같다."고 표현한다. 자신의 감정에 대해서조차 자신하지 못하는 것이다. 그러니 사고와 행동의 현장에서 그들이 세계와 삶에 책임 있게 나서지 못하는 것은 당연한 일이다.

〈관〉괘를 이러한 문제의식 속에서 논의해 볼 수 있다. 그것은 세계와 사물, 그리고 삶 앞에서 어떠한 성찰(관찰)의 태도를 가져야 하는가 하는 문제를 주제로 한다. 한 가지 짚고 넘어갈 일은, 위의 〈임〉괘의 괘사에서 소개한 '소식괘'의 논리가 여기에서는 적용되지 않는다는 사실이다. 〈관〉괘는 그것과는 무관하게 독자적으로 아래와 같은 두 가지의 뜻을, 특히 후자를 주제로 한다.

이 괘의 구조를 살펴보면 그것은 상괘 '손(巽)' ═══과 하괘 '곤(坤)' ══으로 이루어져 있다. 전체적으로 살피면 그것은 두 개의 양효가 위에, 그리고 네 개의 음효가 아래에 있다. 이는 음이 양을 올려다보면서 받들고 있는 모습을 보여 준다. 인간 생활의 현장에서 풀이하면 그것은 일반 대중이 군자를 우러러봄을 은유할 수 있으며, 당위론적으로는 그들이 군자의 행동거지를 잘 관찰하여 그의 삶의 정신을 본받아야 한다는 뜻을 함축할 수도 있다. 군자가 일상생활에서 사물을 성찰(관찰)하는 정신을 말이다.

군자는 사물을 어떻게 성찰하며 처사할까? 먼저 상하괘를 주목해 보자. 하괘 '곤'은 관용의 정신을, 상괘 '손'은 공손함을 속성으로 갖고 있다. 이는 사람들의 관찰(주목) 대상인 군자의 모습을 은유한다. 즉 군자는 안으로는 사람들을 널리 보듬어 안는 두터운 관용의 정신을 가지며, 밖으로는 자신의 관찰력(식견)을 사람들에게 과시하지 않고 세상에 공손하게 나선다. 공자는 그러한 모습을 다음과 같이 말한다. "위대한 성찰의 정신은 높은 안목으로 관용과 공손의 삶을 영위하며, 세상의 한 중심에서 만사를 올바르게 판단한다. 그래서 사람들이 그를 우러러본다.〔大觀在上, 順而巽, 中正以觀天下〕"(「단전」)

군자의 관찰 정신은 바로 이 점, 즉 "세상의 한 중심에서 만사를 올바르게 판단하는" 높은 안목에 있다. 그는 자신의 소견에 갇혀 일을 자기중심적으로 바라보지 않고, "세상의 한 중심"에서 높은 안목으로 만사를 조망하면서 깊이 성찰한다. 공자는 성인의 예를 들어 다음과 같이 말한다. "하늘의 신비로운 섭리를 보라. 사계절이 어김없이 순환하는 구나. 성인은 하늘의 섭리를 본받아 만민에게 가르침을 베푸니, 온 세상이 그에게 감복한다.〔觀天之神道 而四時不忒 聖人 以神道設敎 而天下服矣〕"(「단전」) 이처럼 군자는 높은 안목으로 "하늘의 신비로운 섭리"까지 성찰하고, 그에 입각하여 사람들의 어리석음을 일깨우며 지혜의 길로 인도한다. 석가모니와 공자, 예수 등 성인들이 그 실상을 잘 보여 준다.

보통 사람들과 다른 군자의 성찰 정신이 여기에서 빛을 발한다. 사계절의 순환을 당연한 것으로 여기면서 하늘의 섭리에 대해서는 관심조차 갖지 않는 사람들과 달리, 그는 하늘의 섭리와 만사만물의 이치를 진지하게 성찰하면서 삶의 지혜를 깨치고 사람들을 계몽한다. 『주역』은 그 산물이기도 하다. 공자는 말한다.

옛날 복희(伏犧)씨가 천하를 다스릴 때 위로는 천문(天文)을, 아래로는 지리(地理)를, 그리고 새와 짐승의 생존 양식과 각 지방의 특성을 관찰하고, 가까이는 사람들에게서, 멀리는 만물에서 세상의 이치를 탐구하셨다. 이에 입각하여 8괘를 만들어 사람들에게 하늘의 신비로운 섭리를 알게 해 주고 만물의 실상을 유형화하셨다.〔古者 包犧氏王天下也 仰則觀象於天 俯則觀法於地 觀鳥獸之文 與地之宜 近取諸身 遠取諸物 於是 始作八卦 以通神明之德 以類萬物之情〕(「계사전」)

이는 이상적인 성찰 정신을 우리에게 알려 준다. 사물을 관찰할 때, 피상에 머무르지 말고 그 내재적 의미까지 깊이 살펴 삶의 지혜로 전환해야 한다는 것이다. 이황의 말처럼 "나를 버리고 사물만 관찰하려는" 객관적 관찰에 그쳐서는 안 된다. 자아의 발견과 향상에 기여하지 못하는 지식은 공허하다. 그것은 마치 어떤 사람이 교양에 관한 지식은 많이 갖고 있지만, 정작 교양인이 되지 못하는 것과도 같다. 모든 지식의 탐구는 자아의 향상과 실현을 위한 것이어야 한다. 군자의 성찰이 궁극적으로 지향하는 목표가 여기에 있다. 앞서 〈건〉괘 괘상에 인용했지만 이황의 시를 새롭게 음미해 보자.

> 사물을 관찰하려면 나의 삶부터 성찰하라.
> 주역의 깊은 이치 소강절(邵康節)이 밝혀 놓았으니
> 나를 버리고 사물만 관찰하려 한다면
> 솔개 날고 물고기 뛰는 모습도 마음만 번거롭게 하리라.
> 觀物須從觀我生　　易中微旨邵能明
> 若敎舍己惟觀物　　俯仰鳶魚亦累情(「기제권장중관물당(寄題權章仲觀
> 物堂)」)

여기에서 "솔개 날고 물고기 뛰는 모습"이란 하늘과 땅 사이, 만물에 편재하는 섭리의 역동적인 현장을 예시한 것이다. 이황은 평소 그러한 풍경에서 미적 쾌감을 누리는 것 이상으로, 자연의 섭리를 성찰하고 깨쳐 그것과 하나가 되는 삶을 추구했다. 그런데 예나 지금이나 학자들은 자연의 섭리를 객관적으로 관찰하고 탐구하여 그것의 이론 체계를 세우는 데에 학문의 목표를 둔다. 하지만 그것을 삶의 정신으로 성숙시켜 자아를 섭리의 세계에까지 제고하려는 목표 의식을 갖지 않고 그저 학문을 위한 학문에만 종사한다면 그게 무슨 의미가 있을까? 관찰(성찰)이 자아의 쇄신과 향상을 위한 것이 아니라면 그것은 '마음만 번거롭게' 만들어 피로감만 키울 것이다. 오늘날 초등학교에서 대학까지 각급 학교 학생들과 선생들의 공부 실태가 그 실례를 잘 보여 준다.

괘사卦辭

사물을 관찰하는 데에는 마치 제사를 지내면서
제물을 올리기 전에 손을 깨끗이 씻는 것과 같은 정성으로
임해야 한다.
그러면 사람들이 나를 신뢰하고 존경하리라.
觀 盥而不薦 有孚 顒若

제사는 죽은 사람과 영적으로 교감하는 자리다. 종교학자 엘리아데의 표현을 빌리면 "초월로 향한 창문"이다. 그러므로 거기에는 지극히 오롯하고 정성스러운 마음이 요구된다. 불성실하고 흐트러진 마음으로 제사에 임한다면 죽은 사람의 영혼을 불러내 교감할 수 없기 때문이다. 공자가 제사에 임했던 태도를 한번 상상해 보자. "조상에게 제사를 지낼 때에는 조상 어른이 마치 앞에 계신 것처럼, 신에게 제사를 지낼 때에는 신이 강림해 있는 것처럼 하셨다.〔祭如在 祭神如神在〕"(『논어』)
하지만 실제 제사 현장을 보면 사람들은 정성스럽고 경건한 마음을 갖지 않는다. 기껏해야 "손을 깨끗이 씻는" 정도에 그칠 뿐이며, 이어

제물을 올리는 등의 행동을 하면서부터는 마음이 흐트러지고 만다. 아니 오늘날처럼 제사를 아예 하나의 요식 행사로 여기는 세태에서는 "손을 깨끗이 씻는" 경건함조차 찾아보기 어렵다. 그러므로 제사에서 조상과의 영적인 교감을 결코 기대할 수 없다. 그러면서 사람들은 제사를 번문욕례라고 비난만 한다.

과거에 선비들은 제사 지내기 전날 목욕재계하고, 또 당일 제사에 임하여 손을 깨끗이 씻는 등 지극히 엄숙 경건했다. 아니 제사 며칠 전부터 그들은 술이나 부인과의 동침을 피하면서 마음을 정결하게 가졌다. 그들이 인간의 아름다운 행동거지를 묘사하는 데 종묘 제례를 들었던 것도 이러한 정황에서였다. 장엄하고 거룩한 아름다움을 제사 행위에서 발견한 것이다. 나아가 그들은 그처럼 아름다운 거동을 제사 시뿐만 아니라 일상생활에서까지 유지하려 했다. 그들이 사람들의 신뢰와 존경을 받았던 것은 이 때문이다. 공자는 말한다. "사물을 관찰하는데 마치 제사 시 제물을 올리기 전에 손을 깨끗이 씻는 것과 같은 정성으로 임한다면 사람들이 나를 신뢰하고 존경할 것이니, 그들이 나를 우러러보고 감동하면서 따를 것이다.〔觀 盥而不薦 有孚顒若 下觀而化也〕"(「단전」)

물론 사물의 관찰에 사람들의 신뢰와 존경, 감동이 중요한 것은 아니다. 하지만 어쨌든 그것은 제사의 자리에서처럼 진지하고 성실한 태도를 절대로 필요로 한다. 그렇지 않으면 사물을 결코 깊이 있게 접촉할 수 없다. 가령 꽃 앞에서 애인을 생각한다면 그 꽃의 아름다움을 느껴 환호할 수 없다. 또는 책을 읽으면서 다른 생각을 하면 그 내용을 제대로 이해할 수 없다. 과거에 우리가 어려서 어른들로부터 무수히 들어온, "밥 먹으면서 말하지 말라."는 훈계와 꾸중을 우리는 이러한 관점에서 올바르게 이해할 수 있다. 그것은 어릴 적부터 진지하고 오롯한 정신을 키우려는 의도였다. 사실 사물과 세계는 우리가 진지하고 오롯한 만큼만 그 모습을 드러낼 것이므로, 그 정신이야말로 사물 관찰(성찰)의 관건이라 할 수 있다.

괘상卦象

바람이 땅 위를 쓸고 가는 모습이 〈관〉의 형상이다.
옛날 왕들은 이를 보고서 각 지방을 순시하면서 민생을 살피고
선정과 교화를 펼쳤다.
風行地上 觀 先王 以 省方觀民 設敎

안타깝게도 지금은 그 관행이 사라졌지만 과거에 대통령들은 연두에 기자 회견을 하여 그 해의 정책 방향을 국민들에게 미리 알리고, 이어 지방을 돌아다니면서 지역민들의 고충과 건의를 들었다. 그런데 흥미롭게도 통치자의 지방 순시는 왕조 시절부터 있었다. 그것은 민심을 파악하고 민생을 위로하려는 데에 본래의 뜻이 있었다. 〈관〉괘는 이를 괘상에 입각하여 위와 같이 말한다. 이 괘의 상괘 '손(巽)'은 바람을, 그리고 하괘 '곤'은 대지를 상징한다. 그러므로 〈관〉괘는 바람이 지상을 쓸고 다니면서 만물을 건드리는 모습을 연상시킨다.

이는 통치자의 과제와 역할을 은유한다. 바람이 구석구석 파고들어 만물에게 생기를 불어넣어 주는 것처럼 그는 국민의 생활 현장으로 파

고들어 그들의 삶을 고무시켜 주어야 한다. 이를 위해서는 먼저 자신이 일으키는 통치의 '바람'이 어떠한 성질을 띠고 있는지 깊이 성찰해야 한다. 이를테면 잘못된 이념이나 가치의 '광풍(狂風)'으로 민심을 미치게 만들어서는 안 된다. 만물을 소생시켜 주는 봄바람처럼 국민의 마음과 삶을 생명의 활기로 채워 줄 정책의 바람을 일으켜야 한다. 공자는 말한다. "군자의 덕은 바람이요 소인의 덕은 풀과도 같다. 풀은 반드시 바람이 부는 방향으로 쓰러지게 되어 있다.〔君子之德 風也 小人之德 草也 草上之風 必偃〕"(『논어』)

여기에서 군자와 소인은 도덕 군자와 소인배를 지칭하는 말이 아니다. 그것은 통치자와 국민, 또는 확대 해석한다면 사회 각계의 지도 인사와 그 아래의 사람들까지 망라하는 뜻을 갖는다. '민초(民草)'의 삶은 윗사람들의 '바람'에 휩쓸릴 수밖에 없기 때문이다. 그러므로 통치자는 자신이 일으키는 정치적 '바람'의 성질과 방향을 수시로 자성해야 한다. 민생의 현장이 바로 풍향계다. 겨울 바람과도 같은 악정(惡政)은 국민의 마음을 얼어붙게 만들 것이요, 봄바람의 선정은 그들의 삶을 고무시켜 줄 것이다. 옛날 왕들이 지방을 순시했던 것은 바로 이를 살피기 위한 것이다. 그들은 자신이 일으킨 정치적 '바람'의 성질과 방향을 민생의 현장에서 관찰하여 선정을 베풀려 했다.

효사爻辭

初六

어린아이처럼 바라본다.

소인이라면 비난할 것 없지만, 군자에게는 부끄러운 일이다.

童觀 小人 无咎 君子 吝

　초육(初六)은 음효로서 저급한 수준의 의식을 상징한다. 그는 구오와 상구의 양효에서 멀리 떨어져 있어서 올바른 성찰 정신과 목표 의식을 결여하고 있다. "어린아이처럼 바라본다."는 말은 이러한 뜻을 은유한다. '소인'과 '군자'는 선악의 관점에서 행한 말이 아니다. 그들은 각각 일반인과 사회의 지도적 인사(어른)를 지칭한다.

　일반 대중은 수박 겉핥기 식으로 사물의 표면만을 일별할 뿐, 그 이면의 깊은 의미를 성찰할 줄 모른다. 그들은 사물의 이치와 가치 등에는 무관심한 채 그것을 그저 표피적이고 즉물적으로만 대한다는 점에서 마치 어린아이와도 같다. 맹자는 이러한 부류의 사람들에 대해 다음과 같이 탄식한다. "행하면서도 뜻도 모르고, 학습하면서도 성찰할 줄 모르며, 평생 도리에 따라 살면서도 그것이 무엇인지 모르는 사람이 많구나!"(『맹자』)

　군자(선각자)는 이처럼 어린아이와도 같은 대중의 사고방식을 측은히 여겨 일깨워 주어야 하겠지만, 처음부터 그들을 비난하려 해서는 안 된다. "어린아이 같은 안목은 소인이 세상을 바라보는 방식〔初六童觀 小人道也〕"(「상전」)이기 때문이다. 아니 그들의 사고방식은 어쩌면 사회의 '어른'들로부터 잘못 배우고 주입된 결과일 수도 있다. "풀은 반드시 바람이 부는 방향으로 쓰러지는" 것이 정한 이치이기 때문이다. 이를테면 젊은이들이 용모나 의상의 유행에 민감한 것은 다 어른들이 그것을 선도하고 어른들에게서 배운 결과다. 그런 유행의 선전과 광고는 모두 어른들의 머리에서 나온 것 아닌가.

그러므로 사회 각 분야의 어른들은 대중을 비난하기에 앞서 자신에게도 어린아이와 같은 사고방식과 행동거지가 없는지, 그것으로 대중을 오도하고 있는 것은 아닌지 수시로 자성하지 않으면 안 된다. 어른이 삶과 사회를 진지하게 성찰하지 못하고 그것을 단지 감각적 욕구 실현의 자리로만 여기는 것은 그 역시 어린아이의 수준을 벗어나지 못하므로 "부끄러운 일이다."

六二
문틈으로 엿본다.
부인의 도리를 지켜야 한다.
闚觀 利女貞

육이(六二)가 구오와 음양으로 상응하여 부부 관계를 이루고 있지만, 육삼과 육사의 장벽에 가려 구오를 오롯하게 따르려 하지 않고 저들을 곁눈질하고 있다. 육이는 이를 문틈으로 바깥을 엿보는 부인의 모습으로 형용했다. "부인의 도리"란 한눈을 팔지 않고 남편을 따르는 삶을 말한다.

대부분의 사람들은 세계와 사물, 삶을 협소하게도 자신의 관점에서만 살핀다. 그들은 마음을 열어 진리를 똑바로 응시할 진지한 정신을 갖지 못하고, 겨우 그것의 그림자만 희미하게 바라본다. 이는 마치 어떤 사람이 문틈으로 바깥을 엿보면서 세상의 전모를 파악하지 못하는 것과도 같다. 사람들이 진리에 대해 확신을 갖지 못하여 자신의 이해득실에만 골몰하는 이유도 여기에 있을 것이다.

과거의 사회 구조 속에서 여성에게 강요되던 세계 인식의 태도가 이와 유사하다. 지난날 여성에게는 사회 활동에 참여할 기회가 원천적으로 배제되어 있었다. 여성은 집안일의 전담자이며, 바깥의 사회 활동은 남성에게만 허락되어 있었다. 우리 사회에서 사람들이 오늘날까지도 부인과 남편에 대해 사용하는 호칭, 즉 '내외 간', '안사람', '바깥양반'이라는 말이 그러한 의식과 관습의 잔재를 잘 보여 준다. 부인과 남편의 본분(역할)이 집안(내)과 바깥(외)을 기준으로 구분되는 것이다.

그와 같은 사회 속에서 부인은 세상을 기껏 '문틈'으로 엿볼 수밖에 없었으며, 남편의 세계관을 따르는 것이 당연시되었다. 남편에게 순종하는 것이 부인의 미덕으로 강조되었던 것도 이러한 이유에서였다. 하지만 여기에도 하나의 전제는 있었다. 남편은 부인에게 자신의 도리를 다해야 한다는 점이다. 『소학』은 말한다. "남편은 부인에게 온화하면서 도의를 지키고, 부인은 남편에게 부드러우면서 정도를 지켜야 한다.〔夫和而義 婦柔而正〕" 그러므로 "부인의 도리를 지켜야 한다." 물론 남편은 부인에게 그것을 요구하기 앞서 자신의 도리를 다해야 한다.

그렇기는 하지만 순종의 미덕이 강조될수록 부인에게 '정도'의 정신은 약화될 수밖에 없을 것이다. 달리 말하면 부인이 "문틈으로 엿보는" 생활을 지속하는 한, 남편을 떠나 독자적으로 '정도'를 성찰하고 추구하기란 어려운 일이다. 이렇게 살피면 "문틈으로 엿보는 부인의 도리는 역시 부끄러워할 만한 일이다.〔闚觀女貞 亦可醜也〕”(「상전」) 이는 부인들이 세상을 문틈으로만 엿보지 말고, 마음의 문을 활짝 열고서 밖으로 나설 것을 권하는 뜻을 담고 있다.

부부 관계를 떠나 진리의 세계도 마찬가지다. 우리가 문틈으로 바깥을 조금 엿보고서 세상을 다 아는 듯이 여겨서는 안 되는 것처럼, 진리의 그림자만 얼핏 보고서 자만과 독선에 빠져서는 안 된다. 온 세상을 두루 섭렵할 수는 없으므로 자기 인식의 한계와 무지를 인정해야 한다. 다시 부부 관계로 말하면 남편은 겸손하게 부인의 세계관과 인생관을 경청해야 한다. 그렇게 열린 마음으로 진리를 성찰하고 추구하는 마음을 한시도 잊지 말아야 한다.

역시 부부 관계에서 부인이 남편에게 순종하듯이, 남들이 제시한 진리를 무조건 추종하려는 것도 바람직한 일은 아니다. 자신이 스스로 진리를 탐구하는 노력을 할 필요가 있다. 명백한 진리조차 그것을 자신의 삶 속에서 온몸으로 성찰하고 체험하여 그 뜻을 풍부하게 만들어야 한다. 이는 단순히 인식하는 것과는 천양의 차이가 있다. 그것은 마치 사랑에 관해 단지 책에서 배워 머리로 이해하는 사람과, 실제로 열애에 빠져 온몸으로 느끼는 사람의 차이와도 같을 것이다. 그러므로 조선 중기의 학자 정구(鄭逑, 1543~1620)가 학문 정신으로 강조한 것처럼, 진리를 “온몸으로 인식하고〔體認〕, 온몸으로 성찰하고〔體察〕 온몸으로 체험하고〔體驗〕 온몸으로 실천해야 한다.〔體行〕”“문틈으로 엿보는 부인의 도리는 역시 부끄러워할 만한 일”이라는 공자의 말은 이러한 성찰 정신의 결여에 대한 은유적 경고로 해석할 수도 있다.

六三

자신의 삶을 성찰하면서 진퇴를 정한다.

觀我生 進退

　육삼(六三)이 하괘의 끝자리에서 상괘에 연접해 있으므로, 현 상황에
머물러 있을지 아니면 밖으로 나가 무슨 일을 도모해야 할지 '진퇴'의 문
제를 말하고 있다. 그는 괘 전체의 중심 효인 구오에서 음양의 호응을
얻지 못하므로 되돌아 "자신의 삶을 성찰한다."(그는 음효로서 양의 자리에
잘못 있기도 하다.)

　우리는 무슨 일을 도모하는데 그것이 돌아가는 형편만 살피려 해서
는 안 된다. 형편이 아무리 좋다 하더라도 그것을 감당할 능력이 모자
라거나 처신의 태도가 올바르지 않으면 후회스러운 결과를 초래하기가
쉽다. 예컨대 어떤 사업의 전망이 밝다 해서 뛰어들었다가 실패하는 경
우를 들 수 있다. 또 부정과 비리, 간사한 술수를 동원하여 일을 성사
시키려는 것도 파행의 결과를 피할 수 없을 것이다.

　그러므로 바깥으로 일의 형편만 살피려는 시선을 거두어 안으로 자
신의 삶을, 즉 자신의 능력과 정신 자세를 냉정하게 성찰하고 점검하면
서 진퇴를 결정할 필요가 있다. 만약 자신의 능력과 열망, 일의 추진 방
법이 정당하다면, 설사 시세가 불리하고 남들의 호응이 적다 하더라도
일에 나설 수 있을 것이다. 어차피 삶은 미지의 세계에 대한 도전의 연
속이므로 일의 성패의 결과가 중요한 것은 아니다. 자신이 사람(삶)의
도리(올바른 정신)를 잃지만 않는다면 말이다. 공자는 말한다. "자신의

삶을 성찰하면서 진퇴를 정하는 데 삶의 도리를 잃어서는 안 된다.〔觀我 生進退 未失道也〕"(「상전」)

六四
나라의 빛을 바라본다.
임금의 빈객으로 나서면 좋으리라.
觀國之光 利用賓于王

　육사(六四)는 구오의 '빛'을 가까이서 바라보고 있다. 구오는 〈관〉괘의 중심 효이며, 양효로서 양의 바른 자리에 있으므로 높은 식견과 덕망 있는 임금을 상징한다. 그러므로 육사는 임금의 빛나는 얼굴을 우러러보고 있는 셈이다. 이를 "나라의 빛"이라 한 것은 임금의 식견과 덕망이 온 나라에 영향을 미치기 때문이다. 오늘날 '관광(觀光)'이라는 말은 위의 "관국지광(觀國之光)"을 줄인 것이다. 한 나라의 찬란한 문화를 구경한다는 뜻이다.

　옛날에 임금들은 덕망 높은 선비들에게 벼슬을 주면서 그들을 빈객으로 예우했다. 그들을 단순히 휘하의 관료(부하)로 내려다보지 않고 그렇게 정중하게 모신 데에는 이유가 있었다. 임금은 선비를 명령과 지배의 대상이 아니라, 오히려 손님을 대하듯이 존중해야 한다고 여겼기 때문이다. 여기에는 선비는 진리와 이념의 대변자라는 인식이 깔려 있다. 실제로 선비는 그렇게 자처했다. 임금은 그러한 선비를 깍듯이 예우하여, 선비가 진리와 이념의 정치를 펼칠 수 있도록 후원하려 했다. 그래야만 "나라의 빛", 즉 찬란한 문화를 기대할 수 있기 때문이었다.

차제에 지난날 선비들이 가졌던 자존 의식을 살펴보자. 공자의 제자 증자는 말한다. "만약 임금이 부유함으로 나서면 나는 사랑으로 나설 것이요, 임금이 권력으로 나서면 나는 의로움으로 나설 것이다. 내가 임금에게 부족할 게 무엇 있겠는가."(『맹자』) 공자의 손자 자사(子思) 또한 그와 벗하려는 임금에 대해 불쾌감을 드러내면서 다음과 같이 말한다. "신분으로 말하면 당신은 임금이요 나는 신하이니 내 어찌 감히 임금과 벗할 수 있겠는가. 그러나 덕으로 말하면 당신은 나를 섬겨야 할 사람이니 당신이 어떻게 나와 벗할 수 있는가."(『맹자』)

이는 막강한 권력의 임금 앞에서 '사랑과 의로움'의 덕밖에 내세울 게 없는 선비의 줏뿔난 자존심의 대꾸가 아니다. 그가 진정으로 염려한 것은 역시 진리와 도의(사랑과 의로움)였다. 그는 자신이 대변하는 진리(도의)의 권위를 보호하려 한 것이다. 임금이 천하의 권력과 지위로 나서서 선비를 함부로 대하다 보면 진리를 소중히 받들어 실천하려는 마음도 덩달아 해이해질 것이기 때문이다. 이황이 서원(학교) 교육의 의의를, "천자와도 벗할 수 있는" 선비의 기상을 기르는 데에 둔 것도 이러한 인식에서였다.

맹자가 임금들의 일방적인 부름에 응하지 않았던 것도 이러한 까닭에서였다. 임금은 선비를 함부로 오라 가라 할 수 없으며, 예의를 갖추어 스승(빈객)을 대하듯이 정중히 모셔야 한다는 것이다. 선비를 자기 휘하의 신하 다루듯이 하는 임금은 진리의 실천에 관심을 갖기보다는 선비를 자신의 권력에 봉사케 하려 할 것이며, 이를 위해 진리를 왜곡시키려 할 것이기 때문이다. 사정이 그러한데도 임금의 부름에 환호하여 그 휘하에 들어가는 것은 선비의 자기부정이나 다름없다. 제갈량이 유비의 삼고초려를 기다려서 나간 것도 이러한 문제의식에서였다. 물론 그가 빈객으로 나선 것은 일신의 영달을 누리기 위해서가 아니었다. 그는 '촉나라의 빛'을 천하에 밝히려는 뜻을 갖고 있었다.

선비의 자존 의식은 오늘날에도 여전히 요구된다. 예를 들면 학자가 정치 참여의 제안을 받을 경우에는 통치자가 자신을 '빈객'으로 예우하려는지, 즉 진리와 이념을 존중하고 사회에 실현할 의지를 갖고 있는지 숙고해 보아야 한다. 정치 술수와 대중 영합으로 선출된 통치자와 달리, 자신은 지성과 진리로 중망의 권위를 얻은 사람이라는 자존 의식을 버려서는 안 된다. 자신을 휘하에 두고 부리려는 통치자의 손길을 단호하게 뿌리쳐야 한다. 권력이 진리에 봉사하도록 해야지, 진리가 권력에 농락당하지 않도록 하기 위해서다. 그리고 일단 정치에 참여했다면 그는 진리의 편에서 통치자를 계도하고 충고하며 비판까지도 서슴지 말아야 한다. 조선 시대에 간관(諫官)들이 그랬던 것처럼 말이다. 그것이 오히려 통치자를 빛내고, '나라의 빛'을 만방에 밝히는 길이다.

통치자의 인품과 국정 철학은 "나라의 빛"을 좌우한다. 달리 말하면 사람들이 내외로 관광하는 "나라의 빛"은 통치자의 자질에 따라 명암을 달리할 수밖에 없다. 훌륭한 빈객들의 지혜와 역량을 존중하면서 그들의 조언과 충고, 비판을 경청할 줄 아는 통치자는 "나라의 빛"을 크게 밝혀 줄 것이다. 이에 반해 오만과 독선 속에서 '빈객'들을 모실 줄 모르고 진리를 농락하려는 통치자는 나라를 어둡게 만들 것이다. 공자는 말한다. "나라의 빛을 바라보면 빈객이 숭상되는지를 알 수 있다.[觀

國之光 ,尚賓也]"(「상전」) 말하자면 "나라의 빛"이 어두운 것은 통치자가 '빈객'(지성인)의 진리 정신을 숭상하지 않는다는 방증이다.

九五.
자신의 삶을 성찰한다.
군자라면 비난을 듣지 않으리라.
觀我生 君子 无咎

구오(九五)는 괘의 중심 효로서 아래의 네 음효들에게 주목받고 있다. 그는 그들을 통해 자신을 성찰한다. 말하자면 아래의 음효들은 구오에게 자기 성찰의 거울이다. "군자라면 비난을 듣지 않으리라."는 말은 자기 성찰을 통해 군자의 정신을 잃지 말도록 주문한 것이다.

앞에서 진퇴의 문제와 관련하여 자신의 능력과 마음가짐 등을 성찰할 것을 말했다. 나아가 구체적인 사안을 떠나 우리는 일상의 현장에서 부단히 자신의 삶을 성찰하지 않으면 안 된다. 그것이야말로 자기 향상과 진보의 지름길이다. 옛날 사람들이 '일일삼성(一日三省)'을 강조한 것도 이러한 이유에서였다. 이는 하루에 세 번 반성한다는 말이 아니다. 하루에 세 가지 사항을 수시로 반성한다는 뜻이다. 증자는 말한다. "나는 매일 세 가지를 반성한다. 남을 위해 일을 하는 데 불성실하지는 않았는가? 친구와 사귀는 데 신의를 잃지는 않았는가? 스승의 가르침(진리)을 실천하지 못하는 것은 아닌가? 하는 것이다."(『논어』)

군자는 그 밖에 삶에서 부딪치는 모든 일을 자기 성찰의 자료로 삼는다. 공자는 말한다. "활쏘기는 군자의 정신과 유사한 점이 있다. 과녁을 벗어나면 문제점을 돌이켜 자기 자신에게서 찾는다."(『중용』) 훌륭한 궁수는 활쏘기에서 과녁을 못 맞힐 경우에 활의 품질이나 바람의 방향 등을 탓하기 전에 자신의 자세와 호흡을 반성한다. 마찬가지로 군자는 특히 일이 뜻대로 풀리지 않을 때 남을 비난하기에 앞서 자신부터 되돌아본다. 맹자 또한 다음과 같이 말한다. "사랑은 마치 활쏘기와도 같다. 궁수는 자신의 자세를 바로잡아 화살을 당기는데, 설사 과녁에 적중하지 않았다 하더라도 승자를 원망하지 않는다. 그는 문제점을 돌이켜 자신에게서 찾을 뿐이다."(『맹자』)

군자의 자기 성찰 정신은 특히 상대방과의 관계가 여의치 않을 경우에 그를 비난하기에 앞서 자신의 잘못 여부를 먼저 반성하고 바로잡으려는 수행의 의지를 동반한다. 그는 난관에 봉착하면 문제의 원인을 자신에게서 살피면서, 달리 말하면 "네 탓"이 아니라 "내 탓"이라는 반성 속에서 남들과의 관계를 개선하려 한다. 맹자의 말을 들어 보자.

내가 어떤 사람을 사랑하는데 그가 받아들여 주지 않으면 자신의 사랑을 반성하고, 사람들을 다스리는데 그들이 다스림을 받으려 하지 않으면 자신의 지혜를 반성하며, 어떤 사람에게 예의를 갖추었는데 그가 답례하지 않으면 자신의 공경심을 반성해야 한다.〔愛人不親 反其仁 治人不治 反其知 禮人不答 反其敬〕(『맹자』)

자기 성찰의 정신은 특히 지도적인 위치에 있는 사람이 갖추어야 할 긴요한 덕목이다. 그는 사람들에게 푯대가 되기 때문이다. 아랫사람은 윗사람을 닮는 법이다. 이황은 이러한 이치를 다음과 같이 비유하여 임금에게 말한다. "군자는 사발과도 같습니다. 사발이 반듯해야 거기에 담긴 물의 모양이 반듯해지는 법입니다. 군자는 물체와도 같습니다. 물체가 똑바로 서야 그 그림자가 곧은 법입니다."(『퇴계전서』) 우리는 이 '사발'과 '물체'에 부모와 선생과 정치 지도자 등 모든 윗사람을, 그리고 '사발의 물'과 '물체의 그림자'에 자식과 학생과 국민 등 모든 아랫사람을 대입하여 생각해 볼 수 있다.

자기 성찰의 한 가지 방법이 여기에서 드러난다. 윗사람은 아랫사람들을 거울로 삼아 자신을 바라보아야 한다. 이를테면 부모는 자식의 됨됨에서 자신의 생활 철학을, 선생은 학생들의 학력과 학습 태도에서 자신의 실력과 교육 방침을, 그리고 정치인은 사회의 기강과 민심의 향방에서 자신의 지도력과 업적을 반성할 필요가 있다. 후자는 전자의 '그림자'이기 때문이다. 공자는 말한다. "자신의 삶을 성찰하려면 다른 사람들을 바라보아야 한다.〔觀我生 觀民也〕"(「상전」) 옛날에 위정자들이 백성의 고통과 죄악을 보면서 그들을 힐책하기보다는 자신의 무능과 과오를 자책했던 것도 이러한 자기 성찰의 정신에서 나온 것이다.

이를 "윗물이 맑아야 아랫물이 맑다."는 속담으로 풀이해 보자. 이는 역으로, 아랫물의 맑음 여부를 살펴보면 윗물의 상태를 짐작할 수 있다는 뜻을 갖기도 한다. 인간 사회도 마찬가지다. 아랫사람들이 '군자(소인)'의 정신을 숭상한다면, 우리는 이를 통해 윗사람의 '군자(소인)'됨을 짐작할 수 있다. 오늘날 우리 사회의 현실을 예로 말하면, 모든 국민이 물질 지상주의에 빠져 있는 것은 박정희 정권 이후 위정자들이 경제 가치만 숭상하면서 그것을 정책의 최우선 과제로 추구해 온 결과다. 결국 (군자의) 정신이 빈곤한 졸부의 사회에서 우리나라는 부끄럽게도 세계적으로 가장 높은 자살률과 최하위의 행복 지수를 갖고 있다.

그러므로 윗사람은 아랫사람들이 어떠한 삶의 정신을 숭상하는지 잘 살펴보아야 한다. 이는 그들을 상벌하기 위한 것이 아니라, 자신이 '군자'의 정신을 갖고 있는지, 아니면 '소인'의 정신을 갖고 있는지 그들을 통해 성찰하기 위해서다. 만약 아랫사람들이 '군자'의 정신을 흠모한다면, 윗사람은 이를 통해 자신이 '군자'로서 "남들의 비난을 듣지 않으리라."고 자부해도 좋을 것이다.

上九
사람들이 나의 삶을 우러러본다.
군자라면 비난을 듣지 않으리라.
觀其生 君子 无咎

상구(上九)는 구오와 마찬가지로 아래 네 음효에게 우러름을 받고 있다. 다만 구오와 다른 점은 그가 괘의 제일 끝에 있어서 중심적 자리를 얻지 못했다는 것이다. 이를테면 그는 재야의 지성인과도 같다. 그를 두고서 구오와 마찬가지로 "군자라면 비난을 듣지 않으리라." 한 것은 역시 그가 군자의 정신을 잃지 말도록 하려는 말이다.

지성인은 관직이나 강단의 자리를 얻지 못했다 하여 아무렇게나 행동해서는 안 된다. 그럼에도 현실과 타협하지 않는 그의 고고한 정신을 더욱 존경하여 사람들이 그를 우러러보기 때문이다. 그는 오히려 조직의 이해타산을 벗어나 현실적 이해관계에서 자유로운 마음으로 사람들에게 올바른 삶의 길을 안내해 줄 수 있다. 그러고 보면 고금으로 우러름을 받는 성현들이 제도권을 벗어나 있는 것은 결코 우연이 아니다.

재야 인사들 가운데에는 (정치적이든 문화적이든) 권력 지향적인 사람들이 있다. 그들은 대중의 외면과 비난을 면치 못할 것이다. 그들이 자신의 야심을 아무리 숨기려 해도 "열 개의 눈들이 바라보며, 열 개의 손들이 가리키게 되어 있다."(『대학』) 그러므로 관직이나 강단을 얻지 못한 재야의 생활에서도 세속을 초월한 지성인(군자)의 정신과 몸가짐을 흩뜨려서는 안 된다. 대중의 우러름에 도취되지 말고 긴장된 마음으로 구도의 노력을 다해야 한다. 공자는 말한다. "사람들이 나의 삶을 우러러본다고 해서 안일한 마음을 가져서는 안 된다.〔觀其生 志未平也〕"(「상전」)

21. 법의 운용

서합(噬嗑)

볼거리는 사람들의 관광 심리를 자극한다. 그리하여 볼거리가 많은 지역일수록 관광객들이 모여들기 마련이다. 이에 따라 각종 문제가 생기기도 한다. 풍기의 문란과 사람들의 다툼, 범죄 행위 등이 그 예다. 그러므로 계속 사람들을 유인하는 관광의 '빛'을 내려면 그 지역의 법과 질서를 잘 갖추어야 한다.

사람들이 모여 사는 일반 사회도 마찬가지다. 한 사회가 '빛'을 발하려면 그 구성원들이 아름다운 이념과 가치를 추구해야 한다. 문화의 찬란함 정도는 그 노력 여하에 달려 있다. 한편으로 이념과 가치의 실현을 저해하는 요인들에 대한 강력한 제재 수단을 함께 갖추지 않으면 안 된다. 사람들의 반사회적인 행동을 다스리기 위해 제정되는 법이 그 대표적인 예다. 〈서합(噬嗑)〉괘를 우리는 이러한 관점에서 접근해 볼 수 있다. 먼저 괘의 순서와 관련하여 공자의 말을 들어 보자. "볼거리가 있으면 사람들이 모여들기 마련이다. 그래서 〈관〉에서 〈서합〉으로 이어졌다.〔可觀而後 有所合 故受之以噬嗑〕"(서괘전」)

'서합'이란 사실적으로는 입안의 음식물을 씹어(噬) 삼켜서 위아래의 턱을 합친다(嗑)는 뜻이다. 공자는 말한다. "(위아래의) 턱 속에 음식물이 있는 것을 '서합'이라 하니, 음식물을 씹어 삼키면 소화가 잘될 것이다.[頤中有物 曰噬嗑 噬嗑而亨]"(「단전」) 이는 어떤 은유를 담고 있다. 즉 음식물이 입안에서는 일종의 장애물과도 같아서 그것을 씹어 삼켜야만 입안이 평온을 되찾을 수 있는 것처럼, 사회도 마찬가지다. 사람들의 삶을 교란하는 장애물들을 제거해야만 사회가 안정과 평화를 얻을 수 있다. 이러한 문제의식 속에서 제정된 것이 법이다. 물론 법이 범죄자들을 제거하려고만 하는 것은 아니다. 사람들이 음식물의 소화를 통해 건강을 도모하는 것처럼 법은 궁극적으로 범죄자를 교도(교정)하여 사회에 복귀시키는 데에 목표를 둔다.

 이를 괘효의 구조상에서 살펴보자. 〈서합〉괘는 상괘 '리(離)'☲와 하괘 '진(震)'☳으로 이루어져 있다. 괘의 모양상 초구와 상구가 마치 위아래의 턱과도 같다고 생각해 보면 구사는 입안의 음식물이며, 나머지 육이와 육삼과 육오는 이빨처럼 보인다. 위에서 말한 것처럼 이는 사회적 은유를 갖는다. 즉 우리가 음식물을 씹어 넘겨야만 턱과 이빨이 편안히 쉴 수 있는 것처럼, 사회 역시 장애물과도 같은 범죄자들을 제거해야만 안정을 얻을 수 있다는 것이다.

 이를 괘의 상징상에서 살펴보자. 상괘 '리'는 불을, 그리고 하괘 '진'은 우레의 영상을 갖는다. 이것들은 법의 집행과 관련하여 어떤 상징성을 띤다. 즉 '불'은 사건의 진위를 명료하게 파악할 줄 아는 밝은 지혜를, '우레'는 법관의 판결이 사람들을 승복시킬 수 있는 강력한 위엄과 권위를 상징한다. 이 두 가지는 법의 집행자에게 없어서는 안 될 중요한 덕목이다. 위엄(권위) 없는 지혜는 무기력하며, 지혜를 결여한 위엄은 가혹한 법 집행으로 인해 사람들의 반발을 불러일으킬 것이다. 공자는 말한다. "(법관이) 강력한 힘과 유약한 힘을 분별하여 사람들을 감동시키고 사리를 밝히니, 우레와 번개가 함께 쳐서 위력을 드러내듯이 한다.〔剛柔分 動而明 雷電合而章〕"(「단전」) 여기에서 '강력한 힘'과 '유약한 힘'이란 문제의 당사자들이 강약으로 겨루는 시비곡직의 힘을 말한다.

괘사卦辭

음식물을 씹듯이 사회의 장애물들을 제거해야
사회가 번영을 누릴 수 있다.
이를 위해 법을 올바로 운용해야 한다.
噬嗑 亨 利用獄

한 사회의 불행은 사람들의 공동체 생활을 혼란시키는 요인에서 비롯된다. 그것은 한 사람의 이기심에서부터 혈연·학연·지연 등에 따른 파벌 의식, 그리고 각종의 범죄에 이르기까지 매우 다양하다. 그러므로 밝은 사회를 이루기 위해서는 이러한 요인들을 예방하고 제거하기 위해 대책을 강구하지 않으면 안 된다. (가정·학교·사회) 교육에서부터 갖가지의 제도 장치가 모두 그에 해당된다.

그중에서도 법은 사회를 지탱해 주는 중요한 제도적 얼개다. 법이 없는 현실 사회를 우리는 상상할 수 없다. 그것은 공동체의 유지와 사회의 번영을 가로막는 장애물들을 제거하기 위해 고안된 최후의 공공 수단이다. 특히 사람들의 인권과 생명을 침해하는 범죄는 사회의 장애물들 가운데에서도 가장 심한 것인 만큼, 지도자는 범죄를 법에 따라 엄정하게 다스려야 한다. 그래야만 "사회가 번영을 누릴 수 있다."

하지만 법 자체가 중요한 것은 아니다. 사실 사회의 혼란은 법이 갖춰지지 않아서 일어나는 것만은 아니다. 법이 아무리 완비되어 있다 하더라도 잘못 운용하면 사회의 안정과 번영을 결코 기약할 수 없다. "유전무죄 무전유죄"라 하는 것처럼, 법이 기득권자에게는 관대하고 힘없는 사람에게는 가혹하게 집행된다면 그 사회는 혼란을 면치 못할 것이다. 그러므로 "법을 올바로 운용해야 한다."

법의 운용에 필요한 올바른 정신은 무엇일까? 일차적으로는 공명정대한 정의를 들 수 있다. 법의 부적절한, 또는 자의적인 운용은 공공의 안녕을 빙자한 제도적 폭력일 뿐이다. 이를 방지하기 위해 법의 집행자는 정의의 정신을 투철하게 갖고 있어야 한다. 한발 더 나아가 근본적으로 그는 사랑의 정신을 키워야 한다. 사실 정의도 사랑의 실현을 위한 것이어야 한다. 사랑을 배제한 정의는 자칫 잔인에 빠지기 쉽다. 사랑의 온기가 없이 정의의 칼날만 휘둘러대는 사회는 냉혹하다.

그러므로 "죄는 미워하되 사람은 미워하지 말라."는 말처럼, 법의 집행자는 흉악한 범죄자에 대해서까지도 마음속 깊이 인간애와 연민의 정을 가져야 한다. 죄인을 나와는 다른 부류의 존재로 여기지 말고, 어쩌면 나 자신의 내면에도 도사리고 있을 선악의 성향을 자각하면서 삶의 아픔과 슬픔을 그와 공유할 필요가 있다. 죄인을 교도할 최상의 수단은 엄벌이 아니다. 그를 따뜻하게 품어 안는 사랑이다. 특히 그의 죄악이 가정이나 사회의 열악한 환경에서 배태된 경우에는 더욱 그렇다. 시인 롱펠로의 말은 여기에서도 타당하다. "적의 숨겨진 과거를 읽을 수 있다면, 우리는 그들 각각의 삶에서 그 어떤 적의라도 내려놓게 만들 만큼 가득한 슬픔과 고통을 발견하게 될 것이다."

이는 범죄자를 무조건 용서해야 한다는 말이 아니다. 그의 행위에 대해 책임을 묻되, 그의 처지를 동정하고 그를 가슴 깊이 보듬어 안는 사랑의 마음을 가져야 한다. 『논어』의 글을 한 대목 읽어 보자. 그것은 증자가 법의 운용에 관해 질문을 받고 답변한 내용이다. "위정자가 정치의 도리를 저버려 민심이 흩어진 지 오래되었다. 그러므로 법의 집행자는 사람들이 왜 죄를 저질렀는지 돌이켜 생각하면서 그들을 긍휼히 여겨야지, 수사와 판결에 만족해서는 안 된다." 이는 오늘날의 위정자와 법 집행자들 역시 귀담아들어야 할 중요한 가르침이다.

공자는 죄인에 대한 연민과 사랑의 정신을 괘효의 구조상에서 읽고는 다음과 같이 말한다. "부드러움으로 중용의 정신을 얻어 높은 자리에 올랐다. 합당한 자리는 아니지만, 법의 올바른 운용 정신이 거기에 있다.[柔得中而上行 雖不當位 利用獄也]"(「단전」) 여기에서 '부드러움'이란 육오의 음효를 두고 말한 것이며, '높은 자리'란 괘의 중심적인 다섯 번째의 효를 뜻한다. 그것이 음효임에도 양의 자리에 있으므로 "합당한 자리는 아니지만", 음양(강유)의 조화를 이루었으므로 "중용의 정신을 얻었다." "법의 올바른 운용 정신이 거기에 있다."

이는 다음과 같은 함축을 갖고 있다. 법은 공권력으로서 원래 강력한 힘을 갖고 있다. 그러므로 문제를 법대로만 처리하는 것이 바람직한 일은 아니다. 그것의 강제적이고 폭력적인 성질은 사람들의 불만과 반발을 불러일으킬 수도 있다. 그러므로 법의 운용자는 부드러움의 정신을 가져야 한다. 여기에서 '부드러움'이란 죄인에 대한 연민과 사랑의 정신을 함축한다. 법의 운용에 필요한 지혜(명석한 판단력)도 저러한 정신 위에서만 진정한 위엄을 얻어 사람들의 존경을 받을 것이다.

물론 부드러움을 너무 앞세우는 것도 합당한 태도가 아니다. 그것은 법을 유명무실하게 만들 염려가 있기 때문이다. 그러므로 법의 올바른 운용은 강력함과 부드러움이 조화된 "중용의 정신"을 필요로 한다. 『서경』에 기록된 순임금의 일은 이의 한 사례가 될 수 있다. "과실범은 용서하시고, 고의범과 상습범은 법대로 처리하셨다. 하지만 그들 모두에 대해 신중하게 판단하고, 긍휼히 여기는 마음을 잊지 않으셨다."

괘상卦象

우레와 번개가 어우러지는 모습이 〈서합〉의 형상이다.
옛날 임금들은 이를 보고서 형벌을 분명히 하여
법의 권위를 확립했다.
雷電 噬嗑 先王 以 明罰勅法

사람들은 우레와 번개 앞에서 두려움을 느끼면서 감히 나쁜 마음을 갖지 못하고, 한편으로 지난날 저지른 자신의 잘못을 회개하기도 한다. 옛날 위정자들은 이러한 체험에 입각하여 법의 운용 방식을 상념했다. 그들은 사람들의 악행을 미연에 방지하기 위해 법을 제정하고, 이미 저질러진 악행에 대해서는 형벌을 통해 단죄했다. 그렇게 하여 마치 우레와 번개의 위력처럼 법의 권위를 확립했다.

이는 법의 권위가 실추된 오늘의 사회를 돌아보게 해 준다. 한동안 우리 사회에는 정권의 안보를 위해 민주 인사들을 탄압해 온 악법이 지배했고, 여전히 권력의 편에서 법이 운용되면서 법 자체가 많은 국민들로부터 불신을 당하고 있다. 오늘날 사람들이 범법을 대수롭지 않게 여기는 한 가지 요인도 여기에 있을 것이다. 그것은 법(의 집행자)이 우레와 번개 같은 위엄을 잃고 만 데에 기인한다. 이는 당연히 사회의 혼란으로 이어질 수밖에 없다. "형벌을 분명히 하여 법의 권위를 확립하는" 위정자의 올바른 통치 철학이 절실한 시대다.

효사爻辭

初九
차꼬를 채워 두 발을 움직이지 못하게 만든다.
더 이상 나쁜 짓을 하지 않으리라.
履校 滅趾 无咎

초구(初九)는 괘의 가장 아래에 있으므로 경미한 초범의 죄인을 상징한다.

차꼬란 옛날에 이용된 형틀의 일종이다. 그것은 기다란 나무틀에 두 개의 구멍을 파놓은 것으로, 죄인의 두 발목을 그 안에 넣고 자물쇠로 채우도록 되어 있다. 이는 죄인이 악의 길을 더 이상 걷지 못하도록 하려는 상징적 의미를 갖고 있다. 옛날에 차꼬의 벌에 해당되는 범죄는 대개 경미한 위법 행위였다. 오늘날로 말하면 즉결 심판의 경범죄와 같은 것이다.

사람의 악한 성품은 악행 초기에, 또는 작은 악행에서부터 다스려져야 한다. 만약 초범이라 해서, 또는 범행이 경미하다 해서 그것을 방관한다면 죄인은 자신의 잘못을 뉘우치지 않고 죄악 속으로 점점 빠질 염려가 있다. 그것은 마치 "바늘 도둑이 소도둑이 되도록" 놓아 두는 것이나 다름없다. 그러므로 그를 악행의 초기, 또는 작은 악행부터 다스리지 않으면 안 된다. 그것은 범법자에게는 오히려 복이 될 것이다. 그는 두려움과 뉘우침 속에서 더 이상 나쁜 짓을 하려 하지 않을 것이기 때문이다. 공자는 말한다.

소인은 불인한 짓을 부끄러워할 줄 모르고, 불의한 짓을 두려워하지 않으며, 무슨 일이든 이득이 되지 않으면 힘쓰려 하지 않고, 위협을 받지 않으면 나쁜 짓을 경계하지 않는다. 이러한 사람에게는 작은 악행부터 다스려 경각심을 크게 갖도록 해야 한다. 그에게는 그것이 복이다. "차꼬를 채워 두 발을 움직이지 못하게 만든다. 더 이상 나쁜 짓을 하지 않으리라."는 말이 이를 뜻한다.〔小人 不恥不仁 不畏不義 不見利 不勸 不威 不懲 小懲 而大誡 此小人之福也 易曰 屨校 滅趾 无咎 此之謂也〕(「계사전」)

공자는 소인의 심리를 이렇게 말했지만, 사실 대부분의 사람들 역시 그러한 심리를 실행하지 않을 뿐 마음속에 다소간 갖고 있다. 그러므로 우리는 공자의 지적과 충고를 자신과는 무관하다 하여 그냥 지나칠 일이 아니다. 개인적으로는 부단한 수행을 통해 내 안에 도사리고 있는 소인적 성향을 없애고, 사회적으로는 도덕 교육을 강화하여 사람들을 어려서부터 훈화하지 않으면 안 된다.

물론 그것으로 충분한 것은 아니다. 교육에도 불구하고 사람들이 저지르는 악행에 대해서는 "차꼬를 채우는" 강제 방법을 동원할 필요가 있다. 체벌도 이러한 관점에서 긍정적으로 생각해 볼 수 있다. 그것은 아이들에게 '더 이상 나쁜 짓을 해서는 안 됨'을 경각시켜 주는 의의를 갖기 때문이다. 공자는 말한다. "차꼬를 채워 두 발을 움직이지 못하게 만드는 것은 악행을 못하도록 하기 위해서다.〔履校滅趾 不行也〕"(「상전」) 물론 체벌이 당사자의 신체를 상해하거나 그의 인격을 모독하는 폭력의 성질을 띠어서는 안 된다.

六二

부드러운 살코기를 씹는데 코가 살덩이에 파묻힌다.
원망을 듣지 않으리라.

噬膚 滅鼻 无咎

초구와 상구를 제외하고 나머지 효들은 법의 집행자에 해당된다. 이는 '씹는다'는 표현에 함축되어 있다. 법관이 범죄 사실을 충분히 '씹어' 심리하는 것이다. 육이(六二)는 음효로 음의 자리에 바르게, 그리고 하괘의 가운데에서 중심을 지키고 있다. 이는 사건의 수사와 심리를 바르게, 처벌을 과불급없이 함을 은유한다.

고깃덩이가 딱딱하면 뜯어먹기가 어렵다. 한 점 뜯어 씹는다 하더라도 그것은 입안에서 이물질처럼 돌아다닐 것이요, 그냥 삼키면 소화 불량에 걸리기가 쉽다. 그래서 사람들은 부드러운 살코기를 좋아한다. 배고프던 차에 잘 삶아 익은 돼지고기 뒷다리를 하나 얻었다고 상상해 보자. 사람들은 '코가 파묻힐' 정도로 그것을 게걸스럽게 뜯어먹기도 할 것이다.

범죄의 심리도 마찬가지다. 법의 집행자는 범죄의 수사와 심리를 마치 부드러운 살코기를 맛있게 씹어 삼켜 완벽하게 소화시키듯이 해야 한다. 사건이 복잡하여 수사와 심리가 어렵다 해서 딱딱한 고기를 대충 씹어 넘기듯 하면 소화 불량에 걸리기 쉽다. 고기의 맛을 깊이 음미하듯 사건의 실체를 정확하게 파헤치고, 고기를 씹어 삼켜 잘 소화시키듯 처벌의 후유증을 남기지 말아야 한다. 공자는 말한다. "부드러운 살코기를 씹는데 코가 살덩이에 파묻히듯이 하는 것은 죄인의 포악함을 다스리기 위해서다.〔噬膚滅鼻 乘剛也〕"(「상전」) 그래야만 사건 당사자들의 원망을 듣지 않을 것이다.

六三
딱딱한 육포를 씹다가 해독을 입는다.
다소 수모를 겪겠지만 비난받을 일은 아니다.

噬腊肉 遇毒 小吝 无咎

육삼(六三)이 음효로 양의 자리에 있기 때문에 합당한 지위를 갖지 못하고 있다. 게다가 시간이 점차 흐름에 따라 죄악이 완강해지고 있다. "딱딱한 육포"가 이를 은유한다. 이 때문에 이를 '씹는' 법의 집행자가 "해독을 입고" "수모를 겪을" 수도 있다.

딱딱한 육포를 씹다 보면 입안을 다칠 수 있다. 게다가 그것은 건조 과정에서 변질될 수도 있다. 옛날에는 짐승의 포획 수단인 창이나 화살의 독이 고기에 남아 있어서 그것을 먹는 사람들에게 해독을 끼치기도 했다. 악행이나 범죄 또한 그러한 '육포'와 같은 경우가 있을 수 있다. 즉 딱딱한 육포처럼 완강한 범죄자는 자신의 죄과를 승복하기는커녕 오히려 강하게 반발하기까지 한다. 그 결과 그를 논죄하고 처벌하는 사람이 이러저러한 해독과 수모를 입기도 한다. 종종 법관들이 보복을 당하는 예가 그것이다.

이는 법의 집행자만 겪는 일이 아니다. 우리는 다른 사례를 생각해 볼 수 있다. 우리 사회의 현안 문제로 아직까지도 종결되지 못한, 일제 강점기의 친일 행위에 대한 '민간 법정'의 심리이다. 그 사안은 쉽게 씹히지 않는 "딱딱한 육포"와도 같다. 그 후계(비호) 세력들이 여전히 궤변을 늘어놓고 저항하고 있기 때문이다. 게다가 그 사안의 심리 주체는 공권력을 대변하는 법관이 아니라 양식을 가진 지식인들이다. 그들은 친일의 소행이 오늘의 사회에까지 끼치고 있는 역사적 해독을 제거하여 민족의 정기를 바로잡으려 한다. 옛날 사냥꾼들이 포획한 짐승의 몸에서 독화살을 뽑아 냄으로써 그 고기를 먹는 사람들이 해를 입지 않도록 했던 것처럼 말이다.

그런데 우리가 안타깝게 목격하고 있는 것처럼 그들은 친일 후손들과, 심지어 일부 정치세력으로부터 직간접으로 반발과 위협을 받아 왔다. 저들은 '역사 바로잡기'를 자기 뿌리의 부정으로, 그동안 누려 온 기득권의 침해로 받아들인다. 저들의 사고방식은 마치 "딱딱한 육포"와도 같아서 도무지 씹히지 않는다. 이 때문에 양식 있는 지식인들이 그것을 씹다가 "해독을 입고" "수모를 겪기도" 한다. 이는 그들이 법적, 정치적 힘과 권위를 얻지 못해서다. 공자는 말한다. "해독을 입는 것은 그가 합당한 권위를 갖지 못했기 때문이다.〔遇毒 位不當也〕"(「상전」)

하지만 법관들처럼 공권력의 권위를 얻지는 못하지만, 그들은 '양심의 법정'에서 진실의 정신으로 역사적 죄악을 판결한다는 믿음을 갖고 있다. 그것이 갖가지의 해독과 수모(의 위협) 속에서도 그들을 곧추세워 주는 힘이다. 사실 과거의 어둠 속으로 적당히 삼켜 넘겨 버릴 수 없는 역사의 해독을 제거하지 않는 한, 현재와 미래가 부패와 질병에서 벗어나지 못한다는 것을 우리는 누구나 안다. 그러므로 양식 있는 지식인들의 용기는 비난의 대상이기는커녕 오히려 칭찬받아 마땅하다.

九四
뼈가 붙어 있는 육포를 씹는데 쇠 화살을 얻었다.
신중하고 올바른 자세를 가져야 한다.
좋은 결과를 얻으리라.

噬乾胏 得金矢 利艱貞 吉

구사(九四)에는 법의 집행자와 범죄자의 의미가 동시에 들어 있다. 범죄자는 괘의 전체 구조상에서 나온 것이다. 즉 그것은 위아래의 이빨(육이와 육삼, 육오 사이에 끼어 있는 이물질로서, 은유적으로 따지면 사회의 평화를 교란하는 범죄자에 해당된다. 이를 "뼈가 붙어 있(어서 잘 씹히지 않)는 육포")로 형상화했다. 그리고 효의 관점에서 살피면 그는 그러한 범죄를 응징하는 법의 집행자다. 게다가 그는 최고 지도자인 육오의 측근으로서 강력한 권한을 위임받아 사회의 치안을 책임지고 있다. "쇠 화살을 얻음"은 그러한 권한을 부여받았음을 은유한다. 다만 '쇠 화살'의 강력성은 자칫 과격으로 흐를 염려가 있으므로 "신중하고 올바른 자세"를 요구했다.

"딱딱한 육포"는 그런대로 씹을 만하지만, "뼈가 붙어 있는 육포"는 조심하지 않으면 안 된다. 잘못하면 입안이 찔리고, 턱이 어긋나며, 이빨이 상할 수도 있기 때문이다. 범죄도 육포로 비유할 수 있다. 즉 "딱딱한 육포"와 "뼈가 붙어 있는 육포"의 두 종류와도 같다. 전자는 메말라 버린 도덕의식 속에서 저질러지는 것이요, 후자는 사람들이나 사회에 대해 뼛속까지 스민 원한과 증오심 속에서 자행되는 것이다.

후자와 같은 범죄를 다스리는 데에는 "딱딱한 육포"를 씹듯이 조심하는 것만으로는 안 된다. 법의 집행자는 특히 사회를 혼란에 빠트리는 불의의 세력에 대해 강력한 응징 수단을 동원해야 한다. 인명을 해치는 사나운 짐승을 잡기 위해 사냥꾼이 쇠 화살을 준비하고, 포획물의 뼈를 제거하기 위해 예리한 칼을 이용하는 것처럼 말이다. 그렇게 하여 국민이 그에게 공권력을 위임한 뜻을 성실하게 수행해야 한다.

물론 엄벌주의로만 나서는 것이 능사는 아니다. 아무리 공권력이라 하지만 그것은 폭력성을 띠고 있어서 범죄자를 교도하기는커녕, 오히려 그로 하여금 증오심만 더욱 뼈에 사무치게 만들 수도 있기 때문이다. 그러므로 법의 집행자는 그 경우에도 사건의 심리와 처벌에 신중하고 올바른 자세를 갖지 않으면 안 된다. 공자는 말한다. "'신중하고 올바른 자세를 가져야 좋은 결과를 얻을 것이다. 판단이 흐려서는 안 된다.[利艱貞吉 未光也]"(「상전」)

六五
육포를 씹는데 황금을 얻었다.
정의로운 정신과 긍휼의 마음을 가져야 한다.
과오가 없으리라.
噬乾肉 得黃金 貞厲 无咎

육오(六五)는 최고의 법 운용자(통치자)다. 그는 초구 이래로 아직까지도 단죄되거나 정리되지 않은 죄악(사회적 적폐)을 처리해야 할 책임을 지고 있다. 그래서 여전히 '육포를 씹는다'고 했다. '황금'은 육오가 상괘의 가운데에 자리하고 있음에서 나온 상징적 형상이다. '황'은 오행의 관념상 흑(黑)·백(白)·황(黃)·청(靑)·적(赤) 가운데 중앙의 색깔에 해당되며, '금'은 강한 성질을 표상한다. 그리하여 "황금을 얻었다."함은 통치자(법의 운용자)에게 사회의 한 중심에서 공정하게 법을 집행하도록 요구하는 뜻을 함축하고 있다. 한편으로 육오가 음효로서 유약한 성질을 갖고 있기 때문에 "정의로운 정신"을 강조했고, 그러면서도 범죄자에 대해 "긍휼의 마음"을 잃지 말 것을 당부했다.

통치자는 법의 운용(사법정책의 수행)에 '황금률'을 지켜야 한다. 정의와 연민의 마음이다. 입법과 행정의 분야에서도 마찬가지지만, 통치자는 정의를 특히 사법 정신의 근간으로 천명하고 확립하지 않으면 안 된다. 정치와 사회 전체에 걸쳐 시비와 선악의 최종 판단을 법이 담당하기 때문이다. 법이 정의를 수호하지 않으면 민생과 사회는 혼란에 빠지고 말 것이다. 이를 위해 그는 정당의 이해타산을 벗어나 국민 생활의 한 중심에 서서 공명정대하게 법(정책)을 수립하고 집행해야 한다.

정의의 확립에 못지않게, 아니 그 이상으로 통치자에게 중요한 덕목은 사람들을 긍휼히 여겨 감싸 안는 마음이다. 법을 운용하는 자리에서 그는 정의의 정신을 높이 천명하면서도 범죄자들을 사랑으로 보듬어 안아야 한다. 이를 결여한 정의는 얼음장 같은 차가움을 풍겨서 사람들의 심복을 얻을 수 없다. 정의도 긍휼의 마음 위에서만 인간적인 모습을 띨 것이다. 구체적으로 말하면 범죄자들을 올바른 삶의 길로 인도하려는 교정 시책이나, 그들이 사회에 복귀하여 정상적으로 살아갈 수 있도록 배려하는 각종의 정책으로 그것을 제도화할 수 있을 것이다. 공자는 말한다. "정의로운 정신과 긍휼의 마음을 가져야 과오가 없을 것이다. 그것이 법의 운용에 합당한 태도이다.〔貞厲无咎 得當也〕"(「상전」)

정의로운 정신과 긍휼의 마음이야말로 통치자(법의 운용자)의 최상의 덕목일 텐데, 이에 대해 겨우 "과오가 없을 것"이라고 말한 이유는 무엇일까? 그것은 정의의 실현을 통해 설사 사회의 안정을 얻는다 하더라도, 통치자(법의 운용자)는 그것으로 자부해서는 안 된다는 뜻을 함축하고 있다. 실제로 그러한 마음으로 세상을 다스리는 사람은 자신의 업적을 자만하기보다는 오히려 사회에서 일어나는 단순한 범죄 앞에서도 자신의 무능을 자책하고 반성하려 할 것이다. "요임금과 순임금은 태평 사회를 이룩했음에도 그것을 자부하지 못하셨다."(『논어』)고 공자가 말한 것도 이러한 뜻에서다.

上九
형틀이 목에 채워져 귀까지 막아 버렸다.
흉측하다.

何校 滅耳 凶

양효인 상구(上九)는 범죄자가 자신의 죄과를 끝까지 뉘우칠 줄 모르고 갈수록 포악해짐을 은유한다. 그래서 그 처벌도 강경할 수밖에 없다.

목에 채워지는 형틀은 춘향이가 감옥에서 찼던 목칼과 같은 것이다. 게다가 그것이 두터워 귀까지 막아 버렸으니 죄수의 입장에서는 무서운 형벌이다. 그가 감옥에서 차꼬로 발이 묶여 움직일 수 없음은 물론, 남들과 의사소통을 할 수 없게 되고 말았기 때문이다. 이는 그를 세상에서 철저히 격리시켜 정신적 고통에 빠트림으로써 그에게 회개의 기회를 주려는 상징적 의미를 갖는다. 당연히 그 대상은 초범이나 경미한 범죄가 아니라 죄질이 아주 나쁜 범행자다. 공자는 말한다. "형틀이 목에 채워져 귀까지 막히니, 정말 어리석구나![何校滅耳 聰不明也]"(「상전」)

죄수가 세상으로부터 철저히 격리당함으로써 겪는 정신적 고통의 실례를 들어 보자. 유형은 다르지만 오늘날 감옥에서 소란을 피우는 죄수에게 교도관들이 강제하는 독방 생활을 들 수 있다. 영화를 보면 죄수들에게 독방 생활은 몸서리나게 끔찍한 징벌이다. 그것은 그들이 동료 죄수들로부터 격리당하는 외로움 때문만은 아닐 것이다. 아마도 캄캄한 독방 생활에서 자신의 삶이 진공 상태에 빠지는 것 같은, 또는 자신의 존재가 '블랙홀'에 빨려 들어가는 것 같은 공포를 뼈저리게 느끼는 것처럼 보인다. 형틀로 죄수의 귀까지 막아 버리는 징벌도 이러한 효과를 노리는 상징적인 조치일 것이다.

아래에서 살피는 것처럼 공자는 여기에서 선악의 업보를 상념한다. '업보'란 원래 불교 용어다. 모든 언행은, 심지어 한순간의 생각까지 필연적으로 그에 상응하는 결과를 낳기 마련이다. 그야말로 인과응보다. 나쁜 짓을 저지르고도 떵떵거리며 사는 사람들도 있지만, 그 업보가 아직 현실에 드러나지 않았을 뿐이다. 그들이 과거에 저지른 나쁜 짓은 그들의 내부에 잠재적인 힘으로 남아 현재 및 미래에 시시각각 작용하기 마련이다.

물리학상 에너지 불변의 법칙을 생각해 보자. 우리의 말과 행동과 사념에는 에너지(우리 고유의 용어로 말하면 '기운', 전문적 용어로는 '기(氣)')가 실려 있다. 그것은 우리의 언행과 사념 속에서 일단 형성되면 어떤 형태로든 잠재하면서 작용하게 되어 있다. 이를테면 선업(善業, 선한 행동과 말과 생각)은 좋은 에너지를, 악업(惡業, 악한 행동과 말과 생각)은 나쁜 에너지를 산출한다. 그러므로 선업이든 악업이든 경미한 것이라 해서 무시해 버릴 일이 아니다. 거기에 내재된 긍정적, 부정적 에너지가 경미하게나마 이후의 삶에 작용하며, 게다가 그것들이 점점 쌓이게 되면 커다란 결과를 낳게 될 것이다. 선행의 쌓음을 통한 명예와, 악행으로 인한 패가망신이 그 예이다. 공자의 말을 들어 보자.

선행이 쌓이지 않으면 명예를 얻을 수 없고, 악행이 쌓이지 않으면 몸을 망치지는 않을 것이다. 그런데 소인들은 작은 선행은 무익하게 여겨 실천하려 하지 않고, 작은 악행은 해로울 게 없다고 여겨 그만두려 하지 않는다. 이 때문에 그들의 악행이 쌓여 은폐할 수 없고, 죄악이 커져 해결할 수 없는 지경에 이른다. 그래서 이를 일러, "형틀이 목에 채워져 귀까지 막아 버렸다. 흉측하다."고 한 것이다.〔善不積 不足以成名 惡不積 不足以滅身 小人 以小善 爲无益而弗爲也 以小惡 爲无傷而弗去也 故惡積而不可掩 罪大而不可解 易曰何校 滅耳 凶〕(「계사전」)

22. 꾸밈의 정신

비(賁)

사회는 법의 규율만으로 충분한 것이 아니다. 범죄 등 각종의 사회적 장애물을 제거하기 위해 법이 필요한 것은 당연하지만, 법으로만 통치되는 사회는 평화를 가장한 암흑의 상황이나 다름없다. 법은 사람들의 행위를 강제로 단속하고 제재하는 데에 초점을 맞출 뿐, 인간의 품위를 지키고 고결한 본성을 실현하는 문제에는 소홀하기 때문이다. 1970년대 유신 헌법이 지배했던 우리 사회가 그 단적인 모습을 보여 준다.

법은 사회를 도덕화하고 인간화하는 과제에 대해서는 책임을 지지 않는다. 그 과제는 법의 토대 위에서, 그리고 법의 영역 밖에서 또 달리 추구되어야 할 성질의 것이다. 그러므로 법을 통한 사회 질서의 유지와 안정에 만족해서는 안 되며, 그 위에 아름다운 삶의 문화를 가꾸어야 한다. 공자가 괘의 순서와 관련하여 아래와 같이 말한 뜻이 여기에 있다. "(서(噬))합(嗑)이란 통합한다는 뜻이다. 그런데 어떤 일이든 구차하게 통합하는 것으로 그쳐서는 안 된다. 그래서 〈서합〉에서 〈비(賁)〉로 이어졌다. '비'란 꾸민다는 뜻이다.〔嗑者 合也 物不可以苟合而已 故受之以賁

賁者 飾也]"(「서괘전」) 법은 '구차한' 통합 수단에 불과하므로, 그 이상으로 사회를 아름답게 꾸며야 한다는 것이다. 〈비〉괘는 이를 주제로 한다.

이를 괘 안에서 살펴보자. 상괘 '간(艮)'☶과 하괘 '리(離)'☲는 각각 산과 불(빛)을 상징한다. 양자를 하나로 조합하면 그것은 석양의 빛이 지평선 아래로 기울어 가면서 맞은편 산들의 온갖 초목을 비춰 아름다운 광경을 꾸며 내는 연상을 일으킨다. 이는 〈비〉괘가 아름다운 꾸밈을 주제로 하고 있음을 암시한다.

한편 상괘는 '머무름'을, 그리고 하괘는 '밝음'을 속성으로 갖고 있다. 이는 내면의 밝은 정신으로 바깥의 삶을 아름답게 꾸며 그 가운데 머무름을 은유한다. 아래에서 살피는 것처럼 그와 같은 꾸밈의 총체적 양상이 바로 문명(文明)이다. 여기에서 '문'자는 글이 아니라 아름다운 꾸밈의 뜻을 갖는다. 그러므로 '문명'이란 글자 그대로 풀이하면 아름답고 밝게 꾸며 낸 삶의 세계를 의미한다. 동물과 다른 인간의 문화적 존재됨이 여기에서 드러난다. 말하자면 자연(신)은 인간에게 자기 자신의 존재를 아름답게 꾸며 살아가도록 과제를 부여했다.

이의 구체적인 함의를 괘의 구조상에서 살펴보자. 하괘는 두 개의 양효 안으로 하나의 음효가 들어가 있고, 상괘는 하나의 양효가 아래에 있는 두 개의 음효에 의해 받들어지고 있는 모습이다. 이 모두 내면의 부드러운 정신(음)으로 바깥의 강한 힘(양)을 조화롭게 꾸미는 뜻을 갖는다. 이를 두고 공자는 말한다. "부드러운 힘이 안으로 들어와 바깥의 강한 힘을 꾸며 주니, 삶이 길이 열리리라.〔柔來而文剛 故亨〕"(「단전」) 강한 힘으로만 세상에 나서지 말고 내면의 부드러운 정신으로 그 힘을 꾸며 주어야, 즉 조화시켜야 한다는 것이다. 그래야만 동물과는 다른 인

간의 '삶의 길이 열릴 것이다.'

〈비〉괘의 꾸밈의 정신을 또 다른 관점에서 해석하는 견해도 있다. 〈태〉괘䷹의 구이가 상구로, 그리고 상육이 육이로 자리를 서로 바꾸면서 이 괘가 되었다는 것이다. 이는 상괘에서는 두 개의 음효를 하나의 양효로, 그리고 하괘에서는 두 개의 양효를 하나의 음효로 꾸미는 모습을 띤다. 공자는 이러한 뜻을 위의 글에 이어 다음과 같이 말한다. "강한 힘을 위로 나누어 부드러운 힘을 꾸미는데, 적당한 정도로 하는 것이 좋다. 그것이 자연스럽다.〔分剛上而文柔 故小利有攸往 天文也〕"(「단전」) 꾸밈이 지나쳐서는 안 된다는 것이다. 이를 아래에서 자세히 이야기해 보자.

괘사卦辭

> 꾸밈 속에 삶의 길이 열리리라.
> 적당한 정도로 하는 것이 좋다.
> 賁 亨 小利有攸往

사람은 동물처럼 자연 상태로는 살아갈 수 없다. 반드시 일정한 꾸밈을 필요로 한다. 예컨대 벌거벗은 채로는 추위를 이겨 낼 수 없으므로 옷과 난방 도구를 갖추어야 하며, 음식을 날것만 가지고는 안 되므로 익혀 먹기도 해야 한다. 다행히 자연(신)은 사람에게 그렇게 할 수 있는 정신 능력, 즉 이성을 부여했다.

사람은 동물과는 달리 이성으로 자신의 삶을 꾸미고 완성해 나간다.

이의 총체적 산물이 바로 문화(문명)이다. 말하자면 문화는 사람이 자연대로 살지 못하고 자연을 갖가지로 꾸미며(가공해) 놓은 갖가지의 삶의 형식이다. 이것이 '문화'의 축자적인 의미다. 즉 사람은 자연 상태를 인문적인 꾸밈(문)으로 변화(화)시켜 그 안에서 살아가는 존재다. 그러므로 "문화는 제2의 천성이다." 사람은 문화를 통해서만 자신의 정체를 형성하고 확인할 수 있다. 문화 밖에 있는 사람을 우리는 상상할 수 없다. 공자는 말한다. "문명 속에 머무르니, 인문의 세계가 펼쳐진다.〔文明以止 人文也〕"(「단전」)

그처럼 "꾸밈 속에 삶의 길이 열린다." 문화적인 꾸밈이 약할수록 사람은 야만에 떨어지기 쉽다. 예를 들면 1960년대에 서구 사회를 휩쓸었던 히피의 풍조가 그렇다. 그것은 당시 사람들의 삶을 옥조이는 지나친 꾸밈의 문화에 대한 반발의 산물이기는 하지만, 아예 꾸밈 자체를 부정하려 했던 것으로 다분히 '야만적'이었다. 그 풍조가 오래가지 못하고 수그러들고 만 것도 바로 그 때문이었다. 그것은 인간의 문화적 본성을 외면했기 때문이다.

꾸밈은 인간을 동물과 구별하게 해 주는 중요한 요소다. 사람들은 동물과 달리 남녀의 동거에 결혼식이라는 형식을 꾸미며, 죽은 사람을 장례식으로 꾸며서 저세상으로 보낸다. 번거롭고 거추장스럽지만 그것들을 마다하지 않는 이유는 다른 데 있지 않다. 자신이 동물과는 다른 존재임을 내외에 알리고 싶어서다. 그 밖에 넥타이와 정장의 차림 또한 그러한 꾸밈을 통해서 남들로부터 점잖고 신사답다는 인정을 받기 위해서 그러는 것이다.

과거에 선비들이 마음 내키는 대로의 행동거지를 비난하면서 절제 있는 꾸밈을 강조한 것도 이러한 까닭에서였다. 그들은 적절한 꾸밈이야말로 행동거지를 품위 있게 해 주고, 인간관계를 아름답게 만들어 준다는 사실을 깊이 인식하고 있었다. 그들은 그러한 꾸밈의 형식을 예(禮)에서 찾았다. 예의바른 행동의 품위와, 상호 간 예절을 갖춘 인간관계(부부, 남녀, 친구, 장유 등)의 아름다운 모습을 상상해 보자. 공자가 "예가 아니거든 보지도, 듣지도, 말하지도, 행동하지도 말라.〔非禮勿視 非禮勿聽 非禮勿言 非禮勿動〕"(『논어』)고 가르친 것도 이러한 뜻에서다.

물론 꾸밈만으로 충분한 것은 결코 아니다. 내면의 정신이 결여된 채 외형만 꾸미는 것은 겉으로 아무리 아름답게 보인다 하더라도 참다운 의의를 갖지 못한다. 그것은 마치 향기를 갖지 못한 조화처럼 천박하며, 자타 간의 만남을 형식적이고 의례적인 수준에 그치도록 만든다. 공자는 당시 사람들이 선물을 주고받는 자리에서 이러한 문제점을 발견하고서 다음과 같이 비판한다. "사람들은 예물을 주고받는 것이 예의라고들 하지만, 그것이 정말 예의이겠느냐."(『논어』) 내면에 공경의 마음(정성)이 있어야 한다는 것이다.

그러므로 행동거지나 외양을 꾸미되 안으로 진지한 삶의 정신을 먼저 확립해야 한다. 예컨대 예술적 창조 정신을 결여한 작품은 쓰레기나 다름없다. 또 공경의 정신이 부재한 예절은 자타 간의 유대를 결코 돈독하게 해 주지 못한다. 양반 팔자걸음 하듯 체면 위주의 꾸밈은 행동의 무게와 품위를 보여 주기는커녕 얄팍한 허세만 드러낸다.

그러므로 모든 외형적 꾸밈은 내면 정신의 연장선상에서 행해져야 한다. 어느 자리에서든 내면의 정신이 깊을수록 밖으로 드러나는 꾸밈도 더 아름답고 고상할 것이다. 씨앗이 실해야 꽃과 열매가 풍성한 것처럼 말이다. 공자가 예의에 관해 말하면서, "그림을 그리는 것은 흰 바탕을 갖춘 뒤의 일"(『논어』)이라고 비유한 것도 이러한 뜻에서다. 흰 종이, 그것도 좋은 품질의 화선지 위에서 훌륭한 그림이 나올 수 있는 것처럼, 예의도 진실하고 정성스러운 마음 위에서만 아름다울 수 있다는 것이다. 우리가 꾸밈에 앞서 진지한 삶의 정신을 배양해야 할 이유가 여기에 있다. 이것이 〈비〉괘의 일관된 뜻이다.

정신의 토대 위에서 삶을 꾸민다 하더라도 주의해야 할 점이 있다. 그 꾸밈이 지나쳐서는 안 되며, "적당한 정도로 하는 것이 좋다." 꾸밈이 지나칠수록 정신의 영양 공급이 떨어져서 위와 같은 폐단을 노정하기 때문이다. 그러므로 삶의 정신과 꾸밈이 적절한 조화를 이루도록 해야 한다. 공자는 말한다. "정신을 강조하는 나머지 꾸밈을 소홀히 하면 투박한 모습을 면치 못할 것이요, 꾸밈만 일삼을 뿐 정신을 배양하려 하지 않으면 빛 좋은 개살구와도 같다. 그러므로 꾸밈과 정신이 조화를 이루도록 해야 한다. 그래야만 군자가 될 수 있다.〔質勝文則野 文勝質則史 文質彬彬 然後君子〕"(『논어』)

한 사회 안에서 (특히 정신적으로) 지도적 위치에 있는 사람은 이러한 문제의식을 가져야 한다. 그는 사람들이 외양의 꾸밈만 숭상하지 말고 내면의 정신을 가꾸어 나가도록 그들을 계도해야 한다. 오색의 빛을 발하는 비누풍선처럼 속은 텅 빈 채 겉만 번지르르하게 꾸며 대는 이 시대 풍조에 물들지 말고, 참삶의 정신으로 문화를 건설하도록 해야 한다. 공자는 〈비〉괘를 풀이하면서 다음과 같이 말한다. "자연의 이치를 살피고 시대의 변화를 통찰하며, 삶의 세계를 살펴서 사람들을 계몽하고 세상을 완성해야 한다.〔觀乎天文 以察時變 觀乎人文 以化成天下〕"(「단전」) 여기에서 "자연의 이치를 살피라."는 말은 오늘날의 관점에서 해석하면, 자연을 정복(파괴, 착취)하려 하지 말고 자연의 이법에 따라 자연과 조화를 이루는 문화를 꾸며야 한다는 뜻을 함축하고 있다. 한편 "시대의 변화를 통찰하고 삶의 세계를 살피라."는 말은, 이를테면 사람들의 지나친 꾸밈 풍조를 통찰하여 비판하면서 새로운 삶의 방향을 제시해야 한다는 뜻이다.

괘상卦象

산 아래에서 석양이 초목을 비추는 모습이 〈비〉의 형상이다.
군자는 이를 보고서 정치의 도리를 밝히고,
소송 사건들을 신중하게 처리한다.
山下有火　賁　君子　以　明庶政　无敢折獄

산 아래에서 저녁노을 빛이 산속의 초목을 비추는 모습은 마치 화가가 한 폭으로 꾸며 낸 아름다운 그림과도 같다. 하지만 그 빛이 초목들을 속속들이 다 드러내지는 못한다. 사람들 역시 노을진 산의 전체적 풍경에 황홀한 나머지, 산속의 초목들 하나하나에는 별로 주목하지 않는다. 이를 일반화하면 사람들은 겉으로 아름답게 꾸며진 사물의 모습에 만족할 뿐, 정작 그것의 내적 본질에 대해서는 관심을 갖지 않는다. 사람(삶)에 대해서도 외형만 바라보려 하지 내면의 정신은 들여다보지 않는다.

그처럼 피상적인 안목으로 삶에 나서서는 안 된다. 세계와 사물을 심도 있게 들여다보아야 한다. 삶을 외형만 번지르르하게 꾸미려 하지 말고 정신의 아름다움을 키워야 한다. 사회도 법이나 제도로만 꾸미려 하지 말고, 그전에 인격 가치를 확립해야 한다. 정치를 예로 들면 지도자는 민주주의의 제도만 꾸며 놓으려 해서는 안 된다. 민주주의의 가치와 이념을 확립하고 천명하며 실현해야 한다. 제도는 그 정신 위에서만 의의를 갖는다.

법의 운용자가 사람들의 다툼을 심리하고 재결하는 데에도 마찬가지다. 그는 소송의 당사자들이 겉으로 꾸며 대는 말들에 현혹되어서는 안 된다. 또한 사건을 법조문에 의거하여 기술적이고 기계적으로 심리하고 처리하는 것에 만족해서는 안 된다. 그처럼 형식적인 꾸밈은 당사자들의 불만과 저항을 면치 못한다. 태양처럼 밝은 지혜로 사건의 실체를 신중하게 심리하고, 추상과도 같이 정의롭게 처리해야 한다. 그래야만 당사자는 물론 국민 모두가 법의 위엄에 승복할 것이다.

아니 그는 그 이상의 과제 의식을 가질 필요가 있다. 어느 학자의 말처럼 "법은 최소한의 도덕이다." 그러므로 법의 운용자는 어떻게 하면 당사자들의 도덕심까지도 일깨워 그들을 선도할 수 있을지 고민할 필요가 있다. 공자는 이러한 꿈을 다음과 같이 말한다. "내가 사건을 맡아 처리하는 것이 남들과 다를 게 없지만, 나는 사람들이 더 이상 소송의 마음을 품지 않도록 하겠다."(『대학』)

효사爻辭

初九
발걸음을 꾸민다.
수레를 버리고 길을 걸어간다.
賁其趾 舍車而徒

초구(初九)는 제일 아래의 효이므로 발의 형상을 얻었으며, 가까운 육이와 어울리지 않고 멀리에 있는 육사와 음양으로 상응하므로 "(편리한) 수레를 버리고 (먼) 길을 걸어간다."고 했다. 양효의 초구와 음효의 육사가 둘 다 올바른 자리를 얻었으므로 양자는 진리와 도의의 정신을 은유하기도 한다.

우리는 어떻게 하면 자신의 존재(자아)를 아름답게 꾸밀 수 있을까? 일상의 매사에 '발걸음'을 내디디기에 앞서 우리는 이를 진지하게 고민할 필요가 있다. 삶의 충만과 허무, 행복과 불행이 그러한 고민 여부에 달려 있다. 예컨대 거의 모든 사람들은 부귀영화로 자신을 꾸미려 삶의 발걸음을 내디딘다. 그러나 그것은 허무와 불행을 자청하는 것이나 다름없다. 자아는 부귀영화로 꾸며지거나, 그것으로 아름다워질 수 있는 것이 아니기 때문이다. 부귀영화를 얻고도 빈곤한 인격(존재)이 얼마나 많은가.
그러면 충만되고 행복한 삶을 위해 꾸며야 할 긴요한 정신은 무엇인가? 그것은 진리와 도의(사랑과 의로움)에 있다. 인류의 스승들은 이를 실제로 보여 준다. 그들은 부귀영화의 수레를 버리고, 삶의 발걸음을 시종 진리와 도의로 꾸민다. 맹자는 말한다. "시에 이르기를, '술에 취하고 덕에 배부르다' 하니, 사랑과 의로움에 배부름을 말한 것이다. 그러므로 군자는 남들의 고량진미를 부러워하지 않는다."(『맹자』)

세상 사람들은 부귀영화의 '수레'에 타지 못하는 것을 부끄러워하지만, 인류의 스승들은 오히려 진리와 도의를 버리고 부귀영화로 치장하는 세속적 삶을 잘못된 것으로 여긴다. 그들이 부귀영화의 편한 수레를 버리고 진리와 도의의 고생스러운 걸음을 자청하는 것은 그것이야말로 참삶의 의미를 성취할 길이라는 것을 잘 알기 때문이다. 공자는 말한다. "수레를 버리고 길을 걸어가는 것은 그 수레가 도의에 어긋난 것이라고 여기기 때문이다.〔舍車而徒 義弗乘也〕"(「상전」) 그들이 가난과 사람들의 몰이해에도 불구하고 자족하면서 행복을 누리는 것도 이러한 삶의 정신에서 나온다. 역시 공자는 말한다. "거친 밥과 맹물을 마시면서 팔을 베개 삼아 지내면서도 즐거움이 그 가운데에 있으니, 불의하게 주어지는 부귀영화는 나에게 뜬 구름과도 같다."(『논어』)

六二
수염을 꾸민다.
賁其須

육이(六二)에서 수염을 말한 것은, 상구와 구삼이 위아래의 턱이요, 육이가 그 아래에 매달린 수염처럼 보였기 때문이다. 게다가 육이와 구삼이 서로 가까이 어울린다는 점에서, 육이의 '수염'이 구삼의 '턱'에 매달려 얼굴을 꾸민 모습으로 여겨졌다. 한편으로 육이는 음효로서 자주적으로 움직일 능력을 갖지 못하므로 구삼의 양효를 기다려서만 힘을 얻을 수 있다. 이는 외면적 꾸밈(육이) 이전에 내재적 정신(구삼)이 중요함을 시사한다.

수염은 얼굴을 꾸며 준다. 하지만 그것이 모든 얼굴들을 아름답게 만들어 주는 것은 아니다. 사람에 따라서는 오히려 얼굴의 분위기를 손상시키는 경우도 있다. 수염을 만들어 붙인 여성을 상상해 보자. 보는 사람들 누구나 기절초풍할 것이다. 또한 남자라 하더라도 수염이 그의 얼굴에 어울리지 않는 경우가 있을 것이다.

턱과 수염의 관계는 비유하자면 마치 건물에 부착된 장식물과도 같다. 그 장식물은 건물에 어울려야 한다. 웅장한 건물에 치졸한 장식물이나, 반대로 왜소한 건물에 화려한 장식물은 사람들의 눈살을 찌푸리게 만든다. 수염도 마찬가지다. 남의 수염이 좋아 보인다 해서 그것이 나에게도 맞는 것은 아니다. 그러므로 수염을 기르고 싶을 때에는 자신의 얼굴형과 나아가 풍채까지도 고려해야 한다.

꾸밈의 문제를 수염으로 은유한 뜻은 다른 데 있지 않다. 턱은 얼굴의 골격(정신)이요, 수염은 얼굴을 받쳐 주기 위한 장식물(형식)이다. 그러므로 수염을 얼굴에 어울리게 길러야 한다는 것은 삶의 꾸밈을 내면의 정신에 맞게 해야 함을 은유한다. 그러한 정신이 결여된 꾸밈은 얄팍한 가식에 지나지 않아서 모습을 아름답게 해 주기는커녕 오히려 천박하게 만든다. 턱에 어울리지 않는 수염처럼 말이다. 이는 겉만 번지르르하고 정신은 빈곤한 외화내빈의 삶을 경계하는 뜻을 담고 있다.

공자는 이에 관해 다음과 같이 말한다. "수염을 꾸미니, 수염이 턱과 함께 움직인다.〔賁其須 與上興也〕"(「상전」) 이는 깊은 은유적 함축을 갖는다. 턱과 수염은 일의 근본과 지엽을 은유한다. 나무로 따지면 뿌리와 가지(잎)이다. 가지와 잎은 뿌리가 깊어야 무성할 수 있다. 마찬가지로 모든 일은 외양의 꾸밈에 앞서 근본을 확립해야 한다. 근본이 약하면 결실을 얻기가 어렵다. 사업을 예로 들면 자본이 튼튼해야 하며, 나아가 윤리 경영의 정신을 바탕에 갖추고 있어야 한다. 그렇지 않으면 그 사업은 마치 모래 위에 집을 짓는 것이나 다름없다.

그 밖에 삶의 다른 분야들도 마찬가지다. 삶의 정신이 깊어야 그 가지와 잎과 꽃과 열매가 아름답고 실할 수 있다. 그러므로 삶의 외양을 꾸미기에 앞서 내면의 정신을 깊게 키워야 한다. 깊은 정신은 설사 의도하지 않는다 하더라도 자연스럽게 외양을 아름답게 꾸며 줄 것이다. 예컨대 화장이나 성형으로 미모만 꾸며대는 천박한 얼굴과 달리, 미인이 아니더라도 덕이 풍겨 나오는 얼굴은 고상한 아름다움을 현시한다. 그러므로 무엇보다도 먼저 내면의 정신(덕)을 소중히 가꾸지 않으면 안 된다. 꾸밈은 그 위에서만 빛을 발할 것이다.

九三
꾸밈이 곱고 아름답다.
평생토록 올바른 정신을 키워야 찬란해지리라.
賁如 濡如 永貞 吉

구삼(九三)이 육이와 육사 사이에서 이들의 "곱고 아름다운" 꾸밈을 받고 있다. 다만 거기에는 불안한 측면이 있다. 그가 그러한 꾸밈에 현혹되어 자칫 자신의 본래 정신을 잃을 염려가 있다는 점이다. 그래서 "올바른 정신"을 요구했다.

과거에 선비들은 초봄의 매화를 유달리 아름답게 여겼다. 매화가 매서운 추위 속에서도 고결한 생명 정신을 잃지 않고 개화시키는 모습 때문이었다. 그 밖에 다른 꽃들도 마찬가지다. 연꽃은 진흙 위에서 정결한 자태로, 국화는 늦가을 찬 서리 속에서 고고한 품위로 자신의 생명을 아름답게 꾸민다. 그들의 아름다움은 어쩌면, 우리가 알지 못하는 제각각의 생명 정신의 독특한 표현일 것이다. 이에 반해 조화는 아무리 아름답게 보인다 하더라도 생명을 갖지 못하기 때문에 사람들의 애호를 받지 못한다.

사람들이 살아가면서 피우는 자아(존재)의 꽃도 마찬가지다. 어떤 이는 이러한 꽃을, 또 다른 이는 저러한 꽃을 제각각으로 피운다. 개중에는 빈곤한 정신으로 조화처럼 아무런 향기도 갖지 못한 꽃을 피우는 사람도 있고, 드물게는 위대한 인격과 고결한 영혼으로 만민의 감동을 불러일으키는 아름다운 꽃을 피우는 사람도 있다.

자아의 꽃의 아름다움이나 향기의 맑음 여부는 그가 인간 고유의 생명 정신(본질)에 얼마나 충실한가에 달려 있다. 자아의 꽃과 향기는 결코 겉치장으로 만들어지지 않는다. 재물이나 사회적 지위나 권력으로 꾸며진 꽃은 향기 없는 조화에 불과하다. 그러한 꾸밈은 겉으로 아무리 화려하다 하더라도 사람들의 사랑과 존경을 얻지 못한다. 참자아의 꽃은 역시 내면 깊은 곳, 진리와 사랑과 의로움의 정신에서 향기롭게 피어난다. 그러한 정신이야말로 정말 삶을 아름답게 꾸며 줄 것이다.

그러므로 바깥의 꾸밈에만 신경을 쓰지 말고 무엇보다도 내면의 정신을 가꾸는 일에 집중해야 한다. 그것이 삶의 의미를 풍요롭게 만들어 허무를 면하게 해 주는 관건이다. 그러한 노력은 물론 지속적으로, 평생에 걸쳐 해야 한다. 그렇지 않으면 한때 아름답던 자아의 꽃도 서서히 시들어 향기를 잃고 말 것이다. 일례로 예술인들이 그러한 모습을 우리에게 종종 보여 준다. 젊은 시절 아름다운 작품으로 문단에 등장하여 사람들의 주목을 받던 작가가 더 이상 훌륭한 작품을 내놓지 못하는 경우이다. 이는 역시 그가 창작 정신을 계속 내밀하게 키우지 않고 지난날 꾸며 놓은 수준에 만족하면서 대중의 인기에 현혹되기 때문일 것이다. 공자는 말한다. "평생토록 올바른 정신을 키워야 찬란함을 얻어 훗날 남들의 업신여김을 받지 않을 것이다.〔永貞之吉 終莫之陵也〕"(「상전」)

六四
꾸밈이 순백하다.
백마를 탄 사람이 나는 듯이 달려오리라.
도둑이 아니라 청혼하려는 것이다.
賁如 皤如 白馬 翰如 匪寇 婚媾

육사(六四)가 하괘를 벗어나 상괘에 들어섰다. 이는 그가 (하괘의) '밝음'(밝은 꾸밈)을 벗어나 (상괘의) '머무름'의 정신을 갖고 있음을 함의한다. 즉 그는 화려한 문명의 삶에서 한발 물러서서 문명의 꾸밈을 냉정하게 성찰하고 있다. '순백'과 '백마'의 흰색은 이러한 함축을 갖고 있다. 그는 가까이에서 '도둑'과도 같은 구삼(밝은 문명)의 유혹을 받지만 그의 손길을 거절하고, 비록 아직은 멀리 떨어져 있지만 언젠가는 만날 '백마'와도 같은 초구를 기다린다. 꾸밈(괘)의 출발점에 서 있는 초구는 문명에 오염되지 않은 사람으로서, '순백한' 육사와 음양으로 호응하는 사이다. 즉 '도둑'이 아니라 '청혼'의 배필감이다.

오늘날 우리의 삶은 화려하게 꾸며진 문명에 압도당하고 있다. 현대 문명의 이기(利器)들이 우리의 이목을 사로잡으면서 한시도 가만히 놓아 두지 않는다. 특히 상업 문명 속에서 그것들은 온갖 광고를 통해 우리의 욕망을 한없이 조장하고 심지어 조작까지 하면서 참삶의 정신을 잊게 만들고 있다. 우리는 그것이 강조하는 '소비의 미덕'에 세뇌되어 소모적인 인생에 열을 올린다. 우리는 이제 창조적인 삶의 자리를 더 이상 갖지 못한다. 사소한 일처럼 보이지만, 과거에는 생명을 재배하고 결실하는 기쁨을 농부들에게 주었던 푸성귀조차 이제는 하나의 상품으로만 취급된다. 나아가 오늘날 피할 수 없게 된 조직 생활에서 우리는 기계의 한 부속품처럼 꾸며져 있다. 그것도 대체 가능한 것이기에 우리의 인격성은 증발되고 말았다. 현대 문명의 과도한 꾸밈이 인간 실종 현상을 낳은 시대에 우리는 살고 있다.

이는 물론 문명의 탓이 아니다. 우리가 자초한 일이다. 문명을 꾸며 낸 자는 우리 자신이기 때문이다. 우리는 마치 자신이 창조한 괴물에게 위협을 당하는 프랑켄슈타인 박사와도 같다. 그런데 문제는 우리가 괴물과도 같은 현대 문명의 수난을 겪고 있으면서도 그것을 통제하려 하기는커녕 어리석게도 그것이 제공하는 달콤한 독즙을 오히려 즐기고 있다는 데에 심각성이 있다. 앞서 인용한바 "꾸밈만 일삼을 뿐 정신을 배양하려 하지 않으면 빛 좋은 개살구와도 같다."는 공자의 충고를 사람들은 귀담아듣지 않는다.

그러면 이처럼 거대해진 괴물 문명을 어떻게 하면 인간화할 수 있을까? 우리는 이 문제를 외형의 꾸밈과 내면의 정신에 관한 원론적 성찰부터 시작할 필요가 있다. 위에서 말한 것처럼 인간은 동물과 달리 꾸밈에서부터 삶을 시작한다. 그런데 그 꾸밈은 달리 살피면 인간의 자기 구속이기도 하다. 우리가 그동안 갖가지로 꾸며 낸 법과 제도는 물론 도덕까지도 우리들 자신의 행동거지를 알게 모르게 제약한다. 그러한 꾸밈들이 인간다운 삶을 제고하는 한에서 그것들은 아름다운 구속이라 할 수 있다. 하지만 인류 역사의 진행과 함께 서서히 누적되어 온 유무형의 온갖 꾸밈(제도, 규범 등)들은 아름답지 못하게 그 구속을 강화해 왔다. 특히 현대에 들어와서 그것들은 사람을 노예화하기에까지 이르렀다.

이제 우리는 이와 같은 문제의식 속에서 자신이 꾸며 내고 있는 삶을 되돌아보아야 한다. 나는 과연 진·선·미·성 등 참삶의 정신을 갖고 있는지, 그 정신으로 삶을 꾸며 내고 있는지 하는 등의 문제를 진지하게 자문할 필요가 있다. 삶의 출발점에서, 그야말로 꾸밈없는 순백의 정신으로 현대 문명의 온갖 꾸밈들을 냉정하게 검토해야 한다. 이에 대해 사람들은 화려한 현대 문명을 박탈당하는 것이 아닐까 불안하게 여길지도 모른다. 그들은 위와 같은 자기반성의 요구를 반문명론자의 '도둑' 심보로 의심할지도 모른다.

그러나 이는 노자의 주장처럼 모든 꾸밈을 거부하고 "질박한 자연 상태 그대로의 삶으로 돌아가자.[復歸於樸]"는 말이 아니다. 문명을 꾸며 나가되, 그 이전에 참삶의 정신을 두텁게 확립하여 "꾸밈과 정신이 조화를 이루도록[文質彬彬]" 하자는 것이다. 위와 같은 문제의식과 자기반성의 자리에서 순백의 정신은 우리에게 구원의 길을 알려 줄 것이다. 마치 백마를 탄 기사가 잠자는 미녀를 깨우고 청혼하여 삶의 보금자리를 꾸리듯이, 순백의 정신은 진정 아름다운 삶을 꾸미도록 해 줄 것이다. 공자는 말한다. "지금의 자리에 의심을 품으라. 도둑이 아니라 청혼하려는 것이므로 뒤탈이 없으리라.[六四 當位疑也 匪寇婚媾 終无尤也]" (「상전」) 오늘날 지나친 꾸밈들을 회의하면서 순백의 정신으로 삶을 새롭게 꾸며야 한다는 것이다.

六五
시골에서 삶을 꾸민다.
갖고 있는 비단 한 묶음이 초라해 보이지만, 마침내 행복을 얻으리라.
賁于丘園 束帛戔戔 吝 終吉

시골의 삶은 육오(六五)가 상구와 가까이 있음에서 착상된 것이다. 상구는 꾸밈의 주체인 하괘에서 가장 멀리 떨어져 있다. 말하자면 그는 화려한 문명 세계를 떠나 자연 속에서 새나 짐승들과 어울려 사는 은둔자와도 같다. 육오가 그에게 훈도되어 시골의 삶을 꿈꾼다. 육오는 (머무름의 속성을 갖고 있는) 상괘의 가운데 효로서 삶의 제자리를 찾아 머무르려는 의지를 본래 갖고 있으므로 상구에게로 마음이 쏠리는 것이다. "비단 한 묶음"은 문명인의 눈에 비친 시골 생활의 초라함을 말한 것이다.

사람들은 도시의 화려한 삶을 좋아하고 시골 생활을 불편해한다. 그들은 도시의 휘황찬란한 외양에 현혹되고 그 산물들을 향유하려 할 뿐, 도시 생활의 긴장과 스트레스, 비정함과 야만성에 대해서는 생각해 보려 하지 않는다. 아래에 도시 생활의 암울한 모습을 시골 생활과 대비한 파스칼 브뤼크네르라는 학자의 글을 읽어 보자.

아마 경쟁과 도전의 담론이 가장 극성스러운 곳은 도시일 것이다. (중략) 공공의 장소들을 지나가는 것, 군중과 나란히 걷는 것, 수백 명씩 얼굴을 대하는 것, 이런 것들은 매 순간 자신의 허약함을 확인하는 것이고, 대조적으로 유명한 인사들을 부러워하게 하는 것이다. 이 인사들은 그들이 가는 곳이면 어디서나 즉각적으로 알아볼 수 있는 대상이 된다. 아스팔트에 던져진 개인은 자신을 공적으로 수용당해 빼앗긴 듯한 느낌이 든다. 여기서 우리는 「택시 드라이버」의 제사(題辭)에 동의하지 않을 수 없다. "각각의 거리에는 대단한 인물이 되기를 꿈꾸는 무명인이 있다. 그는 외롭고 모두로부터 버림받았으며, 자기가 존재한다는 것을 절망적으로 입증하려고 애쓰는 인간이다." 적어도 시골에서는, 숲과 들판이 있는 이웃에서는 나는 나의 존재를 정당화해야 할 필요가 없다. 괴테가 인정했듯이 자연이 도시의 인간에게 '현대적 영혼의 커다란 진정제'라면, 그 이유는 그것이 대도시의 혼돈 및 임의성과는 대조적으로 뚜렷이 드러나는 규칙성과 조화를 구현하기 때문이다. 도시의 상상할 수도 없고 두렵게 하는 에너지는 나를 어떤 우월적인 힘과 대면케 하는데, 이 힘은 나를 억압하는 만큼 나를 자극하는 것이다. 재창조된 우리의 자연 속으로, 야만성을 간직한 자연 속으로 도시인은 평화의 항구를 찾으러, 소요와 고통의 일시적 정지를 찾으러 간다. 그 속에서는 어느 것도 그를 자극하지 않고 불안케 하지 않으며, 그는 어떤 위해도 받지 않고 자신의 온전함을 유지할 수 있다. 그 속에서 각각의 사물은 자기의 위치에 있으며, 예견할 수 있는 리듬에 따라 전개된다. 인간의 손으로 만들어진 그 풍경 속에서 나는 긴장이 풀리고 나를 회복하며, 나는 "나 자신에 휘감겨"(루소) 있는 것이다.(『순진함의 유혹』)

그러므로 겉꾸밈만 화려하고 요란할 뿐 참삶의 뿌리를 내릴 수 없는 딱딱한 아스팔트 위의 도시 생활을 동경해서는 안 된다. 지금은 시골의 인심도 각박해졌지만, 우리는 전통적 시골의 정서, 즉 인정으로 훈훈하고 평화로우며 질박한 삶의 정신을 회복할 필요가 있다. 물론 도시의 편리하고 화려한 생활에 비추어 보면 시골의 단조로운 삶은 매우 불편하고 초라하게 여겨질 수도 있다. 그것은 마치 형형색색으로 휘황찬란한 인조 섬유 앞에 놓여 있는 "비단 한 묶음"처럼 비칠 수도 있다.

하지만 숲과 들판의 자연을 가까이 두고 있는 시골은 "나를 회복하고" "자신의 온전함을 유지할" 수 있는 진정한 삶의 자리다. 시골의 정신이야말로 도시 생활 속에서 끊임없이 떠도는 영혼의 불안과 고통을 치유해 줄 "커다란 진정제"다. 공자는 말한다. "그 행복은 삶의 제자리를 얻은 기쁨이다.[六五之吉 有喜也]"(「상전」) 물론 이는 자연에 대해 적대적인 태도를 버리는 것을 전제로 해서다. 자연을 수탈하거나 파괴하지 않고 최소한으로만 꾸며 자연만물과 인간이 조화를 이룰 때, 우리는 진정으로 삶의 행복을 누릴 수 있다.

上九
꾸밈이 없다.
허물거리를 면하리라.
白賁 无咎

상구(上九)는 괘의 마지막 효로서, (하괘의) 꾸밈의 세계에 질린 나머지 그로부터 멀리 벗어나 있는 사람이다. 그리하여 그는 "꾸밈이 없다." 그는 양효로서 음의 자리에 있으므로 자신이 정당하지 않음을 알지만, 흔들리지 않는 강인한 정신으로 화려한 꾸밈의 문명사회를 벗어나 은둔자처럼 참삶의 정신을 지키려 한다.

오늘날 선진국 사회에서는 문명에 대해 혐오감까지는 아니더라도, 회의의 마음속에서 자연으로 돌아가는 사람들이 늘고 있다. 문명사회에서 벌어지는 갖가지 꾸밈과 허위와 기만에 질식할 것 같은 느낌 때문일 것이다. 사실 노자가 강조했던 '무위자연(無爲自然)'의 삶도 꾸밈 자체를 부정한 것은 아닐 것이다. 『도덕경』만 하더라도 그는 뜻의 꾸밈 형식인 언어와 문자를 이용하고 있다. 정작 그가 경계했던 것은 꾸밈의 허위와 기만성이었다. 아래에 이황의 시를 한 편 읽어 보자. 그는 부귀영화로 꾸며 대는 속세의 삶을 견디지 못하고 자연 속으로 들어와 초목금수와 더불어 사는 삶의 즐거움을 이렇게 노래한다.

> 옛날 성안의 속세에선 꿈에도 놀라 깨더니
> 이제 숲속에서 지내니 온전한 삶이 즐거워라.
> 잠잘 때는 푸른 들창 열어 드는 바람 맞이하고
> 술동이를 두드리고 노래하며 새 울음에 화답한다.
> 산에 숨은 표범은 안개 짙어도 아랑곳 않고
> 몸을 사린 용은 돌연못 맑아지자 스스로 기뻐한다.
> 소나무와 대나무 골짜기에 이 한 몸 감추었으니
> 인간 세상 향하여 내 이름 말하려 할까.
> 昔在城塵夢亦驚　　林居今日樂全生
> 睡開翠牖迎風至　　歌擊瓠尊答鳥鳴
> 豹隱不嫌山霧重　　龍蟠自喜石潭淸
> 松筠一壑藏身世　　肯向人間道姓名(「기민경열(寄閔景說)」)

　위에서 "산에 숨은 표범"과 "몸을 사린 용"이란 산림에 숨어 사는 은자를 은유한다. 그처럼 인간 세상을 등지고 "소나무와 대나무 골짜기에서 몸을 감추고" 사는 것은 물론 지나친 태도다. '인간(人間)'이라는 글자의 뜻이 함축하고 있는 것처럼 사람은 사람들 가운데에서만 사람일 수 있으며, 문명(문화)의 꾸밈은 인간의 타고난 운명이기 때문이다. 하지만 꾸밈이 참삶의 정신을 억누르고 심지어 질식시키는 문명사회에서 우리는 어떻게 살아야 할까? "꾸밈과 정신이 조화를 이루어야 한다.〔文質彬彬〕"고 말은 쉽게 할 수 있지만, 그 '조화'가 어떤 형태와 수준을 뜻하는지, 그리고 그것을 어떻게 실천에 옮길 수 있는지 등 실제로는 많은 난제가 뒤따른다. 그렇기는 하지만 고민과 모색을 포기할 수도 없는 일이다. 삶의 성패가 걸려 있는 문제이기 때문이다.

그렇다면 그 시작을 이렇게 해 보면 어떨까? 외양의 꾸밈을 아예 벗어나 순백한 정신을 최대한 펼치는 것이다. 그것이 가장 이상적인 태도는 아니지만, 겉치레와 가식과 허위 등 꾸밈으로 인한 수많은 '허물거리'는 면할 수 있을 것이다. 공자는 말한다. "꾸밈이 없어 허물거리를 면하니, 태고 시절의 뜻을 이루리라.〔白賁无咎 上得志也〕"(「상전」) '태고 시절'이란 사람들이 꾸밈을 모르고 질박하게 살던 옛 시절을 말한다.

23. 상실의 시대

박(剝)

사람은 꾸밈이 없이는 살 수 없지만, 어떤 일이든 꾸밈이 지나치면 문제와 폐해가 생긴다. 그것은 교묘한 가식과 인위적인 조작들을 확대 재생산하면서 참삶의 정신을 매몰시킨다. 우리는 이 점을 내면의 가꿈보다는 바깥의 치장을 중시하는 오늘날 대중의 삶에서 일상으로 목격한다. 그들은 미모와 재물과 권력과 사회적 지위 등 외재적인 것들로 자신을 화려하게 꾸미려 할 뿐, 자신의 내면으로 들어가 인간성을 제고하고 인격 가치를 아름답게 가꾸려는 노력을 소홀히 한다. 그들에게 사랑이나 정의나 고매한 인격은 살아가는 데 실리와 실용성이 없기 때문이다.

이제 사람들은 모든 꾸밈을 벗어난 가운데에서만, 어쩌면 깊은 고독 속에서만 만날 수 있는 자신의 본래적인 모습을 대면할 용기를 잃고 말았다. 그 대신 그들은 권력, 재물, 높은 사회적 지위 등 각종의 외재적 꾸밈 속에서 자신의 정체성을 찾으려 한다. 하지만 외재적 꾸밈이란 참으로 덧없는 것인 만큼 그들이 거기에 매달릴수록 삶의 공허감은 깊어질 수밖에 없는 것이 정한 이치다.

오늘날 많은 사람이 우려하는 인간 상실의 위기를 우리는 이러한 관점에서 조명해 볼 수 있다. 본래적 자아가 갖가지 꾸밈에 가리고 파묻혀 사라지고 만 것이다. 이 점을 공자는 2500여 년을 뛰어넘어 우리에게 아래와 같이 경고한다. "'비(賁)'란 꾸밈을 뜻한다. 꾸밈에 전념하고 몰입하다 보면 삶의 길이 막히고 만다. 그래서 〈비〉에서 〈박(剝)〉으로 이어졌다.〔賁者 飾也 致飾然後 亨則盡矣 故受之以剝〕"(「서괘전」). 여기에서 '박'이란 상실과 박탈을 뜻한다. 꾸밈이 극단으로 치닫게 되면 참삶의 정신이 상실(박탈)된다는 것이다. 그리하여 〈박〉괘는 갖가지의 상실(박탈)을 주제로 갖는다. 거기에는 개인적인 문제도 당연히 포함되지만, 아래에서는 이를 시대적 관점에서 논의해 보려 한다.

먼저 이 주제를 괘의 상징과 괘효의 구조상에서 살펴보자. 〈박〉괘는 상괘 '간(艮)' ☶과 하괘 '곤(坤)' ☷으로 이루어져 있으며, 그것들은 각각 산과 대지를 상징한다. 산이 대지 위에 솟아 있다. 하지만 수만 년의 오랜 세월이 지나면 그것도 깎이고 무너져 내려 평평해질 것이다. 산이 평지가 되어 그 모습이 상실되고 마는 것이다.

한편 이 괘는 아래의 다섯 음효와 제일 위의 양효 하나로 구성되어 있다. 이는 음기가 세력을 확장하고 치받아 올라가면서 양기를 잠식하고 파괴하는 모습을 띤다. 공자는 말한다. "박은 박탈을 뜻한다. 음험한 힘이 건강한 정신을 침식하는 것이다.〔剝 剝也 柔變剛也〕"(「단전」) 인간 사회의 문제로 치환해서 말하면, 음흉한 어둠의 세력이 의롭고 선량한 사람들을 핍박하고 해치는 궁핍한 시대를 은유한다. 독재 사회는 말할 것도 없고, 민주 사회라 하더라도 소인배들이 득세하는 시절도 이에 해당된다.

이러한 뜻은 〈임〉괘의 괘사에서 도표로 인용한 바 있는 소식괘상에서도 드러난다. 그것은 (음력) 9월에 해당되며 계절로 따지면 음산한 가을바람으로 초목이 영락하는 시절을 상징으로 갖는다. 갈수록 성대해지는 음기로 인해 그들의 생명이 위축되고 상실되는 것이다. 다시 인간 사회로 돌아와서 말한다면 그것은 역시 어둠이 깊어 가는 궁핍한 시대에 해당된다. 이러한 상황은 다음과 같은 물음을 제기하게 한다. 즉 인간 상실의 암흑 시대를 우리는 어떻게 견디며, 어떻게 하면 그 속에서도 인간성을 잃지 않고 참삶의 정신을 지켜 낼 것인가 하는 것이다.

이 괘의 속성은 그 해답을 다음과 같이 암시한다. 상괘 '간'과 하괘 '곤'은 각각 머무름과 수용의 속성을 갖고 있다. 이는 우리가 인간 상실의 암흑 시대를 살면서 갖추어야 할 삶의 정신을 시사한다. 먼저 한겨울의 추위까지도 묵묵히 받아들이는 대지와도 같은 마음으로 그 시대를 수용해야 한다. 시대 상황이 열악하다 해서 그것을 분노의 마음으로 거부하려 하지 말고 전폭적으로 받아들여야 한다. 이미 운명으로 주어진 현실을 거부하는 것은 마음의 고통만 키울 뿐이다. 그것은 마치 초목이 가을철 쌀쌀해지는 날씨에 저항하여 잎을 떨어트리지 않고 푸르름을 고집하려는 것이나 마찬가지다.

그처럼 시대 상황을 전폭적으로 수용하면서 한편으로 자신이 머물러야 할 올바른 삶의 자리를 찾아야 한다. 초목이 추운 계절에 새싹을 피우는 대신 안으로 생명을 단단하게 지키면서 다가올 봄을 준비하는 것처럼, 궁핍한 시대일수록 아름다운 삶의 정신을 잃지 말고 굳건하게 길러야 한다. 그것이 자신을 어둠에 빠트리지 않는 비결이며, 더 나아가 어둠의 사회를 밝혀 주는 빛이 될 것이다. 인간 상실의 암흑 시대 속에서도 누릴 수 있는 행복의 길이 여기에 있다. 공자는 말한다. "군자가 상실의 시대를 수용하면서 자신의 삶의 자리에 머무는 것은 시대 상황을 잘 알기 때문이다. 그는 영고성쇠의 시대적 현상을 보면서 거기에 담긴 하늘의 이치를 받들어 행한다.〔順而止之 觀象也 君子 尙消息盈虛 天行也〕"(「단전」)

괘사卦辭

상실의 시대에 세상에 나서는 것은 지혜로운 일이 아니다.
剝 不利有攸往

정신이 깨어 있는 사람은 인간성이 상실된 어둠의 시대를 살면서 많은 번민과 고통을 겪을 것이다. 그 시대 속에서 인간성을 순수하게 지키는 것도 참으로 어려운 일이지만, 세상과 담을 쌓은 은둔자처럼 자신만 돌보면서 혼자서 삶을 누릴 수도 없기 때문이다. 오히려 그는 자신이 세상을 바꾸기 위해 무언가 도모해야 하지 않느냐는 책무 의식에 마음이 어지러울 것이다.

그렇다고 해서 딱히 무슨 대책과 방안이 있는 것도 아니라는 데에 문제가 있다. 가령 독재 사회라면 그 정권을 타도하기 위해 결사단이라도 조직하여 투쟁에 나서겠지만, 사람의 모습을 찾아보기 어려운 암흑의 시대에 집집마다 찾아다니면서 사람들에게 인간성의 불을 밝히도록 호소할 수도 없기 때문이다. 설사 그러한 노력을 한다 하더라도 그는 어둠의 세력에게 비난과 훼방, 위협을 받게 될 것이다. 소크라테스가 "젊은이들을 타락시킨다."는 이유로 고발당한 것처럼 말이다.

종교 사회를 예로 들어 보자. 동서고금을 막론하고 어떠한 종교든 대중적인 힘을 얻게 되면, 그것은 세속화되면서 본래의 정신을 잃고 만다. 그 대신 그 자리에는 교단(교회, 사찰)의 권위를 이용하여 부귀영화를 누리려는 성직자들이 판을 친다. 그야말로 "악화가 양화를 구축한다." 예수가 한국에 오면 이단으로 몰려 쫓겨나고 말 것이라는 항간의 우스갯소리도 이러한 실정을 꼬집은 말이다. 그러하니 순수한 마음으로 사람들의 영혼을 일깨우려는 소수의 성직자들이 소외와 핍박을 당하는 것은 어쩌면 필연이다.

이러한 상실의 시대에 무모하게 나서서 거기에 도전하고 저항하는 것이 능사는 아니다. 아니 그것은 지혜로운 일이 아닐 수도 있다. 그것은 마치 도도한 강물의 흐름을 거슬러 헤엄치려는 것이나 다름없다. 그는 자신이 신념에 따라 행했다는 위안으로 자족할지 모르지만, 세상을 개선하려는 자신의 뜻이 어둠 속에서 얼마나 밝혀질 수 있을지 깊이 생각해 볼 필요가 있다. 공자는 말한다. "세상에 나서는 것은 지혜로운 일이 아니니, 소인들이 지배하고 있기 때문이다.〔不利有攸往 小人長也〕"(「단전」)

그러면 어떻게 살아야 할까? 세상을 외면하고 초연히 혼자서 정신적 일락이나 누릴까? 그것도 옳은 태도는 아니다. 그것은 지성인의 사회적, 시대적 책무를 저버리는 일이기 때문이다. 우리는 여기에서 하나의 행로를 생각해 볼 수 있다. 즉 세상에 적극적으로 나서지는 않지만 자신이 머무르고 있는 지금, 이 자리에서 참삶의 정신을 온몸으로 밝히고 본래적 자아를 실현하는 것이다. 신동엽 시인의 말처럼 "세상에 항거함이 없이 / 오히려 세상이 / 너의 위엄 앞에 항거하려 하도록 / 빛나는 눈동자"(「빛나는 눈동자」)를 가져야 한다. 그것이 자신을 올바로 지키는 일이며, 세상

사람들에게 올바른 삶의 길을 무언으로 밝혀 주는 등불이 될 수 있다.

괘상卦象

산이 땅에 붙어 있는 모습이 〈박〉의 형상이다.
윗사람은 이를 보고서 아랫사람들을 깊이 보살펴
자신의 자리를 안전하게 지킨다.
山附於地 剝 上 以 厚下安宅

산은 "땅에 붙어 있다." 즉 땅을 토대로 솟아 있다. 이 '토대'의 관점
에서 생각해 보자. 모든 일은 토대가 있다. 토대를 갖지 못한 것은 마치
뿌리 없는 나무와도 같다. 나무의 뿌리가 깊어야 줄기와 가지가 굵으
며, 잎과 꽃과 열매가 무성하다. 토대가 튼튼해야 그 위의 구조물도 강
고한 법이다. 건물도 토대가 튼튼해야 무너지지 않는다. 사람도 생명의
저력이 강해야 웬만한 질병에도 견디며 건강하게 살 수 있다. 그러므로
어떤 일이든 토대를 깊고 튼튼하게 갖추지 않으면 안 된다.

인간관계도 마찬가지다. 자타의 관계가 얼마나 돈독하게, 안정적으로
지속되는가 하는 것은 그 토대의 두터움 여부에 달려 있다. 사랑이 깊
을수록 남녀(부부)의 관계가 오래 지속된다. 평생의 벗은 두터운 우정
에서만 이루어진다. 인격의 교류도 그 두터움(깊이) 속에서만 가능하다.
너와 나의 만남이 얄팍한 이해타산에 입각한 것이라면 그 관계는 인격
적 교류를 상실하여 결코 오래가지 못한다. 여기에서 우리는 평소 맺어

온 각종의 인간관계의 토대가 무엇인지, 얼마나 깊은지 되돌아보자. 만약 외롭고 무상하다고 느낀다면, 그 관계의 토대가 두텁지 못해서 그러한 것은 아닌지 자성할 필요가 있다.

자타의 관계에서 토대의 구축은 당연히 쌍방이 공동으로 작업해야할 일이지만, 그것을 상대방에게 요구하기에 앞서 나 스스로 먼저 노력하지 않으면 안 된다. 내가 상대방의 인격을 존중하지 않으면서 그에게 나를 인격적으로 대하라고 요구해서는 안 된다. 이는 특히 상하의 인간관계에서 더욱 절실하다. 어느 분야에서든 윗사람은 아랫사람의 토대위에서만 존재하기 때문이다. 그러므로 '윗사람은 아랫사람들을 후하게 보살펴야만' 자신의 자리를 안전하게 지킬 수 있다. 아랫사람을 외면(착취, 학대)하는 것은 곧 자기 자신의 부정이나 다름없다.

선비들의 정치사상 가운데 '민본(民本)'의 관념은 이러한 문제의식에서 나온 것이었다. 『서경』은 말한다. "백성은 나라의 근본이다. 근본이 튼튼해야만 나라가 평화를 얻을 수 있다.〔民惟邦本 本固邦寧〕" 즉 위정자의 책무와 존재 의의는 자신의 권력의 원천이자 토대인 서민들의 삶을 튼튼하게 해 주는 데에 있다. 당연히 이는 오늘날에도 그대로 타당한 훈계요 경고다. 서민의 삶을 돌보지 않고 소수의 가진 사람들만 비호하는 정치는 망국의 길이다.

효사爻辭

初六

침대의 다리가 망가졌다.
그 본래의 바른 모습을 잃어 흉물스럽다.

剝牀以足 蔑貞 凶

 '침대'는 사람들의 휴식처를 은유하며, '다리'는 초육(初六)이 괘의 제일
아래 효라는 점에 착상된 것이다. 음효가 처음 나타나 양효들을 잠식하
기 시작하므로 "침대의 다리가 망가졌다."고 했다.

침대는 잠자리나 휴식을 위해 소용되는 가구요, 그것을 받쳐 주는
지지대는 다리다. 그러므로 그 다리가 하나라도 망가지거나 없으면 그
것은 휴식의 자리가 되지 못함은 물론, 보는 이의 마음을 불안하게 만
드는 방 안의 흉물이 되고 말 것이다. 사람들이 침대의 품질과 안전성
을 중요시하는 것도 이 때문이다. 그들은 침대가 흔들리기만 해도 그것
을 즉각 수리하려 한다.
삶의 지지대는 건강한 정신이다. 정신이 병들면 삶이 흉물스러워지며
안식처를 잃는다. 그런데도 사람들은 병든 정신을 치료하려 하지 않는
다. 정신의 질병이란 무엇인가? 그것은 진리와 정의의 빛을 꺼 버리고
거짓과 불의의 어둠을 오히려 편안하게 여기는 전도된 가치 의식이다.
이러한 의식은 갑자기 생겨나지 않는다. 그것은 마음속에서 조금씩 자
라나면서 밝고 건강한 정신을 부지불식 간에 잠식한다.
결국 그것은 자신의 삶 전체를 흉물스럽게 만들 뿐만 아니라 인간관
계를 파탄내고, 나아가 사회까지도 해체시킬 것이다. 마치 불씨 하나가
산 전체를 다 태우는 격이다. 공자는 다음과 같이 말한다. "침대의 다

리가 망가졌으니, 그 지지대가 사라졌다.〔剝床以足 以滅下也〕".(「상전」) 이
'지지대'는 삶과 인간관계와 사회를 건강하게 받쳐 줄 정신을 은유한다.
그러므로 우리는 개인적으로든 사회적으로든 그러한 '지지대'의 튼튼함
여부를 수시로 살피지 않으면 안 된다.

六二

침대의 틀이 망가졌다.
그 본래의 바른 모습을 잃어 흉물스럽다.

剝牀以辨 蔑貞 凶

"침대의 틀"은 초육의 "침대의 다리"의 연장선상에서 주어진 형상이
다. 이는 삶의 위기가 점점 가까이 다가옴을 암시한다. 육이가 하괘의
가운데 음효로서 올바로 자리하고 있지만 여기에서는 별 의의를 갖지 못
한다. 오히려 그를 구원해 줄 양효는 없는데, 위아래의 음효들 사이에서
자신의 정체성을 상실하고 마는 모습만 부각된다.

다리가 망가진 침대를 고치지 않고 그대로 사용하다 보니 이제는 그
틀까지도 망가졌다. 그리하여 몸을 누일 곳이 아예 없어졌다. 마찬가지
로 병든 정신을 방치하면 자신의 삶의 안식처 자체가 망가트려지고 말
것이다. 사람들은 부정과 불의를 마다하지 않고 부와 권력으로 '삶의
침대'를 화려하게 꾸미려 하지만, 그것은 천박하게도 돈 냄새만 풍기고
위세만 드러낼 뿐 사람의 향기를 발하지 못한다. 진리와 정의의 안목으

로 보면 그것은 '침대의 틀이 망가져' 흉물스러운 모습일 뿐이다.

그처럼 흉물스러운 침대는 더 이상 안식의 보금자리가 아니다. 공자는 말한다. "침대의 틀이 망가졌으니, 몸을 붙일 곳이 없구나.(剝牀以辨 未有與也)"(「상전」) 그러하니 그것을 마련한 본인 자신인들 그곳에서 편안하게 휴식할 수 있겠는가. 그 역시 밖으로 끝없이 헤맬 수밖에 없을 것이다. 이는 오늘날 물신숭배의 자본주의 사회에서 존재의 안식처를 잃은 사람들을, 파우스트의 말을 빌리면 "목적도 휴식도 없는 인간, 즉 사람답지 못한 인간"의 군상을 연상시킨다.

六三
상실의 시대에 공허한 삶을 면하리라.
剝之无咎

육삼(六三)이 위아래의 음효들에 둘러싸여 있지만 그들과 함께하지 않고 상구의 양효와 음양으로 호응하고 있다. 즉 그는 암울한 세상에 체념하거나 동화되지 않고 저 멀리 밝은 진리의 빛을 찾아나서는 사람이다.

상실의 시대라 해서 절망할 일은 아니다. 온 세상이 암울하고 자신의 정신이 오염되었다 하더라도, 본연의 인간성은 내면 깊은 곳에 변함없이 존재한다. 마치 휴화산의 깊숙한 내부에서 꿈틀거리는 용암처럼 말이다. 그러므로 어둠의 한가운데에서 상심과 절망을 느낄 경우에는 자신의 내면으로 돌아와 참자아의 목소리에 귀를 기울일 필요가 있다. 체

넘하면서 어둠에 물들어서는 안 된다. 공자는 말한다. "상실의 시대에 공허한 삶을 면하기 위해서는 어둠의 세계를 벗어나야 한다.〔剝之无咎 失上下也〕"(「상전」) 굴원의 말처럼 "모든 사람이 취해 있는데 나만 혼자 깨어 있는"(「어부사」) 외로움을 피하기 어렵겠지만, 깨달음과 참삶의 길은 바로 거기에서부터 열릴 것이다.

세상에는 참자아를 일찍이 깨달아 그로써 삶을 영위해 온 스승들이 있다. 인류가 때때로 암흑 시대를 겪으면서도 그것을 극복해 온 것도 그들이 밝힌 진리의 빛 덕분이다. 또한 많은 사람이 어두운 삶에 빠지지 않고 구원을 받는 것도 그들의 가르침 덕분이다. 석가모니와 공자와 예수가 그 대표적인 사람들이다. 그들은 이구동성으로 사람들에게 거짓된 삶을 버리고 자기 내면의 본성(불성, 덕성, 영혼)에 귀를 기울여 참자아의 삶을 살 것을 강조한다. "상실의 시대에 공허한 삶을 면할" 길이 여기에 있다.

六四
침대의 틀이 망가져 몸까지 다쳤다.
불행하다.

剝牀以膚 凶

육사(六四)는 초육과 육이를 거쳐 음의 세력이 크게 번지면서 양의 정신을 심각하게 해치므로 "침대의 틀이 망가졌을" 뿐만 아니라, 거기에 몸을 누이다가 "몸까지 다쳤다"고 했다. 이는 병든 정신이 자신의 존재 자체를 위협하는 상황이다.

침대의 다리가 망가지면 우리는 그 부분을 다른 물건으로 괴어 그 침대를 한동안 이용할 수 있다. 하지만 그 틀까지 망가졌으면 침대를 아예 교체해야 한다. 만약 그 두 가지가 다 망가진 침대를 계속 이용한다면 자칫 몸을 다칠 수도 있다. 여기에는 다음과 같은 은유가 있다. 즉 사람들이 자신의 병들고 타락한 정신을 치유하기는커녕 오히려 그것을 고집하려 하다가 결국 돌이킬 수 없는 불행에 빠지고 만다는 것이다. 재물에 눈이 멀어 제 부모를 살해하는 자식의 패륜이나 재산 상속의 문제로 서로 법정 다툼까지 벌이는 형제들의 반목이 그 예다. 공자는 말한다. "침대의 틀이 망가져 몸까지 다치니, 거의 재앙에 가깝다.〔剝牀以膚切近災也〕"(「상전」)

이와 같은 정신의 광란은 사실 저들에게만 있는 것이 아니다. 그것은 우리 마음속에도 다소간 잠복해 있다. 특히 재물의 문제를 넘어, 문명사회 전반에 걸쳐 갈수록 커져 가는 사람들의 야만성은 인간성의 상실이라는 말만으로는 설명하기가 어렵게 되었다. 그것은 우리의 존재 자체를 거의 파멸시키고 있다. 민주주의 사회의 어두운 면을 날카롭게 지적한 파스칼 브뤼크네르의 글을 읽어 보자.

(평등 사회에서) 경쟁 상태에 있는 개인들이 집단적으로 동일한 목표를 갈망할 때 자기 자신에게 가하는 스파르타식 교육보다 더 나쁜 교육은 없다. 부러움, 원한, 질투, 그리고 무력한 증오는 인간성의 야비한 결점이기에 앞서 민주 혁명의 직접적인 결과인 것이다. 각자가 권리로서 자기가

선택한 길을 시도할 수 있는 가능성, 야망, 성공을 합법적으로 인정함으로써, 인간들끼리 벌이는 부드러운 전쟁을 또한 합법적으로 인정한 것이 바로 이 민주 혁명이다. 인간들은 이 싸움에서 자신들의 행운에 따라 번갈아 분노하거나 행복해한다. 또한 민주 혁명이 모두에게 부와 행복, 충만을 약속함으로써 좌절을 부추기고, 우리로 하여금 우리의 운명에 영원히 만족하지 못하도록 북돋운다. 이것이 비교라는 독과 결합되고, 어떤 사람들의 눈부신 성공과 다른 사람들의 부진으로부터 태어나는 원한과 결합될 때, 그것은 각자를 욕망과 실망이라는 끝없는 사이클 속으로 끌어들인다.(『순진함의 유혹』)

그럼에도 불구하고 우리는 삶의 행보를 멈추지 않고 멋도 모른 채 "부드러운 전쟁"에 뛰어든다. 그것은 마치 거대한 소떼가 멈출 줄 모르고 절벽을 향해 내달리는 것과도 같다. 이러한 재앙을 어떻게 하면 극복할 수 있을까? 다시 한 번 말하지만, 이제 우리는 각자 자신의 내면으로 돌아와 참자아의 목소리에 귀를 기울이지 않으면 안 된다. 야만의 시대일수록 자신의 삶을 참자아의 정신으로 밝혀야 한다. 그 일이 아무리 어렵다 하더라도 인간성을 상실한 병든 삶의 불행에서 벗어날 길은 그것밖에 없다.

六五
물고기들을 꿰듯이 왕비가 후궁들을 이끌어 임금의 사랑을 받는다. 모든 일이 잘되리라.

貫魚 以宮人寵 无不利

　육오(六五)는 육사에 이어 음의 정신이 극성한 상태지만 "모든 일이 극에 이르면 반전하는 법[物極則反]"이라서, 이제 그에게 올바른 삶을 일깨워 주기 위해 긍정적인 말로 회유하고 있다. 그가 음효들을 거느려 상구의 양(빛)의 정신을 따라야만 불행을 면할 수 있다는 것이다. 육오는 '왕비'요 아래의 음효들은 '후궁'이며 상구는 '임금'과도 같다. 달리 살피면 육오 이하의 음효들은 상실의 시대를 사는 대중이요, 상구는 그들을 이끌어 줄 정신적 지도자다. 전자가 일상을 살아가는 나의 비본래적 자아라면 후자는 내면 깊이 도사리고 있는 참자아일 수도 있다. '물고기들을 꿰듯이'란, 물고기는 음양으로 따지면 음물(陰物)이요, 육오(왕비)가 아래의 음효(후궁)들을 질서 있게 통제하는 모습을 비유한 것이다.

　과거 왕조 시대에 임금은 왕비 이외에 후궁을 여럿 두었다. 이 때문에 후궁들끼리는 물론 왕비와 후궁들 사이에 임금의 총애를 얻기 위한 보이지 않는 암투가 벌어졌을 것이다. 그래서 이를 예방하기 위한 예법이 제정되기도 했다. 즉 『예기』에 의하면 왕비와 후궁들이 임금의 잠자리를 모시는 데 순서를 정하도록 했다. "물고기들을 꿰듯이 왕비가 후궁들을 이끌어"란 그러한 뜻이다. 왕비가 후궁들과 싸우지 않고 순서를 정하여, 문란하지 않게 임금의 잠자리를 모신다는 것이다. '물고기들을 꿰듯이'란 노끈에 꿰이는 물고기들의 모습을 비유한 말이다. 몇십 년 전만 하더라도 낚시질을 할 때 바구니가 없을 경우에는 기다란 풀줄기를 꺾어 그것으로 물고기들의 아가미를 꿰는 일이 흔했다.

이것이 은유하는 바는 무엇일까? 밤이 깊을수록 새벽을 고대하는 것이 인지상정이다. 사람들은 상실의 시대에 삶의 의미를 찾아 행동으로 '꿰지' 못하고 혼란에 빠져 구원자를 애타게 찾는다. 오늘날 갈수록 종교가 번창하는 까닭도 여기에 있을 것이다. 사람들은 인간 상실의 와중에서 초월자('정신적' 임금)에게 귀의하여 삶의 안식과 평화를 얻고 싶은 것이다. 그렇게 최후의 안식처를 찾아 삶의 의미들을 새롭게 '꿰어 나가면' '모든 일이 잘 풀릴 것이다.'

하지만 초월자에 대한 믿음만 가지고는 안 된다. 초월자가 이 세상에 나를 내놓으면서 나에게 내린 뜻(소명)을 진지하게 성찰해야 한다. 이를 위해서는 인류의 스승들이 그러했던 것처럼 자신의 내면 깊은 곳으로 돌아가 참자아를 몸소 깨닫지 않으면 안 된다. 부귀영화의 비본래적인 것들을 모두 다 떨쳐 버린 뒤에 현전하는 순수한 자아 말이다. 진리와 도의(사랑과 의로움)의 정신은 이의 자연스러운 산물이다. 그러므로 인류의 스승들이 그것을 이구동성으로 강조했던 것은 결코 우연이 아니다.

물론 그러한 깨달음을 얻기 위해서는 평생의 고통스러운 수행이 필요하다. 하지만 우리가 자아 상실의 허무한 삶을 두려워한다면 저 어려운 노력은 오히려 즐거움이 될 수도 있다. 참자아가 지시하는 삶의 의미들을 하나씩 찾아 꿰어 나가는 것, 즉 진리와 도의의 정신으로 삶을 엮어 나가는 것 이상으로 커다란 행복은 없기 때문이다. 인간 상실의 시대 속에서도 누릴 수 있는 행복의 비결이 여기에 있다. 공자의 말을 들어 보자. "왕비가 후궁들을 이끌어 임금의 사랑을 받으면 마침내 원망을 듣지 않을 것이다.〔以宮人寵 終无尤也〕"(「상전」) 이 은유는 우리 모두 참자아를 사랑해야 한다는 뜻으로 풀이될 수 있다. 참자아의 사랑 속에서 펼쳐지는 삶은 자기 자신은 물론 어느 누구로부터도 원망을 듣지 않으리라는 것이다.

上九
먹히지 않는 큰 과일이 있다.
군자는 수레를 얻고, 소인은 제 집을 부순다.
碩果不食 君子得輿 小人剝廬

　"먹히지 않는 큰 과일"이란 마지막으로 남아 있는 양효의 상구(上九)를 가리킨다. 〈박〉괘는 앞서 〈임〉괘에서 소개한 소식괘 상 음력 9월에 해당되는데(그래서 그 달을 '박월(剝月)'이라고도 한다.), 상구는 나뭇잎들이 거의 다 지고 난 뒤에 나무에 매달려 있는 과일의 영상을 갖고 있다. 군자는 그것을 소중히 보전하므로 '수레를 얻는다.' 하고, 이에 반해 소인은 마지막 남은 양효 하나마저 없애 버리기 때문에 '제 집을 부순다.'고 했다.

　찬바람 부는 가을이 되면 나뭇잎이 하나둘 떨어지면서 쓸쓸한 풍경을 지어낸다. 사람들은 그것을 보면서 삶의 고독과 허무감에 젖기도 한다. 하지만 그 자리에서 우리가 놓쳐서는 안 되는 장면이 하나 있다. 이를테면 감나무에 매달려 있는 홍시이다. 그것은 오히려 차가운 바람과 서리 속에서 더욱 깊게 익어 간다. 나아가 과육이 품고 있는 씨앗은 혹한의 추위 속에서도 생명의 뜻을 잃지 않고 고수하면서 다가올 새봄의 탄생을 기다린다. "먹히지 않는 과일"이란 바로 그 열매를 뜻한다.

우리 전래의 풍속에서 '까치밥'은 이러한 은유를 담고 있다. 차제에 "찬 서리 / 나무 끝을 나는 까치를 위해 / 홍시 하나 남겨 둘 줄 아는 / 조선의 마음"(김남주)을 한 번 헤아려 보자. 사실 까치밥은 감만을 가리키는 말이 아니었다. 과거에 우리 선조들은 가을철 수확기에 사과나무와 배나무, 심지어 무 밭과 배추 밭에까지 '까치밥'을 남겨 놓았다. 이러한 각종의 '까치밥'은 자연에 대한 그들의 염원을 담고 있다. 아니 그것은 차라리 낭만이었다. 그들은 그것을 '씨 말려 버리듯' 거두어들이지 않고 몇몇 개를 남겨 놓음으로써 이듬해의 풍요를 빌었던 것이다.

나아가 거기에는 자연의 생명 정신을 신앙했던 "조선의 마음"이 담겨 있다. 아무리 혹한의 계절이라도 자연의 생명 정신은 소멸되지 않고 유지되어 봄철에 다시 발현되리라는 믿음이다. (음력) 9월의 〈박〉괘에 이어 순전히 음효들로만 이루어진 〈곤〉괘의 10월을 선비들이 '음월(陰月)'이라 하지 않고 '양월(陽月)'이라고 명명한 것도 이러한 인식에서였다. 사멸적인 음기가 아무리 극성하더라도 생명의 양기는 결코 사라지지 않는다는 이치를 사람들에게 일상의 용어로 주지시키려 한 것이다.

이러한 이치는 사람들의 삶에도 그대로 타당하다. 저 "먹히지 않는 큰 과일"이란 인간 상실의 암흑 상황에도 소멸되지 않는 인간 정신의 빛을 은유한다. 그 빛은 참자아의 정신에서 발하며, 그것은 『25시』(게오르규)의 상황에서도 결코 꺼지지 않는다. 사람들은 인간 상실의 어두운 삶을 견디지 못하고 그 빛이 밝혀지기를 갈망한다. 마치 창가의 그늘에 있는 화초가 햇빛을 지향하는 것처럼 말이다.

군자는 인간 정신(참자아)의 빛을 소중히 밝히고, "먹히지 않는 큰 과일"을 잘 보전하여 새봄의 싹으로 키우려 한다. 그는 "산정을 걸어가고 있는 사람의 / 정신의 / 눈 / 깊게, 높게 / 땅속서 스며나오는 듯한 / 말 없는 눈빛"(신동엽 「빛나는 눈동자」)으로 어둠을 꿰뚫어 보면서 거기에 생명의 빛을 밝히려 한다.

구한말 큰 유학자였던 전우(田愚, 1841~1922)가 일제의 암흑기에 〈박〉괘의 상구효(上九爻)를 자주 상념했던 것도 이러한 마음에서였다. 그는 아무리 궁핍한 시대라 하더라도 시들지 않는 정신 생명의 '큰 과일'로 나서고자 했다. 그는 나라의 멸망 원인이 진리와 도의의 실종에 있다고 여기면서, 학자로서 진리와 도의의 정신의 빛을 소중하게 키워야 할 책임을 깊이 자각했다. 그가 키워 냈다는 3000여 명의 제자들이 곧 그 결실이다. 제자들은 선생을 진리와 도의의 '수레'로 여겨 따랐을 것이요, 선생에게는 바로 그 제자들이 진리와 도의를 미래로 싣고 갈 수많은 '수레'들로 비쳤을지도 모른다. 공자는 말한다. "군자가 수레를 얻으니 사람들이 그를 받들지만, 소인은 제 집을 부수어 끝끝내 이용하지 못한다.[君子得輿 民所載也 小人剝廬 終不可用也]"(「상전」)

소인은 진리와 도의(참자아)의 집을 스스로 부수어 버리고, 대신 부귀 권세의 밀림 지대에서 자신의 거처를 찾아나선다. 하지만 질투와 탐욕, 약육강식이 지배하는 그곳에서 어떻게 사람으로 살 수 있을까? 날카롭게 털을 세운 고슴도치처럼 자기방어를 위해 담장을 높이 칠 수밖에 없을 그의 삶은 스스로 감옥을 만들어 그 안에 자신을 가두는 것이나 다름없다. 우리는 여기에서 맹자의 탄식을 듣는다. "사랑은 사람의 편안한 집이요 의로움은 사람의 바른 길인데, 사람들이 편안한 집을 버리고 바른 길을 걷지 않으니, 슬프구나![仁 人之安宅也 義 人之正路也 曠安宅 而弗居 舍正路 而不由 哀哉]"(『맹자』)

24. 빛의 회복

복(復)

음양론에 의하면 이 세상에는 백 퍼센트의 양도, 백 퍼센트의 음도 없다. 막강한 음의 세력에도 양의 기운이 잔존하여 그것에 대항하면서 세력을 키우고, 그 반대도 마찬가지다. 예를 들면 아무리 깊은 밤중이라도 빛이 남아 어둠을 밀어내면서 새벽을 열고, 대낮 또한 일말의 어둠에 서서히 밀려 저녁과 밤으로 이동된다. 나아가 만사만물이 다 그러하다. 그렇게 만물은 두 가지의 이질적이고 상반적인 기운(세력)의 상호 작용 속에서 생성하고 변화해 나간다. 콜럼 코츠라는 과학자는 이러한 이치를 다음과 같이 말한다.

빅터는 어떠한 현상의 이면에는 언제나 그 현상과 대립되는 현상이 있게 마련이며, 이 두 형질을 언제나 동시에 고려해야만 자연을 올바로 이해할 수 있다고 주장했다. 따라서 자연에서 일어나는 모든 운동은 이 두 종류의 대립형질 간의 상호 작용이기 때문에, 둘 중의 한쪽 형질을 완전히 배제한 상태(하나의 형질만으로 이루어진 극한 상태)의 물리 현상은 실제로는 불가능하다. (중략) 실재하는 물리 세계에서 대립형질 간의 비율은 극단적인 경우에도 겨우 96퍼센트 정도까지만 도달할 수 있을 뿐이다. 일단 이러한 극점에 도달하면 반대 형질(대립형질)이 점점 더 세력을 떨치기 시작하므로 반작용이 위력을 발휘한다.(『살아 있는 에너지』)

〈복〉괘가 〈박〉괘 다음에 놓인 이유가 여기에 있다. 음의 세력이 극점에 도달하면 그 반대 형질인 양의 기운이 회복되어 점점 더 세력을 떨치기 시작할 것이다. 공자는 이러한 이치를 괘효의 논리로 다음과 같이 간결하게 말한다. "'박'이란 박탈을 뜻한다. 하지만 무슨 일이든 완전히 박탈되는 법은 없다. 위에서 다하면 아래로 되돌아오기 마련이다. 그래서 〈박〉에서 〈복〉으로 이어졌다.〔剝者 剝也 物不可以終盡剝 窮上反下 故受之以復〕"(「서괘전」). 여기에서 '복'이란 회복을 뜻한다. 〈박〉괘 상구(上九)의 양효가 위에서 뚫려 음효로 변하는 순간 아래에서 새로운 양효(초구)로 되돌아온다는 것이다. 그것이 〈복〉괘의 형상이다.

이는 우리 삶의 현장에서는 빛의 회복을 은유한다. 어두웠던 삶에 드디어 서광이 비치기 시작하는 것이다. 여기에서 삶의 빛은 세상사의 국면들에 따라 구체적인 의미를 얻을 수 있다. 그 한 예로 앞서 〈박〉괘에서 논의한 인간 상실의 관점의 연장선상에서 살펴볼 수도 있다. 즉 상실의 끝에 회복되는 인간 정신의 빛이다. 달리 살피면 그것은 참자아의 회복이요 인간성의 근원으로의 회귀를 주제로 한다. 공자가 〈복〉괘를 두고 "회복은 덕의 근본〔復 德之本也〕"(「계사전」)이라고 말한 뜻이 여기에 있다. 사람의 덕(인격)은 참자아를 회복하는 노력을 통해서만 쌓일 것이다. 출세와 부귀영화의 세속적인 이상을 추구하는 사람에게서는 결코 고매한 덕을 기대할 수 없다.

참자아를 회복하기 위한 노력은 어디에서부터 시작되어야 할까? 공자는 말한다. "회복은 자신을 되돌아봄으로써 이루어진다.〔復以自知〕"(「계사전」) 참자아는 나의 내면 깊은 곳에 있기 때문이다. 나의 관심이 부귀나 명예 등 바깥 사물을 지향하는 한 나는 결코 참자아를 발견하여 성취할 수 없다. 그것은 오히려 자아 상실의 요인이다. 공자는 이러한 뜻을 다음과 같이 말한다. "군자는 자아를 자기 안에서 찾고, 소인은 자기 밖에서 찾는다.〔君子求諸己 小人求諸人〕"(『논어』)

사람은 누구나 자신의 근원으로 회귀하고자 하는 마음을 본래 갖는다. 그 근원은 어머니의 따뜻한 품 안일 수도 있고, 정든 고향일 수도 있으며, 신의 세계일 수도 있다. 그러한 회귀의 순간 우리는 세상만사를 모두 뒤로 하면서 안온하고 평화로운 마음을 얻는다. 모든 세속적인 일들을 떨쳐 버리고 참자아로 돌아왔을 때에도 마찬가지다. 사람들은 어떤 계기에 자신의 내면 깊은 곳, 인간성의 근원에 다다를 경우에는 잠시나마 고요한 안식을 얻기도 한다. 나아가 거기에서 신의 말씀까지 듣는다면 그 안식은 지복을 누릴 것이다. 그것은 당연히 부귀 속에서 얻는 불안하고 피상적인 안식과는 차원을 달리하며, 세상사 무엇에 의해서도 흔들리지 않는 존재의 힘을 얻을 것이다. 그처럼 위대한 인간 정신의 힘으로 세상에 나선 분들이 바로 인류의 스승들이다. 사람들은 그 힘에 이끌려 그들을 흠모하고 숭배한다.

이를 괘의 상징상에서 살펴보자. 〈복〉괘는 상괘 '곤'☷과 하괘 '진(震)'☳으로 이루어져 있으며, 양자는 각각 땅과 우레를 상징한다. 여기에 덧붙여 이 괘가 '소식괘'상 (음력) 11월에 해당됨을 고려하면 그것은 다음과 같은 영상을 펼쳐 낸다. 즉 지상은 아직 봄빛(생명적인 기운)을 느낄 수 없는 추운 겨울이지만, 땅속에서 울리는 우레(초구(初九)의 양기)가 생명체들을 일깨운다. 봄을 준비하라고 말이다. 물론 추운 계절에 땅속에서 태동하는 생명의 힘은 아직 미미하지만, 그것이 지상에서 미구에 펼쳐 낼 생명의 환희는 다른 어떤 것과도 비교할 수 없다. 공자는 다음과 같이 찬탄한다. "〈복〉에서 천지의 마음을 살피라.〔復 其見天地之心乎〕"(「단전」)

"천지의 마음"이란 과연 어떠한 것일까? 이를 선비의 자연관에 입각해서 살펴보자. 천지, 즉 자연은 그 안에서 만물이 생겨났다 사라지는 시공간의 장에 불과한 것이 아니다. 자연은 하나의 거대한 역동적 생명체로서 만물의 모태요 존재의 요람이다. 말하자면 "자연은 살아 있다." 봄의 새싹과 여름의 녹음은 초목이 제각각 독자적인 힘으로 만들어 낸 것이 아니다. 그 근저에는 하늘과 땅, 즉 자연의 신비로운 생명 정신이 작용한다. 사람들은 가을의 낙엽들과 겨울의 앙상한 나목들을 보면서 자연의 생명 정신을 회의할지도 모른다. 하지만 모든 것들이 얼어붙은 혹한의 계절에도 초목의 뿌리와 줄기는 한순간도 생명 활동을 그치지 않으며 새봄을 예비한다. 거기에는 자연의 생명 정신의 보이지 않는 힘이 작용한다. "천지의 마음"이란 바로 이를 두고 말한 것이며, 공자는 〈복〉괘에서 그것을 깨닫도록 권하고 있다.

생명의 힘은 자연 세계는 물론 사람들의 삶도 환하게 밝혀 준다. 그것은 인간 정신의 밝은 빛을 뜻한다. 참다운 행복과 평화는 그 속에서만 자라날 수 있다. 모든 생명체가 햇빛을 받아야만 생장하고 성숙하는 것처럼 말이다. 그 빛이 꺼진 세상을 상상해 보자. 인권을 무자비하게 탄압하는 독재 사회가 그러하고, 물신숭배 속에서 "존재의 절대 빈곤"(마르크스)을 야기하는 자본주의 사회도 마찬가지다. 그곳에는 사람의 따스한 숨결이 끊기고 포악한 권력과 비정한 물질의 음산한 유령들만 활개를 친다. 그러므로 인간다운 삶을 회복하기 위해서는 어떻게든 생명(정신)의 빛을 찾아 밝히는 노력을 해야 한다. 그 빛을 얼마나 회복하느냐에 따라 자신의 삶과 존재의 명암이 달라질 것이다.

괘사卦辭

빛의 회복으로 삶의 길이 열리리라.
긴 어둠을 벗어나 밝은 세계에 진입하여 고난이 끝난다.
하지만 빛을 끌어 모아야 불상사가 없을 것이다.
빛과 어둠이 반복되어 7일을 주기로 되돌아오니
삶을 밝게 가꾸어 나가도록 해야 한다.
復 亨 出入 无疾 朋來 无咎 反復其道 七日來復 利有攸往

긴 밤의 어둠을 헤치고 올라오는 아침의 태양은 밝은 빛으로 모든 생명을 고동치게 해 주며, 하루를 찬란하게 열어 준다. 마찬가지로 독재 사회에서든 물신숭배의 사회에서든, 아니면 개인적으로 기나긴 고난과 인고의 세월 속에서든 떠오르는 인간 정신의 빛은 사람들의 마음에 생동의 기쁨을 불어넣어 주고, 삶의 길을 열어 줄 것이다. 공자는 말한다. "빛의 회복으로 삶의 길이 열리는 것은 생명의 힘이 되살아나기 때문이다. 생명이 태동하여 순조롭게 성장하므로 긴 어둠을 벗어나 밝은 세계에 진입하여 고난이 끝난다. 하지만 빛을 끌어 모아야 불상사가 없을 것이다.〔復亨 剛反 動而以順行 是以 出入无疾 朋來无咎〕"(「단전」)

그런데 "끌어 모아야 할" 빛을 밖에서 기대해서는 안 된다. 누군가 빛이 되어 나를 구원해 주기를 바라서는 안 된다. 가령 하느님의 광채처럼 바깥의 빛이 아무리 휘황찬란하다 하더라도 내 마음이 어둡다면 삶의 평화와 안식을 얻는 것은 불가능한 일이다. 무엇보다도 그 빛을 나 자신의 내부에서 찾아야 한다. 이렇게 해 보자. 나를 어둠 속에서 헤매게 만드는 절망적인 현실과 아귀다툼의 세상으로부터 조용히 시선을 돌려 자신의 내면 깊이 침잠해 보는 것이다. 마치 한밤의 어둠 속한 줄기의 빛과도 같이 맑고 순수한 정신(영혼)의 빛을 내 안에서 각성할 수 있지 않을까? 그렇게 해서 뜨이는 참자아의 눈에 세상과 삶은 참으로 아름답고 사랑스러우리라. 인류의 스승들이 연민과 사랑으로 만민과 만물을 품에 안았던 것도 그러한 각성의 결과일 것이다.

우리 일반인들도 일상에서 드물기는 하지만, 그리고 완벽하지는 않지만 자신의 내부에서 그러한 빛을 때때로 자각한다. 그것은 사랑하는 사람을 영원히 떠나보낸 뒤 빠지는 극도의 상실감 속에서 돌연히 주어질 수도 있고, 신 앞에 무릎 꿇는 경건한 예배의 순간에 일어날 수도 있으며, 또 어쩌면 어둠 깊은 고요한 한밤중 잠에서 문득 깨어 모든 생각이 깨끗이 씻긴 맑은 마음속에서 생겨날 수도 있다. 어떤 경우든 떠오른 그 빛을 소중하게 간직하며 키워 나가야 한다. 그렇지 않으면 우리의 마음을 어둡게 만드는 세속의 일들에 다시 빠져 삶이 고난과 차질을 피할 수 없다. "빛과 어둠이 반복되게" 해서는 안 된다.

"빛과 어둠이 반복되어 7일을 주기로 되돌아온다."는 말은 무엇을 뜻할까? 그것은 음양론을 바탕으로 한다. 앞서 인용한 과학자의 말처럼 모든 빛과 어둠은 반복되는 것이 자연의 이치다. 낮이 가면 밤이 오고 밤이 가면 다시 낮이 오며, 모든 생성은 쇠멸로 이어지고, 그 쇠멸은 또 다른 생성의 토대가 된다. 그리하여 세계 만물은 영원한 생성 변화의 역정 속에 있다. 그것은 7일을 주기로 한다. 공자는 말한다. "빛과 어둠이 반복되어 7일을 주기로 되돌아오는 것, 그것이 자연의 이치다.〔反復其道 七日來復 天行也〕"(「단전」)

이 말은 세계 내 모든 대립적 현상들이 7일을 주기로 상호 순환적으로, 즉 빛은 어둠으로, 어둠은 빛으로 모습을 바꾼다는 뜻이 아니다. 저 '7'은 괘효의 구조에서 착안된 숫자다. 그것은 여섯 효의 괘가 아래의 초효에서 한 효씩 변화하여 제일 위의 효까지 진행되면 일곱 번째에는 다시 초효로 되돌아온다는 사실에서 추상된 것이다. 예컨대 〈복〉괘의 초구는 그 앞의 〈박〉괘 초육에서부터 계산하면 일곱 번째의 변화가 된다. 이러한 주기의 원리가 괘효를 떠나 일반적으로 자연 현상이나 일상생활 속에서 어떻게 전개되는지는 잘 알기 어렵지만, 정약용은 24절기의 예를 들면서 다음과 같이 말한다. "이를테면 하지로부터 동지에 이르려면 일곱 달을 거치는데, 동지에서 양(陽)이 회복된다."(『여유당전서』) '소식괘'상으로 말하면 하지는 〈구(姤)〉괘䷫의 (음력) 5월 중에, 동지는 〈복〉괘䷗의 11월에 있다. 오늘날 일주일의 관념도 이러한 이치로 설명할 수 있을지 모르겠다.

7일의 주기 문제야 여하튼, 모든 변화는 점진적으로 이루어진다는 사실에 주목할 필요가 있다. 이를 빛의 회복이라는 주제로 돌아가서 말하면, 우리는 삶에 한 줄기 빛이 보인다 하여 마음을 놓아서는 안 된다. 그 배경에는 여전히 어둠이 드리워져 있기 때문이다. 예를 들어 사회적으로는 과거 1980년대 이후 민주화 운동을 집요하게 방해해 온 유신 독재의 어두운 후계 세력이 있다. 이들이 아직도 민주 정신의 빛을 가로막고 있음은 우리가 지금 아프게 겪고 있는 그대로다. 개인적으로는 그동안 심한 궁핍과 간난신고의 생활 속에서 쌓여 온, 세상에 대한 원망과 증오 등의 어두운 마음을 들 수 있다. 이제는 서광이 비친다 하더라도 저 어두운 마음은 의식의 저변에 잠재하여 언제, 어떻게 표출될지 모른다. 지난날의 어둠에 젖어 있는 마음이 새로운 환경의 빛에 적응하지 못하는 것이다. 이른바 '정신적 외상(트라우마)'이 그 한 예다.

그러므로 어떤 상황에서든 일말의 빛이 보인다 해도 자만하거나 방심해서는 안 된다. 여전히 도사리고 있는 어둠의 힘에 되잡힐 수도 있음을 경계해야 한다. 마치 오랜 투병 이후 건강이 서서히 회복되고 있다 해서 몸을 함부로 다루면, 그동안 쇠약해진 기운으로 병을 다시 불러들일 수 있듯이 말이다. 그러므로 '(생명의) 빛의 회복'에 주의를 기울이고, "(생명의) 빛을 끌어 모아" 삶을 밝게 가꾸어 나가도록 해야 한다.

위에서 인용했지만 공자는 말한다. "생명이 태동하여 순조롭게 성장하므로 긴 어둠을 벗어나 밝은 세계에 진입하여 고난이 끝난다. 하지만 빛을 끌어모아야 불상사가 없을 것이다.〔動而以順行 是以 出入无疾 朋來无咎〕" 삶을 밝게 가꾸어 나가도록 해야 한다. 생명의 힘을 키우기 위해서다.〔利有攸往 剛長也〕"(「단전」) 아래에 이황이 옛사람의 글을 빌려 임금에게 올린 「성학십도(聖學十圖)」 가운데 '숙흥야매잠(夙興夜寐箴)'을 읽어 보자. 이는 평소 맑은 마음의 유지를 통해 도덕 생명(덕성)의 빛을 키우려는 뜻을 주제로 하고 있다.

닭의 울음소리에 잠에서 깨어나 생각이 차츰 내달리면, 어찌 그 사이에서 마음을 맑게 가다듬지 않으리오.

어제의 잘못을 살피기도 하고 혹은 새로운 생각도 풀어 나가, 그것들을 명료하게 정리하고 묵묵히 깨달으라.

마음이 정돈되면 이른 새벽에 일어나 세수하고 머리 빗고 의관을 차리고서 단정히 앉아 몸을 추스르라.

마음을 거두어 떠오르는 태양처럼 밝게 하고 몸가짐을 엄전히 하면서, 마음을 텅 비고 맑고 고요하고 오롯하게 하라.

이어 책을 펼쳐 성현을 대할 때에는 마치 공자께서 앉아 계신 듯, 안자와 증자가 앞뒤에 있는 듯 여기라.

성현의 말씀을 온몸으로 경건히 경청하고, 제자들과의 문답을 반복 참고하고 잘못을 바로잡아라.

일이 생기면 이에 응하여 실천에 나서고, 하늘의 밝은 소명을 항상 마음에 두어 잊지 않도록 하라.

일이 끝나면 이전으로 돌아가, 마음을 고요히 지켜 정신을 모으고 생각을 쉬도록 하라.

일상의 생활에서 마음을 중심에 세워, 일이 없을 때에는 마음을 고요 속에 두고, 일에 임해서는 성찰의 힘을 발휘하여, 마음이 두 갈래 세 갈래로 나뉘지 않도록 하라.

글 읽다가 쉬는 여가에 틈틈이 그 뜻을 음미하고, 정신을 화평하게 가져 성정(性情)을 기르도록 하라.

날 저물어 피곤해지면 기운이 혼매해지기 쉬우니, 단정하게 재계하여 밝고 순수한 기운을 북돋으라.

밤이 깊어 잠자리에 들어서는 손발을 가지런히 거두고 생각을 일으키지 말아 심신(心神)이 돌아가 쉬게 하라.

맑고 고요한 밤기운(夜氣)으로 마음을 길러 순수한 정신을 보전하면 생명의 원기를 회복하리니, 평소 생각을 여기에 두어 밤낮으로 부지런히 노력하라.(『퇴계전서』)

괘상卦象

우레가 땅속에 있는 모습이 〈복〉의 형상이다.
옛날 왕들은 이를 보고서 동짓날에 성문을 닫아
장사꾼과 여행객이 왕래하지 못하게 했고
지방을 순시하지 않았다.
雷在地中 復 先王 以 至日閉關 商旅不行 后不省方

우레가 땅속에 있다는 것은 그것이 땅 위에서 소리를 울리지 못하고 잠복해 있음을 뜻한다. 양기는 그렇게 한겨울 동안 땅속에 머물러 있다가 머지않아 지상으로 뻗어 올라 봄철의 생명을 펼칠 준비를 한다. 선비들은 양기의 태동 시점을 (음력) 11월의 동짓날 자정으로 여겼다. 그 순간 "온 세상의 크고 작은 (생명의) 문이 열리"는 소리 없는 낌새를 주희는 마음 깊이 느끼면서 다음과 같이 읊는다. 여기에서 '복희씨'는 『주역』의 괘를 창안했다는 성인이다.

> 홀연히 들려오는 한밤중의 우렛소리에
> 온 세상의 크고 작은 문이 차례로 열리네.
> 형상 없는 가운데 어떤 힘을 깨닫는다면
> 그대가 복희씨를 직접 만나고 왔음을 인정하리라.
> 忽然夜半一聲雷　　萬戶千門次第開
> 識得无中含有處　　許君親見伏羲來

　동짓날 팥죽을 끓여 먹는 우리의 세시풍속을 이러한 관점에서 살펴
볼 수 있다. 어떤 연구자에 의하면 그것은 원래 백성들이 식량을 절약
하도록 하기 위해 조정에서 주도한 행사라고 한다.(강무학, 『한국세시풍속
기』) 하지만 조정의 관료들이 식량 절약책으로 왜 굳이 팥죽을 택했을
까? 우리는 그 이유를 전래의 습속에서 추측해 볼 수 있다. 과거에 사
람들은 귀신을 쫓아내 병 없이 건강하게 지내기 위해 팥죽을 쑤어 대
문짝에 뿌렸다. 이는 〈복〉괘의 정신과도 상통한다. 양의 성질을 띤 붉
은 색깔의 팥죽을 동짓날 먹음으로써 그동안 누적된 음기의 악귀를 몰
아내려 했던 것이다. 말하자면 옛날 사람들은 맛있는 음식을 먹으면서
식량을 절약하고 귀신까지 쫓아내는 일거삼득의 효과를 노렸다.

　이처럼 우리 조상은 자연 세계에서 양기, 즉 생명의 기운이 소생하는
순간까지도 허투루 보아 넘기지 않았다. 거기에서 사람들이 지켜야 할
삶의 정신을 찾아냈다. 그들은 그 시기를 맞아 삶의 생명성 여부를 점
검하고 보전할 방법을 강구했다. 이의 일환으로 "옛날 왕들은 동짓날에

성문을 닫아 장사꾼과 여행객이 왕래하지 못하게 했고, 지방을 순시하지 않았다." 이는 사람들의 부산한 왕래나 임금의 지방 순시가 바야흐로 소생하는 자연의 생명을 흐트러트릴까 염려한 때문이다.

그것은 물론 자연의 생명을 보호하기 위해서만이 아니었다. 거기에는 사람들로 하여금 각자 자신들의 생명을 돌보게 하려는 의도도 담겨 있었다. 가급적이면 바깥 활동을 자제하고 집안에서 조용히 안식하면서 생명 정신을 기르게 하려 한 것이다. 『예기』의 「월령(月令)」편은 (음력) 11월에 군자가 처신하는 모습을 다음과 같이 적고 있다. "군자는 몸과 마음을 재계하여 집안에 머무르면서 사람들과 만나지 않는다. 부인과도 접촉하지 않고, 그 밖에 욕망도 절제하며, 몸과 마음을 편안히 하고, 매사에 조용히 임하여 음양이 안정되기를 기다린다."

효사爻辭

初九
멀리 벗어나지 않고 제자리로 되돌아온다.
후회할 일이 없을 것이요, 매우 행복하리라.
不遠復 无祗悔 元吉

〈복〉괘의 여섯 효는 앞서 서술한 이 괘의 전체적인 뜻을 전제로 하면서, 각 효마다 이탈과 회복의 상황을 다룬다. 초구(初九)는 〈박〉괘의 마지막 양효(상구)가 아래의 음효들에 의해 자리를 박탈당하는 순간 〈복〉괘의 처음 양효로 돌아오기 때문에 "멀리 벗어나지 않고 제자리에 되돌아온다." 하였다. '제자리'란 참자아를 은유한다.

인간은 본래 불완전한 존재로서 누구나 크건 작건 잘못을 저지르면서 살아간다. 문제는 자신의 잘못을 어떻게 처리하느냐에 있다. 자신의 잘못을 끝까지 깨닫지 못하는 구제불능의 사람이 있는가 하면, 잘못을 저지르고는 이내 괴로워하는 예민한 양심가도 있을 것이다. 여하튼 잘못의 자각과 개과천선이 늦을수록 원 상태로의 회복이 어려워지고, 따라서 후회거리가 많아질 것이다. 그러므로 공자의 말처럼, "잘못을 저질렀으면 그것을 고치는 일에 인색해서는 안 된다.〔過則勿憚改〕"(『논어』)

잘못은 행동에서 비로소 나타나는 것이 아니다. 그것은 마음에서부터 비롯된다. 나쁜 생각을 한다 하더라도 그것을 행동으로 옮기지만 않으면 되지 않느냐고 말하는 사람도 있을 것이다. 하지만 불교의 '업(業)' 사상을 빌려 말하면, "어떤 생각을 하는 순간부터 업은 이미 시작된다."(최명희, 『혼불』) 어떤 생각이든, 설사 단 한순간의 것이라 할지라도, 긍정적이거나 부정적인 에너지로 마음에 작용하며 행동에까지 영향을 끼치기 때문이다. '업'이란 바로 그 에너지를 말한다. 그러므로 우리는 평소 업력(業力)의 정화에 힘을 기울이지 않으면 안 된다. 그 노력에는 자신이 출생 이후 쌓아 온 것은 물론 멀리는 '전생의 업'까지 포함될 수도 있다.

자기 성찰의 중요성이 여기서 드러난다. 즉 마음에 부정적 에너지가 쌓이지 않도록 생각의 낌새부터 예의 살피지 않으면 안 된다. 부도덕한 생각은 물론 이기심, 물욕, 분노, 증오 등이 모두 그에 해당된다. 그처럼 어두운 마음이 우리에게 전혀 없을 수는 없겠지만, 그것을 빨리 자각하여 마음 본래의 밝은 자리로 되돌아와야 한다. 그리하여 진리와 도의(사랑, 의로움)의 참자아를 회복하지 않으면 안 된다. 공자는 말한다. "멀리 벗어나지 않고 제자리로 되돌아오는 것, 그것이 수행의 방법이다.〔不遠之復 以脩身也〕"(「상전」) 그리고 제자의 실례를 들어 다음과 같이 말한다.

안회(顔回)는 거의 경지에 이르렀구나! 자신에게 잘못이 있으면 그것을 이내 자각하고, 자각하고서는 두 번 다시 잘못을 저지르지 않으니. 주역에, "멀리 벗어나지 않고 제자리로 되돌아온다. 후회할 일이 없을 것이요, 매우 행복하리라." 하니, 이를 두고 말한 것이리라.〔顔氏之子 其殆庶幾乎 有不善 未嘗不知 知之 未嘗復行也 易曰 不遠復 无祗悔 元吉〕(「계사전」)

『논어』에 의하면 안회는 "노여움을 남에게 전가하지 않고, 한 번 저지른 잘못은 두 번 다시 범하지 않았으며〔不遷怒 不貳過〕", "한 그릇 밥과 한 바가지 물로 누추한 곳에 살면서도 그 즐거움을 바꾸지 않는" 안빈낙도의 삶을 누렸다고 한다. 이처럼 그의 뛰어난 도덕적 성취를 공자가 위와 같이 칭찬한 것이다.

六二
아름다운 복귀다. 행복하리라.
休復 吉

육이(六二)가 음효이므로 '빛'을 갖고 있지는 않지만, 초구 가까이 있으면서 올바른 태도로 그를 따르므로 "아름다운 복귀"라 했다. 이는 달리 살피면 육이가 자신의 아래(내부)에 있는 '빛'을 자각하면서 밝히는 모습이기도 하다.

세속적인 삶에 몰두하다가 참자아로 되돌아오는 모습은 참으로 아름답다. 그것은 마치 어두운 사회생활 끝에 어머니의 따뜻한 품으로 돌아오는 탕아의 모습과도 같다. 그 계기는 여러 가지 있을 것이다. 어머니의 사랑과 걱정을 슬프게 노래하는 어떤 대중가요, 가까이 지내는 사람의 간절한 충고, 또는 저녁나절 고적한 산중의 범종 소리나 교회에서 울려 퍼지는 찬송가가 순간적으로 탕아의 눈물을 자극하면서 그의 내면 깊은 곳에서 순수한 마음을 일깨울 수도 있다. 온갖 욕망과 쾌락, 고통으로부터 벗어난, 맑고 고요하고 광명한 마음 말이다. 저 탕아에는 삶의 의미를 오직 세속적 가치에서만 찾아 열중하는 일반인들도 포함된다. 우리 역시 인간 본연의 제자리(참자아)를 벗어나 부귀영화의 세계에서 끝없이 헤매고 있기 때문이다.

저와 같이 순수하고 맑은 마음을 되찾아 그리로 복귀해야 한다. 참자아가 뿜어내는 진리와 도의(사랑, 의로움)의 아름다운 빛은 거기에서만 광채를 낼 수 있다. 부처님이든 성모 마리아든 자비롭고 신성한 형상을 마음속에 한 번 떠올려 보자. 잠시나마 경건하고 평화로워지면서 인류와 만물에 대한 연민과 사랑이 내 안에서 일 것이다. 참다운 행복은 거기에서만 주어질 것이다. 공자는 말한다. "아름다운 복귀의 행복은 사랑의 정신 아래에서 주어진다.〔休復之吉 以下仁也〕"(「상전」) 사랑이야말로 참자아의 핵심 정신이기 때문이다.

六三

일탈과 복귀를 되풀이한다.

위태롭기는 하지만 비난받을 일은 아니다.

頻復 厲 无咎

하괘 '진'은 원래 움직임의 속성을 갖는다. 그러므로 육삼은 하괘의 제일 윗자리에서 성격이 차분하지 못하고 불안정한 사람이다. 게다가 초구에서 멀어지므로 참자아의 목소리도 약해져서 '위태롭게도' "일탈과 복귀를 되풀이한다." 다만 '복귀'를 인정하고 권장하는 의미에서 "비난받을 일은 아니다."라고 했다

요즘 사람들은 걸핏하면 "파이팅(fighting)!"을 외친다. 서로 격려하고 고무하려는 뜻이겠지만, 거기에는 인간관계와 사회를 하나의 투쟁의 장으로 여기는 마음이 담겨 있는 것 같아 그 말이 좋게만 들리지는 않는다. 사람들은 인간의 존엄한 가치를 포기한 채 밀림의 생존 법칙만 익히려는 것이 아닐까? 쓸쓸하고 가슴 아프다. 그들은 "파이팅"의 정신이 성공과 행복을 가져다주리라고 믿겠지만, 그것은 긴장과 스트레스와 피로를 동반하여 삶을 피폐하게 만들 뿐이다. 그리하여 그들은 다른 한편으로 자신들의 삶을 누일 평화와 안식의 자리를 희구할 것이다.

종교가 그중 하나다. 사찰이나 성당, 교회는 공간적으로나 심리적으

로나 그러한 소망을 이루게 해 준다. 사람들은 그 안에서 잠시나마 그동안 잃었던 인간 정신의 빛을 되살리며 참삶의 의미를 숙고한다. 참자아로 복귀하는 것이다. 하지만 다시 일상의 현장으로 나가면 바로 일탈의 삶을 되풀이한다. 그들의 투쟁 의식은 인간 정신의 빛을 꺼 버리고는 출세와 성공에만 열을 올린다. 그리고는 또다시 긴장과 피로감에 성스러운 조각상 앞으로 나아가 무릎을 꿇고는 참회와 속죄를 통해 마음을 정화하고 영혼의 구원을 받으려 한다. 말 그대로 "일탈과 복귀"의 끊임없는 반복이다.

그러므로 그들의 신앙은 위태롭다. 구원은 차치하고, 그들이 주기적으로 행하는 복귀는 일상으로 저지르는 일탈로 인해 무의미해질 수도 있기 때문이다. 오히려 일탈과 복귀의 반복이 타성화되면서 그들은 자칫 본인조차도 자각하지 못하는 가운데 가식과 허위의 생활에 빠져들기 쉽다. 모든 신앙인들이 참으로 경계해야 할 점이다. 다만 그들의 복귀는 한없는 미로의 삶을 방지해 준다는 점에서 "위태롭기는 하지만 비난받을 일은 아니다." 공자는 말한다. "일탈과 복귀가 위태롭기는 하지만, 복귀의 뜻이 비난받을 일은 아니다.〔頻復之厲 義无咎也〕"(「상전」)

六四
남들과 함께 가다가 혼자서 되돌아온다.
中行 獨復

"남들과 함께 가는" 것은 육사(六四)가 음효들의 한가운데에 있음을,

그리고 '혼자서 되돌아오는' 것은 그 음효들을 벗어나 자신과 음양으로 상응하는 ('빛'의 상징인) 초구를 지향함을 두고 말한 것이다. 이에 대해 '행불행(길흉)'을 말하지 않은 것은 육사가 나약하여 힘이 없는 데다, 초구가 멀리 떨어져 있어서 육사를 이끌어 주지 못하기 때문이다.

현대인은 "익명의 인간"으로 살아가는 대중으로 특징지을 수 있다. 그들은 고유하고 주체적인 자아를 상실한 채 남들과 심정적으로 연대를 이루며 시류에 파묻혀 산다. 본래적이지 못하므로 그들은 재물이나 명예, 사회적 지위 등 세속적인 가치의 추구에만 열을 올리며, 주체적이지 못하므로 남들의 의견이나 평가에 민감하게 반응하기가 일쑤다. 이러한 대중의 심리가 사람들의 삶을 지배한다. 그들은 대중 한가운데에서 보이지 않는 사람들과 함께 동류의식으로 살아간다.

이러한 대중적 삶에 맞서 참자아를 찾는 것은 참으로 지난한 일처럼 보인다. 그것은 그동안 자신이 추구해 온 세속적 욕망과 목표들을 버려야 하는 고통을 수반할 수밖에 없기 때문이다. 비유적으로 말하면 그는 "남들과 (어딘가를) 함께 가다가 (자기 집으로) 혼자서 되돌아오는" 외로움을 각오하지 않으면 안 된다. 하지만 삶의 길은 원래 그렇게 외로운 것 아닌가. 소중하기 그지없는 삶을 남들의 이목에 맞추면서 살 수는 없지 않은가.

대학 4학년의 젊은 시절 절간에 들어가 공부하다가 하산하던 길이었다. 법대에 들어와 사법 시험의 길을 "남들과 함께 가다가", 이게 아니다 싶어 깊은 고민 끝에 "혼자서 되돌아와" 인간의 본래 자리(참자아)를 찾아 방황하던 중이었다. 배낭에 가득 찬 책들을 등에 지고 땀을 뻘뻘 흘리며 힘들게 걸어 내려오는데 아낙네들 몇이 지나치면서 나의 모습을 보고 수군거리는 소리가 들려왔다. "얼마나 힘들까. 쯧쯧" 그 순간 일련의 생각들이 스쳐 지나갔다. "그래, 남들이 나를 딱하게 바라보므로 이 짐을 내던져 버릴까? 하지만 나는 힘들었어도 두 다리 근육이 팽팽하게 불거지는, 충만한 삶의 느낌을 오히려 즐기고 있지 않았던가. 나의 삶을 저들의 눈에 비위 맞출 수는 없지 않은가."

우리는, 이황이 비유한 것처럼, 심산유곡에서 꽃을 피우는 난초와도 같은 마음으로 살아야 한다. 난초는 남들이 자신의 아름다움을 보아 주고 향기를 맡아 주기를 바라서 꽃을 피우지 않는다. 그는 오직 자신의 존재를 그렇게 꽃피우는 것뿐이다. 마찬가지로 우리도 대중에 휩쓸려 그들의 눈치를 보느라 참삶의 길을 잃지 말고 부단히 참자아를 찾아 회복해야 한다. 공자는 말한다. "남들과 함께 가다가 혼자서 되돌아오는 것은 올바른 길을 따르기 위해서다.〔中行獨復 以從道也〕"(「상전」) 그처럼 참자아를 찾아 실현하는 삶의 길은 외로움과 고통을 능가하는 행복을 가져다줄 것이다.

六五
진지하게 되돌아온다. 후회가 없으리라.
敦復 无悔

육오(六五)는 상괘 '곤'의 가운데 효이므로 대지와도 같이 두터운 정신으로 자신의 내면을 성찰하면서 "진지하게 되돌아오는" 사람이다. 그는 초구와 멀리 떨어져 있어서 외롭기는 하지만, 그의 진지함은 후회 없는 삶을 살게 해 줄 것이다.

어떠한 일에서든 일탈 뒤에 본래의 자리로 되돌아오기 위해서는 진지하고 성실한 태도를 가져야 한다. 어설픈 회복은 또다시 일탈을 범하는 잘못을 면하기 어렵다. 참자아를 회복하는 일은 더욱 그러하다. 사람들이 일탈과 복귀를 되풀이하는 것은 그들이 자아(삶)의 성찰에 진지하지 못하기 때문이다. 이를테면 신앙인들이 일탈과 복귀를 반복하는 것도 그들의 진지하지 못한 신앙심에 기인한다. 기복 신앙이 그 단적인 사례다. 그들은 부처님의 뜻이나 하느님의 소명을 자신의 내면 깊은 곳에서 진지하게 경청하려 하지 않고, 그것을 바깥에서 찾아 이기적 행복과 구원의 수단으로만 대한다. 그들이 그러한 신앙을 갖고 있으니, 일상의 현장에 들어서면 행복이라고 여기는 것들을 쟁취하기 위해 수없이 일탈하는 것은 당연한 일이다.

일반인의 경우도 마찬가지다. 우리가 종종 체험하는 일이지만, 어떤 계기로 세상만사를 회의하면서 맑고 순수한 마음을 잠시 각성했다 해서 이내 바른 삶을 사는 것은 아니다. 진지하게 나서지 않으면 지난날 오염된 생각과 욕망들이 마음을 다시 뒤덮고 말 것이다. 그러므로 세계와 인간에 관해 진지하게 성찰하면서 부단히 수행의 노력을 기울이지 않으면 안 된다. 고려 시대 지눌(知訥, 1158~1210) 선사가, "별안간 깨달았다 하더라도 점차적인 수행을 계속 해 나갈 것[頓悟漸修]"을 강조한 것도 이러한 이유에서다.

우리는 그러한 성찰과 수행을 통해서 드높은 정신을 키워 나가야 한다. 그러한 눈빛으로 세계와 만물을 바라보면서 세속의 어떤 일에도 흔들림 없이 참자아의 길을 걷고 참삶의 의미를 실현해 나가야 한다. 그러면 설사 대중 속에서 외롭다 하더라도 후회 없이 살 수 있을 것이다. 공자는 말한다. "진지하게 되돌아와 후회하지 않을 삶은 깊은 자기 성찰을 통해 참자아를 성취하기 때문이다.〔敦復无悔 中以自考也〕"(「상전」)

上六
되돌아오는 길을 잃었다. 낭패다. 불행을 자초했다.
하늘도 도우려 하지 않을 것이다.
병력을 출동하면 끝내 큰 패배를 당할 것이요
나라를 다스리는 통치자는 흉한 꼴을 당해
10년이 지나도록 이겨 내지 못할 것이다.
迷復 凶 有災眚 用行師 終有大敗 以其國 君 凶 至于十年 不克征

　　상육(上六)은 음효들의 끝자리에서 초구와 제일 멀리 떨어져 있으므로 참자아의 정신이 매우 미약하다. 그래서 그는 세속의 미로에서 헤매면서 되돌아갈 길을 알지 못한다. '10(년)'은, 예컨대 열 손가락을 셀 때 제일 마지막으로 드는 숫자인 것처럼, '끝까지' 또는 '평생'이라는 뜻을 함축한다.

　　세상에는 평생 재물과 권력과 사회적 지위 등 세속적인 욕망거리만 쫓다가 끝내 참자아로 되돌아오는 길을 잃는 사람이 수없이 많다. 그들은 감각적 욕망과 물질적 안락이 인간 정신을 미혹시키는 요인임을 모르고 일생을 그 세계에서 헤매면서 소중한 삶을 탕진한다. 그들에게 인간 정신과 참자아를 말하는 것은 쇠귀에 경 읽기다. 그들은 오히려 그러한 충고를 두고 세상 물정을 모르는 순진한 이야기라고 편잔하려 한다.

하지만 참자아의 눈으로 보면 세속의 미로에서 헤매는 그들의 삶이야말로 낭패스럽고 불행하기만 하다. 그들은 세속적 욕망거리들이 무지개처럼 겉만 화려한 허깨비임을 자각하지 못한다. 그것들을 얻는 기쁨도 잠시, 또 다른 욕망을 발동시키면서 계속 허깨비들을 쫓는 일에 평생을 바친다. 정작 그들은 자신의 존재 의미에 관해서는 생각해 보려하지 않는다. 자신을 이 세상에 내놓으신 '하늘'의 뜻(하느님의 소명)에 관해서 말이다. 이는 그들이 자신의 존재를 스스로 황폐화시키는 불행과 다름없다. '하늘'(하느님)인들 그들을 어떻게 도와주겠는가.

예를 들어 보자. 전쟁터에서 병력을 출동하는데 '길'(전략)을 잃으면 그 전투는 당연히 패배한다. 훌륭한 장수라면 인명의 손실을 최소화하면서 국가의 평화를 도모할 치밀한 전략을 세울 것이다. 사회생활도 마찬가지다. 삶의 전쟁터에서 남들을 이겨 살아남는 것 자체가 중요한 일이 아니다. 삶은 전쟁터가 아닐뿐더러, 투쟁을 통해 부귀영화를 얻는다 하더라도 상처뿐인 영광만 보게 될 것이다. 자신의 성공을 위해 남들의 실수와 실패를 바라거나 내심 기꺼워하고, 그들의 허점을 노리는 야비한 승부 의식은 자신의 인간성을 파괴하여 황폐한 불모의 삶만 지어낼 것이기 때문이다.

그러므로 이제 우리는 인간 본연의 자리로 되돌아와 참자아의 빛을 밝혀 존엄하고 고귀한 인간상을 구현하는 데에 삶의 목표를 두어야 한다. 이를 위해서는 역시 올바른 삶의 길을 진지하게 모색해야 한다. 자타 간 대립과 투쟁의 가시밭길을 버리고, 관용과 사랑의 꽃길을 찾아 걸어야 한다. 그렇지 않으면 가시에 긁히고 찔린 상처들로 자신의 존재를 스스로 망가트리게 될 것이다.

위정자의 통치 전략도 마찬가지다. 그는 사회의 지도 이념을 인격 가치로 세워야지 물질 가치로 세워서는 안 된다. 물질 가치의 숭상은 국민들에게 소유 지향적인 삶을 부추기고 물욕만 조장하면서, 존재의 빈곤화를 초래하고 사회를 이익 투쟁의 장으로 만든다. 불행하게도 오늘날 경제를 제일 우선시하는 우리들의 삶과 사회가 그 전형적인 모습을 보여 준다. 이는 역시 통치자가 인간 본연의 자리에 대한 성찰을 하지 못하여 올바른 정치의 길을 잃은 데에 기인한다.

여기에서 우리는 사람들이 이처럼 삶과 정치의 미로를 헤매는 까닭을 다시 한 번 점검해 볼 필요가 있다. 그것은 근본적으로는 잘못된 마음에 기인한다. 인간 정신의 빛을 꺼 버리고 참자아를 외면하면서 세속적인 욕망만을 추구하기 때문인 것이다. 공자는 이를 다음과 같이 말한다. "길을 잃는 낭패는 본연의 정신을 배반하기 때문이다.〔迷復之凶 反君道也〕"(「상전」) "본연의 정신"이란 진리와 도의를 핵심으로 하는 참자아의 정신을 뜻한다. 진정한 행복은 그 가운데에서만 주어질 것이다.

25. 순수의 정신

무망(无妄)

인간이 천부적으로 타고나는 심성은 순수하다. 인류의 스승들은 완전한 깨달음 속에서 그것을 불성, 덕성, 영혼 등으로 표현했지만, 용어에 집착할 필요는 없다. 자신의 내면 깊은 곳에서 어떠한 관념에도 오염되지 않은 '청정한'(불성), 세계 만물을 향해 열려 있는 '밝은'(덕성), 하느님의 뜻을 담고 있는 '고결한'(영혼) 마음을 자각하고 현전시키기 위해 열심히 수행의 노력만 하면 된다.

물론 저 스승들의 깨달음은 적당한 자기 성찰로 얻어진 것이 아니다. 혼신을 다해 용맹정진한 결과인 만큼 우리 같은 범부로서는 감히 넘볼 수 없는 경지다. 하지만 그렇다고 해서 오염되고 어둡고 비열한 성정으로 살기에는 너무나 아깝고 소중한 인생이 아닌가. 그러므로 설사 그와 같은 경지에 이르지는 못한다 하더라도, 자신의 내면 깊이 들어가 "하늘의 밝은 뜻을 항상 돌아보면서〔顧諟天之明命〕"(『대학』) 부단히 자아의 쇄신과 향상을 꾀할 필요가 있다.

선비의 삶은 그러한 수행으로 점철되었다. 그는 "날로 새롭고 또 날로 새로움[日新 又日新]"(『대학』)을 추구하면서 죽는 순간까지 수행의 정신을 놓지 않았다. 그 '새로움'이란 자아의 쇄신, 또는 자기 존재의 새로움을 뜻한다. 갖가지로 오염된 자신의 존재를 닦아 부단히 새로운 삶의 지평을 열어 나가려 했던 것이다. 마치 우리가 매일같이 세수하고 샤워를 하면서 몸의 청결을 지키듯이 말이다. 물론 그러한 수행은 세속의 생활 속에 매몰된, 밝고 순수한 본성을 실현하기 위해서였다.

〈무망(无妄)〉괘가 〈복(復)〉괘 다음에 놓인 이유가 여기에 있다. 그것은 빛의 회복을 통해 도달될 정신의 세계를 주제로 한다. 공자는 이를 다음과 같이 말한다. "빛을 회복하면 순수해질 것이다. 그래서 〈복〉에서 〈무망〉으로 이어졌다.[復則不妄矣 故受之以无妄]"(「서괘전」) '무망'이란 일점의 티도 없이 순수하고 지성스러운 정신을 뜻한다. 그는 거짓된 마음이나 이기심, 욕심 등을 조금도 갖지 않고 삶과 세상에 맑고 순수하게 나선다. 율곡(栗谷) 이이(李珥, 1536~1584)가 말하는 군자가 그 한 예에 해당된다.

의로움은 이해타산 없이 행하는 정신이다. 만약 조금이라도 이해타산을 한다면 그것은 잇속의 마음으로서, 그는 도둑이나 다름없다. 선행을 하더라도 거기에 공명(功名)을 얻으려는 마음이 끼어 있으면 그것 또한 잇속의 마음이다. 군자는 그것을 도둑보다 더한 심보로 여긴다.(『율곡전서(栗谷全書)』)

『중용』은 그것을 최고도로 성취한 인물로 문왕을 들어 다음과 같이 찬탄한다. "시에 이르기를 '오호라, 위대하구나. 문왕의 순수한 덕이

여!' 하니, 이는 문왕이 하늘의 뜻을 한순간도 간단없이 순수하게 따름을 말한 것이다." 문왕만 그러한 덕을 갖고 있었던 것이 아니다. 인간은 순수의 정신을 누구나 본래적으로 타고났다. 출생 이후의 삶에만 관심을 갖는 사람들에게는 불순과 거짓 등 각종의 악한 현상들이 먼저 눈에 띄겠지만, 인간의 존재 근원인 '하늘'이나 하느님을 진심으로 믿는 신앙인이라면 천부의 순수성을 자신의 내부에서 자각할 것이다. 터럭만큼의 불순도 상상할 수 없는, 그야말로 순수 자체라 할 '하늘'(하느님)이 불순한 인간을 이 세상에 내놓았을 리가 없다. 『중용』은 말한다. "순수성(성실성)은 하늘의 이치다.[誠者 天之道也]" 하늘은 그러한 순수의 정신으로 만물을 생육한다. 인간은 그처럼 순수한 세계를 완성할 책임을 타고났다. 선비의 우주적 대아(大我)의 이상은 그러한 과제 의식의 산물이다. 하늘과 땅 사이의 만물을 자신의 존재 깊이 아우르면서 그들의 생육을 도우려는 이상 말이다.

물론 사람들은 불순한 마음과 거짓된 행동을 평소 수없이 짓는다. 하지만 그것은 '하늘'의 뜻이 아니다. 그것은 그들이 출생 이후 삶을 영위하는 과정에서 스스로 지어낸 일탈일 뿐이다. 이를테면 태초에 하느님으로부터 순수하고 고결한 영혼을 부여받았던 아담과 이브가 선악과를 따먹어 자신들의 영혼을 흐리게 만들었던 것처럼 말이다. 그러므로 기독교 성직자들의 영혼 정화의 수행이 하느님의 뜻을 받들려는 것처럼, 〈무망〉괘의 주제인 순수의 정신 역시 세속적 순수성을 넘어 '하늘'의 뜻을 염두에 두고 있다. 저 문왕의 경우처럼 아주 고차원적이다.

공자는 인간의 천부적 순수성을 괘의 구조에서 읽어 다음과 같이 말한다. "'무망'은 굳센 힘이 밖으로부터 들어와 내적 본질을 이룬 모습이다.〔无妄 剛自外來 而爲主於內〕"(「단전」) 여기에서 '굳센 힘'은 원래 '하늘' 의 속성을 말한 것이지만, 이 괘에서 그것은 '하늘'의 순수성을 함의한 다. 말하자면 '하늘'은 지극히도 순수하기에 만물을 생육하는 그 뜻이 정말 굳세다. 이 세상에서도 순수의 정신만큼 막강한 힘은 없다. 이를 테면 순수한 사랑은 아무리 극심한 고난도 이겨 낸다.

그처럼 "(순수하기에) 굳센 힘이 밖으로부터 들어와 내적 본질을 이루 었다." 여기에서 '밖으로부터'란 '하늘'을 염두에 둔 말이다. 인간의 내 적 본질, 즉 순수한 본성은 '하늘'로부터 부여되었다는 것이다. 이는 괘 의 형상에 착안하고 있다. 즉 상괘 '건(乾)' ☰의 정신이 하괘 '진(震)' ☳의 제일 아래 효로 내려와 들어서 있는 모습을 보면서 공자는 '하늘' 의 순수 정신이 인간의 존재 심층에 각인되어 있음을 언명했다.

이 괘가 주제로 하는 순수의 정신을 다른 관점에서 살펴보자. 상괘 '건'은 하늘을 상징하고, 하괘 '진'은 움직임의 속성을 갖는다. 이는 몸 의 움직임, 즉 일거일동을 '하늘'의 뜻에 따른다는 함축을 갖는다. 달리 말하면 그것은 오직 '하늘'의 뜻을 순수하게 지키는 정신을 은유한다. 그는 어떤 일에서든 자신의 이해득실을 타산하는 거짓과 책략을 거부 하면서 만사만물과 사람에게 부연된 '하늘'의 뜻, 즉 사물의 본래적 가 치와 사람의 도리를 실천하는 일에 집중한다. 이는 순수의 정신이 모든 도덕 행위의 근본 토대가 됨을 일러 준다. 순수한 마음은 내 한 몸의 이해득실을 따지지 않고 사랑과 의로움과 예의와 진리의 삶을 살려 할 것이다.

순수의 정신은 삶을 크게 형통시켜 주리라.

정도를 지켜야 한다. 이를 벗어나면 실패를 면하지 못할 테니

좋을 일이 없다.

无妄 元亨 利貞 其匪正 有眚 不利有攸往

정말 순수의 정신이 삶을 크게 형통시켜 줄까? 불순하기만 한 세상에서 그는 형통은커녕 상처만 입지 않을까? 오히려 불순한 사람이 성공을 거두는 것이 현실 아닌가. 이는 인생관과 관련이 있는 문제다. 부귀영화를 추구하는 사람에게는 불순이 성공의 처세술일 것이다. 부귀영화는 온갖 거짓과 비루함, 음모와 책략 등 불순한 방식으로만 얻을 수 있기 때문이다.

하지만 삶을 부귀빈천이나 성공과 실패로 평가하지 않는 사람도 있다. 순수한 신앙인이 실제로 보여 주는 것처럼, 그는 '하늘'(하느님)의 뜻을 진지하고 성실하게 따르는 것을 참삶의 목표로 추구한다. 그에게 세속적 성패는 결코 중요하지 않다. 그는 "잎새에 이는 바람에도 괴로워"할 만큼 순수한 마음으로 고난과 역경 속에서도 흔들리지 않고, "나에게 주어진 길을 걸어가야겠다."(윤동주)고 다짐할 것이다. 그리하여 그에게는 '하늘'의 뜻에 부응하여 사랑과 의로움과 진리의 길을 걷는 순수의 정신이야말로 삶을 크게 형통시켜 줄 요건으로 여겨질 것이다.

순수의 정신은 사심 없이 깨끗한 마음을 갖는 것만으로는 안 된다. 그것은 어린아이의 순진에 지나지 않는다. 순진함과 달리 순수의 정신

은 세계 만물의 이치와 삶의 도리를 깊이 깨닫고 참과 거짓을 밝게 분별하면서, 이를 토대로 참자아를 실현하려는 지성의 힘을 갖고 있다. 순수의 정신을 갖기 위해 지켜야 할 '정도' 즉 올바른 삶의 길이 여기에 있다. 그 길을 벗어나는 사람은 어지러운 세상에서 계속 흔들릴 수밖에 없으며, 실패의 삶을 면할 수 없다. 공자는 말한다. "정도를 벗어난 걸음이 어디까지 가겠는가. 하늘이 돕지 않을 테니 무슨 일인들 할 수 있겠는가.〔无妄之往 何之矣 天命不祐 行矣哉〕"(「단전」)

순수의 정신은 강인하다. 그 힘은 '하늘'에 대한 믿음에서 나온다. 실제로 순교자들이 잘 보여 주는 것처럼, 자신의 존재 깊은 곳에서 '하늘'의 뜻을 자각하는 사람은 죽음의 위협에도 굴하지 않을 것이다. '하늘'의 뜻을 순수하게 따르는 것만큼 강인하고 위대한 힘은 이 세상에 아무것도 없다. 공자는 말한다. "(순수의 정신은) 행동에 굳건하고, 흔들림 없는 마음으로 세상의 한가운데에 나서면서 삶을 크게 형통시켜 나가고 또 정도를 지킨다. 이는 그가 하늘의 뜻을 따르기 때문이다.〔(无妄) 動而健 剛中而應 大亨以正 天之命也〕"(「단전」)

과거에 선비들이 '하늘'의 뜻을 그토록 소중히 여겼던 이유도 여기에 있다. 옛 경전들의 글을 읽어 보자. "하늘의 밝은 뜻을 항상 되돌아보라.〔顧諟天之明命〕"(『대학』) "수명의 장단에 의혹을 품지 않고 오직 자아의 수행 속에서 죽음을 맞이하는 것이 하늘의 뜻을 실천하는 길이다.〔夭壽不貳 修身以俟之 所以立命也〕"(『맹자』) "만물의 이치를 탐구하고 인간의 본성을 실현하여 하늘의 뜻에 이르러야 한다.〔窮理盡性 以至於命〕"(「설괘전」) 이 글들에서 말하는 "하늘의 뜻"이란 저 높은 공중에서 들려오는 초월자의 목소리를 두고 한 말이 아니다. 그것은 인간과 만물에 내재되어 있는 '하늘'의 소명이다. 인간의 경우 그것은 기도를 통해서 들을 수 있는 것이 아니며, 오직 자기 수행의 도정 속에서만 얻을 수 있는 영혼의 맑은 각성이다.

괘상卦象

하늘 아래 우렛소리가 울려 만물이 순수한 생명을 부여받는다.
옛날 왕들은 이를 보고서 넓은 도량으로 시절에 맞추어
만물을 보살폈다.
天下雷行 物與无妄 先王 以 茂對時 育萬物

동지를 지나 경칩 전후의 초봄에 이르면 땅속에 잠복해 있던 우레가 이제 땅 위로 올라오면서 소리를 울린다. 만물은 우렛소리의 진동으로 겨울잠에서 깨어나 활동을 시작한다. 그 배경에는 '하늘'의 뜻이 은밀하게 작용한다. '태초의 말씀'처럼 '하늘'이 만물에게 생명을 부여하고, 만물이 시절에 따라 생명 활동을 하게끔 보살피는 뜻이다.

이처럼 '하늘'의 뜻을 제각각 타고나는 만물의 생명(존재)은 순수하다. 만물의 존재 근원인 '하늘'이 순수한 만큼 그의 소산인 만물도 순수할 수밖에 없다. 그러므로 사람만 위대한 것이 아니다. 사람은 물론 풀 한 포기와 벌레 한 마리에 이르기까지 그 모두가 하늘의 뜻을 완벽하게 부여받은 신성한 존재다. 달리 말하면 사람이나 만물이나 다 같이 우주적 본질을 타고났다. 그러므로 사람들이 자연 만물을 도구적 가치로만 바라보면서 학대하고 착취하며 파괴하는 것은 '하늘'의 뜻을 거스르는 야만의 짓이며, 패망을 자초하는 어리석음이다. 한마디로 "(순천자(順天者)는 흥하고) 역천자(逆天者)는 망한다."

그러면 똑같이 '하늘'의 뜻을 타고난 사람과 만물이 서로 다른 점은 어디에 있는가? 그것은 그가 남들(만물)의 생명까지도 보살필 줄 아는 능력을, 또는 보살펴야 할 과제를 '하늘'로부터 부여받았다는 점에 있다. 순수의 정신이 여기에서 그 깊은 내막을 드러낸다. 이 괘에서 순수란 단지 사욕이나 거짓, 사악한 마음이 없는 상태에 그치지 않는다. 그 이상으로 그것은 '하늘'의 뜻을 성심으로 실천하는 지순한 도덕 정신을 함축한다. 만물을 생육하는 '하늘'의 뜻을 받들어 그들을 품에 아우르며 보살피고자 하는 마음 말이다. 『서경』은 이를 과제화하여 다음과 같이 말한다. "하늘의 일을 사람이 대신해야 한다."

그러한 마음을 우리도 이 자리에서 한 번 체험해 보자. 일상의 이해 관심이나 갖가지의 욕망, 시비와 애증의 감정 등을 마음에서 다 털어내고서 무심히, 순수한 눈빛으로 바깥 사물을 바라보자. 그동안 나의 기호와 욕망에 따라 그 모습의 일부만을 드러내던 사물이 그 순간 존재의 전모를 드러내지 않을까? 그것을 온몸으로 끌어안고 싶은 사랑이 내 마음 깊은 곳에서 조용히 일지 않는가? 이를테면 뱀의 징그러운 모습은 우리의 선입 감정이 왜곡시킨 것일 뿐이다. 뱀 자체가 징그러운 것은 아니다. 뱀 역시 사람과 마찬가지로 자연의 순수하고 완전한 산물이다. 그 밖에 세상 만물이 모두 다 그러하다.

과거의 성인들은 그처럼 만물을 온몸으로 끌어안고서 순수 자체로 살았다. 그들의 순수는 하나의 정신을 공유한다. 즉 남들(만물)을 향해 열려 있으며, 그들을 보살피고 구원하려 한다는 점이다. 자비와 인(仁)과 박애는 이의 윤리적 언명들이다. 순수 정신의 핵심이 여기에 있다. 그것은 사랑(자비, 인, 박애)을, 일반적으로 말하면 진·선·미·성의 가치를 구현하여 만물을 보살피고 인류를 구원하려 한다.『중용』은 이러한 이념을 다음과 같이 천명한다. "이 세상에 더할 나위 없이 지성스러운 정신은 (중략) 천지 만물의 생성과 발육을 돕는다.〔唯天下至誠 (中略) 可以贊天地之化育〕"

효사爻辭

初九
순수의 정신으로 삶에 나서면 행복을 얻으리라.
无妄 往 吉

초구(初九)는 〈무망〉괘의 중심적인 효다. 그것은 괘의 제일 아래에 양효로서 바른 자리를 얻고 있으므로 순수하고 지성스러운 초심을 은유한다. 한편 그것이 상괘의 구사와 음양으로 호응하지 않음은 그가 바깥의 욕망 세계에 눈을 두지 않고 자신의 순수 정신을 지킨다는 함축을 갖는다.

사람의 마음은 처음부터 거짓되거나 이기적이지 않으며 오히려 참되고 순수하다. 맹자의 이른바 측은지심이나 수오지심을 빌릴 필요가 없다. 또는 몇몇 생물학자나 문화 인류학자들의 '성선(性善)'의 논증을 굳이 끌어올 것도 없다. 우리 스스로 사람의 심성이 본래 참되고 순수하다는 사실을 소박하게 자각하고 체험할 수 있다. 세상사에 대해서 욕망이나 의지가 발동하기 이전의 마음 상태를 내 안에서 들여다보자. 적어도 그 순간만은 맑고 순수한 느낌이 들지 않는가? 그것은 마치 호수에 물결이 일기 전 맑고 고요한 수면과도 같을 것이다. 그것이 마음의 순수한 본래 모습이다.

그런데 문제는 그 다음이다. 고요하던 그 자리에 욕망이나 이해타산이 끼어드는 순간 갑자기 마음이 어두워지고 산란해지며 불순해지는 것이다. 역시 호수의 비유를 들면 그것은 바람으로 물결이 일렁이면서 서로 부딪쳐 물방울들을 튀기는 수면과도 같다. 그처럼 욕망과 이해타산으로 혼란스러운 마음은 당연히 번뇌와 고통과 불행을 야기한다. 달리 말하면 마음이 온갖 생각과 감정에 물들면서 불순해진다.

그러므로 평소 세상을 무심히 바라보는 안목을 기를 필요가 있다. 부질없는 상념들을 모두 떨치고 마음을 텅 비워 고요 속에 침잠해 보자. 내면의 깊은 곳에서 순수의 정신이 회복될 것이다. 아래에 작자 미상의 시를 한 편 인용한다. 이황은 이를 두고 "내 마음속의 일을 먼저 말했다."고 하면서 깊이 공감하고 있다.

생각이 많으면 정신이 손상되니
마음을 맑게 비워야 양생(養生)할 수 있다네.
어찌하면 이 마음을 옛 우물처럼
맑게, 물결도 티끌도 없게 할 수 있을까.
嘗聞思慮損精神　　唯有淸虛可養身

安得是心如古井　　湛然無浪亦無塵(『퇴계전서』)

　사람들은 이에 대해, 자타 간 대립과 경쟁을 피할 수 없는 현실 사회에서 그와 같은 정신은 나약함과 패배를 면할 수 없다고 생각할지도 모른다. 하지만 그가 세상에서 물러나 있기만 하는 것은 결코 아니다. 오히려 그는 '하늘'의 뜻에 따라 참자아의 삶을 적극적으로 성취하려 한다. 달리 말하면 그는 삶의 힘을 세속적 욕망이나 출세의 의지가 아니라 '하늘'의 뜻에서 얻는다. '하늘'이 추동하는 그 힘보다 강력한 것이 있을까? '하늘'의 뜻을 순수하게 따르는 것만큼 행복한 삶이 있을까? 공자는 말한다. "순수의 정신으로 나서면 자족의 삶을 살 수 있을 것이다.〔无妄之往 得志也〕"(「상전」)

六二
밭갈이를 하면서 그 즉시 수확하려 하지 않고
개간을 하면서 곧바로 좋은 밭이 되기를 바라지 않으면
하고자 하는 일이 잘되리라.
不耕 穫 不菑 畬 則利有攸往

　육이(六二)는 가운데가 비어 있으면서 구오와 음양으로 상응한다. 이는 욕심을 비우고 순수한 마음으로 사물을 대면하면서 사리에 맞게 처신하는 사람을 은유한다. '밭갈이'와 '개간'은 순수 정신의 배양을 은유하기도 한다.

흔히 사람들은 일에 임할 때 처음부터 그것의 결과를 계산하고 기대한다. 이처럼 결과를 중시하는 사고는 일의 진행 과정에 대해서는 크게 의미를 두지 않는다. 과정이야 어떻든 결과만 좋으면 된다고 생각하는 것이다. 하지만 과정의 의미를 무시하는 것은 삶의 질량을 크게 떨어트린다. 인생 전체가 하나의 과정이며, 각 순간마다 소중한 의미를 갖고 있다. 그러므로 결과에만 눈을 두는 태도는 그 과정과 의미를 배제하는 것이나 마찬가지다.

예를 들어 보자. 대학 생활의 초점을 취직에만 맞추는 학생은 젊은 시절의 낭만과 학문의 즐거움을 모른 채 4년을 건조하게 보내게 될 것이다. 또 직장 생활에서 승진에만 목표를 두는 사람은 과업의 성취가 주는 기쁨이나 동료들과 나누는 인간적 교류의 즐거움을 놓치고 말 것이다. 그들은 오히려 수단 방법을 가리지 않는 모리배의 심리와 승부 의식만 자기 안에 키울 것이다. 이처럼 결과 지향적인 태도의 문제점은 오늘날 우리의 일상생활 전반에 걸쳐 나타난다.

결과 지향적인 태도는 당연히 행복의 질을 떨어트린다. 과정에 의미를 부여하는 사람이 일의 진행 과정에서 지속적으로 기쁨을 얻는 것과는 달리, 결과 지향적인 사람은 일의 결과에서만 그것을 찾으려 할 것이기 때문이다. 아니 소기의 결과만 바라는 사람에게 과정은 오히려 견디기 어려운 인내와 고통으로만 여겨질 수도 있다. 오늘날 농민들의 삶이 이를 단적으로 예증한다. 그들은 경작물(생명)을 기르는 기쁨을 알지 못한다. 그들에게까지 미친 자본주의적 사고는 경작물을 오직 돈으로만 환산한다. 그들이 화학 비료와 성장 촉진제를 대량으로 사용하는 것은 이의 당연한 결과다.

고금으로 농심(農心)의 차이가 여기에서 드러난다. 과거 농민들은
"밭갈이를 하면서 그 즉시 수확하려 하지 않고, 개간을 하면서 곧바로
좋은 밭이 되기를 바라지 않았다." 그들은 자연의 섭리에 따라 봄 여름
에 밭을 갈고 씨를 뿌리며 농작물을 가꾸는 것 자체에서 커다란 기쁨
을 누렸다. 그들이 매일 새벽 삽 한 자루를 메고, 혹은 뒷짐 지고 논밭
에 나갔던 것도 농작물이 하루하루 성장하는 모습을 바라보는 즐거움
때문이었다. 그들에게는 그것이 바로 삶의 과정이었다. 그들이 생명을
사랑하고 존중했던 것도 이의 산물이었다. 과거에 우리 어른들이 보리
를 벨 때 보리밭에 둥지를 틀고 알을 품은 꿩을 잡지 않고, 오히려 꿩을
위해 그 주변의 보리를 베지 않고 놓아 두었던 것도 그러한 농심에서
나왔을 것이다.

　　순수의 정신은 이러한 농심과도 같다. 그는 삶의 밭갈이와 개간에 최
선을 다하면서 그 과정 자체에서 행복을 누린다. 그는 지금, 이 자리에
서 자신이 해야 할 일에 집중할 뿐, 그 결과의 득실에 대해서는 마음에
두지 않는다. 공자는 말한다. "밭갈이를 하면서 그 즉시 수확하려 하
지 않으니, 그에게는 재리(財利) 의식이 없다.〔不耕穫 未富也〕"(「상전」) 중
국 한나라의 동중서(董仲舒, 기원전 179~104)는 말한다. "일의 가치를 올
바로 수행할 뿐 이득 여부를 따지지 않고, 삶의 도리를 밝힐 뿐 공명을
계산하지 않는다.〔正其義不謀其利 明其道不計其功〕" 참다운 행복의 원천
이 여기에 있다. 일의 공리와 결과의 득실에 근심 걱정을 놓지 못하는
사람들과 달리, 순수의 정신은 지금, 이 자리에서 "일의 가치를 올바로
수행하고", "삶의 도리를 밝히면서" 내밀한 기쁨을 얻을 것이다.

六三

순수의 정신이 뜻밖의 곤욕을 치른다.
길가에 매여 있는 소를 행인이 훔쳐 갔는데
동네 사람이 곤욕을 치른다.
无妄之災 或繫之牛 行人之得 邑人之災

육삼(六三)이 음효로서 양의 자리에 잘못 있음은 그가 좋지 못한 상황에 휘말려 곤욕을 치름을 은유한다. 그처럼 잘못된 자리에 있다는 점에서 그가 불순한 처신을 하고 있다고 해석하는 주석자들도 있다. 하지만 이 괘가 순수의 정신을 주제로 하므로, "순수의 정신이 뜻밖의 곤욕을 치른다."고 이해해야 한다는 의견을 따른다. 이 경우 '망(妄)'은 '망(望)' 자로 풀이되어 '무망(无妄)'이 '뜻밖'이라는 의미를 갖는 것으로 해석된다.

우리는 세상을 살면서 예기치 못하게 재난과 불행을 겪는 경우가 종종 있다. 자신이 자초한 일이 아니며 순수하고 결백하지만, 엉뚱한 상황에 휘말려 억울하게도 남들의 오해를 받고 심지어는 무고를 당하기까지 하는 등 "뜻밖의 곤욕"을 치르기도 한다. 그야말로 "아닌 밤중에 홍두깨"를 맞는 격이다. "행인이 소를 훔쳐 간 것이 동네 사람을 곤욕에 빠트리는[行人得牛 邑人災也]"(「상전」) 경우가 그 한 예다.

이처럼 억울하게도 자신의 결백을 의심받는 상황에서 사람들은 대개 공통적인 반응을 보인다. 분노와 원망, 심지어 증오의 마음이다. 하지만 그처럼 부정적인 마음은 상대방과의 다툼 이전에 자신의 삶의 정신을 피폐하게 만들 뿐이다. 그렇게 얼룩진 마음으로 밝고 순수한 삶을 영위할 수는 없다. 그러므로 사람들에게 자신의 결백을 주장하되, 순수의 정신이 상처를 입지 않도록 조심에 조심을 더해야 한다. 어떠한 고난과 역경 속에서도 삶을 아름답고 순수하게 영위하기 위해서다.

九四

올바른 정신을 지켜야 허물없는 삶을 살 수 있다.

可貞 无咎

구사(九四)는 양효로서 상응하는 음효가 없으므로 순수한 삶의 정신을 갖고 있다. 하지만 그는 음의 자리에 잘못 있기 때문에 순수성이 흔들린다. 이는 그의 철학이 확고하게 서 있지 못한 탓이다. 그래서 "올바른 정신을 지킬" 것을 요구받고 있다. 하지만 그것은 "허물없는 삶"을 살게 해 줄 뿐 참다운 행복을 누리게 해 줄 순수의 정신에는 미치지 못한다.

우리는 순수의 정신이 흔들릴 때마다 삶을 근본에서부터 성찰할 필요가 있다. 안락을 위해 세속에 영합하면서 적당히 불순하게 살 것인가, 이 세상에서 실현하고자 하는 참삶의 과제를 갖고 있는가 하는 등의 질문을 자신에게 던져 보아야 한다. 무의미하고 허무한 삶을 면하기 위해서다. 삶의 의미는 저절로 주어지는 것이 아니다. 우리들 각자가 그것을 찾아야 한다. 아래의 글을 한번 읽어 보자.

세상 사람들은 하늘과 땅 사이에서 길을 헤매면서 살아가고 있으니,

되돌아 자신을 살펴본 일이나 있는가? 배고프면 밥 먹고, 목마르면 물 마시며, 이득거리를 보면 쫓아 나서고, 해로운 것은 피할 줄 알면서, 정작 하늘이 나에게 삶을 준 뜻과, 사람이 사람된 까닭에 관해서는 생각하지 않는 것은 어째서인가?(『심경(心經)』)

"올바른 (삶의) 정신"은 이러한 문제의식과 고민 속에서만 자라날 수 있다. "허물없는 삶"도 거기에서만 기약될 수 있다. 물론 그 정신이 곧 삶의 순수성과 참다운 행복을 보장해 주는 것은 아니다. 순수의 정신은 '올바른 정신'보다 훨씬 고차원의 것이다. 그 차이는 '하늘'의 뜻에 대한 믿음 여부에 있다. 가령 순수의 정신은 삶의 형편이 아무리 어렵다 하더라도 '하늘'의 뜻에 따라 자신에게 주어진 길을 의심 없이 간다. 그러나 '하늘'의 뜻을 자각하지 못하고 도덕적으로 올바르기만 한 정신은 어려운 형편에 처하면 상처를 입고 흔들리면서 자신의 순수성을 회의하고 포기하려 할 것이다. 그러므로 올바른 정신을 지키는 것 이상으로 '하늘'의 뜻을 믿으면서 순수의 정신으로 삶에 나설 필요가 있다. 순교까지도 불사하는 신앙인들의 순정한 정신처럼 말이다.

이황이 제자들을 가르칠 적에 『태극도설(太極圖說)』을 먼저 했던 뜻도 여기에 있었다. 세계 만물의 생성 원리와 사람됨의 이치를 확실하게 인식시킴으로써 그들이 자신의 존재 내부에서 '하늘'의 뜻을 자각하여 털끝만큼도 동요 없이 그것을 순수하게 따르게 하려 한 것이었다. 우리도 그처럼 근본적인 성찰을 진지하게 할 필요가 있다. 그리하여 자신의 내면 깊은 곳에서 '하늘'의 뜻을 자각하면서 순수하고 고결한 영혼의 목소리에 귀를 기울일 필요가 있다. 공자는 말한다. "허물없는 삶을 살게 해 줄 올바른 정신은 내면의 깊은 본성에서 나온다.〔可貞无咎 固有之也〕"(「상전」)

九五
순수의 정신이 아픔을 겪는다.
약을 쓰지 않아도 건강을 회복하리라.
无妄之疾 勿藥 有喜

구오(九五)는 상괘의 가운데에서 강건하면서도 올바른 태도를 취하고 있으므로 순수 정신의 표상이라 할 수 있다. 게다가 그는 육이와 음양으로 호응하여 외롭지 않다. 그럼에도 그가 "아픔을 겪는" 것은 괘효의 구조상에서 도출된 것이 아니라, 그에게도 예기치 못한 고통과 좌절이 있을 수 있음을 가상한 것이다. 이는 육삼의 "뜻밖의 곤욕"과 유사하다. 다만 육삼이 좋지 못한 여건에서 겪는 불행을 염두에 두고 있는 데 반해, 구오는 그 이상으로 좋은 여건 속에서도 불행을 만날 수 있음을 이야기하고 있다. 한편 육삼에서는 순수의 정신을 변치 말 것을 충고하려 하며, 구오에서는 그것을 격려하려 한다.

다시 말하지만 순수의 정신은 강인하다. 그는 순진한 어린아이와 달리 자신의 내면 깊은 곳에서 '하늘'의 뜻을 자각하고 존재의 명령을 들어 삶을 영위하려 하므로 세속적 이해득실에 크게 개의하지 않는다. 물론 그 역시 생활인인 만큼 아픔을 겪는 일들이 있을 것이다. 하지만 그는 세상이 항상 자신에게 호의적이기만을 기대하지 않는다. 살다 보면 "예상치 못한 과분한 명예〔不虞之譽〕"가 있는가 하면, "올바르게 살려 하는데도 주어지는 비방〔求全之毁〕"(『맹자』)도 있다는 사실을 그는 잘 안다.

그러므로 그는 명예나 비방에 일희일비하거나 동요하지 않고 자신에게 주어진 존재의 과제를 성실하게 수행하려 한다. 이황은 한 제자에게 말한다. "선비는 세상에 살면서 벼슬길에 나가거나 물러나거나, 때를 만나거나 못 만나거나 간에, 요컨대 순수한 마음으로 도의를 실천할 뿐입니다. 길흉화복은 괘념할 일이 아닙니다."(『퇴계전서』) 그는 오직 '하늘'의 뜻만을 괘념할 것이다. 공자 역시 자신을 알아주지 않는 세상에 대해 다음과 같이 말한다. "하늘을 원망하지 않고, 사람들을 비난하지 않으며, 일상의 삶을 배워 하늘의 이치를 깨치리니, 나를 알아줄 자는 하늘일 것이다.〔不怨天 不尤人 下學而上達 知我者 其天乎〕"(『논어』)

이처럼 순수의 정신은 혼탁한 현실 속에서 설사 "아픔을 겪는다" 하더라도 구차하게 자신을 변명하려 하지 않는다. 그는 자기변명이 오히려 자신의 순수성을 흐릴 염려가 있음을 잘 알기 때문이다. 비유하자면 건강한 사람이 질병 치료의 약을 복용함으로써 부작용을 자초하는 것과도 같다. 건강한 체력이라면 약간의 아픔 정도는 저절로 치유된다. 가벼운 감기 몸살이 그 한 예다. 마찬가지로 순수의 정신은 아픔 속에서도 '(구원의) 약'을 쓰지 않으며, '(정신의) 건강'을 유지할 것이다. '하늘'에 대한 믿음과 자신의 존재 깊은 곳에서 우러나오는 강인한 힘이 그 아픔을 넉넉히 어루만져 주기 때문이다. 공자는 말한다. "순수의 정신에 대해서는 약을 쓸 일이 아니다.〔无妄之藥 不可試也〕"(「상전」)

上九

순수한 뜻만 믿고 나서면 실패를 면하지 못하리라.

좋을 일이 없다.

无妄 行 有眚 无攸利

상구(上九)는 괘의 마지막에서 양으로서 음의 자리에 잘못 있으면서, 음으로서 양의 자리에 역시 잘못 있는 육삼과 음양으로 호응하고 있다. 이는 일에서 올바른 상황 판단을 결여한 채 자신의 순수한 뜻만 믿고 일에 나서는 사람을 은유한다. 괘사의 이른바, "정도를 벗어나면 실패를 면하지 못할 것"이라는 경우에 해당되기도 한다.

순수함은 언제, 어느 자리에서든 가장 긴요한 삶의 정신이다. 하지만 그것도 상황을 고려하지 않으면 안 된다. 자신의 뜻이 아무리 순수하다 하더라도 앞뒤 판단도 없이 무턱대고 나서면 일의 실패를 면하기 어렵다. 앞서 말한 것처럼 그것은 순진함에 불과하다. 순수의 정신은 사리를 분명히 헤아리는 깊은 지혜와, 상황을 면밀하게 살피는 높은 안목을 갖출 것을 전제한다. 이것이 순수의 정신에 요구되는 정도다.

이는 불순한 현실과 적당히 타협할 필요도 있다는 말이 아니다. 일에 나서야 할 때(자리)와 나서서는 안 될 때를 가려야 한다는 뜻이다. 상황이 여의치 않을 경우에는 일에서 물러나, 또는 일과 거리를 둘 필요가 있다. 그것이 순수의 정신을 지키고 실현하는 방법 중의 하나다. 공자는 말한다. "순수한 뜻만으로 나서는 것은 궁지에 몰리는 불행을 초래할 것이다.〔无妄之行 窮之災也〕"(상전)

26. 건강한 힘의 축적

대축(大畜)

사람은 누구나 살아가면서 어떤 형태로든 힘을 기른다. 아니 힘을 얻기 위해 산다고 말하는 것이 정확한 표현인지도 모른다. 그야말로 "힘에 대한 의지"(니체)가 삶의 원동력이다. 육체의 힘은 기본일 것이요, 그 밖에 권력이나 재물, 명예의 힘도 빼놓을 수 없다. "힘에 대한 의지"는 정치인이나 재산가, 예술가, 학자들에게만 있는 것이 아니다. 그것은 모든 사람들의 내부에서 항상 강하게 꿈틀거린다. 일례로 학창 시절에 좋은 성적을 얻고 일류 대학에 들어가기 위해 열심히 공부하는 것도 그것들이 갖는 힘을 얻기 위해서다.

그런데 여기에는 한 가지 짚고 넘어가야 할 문제가 있다. 우리가 얻고자 하는 힘이 과연 어떠한 성질을 갖고 있는가 하는 것이다. 그 가운데에는 삶을 고상하게 만들어 주는 건강한 것이 있는가 하면, 반대로 불건전한 것도 있으며, 심지어 병적인 것도 있다. 이를테면 권력욕이나 재물욕에서 드러나는 것처럼, 남들과 더불어 화해롭게 살려 하기보다는 자신의 이익과 안락에만 집중하는 힘은 불건전하다. 아니 그것은 파괴적이기까지 하다. 왜냐하면 남들에 대해 무관심한 것은 공동체 생활에 해악을 끼치며, 안으로는 자신의 인격마저도 황폐하게 만들기 때문이다. 우울하게도 이것이 "파이팅!"을 외치면서 무한 경쟁의 사회를 사는 우리들의 모습이다.

이에 반해 진리와 도의(사랑과 의로움)의 힘은 건강함을 넘어 숭고하기까지 하다. 그 힘은 나의 자아를 참되게 완성시켜 줄 뿐만 아니라 남들까지도 구원해 준다. 그것은 남들을 지배하려는 의지를 갖지 않으며, 오히려 자신을 희생하여 남들에게 봉사하려 한다. 우리는 그 실례를 인류의 스승들에게서 본다. 그들의 힘은 사후에까지 많은 사람들을 감화시킨다. 이는 권력과 재물의 힘이 득실무상하며 나의 죽음과 함께 사라지고 마는 모습과 확연하게 대조된다. 참삶의 의미와 행복의 원천이 바로 거기에 있다.

〈대축(大畜)〉괘는 건강한 힘의 비축과 행사를 주제로 다룬다. 당연히 그것은 순수의 정신을 토대로 한다. 거짓되고 불순한 마음속에는 건강한 힘이 자라날 수 없기 때문이다. 이를테면 남들을 이용하고 지배하려는 불순한 마음은 불건전한 힘을 추구할 것이다. 이에 반해 맑고 순수한 마음은 사랑과 의로움과 진리의 힘으로 자아와 세계를 완성하려 한다. 공자는 말한다. "순수의 정신을 가져야만 건강한 힘을 축적할 수 있다. 그래서 〈무망〉에서 〈대축〉으로 이어졌다.〔有无妄 然後可畜 故受之以大畜〕"(「서괘전」) 그리하여 이 괘는 건강하고 생산적인 힘의 축적을 주제로 삼는다.

이를 괘의 상징상에서 살펴보자. 〈대축〉괘는 상괘와 하괘가 각각 산과 하늘을 상징하는 '간(艮)'☶과 '건(乾)'☰으로 이루어져 있다. 이는 하늘이 산속에 있는 모습을 보여 준다. 물론 그것은 실제의 현상이 아니며, 어떤 은유를 갖는다. 즉 산은 하늘에서 내려온 안개와 바람과 비를 담아 두어 온갖 초목금수를 길러 낸다. 대지의 전역이 그러하기는 하지만, 특히 깊은 골짜기와 무성한 숲으로 이루어진 산은 하늘의 생명적 기운을 강력하게 응축하여 만물 생성의 동력으로 이용한다.

괘의 속성 또한 이러한 뜻을 담고 있다. 상괘와 하괘가 각각 '머무름'과 '창조'의 정신을 갖는 그것은, 요지부동으로 머물러 있는 우뚝한 산이 하늘의 창조적 역량을 축적하여 만물을 생육함을 은유한다. 이것이 사람들에게 주는 가르침은 다른 데 있지 않다. 산과도 같이 중후한 삶의 정신으로 부단히 하늘과도 같은 창조적 역량을 비축하라는 것이다. 바람에 나뭇잎이 나부끼듯이 세상사에 쉽게 흔들리는 사람의 마음에는 결코 창조 정신이 깃들 수 없다. 중후한 정신만이 창조적 역량을 기를 수 있다. 공자는 말한다. "건강한 힘은 창조의 정신과 중후한 태도 속에서 축적되고 빛을 발하면서 나날이 덕망을 높일 것이다.〔大畜 剛健 篤實 輝光 日新其德〕"(「단전」)

괘사卦辭

건강한 힘의 축적을 위해서는 올바른 정신을 갖지 않으면 안 된다.
그는 집에서 밥이나 먹으며 지내지 않을 것이며
밖으로 널리 공덕을 펼칠 것이다.
큰 강물을 건널 수 있으리라.

大畜 利貞 不家食 吉 利涉大川

다시 말하지만 건강한 힘은 순수하고 "올바른 정신"에만 깃들며, 그 안에서만 축적될 수 있다. 비뚤어진 정신은 불건전한 힘만 키우려 할 것이다. 예컨대 인간은 본래 이기적이며 세상은 밀림과도 같다는 어두운 생각은 생존 경쟁에서 살아남기 위한, 남들을 이기고 지배하기 위한 힘에만 관심을 가질 것이다.

이에 반해 올바른 정신은 인간과 세상을 밝게 성찰하면서 참자아를 완성하려 한다. 그는 현실이 아무리 밀림 같다 할지라도 인간 내면의 깊은 곳에 도사리고 있는 진리와 도의의 힘을, 고결한 영혼의 힘을 감동적으로 자각하면서 그 힘을 키우려 할 것이다. 위대한 정신은 거기에서만 나온다. 공자는 말한다. "창조의 정신을 향상시키고 고명한 지혜를 추구하여 건강한 힘을 축적하는 것, 그것이 위대하고 올바른 정신이다.〔剛上而尚賢 能止健 大正也〕"(「단전」)

"위대하고 올바른 정신"은 자신의 삶을 성취하는 일에만 관심을 갖지 않는다. 산이 하늘의 기운을 축적하여 온갖 초목금수를 길러 내는 것처럼, 그는 남들(만물)을 품 안에 따뜻하게 아우르면서 그들의 삶을 도우려 한다. 한마디로 "그의 중후한 덕은 마치 산과도 같다.〔厚德如山〕" 그리하여 그는 가정에만 머무르지 않고, "밖으로 널리 공덕을 펼칠 것이다." 공자는 말한다. "그가 집에서 밥이나 먹으며 지내지 않고 밖으로 널리 공덕을 펴는 것은 고명한 지혜를 갖추었기 때문이다.〔不家食吉 養賢也〕"(「단전」)

위대하고 올바른 정신은 하늘의 창조적인 역량을 본받는다. 그는 단지 남보다 뛰어난 능력으로 탁월한 업적을 남겨서 위대한 것이 아니다. 그는 하늘의 창조적 역량을 배워 자기 안에 온축한 건강한 힘으로 이 세상을 구원하려 한다. 파도 높은 세속의 강물에 빠져 자신의 뜻을 접고 마는 여느 사람들과 달리, 그가 험난한 세파에 휩쓸리지 않고 당당하게 자신의 길을 걷는 것도 '하늘'의 뜻을 자각하여 받들기 때문이다. 공자는 말한다. "그가 큰 강물을 건널 수 있는 것은 하늘의 뜻에 부응하기 때문이다.〔利涉大川 應乎天也〕"(「단전」) 즉 '하늘의 뜻'이야말로 그의 존재와 삶을 받쳐 주는 강력한 지렛대다.

괘상卦象

하늘이 산속에 있는 모습이 〈대축〉의 형상이다.
군자는 이를 보고서 옛 성현들의 말씀과 행적을 널리 배워
도덕을 수행한다.
天在山中 大畜 君子 以 多識前言往行 以畜其德

산에 대한 인식은 사람마다 다르겠지만, 특히 동서양에서는 매우 대조적이다. 전통적으로 서양인들에게 산은 정복되어야 할 야만으로 여겨졌다. "산은 지구의 불명예이자 거추장스러운 짐"이며, 심지어 "지구의 쓰레기들을 모아 놓은 것"(어빙 배빗)이다. 사실 서양이 그동안 주도해 온 반자연의 문명은 그러한 산을 정복하고 파괴하고서 그 위에 지어 놓은 인공의 구조물이다. 하지만 우리의 전통은 이와 현격하게 다르다.

우리 선조들은 산을 정신의 안식처로 여겼다. 이황의 시를 한 번 음미해 보자.

산꽃에 해 비치어 눈부시게 화사한데
시내빛은 아득하고 버들가지 푸르르다.
병든 몸 나귀에 싣고 어드메로 향하는가.
산천이 나를 불러 흥이 멎지 않는구나.
日照山花絢眼明　　溪光漠漠柳靑靑
蹇驢馱病向何處　　泉石招人興未停(「삼월초팔일독유신암육절(三月初八日獨遊新巖六絶)」)

그는 이 시에 다섯 편을 더하여 산천 경계의 아름다움을 노래하고 있는데, 마지막 편에서 "폭포 소리 귀에 가득 오래도록 앉았더니 / 속세의 티끌 생각 말끔히 씻기운다."고 끝맺는다. 속세의 오염을 씻어 줄 청량제를 산에서 찾았던 것이다. 오늘날 많은 사람들이 등산을 좋아하는 데에도 이러한 의식이 작용할 것이다. 서양과 달리 우리의 전통 문화가 친자연적이었던 까닭도 여기에 있다. 더 나아가 우리 선조들은 산의 기상을 닮으려 하기도 했다. 선비들이 좋아했던 "산고수장(山高水長)"(범중엄(范仲淹), 989~1052)이라는, 아름답고 여운 깊은 글귀가 이를 잘 말해 준다. 그들은 우뚝 솟은 산과 유장하게 흐르는 물을 보면서 이상적 인격을 상념했다.

산에 대한 우리 전통의 인식을 좀 더 깊이 들여다보자. 선비들은 산에서 골짜기의 물이나 그 안에서 서식하는 초목만을 본 것이 아니었다.

그들은 문학적 상상력을 동원하여 산에서 하늘의 모습까지 살폈다. 산이 높이 솟아 하늘에 닿을 것같이 느껴졌기 때문이다. 그러므로 산과 하늘은 서로 아무런 상관도 없이 동떨어져 있는 두 개의 물체가 아니다. 하늘의 생명적 기운이 산으로 흘러들어 작용하며, 초목금수는 산이 하늘의 그것을 온축시켜 내놓은 산물이다. 평지와 달리 산에 초목금수가 밀집해 있는 것도 어쩌면 이 때문일지도 모른다. 산은 사람들의 무서운 손길에서 멀리 떨어져 자연의 생명적 기운을 그대로 간직하고 있기에 말이다.

그처럼 하늘의 창조적 역량을 축적하고 있는 산을 바라보면서 군자는 어떤 은유적 가르침을 얻는다. 하늘과도 같은 힘을 기르기 위해 도덕을 부단히 수행해야 한다는 것이다. 여기에서 '도덕'이란 단지 일상의 행동 규범들을 뜻하는 말이 아니다. 그것은 하늘의 창조적 역량을 온전하게 타고난 인간의 품성을 가치화한 것이다. 하늘이 만물을 생육하는 것처럼, 인간은 만민과 만물을 보살필 줄 아는 능력을 천부적으로 타고났다는 것이다. 이를 네 가지로 덕목화한 것이 바로 사랑〔仁〕, 의로움〔義〕, 예의〔禮〕, 진리〔智〕의 도덕 정신이다.

군자는 이러한 도덕 정신을 닦고 실천하기 위해 역사로 눈을 돌린다. 역사는 인류의 지혜가 저장되어 있는 보고이기 때문이다. 그중에서도 성현들의 말씀과 행적은 당연히 일차적인 공부거리다. 이는 물론 복고주의적 사고에서 나온 것이 아니다. 그것은 세계와 인간, 삶을 깊이 통찰했던 인류의 스승들의 지혜를 응용하여 현재와 미래를 건강하게 열어 나가기 위한 것이다. 참고로 이러한 정신을 담고 있는 유적을 하나 소개한다. 경남 산청에 있는 '산천재(山天齋)'이다. 이는 조식(曺植)이 지어 우거했던 집의 이름으로, 〈대축〉 상하괘의 상징에서 따온 것이었다. 거기에는 선생이 추구했던 삶의 정신이 서려 있다.

효사爻辭

初九
위험이 도사리고 있다. 나서지 않는 것이 좋다.
有厲 利已

양효인 초구(初九)는 아직 상황이 무르익지 않은 터에 자신의 힘만 믿고서 처음부터 일에 성급하게 나서는 성격이다. 게다가 그는 위(밖)로부터 육사의 견제를 받고 있다. 일반적으로 상괘와 하괘 사이에 음효와 양효가 상응하는 것은 합심협력의 뜻으로 좋게 평가되지만, 〈대축〉괘는 그렇지 않다. 하괘에서 위로 오르려는 '하늘'을 상괘가 '산'으로 막아 세우고 있기 때문이다. 말하자면 초구가 육사의 견제에 걸린 것이다. 아래에서 살피는 것처럼, 오히려 구삼과 상구처럼 두 양효가 서로 만날 때에는 힘의 상승 효과를 얻는다.

사람들 가운데에는 자신의 힘만 믿고 성급하게 일에 나서려는 이들이 많다. 하지만 아무리 강한 힘을 갖고 있고, 정당하게 나선다 하더라도 내외의 상황을 고려하지 않으면 실패하기가 쉽다. 공자가 제자인 자로(子路)의 무모한 용기를 다음과 같이 나무랐던 것도 이러한 까닭에서였다. "나는 맨손으로 호랑이와 맞서고 배도 없이 큰 강을 건너다가 죽어도 후회하지 않겠다는 자와는 행동을 함께 하지 않겠다."(『논어』)

하물며 자신의 힘이 아직 성숙되지 않았을 때에는 더 말할 필요가 없다. 그러므로 어떤 일에서든 자신의 힘과 객관적 상황을 잘 판단해야 하며 여의치 않다고 여겨지면 한발 물러서 때를 기다리면서 조용히 힘을 더 기르는 것이 좋다. 그것은 비겁이나 나약함이 아니다. 물러서는 것도 용기가 필요하다. 공자는 말한다. "위험이 도사리고 있으면 나서지 않아야 재난을 면할 수 있다.〔有厲利己 不犯災也〕"(「상전」)

九二

주인이 마차의 바퀴를 빼놓는다.

輿說輹

구이(九二)는 육오가 자신을 견제하고 있음을 감지한다. 그는 (양효로서) 힘을 갖고 있지만, (하괘의 가운데 효로서) 중용의 정신으로 형세를 판단하여 일에서 물러선다. "주인이 마차의 바퀴를 빼놓는다."는 말은 밖으로 나서는 일을 그만둔다는 뜻이다. 옛날에는 수레를 사용하지 않을 때에는 각 부분을 해체해 두는 것이 관행이었다.

이 역시 아직은 힘을 행사할 시기가 아님을 말하려 한다. 이제 강한 힘을 갖추기는 했지만 여전히 그를 견제하는 세력이 있기 때문이다. 그는 그러한 형세를 올바르게 판단하여 일에 나서지 않는다. 공자는 말한다. "주인이 마차의 바퀴를 빼놓는 것은 상황에 알맞게 처신하여 과오를 범하지 않기 위해서다.〔輿說輻 中无尤也〕"(「상전」)

그렇다고 해서 그가 힘을 축적하기 위한 노력을 포기하거나 뜻을 바꾸어 불건한 힘을 추구하는 것은 아니다. 세상에는 젊은 시절의 순수한 이상으로 부당한 권력에 맞서 싸우다가 어느 날 변절하여 그 권력을 추종하는 사람들도 있지만, 그는 "옛 성현들의 말씀과 행적을 널리 배워 도덕을 수행"하면서 변함없이 건강한 힘을 온축한다. 그가 자신의 내면 깊은 곳에서 "하늘의 뜻"을 자각하고 있기 때문이며, 불건전한 힘의 추구는 그에게는 곧 "하늘의 뜻"을 저버리는 패악으로 여겨지기 때문이다.

九三
준마를 타고 길에 나선다.
난관을 예상하면서 올바르게 몰아야 한다.
날마다 승마의 기술과 자기방어의 법을 익혀 나서야 하리라.
良馬逐 利艱貞 日閑輿衛 利有攸往

구삼(九三)이 하괘 '건'의 축적된 힘을 갖고 있고, 밖으로는 상구의 호응을 받고 있다. 그래서 준마와도 같은 힘으로 길에 나설 수 있게 되었다. 다만 그동안 참았던 힘이 폭발하여 또 다른 난관을 만날 수도 있음을 염려하여, "올바르게 몰도록" 충고하고 있다. "날마다 승마의 기술과 자기방어의 법을 익히는" 것도 그중 한 가지다.

바깥의 상황은 끊임없이 변한다. 낮과 밤의 변화처럼 흥할 때가 있으면 망할 때도 있으며, 쇠퇴하다가 부흥하기도 하는 법이다. 만물과 만상은 그야말로 영원한 영고성쇠의 순환 과정이다. 그러므로 형편이 어렵다고 뜻을 포기할 일이 아니다. 무기력한 태도는 상황을 더욱 악화시킬 뿐이다. 어려움을 이겨 낼 힘을 꾸준히 길러 나가야 한다. 운명의 여신은 틀림없이 그에게 반전의 기회를 줄 것이다. 주위 사람들 또한 그의 역량에 주목하면서 그에게 일을 맡기려 할 것이다. 그리하여 그는 자신이 평소 길러 온 '준마'를 타고 목적지를 향해 힘차게 나설 수 있다. 공자는 말한다. "길에 나서도 좋은 것은 앞으로 그와 뜻을 함께하는 사람들이 있을 것이기 때문이다.〔利有攸往 上合志也〕"(「상전」)

하지만 그 순간에도 주의해야 할 점이 있다. 자신의 힘이나 호전된 상황, 또는 사람들의 호응에 자만해서는 안 된다. 그의 강력한 힘이 밖으로 알려질수록 그를 시기하고 견제하는, 예기치 못한 난관이 생길 수도 있기 때문이다. 각종의 조직 사회에서 뛰어난 인재들이 종종 동료들의 질시를 받는 것이 그 실례다. 이를테면 사람들은 그의 '준마'가 사실은 둔마라느니, 또는 그의 '승마' 수준이 과장됐다느니 하며 비아냥대기도 한다. 그러므로 그는 평소에 '승마'의 기술을 부단히 익히고, 경주의 자리에서 남들의 해코지를 이겨 내기 위한 방어법을 익힐 필요가 있다.

六四
송아지의 뿔에 막대기를 덧댄다.
크게 복되리라.

童牛之牿 元吉

　　육사(六四)는 하괘의 '건'의 위에 있으므로 그들의 힘을 올바르게 계도할 책임적인 위치에 있다. 특히 그와 상응하는 초구는 아직 힘이 미약하므로, 그는 초구의 힘을 처음부터 적절히 제어하지 않으면 안 된다. '송아지'의 은유가 여기에서 나왔다.

　　옛날 소가 밭갈이나 짐수레의 운반에 흔히 이용되던 시절에 사람들은 종종 그 뿔에 받혀 다치곤 했다. 그래서 사람들은 송아지 때부터 그 뿔을 관리했다. 막 자라나는 뿔에 막대기를 덧댔던 것이다. 이는 뿔의 방향을 조정함으로써 그러한 불상사를 미연에 방지하기 위한 것이었다. 성체가 되면 이미 자란 뿔을 어찌할 방법이 없기 때문이다.

　　이러한 은유에 담긴 뜻은 다른 데 있지 않다. 사람들의 악한 성품을 사전에 교정해야 한다는 것이다. 사람들의 마음속에 불건전한 힘이 일단 자리잡으면 그것을 제거하기가 매우 어렵기 때문이다. 선비들이 도덕교육을 강조했던 이유가 여기에 있다. 사람들의 악행을 사후에 처벌하는 법과 달리, 도덕은 사람들이 처음부터 악한 마음을 갖지 않도록 감화시키는 힘을 갖는다. 다시 말하면 법은 이미 저질러진 악행을 공권력으로 다스리는 데 반해, 도덕은 자기 양심의 지도로 악행을 예방하려 한다.

　　과거 우리 사회에서 『소학』의 교육이 그토록 강조되었던 것도 이러한 인식에서였다. 그것은 마치 '송아지의 뿔에 막대기를 덧대'듯이, 어린 시절부터 마음속에 불건전한 힘이 자라지 않도록, 그 위에서 건강한 도덕의식이 배양되도록 하려는 것이었다. 자타 간 인간적 교류와 유대의 힘은 도덕에서만 나오며, 거기에서만 삶의 행복을 누릴 수 있다는 사실을 우리 선조들은 깊이 인식하고 있었다.

되돌아서 우리는 오늘날 투우장과도 같은 우리 사회의 모습을 반면거울로 본다. 사람들은 어려서부터 자타 화합의 도덕의식을 함양하기보다는 남을 제압하는 힘만 키우려 한다. 그것이 가정 교육의 실상이다. 그리하여 무한 경쟁의 의식 속에서 사람들은 서로들 뿔을 날카롭게 갈고 세워 치받아대면서 살벌하게 살아간다. 역시 "파이팅!"이다.

삶의 불행은 이의 필연적 결과다. 사람들은 이에 대해 사회만 탓하려 한다. 하지만 그러한 문제의식은 자신의 삶과 사회를 결코 개선시키지 못한다. 무엇보다도 먼저 내 안에 도사리고 있는, 황소의 뿔과도 같이 억센 힘부터 제거하지 않으면 안 된다. 부드러운 눈빛, 따뜻한 마음을 키워 세상에 나서야 한다. 그러면 팍팍하던 삶에 기쁨이 싹터 나올 것이다. 공자는 말한다. "송아지의 뿔에 막대기를 덧대면 크게 복될 것이니, 기쁨을 얻으리라.〔六四元吉 有喜也〕"(「상전」)

六五
거세당한 수퇘지의 뻐드렁니다.
복되리라.
豶豕之牙 吉

육오(六五)는 최고 지도자의 위치에서 조직을 이완(와해)시키는 각종의 불건전한 힘을 예방하고 다스릴 책임을 갖고 있다. 육오와 음양으로 상응하는 구이는 초구와 달리 이미 힘을 갖춘 자다. 비유하자면 힘 센 '수퇘지'다. 유오는 그의 힘을 무조건 제압하려 하면 그 '뻐드렁니'에 다칠 수도 있다. 그러므로 어려서 '거세'해야만 온순해질 것이다. "크게 복되리라." 했던 육사와 달리, 유오에서 다만 "복되리라."고 말한 것은 유오가 구이의 불건전한 힘을 (초구의 시절에) 처음부터 제압하지 못하여 그것이 '뻐드렁니'를 휘두를 여지를 남겨 두고 있기 때문이다.

돼지는 다루기 힘든 가축이다. 특히 수컷은 거친 힘과 튀어나온 뻐드렁니로 무엇이든 치받아 대는 성질을 갖고 있다. 사람들은 그를 우리 속에 가두어 기르지만 그것만으로 안심할 수는 없다. 그 억센 힘으로 언제든 우리를 뛰쳐나올 염려가 있기 때문이다. 그래서 옛날 사람들은 그 힘을 원천적으로 무력화시키기 위해 거세의 방법을 이용했다. 돼지가 거세당하면 성질이 온순해진다는 사실을 알았던 것이다.

사회 통치의 이치도 이와 크게 다르지 않다. 지도자는 사회를 위협하는 불건전한 힘을 바로잡기 위해 법과 제도에만 의존해서는 안 된다. 법과 제도는 최후의 방책이요 미봉책일 뿐이다. 그것들은 사람들을 공권력으로 위협하고 강제할 뿐, 사람들 내부의 불건전한 힘, 즉 폭력적인 성향까지 바로잡아 주지는 못한다. 그러므로 법과 제도만으로 사회를 다스리려는 것은 마치 수퇘지를 거세하지 않은 채 우리 속에 가두어 두려는 것이나 다름없다. 사람들의 불건전한 힘(폭력적인 성향)은 언제든지 법과 제도의 '우리' 밖으로 뛰쳐나가 사회를 혼란시킬 수도 있다.

그러므로 위정자는 법과 제도의 정비 이전에 사람들의 마음속에 자라날 불건전한 힘을 예방해야 한다. 학교 현장에서 도덕 교육을 강화하는 것이 한 방안일 수 있다. 그 밖에 그 힘을 야기하는 사회 환경적 요인을 제거하는 것도 중요하다. 이를테면 계층 간 빈부 격차를 줄이려는 정책을 예로 들 수 있다. 가난과 불평등의 의식 속에서 싹트는 불만과 저항은 사회 질서를 위협하는 불건전한 힘인 만큼, 분배 정의의 실현을 통해 당사자들의 마음속에서 그것이 자라지 않도록 해야 한다. 공자는 말한다. "위정자는 (중략) 백성들의 가난을 염려하기 전에 그들의 불만을 염려해야 한다. 부가 균등하게 분배되면 가난으로 인한 문제가 생기지 않을 것이다.〔有國有家者 (中略) 不患貧 而患不安 蓋均無貧〕"(『논어』) 사회의 평화는 이에 좌우될 것이다. 그는 또한 말한다. "거세한 수퇘지의 뻐드렁니가 복될 것이니, 평화를 얻으리라.〔六五之吉 有慶也〕"(「상전」)

上九
하늘의 길이 열렸다.
삶이 형통하리라.
何天之衢 亨

상구(上九)는 힘을 극대하게 온축한 자로서, 구삼(더불어 구이와 초구의 하괘)의 호응과 조력을 받고 있다. 심지어 바로 아래의 육오까지도 그를 받들고 숭상한다. 그러므로 그는 자신의 창조 역량을 밖으로 펼치는 데 아무런 장애도 갖지 않는다. 사통팔달의 "하늘의 길"이 이를 은유한다.

하늘에 무슨 길이 있을까마는, 사물들이 왕래하는 통로로 따지면 하늘만큼 넓고 많은 길을 갖는 공간도 없다. 구름이 떠다니고 새가 날아다니는 것처럼 하늘에는 모든 방향으로 길이 열려 있기 때문이다. 그러므로 "하늘의 길이 열렸다." 함은 그동안 쉼 없이 온축해 온 창조적 역량을 드디어 마음껏 실현할 수 있는 길을 얻었음을 은유한다.

"1퍼센트의 천재성에 99퍼센트의 노력"이라는 말처럼, 창조 역량은 타고난 것이기보다는 오히려 노력의 산물이다. 어떤 분야에서든 부단히 노력하는 사람은 반드시 위대한 역량을 갖추어 언젠가는 그것을 실현할 기회를 얻게 될 것이다. 이러한 옛말이 있다. "복숭아와 자두는 말이 없지만, 그 아래에는 지름길이 저절로 생긴다.〔桃李不言 下自成蹊〕" 즉 과실수들은 사람들에게 자기네 열매를 따먹으러 오라고 광고하지 않는다. 다만 온 생명을 다해 꽃을 피우고 열매를 탐스럽게 익힐 뿐이다. 당연히 사람들은 그 열매들을 보고는 다투어 달려올 것이다. 저들에게 이르는 지름길이 저절로 생기는 이유가 여기에 있다.

그러므로 남들의 외면과 괄시를 받는 등 아무리 어려운 처지에 놓여 있다 하더라도 자신의 힘을 기르는 노력을 게을리해서는 안 된다. 불리한 여건을 탓하는 것은 자기 위안(변명)의 술책일 뿐이다. 역경에 좌절하여 패배적인 삶에 안주하지 말고, 창조적 힘의 온축을 위해 부단히 노력하지 않으면 안 된다. 그러면 틀림없이 "하늘의 길"이 열릴 것이다. 아니 설사 그 길을 못 얻는다 하더라도, 자신이 노력하는 만큼 후회 없는 삶을 살 것이다. 그러므로 우리가 해야 할 일은 역시 '옛 성현들의 말씀과 행적을 널리 배워 도덕을 수행하는' 일에 있다. 그것이 삶을 형통시킬 최선의 길이다. 공자는 말한다. "하늘의 길이 열리니 삶의 길이 크게 뚫릴 것이다.〔何天之衢 道大行也〕"(「상전」)

27. 가꿈의 정신

이(頤)

인간은 미확정적인 존재다. 그의 존재는 마치 도자기의 재료인 점토와도 같다. 도예공이 점토를 주물러 여러 모양의 도자기를 만드는 것처럼, 사람은 자신의 존재를 제가끔의 방식으로 빚어낸다. 사람됨(존재)의 모습과 품격이 저마다 다른 이유가 여기에 있다. 이를테면 인류의 스승으로 영원한 존재성을 얻는 성인이 있는가 하면, 죽음과 함께 그 존재가 이내 잊히고 마는 대중들이 있다. 남을 위해 희생과 봉사의 삶을 사는 아름다운 사람이 있는가 하면, 자신의 이익을 위해 악행까지도 마다하지 않는 가련한 자도 있다.

이처럼 인간 존재의 위대함과 왜소함, 아름다움과 추악함은 물론 그의 의지와 노력에 달려 있다. 사람은 각자 자신의 존재를 스스로 지어나간다. 서머싯 몸은 소설 『인간의 굴레』에서 말한다. "인생은 페르시아의 양탄자다." 직공들이 제각기 나름대로의 도안을 갖고서 양탄자를 짜듯이, 사람도 자신의 존재를 고유한 방식으로 직조해 나간다는 것이다. 지금 이 순간도 그렇지만, 우리가 삶의 현장에서 취하는 행동거지

하나하나도 따지고 보면 자신의 '존재의 양탄자'에 한 땀의 수를 놓는 일과 다름없다. 그것의 아름다움과 값어치 정도는 물론 자신의 정성과 피땀 여하에 달려 있다.

그러므로 우리는 자신의 존재를 어떤 모양으로 수놓아야 할지, 즉 어떻게 가꾸고 길러야 할지 깊이 고민하고, 삶에 진지하게 나서야 한다. 그렇게 하지 않으면 볼품없는 싸구려 양탄자와도 같이 하찮은 존재로 삶을 마감하고 말 것이다. 예컨대 자신의 존재를 재물로만 수놓으려 한다면, 그 무늬가 아무리 화려하다 하더라도 품질의 천박성을 면하기 어려울 것이다.

〈이(頤)〉괘는 이러한 문제의식을 함축하고 있다. 여기서 '이'는 기른다(가꾼다)는 뜻이다. 사람들은 자신의 존재를 올바르게 기르고 가꾸어 나가야 한다는 것이다. 그것은 육체 생명을 기르는 데에서부터 덕성을 함양하고, 또 다른 사람들의 삶을 돌봐 주는 일에 이르기까지 모든 가꿈의 뜻을 망라한다. 공자는 이를 괘의 순서와 관련하여 다음과 같이 말한다. "힘이 축적되면 무엇이든 길러 낼 수 있다. 그래서 〈대축〉에서 〈이〉로 이어졌다.〔物畜然後 可養 故受之以頤〕"(「서괘전」) 이는 힘의 축적을 통해 자신의 존재를 올바르게 기르고 가꾸어야 함을 함의한다.

이를 괘효상에서 살펴보자. 〈이〉괘는 그 전체적인 구조상 초구와 상구의 두 양효에 그 안의 네 음효로 이루어져 있다. 이는 일견 위아래의 턱과 입속의 이빨들처럼 보인다.('이(頤)'는 턱이라는 뜻도 갖고 있다.) 그리고 여기에 상괘 '간(艮)' ☶의 머무름과, 하괘 '진(震)' ☳의 움직임이라는 속성을 보태면, 그것은 고정된 위턱과 움직이고 있는 아래턱을 연상시킨다. 음식물을 씹고 있는 것이다. 그리하여 이 괘는 입이 음식물을 섭취하여 육체를 기른다는 뜻을 확대하여 도덕 생명(덕성)을 기르는 일과, 나아가 만민의 삶과 만물의 생명을 길러 주려는 원대한 이상까지 담고 있다.

괘사卦辭

가꾸기를 올바르게 하라. 행복을 알리라.
자신을 어떻게 가꾸고 있는지
입만 채우려는 것은 아닌지 자성해야 한다.
頤 貞 吉 觀頤 自求口實

우리가 일상생활 속에서 가꾸어 나가는 것은 수없이 많다. 예를 들면 숲, 채소, 화초, 몸매 등이다. 그 대상이 무엇이든 우리는 그것을 올바르게 가꾸어야 한다. 잘못된 가꿈은 불행을 초래할 것이다. 이를테면 비료를 사용하여 채소를 기르면 건강을 해칠 수 있으며, 성형 수술을 통해 몸매를 가꾸려 하다가는 오히려 망칠 수도 있다. 육신의 가꿈에만 몰두하는 나머지 정신의 빈곤을 면치 못하는 사람도 마찬가지로 삶의 불행에서 벗어날 수 없다.

삶의 행복은 자아를 어떻게 기르고 가꾸는가에 달려 있다. 자아를 올바르게 길러야 행복을 얻을 수 있지, 그렇지 않으면 불행을 면할 수 없다. 고결한 영혼을 기르는 사람은 무엇과도 바꿀 수 없는 삶의 기쁨을 알 것이요, 그것을 외면하고 소유의 욕망만 키우는 사람은 물질로는 채워지지 않는 존재(자아)의 빈곤과 허무 의식에 빠질 것이다. 이는 우리에게 자기 성찰의 중요성을 일깨워 준다. 맹자 말을 들어 보자.

사람의 몸에는 고귀한 것과 하찮은 것이 있고, 소소한 것과 존대한 것이 있다. 그러므로 소소한 것을 위해 존대한 것을 해쳐서는 안 되며, 하찮은 것을 위해 고귀한 것을 해쳐서는 안 된다. 소소한 것만 기르는 사람은 소인이요, 존대한 것을 기르는 사람은 대인이다. 가령 어떤 정원사가 아름다운 나무는 버려 두고 가시나무만 가꾼다면, 그는 형편없는 정원사다.(『맹자』)

정원에 꽃나무를 심으려 하는 사람은 그것을 기르는 방법을 알 것이다. 그런데 정작 자기 자신은 기를 줄 모르니, 어찌 자신에 대한 사랑이 꽃나무에 대한 것보다 못해서 그러겠는가. 너무 생각이 없기 때문이다.(『맹자』)

사람들은 각자 자신의 존재와 삶의 정원사로서, 그 정원에 삶의 꽃과 나무를 설계하고 기른다. 한데 우리는 여기에서 자문해 볼 일이 있다. 나는 자신의 삶의 정원에 무엇을 심어 기르고 있는가? 혹시 자아를 아름답게 꽃피우려 하지 않고, 가시나무 같은 것들만 키우는 것은 아닌가? 주위 사람들에게 아름다움의 감동을 주기는커녕 그들을 아프게 찌르고 상처 주면서 살고 있지는 않은가? 맹자의 말대로 우리는 어쩌면 '너무 생각이 없이' 살고 있는 것은 아닌가?

그러면 우리가 삶에서 진정 기르고 가꾸어야 할 '고귀(존대)한' 것은 무엇이며, 버려야 할 '하찮은(소소한)' 것은 무엇일까? 맹자에 의하면 사랑과 의로움과 진리의 정신이 전자요, 육신의 편안함(안락)만 추구하는 마음이 후자다. 물론 육신의 편안함을 추구하는 것 자체가 '하찮은' 일은 아니다. 하지만 고결한 삶을 지향하지 않는 한 그것은 동물적 생존의 차원을 벗어나지 못한다. 게다가 더 심각한 문제는 그것이 사랑(의로움, 진리)의 정신을 해친다는 사실에 있다. 내 한 몸의 안락을 추구하는 마음에는 남들을 사랑하고 사회에 의로움과 진리를 확립하려는 정신이 깃들 수 없기 때문이다.

그러므로 우리는 자신의 존재를 어떻게 가꾸고 있는지 수시로 자성해 보아야 한다. 어리석게도 출세나 재물의 욕망으로만 자신의 존재를 가꾸려는 것은 아닌지, 점수와 학벌로만 삶을 설계하는 것은 아닌지 말이다. 그러한 가꿈은 자타 간 경쟁과 승부 의식 속에서 제 안에 가시 돋친 마음만 키우면서 삭막하고 황폐한 삶을 자초할 것이다. 이것이 '소인'의 실상이다. 이와는 달리 '대인'(군자)은 인간 본연의 고귀한 존재성, 즉 진리와 도의(사랑과 의로움)의 정신으로 자신을 가꾸려 한다. 또한 그러한 정신에 입각하여 사람들의 삶을 길러 주려 한다. 공자는 그 궁극의 경지를 다음과 같이 말한다. "하늘과 땅은 만물을 기르고, 성인(聖人)은 훌륭한 인재들을 길러 만민에게까지 미친다. 가꿈의 시간이 의의 깊구나!〔天地養萬物 聖人養賢 以及萬民 頤之時 大矣哉〕"(「단전」)

여기에서 "가꿈의 시간이 의의 깊다."고 찬탄한 것은 공자가 가꿈의 인간학적 의의를 깊이 통찰했기 때문이다. 인간은 죽는 순간까지 미완성적인 존재로서 자신을 어떻게, 그리고 얼마나 가꾸는가에 따라 자아(삶)의 완성도가 달라진다. 사람들의 존경을 받는 성현으로 자신을 가꾸어 완성하는 사람이 있는가 하면, 자신을 돌보지 않음으로써 존재의 빈곤을 면치 못하는 사람도 있다. 그러므로 평소 일상생활에서 "자신을 어떻게 가꾸고 있는지 돌아볼 것이며, 입만 채우려는 것은 아닌지 자성해야 한다.〔觀其所養也 觀其自養也〕"(「단전」)

괘상卦象

산 아래에서 우렛소리가 울려 퍼지는 모습이 〈이〉의 형상이다.
군자는 이를 보고서 말을 조심하고
먹고 마시는 일을 절제한다.
山下有雷 頤 君子 以 愼言語 節飮食

〈이〉괘의 상괘 '간'과 하괘 '진'은 각각 산과 우레의 형상을 갖고 있다. 그래서 "산 아래에서 우렛소리가 울려 퍼진다."고 했다. 군자는 거기에서 또다시 특유의 문학적 상상력을 발동시킨다. 우레가 산중의 모든 생물을 일깨우고 그들의 생명 활동을 자극한다는 것이다. 우레는 그렇게 산중의 온갖 초목금수를 길러 낸다.

군자는 그러한 모습을 보고는 자신으로 돌아와 하나의 교훈을 얻는다. 자아를 소중하게 기르고 가꾸어야겠다는 다짐이다. 그는 그것을 일차적으로 말과 음식에서부터 시작한다. 그것들은 일상생활에서 흔히 절제를 잃어 각종의 불행의 원천이 되기도 하기 때문이다. 이를테면 "말 한마디에 천 냥 빚을 갚을" 수도 있지만, "입은 재앙의 문이요, 혀는 재앙의 뿌리"이기도 하다. 나아가 한 조직의 지도자가 던지는 말은 휘하의 많은 사람에게 엄청난 영향을 미치기도 한다. 『예기』는 말한다. "임금이 실처럼 가늘게 말해도, 그 말이 일단 퍼져 나가면 밧줄처럼 굵어진다." 그러므로 누구나 말을 조심하지 않으면 안 된다.

말조심은 처세의 필요를 넘어서 자신의 존재를 가꾸는 데에도 중요한 방편이 된다. 말은 실천을 요구하는 경우가 많기 때문에 되도록 삼가야 한다. 그렇지 않으면 자칫 실없는 사람이 되기 쉽다. 한편 욕설이나 악담 등 나쁜 말들은 자타의 정신 건강을 해치는 요인이기도 하다. 그것들은 상대방뿐만 아니라 나 자신의 마음에 부정적인 에너지를 일으키고 쌓기 때문이다. 당연히 그것은 자신의 존재를 사납게 일그러트릴 것이다.

참고로 『물은 답을 알고 있다』의 저자인 에모토 마사루의 기발한 실험을 소개한다. 그는 두 개의 유리병에 물을 넣고서 그 각각에 (일본어를 포함하여 한국어와 영어 등 여러 나라의 말로) "고맙습니다"와 "망할 놈"이라고 써 붙였다. 그리고는 물을 순간적으로 얼리면서 그 결정(結晶)의 형태를 사진으로 찍었다. 그 결과는 놀라웠다. 전자는 그 결정이 아름다웠는 데 반해, 후자는 제멋대로 깨져 있더라는 것이다.

사람의 마음도 마찬가지다. 나쁜 말(생각)은 마음의 '결정' 상태를 거칠고 혼란스럽게 만든다. 당연히 그것은 거친 행동을 지어내면서 자타 간 대립과 반목, 다툼을 유발할 것이다. 『대학』은 말한다. "말이 거칠게 나가면 거칠게 돌아온다." 그러므로 우리는 자신의 존재를 아름답게 가꾸고, 남들과 화해롭게 지내기 위해서 평소 고운 말을 써야 한다.

먹고 마시는 일 또한 건강을 기르는 데 중요한 요소다. 그것은 육체적인 건강을 위해서만이 아니다. 예컨대 과음은 우리의 정신까지도 피폐하게 만든다. 이황은 술에 빠진 한 지인에게 편지를 보낸다. "과음은 인격을 가꾸고 생명을 보위하는 도리에 어긋납니다."(『퇴계전서』) 배부른 식사도 마찬가지다. 음식물의 포만한 섭취는 몸을 게으르게 할 뿐만 아니라 정신을 흐리게 만든다. 정신은 오히려 적당한 배고픔 속에서 맑아진다. 과거에 선비들이나 수도승들이 청빈의 삶을 영위했던 것도 이러한 이유에서였다. 그러므로 음식물의 부족(가난)에 불만할 일만은 아니다. 배부른 삶만 추구하려 하지 말고, 가난 속에서도 자신의 존재를 아름답게 가꾸려는 뜻을 다져야 한다.

효사爻辭

初九
네가 신령한 거북이를 버리고 나를 바라보면서 입을 헤벌리고 있으니 그 모습이 흉하다.
舍爾靈龜 觀我 朶頤 凶

　"신령한 거북이"는 초구(初九)를 두고 한 말이다. 그는 제일 아래에 놓여 있으므로 남을 돌봐 주기 어려우며, 자기 안의 "신령한 거북이"를 길러야 할 처지다. 그런데도 그는 이를 외면하고 바깥에서 음양으로 호응하는 육사를 보고는 그것을 차지하고 싶은 마음에 "입을 헤벌리고 있다."(하괘 '진'은 기본적으로 동적인 성질을 갖고 있다. 욕망이 동하는 것이다.) 효사에서 '너'

는 초구를, '나'란 육사를 가리킨다. 이는 육사의 말이 아니라, 단지 가설적인 표현일 뿐이다. 괘 전체적으로 살피면 하괘의 세 효는 자신만 돌보려는 이기적인 생각을 하고, 상괘의 세 효는 남들을 보살피려 한다. 점괘상 전자는 모두 '흉'하고, 후자는 '길'한 까닭이 여기에 있다.

거북이는 오늘날 애완용이나 건강식품으로 취급되지만, 옛날 사람들은 기린, 봉황, 용과 함께 네 마리의 신령한 동물(사령(四靈))로 여겼다. 그들에 의하면 거북이는 굶주림을 잘 참을 뿐만 아니라, 그중에는 먹지 않고도 오직 호흡을 통해서만 천년을 사는 것도 있다고 한다. 우리 전통의 '십장생도(十長生圖)'에 거북이가 들어 있는 것도 이러한 이유에서였다. 도가(道家)는 이에 입각해 '구식(龜息)'이라는 호흡의 수련법까지 창안했다.

위에서 "신령한 거북이"는 인간의 참다운 본성을 은유한다. 음식물에 의지하지 않고 호흡으로만 사는 거북이는 사람으로 치면 재물이나 권력, 사회적 지위 등 세속적인 것들을 초월하여 오직 자신의 내면에만 귀를 기울이는 은둔의 현자와도 같다. 거북이가 음식물을 찾지 않을 뿐만 아니라 머리와 네 다리, 꼬리를 제 껍데기 속에 감추는 모습이 이러한 연상을 일으킨다. 거북이의 이와 같은 생태가 사람들에게 주는 은유적 교훈은 다른 데 있지 않다. 목을 늘여 빼고서 내 밖의 세속적 욕망거리들을 찾아다녀서는 안 된다는 것이다. "신령한 거북이"처럼 자기 내부의 참다운 본성(영혼)을 깨달아 가꾸고 돌봐야 한다는 것이다.

그런데 사람들은 자기 안에 있는 '신령한 거북이, 즉 참다운 본성을 돌보려하기는커녕 도리어 그것을 버려 버린다. 그들은 밖으로 재물, 권력, 높은 자리만 열망하면서 "입을 헤벌리고" 침을 흘려 댄다. 그것들을 집어삼키고 싶어서다. 하지만 그것들이 사람의 존재됨과 무슨 상관이 있을까? 그것들을 많이 가지면 나의 존재가 위대해질까? 오히려 그것들로 남에게 행세하려 할수록 존재의 빈곤을 드러내는 모습을 우리는 주변에서 수없이 목격한다. 그러므로 "남들이 나를 바라보면서 입을 헤벌리고 있는 모습에 우쭐할 일이 아니다.〔觀我朵頤 亦不足貴也〕"(「상전」) 그것들을 갖지 못했지만 자기 안의 "신령한 거북이"를 돌보고 키우는 사람이 훨씬 위대하다. 불성(佛性)을 깨우친 석가모니, 덕성(德性)을 실현한 공자, 영혼의 빛을 밝힌 예수가 그 역사적 실례다.

六二
아래로 내려가 자아를 가꾸는 일은 바른 길에서 벗어난다.
언덕으로 올라가 자아를 기르려는 것도 궁색하다.
顚頤 拂經 于丘 頤 征 凶

육이(六二)는 음효로서 유약한 성질을 갖고 있으므로 남들의 도움을 기다려서만 자신을 가꾸고 돌볼 수 있다. 그래서 그는 양효의 초구와 상구에게 관심을 갖는다. 하지만 양자 모두 (상응의 자리에 있지 않기 때문에) 그에게 호응하지 않는다. 그런데도 그가 아래의 초구에게 접근한다면, 그것은 "아래로 내려가서", 즉 자기보다 낮은 수준의 사람에게 도움을 얻어 "자아를 가꾸는" 것과도 같아서 "바른 길에서 벗어난다." 한편 상구는 육이에게는 마치 '언덕'처럼 너무 높다. 그는 위로 올라가 도움을 청하려 하지만 상구가 그를 반기지 않을 것이다. 그런데도 만약 그곳에 올라 간다면 상구의 외면 속에서 '궁색'해질 것이다.

우리는 자기 안의 "신령한 거북이"를, 즉 참다운 본성을 돌보고 함양 해야 하지만, 그렇다고 해서 마치 좌선하듯이 안으로만 침잠하려 해서 는 안 된다. 참선조차도 훌륭한 스승의 지도를 받아야만 깨달음에 이 를 수 있는 것처럼, 자아(참다운 본성)를 가꾸고 실현하는 일도 남들의 조력을 받아야 한다. 어린아이가 올바르게 성장하는 데에는 좋은 부모 와 친구, 선생님의 힘이 필요한 것처럼 말이다. 공자가 "자신보다 못한 친구를 사귀지 말라." 하고, '유익한 친구〔益友〕'와 '해로운 친구〔損友〕' (『논어』)를 말한 것도 이러한 이유에서였다. '유익함'과 '해로움'이란 물질 적 이해득실의 의미가 아니다. 나의 존재를 아름답게 가꾸어 주면 그 는 '유익한' 친구요, 그렇지 않으면 '해로운' 친구다. 공자는 정직한 사 람, 믿음 있는 사람, 박학한 사람을 전자로, 표리부동한 사람, 아첨 잘 하는 사람, 말만 잘하는 사람을 후자로 꼽는다.

해로운 사람과의 교제는 마치 "아래로 내려가 자아를 가꾸는" 것과 도 같다. 여기에서 "아래로 내려간다."는 말은 자아를 전락시킨다는 뜻 을 은유한다. 해로운 사람과의 교제는 자아를 해롭게 할 뿐이기 때문 이다. 공자는 이를 다음과 같이 비유한다. "좋은 사람과 함께하는 것은 난초꽃이 있는 방에 들어가는 것과도 같다. 그 방에 오래 있다 보면 자 신은 꽃향기를 못 맡지만 그것이 몸에 배어들기 마련이다. 나쁜 사람과 함께하는 것은 생선 가게에 들어가는 것과도 같다. 그 가게에 오래 있 다 보면 자신은 비린내를 못 느끼지만 역시 그것이 몸에 배어들기 마련이다."(『공자가어(孔子家語)』)

　그러므로 교제의 상대방이 '난초'인지, 아니면 비린내 나는 '생선' 같은지 깊이 판단해야 한다. 난초의 꽃향기 같은 진리와 도의(사랑과 의로움)의 정신을 함께 나눌 사람과 삶을 함께해야 한다. 설사 세상살이가 아무리 힘들다 하더라도 저 고결한 정신을 버려서는 안 된다. 역경 속에서도 그 정신을 잃지 말고 부단히 가꾸어 나가야 한다. 그것을 떠나서는 사람됨의 뜻과 삶의 가치를 어디에서도 찾을 수 없기 때문이다.

　나아가 그러한 정신으로 인간관계를 가꾸어 나가야 한다. 교제의 참다운 기쁨은 거기에서만 우러나올 것이다. 세상을 등지고 사람들을 떠나 자기 혼자서 자아를 가꾸려 해서는 안 된다. 그것은 마치 산속으로 숨어들어 도통하겠다는 것이나 마찬가지다. 하지만 '도(道)'는 은밀한 곳에 있지 않다. 어느 선사의 말대로 "물 긷고 땔나무 하는 것이 모두 도다.〔運水搬柴 皆是道〕" 삶은 일상의 공동체 생활 속에서만 영위될 수 있으며, 그 가운데에서만 자아도 완성될 수 있다. 인간관계의 단절은 자신의 존재를 궁색하고 빈곤하게 만들 뿐이다. 공자는 말한다. "언덕으로 올라가 자아를 가꾸는 것이 궁색한 까닭은 거기에서는 함께 더불어 지낼 사람이 없기 때문이다.〔六二征凶 行失類也〕"(「상전」)

六三
올바른 가꿈의 정신에서 벗어나니 그 모습이 흉하다.
10년을 그렇게 가꾼다 해도 소용이 없다.
유익할 게 없다.

拂頤貞 凶 十年勿用 无攸利

육삼(六三)이 음효로서 양의 자리에 잘못 있으므로 "올바른 가꿈의 정신에서 벗어난다." 그는 상구와 음양으로 상응하지만, 그처럼 그릇된 정신을 갖고 있기 때문에 상구의 도움조차 이기적으로 받아들인다. '10년' 운운한 것은 ('10'은 기본수의 마지막이므로) 그릇된 가꿈의 정신으로는 평생 자아를 향상시킬 수 없음을 말한 것이다.

많은 사람, 특히 여성들은 얼굴의 화장이나 의상의 치장 등 외모 가꾸기에 평생을 열중한다. 또 재물이나 권력, 높은 신분 등으로 자신을 치장하려 한다. 당연히 이는 '올바른 가꿈'의 정신에서 벗어난다. 인간의 본질은 그처럼 외적인 것들에 있지 않으며, 자아는 결코 그러한 것들로 가꾸어질 수 있는 것이 아니기 때문이다. 오히려 그것은 자신의 존재를 스스로 흉한 모습으로 일그러트리는 짓일 뿐이다. 실제로 아름다움을 외모에서만 찾아 가꾸고, 삶을 세속적 욕망거리들로 치장하는 사람들의 경박한 모습과 행태가 이를 잘 말해 준다. 공자는 말한다. "10년을 그렇게 가꾼다 해도 소용이 없다. 사람의 길에서 크게 어긋나기 때문이다.〔十年勿用 道大悖也〕"(「상전」)

"사람의 길"은 역시 진리와 도의의 정신에서만 열린다. 사람들은 그것이 세상살이에 도움이 되지 않는다고 말하지만, 참삶의 보람과 행복은 그러한 내면의 정신에서만 나온다. 그러므로 설사 세상이 험악하고 사는 일이 곤고하다 하더라도 그러한 정신을 아름답게 가꾸어 나가야 한다. 연꽃은 진흙탕을 딛고 올라와 청정한 아름다움을 발한다. 매화는 한겨울의 추위를 겪으면서 뛰어난 향기를 뿜는다. 어느 옛 시인은 읊는다. "추위가 한차례 뼈에 사무치지 않는다면/ 봄의 매화 향기가 어떻게 코를 찌를 수 있으랴!〔不是一番寒徹骨/ 豈得春梅撲鼻香〕"

六四
아래로 내려가 자아를 가꾸면 행복을 얻으리라.
호랑이가 먹이를 노려보듯 하고, 그 뜻을 변함없이 갖는다면
허물없는 삶을 살 것이다.
顚頤 吉 虎視眈眈 其欲逐逐 无咎

　육사(六四)는 윗자리에서 아래의 초구와 음양으로 호응하므로, 그는 높은 지위에도 불구하고 아랫사람의 의견을 경청하면서 자아를 가꾸는 사람이다. "아래로 내려가 자아를 가꾼다."고 말한 뜻이 여기에 있다. 그는 육이와 마찬가지로 "아래로 내려가 자아를 가꾸"지만 "바른 길에서 벗어나는" 육이와 달리 "행복을 얻는다."고 한 것은 초구와의 상응 여부에서 내려진 판단이다. 육이는 상응하지 않는 초구에게 부정한 방법으로 접근하는데, 육사는 초구의 호응 속에서 자신을 낮추어 다가간다. 게다가 전자가 낮은 자리에서 이기적으로 자신의 이익만 키우려 하는 데 반해, 후자는 높은 자리에서 남들까지 돌봐 주려는 뜻을 갖는다. "호랑이가 먹이를 노려보듯" 운운한 것은 자아를 기르는 일에 집중하는 태도를 비유한 것이다.

어느 자리에서든 윗사람은 자신의 지위나 힘, 식견을 자만해서는 안 된다. 자만은 모든 실패의 근원이다. 설사 그가 아무리 출중한 지혜를 갖고 있다 하더라도 거기에는 한계가 있는 법이다. 이황의 말처럼, "진리는 무궁한데 사람의 식견은 유한한" 법이기 때문이다. 그러므로 윗사람은 "아래로 내려가", 즉 자신을 낮추어 아랫사람들의 의견을 경청할 줄 아는 겸손한 마음을 가져야 한다. 이는 특히 다수의 사람들을 거느리는 책임적 자리에 있는 사람이 갖추어야 할 중요한 덕목이다.

"호랑이가 먹이를 노려보듯" 하는 호시탐탐의 눈빛과 자세가 이에 대해 좋은 교훈거리가 될 수 있다. 호랑이는 사냥 시에 먹이에서 눈을 떼지 않고 자세를 낮추어 조심스럽게 다가간다. 마찬가지로 우리는 사회적 지위나 힘, 식견 등을 모두 떠나 세상에 낮은 자세로 내려서서 오롯한 마음으로 진리와 도의의 정신을 가꾸어 나가야 한다. 그러한 뜻을 어느 한때에 그치지 말고 시종 '변함없이 가져야 한다.' 그러면 삶의 허물을 면할 뿐만 아니라, 그 이상으로 존재의 충만을 누릴 수 있다. 공자는 말한다. "아래로 내려가 자아를 가꾸면 행복을 얻는 것은 자아가 빛나게 향상되기 때문이다.〔顚頤之吉 上施 光也〕"(「상전」) 군자는 바로 그러한 삶을 사는 사람이다. 공자는 말한다. "군자는 위로 오르고, 소인은 아래로 내려간다.〔君子上達 小人下達〕"(『논어』)

六五
바른 길에서 벗어나지만 올바른 가꿈의 정신을 지키면
좋은 결과를 얻으리라.

큰 강물을 건너는 일은 안 된다.

拂經 居貞 吉 不可涉大川

　육오(六五)는 최고 지도자이지만 음효로 유약한 성격이라서 사람들의
삶을 올바르게 가꾸어 줄(보살펴 줄) 능력을 갖고 있지 못하다. 아래의 보
필자인 육사도 음효이므로 별 도움이 되지 못한다. 다만 다행인 것은 위
로 양효인 상구가 가까이 있다는 사실이다. 상구는 재야의 현자와도 같
다. 그러므로 육오가 상구에게 가서 도움을 청할 필요가 있다. 그것은 조
직의 논리상 '바른 길에서 벗어나지만' 올바른 기름의 정신을 지킨다면
좋은 결과를 얻을 것이다. 육오가 육이와 마찬가지로 "바른 길에서 벗어
나지만", 육이와 달리 결과가 좋을 수 있는 것은 그의 지향성 때문이다.
즉 육이는 초구에게로 "(아래로) 내려가는 데" 반해, 육오는 상구에게로
"(위로) 오른다." 자아의 가꿈이라는 관점에서 살피면 육이의 하향은 퇴
행과 전락의 소인을, 육오의 상향은 진보와 향상의 군자를 은유한다. 다
만 "큰 강물을 건너는" 것과 같은 대사의 수행은 피해야 한다. 그것은 현
자의 도움 이상으로 지도자 자신의 뛰어난 능력을 요하기 때문이다.

　단체든 기업이든 사회든 조직의 지도자는 자아를 올바르게 가꾸어
야 함은 물론 다른 사람들의 삶을 잘 보살펴 주어야 할 책임까지 갖는
다. 실제로 그러한 책임 의식을 투철하게 갖고 있다 하더라도, 그는 실
천의 현장에서 갖가지 문제를 만나면서 많은 어려움과 한계를 느낄 것
이다. 만약 그의 지도와 통솔(통치) 능력이 부족하기까지 하다면 그는
자신은 물론 구성원들을 불행에 빠트릴 수도 있다.

지도자는 평소 이와 같은 염려와 두려움으로 사람들 앞에 나서야 한다. 자신의 높은 지위와 권세 의식에 갇혀 독선과 오만을 부려서는 안 된다. 겸손한 자세로 다른 사람들에게 수시로 자문하고 조언을 구할 필요가 있다. 그것을 자기 휘하의 사람들에게서만 하려 해서는 안 된다. 그들은 대개 체제 내적인 사고에 길들여져 있으며, 그렇지 않다 하더라도 조직인의 습성상 과감한 비판을 꺼리는 경향이 있기 때문이다. 지도자는 그들 이외에 재야의 현자들을 찾아 겸손하게 자문해야 한다. 마치 유비가 제갈량에게 삼고초려하듯이 말이다. 재야의 현자들은 조직과 체제 밖에서 문제를 객관적으로 살피면서 자신들의 이해타산을 떠나 조언과 충고, 비판을 해 줄 것이다.

지도자의 이와 같은 행보에 대해 조직 내부의 사람들은 "바른 길"(정상적인 과정과 절차)이 아니라고, 자신들이 무시당하고 있다고 불만을 가질 수도 있을 것이다. 하지만 그가 "올바른 기름의 정신"을 갖고 있는 한 그들의 불만과 비판은 문제가 되지 않는다. 즉 그가 자신의 자리와 이익을 보전하려는 것이 아니라 조직 전체를 보호하고 구성원 모두의 삶을 돌보려는 마음에서 그러는 것이라면, '십고초려'라도 해서 현자들의 조언을 구해야 한다. 유비가 제갈량을 얻음으로써 "좋은 결과"를 보았음은 우리가 익히 아는 대로다. 공자는 말한다. "올바른 가꿈의 정신을 지키면 좋은 결과를 얻는 것은 그가 사심 없이 현자를 따르기 때문이다.〔居貞之吉 順以從上也〕"(「상전」)

하지만 자질과 능력이 모자라는 지도자라면, "큰 강물을 건너는" 것과 같은 모험을 해서는 안 된다. 이를테면 조직의 대변혁이나 혁명적인 사업과 같은 것은 그 일을 감당할 능력을 가진 지도자만이 성공적으로 해낼 수 있다. 그러한 일은 현자의 조언만으로는 되지 않는다. 그것은 마치 풍랑이 심한 강물을 작은 배로 건너려는 것과도 같다. 선장의 안목과 위기 관리 능력이 부족하다면, 일기 예보나 각종의 기계 장치도 무용지물일 것이다. 그러므로 지도자는 자신의 능력 여부를 스스로 잘 판단하여 일에 나서야 한다.

上九
사람들이 나에게 의지하여 삶을 가꾸어 나가므로
언행을 조심해야 한다.
그들에게 복을 주리라.
큰 강물을 건너듯이 해야 한다.
由頤 厲 吉 利涉大川

상구(上九)는 양효로 괘의 제일 높은 자리에 있으므로, 아래의 여러 음효를 보살피고 이끌어 갈 수 있는 높은 지혜와 강건한 덕을 은유한다. 그리하여 "사람들이 나에게 의지하여 삶을 가꾸어 나간다." '나'란 상구 자신을 지칭한다. 그는 남들을 길러 주고 보살펴 주는 사람이다. 다만 그가 자신의 지혜와 덕, 그리고 사람들의 칭송에 자만할 염려가 있기 때문에, '언행을 조심하고' "큰 강물을 건너듯" 할 것을 충고하고 있다.

세상에는 남들의 삶을 가꾸어 주는 훌륭한 사람들이 많다. 그들은 물질로, 정신으로, 기타 다양한 방법으로 남들을 보살펴 주고 이끌어 준다. 그들 모두 존경받을 만하지만, 그중에서도 사람들을 진리와 도의의 정신으로 이끌어 주는 스승은 이 세상에 없어서는 안 될 중요한 존재다. 그는 권력, 재물, 명예 등 세속적인 힘으로부터 자유롭다. 바로 그러하기 때문에 그의 밝고 높은 정신의 눈빛은 세상사의 이치를 꿰뚫어 사람들에게 올바른 삶의 방향을 가르쳐 주며, 사람들은 그에게 의지하여 자신들의 삶을 고상하게 가꾸어 나간다. 우리는 그러한 스승의 제일 위에 석가모니와 공자와 예수가 있음을 안다. 그분들은 시대와 지역을 넘어 영원한 지혜의 등불로 인류의 삶을 안내하고 있다.

스승을 찾을 줄 모르는, 스승을 받들어 모실 줄 모르는 사람과 사회는 정신의 어둠에서 헤어나지 못할 것이다. 아무리 막강한 권력과 부를 갖고 있다 하더라도 그는 자아의 빈곤을 면할 수 없다. 무책임하고 무능한 정치인들과 졸부들의 행태가 그 실례를 잘 보여 준다. 아니 그들뿐만이 아니다. 자본주의 사회 속에서 물질만 숭배할 뿐, 참다운 정신 가치를 삶의 스승으로 받들 줄 모르는 우리 모두가 "참을 수 없는 존재의 가벼움"에 시달리고 있다. 오늘날 많은 사람들은 그것을 신앙의 세계에서 달래려 하지만, 그들 대부분이 받드는 것은 부처나 예수의 가르침이 아니라 자신의 이기적 행복뿐이다. 그들은 부처나 예수처럼 다른 사람들의 삶을 보살펴 주려 하지 않고, 오직 자신의 삶만 가꾸려 한다. 그러므로 그들의 자아가 여전히 빈곤할 수밖에 없다.

스승의 길을 걷는 사람은 세상이 자신을 알아주지 않는다 해서 실망할 일이 아니다. 실망은 오히려 자신이 스승답지 못하다는 반증이다. 스승이 진리와 도의의 정신 가치를 구현하려는 것은 남들의 대접과 존경을 바라서가 아니다. 참다운 스승은 무엇보다 그러한 정신으로 자아를 가꾸고 삶을 완성하는 것을 최우선의 과제로 삼는다. 그러므로 그는 스승 의식조차도 갖지 않는다. 그 호칭은 단지 사람들이 그의 고매한 인격과 지혜에 감복한 나머지 붙여 주는 것일 뿐이다.

현실 사회에서 각급 학교의 선생님은 물론 성직자와 각계의 원로 등 스승으로 인정받는 사람은 언행 하나하나를 조심하지 않으면 안 된다. 마치 "큰 강물을 건너듯이 해야 한다." 사람들이 그를 주목하면서 행동거지의 표본을 그에게서 찾기 때문이다. 스승이 아이들에게 '바람 풍(風)'자를 가르치는데 혀가 짧아 '바담 풍' 하면 아이들은 그 발음대로 배우게 되어 있다. 이처럼 말 한마디, 행동 하나가 사람들에게 미칠 영향을 생각한다면 그는 자신의 식견과 지혜를 한순간도 자만할 수 없을 것이다. 아니 무한한 진리의 세계 앞에서 무지를 자각하면서 겸손할 수밖에 없을 것이다.

그러므로 스승은 "올바른 가꿈의 정신"을 남들에게 요구하기에 앞서 자기 자신에게 철저히 들이대지 않으면 안 된다. 사람들은 이러한 스승을 본받아 자신의 삶을 올바르게 가꾸어 나갈 것이다. 이는 어느 자리에서든 스승이야말로 사람들을 복되게 해 주는 소중한 존재임을 일러 준다. 한 사회의 명암은, 그리고 사람들의 행불행은 그러한 스승의 존재 여부에 달려 있다고 해도 과언이 아니다. 공자는 말한다. "'사람들이 나에게 의지하여 삶을 가꾸어 나가므로 언행을 조심해야 한다. 그들에게 복을 주어 사회가 크게 윤택해지리라.[由頤厲吉 大有慶也]"(「상전」)

28. 비상시의 위기 관리

대과(大過)

우리는 육체적으로든 정신적으로든, 개인적으로든 사회적으로든 가꿈의 정신을 한시도 놓아서는 안 된다. 몸을 돌보지 않으면 병들어 죽을 것이요, 정신을 기르지 않으면 공허한 삶을 면할 수 없으며, 사회를 가꾸지 않으면 야만 상태로 떨어지고 말 것이다. 물론 어느 경우에나 "올바른 가꿈의 정신"으로 나서야 한다. 가령 몸을 돌보되 음식을 절제할 줄 알아야 하며, 정신을 기르되 불건전한 사상에 빠져서는 안 되며, 남들을 보살피되 대가를 바라는 마음을 갖지 말아야 한다.

그런데 육체든 정신이든, 개인이든 사회든 처음에는 잘 가꾸어 나가다가도 일단 현재의 상황에 만족하게 되면 사람들은 점점 가꿈의 뜻을 잊는 경우가 허다하다. 예를 들면 병이 났을 때에는 운동과 식생활에 주의를 기울이다가도 건강을 회복하면 몸을 함부로 부린다. 또 혼란한 사회 속에서는 경각심을 갖고서 질서를 찾으려고 노력하다가도, 사회가 안정을 얻으면 느슨해진 마음으로 원려(遠慮) 없이 누리려고만 한다.

위기는 바로 여기에서 시작된다. 그것을 계속 방치하면 나중에 심각한 상황을 맞을 것이다. 공자는 이러한 뜻을 괘의 순서와 관련하여 다음과 같이 말한다. "'이(頤)'란 가꾼다는 뜻이다. 가꾸어 나가기를 중단하면 몸과 마음이 유연성을 잃는다. 그래서 〈이〉에서 〈대과(大過)〉로 이어졌다.〔頤者 養也 不養則不可動 故受之以大過〕"(「서괘전」) '대과'란 평소의 모습에서 크게〔大〕 벗어난〔過〕 비상사태를 뜻한다. 몸과 마음을 유연하게 기르지 않으면 사고나 행동이 경직될 것이요, 그것은 곧 변화에 대한 적응력을 잃게 되어 결국 삶의 위기를 겪게 되리라는 것이다.

비상한 위기는 상식적인 처리 방식으로는 극복하기 어렵다. 그것은 과감하고 혁신적인 대응책을 필요로 한다. 의사들이 심각한 질병을 치료하는 데 종종 극약 처방을 하는 것처럼 말이다. 『서경』은 말한다. "정신이 아찔할 정도의 약을 처방하지 않으면 그 병이 낫지 않는다." 개인의 삶이나 사회도 마찬가지다. 비상사태를 당해서 상식적인 대응을 해서는 문제를 해결할 수 없다. 때로는 과격한 처방을 하는 것이 합리적일 수도 있다. 공자는 이를 다음과 같이 말한다. "지나치게 강하지만 시의적절함을 얻는다.〔剛過而中〕"(「단전」) 이렇게 생각하면 비상시의 위기 관리는 아무나 할 수 있는 것이 아니다. 난치병에 명의가 필요한 것처럼 삶이나 사회의 위기도 뛰어난 지혜와 결단력를 갖고 있는 사람만이 극복할 수 있다.

이를 괘효상에서 살펴보자. 〈대과〉는 상괘 '태(兌)' ☱는 연못을, 하괘 '손(巽)' ☴은 나무를 상징으로 갖고 있다. 이는 나무가 연못 아래에 있는 모습이다. 집중 호우로 연못의 물이 불어 주변의 나무들이 물속에 잠겨 있는 것이다. 이는 위기 상황을 암시한다. 한편 괘효를 입체적으로 바라보면, 네 개의 양효를 양변의 두 음효가 아래에서 지탱하고 있는 모습을 띤다. 이는, 아래의 괘사에서 말하는 것처럼, 허약한 두 개의 대들보가 네 겹의 무거운 지붕을 힘겹게 받치고 있는 것처럼 보일 수도 있다. 공자는 말한다. "대들보가 휘어졌으니, 처음과 끝이 허약하기 때문이다.〔棟橈 本末弱也〕"(「단전」) 여기에서 '처음과 끝'이란 초육과 상육의 두 음효를 지칭한다. 이 역시 위기의 비상사태다.

하지만 괘의 구조는 동시에 그것을 극복할 수 있음을 암시하기도 한다. 가운데 네 개의 양효들이 그것을 알려 준다. 강력 불굴의 힘으로 위기의 상황을 이겨 낼 수 있다는 것이다. 공자는 말한다. "'대과'란 큰 힘이 성대함을 뜻한다.〔大過 大者過也〕"(「단전」) 여기에서 '큰 힘'이란 현재의 삶을 위협하는 위기 상황을 말할 뿐만 아니라 동시에 그것을 극복할 수 있는 위대한 정신까지도 은유하는 이중적인 의미를 띤다. 우리는 평소 그처럼 강력 불굴의 힘과 위대한 정신을 길러야 한다. 〈대과〉괘는 이를 주제로 한다.

괘사卦辭

비상시다. 대들보가 휘어졌다.
조치를 취해야만 집이 온전하리라.
大過 棟橈 利有攸往 亨

대들보가 휘어져 무너지려는 집을 각목 몇 개로 지탱하려 해 봐야 소용없는 일이다. 집을 전체적으로 뜯어고치거나, 아니면 아예 부수고 새

집을 지어야 한다. 개인이나 사회의 경우도 마찬가지다. 비상 상황에 임시변통의 고식적인 대응책은 효과를 보지 못한다. 예컨대 논쟁의 여지가 있기는 하지만, 고려 말의 사회 상황을 들 수 있다. 사회의 혼란이 극심했던 당시에 포은(圃隱) 정몽주(鄭夢周, 1337~1392) 등 개량주의자들은 부분적인 개혁을 통해 그 위기를 극복하려 했다. 하지만 그것은 왕조의 수명을 잠시나마 연장할 수 있었을 뿐, 민생의 구원이라는 관점에서 살피면 미봉책에 불과했다. 고려 왕조 400여 년의 뒤끝으로 각종의 악폐와 모순들이 누적되어 있었기 때문이다.

이에 대해 정치 체제를 근본적으로 뜯어고치고자 했던 일단의 세력이 있었다. 바로 이성계를 중심으로 한 삼봉(三峰) 정도전(鄭道傳, 1342~1398) 등의 혁명파들이다. 온건 개혁파들은 그들을 과격하다고 비난했지만, 그들의 역사적 안목과 '민본(民本)' 정신은 혁명만이 민생을 구원할 수 있다고 여겼다. 그렇게 하여 그들은 고려 왕조의 '휘어진 대들보'를 아예 제거하고 조선의 '새로운 집'을 지어 백성들이 그 안에서 편안하게 살게끔 하려 했다. 공자는 말한다. "지나치게 강하지만 시의적절함을 얻고 유연한 정신으로 기쁨을 이끌어 내니, 그렇게 조치를 취해야만 일이 온전해진다.[剛過而中 巽而說行 利有攸往 乃亨]"(「단전」) 여기에서 '유연한 정신' 운운한 것은 비상 상황에 신축적으로 처신하여 위기를 극복하고 삶의 행복을 창출하는 것을 이른다.(이는 하괘의 유연함과 상괘의 기쁨의 속성에 입각한 것이다)

이렇게 살피면 비상의 상황은 커다란 위기이지만, 다른 한편으로는 절호의 기회이기도 하다. 그것은 "대들보가 휘어진" 삶과 사회를 재편하고 혁신하여 새로운 세계를 조성할 수 있는 계기이기 때문이다. 공자는 말한다. "비상시야말로 크나큰 의의를 갖는다.[大過之時 大矣哉]"(「단전」) 그러므로 우리는 불의의 비상사태에 위축되거나 좌절하지 말고, 임시변통의 땜질식 처방으로 위기를 모면하려 하지 말고, 그 기회에 문제점을 근본적으로 따지면서 삶과 사회를 획기적으로 혁신해야 한다.

괘상卦象

연못의 물이 불어 못가의 나무들이 물속에 잠겨 있는 모습이
〈대과〉의 형상이다.
군자는 이를 보고서 두려움 없이 홀로 우뚝 서고
세상이 자신을 알아주지 않는다 해도 원망의 마음을 갖지 않는다.
澤滅木 大過 君子 以 獨立不懼 遯世无悶

연못의 물이 불어 못가의 나무들이 물속에 잠겨 있다. 나무로서는 비상한 위기 상황이다. 그런데도 그들은 물속에 잠겨서 꺾이지 않고 굳게 버티고 서 있다. 군자는 그 모습을 보고서 어떤 가르침을 얻는다. 자신의 삶을 휩쓸어 버릴 듯한 격랑의 위기 상황에서도 동요됨이 없이, 불굴의 정신으로 나서겠다는 것이다. 옛사람들은 이러한 뜻을 "중류지주(中流砥柱)"라는 말로 천명한다. 중국 황허 강의 중류에 숫돌처럼 생긴 돌이 거센 물 흐름에도 흔들림 없이 우뚝 서 있는 모습을 형용한 것이다. 경북 구미에는 그 글씨를 새긴 커다란 비석이 있다. 고려 말 왕조의 교체기에 '불사이군(不事二君)'의 절의를 지킨 야은(冶隱) 길재(吉再,

1353~1419)를 기리기 위한 것이다.

한편 군자는 세상이 그를 알아주지 않는다 하더라도 원망의 마음을 갖지 않는다. 그 배경에는 진리와 도의의 정신이 놓여 있다. 아무리 위태롭고 험악한 상황에 처해 있다 해도 진리와 도의야말로 그를 곧추세워 주는 힘이다. 그는 아무리 비상한 위기를 당해도 의연하게, "두려움 없이 홀로 우뚝 서서" 진리와 도의를 따르려 한다. 그는 그것을 '하늘'의 뜻으로 여긴다. 앞서 인용했지만 공자는 말한다. "하늘을 원망하지 않고 사람들을 비난하지 않으며, 세상사를 배워 하늘의 뜻을 깨치리라."(『논어』)

효사爻辭

初六
땅바닥에 흰 띠풀을 깐다.
일을 그르치지 않으리라.
藉用白茅 无咎

초육(初六)은 음효로서 괘의 제일 아래에 있으므로 '땅바닥에 깔려 있는 흰 띠풀'과도 같으며, 그 위에 네 양효가 '제물(祭物)'로 올려져 있다. 공자는 말한다. "땅바닥에 흰 띠풀을 까는 것은 부드러운 것이 밑에 있음을 뜻한다.[藉用白茅 柔在下也]"(「상전」) 한편으로 초육은 하괘 '손'의 성질상 공손하고 조심스러운 태도를 갖는다. 이와 같은 영상들은 경건하게 제물을 올리는 제사자의 모습을 연상시킨다. 초육은 위로 구사와 음양으로 상응하지만 위기 상황에서 먼 곳의 호응은 별로 도움이 되지 못한다. 이때에는 무엇보다도 그 자신의 마음가짐이 제일 중요하다.

요즘에는 묘소에서 시제를 지낼 때에 제물을 묘지의 상석에 진설하지만, 상석의 풍속이 없었던 고대 사회에서는 땅바닥에 흰 띠풀을 깔고서 그 위에 제물을 올려놓았다. 그것은 제물을 흙먼지로 더럽히지 않으려는 조심스러운 마음의 발로였다. 제사는 의례적인 행사에 불과한 것이 아니라, 조상의 혼령을 만나는 경건한 자리였기 때문이다. 거기에서 '흰 띠풀'은 하찮은 잡초가 아니라 정결함의 상징성을 띤다. 띠풀은 '삘기'라 불리기도 하는데, 과거에는 봄철에 아이들이 그 달콤한 어린 꽃이삭을 뽑아먹곤 했다. 나이 많은 어른들은 그 경험이 있을 것이다.

무릇 일의 성패는 사람들이 그것의 입안과 수행 시에 얼마나 신중하게 나서는가에 크게 좌우된다. 하물며 자신의 삶이 크게 흔들리는 비상의 상황에서는 더 말할 나위가 없다. 당황 속에서 우왕좌왕하면 사태를 더욱 어렵게 만들 뿐이다. 그러므로 위기에 처할수록 "두려움 없이 홀로 우뚝 서서", 그리고 마치 제사에 임하듯이 경건하고 조심스럽게 처사하지 않으면 안 된다. 특히 자신의 입지가 약하여 남들로부터 인정을 받지 못할 경우에는 더더욱 그러하다. 공자는 이를 두고 다음과 같이 말한다.

제물을 땅바닥에 놓아도 괜찮을 텐데 띠풀을 깔아 그 위에 올려놓는다면, 잘못될 일이 무엇 있겠는가. 그 모습이 지극히 경건하다. 띠풀은 본래 하찮은 것이지만 이처럼 소중하게 이용될 수 있다. 만약 이와 같은 마음으로 매사에 경건히 나선다면 그르칠 일이 없으리라.〔苟錯諸地而可矣 藉之用茅 何咎之有 愼之至也 茅之爲物 薄而用 可重也 愼斯術也 以往 其无所失矣〕(「계사전」)

九二

메마른 버드나무의 뿌리에서 새싹이 움트고
늙은 남자가 젊은 아내를 얻는다.
일이 잘 되리라.

枯楊生稊 老夫得其女妻 无不利

　버드나무는 물가에서 잘 자라는데, 이는 상괘의 '연못'과 하괘의 '나무'를 조합한 것이다. 버드나무는 햇빛에 민감하여 뜨거운 한낮에는 잘 시든다고 한다. "메마른 버드나무"의 상상이 여기에서 나왔다. (다른 양효들과 합세한) 구이의 양기(햇빛)가 과도하여 버드나무가 메말라 있는 것이다. 하지만 바로 아래의 초육이 음효로서 물의 성분을 갖고 있으므로, 구이의 버드나무가 초육으로부터 수분을 얻어 뿌리의 새싹을 틔운다. 그것은 마치 늙어서 메마른 남자가 젊은 아내를 얻어 자식을 보는 모습과도 같다. "젊은 아내"란 초육을 가리킨다. 그것은 괘의 제일 아래에 있으므로 나이 어린 여자를 은유한다. 구이가 초육과 가까이서 음양으로 만나므로 "늙은 남자가 젊은 아내를 얻는" 것이다.

나무의 수령이 많아 아무리 바짝 메말랐다 해도 영양분만 잘 공급받으면 새싹을 틔우고 꽃을 피울 수 있다. 아니 뿌리에서 새로운 움이 돋아나 자랄 수도 있다. 이는 마치 늙은 남자가 젊은 여자를 아내로 얻어 자식을 볼 수 있는 것과도 같다. 공자는 말한다. "늙은 남자가 젊은 아내를 얻으니, 상식을 벗어나지만 함께 살아갈 수 있다.〔老夫女妻 過以相與也〕"(「상전」) 그렇게 해서 그는 후손 단절의 위기를 극복할 수 있다.

이것이 은유하는 바는 무엇일까? 그것은 개인의 삶이나 사회를 막론하고 낡은 양식과 노화된 체제를 혁신하는 방안에 관해 말하려는 뜻으로 해석될 수 있다. 낡고 노화되어 침체된 상황에서는 젊은 정신과 신선한 이념의 수혈이 필요하다는 것이다. 그래야만 삶과 사회는 새로운 활력과 생명성을 얻을 수 있다. 우리가 주변에서 흔히 목격하고 스스로 자각하곤 하는 것처럼, '늙고 메마른' 사고방식은 무슨 일이든 습관적이고 상투적으로만 응대하려 한다. 이는 실패와 도태의 요인이다. '젊고 유연한' 정신만이 예민한 감성으로 세계와 삶에 진취적이고 창의적으로 나설 수 있다. 발전과 성공의 비결이 여기에 있다. 이는 물론 나이와는 무관하다. 이미 '늙고 메마른' 젊은이가 있는가 하면, 여전히 '젊고 유연한' 노인도 있을 수 있기 때문이다.

九三
대들보가 휘어졌다.
그 모습이 흉하다.
棟橈 凶

구삼(九三)은 구사와 함께 〈대과〉괘 전체 가운데 중심 자리에 있으므로, 집으로 따지면 대들보의 형상을 띤다. 대들보가 휘어지는 것은 일차적으로 하괘의 토대, 즉 초육(주춧돌)이 허약해서이기도 하지만, 근본적으로는 구삼 자체에 문제가 있다. 구삼이 양성으로 지나치게 강하여 휘어지다 못해 부러질 염려가 있는 것이다. 상육이 그와 음양으로 상응하지만 구삼의 지나친 강성을 따라가지 못한다. 결국 그는 '흉한' 모습을 자초하고 말 것이다.

어떤 일이든 한 사람의 탁월한 능력으로만 이루어지지는 않는다. 세상만사의 이치가 "서로 의존하고 서로 기다리며, 서로 낳아 주고 서로 이루어 주게[相依相待 相生相成]"끔 되어 있는 만큼, 아무리 사소한 일이라도 거기에는 수많은 사람들의 피와 땀이 서려 있다. 그러므로 자신이 무슨 업적을 냈다 하여 기고만장할 일이 아니다. 주위 사람들의 도움에 감사할 줄 아는 겸손한 마음을 가져야 한다. 또한 자신의 능력을 자부하여 일을 자기 혼자서 처리하려 해서도 안 된다. 다른 사람들의 협력을 열린 마음으로 받아들여야 한다.

하물며 비상한 일을 만났을 때에는 더 말할 나위가 없다. 그것은 여러 사람들의 지혜와 조력을 적극적으로 필요로 한다. 가령 추진 중인 사업에 위기를 맞이했다면 전문가들의 조언을 받아야 하며, 사회적인 환란 앞에서 국정의 책임자는 정파를 떠나 자신에게 비판적인 사람들의 의견까지 경청해야 한다. 만약 어리석게도 자신의 능력을 과신하여 일들을 독단적으로 처리하려 한다면, 그는 사업이나 국정의 '휘어진 대들보'를 결코 바로잡을 수 없을 것이다. 주위의 사람들 역시 그의 자만과 독선을 보면서 누구도 그를 도와주려 하지 않을 것이다.

이의 '흉한' 모습, 즉 개인이나 나라의 '집' 전체가 무너지는 결과는 불문가지의 일이다. 공자는 말한다. "대들보가 흉하게 휘어진 이유는 그것을 지탱해 줄 수단이 없기 때문이다.〔棟撓之凶 不可以有輔也〕"(「상전」) 대들보 역시 결코 단독으로 존재하는 것이 아니다. 그것은 수많은 서까래들의 상호 견제와 지탱을 필요로 한다. 마찬가지로 조직이나 사회의 대들보와 같은 사람도 주변의 많은 사람들의 견제와 보필 속에서만 일을 성공적으로 수행할 수 있다. 그러므로 그는 다양한 의견에 대해 유연하고 열린 마음을 지녀야 한다.

九四
대들보가 높이 걸쳐 있다. 웅장하다.
하지만 속내가 다르다면 그 집이 볼품없어지리라.
棟隆 吉 有它 吝

구사(九四) 역시 구삼과 마찬가지로 대들보의 형상을 띠고 있지만, 괘효의 위상이 다르기 때문에 그 모습도 달라졌다. 즉 구삼은 하괘에서 초육의 허약함으로 인해 '휘어졌는 데' 반해, 구사는 상괘의 토대로 상괘의 구조물(구오와 상육)들을 튼튼하게 받쳐 주고 있으므로 "높이 걸쳐 있다." 또한 구삼과 달리 구사는 양효로서 강하지만 음의 자리에 있기 때문에 강함과 부드러움이 조화를 이루고 있다. 그래서 그는 자신의 강한 힘을 유연하게 행사할 줄 안다. 다만 초육과 상응하는 관계상 그가 자신의 정신을 아래로 '휘어지게' 만들까 염려하여 "속내가 다르다면"이라는 단서를 달아 조언을 했다. 대들보가 벌레 먹으면 집이 무너질 수 있는 것처럼, 정신의 '속내'가 병들면 삶이 볼품없어질 것이라는 것이다.

집을 지을 때에는 대들보의 재목을 잘 선택해야 한다. 예컨대 덜 마른 재목은 뒷날 뒤틀리고 균열이 생기며, 수입 목재는 (전문가들의 말에 의하면) 벌레가 잘 먹는다고 한다. 그러므로 대들보의 외형만 보고서 집을 평가할 일이 아니다. 가령 '대들보가 높이 걸쳐 있다' 하더라도 만약 "속내가 다르다면", 즉 대들보의 품질이 형편없다면 "그 집은 볼품없어질 것이다." 잘 말린 금강송 같은 대들보를 구해야 한다.

사람들의 삶을 지탱해 주는 정신의 '대들보'도 마찬가지다. 그것이 균열되지 않고 벌레 먹지 않아야 삶의 안정을 기할 수 있다. 말하자면 건강한 정신만이 행복한 삶을 일굴 수 있다. 그것은 곤경과 위기 속에서 더욱 진가를 발휘할 것이다. 허약한 사람이 질병에 쉽게 쓰러지는 것처럼 '속내'가 병든 정신은 조그만 어려움에도 견디지 못한다. 그 '속내'의 병은 다양할 것이다. 부귀 권력의 욕망에 찌든 정신을 그 예로 들 수 있다. 이에 반해 건강한 사람이 웬만한 질병을 자가 치유하는 것처럼, 진리와 도의로 다져진 건강한 정신은 역경 속에서도 삶의 활기를 잃지 않는다. 그는 부귀빈천에 굴하지 않는 강인한 힘을 갖는다.

건강한 정신은 위태로운 현실을 막무가내로 거부하거나 저항하려 하지 않는다. 흐르는 물속에 잠긴 나무가 가지와 잎들을 물살에 내맡기는 것처럼, 그는 세속의 물결에 유연하게 적응한다. 그렇다고 해서 그가 세상과 적당히 타협하는 것은 물론 아니다. 그는 여전히 건강한 정신을 지키며, 나아가 그 와중에도 자신을 아름답게 꽃피우려 한다. 사람들이 그의 드높은 정신을 우러르며 귀감으로 삼는 것도 이 때문이다. 공자는 이를 이렇게 은유한다. "대들보가 높이 걸쳐 있어 웅장한 것은 그것이 아래로 휘어지지 않았기 때문이다.〔棟隆之吉 不橈乎下也〕"(「상전」) "아래가 휘어진", 즉 안으로 비틀어지고 뒤틀린 정신은 결코 '웅장한' 삶을 세우지 못할 것이다.

九五
메마른 버드나무에 꽃이 피고
늙은 여인이 젊은 사내를 얻는다.
비난할 것은 없지만 칭찬받을 일도 아니다.
枯楊生華　老婦得其士夫　无咎　无譽

　　"메마른 버드나무"의 모습은 구이의 경우와 같지만, "꽃이 핀다" 한 것은 바로 위에서 음양으로 통하는 상육을 염두에 둔 말이다. 그런데 그것은 구이와 달리 아래로부터 (초육의) 수분을 공급받지 못하므로 이내 시들고 말 것이다. "늙은 여인"은 상육의 음을, 그리고 "젊은 사내"는 구오를 지칭한 것으로, 양자가 서로 가까이 있기 때문에 함께 사는 모습으로 형용되었다. 늙은 여인에게 젊은 사내가 꼬임을 당한 것이다. 그래서 상육이 주인공처럼 행세하고 구오는 들러리가 되고 있다. "늙은 여인이 젊은 사내를 얻는다."고 말한 뜻이 여기에 있다.

어느 대중 가수는 노래한다. "삶이란 꽃을 피우는 일이다." 하지만 사람들이 피우고자 하는 삶의 '꽃'이란 대체 어떤 것일까? 그것은 인류의 숫자만큼이나 다양한 모습을 띨 것이다. 어떤 종류의 것이든 거의 모든 삶의 꽃은 한순간 피었다가 이내 흔적도 없이 사라지고 만다. 인류의 역사 속에서 시들지 않고 여전히 향기를 전하는 아름다운 꽃은 극소수에 불과하다. 우리는 그 실례를 인류의 위대한 스승들의 삶에서 본다. 그들의 꽃이 그처럼 시들지 않고 사람들을 감동시키는 것은 인간 존재의 심층에 뿌리를 내려 그로부터 부단히 자양분을 받기 때문이다. 「용비어천가」는 노래한다. "뿌리 깊은 나무는 바람에 아니 흔들리므로 꽃 좋고 열매 많으니."

이와는 달리 대다수 사람들의 삶은 "메마른 버드나무에 꽃을 피우려는" 격이다. 그들이 피우려는 삶의 꽃은 인간 존재의 심층, 즉 고결한 인간 정신에 뿌리를 둔 것이 아니다. 그들은 기껏 부귀영화의 꽃이나 피우려 하기 때문이다. 인간 존재(정신)의 비옥한 토양을 외면하고 그처럼 메마른 땅에, 그것도 얕게 뿌리를 내리니 그들의 꽃이 금방 시들고 사라지는 것은 당연지사다.

젊은 사내를 얻은 늙은 여인 또한 이와 마찬가지다. 둘이서 좋아서 결합했을 테니 굳이 "비난할 것은 없지만, 칭찬받을 일도 아니다." 그 결합은 참다운 사랑의 산물이 아닐 것이기 때문이다. 어쩌면 젊은 사내는 늙은 여인의 재산이 탐나서, 늙은 여인은 젊은 사내의 힘이 그리워서 서로 다가섰을 것이다. 두 사람이 겉으로는 자신들의 결합을 사랑으로 위장하지만, 사실은 은밀하게 각자의 욕망만 채우려 한다. 그러므로 그들의 사랑은 마치 "메마른 버드나무에 꽃을 피우려는" 것이나 다름

없다. 설사 그 꽃이 핀다 한들 몇 시간이나 갈 것이며, 어떤 향기를 내겠는가. 공자는 말한다. "메마른 버드나무에 꽃이 피니 얼마나 오래 가겠으며, 늙은 여인이 젊은 사내를 얻었으니 망신스럽다.〔枯楊生華 何可久也 老婦士夫 亦可醜也〕"(「상전」) 결국 그들은 각자 욕망의 뒤안길에서 외로움과 허무감만 되씹을 것이다. 오늘날 우리가 고결한 인간 정신을 외면한 채, 오직 갖가지의 욕망으로만 피우고자 하는 삶의 꽃도 어쩌면 이러한 유형의 것이 아닐까? 깊이 반성해 볼 문제다.

上六
무리하게 물을 건너다가 머리가 잠긴다.
불행한 일이지만 비난할 수는 없다.

過涉滅頂 凶 无咎

"물을 건너는" 은유는 상괘가 갖고 있는 연못의 상징에서 나왔다. 상육(上六)은 〈대과〉괘의 마지막 효로서 초육부터 진행되어 온 총체적 위기를 구원하려 한다. 하지만 그는 음효로서 그것을 충분히 감당할 능력을 갖지 못했다. 그래서 "무리하게 물을 건너다가 머리가 잠겨" 목숨을 잃을 수도 있는 불행을 겪는다. 하지만 남들의 위기를 구원하려는 그의 순수한 뜻만은 훌륭하므로 그를 "비난할 수는 없다."

세상에는 위태로운 상황에 직면하여 몸을 도사리지 않고 과감하게 맞서는 이들이 있다. 가령 여러 난관에도 불구하고 사업을 추진한다든지, 독재 정권에 저항하여 민주화의 투쟁을 벌인다든지 하는 예를 들 수 있다. 그들 가운데에는 성공하는 사람도, 실패하는 사람도 있을 것이다. 이에 대해 사람들은 흔히 그 성패의 결과에 따라 인물됨을 평가하려 한다. 성공한 사람에 대해서는 탁월한 능력을 칭송하고, 실패한 사람에 대해서는 무모한 시도였다고 지적한다.

우리는 그것의 역사적 실례를 기묘사화(1519)에 대한 일반적 인식에서 본다. 많은 사람들은 정암(靜庵) 조광조(趙光祖, 1482~1519)를 위시한 신진 사류(新進士類)들의 급진적 태도를 문제 삼는다. 그들이 개혁을 무리하게 추진했다는 것이다. 하지만 정작 우리가 논죄해야 할 대상은 훈구파 세력이다. 그들은 연산군 시절의 사회 정치적 악폐를 바로잡아야 할 시대적 과제를 외면한 채, 자신들의 기득권을 위협하는 신진 사류들에게 엄청난 화를 입혔기 때문이다. 신진 사류들이 제기한 '위훈삭탈(僞勳削奪)'의 주장만 하더라도 그렇다. 훈구파 가운데에는 연산군을 열심히 추종하면서 지배 이익만 누리다가 마지막 순간에 '(중종)반정(反正)'의 대열에 끼어듦으로써 '거짓 공훈(위훈)'을 얻은 자들이 다수 있었다. 그러므로 신진 사류들의 주장은 매우 정당한 시대적 과제였다. 훈구파가 '사화'의 음모를 꾸미게 된 결정적 요인이 여기에 있었다. 우리는 어느 쪽을 지지해야 할까?

사실 어느 시대, 어떤 사회를 막론하고 보수 계층의 관점에서 보면 모든 개혁은 불안을 야기한다. 그들에게 개혁은 자신들의 삶을 지탱해온 토대를 뒤흔드는 일이기 때문이다. 하물며 참삶의 정신과 사회의 이념을 실현하고자 하는 지성인의 행동은 그들에게 당연히 과격하고 급진적인 태도로 경계되고 비난받을 것이다. 그러나 사람들이 지성인을 존경하는 것은 바로 그러한 정신과 이념, 행동 때문이 아닌가? 신진 사류들이 역사 속에서 길이 추앙을 받아 온 까닭도 여기에 있다.

그러므로 무슨 일이든 성공과 실패의 결과만 갖고서 사람을 평가해서는 안 된다. 만약 어떤 사람이 올바른 삶의 정신과 사회의 이념으로 일을 추진했다면, 설령 그가 무리하게 나섬으로써 불행하게 실패를 겪는다 하더라도 우리는 그를 비난해서는 안 된다. 오히려 기득권을 보수하려는 사람들을 비판하면서 그의 고결한 정신(이념)을 존중하고 격려해 주어야 한다. 삶과 사회는 그러한 정신에서만 아름다울 수 있다. 공자는 말한다. "무리하게 물을 건너다가 머리가 잠기는 불행을 비난해서는 안 된다.〔過涉之凶 不可咎也〕"(「상전」)

29. 거듭되는 시련

감(坎)

사람들은 불행한 일을 당하면 "세상만사 새옹지마〔世上萬事 塞翁之馬〕"라고 자신을 달래고, 남들에게도 위로의 말을 건넨다. 실제로 그렇기도 하지만, 불행 속에 행복이 숨어 있다는 기대와 믿음으로 슬픔에 빠지지 않으려는 자위책이기도 하며, 남들이 슬픔에 빠지지 않도록 격려하려는 뜻도 담겨 있다.

　하지만 현실은 꼭 고사의 이치대로만 전개되지는 않는다. 변방의 노인네가 잃어버렸던 말만 하더라도 그것이 준마를 데리고 돌아올 가능성은 거의 없다. 그것은 우화일 뿐이라고 하지만, 과연 불행에는 행복이 뒤따르며, 양자는 정말로 되풀이되는 것일까? 현실은 행복과는 전혀 인연이 없는 듯, 불행한 일들을 일생의 운명처럼 겪는 이들이 얼마나 많은가. 『주역』이 〈대과(大過)〉에 이어 〈감(坎)〉을 둔 까닭도 여기에 있을 것이다. 공자는 말한다. "일이 위기로만 끝나지는 않는다. 그래서 〈대과〉에서 〈감〉으로 이어졌다. '감'이란 웅덩이(함정)를 뜻한다.〔物不可以終過 故受之以坎 坎者 陷也〕"(「서괘전」) 삶의 위기가 계속되면서 커다란 함정에 빠질 수도 있다는 것이다.

　이를 괘효상에서 살펴보자. 〈감〉괘는 상하괘 모두가 '감(坎)' ☵으로 이루어져 있다. 그래서 이를 '습감(習坎)'이라고도 칭한다. '감'이 중첩되어(習) 있다는 것이다. 그것은 험난함을 속성으로 갖고 있다. 하나의 양효가 두 개의 음효 가운데에 빠져 있기 때문이다. 그러한 '감'이 위아래로 놓여 있다는 것은 함정이 연속되어 있음을 시사하기도 한다. 세상사로 말하면 어떤 사람이 험난하고 불행한 상황을 거듭 겪고 있다. 그야말로 설상가상이며, 엎친 데 덮친 격이다. 공자는 말한다. "'감'이 중첩되어 있으니 험난이 거듭된다.〔習坎 重險也〕"(「단전」)

　이러한 상황을 어떻게 하면 극복할 수 있을까? 괘의 구조가 그 답변을 시사해 준다. 하괘의 구이와 상괘의 구오 두 양효가 바로 그것이다. 양자는 둘 다 위아래의 음효들 사이에 놓여 있지만, 즉 함정에 빠져 있지만 양효로서 강인한 정신으로 (상하괘의 가운데에서) 중심을 잃지 않는다. 즉 흔들리거나 좌절하지 않고 함정(곤경)을 벗어날 힘을 충분히 갖고 있다. 〈감〉괘는 이러한 뜻을 주제로 삼는다.

괘사卦辭

시련이 거듭된다. 성실한 정신으로 나서라.
마음의 평화를 얻을 것이요, 좋은 일이 생기리라.

習坎 有孚 維心亨 行有尙

20세기의 위대한 역사가 아널드 토인비는 인류 문명의 흥망성쇠를 '도전과 응전(Challenge and Response)'의 이치로 개괄한 바 있다. 내외 환경의 도전에 적극적으로 대응하는 문명은 흥성하며, 그렇지 못한 문명은 쇠멸하고 만다는 것이다. 예컨대 황허 문명은 중국인들이 강의 잦은 범람에 적극적으로 대응하여 삶의 제반 양식을 발전시킨 것이요, 이글루 문명은 에스키모들이 혹독한 기후에 굴복하고 순종한 결과라 한다. 응전 방식의 적극성과 창의성 여부가 문명의 성쇠를 그처럼 다르게 초래한다는 것이다. 공자는 창조적 응전의 자세를 다음과 같이 찬양한다. "하늘의 험난함은 오를 수 없는 높이에 있고, 땅의 험난함은 산천과 구릉에 있다. 임금이 이를 이용하여 나라를 지키니, 험난한 상황을 이용하는 의의가 크도다![天險 不可升也, 地險 山川丘陵也 王公設險 以守其國 險之時用 大矣哉]"(「단전」) 적들이 오르기 어려운 험준한 산천을 요새화하여 국방을 강화한다는 것이다.

'도전과 응전'의 이치는 개인의 삶에도 적용될 수 있다. 우리는 살아가면서 갖가지 크고 작은 도전과 시련을 만난다. 그것들을 어떻게 대응하고 극복하느냐에 따라 삶의 성패가 달라진다. 시련을 견디지 못하는 사람은 마치 에스키모들처럼 생활 환경의 노예가 되어 삶의 질이 떨어지고 빈약할 수밖에 없을 것이다. 그러나 온갖 시련에도 굴하지 않고 당당하게 맞서 그것을 극복하기 위해 노력하는 사람은 깊고 넓은 삶의 세계를 열어 나갈 것이다.

문제의 핵심은 시련의 정도가 아니라 당사자의 마음에 있다. 응전력이 부족한 나약한 마음은 조그만 시련에도 걸핏하면 좌절한다. 이에 반해 강인한 정신은 커다란 시련에도 오뚝이 같은 자세로 적극 응전한다. 그 와중에 육체적인 고통을 겪을지라도 삶을 결코 자포자기하지 않는다. 오히려 성취의 의지를 더욱 불태울 것이다. 아니 참으로 강인한 정신은 어쩌면 그 이전에 시련 앞에서도 마음의 고요와 평화를 잃지 않을 것이다. 마치 '태풍의 눈'처럼 말이다.

그것이 어떻게 가능할까? 살다 보면 정말 이겨 내기 어려운, 사람을 좌절시키는 시련도 있지 않을까? 그런 중에도 평정심을 유지할 수 있는 강인한 정신이란 대체 어떤 것일까? 우리는 여기에서 강인함의 의미를 새롭게 생각해 볼 필요가 있다. 일반적으로 사람들은 갖가지의 도전거리들에 맞서는 힘, 또는 그것들을 이겨 내고자 하는 의지를 두고 '강인하다'고 말한다. 힘의 강약은 그처럼 나를 억압하고 나와 겨루는 대상을 전제한다. 그러한 사례는 우열의 승부를 가리는 자리에서 흔히 나타난다. 시련과 고통의 자리에서도 그 말이 쓰일 수 있음은 물론이다.

하지만 그러한 강인함은 대상을 염두에 두고 있는 만큼 자신보다 더 강한 힘 앞에서는 자신을 더 이상 유지하기 어려울 것이다. 달리 말하면 대상을 전제하는 강인한 정신은 마음의 평화를 유지하기 어렵다. 그는 현실적이든 잠재적이든 상대를 염두에 두므로 마음속에 일말의 불안을 갖고 살 수밖에 없을 것이다. 이는 우리가 삶을 그러한 강인함에만 의존하려 해서는 안 됨을 일러 준다. 시련 앞에서도 마찬가지다. 시련과 대결하는 마음을 갖는 한 그것이 야기하는 심리적 에너지 소모는 번민과 고통을 낳을 것이며, 대결에서 패할 경우에는 자신의 약함을 자책하게 될 것이다.

그러면 그 어떤 대상, 상황 속에서도 마음의 평화를 유지할 수 있는, 참으로 강인한 힘은 어디에서 나올까? "성실한 정신"이다. 그는 대상과의 대결 의식을 갖지 않고 오직 자신의 삶 자체에 진지하고 성실하게 나선다. 현실 세계에서 일어나는 승부의 결과는 그에게 부차적이다. 운동 경기를 예로 들면 그는 상대에 대해 강인한 투쟁의 의지를 불태우기보다는, 훈련과 시합 자체에 진지하고 성실하게 임하는 선수와도 같다. 그는 상대방과의 대결을 떠나 자기 자신과의 싸움에서 이기려 한다.

시련 앞에서 참으로 강인한 힘이 여기에 나온다. 성실한 정신은 삶의 시련에 저항하지 않는다. 오히려 그는 시련의 현실을 전폭적으로 받아들이고 그것에 한 치의 틈도 없이 밀착한다. 그렇다고 해서 그가 시련에 무기력하게 순응하는 것은 아니다. 그는 시련과의 대결 의식 없이 오직 자신이 할 수 있는 도리를 성실하게 실천할 뿐이다. 그의 좌우명은 한마디로 "진인사대천명(盡人事待天命)"이다. 어떠한 시련 앞에서도 마음의 평화를 유지할 수 있는 길이 여기에서 열린다. 맹자의 이른바 '부동심(不動心)'도 이러한 차원의 것이다.

예를 들어 보자. 죽음학의 권위자로 우리에게도 널리 알려진 정신의학자 엘리자베스 퀴블러 로스에 의하면 불치병으로 죽음의 선고를 받는 사람은 다섯 단계의 심리적 변화를 겪는다. 부정, 분노, 협상, 우울, 순응이다. 앞의 네 단계는 삶의 최대 시련인 죽음과 맞서는 절망적 심리 상태의 여러 반응이다. 그것은 아무리 강인한 사람이라 할지라도 피하기 어려울 것이다. 하지만 마지막 '순응'은 죽음과의 대결 의식을 버리고 죽음을 전폭적으로 받아들이는 태도다. 그 자리에서 그는 얼마 남지 않은 삶을 성실하게 영위하는 것만이 최선의 방책임을 깨달으면서 마음의 평화를 얻을 것이다.

이 괘의 상징인 물의 영상 또한 이러한 뜻을 은유한다. 물은 땅에 한

치의 틈도 없이 밀착하여 흐른다. 그것은 낮은 곳이라 해서 마다하지 않고, 움푹 파인 곳들까지 다 채우면서 끊임없이 흘러나간다. 이는 사람들에게 어떤 가르침을 준다. 흐르는 물이 그러한 것처럼 주어진 현실을 거부하거나 불만하지 말고 전적으로 받아들여, 즉 시련의 현실에 밀착하여 성실하게 나서라는 것이다. 마치 그 시련이 삶의 조건이요 운명인 것처럼 여기면서 말이다. 그러면 마음의 평화를 얻어 시련의 고통에서 벗어날 수 있다. 공자는 이와 같은 뜻을 다음과 같이 말한다. "물이 끊임없이 흘러 멈추지 않듯 시련을 겪으면서도 성실함을 잃지 않으니, 마음의 평화는 그처럼 강한 정신에서 나온다. 그러한 정신으로 나서면 좋은 일이 생길 것이니, 시련을 벗어나리라.〔水流而不盈 行險而不失其信 維心亨 乃以剛中也 行有尙 往有功也〕"(「단전」)

"세상만사 새옹지마"의 고사에 담긴 참된 뜻도 여기에 있을 것이다. 그것은 단순히 인생살이가 불행과 행복의 반복이라는 사실을 알려 주기 위한 우화가 아니다. 그것은 사람들에게 불행이든 행복이든 어떠한 상황에도 동요하거나 일희일비하지 말고, 주어진 현실을 전적으로 받아들여 지금, 이 자리의 삶을 성실하게 영위하라고 가르친다. '새옹지마'의 세상만사 속에서 마음의 평화를 유지하고 삶의 행복을 구가할 수 있는 길이 여기에 있다.

괘상卦象

물이 끊임없이 흘러가는 모습이 〈습감〉의 형상이다.

군자는 이를 보고서 부단히 덕행을 닦고 가르침의 일을 펼쳐 나간다.
水洊至 習坎 君子 以 常德行 習敎事

낯물은 우여곡절을 거치면서 끊임없이 흘러 강과 바다에 이른다. 「용비어천가」는 노래한다. "샘이 깊은 물은 가뭄에 아니 그치므로 내를 이루어 바다에 이르나니라." 이는 물론 은유다. 위에서 말한 것처럼 성실한 정신으로 모든 어려움을 딛고서 목표를 향해서 부단히 삶을 일구어 나가라는 것이다. 그 목표는 당연히 사람들의 가치관이나 처지 등에 따라 다를 것이다. 그것은 부귀영화일 수도 있고, 학문일 수도 있으며, 장애거리를 만난 젊은 남녀의 사랑일 수도 있다.

군자는 흐르는 물을 보면서 남다른 생각을 한다. 저 물과 같이 한순간도 그침 없이 자아를 수행해 나가리라는 것이다. 그는 아무리 어려운 상황이나 삶의 우여곡절 속에서도 진리와 도의(사랑과 의로움)에 따른 자아 향상의 노력을 중단하지 않는다. 그는 그처럼 진지하고도 치열한 구도 정신으로 삶을 일구어 나가려 한다. 이황의 노래를 들어 보자.

청산(靑山)은 어찌하여 만고(萬古)에 푸르르며
유수(流水)는 어찌하여 주야(晝夜)로 그치지 않는고.
우리도 그치지 마라 만고상청(萬古常靑)하리라."(「도산십이곡」)

그는 푸른 산과 흐르는 물을 보면서, 늙어서도 시들지 않는 '푸르른' 생명 정신을 끊임없이 가꾸어 나가리라 다짐한다. 그 푸르름의 원천은 진리와 도의에 있다. 그리하여 그는 진리와 도의의 정신으로 푸르른 삶

의 꽃을 피우고 결실하려 했다. 그의 삶과 철학이 위대한 이유가 여기에
있다. 참고로 선생의 학문과 도덕의 경지를 언급한 제자 김성일(金誠一,
1538~1593)의 글을 읽어 보자.

　선생님의 학문은 평이하고 명백했으며, 도(道)는 정대(正大)하고 빛났
으며, 덕은 따스한 봄바람에 상서로운 구름 같았으며, 글은 무명처럼 질
박하고 콩처럼 담백했으며, 투명한 마음속은 가을 달과 얼음병과도 같
았으며, 온화하고 순수한 기상은 순금과 아름다운 옥과도 같았으며, 침
착하고 중후하기는 높은 산악과도 같았으며, 고요하고 심원하기는 깊
은 샘과도 같았다. 그래서 바라보면 덕을 이룬 군자임을 바로 알 수 있었
다.(『퇴계전서』)

　군자의 삶은 이처럼 참자아의 성취로만 그치지 않는다. 그는 거기에
서 계몽 정신까지 일깨운다. 물이 흐르면서 주변의 초목금수에게 자양
분을 공급해 주는 것처럼 그는 사람들의 몽매함을 깨우쳐 그들도 자신
과 함께 진리와 도의의 길을 걷도록 하려 한다. 군자의 "가르침의 일"의
목표가 여기에 있다. 그는 가르침을 통해 진리와 도의가 지배하는 대동
(大同)사회를 이루려 한다. 이황이 「도산십이곡」을 지은 뜻도 여기에 있
었다. 그는 작사 의도를 다음과 같이 말한다. "그것을 아이들이 노래로
부르게 하여, 아이들뿐만 아니라 그 노래를 듣는 사람들이 혼탁하고
비루한 마음을 씻어 내기를 희망한다."(『퇴계전서』)

初六
시련이 거듭된다. 웅덩이 안의 웅덩이에 빠졌다.
낭패다.
習坎 入于坎窞 凶

초육(初六)은 음효로 양의 자리에 잘못 있으므로 올바른 자리를 얻지
못했다. 이는 현실의 곤경(괘 전체의 객관적 웅덩이)에 더하여 허약한 마음
(초육의 주관적 웅덩이)에 빠져 있음을 은유한다. 그야말로 "시련이 거듭된
다." 그와 상응하는 자리에 있는 육사 역시 음효이기 때문에 도움의 손길
도 없다.

사람은 살아가면서 누구나 각종의 악조건, 즉 곤경의 웅덩이에 빠
져 크고 작은 시련과 고통을 겪곤 한다. 그런데 정작 문제는 웅덩이(곤
경) 자체가 아니라, 그것에 대처하는 당사자의 마음에 있다. 강한 정신
은 깊은 웅덩이에 빠져도 불굴의 의지로 벗어나지만, 심지가 허약한 사
람은 얕은 웅덩이만 만나도 쉽게 좌절하여 거기에서 헤어나지 못한다.
그렇게 허약한 마음이 바로 "웅덩이 안의 웅덩이"다. 말하자면 그것은
객관적인 상황의 웅덩이가 아니라 그 안에서 내 스스로가 파놓은 관념
(마음)의 웅덩이이다. 매사에 부정적이고 비관적인 사고방식이 그 한 예
다. 허약한 마음은 자신을 거기에 빠트려 스스로 고통을 계속 지어낸
다. 고통스러워하는 마음이 번민과 한탄과 회한과 원망과 분노 등 또

다른 고통들을 확대 재생산한다. 이야말로 낭패스러운 일이다.

되돌아 한 번 생각해 보자. 이러저러한 난관에 과민하게 반응하여 안달복달하는 일이 얼마나 많은가. 저 '새옹지마'의 노인처럼 세상사를 달관하지 못하고서 말이다. 우리는 그렇게 자신이 여기저기에 파놓은 관념들의 웅덩이에 빠져 허우적거리면서 괴로워한다. 그러므로 문제는 난관 자체가 아니라 나의 마음에 있다. 관념들의 웅덩이를 메워 버리지 않는 한, 나는 객관적 상황의 웅덩이를 만날 때마다 낭패를 면할 수 없을 것이다. 공자는 말한다. "웅덩이 안의 웅덩이에 빠지면 헤어날 길을 잃어 낭패를 겪을 것이다.[習坎入坎 失道 凶也]"(「상전」)

九二
웅덩이 안에서 시련을 겪지만
적으나마 소득이 있으리라.

坎有險 求小得

구이(九二)는 두 개의 음효 사이에 있으므로 "웅덩이 안에서 시련을 겪는다." 하지만 그는 양효의 강인한 정신으로 중심(하괘의 가운데 자리)을 잡고 있으므로, 비록 그 웅덩이를 벗어날 수는 없다 하더라도 자신을 지켜낼 수는 있다. 그 상황에서는 자신을 지키는 것만으로도 "적으나마 소득"이 될 수 있다.

어떤 일을 진행하든, 어떤 상황에서든 기본적으로 요구되는 중요한 삶의 자세가 있다. 무엇보다도 먼저 마음의 중심을 잡아야 하며, 성급하게 나서서는 안 된다는 점이다. 중심이 흔들리면 상황에 휘몰려 일을 그르치고 말 것이다. 운동 경기를 예로 들면 씨름에서 중심을 잃으면 상대방의 역습에 패배를 면치 못한다. 하물며 역경과 위험에 처해서는 더 말할 필요가 없다. 그래서 사람들은 말한다. "호랑이한테 물려도 정신만 바짝 차리면 살 수 있다."

일의 성과 문제도 그렇다. 일반적으로 말하면 과도한 욕심은 반드시 일의 실패를 초래하기 마련이다. 과도한 권력(재물, 명예)욕이 인생을 망친 사례를 고금의 역사는 수없이 보여 준다. 하물며 불리한 여건, 험난한 상황 속에서는 일의 성과 자체를 기대해서는 안 된다. 그러한 기대는 마치 웅덩이 속에서 안락한 잠자리와 맛있는 음식을 찾는 것이나 다름없다. 그때에는 웅덩이(시련)의 심리적 공황에 빠지지 말고 정신을 차려 자신을 올바로 지키는 일에 우선적으로 집중해야 한다. 그렇지 않으면 자칫 실의와 고통 속에서 변절하거나 분노와 원망 속에서 좌충우돌의 파괴적 행태를 드러낼 것이다. 예컨대 사회 정치적 이념의 시련과 좌절을 견디지 못하고 오히려 권력 지향의 삶으로 행로를 바꾸는 사람들이 그러하며, 오늘날 국제적으로 심각한 중동의 테러 행위도 그 일부는 그들이 국가적 시련을 겪으면서 키운 증오심의 발로일 것이다.

그러므로 시련의 웅덩이 속에서 삶의 중심을 잃지 않고 자신을 올바로 지키는 것, 그것도 '적으나마' 소득이라면 소득이다. 그것은 결코 저절로 이루어지는 일이 아니며, 시련을 견디고 이겨 내려는 노력의 결실이기 때문이다. 공자는 말한다. "적으나마 소득이 있는 것은 중심을 잃지 않았기 때문이다.〔求小得 未出中也〕"(「상전」) 아니 자신을 올바로 지킨다는 관점에서 생각하면 사실 그 소득은 결코 적은 것이 아니다. 예컨대 빈천의 시련과 무력의 위협에도 굴하지 않고 진리와 도의를 지키는 (맹자의) '대장부'(〈비((否))〉괘 육이효 해설 참조)는 위대하기까지 하다.

그렇다고 해서 그가 시련의 웅덩이 안에 마냥 주저앉아 있으면서 누군가가 자기를 구원해 주기만 기다리는 것은 아니다. 당연히 그는 그것을 벗어나기 위한 노력을 착실하게 행할 것이다. 마치 산중의 샘물이 땅의 움푹 파인 곳들을 하나하나 채우면서 점차 강과 바다로 흘러나가듯이 말이다. 우리는 그처럼 아무리 심한 가뭄에도 마르지 않고 솟아올라 땅을 적시며 강과 바다를 향해 나가는 샘물과도 같은 삶의 정신을 깊게 가져야 한다. 현실의 가뭄 속에서도 메마르지 않는, 오히려 생명적인 기운으로 삶을 촉촉하게 적시는 정신 말이다.

六三

오나가나 웅덩이들뿐이다.
시련에 직면하여 웅덩이 안의 웅덩이에 빠져들고 있다.
성급하게 나서서는 안 된다.
來之坎坎 險且枕 入于坎窞 勿用

육삼(六三)은 상괘와의 경계선상에 있으므로 위아래로 웅덩이에 직면하고 있다. 그러므로 앞으로 나가기도, 뒤로 물러서기도 어려운 처지다. 그는 음효로서 허약한 마음에 (가운데 효를 벗어나 있으므로) 중심을 잡지 못하여 심히 불안하다. 초육과 마찬가지로 "웅덩이 안의 웅덩이"에 빠져 있다. 당연히 그러한 심리 상태로는 결코 웅덩이를 벗어날 수 없다. 그러므로 "성급하게 나서서는 안 된다."

살다 보면 진퇴양난의, 빼지도 박지도 못할 상황에 처하는 경우가 종종 있다. 이때 많은 사람은 당황스럽고 불안한 나머지 어떻게든 행동에 나서, 무리를 저지르면서까지 그 상황을 벗어나려 애쓴다. 하지만 그것은 역시 자신을 "웅덩이 안의 웅덩이"에 빠트리는 일이나 다름없다. 무엇보다도 먼저 마음을 차분하게 다잡고서 중심을 잃지 않도록 노력해야 한다. 그 자리에서 '나'의 이해득실을 떠나 '하늘'(섭리)의 관점에서, 만약 신앙인이라면 신의 눈빛으로 세상사를 고요히 조망하는 것도 매우 효과적인 방법일 것이다. 만약 내 안에 갇혀 성급하게 나선다면 웅덩이에서 벗어나려는 어떠한 시도도 실패를 면할 수 없을 것이다. 공자는 말한다. "오나가나 있는 웅덩이들에서는 어떤 노력도 무위로 끝나고 말 것이다.〔來之坎坎 終无功也〕"(「상전」)

六四
술 한 단지와 안주 두 접시를 질그릇에 담아
창문으로 초빙의 뜻을 전한다.
마침내 황폐한 삶을 면하리라.
樽酒簋貳 用缶 納約自牖 終无咎

육사(六四)는 음효이므로 험난한 상황을 감당하기에는 힘이 부치는 사람이다. 하지만 그는 음의 제자리에 올바로 있으므로 자신의 분수를 분명히 알아 겸손하게 처신하면서 구오와 음양으로 만나 가까이 교류한다. 그는 여러 가지 어려움 속에서도 구오에게 정직하고 꾸밈없는 마음으로 다가간다. 가령 그는 "술 한 단지와 안주 두 접시를 질그릇에 담아" 소박한 술자리를 마련하여 구오를 초빙한다. 그것은 매우 약소하게 보이지만 거기에는 그의 진정성이 들어 있다. 다만 그의 초빙은 공식적인 격식을 차리지 않고, '창문'을 통해 은밀히 행해진다. 육사가 구오와 정식의 상응관계가 아니기 때문이다.

사회가 각박할수록 사람들이 인간관계에서 자신의 속마음을 감추고 가식을 부리는 경향이 만연한다. 가령 그들은 처세술상 상대방을 고급 양주와 비싼 안주로 대접하면서 이러저러한 말로 상대방의 마음을 얻으려 한다. 하지만 그것은 진정한 만남을 방해한다. 공자는 말한다. "그럴싸한 말과 보기 좋게 꾸민 얼굴빛에는 진정성이 결여되어 있다.[巧言令色 鮮矣仁]"(『논어』) 혹자의 말처럼, "사심 없고 순수한 의미는 소박하고 서툰 표현을 통해 드러나는" 법이기 때문이다.

허위와 가식이 행세하는 사회에서 맑은 영혼과 순수한 인격으로 나서는 사람은 사는 것 자체가 시련의 연속이 아닐 수 없다. 사람들은 그가 "술 한 단지와 안주 두 접시를 질그릇에 담아" 대접하는 술자리가 너무 조촐하다 하여 모욕감을 느끼면서 그의 진정성을 받아들이려 하지 않는다. 그처럼 '교언영색'의 세태에서는 영혼과 인격의 진정성이 수난을 당할 수밖에 없다.

조금은 억지스러울 수도 있지만 이 문제를 집안의 방문과 창문에 비유해 보자. 방문은 출입문이다. 나의 일상생활이나 사람들과의 교류는 이를 통해서만 가능하다. 하지만 방문만으로는 안 된다. 바깥의 빛을 받아들이는 창문이 없으면 방이 어둡고 답답해서 살기가 힘들다. 그뿐만이 아니다. 창은 답답한 마음을 풀어 주는 창구의 기능도 갖는다. 어떤 일을 하다가 때때로 창밖의 초목이나 허공에 무심히 던지는 눈빛은 그 일의 부담을 일시에 떨치게 해 줄 것이다. 그는 그 순간 일의 이해타산을 넘어 바깥 사물을 그것 자체로 바라보면서 심미의 쾌감까지 얻을 것이다.

여기에서 방문을 이성에, 창문을 감성에 비유해 볼 수 있다. 생활 공간에 방문과 창문이 다 필요한 것처럼 이성과 감성이 조화를 이루어야만 우리의 삶은 건강하고 고상해질 수 있다. 그런데 오늘날 사람들은 마음의 방문(이성)만 이용할 뿐 창문(감성)은 닫아 버린다. 그들은 소박하고 진정어린 감성을 기르는 데에는 소홀하다. 한마디로 감성이 메말라 있다. 게다가 그들의 이성은 "말을 그럴싸하게 다듬고 얼굴을 보기 좋게 꾸미면서" 이해타산에만 능숙할 뿐 삶의 이념과 윤리를 찾는 데에는 무관심하다. 말하자면 이념 이성은 사라지고 도구적 이성만 판을 친다. 오늘날 사람들의 영혼과 인격이 피폐한 한 가지 요인이 여기에 있을 것이다.

이처럼 각박한 현실 속에서 어떻게 살아야 할까? 우리는 술 단지와 질그릇처럼 소박한 삶의 정신으로 손익 계산의 이성 너머 정감 어린 감성을 키우는 노력을 그 방안으로 생각해 볼 수 있다. 공자는 다음과 같이 말한다. "술 한 단지와 안주 두 접시의 술자리에서 강한 힘과 부드러운 힘이 서로 어우러진다.[樽酒簋貳 剛柔際也]"(「상전」) 여기에서 "강한 힘"은 이성으로, "부드러운 힘"은 감성으로 해석될 수도 있다. 우리는 살아가면서 손익 계산의 이성만 앞세워서는 안 된다. 진정으로 강한 이성의 힘은 삶의 이념을 발견하고 윤리를 추구하는 데 있다. 그러한 이성을 회복해야 한다. 그뿐만 아니라 한편으로 부드러운 감성을 키워 양자의 조화를 꾀해야 한다. 이는 허위와 가식의 시대에 여전히 시련을 면할 수는 없겠지만, 그러한 삶의 정신만이 자신의 영혼과 인격을 아름답게 꽃피울 수 있을 것이다.

九五.
웅덩이에 물이 차지 않았다.
흔들림 없이 고요하다. 티가 없다.
坎不盈 祗旣平 无咎

물이 웅덩이에 차면 흘러 넘쳐 웅덩이를 벗어난다. 구오(九五)는 상육 아래에 있으므로 "웅덩이에 물이 차지 않았다."고 했다. 이는 그가 여전히 험난한 환경에 머물러 있음을 은유한다. 하지만 그는 상괘의 가운데 양효로서 올바른 자리에 있으므로, 웅덩이 속에서도 "흔들림 없이 고요하고" "티가 없는" 마음을 갖고 있다. 이야말로 삶의 웅덩이에서 견지해야 할 최상의 자세다.

삶의 웅덩이(시련)에 빠졌을 때 가장 중요한 처신의 방책은 무엇일까? 그것은 역시 '흔들림 없이 고요한' 마음이다. 마치 바람이 무섭게 휘몰

아치는 태풍 속에서도 그 중심에는 평온하고 화창한 날씨가 감돈다는 '태풍의 눈'같이 말이다. 옛날 사화 시절에 죽음의 현장에서도 무서우리만치 의연했던 선비들이 그 모습을 실제로 보여 준다. 그것은 '티 없이' 맑은 정신에서만 가능할 것이다. 사육신의 하나였던 성삼문(成三問, 1418~1456)이 모진 고문 속에서 지은 단가(短歌)와, 이어 죽음에 임하여 쓴 시를 읽어 보자.

이 몸이 죽어 가서 무엇이 될고 하니
봉래산 제일봉에 낙락장송(落落長松) 되었다가
백설(白雪)이 만건곤(滿乾坤)할제 독야청청(獨也靑靑)하리라.

둥둥 북소리 목숨을 재촉하는데
고개를 돌려 보니 저녁 해가 기우네.
황천길엔 주막 하나 없을 텐데
오늘 밤엔 뉘 집에서 잠을 잘까.
擊鼓催人命　　回顧日欲斜
黃泉無一店　　今夜宿誰家

　이처럼 "흔들림 없이 고요한" 마음은 어떤 시련도 고통으로 받아들이지 않을 것이다. 마치 티 없이 맑고 고요한 물이 구름이나 새 등 하늘의 풍경을 있는 그대로 비추듯이, 그의 마음은 주어진 현실을 맑게, 가감 없이 받아들이면서 그 순간에도 자신의 삶을 누릴 것이다. 공자는 말한다. "웅덩이에 물이 차지 않았으니, 오만방자하지 않다.(坎不盈

中未大也)"(「상전」) 웅덩이에 물이 차면 넘쳐 사방으로 흘러드는 것처럼, 만약 시련의 와중에서 오만방자한 마음을 갖는다면 그는 이러저러한 현실에 불만하고 저항하면서 스스로 고통을 지어낼 것이다.

"흔들리지 않고 고요한" 마음의 경지를 『장자』의 글에서 엿보자. "평화롭고 고요하고 맑은 마음에는 걱정거리가 끼어들지 못하고, 부정한 기운이 침입하지 못한다. 그러므로 덕이 온전하고 정신이 일그러지지 않는다.〔平易恬淡 則憂患不能入 邪氣不能襲 故其德全 而神不虧〕" 이러한 마음과 정신은 세상만사를 완벽한 것으로 바라볼 것이다. 각종의 시련과 불만은 마음의 얼룩이 빚어낸 것일 뿐이다.

옛날 어떤 선사의 일화를 하나 소개한다. 심한 풍랑으로 요동을 치는 배 위에서 사람들은 하나같이 혼비백산해 있는데, 그는 아무 일도 없는 듯 바랑을 베개 삼아 잠을 자고 있었다. 겨우 나루터에서 내린 뒤 어떤 사람이 "어떻게 그럴 수 있는지" 묻자 스님은 대답한다. "마음을 다잡는 것이 마음을 편안하게 갖는 것만 못하고, 마음을 편안하게 갖는 것이 무심한 것만 못하다.〔定心不如安心 安心不如無心〕"

사람들 중에는 시련에 봉착하면 애써 마음을 다잡아 헤쳐 나가는 이도 있고, 그것을 운명인 것처럼 마음 편안히 받아들이는 이도 있다. 모두 훌륭한 삶의 자세다. 하지만 저와 같은 '무심'의 경지에는 미치지 못한다. 그들은 자신이 시련에 처해 있다는 생각을 떨치지 못하기 때문이다. '무심'은 시련 의식 자체를 초월한다. 그는 그저 텅 빈 마음으로 시련이랄 것도 없이 주어진 상황에 밀착하여 처사한다. 장자와 선사처럼 말이다. "흔들림 없이 고요한" 최상의 경지가 여기에서 열린다.

上六

여러 겹의 포승줄로 묶여 가시덤불 속에 갇혀 있다.

3년이 지나도록 벗어나지 못하니

삶이 망가지리라.

係用徽纆 寘于叢棘 三歲不得 凶

　　상육(上六)은 괘의 마지막 음효로서, 나약한 성품으로 어려움의 극한에 처해 있기 때문에 그로부터 빠져나올 길을 알지 못한다. 그는 마치 "여러 겹의 포승줄로 묶여 가시덤불 속에 갇혀 있는" 죄수와도 같다.(옛날에는 '위리안치(圍籬安置)'라 하여 죄인이 달아나지 못하도록 그를 가시울타리 속에 가두는 형벌 제도가 있었다.) 죄수가 자신의 죄과를 뉘우치면 일정 기간의 복역 뒤에 석방되겠지만, 시련 앞에서 삶을 자포자기하는 사람은 마음의 '가시덤불' 속에서 평생토록 근심과 고통을 겪으며 "삶이 망가질" 수밖에 없다. 여기에서 '3년'은 오랜 세월을 뜻한다.

　　심지가 허약하고 우유부단한 사람은 크고 작은 어려움들을 이겨 내지 못하고, 오히려 그것의 포로가 되어 평생을 근심과 고통 속에서 살아갈 것이다. 그에게는 인생 전체가 가시덤불과도 같을 것이다. 패배주의자가 그 예를 잘 보여 준다. 그는 도전과 극복의 의지를 갖지 못하고 매사에 부정적이고 체념적이다. 그러한 사고방식은 당연히 마음의 고통을 수반할 수밖에 없다. 그는 그처럼 고통을 자초하면서 자신의 삶을 스스로 망가뜨린다. 그러한 사람에게는 신도 속수무책이다. 공자는 말한다. "헤어날 길을 잃었으니 삶이 한없이 망가질 것이다.〔上六失道 凶三歲也〕"(「상전」)

30. 관계의 도리

리(離)

물에 빠진 사람은 지푸라기라도 잡으려 한다. 그처럼 시련을 당하면 안팎으로 자기를 구원해 줄 누군가를, 또는 무언가를 찾는다. 밖으로는 힘을 가진 사람에게 도움을 요청하기도 하고, 신앙인들은 절대자의 가호를 두 손 모아 빌기도 한다. 이에 반해 자신의 내부에서 구원의 힘을 찾는 사람도 있다. '진인사대천명'의 성실한 삶의 정신이 그 한 예에 해당된다. 이처럼 사람들은 시련에 처하면 밖에서든 안에서든 자신을 구원해 줄 무언가를 찾는다. 공자는 이러한 심리를 괘의 순서와 관련하여 다음과 같이 말한다. "'감'은 웅덩이에 빠짐을 뜻한다. 웅덩이에 빠지면 매달릴 것을 찾기 마련이다. 그래서 〈감(坎)〉에서 〈리(離)〉로 이어졌다. '리'란 매달림을 뜻한다.(坎者 陷也 陷必有所麗 故受之以離 離者 麗也)"(「서괘전」) '리'는 옥편상 '떠난다'는 뜻 이외에 '걸린다(매달린다)'는 뜻도 갖는다.

사실 삶이 시련에 처해 있을 때에만 무언가에 매달리는 것은 아니다. 사람들은 누구나 평소 제각각의 목표나 이념에 매달려 산다. 사회생활에서 말한다면 사람들은 평소에도 각종의 방식으로 서로에게 '매달려' 살아간다. 인간은 혼자서 독립적으로 살 수 없는 존재이기 때문이다. 그야말로 "서로 의존하고 서로 기다리며 서로 낳아 주고 서로 이루어 주는[相依相待 相生相成]" 것이 실존의 모습이다. 남자와 여자가, 남편과 부인이, 부모와 자식이, 선생과 학생이, 모든 사람들이 어떤 자리에서든 그렇게 서로 '매달려' 존재하고 살아간다. 나아가 세상 만물이 다 그러하다. 공자는 그 예를 다음과 같이 말한다. "'리(離)'는 매달린다는 뜻이다. 해와 달이 하늘에 매달려 있으며, 모든 곡식과 초목이 땅에 매달려 생장한다.[離 麗也 日月麗乎天 百穀草木麗乎土]"(「단전」)

이러한 '매달림'은 반드시 관계를 낳는다. 사람들은 서로에게 '매달려' 살면서 일정한 관계를 맺는다. 관계없는 삶을 우리는 상상할 수 없다. 거시적으로 살피면 세계는 만물이 서로 얽히고설킨 관계의 그물이다. 삶은 너와 내가 맺는 관계의 지평이다. 태어나서 부모형제와, 자라면서 친구들과, 학교에서는 선생님과, 직장에서는 동료들과, 결혼해서는 배우자 및 자식과 관계를 맺고 살아간다. 철학자 윤석빈은 말한다. "나의 시작은 너와의 관계 속에서 출발한다. 너와 만남으로 인해 나는 자아를 깨닫고, 너와 함께 '우리'가 된다. (중략) 인간은 '우리' 속에서 자신의 충만함을 가진다."(『인간의 문제』)

우리는 개인주의를 이러한 관점에서 비판할 수 있다. 그것은 개인의 자유와 독립을 지나치게 강조함으로써 인간의 사회적 존재됨을, 즉 자타 간 관계의 이치를 소홀히 하며, 심지어 부정하기까지 한다. 일례로 라이프니츠는 말한다. "우리는 다른 모든 피조물의 영향으로부터 전적으로 독립적이다. (중략) 모든 정신은 스스로 충분한 하나의 독립된 세계로서 다른 피조물에 의존하지 않고, 피조물의 세계만큼 지속적으로 존재하며 절대적이다."(『개인주의의 역사』)

하지만 이 세상에 "다른 피조물의 영향으로부터 전적으로 독립적인" 존재는 있을 수 없다. 다른 사람들에게, 그리고 공기나 물 등 사물들에게 의존하지 않는 절대적 존재가 세상 어디에 있을까? 그런데도 그것을 부정한다면, 이는 곧 자기 부정과 다름없다. 그러므로 "개인주의는 인간의 개인성을 공동화(空洞化)시켰고, 인격에서 형태와 내용을 빼앗아 버리며, 파편화시켜 버렸다."(위의 책)는 비판을 경청할 필요가 있다. 오늘날 사람들에게 생기는 고독과 불안, 우울 등의 심리 질환이 개인주의에서 비롯되기 때문이다.

한편 자타의 본질적 관련을 부정하는 개인주의는 사회를 구성원들 상호 간의 계약으로 여긴다. 말하자면 인간관계는 본질적이 아니라 순전히 계약적이다. 개인주의 사회에서 권리 의무의 의식이 강한 까닭이 여기에 있다. 계약은 그들이 지켜야 할 권리와 의무의 사항들을 규정하기 마련이기 때문이다. 하지만 권리와 의무로 맺어지는 인간관계는 얼마나 건조하고 깨지기 쉬울까. 서양은 물론 오늘날 우리 사회에서 이혼율이 높은 것도 이러한 개인주의의 영향일 것이다. 인간의 파편화 현상이 여기에서도 드러난다. 결국 개인주의는 자타 간 공동체적 유대 의식을 약화시켜 인간관계와 사회를 모래알처럼 부스러지기 쉬운 것으로 만든다. 여기에 자유주의가 가세하면서 사회는 "만인의 만인에 대한 투쟁"의 장이 되고 만다. 이것이 우리 사회의 현 주소일 것이다. 이는 역시 근본적으로는 자타 간 관계의 정신이 잘못 정립된 데에 기인한다.

관계의 정신을 괘의 구조와 상징상에서 살펴보자. 〈리〉괘는 상괘와 하괘가 모두 '리(離)' ☲로 이루어져 있는데, 그것은 두 개의 양효 사이에 하나의 음효로 되어 있다. 이는 음이 양에 '매달려' 서로 관계를 맺고 있는 모습을 보여 준다. 한편 상하의 두 괘 모두 불(태양)을 상징하는데, 불은 물체에 매달려서만 타오를 수 있다. 타오르면서 그것은 주위를, 태양으로 따지면 온 세상을 밝게 비춘다. '리'가 정신의 빛(지혜)을 속성으로 갖는 까닭이 여기에 있다. 훌륭한 정신은 사람들과, 더 나아가 만물과 맺어야 할 바람직한 관계의 지혜를 터득한다. 그렇게 해서 밝게 열리는 삶의 세계를 공자는 다음과 같이 말한다. "거듭 밝은 지혜로 올바른 도리에 입각하여 문명의 세계를 이룩한다.[重明以麗乎正 乃化成天下]"(「단전」) 여기에서 "거듭 밝은 지혜"란 '리'가 상하괘로 중첩되어 있음을, "올바른 도리"란 두 개의 음효가 각각 상하괘의 가운데에서 밝은 힘을 품고 있음을 염두에 둔 말이다.

괘사卦辭

관계를 올바르게 정립해야 소통이 잘될 것이다.
암소를 기르듯이 해야 한다.
기쁨을 얻으리라.
離 利貞 亨 畜牝牛 吉

소는 수컷과 암컷의 성질이 서로 다르다. 수컷은 거칠어서 잘 대드는데 반해, 암소는 유순하다. 사람들이 수레몰이나 농사 수단으로 대개 암소를 이용하는 것도 이러한 까닭에서다. 농부들이 암소를 이용해 논밭을 일구는 것처럼 인간관계에서도 '암소'의 성질이 필요하다. 암소처럼 유순해야 하는 것이다. 이는 부드러움의 정신을 강조한 비유다. 수컷과 같이 거칠고 강한 정신은 걸핏하면 남들과 마찰을 일으켜 관계의 파탄을 피하기가 어렵다.

그렇다고 해서 암소가 주인에게 그러하듯이 상대방에게 무조건 순종해야 한다는 말은 아니다. 순종은 노예적 태도일 뿐이며, 오히려 자타 간 소통을 가로막는 커다란 요인이 될 수도 있다. 거기에는 일방통행적 복종과 강요만이 지배하기 때문이다. 인간관계에서 요구되는 부드러움의 덕목은 그런 것이 아니다. 이에 관해 공자의 말을 들어 보자. "부드러움은 중정(中正)한 정신을 띠고 있으므로 소통이 잘 된다. 그러므로 암소를 기르듯 해야 기쁨을 얻을 것이다.〔柔麗乎中正 故亨 是以 畜牝牛吉〕"(「단전」) 이는 '암소를 기르듯이'라는 비유의 함축을 밝히고 있다. '부드러움'을 길러야 하며, 그 부드러움에는 '중정한 정신'이 내재되어 있다는 것이다.

"중정(中正)한 정신"이란 무엇을 뜻하는 말일까? 이를 중도와 정도의 정신으로 나누어 이야기해 보자. 먼저 '정도'란 올바른 삶의 도리, 즉 진리와 의로움(정의)의 정신을 뜻한다. 이는 모든 인간관계의 필수적인 요건이다. 그것이 결여된 채 이해득실의 타산 속에서 맺어지는 관계는 가벼워 금방 단절될 뿐만 아니라, 인격의 교류를 불가능하게 만들어 허무(무상)감만 초래할 것이다. 나아가 불의하게 맺어지는 관계는 서로의 삶을 해치기까지 한다. 진리와 의로움의 정신만이 자타의 교류에 심층적 기쁨을 불러일으킬 수 있다. 진리와 의로움이란 무슨 고차원의 정신을 뜻하지 않는다. 그것은 공리적 사고를 떠나 순수 인격에서 우러나오는 참되고 올바른 정신을 말한다. 올바른 관계와 진정한 소통은 이를 통해서만 이루어질 수 있다.

이러한 '정도'의 정신은 자신의 의견만을 주장하지 않는다. 그는 결코 독선적이지 않다. '정도'(진리와 정의)의 이름을 빌리는 독선은 우리가 정치적 이데올로기의 현장이나 종교계에서 종종 목격하는 것처럼 폭력성을 띠기까지 한다. 그것은 사이비일 뿐이다. 참다운 '정도'의 정신은 자기중심적인 독선을 벗어나 남들의 의견과 주장을 존중하면서 자타가 합의하고 절충할 수 있는 길을 모색한다. 그것은 자타 어느 한쪽으로 기울지 않고 쌍방의 중간에서 이루어진다. 이것이 '중도'의 정신이다. 예를 들면 부모와 자식의 관계에서 '정도'의 정신은 어느 일방의 편을 들지 않고 중도적 입장에서 양자의 갈등을 조정하고 모두를 아우를 수 있는 윤리를 찾는다. 그것은 부모와 자식의 중간 지점, 즉 양자가 똑같은 인격이라는 차원 높은 안목에서 행해질 것이다.

이러한 '중도'의 정신은 부드러운 마음, 즉 유연한 사고 속에서만 나올 수 있다. 강직한 마음은 일방적 주장 속에서 상대방의 순종만 강요하려 한다. 그러나 부드러운 마음은 '정도'를 지키면서도 '중도'에 입각하여 상대방의 의견을 존중하고 너그럽게 관용할 줄 안다. 인간관계는 여기에서만 올바르게 정립될 수 있다. 자타 간 원활한 소통과 교류의 기쁨도 그 가운데에서만 주어질 수 있다.

괘상卦象

태양이 거듭 떠오르는 모습이 〈리〉의 형상이다.
현자는 이를 보고서 지혜를 부단히 길러 사방을 밝게 비춘다.
明兩作 離 大人 以 繼明 照于四方

"태양이 거듭 떠오른다."는 말은 그것이 오늘도, 내일도, 날마다 떠오른다는 뜻이다. 그렇게 태양은 온누리를 밝게 비추고 만물의 생명 활동을 가능하게 해 준다. 현자도 이와 같다. 그는 태양처럼 빛나는 지혜로 세계 만물의 본질과 인간의 본성을 꿰뚫어 사람들에게 삶의 길을 밝혀 준다. 과거에 선비의 학문 목표도 여기에 있었다. 그에게 학문이란 출세나 부귀영화를 위한 수단에 불과한 것이 아니었다. 그는 『대학』의 말처럼, "세상에 밝은 덕성을 밝히[明明德於天下]"는 것을 자신의 평생 과제로 여겼다.

여기에서 "밝은 덕성"이란 인간의 관계적 존재됨의 본질, 즉 공동체적(사회적) 본질을 언명한 것이다. 사랑(인), 의로움(의), 예의(예), 진리(지)는 그것을 네 가지의 중요한 덕목으로 가치범주화한 것이다. 그것을 '밝다'고 형용한 것은 덕성의 고결함에 대한 찬사다. 인간은 그러한 덕성을 본래적으로 타고났다. 진화론적으로 말하면 인류의 출현 이후로 사람들이 그러한 덕목을 부단히 내면화한 결과, 그것을 인간 고유의 정신적 유전 인자로 타고나게 된 것이다. 보통 사람과 달리 대인은 그것을 삶에서 밝혀 실현하는 사람이다. 그는 자타 간 관계의 올바른 도리를 깊이 체득하여 사랑과 의로움과 예의와 진리의 정신으로 "사방을 밝게 비춘다."

효사爻辭

初九
발걸음이 어지럽다. 경건히 나서야 한다.
허물을 면하리라.
履錯然 敬之 无咎

초구(初九)는 양효로서 동적인 성질을 갖고 있어서 아래에서 위로 오르려 한다. 이는 불꽃이 위로 솟아오르는, 또는 태양이 동녘에서 떠오르는 모습과도 같다. 불꽃과 태양이 밝은 것처럼 그는 머리가 명민하기도 하다. 그래서 그는 자타의 관계를 맺는 자리에서 명민한 머리로 처음부터 "발걸음이 어지럽게" 나댄다. 이는 허물의 요인이 될 수 있다. 복잡한 생각과 계산으로 너무 서두르기 때문이다. 그러므로 매사에, 특히 일의 첫 걸음에 경건히 나서지 않으면 안 된다. 이는 명민한 머리를 자기 성찰과 처신의 지혜로 활용하도록 하기 위한 조언이다.

아침 해가 뜨면 모든 생물들이 움직이기 시작하고, 사람들은 잠에서 일어나 하루의 삶을 연다. 간밤의 잠이 세계와의 단절 상태라면, 아침에 깨어나 활동을 재개하는 것은 세계와의 관계를 다시 맺음을 뜻한다. 이때에 즈음해서 몸과 마음을 경건히 가져야 한다. 어떤 형태든 관계를 맺는 자리에서 어지럽게 나대는 발걸음은 일의 패착을 면하기 어렵다. 게다가 그것이 이해득실의 복잡한 타산 속에서 이루어지는 것이라면 자타의 관계는 대립과 투쟁의 장으로 변모하고 말 것이다.

그러므로 경건히 나서지 않으면 안 된다. 공자는 말한다. "발걸음이 어지러울 즈음에 경건의 정신을 각성하는 것이 허물을 면하게 해 주는 방책이다.〔履錯之敬 以辟咎也〕"(「상전」) 이를테면 "문밖을 나서 사람들을 만날 때에는 마치 손님을 대하듯이 하고, 일에 임해서는 제사를 받들듯이 해야 한다.〔出門如賓 承事如祭〕"(『퇴계전서』) 그리하여 경건의 정신은 사람들을 이해득실의 관점이 아니라 순수한 인격으로 존중하고, 매사에 온 정성을 기울이면서 자타 간 관계(교류)의 기쁨을 알게 해 줄 것이다.

六二
노란 빛이 걸려 있다.
크게 상서롭다.
黃離 元吉

육이(六二)는 하괘의 가운데에 놓여 있으므로 태양이 중천에 떠서 "노란 빛"을 발하는 형상이다. 그것이 위아래의 두 양효 사이에 "걸려 있다." 정약용은 말한다. "노란 빛이란 태양이 중천에 걸려 있음을 말한 것이다." (『여유당전서』) 게다가 하괘의 가운데에 있는 그는 '중도'의 정신을 분명하게 견지한다.

이미 말한 바 있지만 파란색, 붉은색, 노란색, 검은색, 흰색 등 다섯 가지 기본 색깔 가운데 노란색은 나머지 것들의 중간적인 성질을 띤다. 그것은 도덕적 관점에서는 중용, 균형, 조화 등을 은유하기도 한다. 이

괘의 상징과 관련하여 말하면 그것은 마치 하늘 한가운데 떠서 만물을
두루 비추는 태양의 '노란 빛'과도 같다. 태양은 그 빛으로 만물의 생육
을 돕는다.

사회생활에서도 이처럼 "노란 빛"의 지혜를 기르지 않으면 안 된다.
사방으로 얽힌 인간관계 속에서 자기중심적인 태도를 버리고 모든 사
람을 널리 아우르는 중도의 정신으로 매사를 판단하고 처사해야 한다.
그리하여 자타 간 깊은 유대 관계를 구축하여 남들의 행복에 이바지해
야 한다. 관계 당사자들 모두가 화해롭게 어우러지는 삶의 '상서로움'이
여기에서 비롯될 것이다. 공자는 말한다. "노란 빛이 걸려 크게 상서로
운 것은 중도를 얻었기 때문이다.〔黃離元吉 得中道也〕"(「상전」)

九三
해가 서편 하늘에 걸려 있다.
질그릇을 두드리며 노래를 부르지 않는다면
늙어감을 탄식하면서 불행에 빠지리라.
日昃之離 不鼓缶而歌 則大耋之嗟 凶

구삼(九三)은 하괘의 마지막 효이므로 서편 하늘에 걸린 지는 해와도 같
다. 인생으로 따지면 노년에 해당된다. 질그릇은 일상의 생활용품이므로,
그것을 두드리면서 노래를 부르는 것은 나날의 삶을 즐김을 은유한다.

해가 중천을 지나 서편 하늘로 지는 것처럼 우리의 삶도 눈부신 젊음

의 시절을 거쳐 그렇게 기울어 간다. 많은 사람들은 그즈음에 늙음을 한탄하면서 인생무상의 허무감에 젖는다. 하지만 그렇게 허무나 되씹으면서 맥없이 살다 갈 것인가? 지는 해는 우리에게 또 다른 삶의 이치를 일깨워 준다. 석양이 만물을 아름답게 비추는 모습을 상상해 보자. 인생은 어느 시절이든 그렇게 아름답다. "만고 이래 빈 하늘에 바람찬 새벽달〔萬古長空 一朝風月〕"이라는 옛 글귀가 있다. 태곳적부터 무심히도 흐르는 긴 세월 속에서 인생은 이내 지고 말 새벽달처럼 허망해 보인다. 하지만 하늘을 흐르는 달과, 그것이 발하는 은은한 빛과, 하늘과 땅 사이에 부는 훈훈한 바람을 마음속에 떠올려 보자. 얼마나 아름다운가. 인생도 매 순간이 그러하다.

그런데도 사람들은 나이가 들면 이미 지나가 버린 과거나 회상하면서 현재와 미래를 더 이상 아름답게 가꾸려 하지 않는다. 그들은 지금, 이 자리에서 추구하고 누릴 수 있는 가치 있는 일들이 여전히 많다는 사실을 깨닫지 못한다. 하지만 늙었다 해서 '질그릇을 두드리며 노래를 부를' 수 없는 것은 아니지 않은가. 오히려 판소리는 늙을수록 그 소리가 깊어지는 모습을 보여 준다. 삶도 마찬가지다. 마치 잘 익은 과일처럼 늙어서만이 성숙할 수 있는 삶의 지혜가 있다. 그러므로 나이 들어 깊어진 눈빛으로 삶을 관조하고 지혜를 무르익혀야 한다. 아름다운 석양처럼 곱고 아름답게 늙어 갈 필요가 있다. 늙음을 쇠약이 아니라 성숙의 과정으로 전환시켜야 한다.

공자는 "해가 서편 하늘에 걸려 있으니, 얼마나 오래 가겠는가.〔日昃之離 何可久也〕"(「상전」) 했지만, 서편에 지는 해는 내일 아침이면 동녘에 다시 떠올라 자연의 생성 질서에 참여한다. 우리의 인생도 이와 마찬가지다. 나는 늙어 죽음의 어둠 속으로 사라지지만, 생물학적으로는 자식을 통해 새로운 생명 질서에 참여한다. 늙음의 탄식과 인생의 허무를 줄일 수 있는 한 가지 방안이 여기에서도 나온다. 부모 자식의 관계에서 자식과 후손을 통해 나의 제2, 제3의 존재가 무궁하게 이어지리라는 기대가 허무를 넘어 삶의 기쁨을 불러일으킨다. 어린 손주를 바라보는 할머니와 할아버지의 다정하고 기쁨 넘치는 눈빛을 상상해 보자. 그러므로 나이가 들어 가면서 늙음을 한탄만 할 일이 아니라, 자식과 후손을 위해 할 수 있는 일을 찾아 노력할 필요가 있다.

늙음의 탄식과 삶의 허무는 다른 방식을 통해서도 극복될 수 있다. 이 또한 하늘의 해가 가르쳐 준다. 태양이 따뜻한 빛으로 만물의 생명 활동을 촉진시켜 주는 것처럼, 사랑과 의로움과 예의와 진리의 정신으로 다른 사람들을 아우르고 보살피면서 더불어 화해롭게 지내는 일이다. 자타 간 관계적 존재의 본질을 실현하는 최상의 길이 바로 여기에 있다. 나는 거기에서 삶의 커다란 의미와 보람을 느낄 것이다. 사랑과 의로움과 예의와 진리야말로 늙음의 탄식과 허무를 벗어나게 해 줄 핵심 정신이다. 그러므로 늙어 감을 탄식만 할 일이 아니라, 저와 같은 정신의 부재와 쇠약을 걱정해야 한다. 늙었음에도 불구하고 저와 같은 정신으로 삶을 부단히 가꾸고 성숙시켜야 한다.

九四
돌진하듯이 다가가서 타오르니
죽어서 버림을 받으리라.

突如其來如 焚如 死如 棄如

구사(九四)는 양효로서 하괘의 불빛에 더하여, 그 위에서 자신의 불빛을 내므로 그 빛이 너무 강렬하다. 그는 그러한 (정신의) 불빛으로 남들에게 '돌진하듯이 다가가서 타오른다.' 즉 자신의 불빛으로 남들을 핍박한다. "죽어서 버림을 받는" 불행의 근원이 여기에 있다.

불은 나무에 붙어 타오르지만, 나무가 다 타고나면 그와 함께 불 또한 꺼지고 만다. 사람들 가운데에도 이러한 이들이 있다. 그들은 기세 좋은 정신의 불로 남을 '태우다가' 결국 자신까지도 소진되고 만다. 재승덕박(才勝德薄)한 사람이 그 예이다. 그는 지나친 총명으로 사람들에게 "돌진하듯이 다가가서" 그들의 약점을 파헤치고 일의 시비를 따진다. 그렇게 타오르는 정신의 기세에 사람들은 부담감과 핍박감을 가질 수밖에 없을 것이다.

재승덕박한 사람이 일반적으로 인간관계에 원만하지 못한 까닭이 여기에 있다. 결국 그는 다른 사람들로부터 외면을 당해 외톨이로 살 수밖에 없다. 공자는 말한다. "돌진하듯이 다가가니 사람들이 그를 받아들이지 않을 것이다.〔突如其來如 无所容也〕"(「상전」) 이는 그가 자신의 존재를 스스로 부정하는 것이나 다름없다. 삶이란 본래 관계적 존재됨의 이치를 실현하는 자리인데, 그의 불 같은 정신은 상대방을 괴롭힘으로써 결국 자신의 입지를 위태롭게 만들 것이기 때문이다. 마치 불이 나무를 다 태우고 나면 저절로 꺼지고 마는 것처럼 말이다.

六五

눈물을 흘리며 슬퍼하고 탄식한다면

기쁨을 얻으리라.

出涕沱若 戚嗟若 吉

유오(六五)는 구사에 이어 불 같은 정신과 뛰어난 지모로 높은 자리에 올랐지만, 음효로서 양의 자리에 잘못 있으므로 부적격의 인물이다. 공자는 「상전」에서 이를 '왕공(王公)'으로 예시하고 있다. 그는 부당한 방법으로 위아래(양효)의 사람들을 물리치고 그 자리를 차지했을 수도 있다. 그래서 그 자신이 불안과 핍박감을 떨치지 못한다. 만약 "눈물을 흘리며 슬퍼하고 탄식하는" 회개의 마음을 갖지 않고 여전히 그 자리만 누리며 고수하려 한다면, 그는 불행한 결과를 피할 수 없을 것이다.

불같이 뜨거운 열정과 명민한 머리로 높은 자리에 오른 사람들이 자성해 보아야 할 일이 있다. 혹시 남들을 밟고 모함하고 해치면서 지금의 자리를 얻은 것이 아닌가 하는 것이다. 만약 그렇다면 그는 사방으로 잠재적인 적들을 갖고 있는 것이나 마찬가지다. 그들은 그를 비난하고 원망하면서, 심지어 그가 불행하기를 내심 빌기까지 할 것이다. 그처럼 화해롭지 못한 인간관계 속에서 그가 자신의 자리와 삶을 마음 편하게 누릴 수 있을까?

그러므로 높은 자리에 올랐다고 환호할 일만은 아니다. 설사 남들과 정당한 경쟁을 통해서 그 자리를 얻었다 하더라도 자신에게 밀려난 사람들이나 패자를 진심으로 위로해 줄 필요가 있다. 이는 선거든 운동

경기든 모든 경쟁의 자리에서 승자에게 요구되는 금도다. 그것만이 그동안 자리를 둘러싼 대립 감정과 대결 의식을 해소시켜 서로 따뜻한 마음을 나누게 해 줄 것이다.

다른 한편으로 그동안 이기적으로 높은 자리만 추구해 온 자신의 어리석음에 대해 "눈물을 흘리고 슬퍼하며 탄식하는" 회개의 마음을 갖고 주어진 직무와 과제에 충실히 임한다면, 그는 기쁨에 찬 삶의 세계를 새롭게 열어 나갈 수 있을 것이다. 그렇지 않으면 그는 불행을 면할 수 없다. 공자는 말한다. "그 기쁨은 왕공에게 달려 있다.[六五之吉 離王公也]"(「상전」) '왕공', 즉 지도자는 그처럼 높은 자리를 얻는 것만으로 기뻐해서는 안 된다. 자리가 높을수록 상응하는 책임(의무)도 커진다. 참다운 기쁨은 그것을 얼마나 잘 수행하느냐에 달려 있다.

上九
임금이 출정을 명하면 좋은 결과가 있으리라.
우두머리만 처벌하고 단순 가담자들을 아량으로 대한다면
후유증이 없을 것이다.
王用出征 有嘉 折首 獲匪其醜 无咎

상구(上九)는 괘의 제일 위에 있으므로 밝은 지혜가 멀리까지 미치고, 또 양효이므로 강한 실천력까지 갖고 있다. 그러므로 그는 "출정을 명하는" 임금과도 같다. 다만 그의 지나친 총명과 강력한 힘을 염려하여 "단순 가담자들을 아량으로 대할 것"을 조언하고 있다.

대소 조직의 지도자는 구성원들의 유대와 결속력을 강화시킬 수 있는 방안을 강구하고, 조직을 혼란에 빠트리는 요인을 제거하는 노력을 해야 한다. 이의 예를 국제 사회에서 살펴보자. 과거 봉건 시절에 한 나라의 임금은 이웃 나라의 폭정을 좌시하지 않았다. 그것이 일차적으로는 국제 관계의 질서를 위협하기 때문이며, 근본적으로는 그 나라 백성들의 삶을 도탄에 빠트리기 때문이었다. "임금이 출정을 명하는" 것은 이러한 까닭에서였다.

'출정(出征)'이란 한 나라의 군대가 적국을 치기 위해 출동하는 것을 뜻한다. 전쟁의 시작인 셈이다. 전쟁이란 그 자체가 추악한 것이지만, '정(征)'자는 원래 좋은 뜻을 갖고 있었다. 맹자는 말한다. "정이라는 말은 바로잡는다는 뜻이다."(『맹자』) 백성을 탄압하는 나라의 폭정을 타도하여 그 나라의 정치 기강을 바로잡고 백성의 삶을 구원해 준다는 것이다. 공자는 말한다. "임금이 출정을 명하는 것은 그 나라를 바로잡아 주려는 뜻에서다.〔王用出征 以正邦也〕"(「상전」) 옛날에 전쟁은 그러한 명분을 가져야만 정당성을 얻을 수 있었다.

출정은 한 나라 안에서도 이루어질 수 있다. 예를 들면 민주 인사(혁명가)가 독재자에 항거하여 민중을 이끌거나, 정치 지도자가 사회에 만연한 범죄와 마약의 소탕을 위해 '전쟁'을 선포하는 자리에서도 출정식을 가질 수 있다. 그 밖에 그것은 은유적으로는 개인들 사이에서도 유효할 수 있을 것이다. 어떤 일이든 상대방의 잘못된 점을 바로잡아 준다는 뜻으로 말이다.

출정 당사자는 일정한 자격 조건을 갖추어야 한다. 무엇보다도 먼저 본인이 정의로워야 한다. 즉 한 나라가 다른 나라의 폭정을 응징할 때,

정치 지도자가 사회의 혼란을 다스릴 때, 한 사람이 다른 사람의 잘못을 바로잡아 줄 때 자신이 먼저 올바른 정신을 갖고 있어야 한다. 그것은 정의를 확립하기 위한 것이어야 한다. 만약 상대방을 지배하고 수탈하려는 등 불순한 의도로 출정한다면 반발만 불러일으킬 것이다.

출정은 일차적으로 국제적으로나 국내적으로, 그리고 사람들의 삶에 정의의 가치를 구현하려 하지만, 궁극적으로는 자타가 함께 화해롭게 사는 '대동(大同)'의 세계를 이루는 데에 목적을 두어야 한다. 달리 말하면 정의의 정신은 사랑의 이념을 지향하지 않으면 안 된다. 사랑이 결여된 정의는 자칫 잔인에 빠질 수 있으며, 자타의 관계를 오히려 파괴할 수도 있다. 선생이 학생의 잘못을 바로잡는다 하여 몽둥이를 휘두르는 경우가 그 한 예다. 학생의 잘못된 점을 바로잡아 주되 그를 사랑으로 따뜻하게 끌어안으면서 선도해야 한다. 사회악을 다스리는 일도 마찬가지다. 우두머리만 처벌하고, 단순 가담자들에게는 그들 스스로 어두웠던 삶을 뉘우치고 밝은 세계로 나아갈 수 있도록 관용을 베풀어야 한다. 정의 위에 관용과 사랑의 정신을 세우는 것, 그것이 사람들의 삶과 사회를 생기발랄하게 만들어 줄 관건이다.

주역, 우리 삶을 말하다 上

1판 1쇄 펴냄 2016년 9월 5일
1판 2쇄 펴냄 2021년 11월 12일

지은이 김기현
발행인 박근섭, 박상준
펴낸곳 **(주)민음사**
출판등록 1966. 5. 19 (제16-490호)
서울특별시 강남구 도산대로1길 62(신사동) 강남출판문화센터 5층 (우편번호 06027)
대표전화 02-515-2000
팩시밀리 02-515-2007
ⓒ 김기현, 2016. Printed in Seoul, Korea
ISBN 978-89-374-3344-3 04140